21世纪高等院校教材

工 程 力 学

王振发 主编

科 学 出 版 社

北 京

内 容 简 介

本书系作者根据多年的教学实践，本着既要缩短学时，又要培养出适应时代要求，放眼于未来的高素质人才的精神，精心编写而成的.

全书分静力学和材料力学两大篇，共十六章，主要包括平面和空间物体系统的平衡、考虑摩擦时的平衡、轴向拉伸与压缩、平面弯曲的强度和变形、应力状态和强度理论、组合变形时的强度计算几个方面的内容.

本书可作为高等院校理工科类非机械专业本科(及专科、成教)30～80学时工程力学课程教材、也可作为工程技术人员参考用书.

图书在版编目(CIP)数据

工程力学/王振发主编. —北京：科学出版社，2003
(21世纪高等院校教材)
ISBN 978-7-03-008768-3

Ⅰ. 工…　Ⅱ. 王…　Ⅲ. 工程力学-高等学校-教材　Ⅳ. TB12

中国版本图书馆CIP数据核字(2003)第009079号

责任编辑：胡云志　鄢德平/责任校对：钟　洋
责任印制：赵　博/封面设计：槐寿明

科学出版社出版
北京东黄城根北街16号
邮政编码：100717
http://www.sciencep.com
固安县铭成印刷有限公司印刷
科学出版社发行　各地新华书店经销
*
2003年2月第　一　版　开本：720×1000　1/16
2025年2月第十六次印刷　印张：25 3/4
字数：467 000

定价：59.00 元

(如有印装质量问题，我社负责调换)

第一版第六次印刷前言

应变和应力是材料力学的两个最重要的概念,为此,作者将容易引起读言错觉的涉及到应变和应力的因果关系的部分陈述,作了认真的整理.

本书仍由王振发担任主编;刘军、程强、杨鸿任副主编.

限于作者水平,书中难免有不妥之处,诚望广大师生和读者指正,不胜感激.

作　者

2007 年 6 月

第一版第三次印刷前言

为使本书更臻完善,作者将§14-3 二向应力状态分析的解析法和§14-4 二向应力状态分析的图解法——应力圆的少部分文字和附图作了一点增补和删减.

本书仍由王振发担任主编;杨茂荣、王远、高洪芬任副主编. 全书仍由王振发定稿执笔.

限于作者水平,书中难免有不妥之处,诚望广大师生和读者指正,不胜感激.

作　者

2005 年 5 月

前　言

本书是作者根据多年的教学实践，本着既要缩短学时，又要培养出适应时代要求，放眼于未来的高素质人才的精神，在广泛征求了全国众多高等院校建议的基础上，参考国家教委颁发的“理论力学课程教学基本要求”和“材料力学课程教学基本要求”，精心编写而成的.

在编写过程中，力求语言精炼严谨，内容繁简得当，深广度适宜，通用性强.为避免与先行课大学物理学内容的重复，较大幅度地提高了起点，并注意了与后续课程的有机衔接.

全书分静力学和材料力学两大篇，共十六章，其中静力学篇七章，28节；材料力学篇九章，50节.重点讲述了平面和空间物体系统的平衡、考虑摩擦时的平衡、轴向拉伸与压缩、平面弯曲的强度和变形、应力状态和强度理论、组合变形时的强度计算几方面主要内容.

考虑到全国各类院校各类专业对力学知识的需要和培养目标的不同，在保证力学系统的完整性和章节的独立性的前提下，作者做了细致的编排，使得不论教学时数多少，均可选用有关章节进行组合，方便了教师的授课，也方便了学生的自学.

本书编入了大量有关基本概念、分析运算方法和工程实际应用的例题与习题，书末附有全部习题答案.每章习题的排序与讲授内容排序一一对应，由易至难，由简单到复杂.同时也引入了一定数量的较难题目，供师生选用.

本书采用国家法定计量单位，对量、单位和符号均执行国家标准的一系列规定.

本书由王振发担任主编；张进国、原方、刘福胜、杨茂荣、王远任副主编；刘军、魏高峰、王亮任编委.全书由王振发定稿执笔.

本书承蒙山东大学张方春教授和孙树勋教授主审，在此致深深的谢意.

限于作者水平，书中难免有不妥之处，诚望广大师生和读者指正，不胜感激.

作　者

2002年6月

目　录

第一篇　静　力　学

第二篇 材料力学

第一篇　静　力　学

静力学主要研究两个问题:

一、力系的简化

所谓**力系**是指作用于同一物体(或同一物体系统)上的一群力.若作用于物体上的某一力系可以用另一力系来代替而不改变它对物体的效应,那么这两个力系互称为**等效力系**.如果一个力与一个力系等效,那么这个力称为该力系的**合力**,原力系的各力称为合力的**分力**.将一个复杂的力系用一个简单的等效力系来代替的过程,称为**力系的简化**或**力系的合成**.通过力系的简化可以使我们研究的复杂的力学问题大为简化.

二、力系的平衡条件

平衡是相对的,是运动的特殊形式.在工程上,物体相对于地球静止或作匀速直线运动的状态,称为**平衡**.如果物体在某力系的作用下处于平衡状态,则该力系称为**平衡力系**.力系平衡所需满足的条件称为**平衡条件**.根据平衡条件可以求解物体的平衡问题.

静力学研究的物体都是处于平衡状态的.

第一章　静力学的基本概念·公理·受力图

§1-1　力·刚体

一、力

力是物体间相互的机械作用，这种作用使物体的运动状态发生变化和使物体变形．前者称为力对物体的**外效应**，后者称为力对物体的**内效应**．理论力学研究的是外效应，而材料力学研究的是内效应．

力对物体的效应决定于三个要素：(1)力的大小；(2)力的方向；(3)力的作用点．作用于物体上的力的大小、方向、作用点不同，则产生的效应不同．

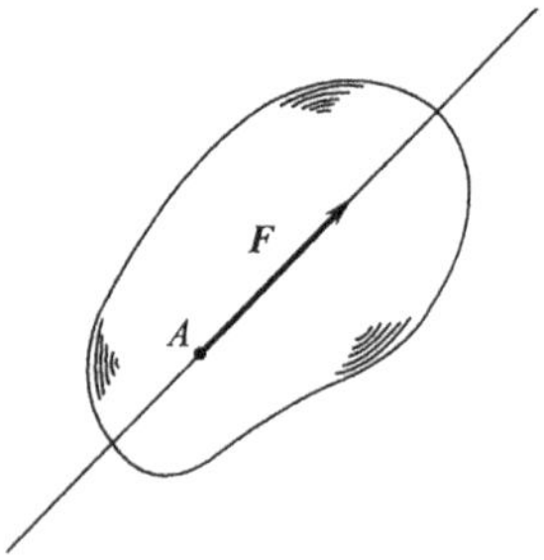

图 1-1

力是矢量，其三要素可用一有方向的线段来表示，如图 1-1 所示，线段的长度(按一定的比例)表示力的大小；线段的方位及箭头的指向表示力的方向，线段的始点(或终点)表示力的作用点；通过力的作用点沿力的方位的直线，称为力的作用线．本书理论力学部分用黑体字母(如 $\boldsymbol{F}$)表示力矢量，手写时写成 $\overrightarrow{F}$ 字样，而以白体字母(如 F)表示力的大小；材料力学部分一律用白体表示．其他矢量同样表示．

力的法定计量单位是牛(顿)，符号为 N；或千牛(顿)，符号为 kN．

二、刚体

所谓**刚体是指在力的作用下不变形的物体**．事实上，物体受力作用时总是要变形的，若变形量很小，在研究物体的平衡和运动问题时是次要因素，就可以忽略不计，把它抽象简化为理想的模型——刚体．理论力学所研究的物体都视为刚体．静力学又称为**刚体静力学**．

但是，当变形是所研究问题的主要因素时，就不能将物体再视为刚体，而是把物体视为另一种理想模型——变形体了．这在材料力学章节中再作介绍．

§1-2　静力学公理

静力学的理论是建立在以下几个公理的基础上的.

公理一　二力平衡公理

作用在同一刚体上的两个力使刚体处于平衡状态的必要和充分条件是：这两个力大小相等，方向相反，且作用在同一直线上.

应当指出，这个公理只适用于刚体.对于非刚体来说，条件只是必要的，而不是充分的.例如一绳索两端受两个等值反向共线的力的作用时，若两力为拉力，绳索可以平衡；若两力为压力，则不能平衡.

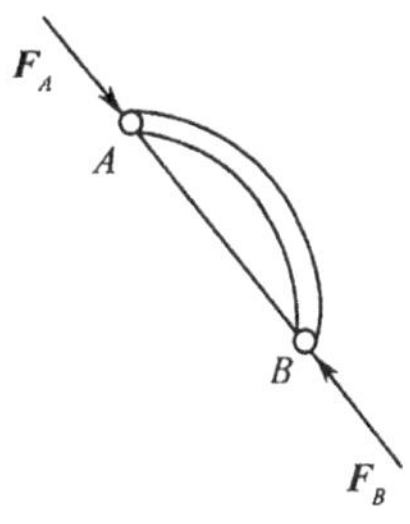

图 1-2

受两个力的作用而处于平衡状态的构件称为**二力构件**，如图 1-2 所示.如果构件是杆件，又称为**二力杆件**.由二力平衡公理可知，这两个力必定沿两作用点的连线.

公理二　加减平衡力系公理

在力系中加上或减去任一平衡力系，并不改变原力系对刚体的效应.

这是因为平衡力系对刚体的平衡或运动状态的改变没有任何影响.这个公理对力系的简化起重要的作用.

推论　力的可传性原理

作用于刚体上的力可沿其作用线移到刚体上的任一点，而不改变它对刚体的效应.

证明　设力 $\boldsymbol{F}$ 作用于刚体上的 A 点，如图 1-3(a)所示，今在力的作用线的任一点 B 上加一平衡力系 $\boldsymbol{F}_1$、$\boldsymbol{F}_2$，使 $\boldsymbol{F}_1=-\boldsymbol{F}_2=\boldsymbol{F}$，如图 1-3(b)所示.由加减平衡力系原理可知，这并不改变力 $\boldsymbol{F}$ 对刚体的效应.不难看出 $\boldsymbol{F}$、$\boldsymbol{F}_2$ 也是一个平衡力系，故可减去.于是就只剩下 $\boldsymbol{F}_1$ 一个力，如图 1-3(c)所示.这就证明了力 $\boldsymbol{F}$ 沿其作用线由 A 点移到任一点 B，而不改变它对刚体的效应.

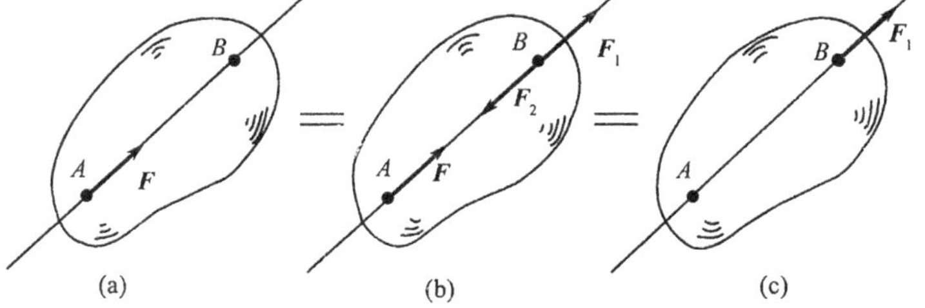

图 1-3

应当指出,加减平衡力系公理和力的可传性原理只适用于刚体.对于非刚体来说,加减平衡力系或将力作任何移动,都会改变力对物体的变形效应.

根据力的可传性原理,对于刚体而言,力的三要素可改为大小、方向和作用线.这样,力可以从它的作用线上的任何一点画出.可见,作用于刚体上的力是**滑动矢量**.

公理三 力的平行四边形法则

作用于物体上同一点的两个力可以合成为一个合力,合力的大小和方向由以这两个力为邻边所构成的平行四边形的对角线来确定,如图 1-4(a)所示.用矢量表示为

$$\boldsymbol{F}_R = \boldsymbol{F}_1 + \boldsymbol{F}_2$$

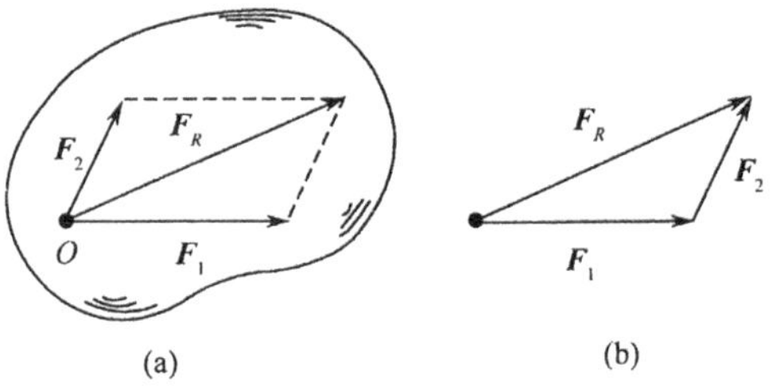

图 1-4

当然也可用**力三角形法**求合力,如图 1-4(b)所示.

这个公理是力系简化的重要基础.

推论 三力平衡汇交定理

作用于刚体上的三个互不平行的平衡力,若其中两个力的作用线汇交于一点,则此三力的作用线必在同一平面内,且汇交于该点.

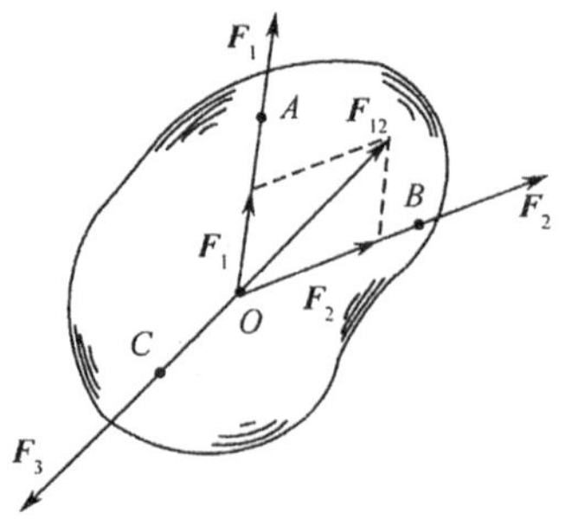

图 1-5

证明 设在刚体 A、B、C 三点分别作用三个互不平行的平衡力 $\boldsymbol{F}_1$、$\boldsymbol{F}_2$、$\boldsymbol{F}_3$ 如图 1-5 所示.根据力的可传性原理,将力 $\boldsymbol{F}_1$ 和 $\boldsymbol{F}_2$ 移到汇交点 O,并应用力的平行四边形法则求得合力 $\boldsymbol{F}_{12}$.力 $\boldsymbol{F}_{12}$与力 $\boldsymbol{F}_3$ 仍应平衡,则由二力平衡公理知,二力必共线.这就证明了三力 $\boldsymbol{F}_1$、$\boldsymbol{F}_2$、$\boldsymbol{F}_3$ 必共面且汇交于一点.

此定理的逆定理不成立.

公理四 作用与反作用定律

两物体间的作用力和反作用力总是同

时存在,大小相等,方向相反,作用线相同,分别作用在这两个物体上.

公理五　刚化原理

变形体在某一力系作用下处于平衡,若将此变形体刚化为刚体,其平衡状态保持不变.

这个公理提供了把变形体可看作为刚体的条件.应该指出,刚体的平衡条件对于变形体来说,只是必要条件,而不是充分条件,例如图1-6所示,绳索在等值、反向、共线的两个拉力作用下处于平衡,如将绳索刚化为刚杆,其平衡状态保持不变;若绳索受的是两个等值、反向、共线的压力作用,则绳索不能处于平衡状态,这时绳索就不能刚化为刚杆.

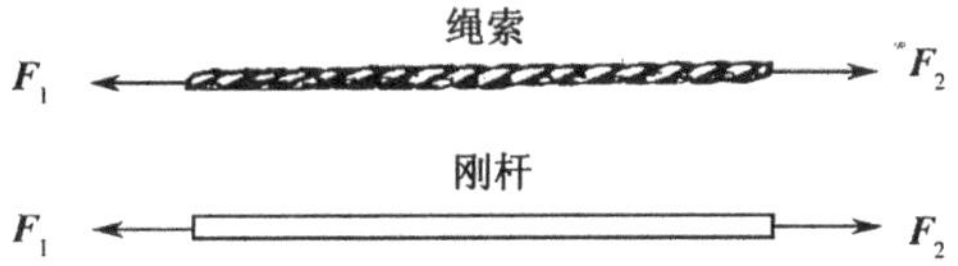

图1-6

刚化原理扩大了刚体静力学的应用范围.

§1-3　约束与约束反力

位移不受任何限制,在空间可以自由运动的物体称为**自由体**,如空中的飞机,自由下落中的物体等.有些物体,它们的位移受到某些限制,如用绳子悬吊的重物,受绳子的限制而不能下落;光滑桌面上的物体,受桌面的限制而不能向下运动;电机转子受轴承的限制只能绕轴线转动,而不能沿径向运动等,这些物体称为**非自由体**.对非自由体的某些位移起限制作用的物体称为**约束**,如上述的绳子、桌面、轴承分别是重物、物体、转子的约束.

若被约束物体沿着约束所能限制的运动方向有运动趋势时,约束就以一定的力作用在被约束物体上阻碍这种可能的运动,这个力称为**约束反力**,简称**反力**.约束反力的大小和方向取决于物体所受的其他力(如重力、电磁力、风压力、水压力等,统称为**主动力**)的作用情况和约束的形式.约束反力的方向总是与约束所能阻碍的运动方向相反.约束反力的作用点就是物体上与约束相接触的那一点.

下面介绍几种工程上常见的约束类型,并进行约束反力的分析.

一、柔性体约束

属于这类约束的有绳索、链条、胶带等．如图 1-7(a)所示，由于绳索本身只能承受拉力，因此它只限制重物沿绳索伸长方向运动．故绳索对重物的约束反力是拉力，作用在连接点，方向沿柔索背向重物，如图 1-7(b)中 $\boldsymbol{F}_A$ 所示．

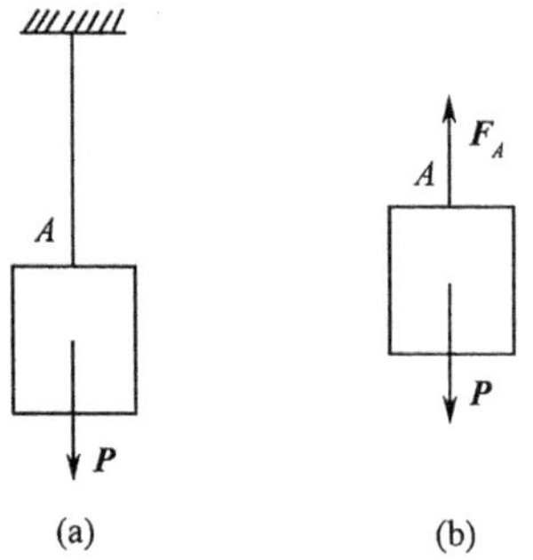

图 1-7

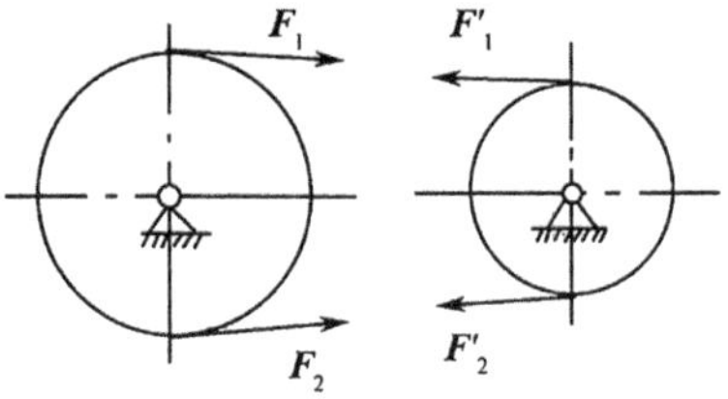

图 1-8

同样，绕过轮子的皮带和链条，约束反力是沿轮缘切线方向的拉力，如图 1-8 所示．

二、光滑面约束

如图 1-9(a)、(b)所示的支持物体的固定面，图 1-10 所示的啮合齿轮的背面等，若物体与约束接触面间的摩擦力很小，可以忽略不计时，这样的约束就看作是光滑面约束．这类约束只能限制物体沿接触面在接触点处的公法线朝向约束运动，所以光滑面约束的约束反力是压力，作用在接触点处，方向沿接触面的公法线指向被约束物体，如图 1-9(a)、(b)和图 1-10 中的 $\boldsymbol{F}_{NA}$、$\boldsymbol{F}_{NB}$ 和 $\boldsymbol{F}_{ND}$，这种约束反力也称为法向反力．

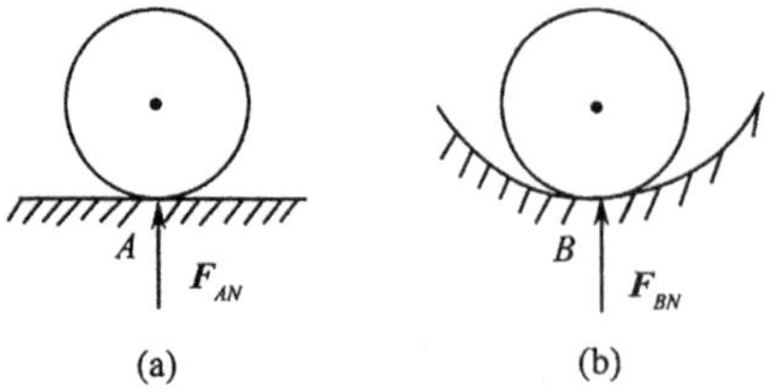

图 1-9

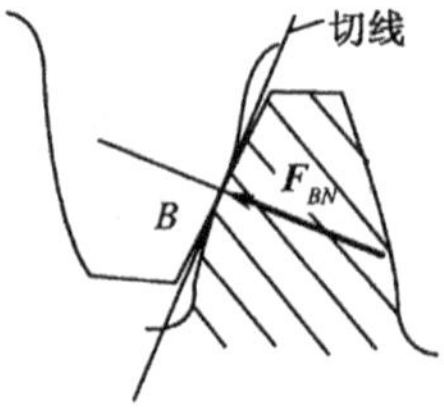

图 1-10

三、光滑铰链约束

1. 圆柱铰链(中间铰)

如图 1-11(a)所示,它是将销钉插入两构件的圆孔,把两构件连接起来而成,销钉和圆孔是光滑的.销钉限制两构件在垂直于销钉轴线平面内的相对移动,但不能限制它们绕销钉轴线的相对转动,这种约束称为圆柱铰链,简称铰链,其简图如图 1-11(d)所示.

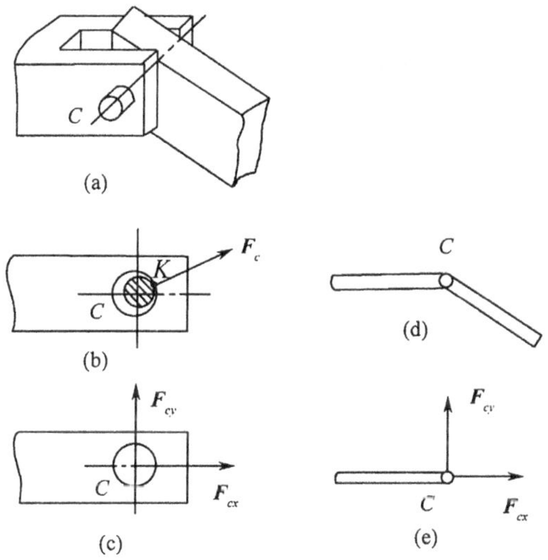

图 1-11

销钉与构件是以两光滑圆柱面相接触的,如图 1-11(b)所示,因此销钉给构件的约束反力是作用在接触点 K 处,方向沿接触面的公法线,即通过圆孔中心 C,指向构件,见图中 $\boldsymbol{F}_c$.由于接触点的位置一般不能预先确定,所以约束反力的方向也不能预先确定.通常用过圆孔中心的两个正交分力来表示,如图 1-11(c)中的 $\boldsymbol{F}_{cx}$、$\boldsymbol{F}_{cy}$.两分力的方位和指向可任意假设,假设与实际是否一致,由计算结果来判定.图 1-11(e)是约束反力的简化表示法.

2. 固定铰链约束

上述圆柱铰链的两个构件中,有一个是被固定不动的,则这种约束就称为固定铰链约束,又称固定铰链支座,如图 1-12(a)所示,图 1-12(b)为其简图,图 1-12(c)是其约束反力的简化表示法.

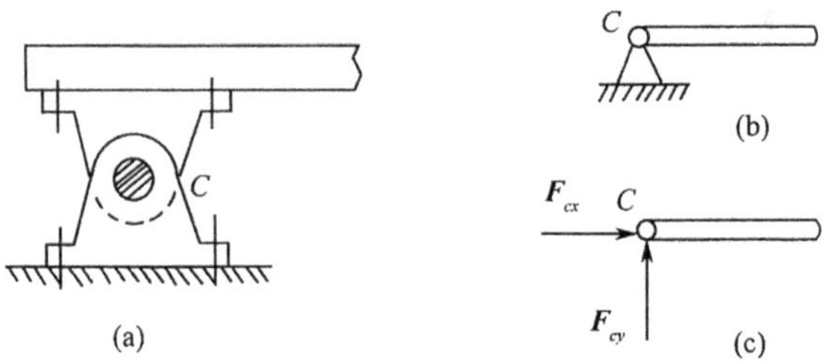

图 1-12

3．活动铰链约束

上述固定铰链约束若不是被固定不动,而是在支座与支承面间装一排辊轴,则这种约束就称为活动铰链约束,又称活动铰链支座或辊轴支座,如图1-13(a)所示,图 1-13(b)为其简图.约束反力的方向只能是垂直于支承面,并通过圆孔中心,根据约束的方向不同,或向上指或向下指.图 1-13(c)是其约束反力的简化表示法.

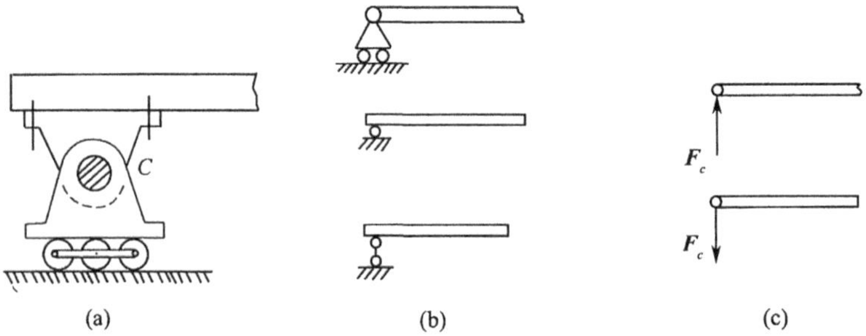

图 1-13

4．向心轴承(径向轴承)

图 1-14(a)为向心滑动轴承,图 1-14(b)为向心滚动轴承.其中轴承是约束,轴是被约束物体.其约束反力的特征与铰链相同.因约束反力的方向不能预先确定,所以同样用两个正交分力来表示;图 1-14(c)是其约束反力的另外两种简化表示法.

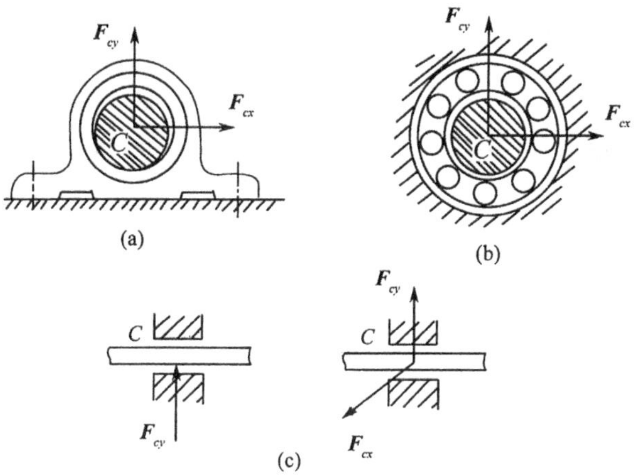

图 1-14

5. 球形铰链约束

球形铰链约束是将一构件上的圆球装在另一固定的球窝中而构成的约束,如图 1-15(a)所示,球与球窝的接触是光滑的.球形铰链不能限制构件作任何转动,但能限制构件沿空间任何方向的移动.仿照圆柱铰链的分析可知球窝对球的约束反力 $\boldsymbol{F}_c$ 必过接触点 K 和球心 C,指向球,但方向不能预先确定,因此用三个过球心的正交分力 $\boldsymbol{F}_{cx}$、$\boldsymbol{F}_{cy}$、$\boldsymbol{F}_{cz}$ 来表示.图 1-15(b)为球铰链简图,图 1-15(c)是其约束反力的简化表示法.

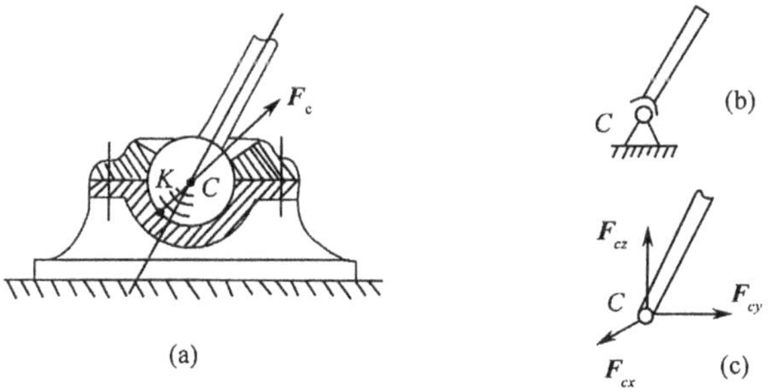

图 1-15

工程上常见的向心推力轴承(径向止推轴承)就可归为球形铰链约束,如图 1-16(a)所示,图 1-16(b)为其简图,图 1-16(c)为其约束反力的简化表示法.

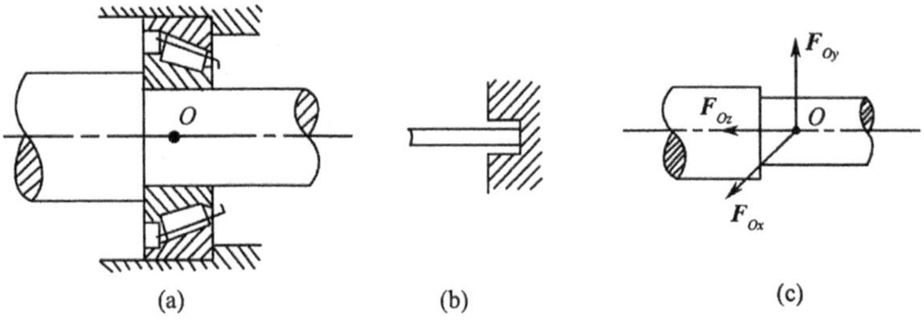

图 1-16

工程实际中,远不止以上介绍的几种约束,还有固定端等形式的约束,在以后的章节中再作适当介绍.

§1-4 物体的受力分析·受力图

研究力学问题时,必须首先分析物体的受力情况.根据问题选择研究对象,把研究对象从与周围相联系的物体中分离出来,可单独画出,然后画上它所受的全部力(包括主动力和约束反力).这种被分离出来的物体也称为**分离体**,画有分离体及其上所受的全部力的图形称为**受力图**.

下面举例说明如何对物体进行受力分析,如何画受力图.

例 1-1 试画出图 1-17(a)所示圆球的受力图.已知球重为 P,不计摩擦.

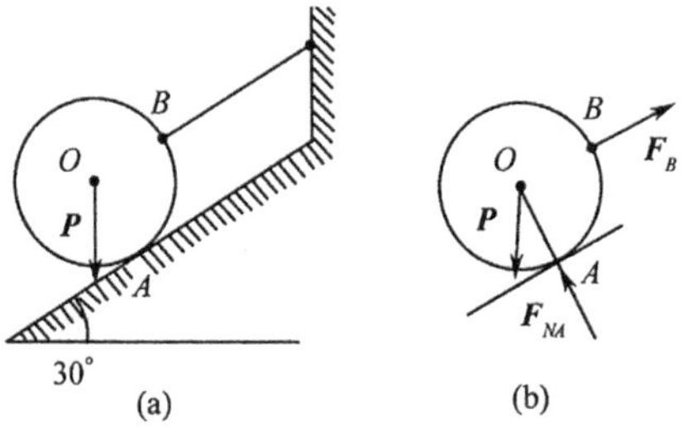

图 1-17

解 取圆球为研究对象,画出其简图.

作用于圆球的主动力为重力 $\boldsymbol{P}$;约束反力为绳索的拉力 $\boldsymbol{F}_B$和斜面的支承力 $\boldsymbol{F}_{NA}$.力 $\boldsymbol{F}_B$ 沿绳索背向圆球,作用点为 B;力 $\boldsymbol{F}_{NA}$沿接触面公法线指向圆球,作用点为 A.

将主动力和约束反力全部绘在简图上,即为圆球的受力图,如图 1-17(b)

所示.

例 1-2 简支梁 AB 如图 1-18(a)所示,A 端为固定铰链支座,B 端为辊轴支座,放在倾角为 α 的支承斜面上.梁在 AC 段作用有载荷集度(单位长度的载荷)为 q 的均布载荷.梁在 D 处作用一倾角为 β 的力 $\boldsymbol{F}$.梁的自重不计,试画出梁的受力图.

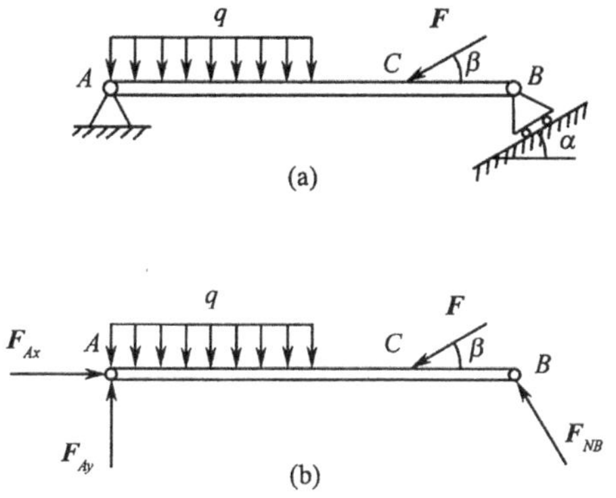

图 1-18

解 取梁为研究对象,解除约束,画其简图.

作用于梁上的主动力有载荷集度为 q 的均布载荷和力 $\boldsymbol{F}$.

作用于梁上的约束反力有两个:一个是 A 端为固定铰链支座,其约束反力通过铰链中心 A,但方向不能确定,可用两个大小未知的正交分力 $\boldsymbol{F}_{Ax}$ 和 $\boldsymbol{F}_{Ay}$ 表示;另一个是 B 端为辊轴支座,约束反力 $\boldsymbol{F}_{NB}$ 垂直于斜面通过支座中心 B 指向中心.

将主动力和约束反力全部画在简图上,梁的受力图如图 1-18(b)所示.

例 1-3 如图 1-19(a)所示的三铰拱桥,由左、右两拱铰接而成.设各拱的自重不计,在拱 AC 上作用一载荷 $\boldsymbol{P}$.试分别画出拱 AC 和 BC 的受力图.

解 先画拱 BC 的受力图.由于拱 BC 自重不计,且只在 B、C 处受约束(铰链),故拱 BC 为二力构件.B 处和 C 处的约束反力 $\boldsymbol{F}_B$、$\boldsymbol{F}_C$ 大小相等,方向相反,沿 B、C 的连线.由经验判断,拱 BC 在此二处受压力,受力图如图 1-19(b)所示.

再取拱 AC 为研究对象.图 1-19(c)是它的受力图,其中,力 $\boldsymbol{P}$ 是已知载荷;$\boldsymbol{F}'_C$ 是拱 BC 给拱 AC 的约束反力,$\boldsymbol{F}'_C$ 与 $\boldsymbol{F}_C$ 互为作用力和反作用力,$\boldsymbol{F}'_C=-\boldsymbol{F}_C$;拱 AC 在 A 处受固定铰链支座给它的约束反力 $\boldsymbol{F}_A$ 的作用,由于方向未知,故用两个未知的正交分力 $\boldsymbol{F}_{Cx}$ 和 $\boldsymbol{F}_{Cy}$ 来表示.

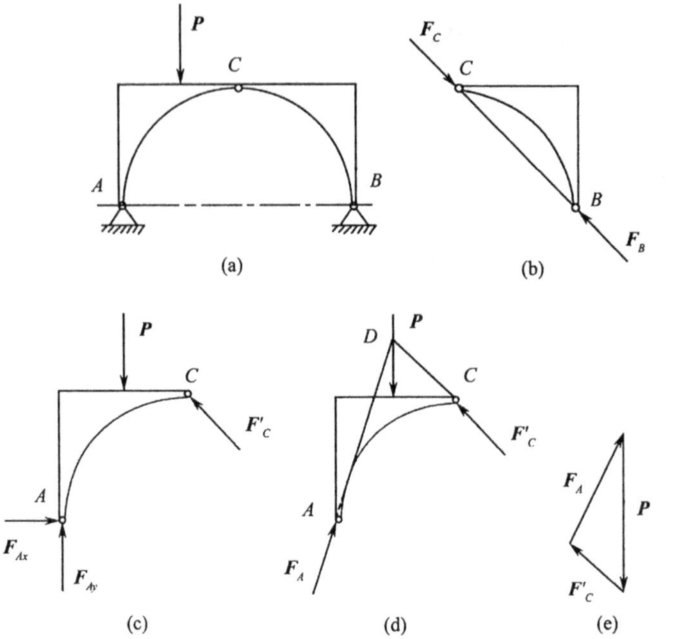

图 1-19

在平面汇交力系一章中将会知道，三力平衡汇交定理中的三个力首尾相接的话，必组成一封闭的力三角形. 根据这一点和三力平衡汇交定理对拱 AC 再作一次受力分析.

由于拱 BC 是二力构件，因此 $\boldsymbol{F}_C$ 必定沿 B、C 的连线，但指向未知(这里不依经验判断). 拱 AC 受三个力作用，$\boldsymbol{P}$ 的方向已定；$\boldsymbol{F}'_C$与 $\boldsymbol{F}_C$ 互为作用力和反作用力，$\boldsymbol{F}'_C$的方位也就知道，但指向未知；A 处的约束反力 $\boldsymbol{F}_A$ 方向未知. 根据三力平衡汇交定理，$\boldsymbol{F}_A$ 的作用线必汇交于 $\boldsymbol{P}$ 和 $\boldsymbol{F}'_C$的作用线的交点 D，因此 $\boldsymbol{F}_A$ 的方位可知. 又 $\boldsymbol{P}$、$\boldsymbol{F}'_C$、$\boldsymbol{F}_A$ 三力首尾相接必组成一封闭的力三角形，如图 1-19(e)所示，于是由此三角形可以断定 $\boldsymbol{F}'_C$和 $\boldsymbol{F}_A$ 的指向. 受力图如图 1-19(d)所示.

例 1-4　图 1-20(a)所示的平面构件，由杆 AB、DE 及 DB 铰接而成. A 为辊轴支座，E 为固定铰链支座. 钢绳一端拴在 K 处，另一端绕过定滑轮Ⅰ和动滑轮Ⅱ后拴在销钉 B 上，物体重 P，各杆及滑轮自重不计. (1)分别画出各杆、各滑轮、销钉 B 以及整个系统的受力图；(2)画出销钉 B 与滑轮Ⅰ一起的受力图；(3)画出杆 AB，滑轮Ⅰ、Ⅱ，钢绳和物体作为一个系统时的受力图.

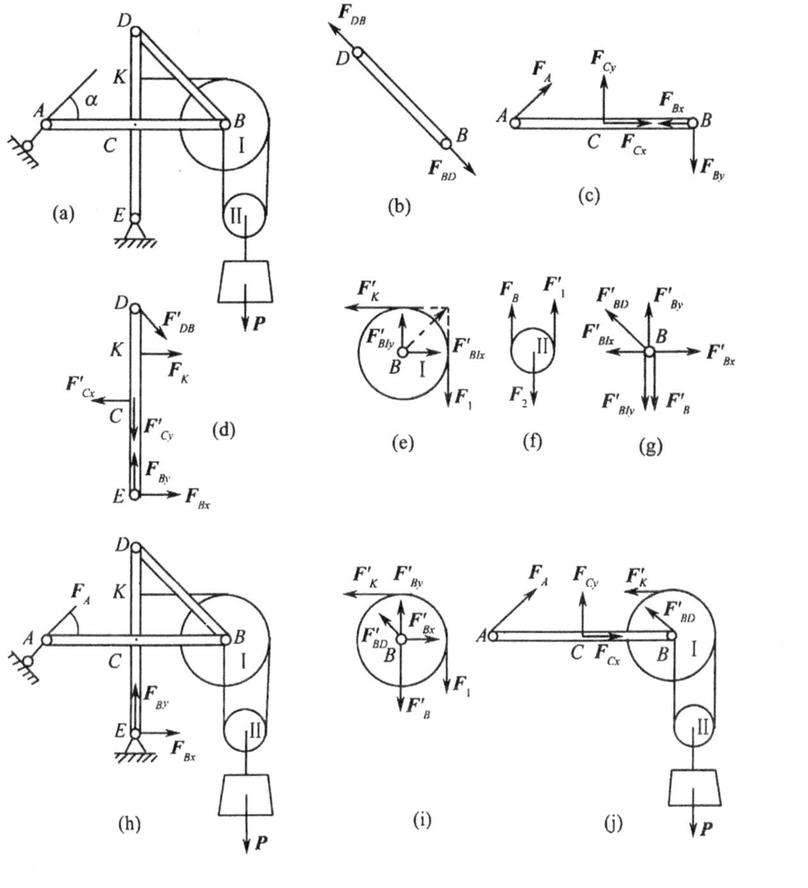

图 1-20

解　(1) 取杆 BD 为研究对象(B 处为没有销钉的孔). 由于杆 BD 为二力杆,故在 D、B 处分别受 $\boldsymbol{F}_{DB}$和 $\boldsymbol{F}_{BD}$两力的作用,其中 $\boldsymbol{F}_{BD}$为销钉给孔的约束反力,其受力图如图 1-20(b)所示.

取杆 AB 为研究对象(B 处仍为没有销钉的孔). A 处受辊轴支座的约束反力 $\boldsymbol{F}_A$的作用;C 为铰链约束,其约束反力可用两个正交分力 $\boldsymbol{F}_{Cx}$和 $\boldsymbol{F}_{Cy}$表示;B 处受销钉给孔 B 的约束反力,也用两个正交分力 $\boldsymbol{F}_{Bx}$和 $\boldsymbol{F}_{By}$表示. 其受力图如图 1-20(c)所示.

取杆 DE 为研究对象. D 处受二力杆 BD 给它的约束反力 $\boldsymbol{F}'_{DB}$($\boldsymbol{F}'_{DB} = -\boldsymbol{F}_{DB}$);$K$ 处受钢绳的拉力 $\boldsymbol{F}_K$;C 处受反作用力 $\boldsymbol{F}'_{Cx}$和 $\boldsymbol{F}'_{Cy}$作用($\boldsymbol{F}'_{Cx} = -\boldsymbol{F}_{Cx}$,$\boldsymbol{F}'_{Cy} = -\boldsymbol{F}_{Cy}$);$E$ 处为固定铰链支座,其约束反力用两个正交反力 $\boldsymbol{F}_{Ex}$和 $\boldsymbol{F}_{Ey}$

表示.其受力图如图 1-20(d)所示.

取轮Ⅰ为研究对象(B 处为没有销钉的孔).轮沿受钢绳的拉力 $\boldsymbol{F}_1$和 $\boldsymbol{F}'_K$($\boldsymbol{F}'_K = -\boldsymbol{F}_K$);B 处受销钉给轮孔 B 的约束反力 $\boldsymbol{F}_{BIx}$和 $\boldsymbol{F}_{BIy}$,其受力图如图 1-20(e)所示.本受力图也可用三力平衡汇交定理确定孔 B 约束反力的方向,如图中虚线所示.

取轮Ⅱ为研究对象.其上三处受钢绳拉力,为 $\boldsymbol{F}'_1$($\boldsymbol{F}'_1 = -\boldsymbol{F}_1$)、$\boldsymbol{F}_B$、$\boldsymbol{F}_2$,其受力图如图 1-20(f)所示.

取销钉 B 为研究对象.销钉 B 与杆 DB、AB,轮Ⅰ和钢绳四个物体连接,因此这四个物体对销钉都有力作用.二力杆 BD 对它的约束反力为 $\boldsymbol{F}'_{BD}$($\boldsymbol{F}'_{BD} = -\boldsymbol{F}_{BD}$);杆 AB 对它的约束反力为 $\boldsymbol{F}'_{Bx}$和 $\boldsymbol{F}'_{By}$($\boldsymbol{F}'_{Bx} = -\boldsymbol{F}_{Bx}$,$\boldsymbol{F}'_{By} = -\boldsymbol{F}_{By}$);轮Ⅰ给它的约束反力为 $\boldsymbol{F}'_{BIx}$和 $\boldsymbol{F}'_{BIy}$($\boldsymbol{F}'_{BIx} = -\boldsymbol{F}_{BIx}$,$\boldsymbol{F}'_{BIy} = -\boldsymbol{F}_{BIy}$);钢绳对它的拉力 $\boldsymbol{F}'_B$($\boldsymbol{F}'_B = -\boldsymbol{F}_B$).其受力图如图 1-20(g)所示.

取整个系统为研究对象,此时可把整个系统刚化为刚体.其中 B、C、D 及钢绳的相应接触点等处的约束反力均为系统内的作用力,称为**系统的内力**.这些内力成对出现,互为作用力与反作用力,它们对系统的作用效应相互抵消,因此如果除去这些内力,并不影响整个系统的平衡.所以在受力图中不必画出内力,只需画出系统以外的物体给系统的作用力,这些力称为**系统的外力**.系统的外力有 $\boldsymbol{P}$、$\boldsymbol{F}_A$、$\boldsymbol{F}_{Ex}$和 $\boldsymbol{F}_{Ey}$.其受力图如图 1-20(h)所示.

(2) 取销钉 B 与滑轮Ⅰ一起为研究对象,同样把它们作为系统而刚化为刚体.内力不画.外力有 $\boldsymbol{F}_1$、$\boldsymbol{F}'_K$、$\boldsymbol{F}'_B$、$\boldsymbol{F}'_{BD}$、$\boldsymbol{F}'_{Bx}$和 $\boldsymbol{F}'_{By}$.其受力图如图 1-20(i)所示.

(3) 取杆 AB,滑轮Ⅰ、Ⅱ,钢绳(含销钉 B)及物体一起为研究对象,同样将此系统刚化为刚体.内力不画.外力有 $\boldsymbol{P}$、$\boldsymbol{F}_A$、$\boldsymbol{F}'_K$、$\boldsymbol{F}'_{BD}$、$\boldsymbol{F}_{Cx}$和 $\boldsymbol{F}_{Cy}$.受力图如图 1-20(j)所示.

应该指出,由于销钉 B 与四个物体相连接,销钉 B 与每个连接物体之间都有作用与反作用关系,因此销钉 B 上受的力较多,问题就比较复杂,所以必须清楚作用其上的每一个力的施力物体.当然,当分析各物体在 B 处的受力时应该根据求解需要,将销钉单独画出或将它属于某一物体,因为各研究对象在 B 处是否包括销钉,其受力图是不同的,比较图 1-20(e)和图 1-20(i).在遇到销钉等连接多个物体时,都应注意上述问题.

习　题

1-1　试画出下列各指定物体的受力图.物体的重力除标出者外,均忽略不计,所有接触处都认为是光滑的.

(a) 杆 AE;

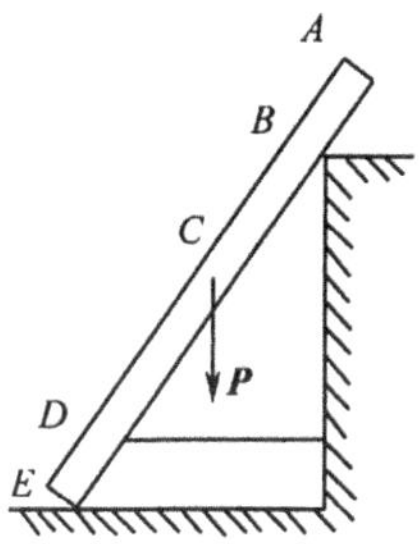

(a)图

(b) 圆筒 C;

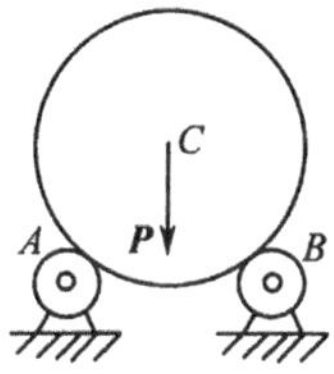

(b)图

(c) 梁 AB;

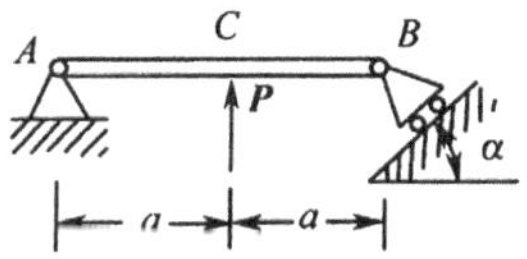

(c)图

(d) 棘轮 A;

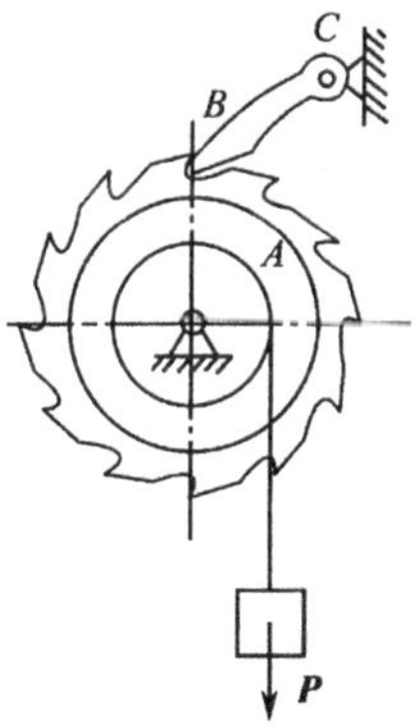

(d)图

(e) 杠杆 AC;

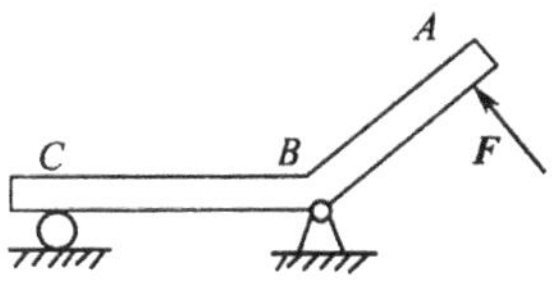

(e)图

(f) 屋架;

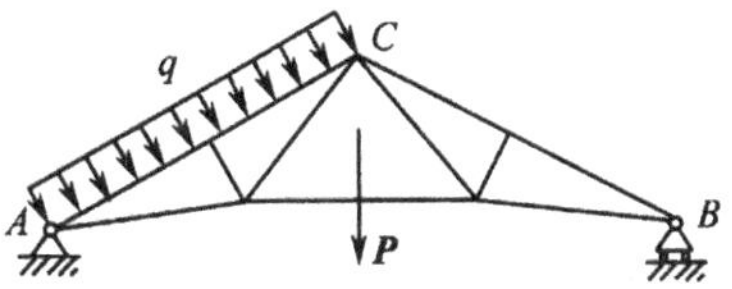

(f)图

(g) 横杆 AB；　　　　(h) 杆 AB；

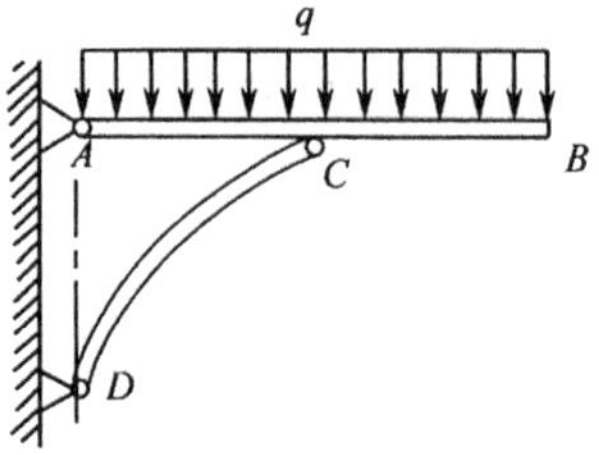

(g)图

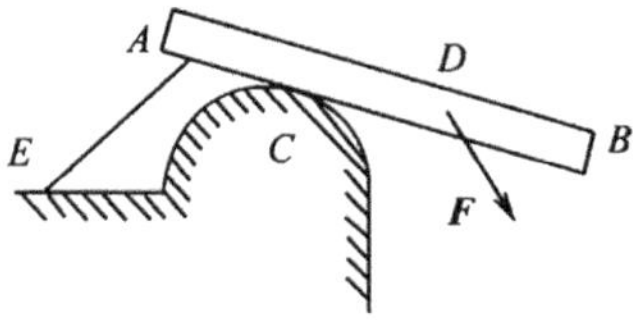

(h)图

(i) 圆筒 O；　　　　(j) 起重机架 ABC.

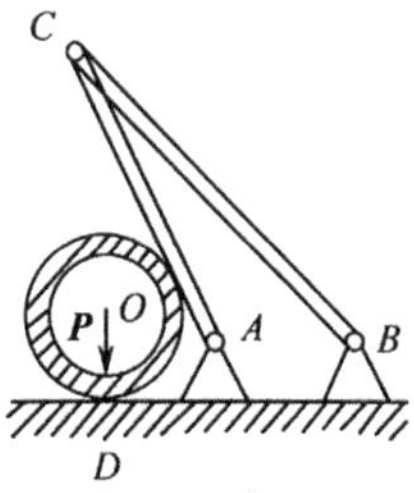

(i)图

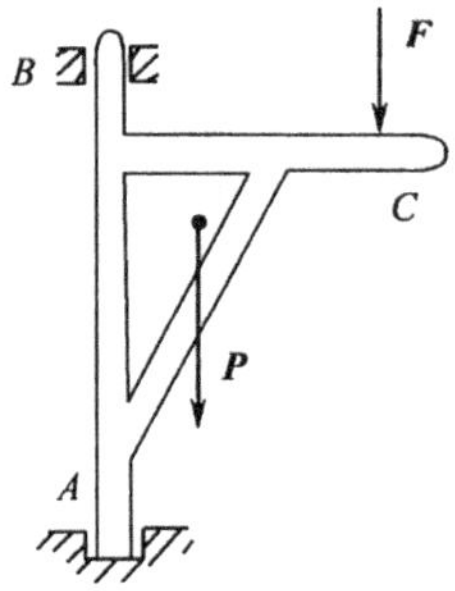

(j)图

题 1-1 图

1-2　试画出下列每个标注字符的物体的受力图. 凡未注重力者均不计其重量，所有接触处皆视为光滑的.

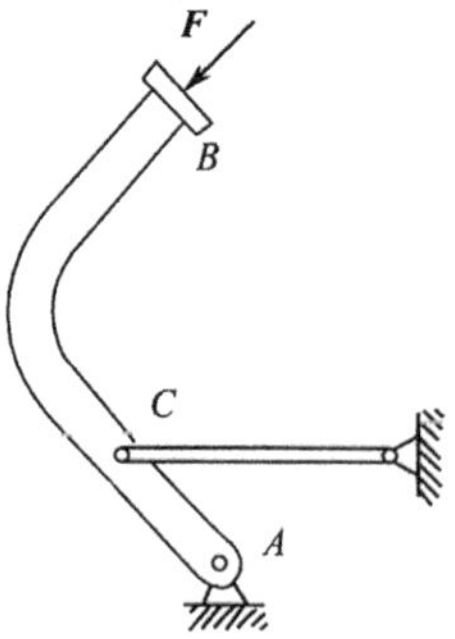

(a)

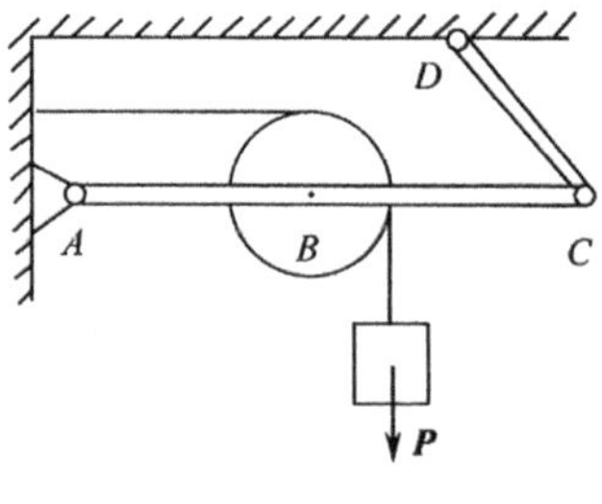

(b)

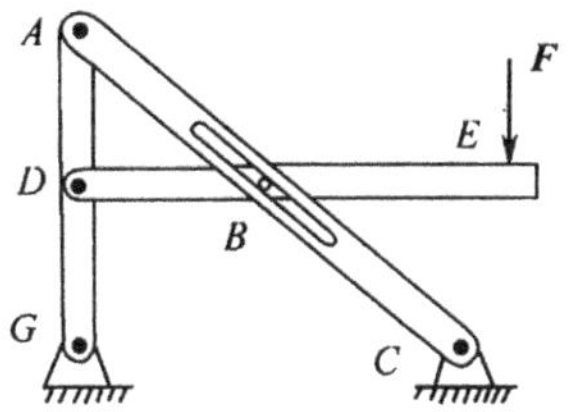

(c)

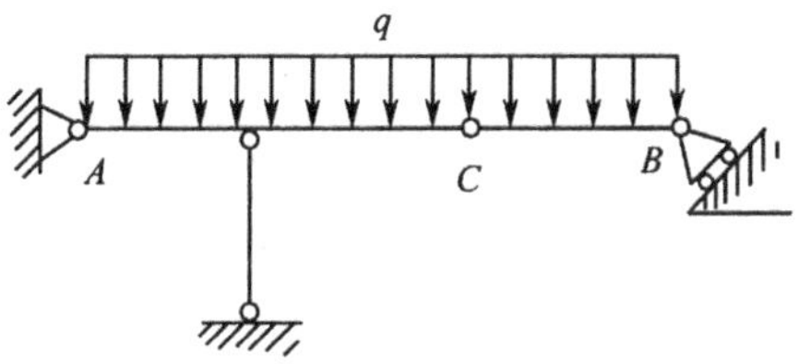

(d)

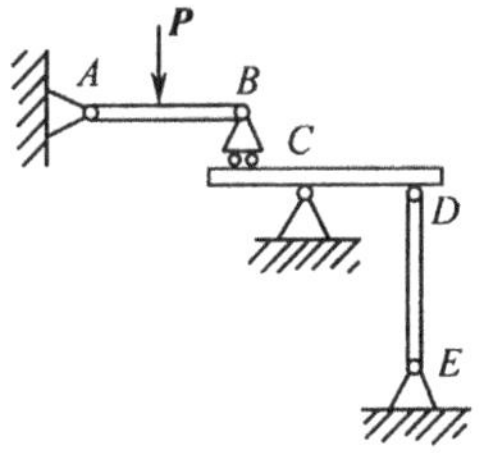

(e)

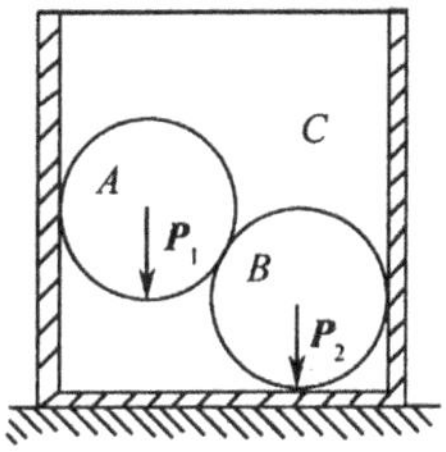

(f)

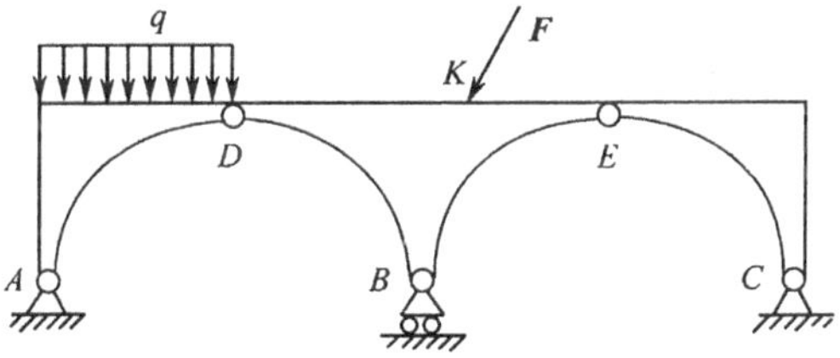

(g)

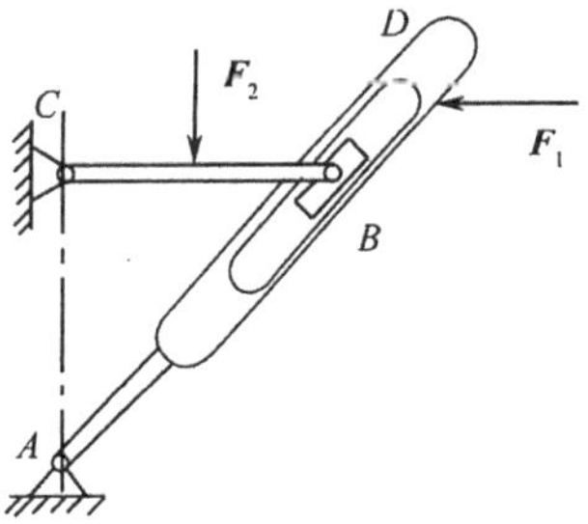

(h)

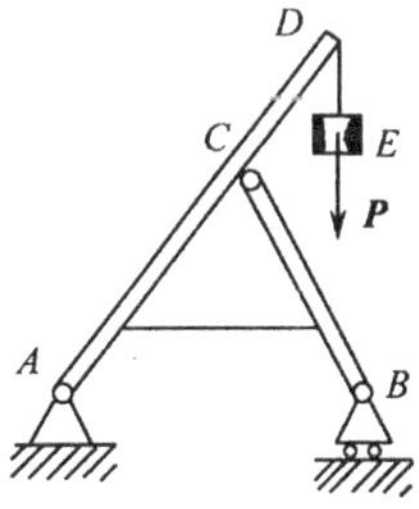

(i)

题 1-2 图

1-3　图示为一固紧工件的装置简图.试画出活塞连同杆 *EA*、杠杆 *BC* 及整个系统(不含工件)的受力图.

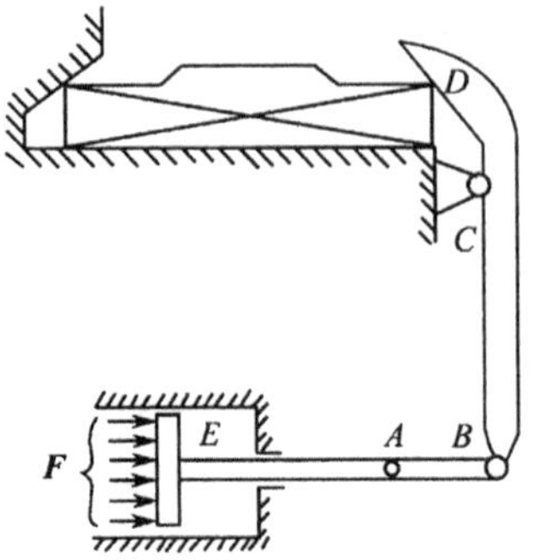

题 1-3 图

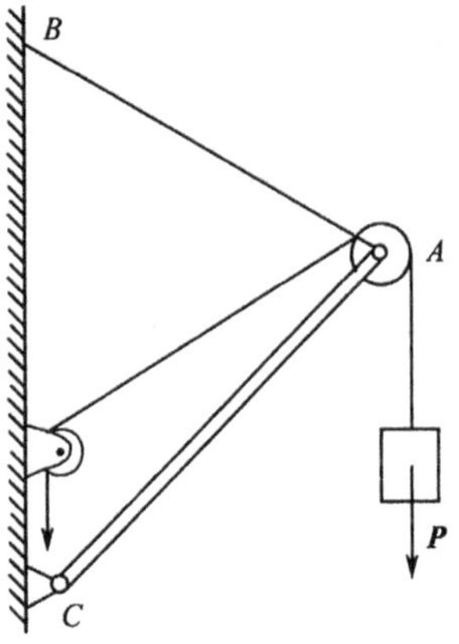

题 1-4 图

1-4　图示为一简易起重机.重 P_1 的重物由绕过滑轮的绳索牵引升降,起重臂自重为 P_2.试绘出重物、滑轮(含销钉)、起重臂及整个系统的受力图.

1-5　构架如图所示,试画出杆 BH、杆 AB、销钉 A 及整个系统的受力图.

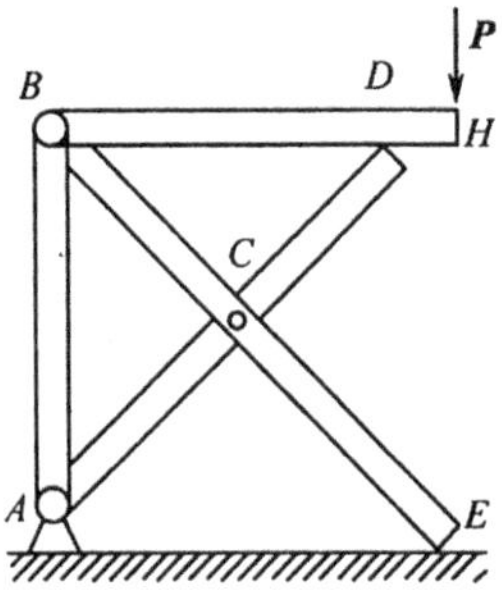

题 1-5 图

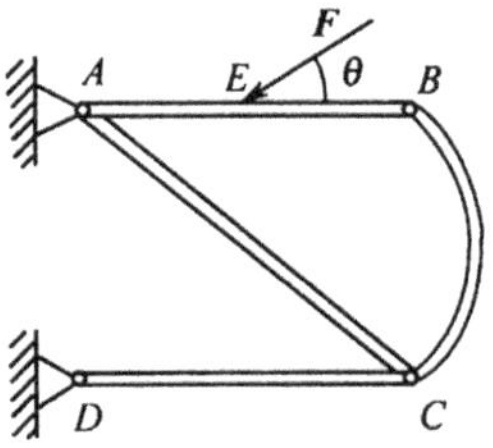

题 1-6 图

1-6　构架如图所示,试分别画出 AB、销钉 C 及整个系统的受力图.

1-7　支架如图示,试分别画出滑轮 E、杆 AE(含销钉 E)、杆 BE 及整个系统的受力图.

1-8　结构如图所示,力 $\boldsymbol{F}_1$ 作用在销钉 C 上,试画出 AC、BCE 及 DEH 部分的受力图.

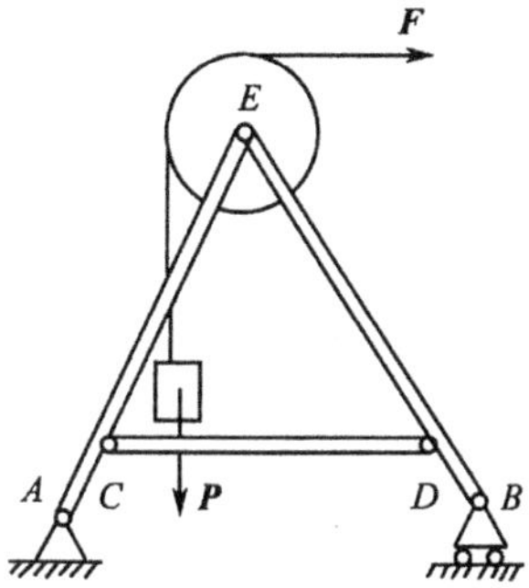

题 1-7 图

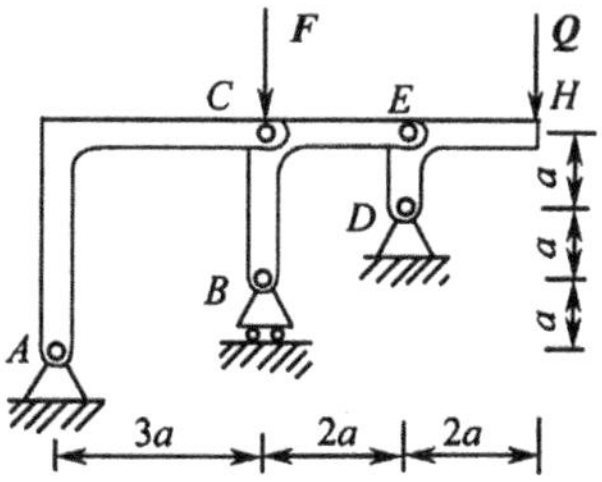

题 1-8 图

1-9　绘出图示结构各杆件的受力图.

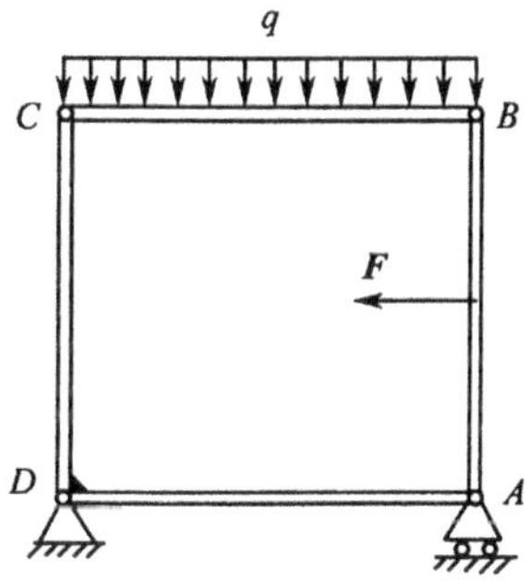

题 1-9 图

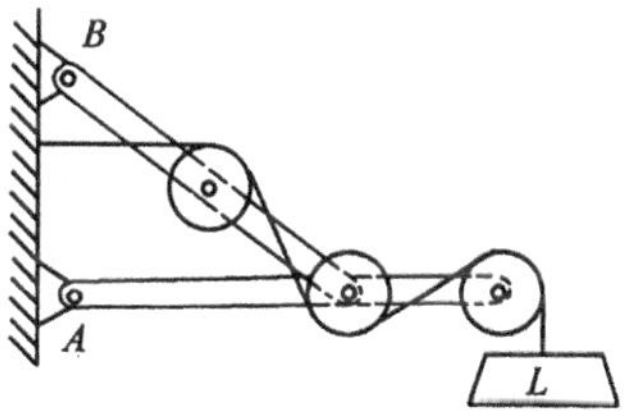

题 1-10 图

1-10　绘出图示整个系统的受力图.

第二章　平面汇交力系

力系分平面力系和空间力系两大类，每大类又有各种类型，我们从最简单的平面汇交力系开始，逐个研究.

各力的作用线在同一平面内并汇交于一点的力系称为平面汇交力系.

§2-1　平面汇交力系合成的几何法和平衡的几何条件

一、合成的几何法

设刚体上作用一平面汇交力系 $\boldsymbol{F}_1$、$\boldsymbol{F}_2$、…、$\boldsymbol{F}_n$，各力的作用线汇交于点 A，如图 2-1(a)所示.将诸力沿其作用线分别移到点 A，成一平面共点力系(图 2-1(b)).由力的可传性原理知，两力系等效.于是可按平面共点力系合成平面汇交力系，即连续使用力三角形法将诸力依次合成(图 2-1(c))，也可直接用**力多边形法**合成(图 2-1(d))，求得合力 $\boldsymbol{F}_R$.由此得结论：**平面汇交力系合成的结果是一个合力，合力的作用线通过力系的汇交点，合力的大小和方向等于力系各力的矢量和，即**

$$\boldsymbol{F}_R = \boldsymbol{F}_1 + \boldsymbol{F}_2 + \cdots + \boldsymbol{F}_n = \sum_{i=1}^{n} \boldsymbol{F}_i \tag{2-1}$$

注意，作力多边形时，可任意变换力的相加次序，合成的结果不变.

二、平衡的几何条件

平面汇交力系可用其合力等效代替，因此，**平面汇交力系平衡的必要和充分条件是：力系的合力等于零**.以矢量式表示，即

$$\boldsymbol{F}_R = \sum \boldsymbol{F}_i = 0 \tag{2-2}$$

由力多边形求合力，合力为零时，力多边形中的最后一个力的末端与第一个力的始端相接，成一封闭的力多边形.因此，**平面汇交力系平衡的必要和充分的几何条件是：力多边形自行封闭**.

例 2-1　图 2-2(a)所示结构中，力 $F=400\text{N}$.试求弯杆 ABC 在 B、C 处所受的约束反力.

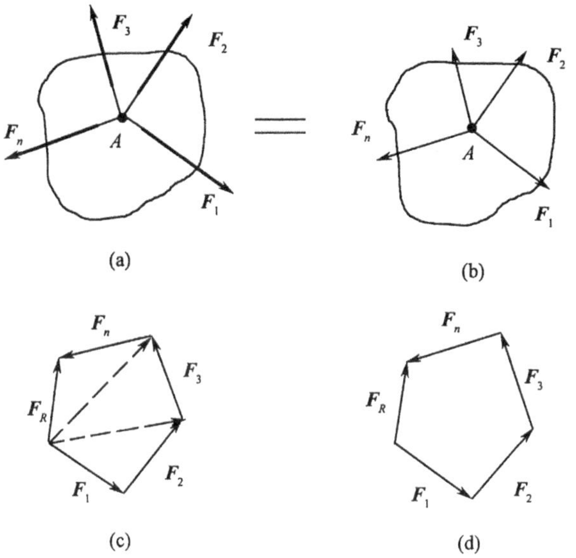

图 2-1

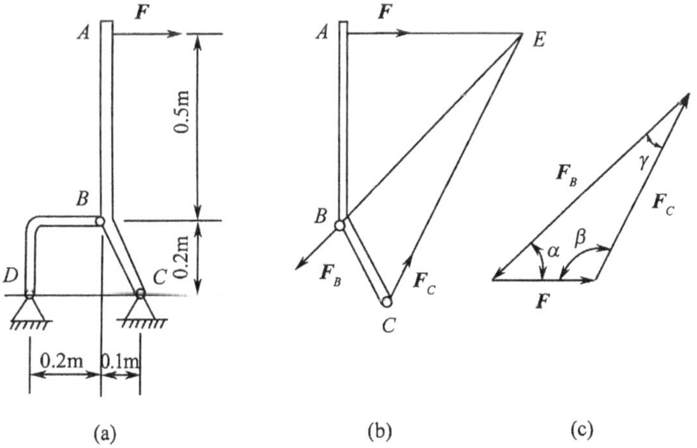

图 2-2

解 选弯杆 ABC 为研究对象,画受力图如图 2-2(b)所示.其上作用有力 $\boldsymbol{F}$、铰链的约束反力 $\boldsymbol{F}_C$和弯杆 BD 给弯杆 ABC 的约束反力 $\boldsymbol{F}_B$.弯杆 BD 是二力构件,故 $\boldsymbol{F}_B$沿 B、D 两点的连线.因弯杆 ABC 在$\boldsymbol{F}$、$\boldsymbol{F}_C$、$\boldsymbol{F}_B$三力的作用下处于平衡,根据三力平衡汇交定理,力 $\boldsymbol{F}_C$的作用线必过$\boldsymbol{F}$、$\boldsymbol{F}_B$二力作用线的交点

E.这显然是一个平面汇交力系.根据平面汇交力系平衡的几何条件,这三个力可构成一个自行封闭的力三角形,如图 2-2(c)所示.

由已知条件和三角函数关系得

$$\alpha = 45°, \quad \beta = 119.7°, \quad \gamma = 15.3°$$

在力三角形中应用正弦定理

$$\frac{F_C}{\sin\alpha} = \frac{F_B}{\sin\beta} = \frac{F}{\sin\gamma}$$

即

$$\frac{F_C}{\sin 45°} = \frac{F_B}{\sin 119.7°} = \frac{400}{\sin 15.3°}$$

解之得

$$F_C = 1072\text{N}, \quad F_B = 1317\text{N}$$

将在计算简图——力三角形中求得的力 $\boldsymbol{F}_B$、$\boldsymbol{F}_C$分别平移至受力图中作用点B、C,便是所求的约束反力.

§2-2　平面汇交力系合成的解析法和平衡的解析条件

一、合成的解析法

我们知道,任一矢量,包括力 $\boldsymbol{F}$ 和合力$\boldsymbol{F}_R$,在直角坐标系 Oxy 中其解析表达式为

$$\boldsymbol{F} = X\boldsymbol{i} + Y\boldsymbol{j}$$

$$\boldsymbol{F}_R = F_{Rx}\boldsymbol{i} + F_{Ry}\boldsymbol{j}$$

其中 X、Y 和F_{Rx}、F_{Ry}分别为力$\boldsymbol{F}$ 和合力$\boldsymbol{F}_R$在x 轴和y 轴上的投影;$\boldsymbol{i}$、$\boldsymbol{j}$ 分别为 x 轴和y 轴的单位矢量.

根据合矢量投影定理,可知**合力投影定理:合力在任一轴上的投影等于各分力在同一轴上投影的代数和**.将式(2-1)向 x 和y 轴上投影,可得

$$\left.\begin{aligned} F_{Rx} &= X_1 + X_2 + \cdots + X_n = \sum_{i=1}^{n} X_i \\ F_{Ry} &= Y_1 + Y_2 + \cdots + Y_n = \sum_{i=1}^{n} Y_i \end{aligned}\right\} \tag{2-3}$$

由合力在 x、y 轴上的投影,就可求出合力的大小和方向.合力的大小为

$$F_R = \sqrt{F_{Rx}^2 + F_{Ry}^2} = \sqrt{(\sum X)^2 + (\sum Y)^2} \tag{2-4}$$

合力的方向余弦为

$$\cos\alpha = \frac{F_{Rx}}{F_R} = \frac{\sum X}{F_R}, \qquad \cos\beta = \frac{F_{Ry}}{F_R} = \frac{\sum Y}{F_R}, \tag{2-5}$$

其中 α、β 分别是合力 $\boldsymbol{F}_R$ 与 x 轴和 y 轴正向间的夹角(小于 180°).
也可用下式来确定合力的方向

$$\tan\theta = \left|\frac{F_{Ry}}{F_{Rx}}\right| = \left|\frac{\sum Y}{\sum X}\right| \tag{2-6}$$

其中 θ 是合力 $\boldsymbol{F}_R$ 与 x 轴所夹的锐角.运用该式时要根据投影 F_{Rx} 和 F_{Ry} 的正负号来判断合力 $\boldsymbol{F}_R$ 的指向.

二、平衡的解析条件

由上一节知,平面汇交力系平衡的必要和充分条件是力系的合力等于零.由式(2-4)可知,欲要合力 $F_R=0$,必须同时满足

$$\left.\begin{aligned}\sum X &= 0\\ \sum Y &= 0\end{aligned}\right\} \tag{2-7}$$

因此,**平面汇交力系平衡的必要和充分的解析条件是:力系的各力在两坐标轴上的投影的代数和都等于零**.式(2-7)称为**平面汇交力系的平衡方程**.两个独立的方程,可求解两个未知量.

例 2-2 重力 $P=2\text{kN}$ 的物体通过连结卷扬机绕过滑轮的钢丝绳起落,如图 2-3(a)所示.设滑轮大小和摩擦不计,试求当物体处于平衡状态时,杆 AB、AC 所受的力.

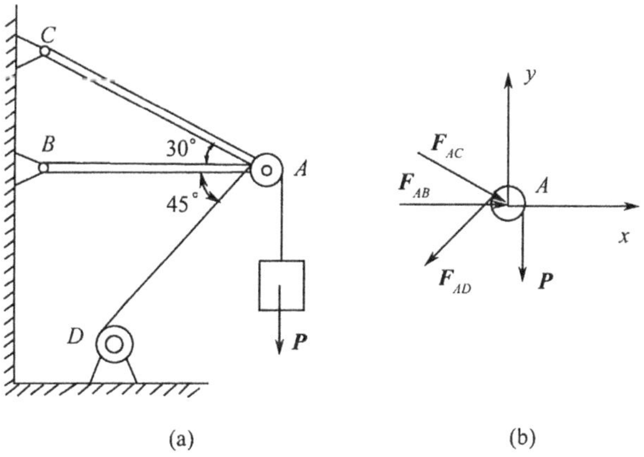

图 2-3

解　选滑轮为研究对象,画受力图如图 2-3(b)所示.由于滑轮大小不计,因此这些力可视为平面汇交力系,汇交点为点 A.又由于摩擦不计,所以 $F_{AD}=P$.AB、AC 两杆均为二力杆,它们对滑轮的反力分别沿两杆轴线.图中未知力的指向均为任意假设的.

如图建立坐标系.为投影计算简便,应使坐标轴与尽量多的力平行(或垂直),因此坐标系的方位是可任意选取的.

列平衡方程

$$\sum X = 0, F_{AB} + F_{AC}\cos30° - F_{AD}\cos45° = 0$$

$$\sum Y = 0, -P - F_{AD}\sin45° - F_{AC}\sin30° = 0$$

即

$$F_{AB} + F_{AC}\cos30° - 2\cos45° = 0$$

$$-2 - 2\sin45° - F_{AC}\sin30° = 0$$

解之得

$$F_{AB}=7.33\text{kN},\qquad F_{AC}=-6.83\text{kN}$$

求得的结果 F_{AB}是正值,说明假设的指向就是实际指向;F_{AC}是负值,说明假设的指向与实际指向相反.

根据作用与反作用定律,AB 杆受压力为 7.33kN,AC 杆受拉力为 6.83kN.

习　题

2-1　铆接钢板在孔 A、B、C 处受三个力作用,如图所示.$F_1=100$N,沿铅直方向;$F_3=50$N,沿水平方向,并通过点 A;$F_2=50$N,力的作用线也通过点 A,尺寸如图.求此力系的合力.

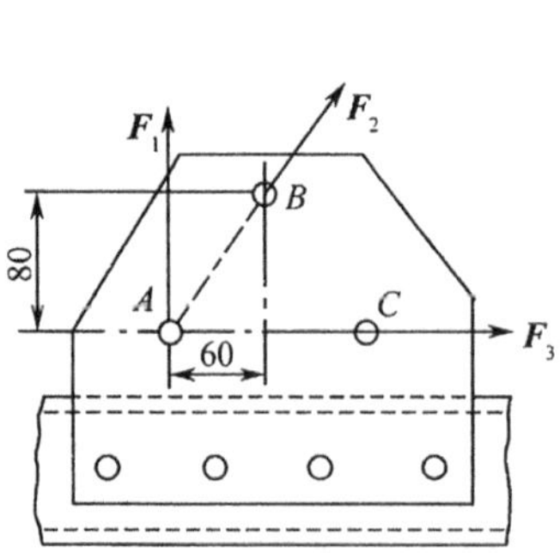

题 2-1 图

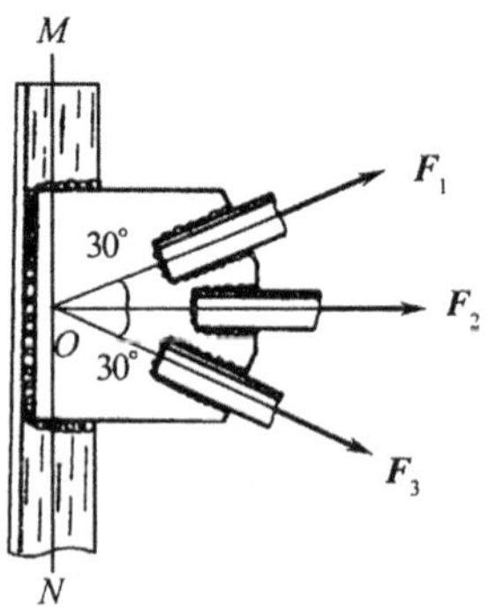

题 2-2 图

2-2　图示型钢 MN 上焊接有三根角钢，三力 $\boldsymbol{F}_1$、$\boldsymbol{F}_2$、$\boldsymbol{F}_3$ 分别作用于三根角钢上，三力大小相等，三力的合力 $F_R=1000\text{N}$，求每一力的大小.

2-3　工件放在 V 形铁内，如图所示. 若已知压板夹紧力 $F=400\text{N}$，不计工件自重，求工件对 V 形铁的压力.

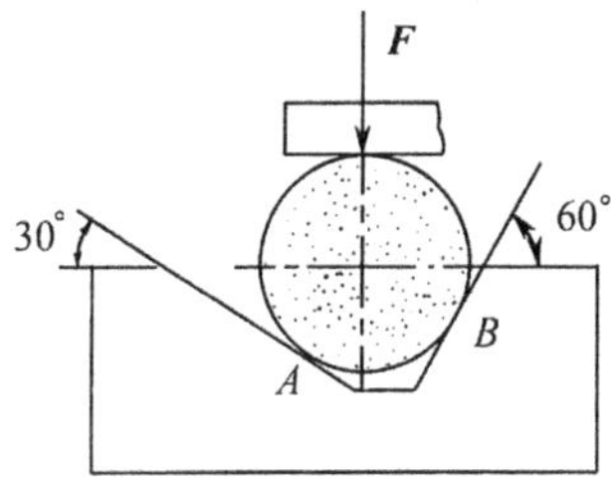

题 2-3 图

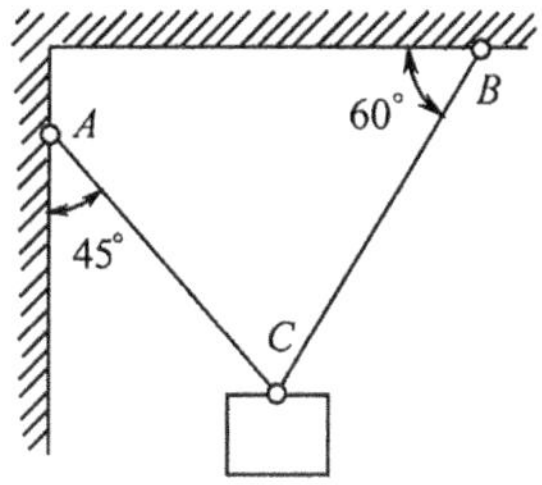

题 2-4 图

2-4　重 10kN 的物体，用两根钢索悬挂，如图所示. 设钢索重量不计，试求两钢索中的拉力.

2-5　起重用的吊环如图所示，侧臂 AB 和 AC 均由两片板条组成，吊环自重可以不计. 起吊重量 $P=1200\text{kN}$，求每片板条所受的力.

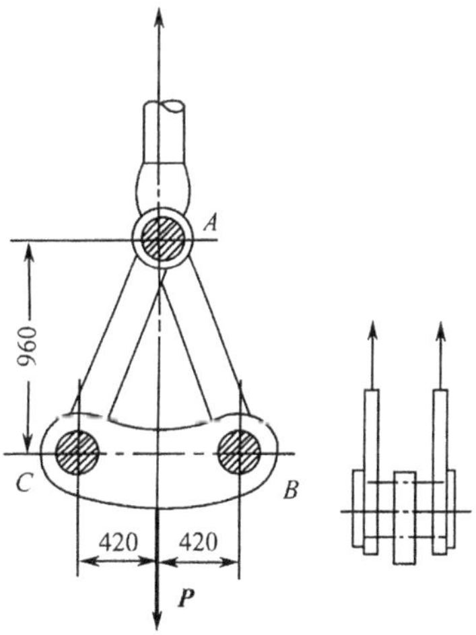

题 2-5 图

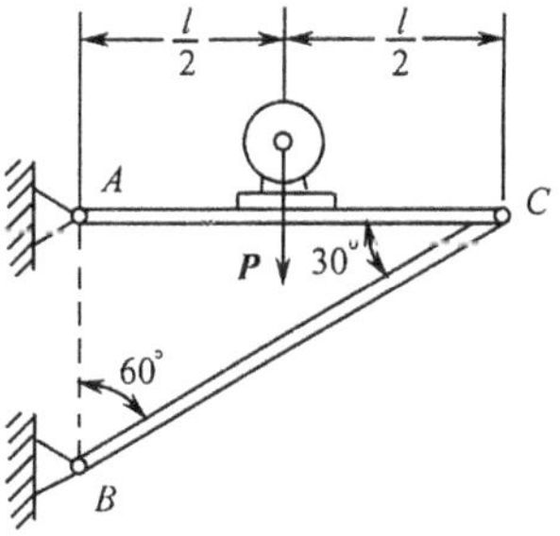

题 2-6 图

2-6　图示电动机重 $P=5\text{kN}$，放在水平梁 AC 的中间，A 和 B 为固定铰链支座，C 为中间铰链. 试求 A 点反力及杆 BC 所受的力.

2-7　图示输电线 ACB 架在两电线杆之间，形成一下垂曲线，下垂距离 $CD=f=1\text{m}$，两电线杆间距离 $AB=40\text{m}$. 电线 ACB 段重 $P=400\text{N}$，可近似认为沿 AB 线均匀分布. 求电线中点和两端的压力.

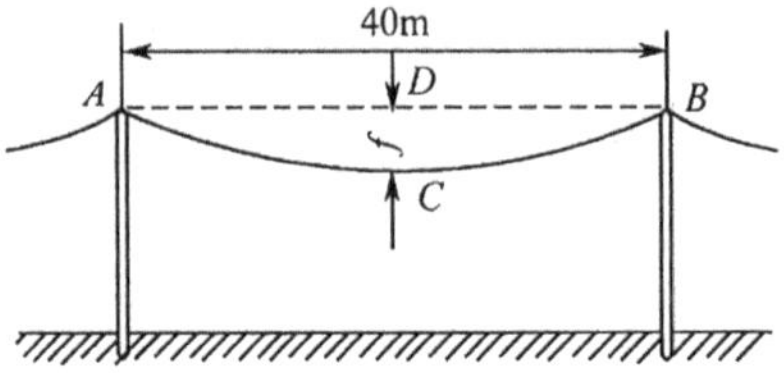

题 2-7 图

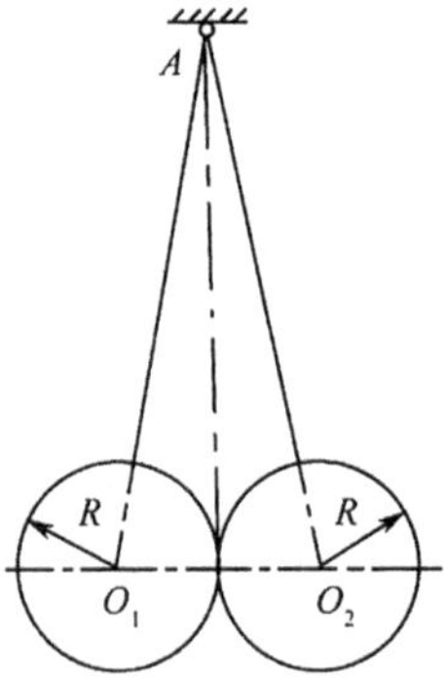

题 2-8 图

2-8 两个相同的光滑球 O_1 和 O_2，半径为 $R=100\text{mm}$，重为 10N，用长为 $l=500\text{mm}$ 的绳子悬挂在点 A，如图所示．试求每根绳子的受力及两球在接触点上的相互作用力．

2-9 图示为跨越山谷的运输装置，被运送的物体 M 通过小滑车 C 挂在钢缆 $AC'B$ 上，钢缆 A、B 两端分别固定在等高的两塔顶上．若 $AB=100\text{m}$，钢缆 $AC'B$ 长 102m，被运送物体及滑车共重 50kN，略去钢缆自重及滑车 C 与钢缆之间的摩擦．求当 $AC=20\text{m}$ 时钢缆 $AC'B$ 及钢索 AC 的张力．

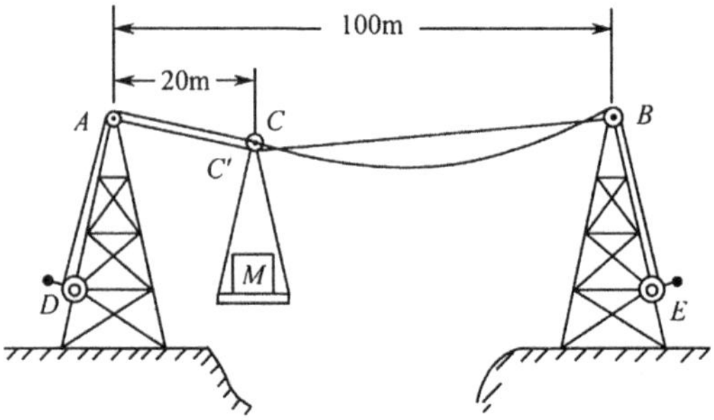

题 2-9 图

2-10 两轮 A 和 B，各重为 $P_A=2P$，$P_B=P$，杆 AB 长为 l，连接两轮，可自由地在光滑面上滚动，不计杆的重量．试求当物体系统处于平衡时，杆 AB 与水平线的夹角．

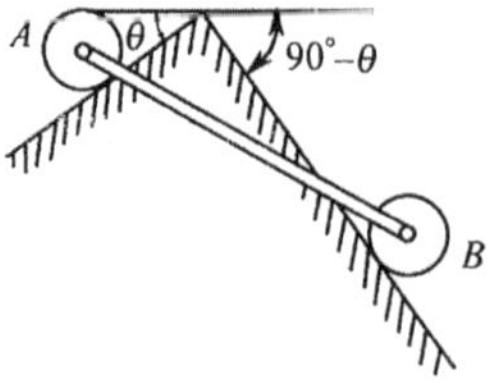

题 2-10 图

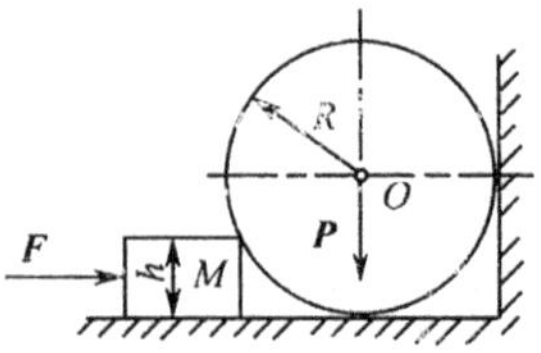

题 2-11 图

2-11　半径为 R 的圆柱体 O 放于直角墙壁内，用力 $\boldsymbol{F}$ 通过长方体 M 推圆柱体如图所示.长方体的高 $h=\frac{1}{2}R$.已知圆柱体的重量为 P.各接触面视为光滑的，试求能使圆柱体离开地面的最小力 F.

第三章　力对点的矩·平面力偶系

§3-1　力对点的矩

如图 3-1 所示，平面上作用一力 $\boldsymbol{F}$，在同平面内任取一点 O. 我们知道，力 $\boldsymbol{F}$ 使物体绕点 O 转动(即绕过点 O 垂直于平面的轴转动)的效应取决于两个因素：(1) 力的大小与力臂的乘积 Fh；(2) 力使物体绕点 O 转动的方向. 这两个因素可以用乘积 Fh 冠以正负号来完全概括，以它作为力 $\boldsymbol{F}$ 使物体绕点 O 转动的效应的量度. 我们称 $\pm Fh$ 为**力 $\boldsymbol{F}$ 对点 $\boldsymbol{O}$ 的矩**，简称**力矩**，以 $M_O(\boldsymbol{F})$ 来表示，即

$$M_O(\boldsymbol{F}) = \pm Fh \tag{3-1}$$

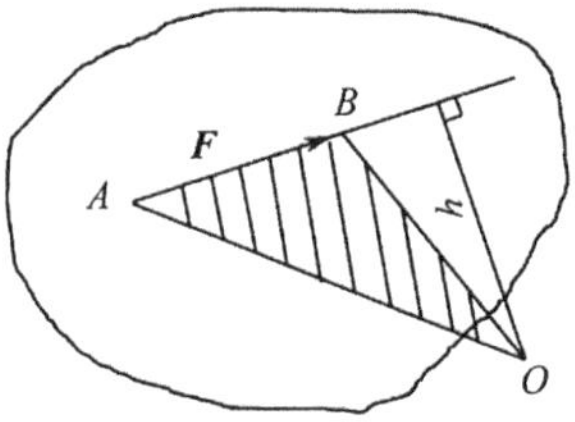

图 3-1

点 O 称为**矩心**. 因此，**在平面问题中，力对点的矩是一个代数量，其绝对值等于力的大小与力臂的乘积，其正负规定为：力使物体绕矩心逆时针方向转动时为正，反之为负**.

由图 3-1 可以看出，力 $\boldsymbol{F}$ 对点 O 的矩的大小也可以用$\triangle OAB$ 面积的两倍表示，即

$$M_O(\boldsymbol{F}) = \pm 2\triangle OAB \tag{3-2}$$

力矩的法定计量单位是牛(顿)米，符号为 N·m；千牛(顿)米，符号为 kN·m.

§3-2　力偶与力偶矩

两个大小相等，方向相反的平行力组成的力系称为力偶，如图 3-2 所示，记作$(\boldsymbol{F},\boldsymbol{F}')$. 物体受力偶作用的情况是经常遇到的，如汽车司机双手操纵方向盘，$(\boldsymbol{F},\boldsymbol{F}')$是一个力偶；电动机转子所受的磁场力$(\boldsymbol{F}_1,\boldsymbol{F}'_1)$和$(\boldsymbol{F}_2,\boldsymbol{F}'_2)$是两个力偶；分别如图 3-3 和图 3-4 所示. 力偶对物体产生转动效应，而不产生移动效应.

力偶的两个力作用线间的距离称为**力偶臂**，见图 3-2 中的 h. 力偶使物体转动的效应决定于两个因素:(1) 力的大小与力偶臂的乘积 Fh;(2) 力偶在其作用面内的转向. 在平面问题中，这两个因素可以用乘积 Fh 冠以正负号来完全概括，用它来作为力偶对物体转动效应的量度，并称之为**力偶矩**，以 $M(\boldsymbol{F},\boldsymbol{F}')$ 或 M 来表示，即

$$M(\boldsymbol{F},\boldsymbol{F}') = \pm Fh \tag{3-3}$$

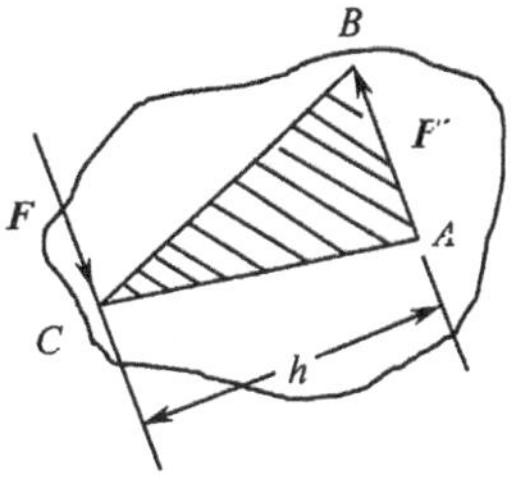

图 3-2

或

$$M = \pm Fh \tag{3-3′}$$

因此，在平面问题中，力偶矩是一个代数量，其绝对值等于力的大小与力偶臂的乘积，其正负规定为:力偶逆时针转向时为正，反之为负.

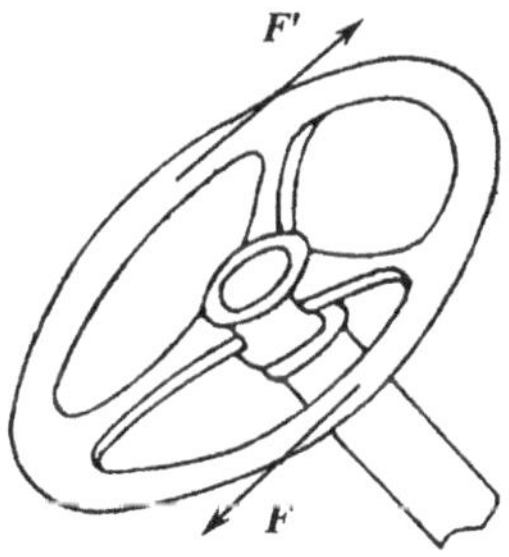

图 3-3

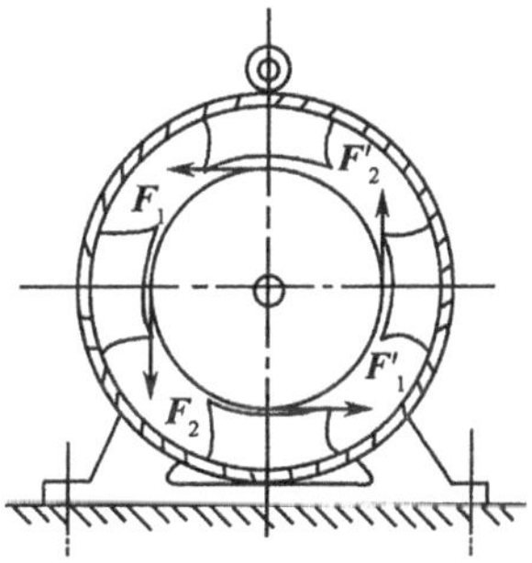

图 3-4

由图 3-2 看出，力偶矩的大小也可用三角形面积来表示，即

$$M = \pm 2\triangle ABC \tag{3-4}$$

力偶矩的单位与力矩相同.

§3-3 力偶的性质

一、力偶不能合成为一个力

这是因为力偶的两个力大小相等，方向相反，作用线平行，因此这两个力在任何一轴上投影的代数和恒等于零.

由于力偶不能合成一个力，所以力偶不能与一个力等效，也不能与一个力平衡，力偶只能与力偶平衡. 力偶和力是静力学的两个基本要素.

二、力偶对其作用面内任一点的矩恒等于力偶矩，而与矩心的位置无关

在力偶($\boldsymbol{F},\boldsymbol{F}'$)的作用面内任取一点 O 为矩心(图 3-5)，力偶对点 O 的矩就是力 $\boldsymbol{F}$ 和 $\boldsymbol{F}'$ 分别对点 O 的矩的代数和.设力偶臂为 h，点 O 到力 $\boldsymbol{F}'$ 的距离为 h'，则力 $\boldsymbol{F}$ 和 $\boldsymbol{F}'$ 分别对点 O 的矩的代数和为

$$F(h+h')-F'h'=Fh=M$$

结果就等于力偶矩.由于点 O 是任取的，因此不论力偶对其作用面内的哪一点取矩，结果都是一样的.这表明力偶对物体的转动效应只取决于力偶矩(大小和正负)，而与矩心的位置无关.

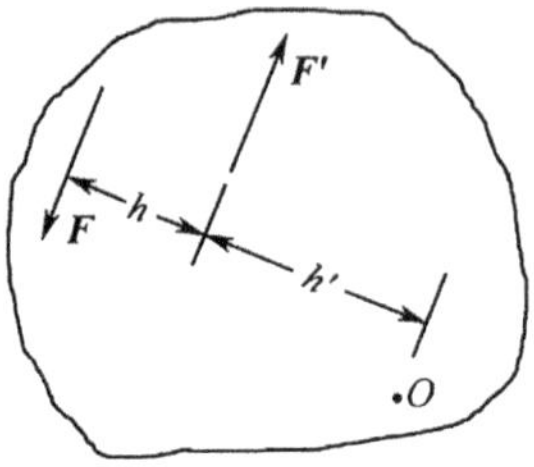

图 3-5

由于力偶对物体只产生转动效应，而其转动效应又只取决于力偶矩，于是得**平面力偶的等效条件：同平面内的两个力偶，如果其力偶矩相等，则两个力偶等效**.

根据平面力偶的等效条件，又可得出下面两个推论：

1. 力偶可以在其作用面内任意移动和转动，而不改变它对物体的效应.换言之，力偶对物体的效应与其在作用面内的位置无关.如图 3-6 所示之力偶($\boldsymbol{F},\boldsymbol{F}'$)可移转到虚线所示的位置，对物体的效应不变.

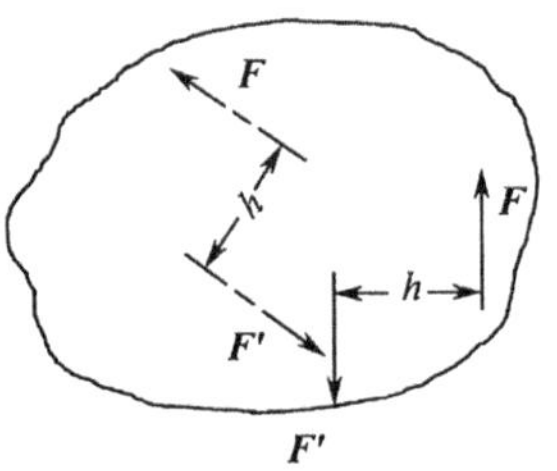

图 3-6

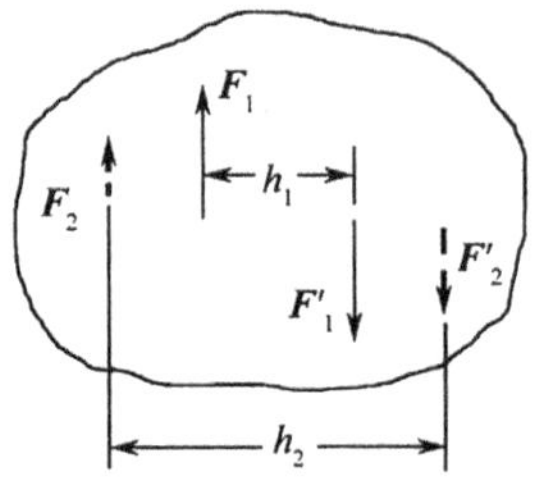

图 3-7

2. 只要力偶矩保持不变，可以任意改变力偶中力的大小和力偶臂的长短，而不改变它对物体的效应.如图 3-7 所示之力偶($\boldsymbol{F}_1,\boldsymbol{F}'_1$)保持其力偶矩不变，可改变为虚线所示的力偶($\boldsymbol{F}_2,\boldsymbol{F}'_2$)，而不改变它对物体的效应.

由于力偶对物体的效应只取决于力偶矩，因此，力偶可用图 3-8 所示的三种形式来表示.

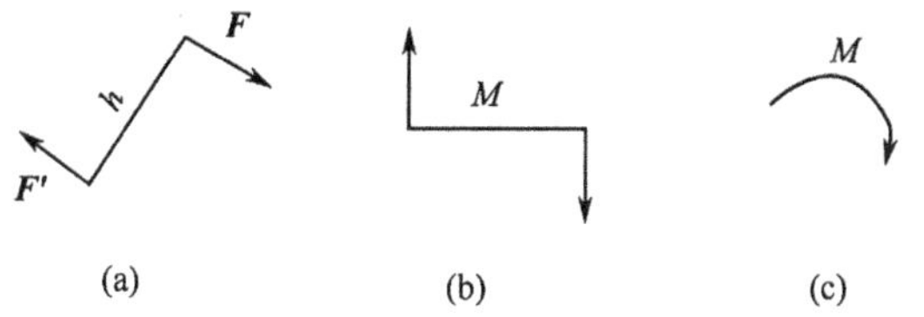

图 3-8

§3-4　平面力偶系的合成和平衡条件

作用在同一平面内的一群力偶称为平面力偶系.

一、平面力偶系的合成

设在同一平面内作用有两个力偶($\boldsymbol{F}_1$,$\boldsymbol{F}'_1$)和($\boldsymbol{F}_2$,$\boldsymbol{F}'_2$),它们的力偶臂分别为 h_1 和 h_2,如图 3-9(a)所示.它们的力矩分别为 M_1 和 M_2,则有

$$M_1 = F_1 h_1, \qquad M_2 = - F_2 h_2$$

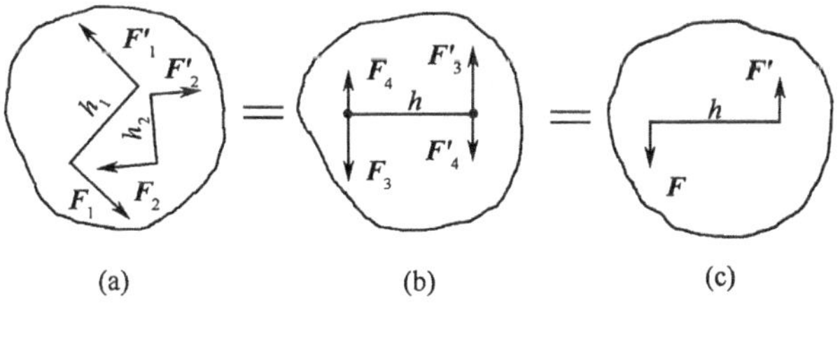

图 3-9

保持力偶矩不变,改变两个力偶的力的大小和力偶臂的长短,使它们具有相同的臂长 h,得到两个新力偶($\boldsymbol{F}_3$,$\boldsymbol{F}'_3$)和($\boldsymbol{F}_4$,$\boldsymbol{F}'_4$),于是有

$$M_1 = F_3 h, \qquad M_2 = - F_4 h$$

然后将这两个力偶在平面内移转,使力的作用线两两重合,如图 3-9(b)所示.再将两边的力分别合成(设 $F_3 > F_4$),得两个新的力 $\boldsymbol{F}$ 和 $\boldsymbol{F}'$,

$$F = F_3 - F_4, \qquad F' = F'_3 - F'_4$$

由 $\boldsymbol{F}$ 和 $\boldsymbol{F}'$ 组成的力偶(图 3-9(c))即原来两个力偶的合力偶,与原来的两个力偶等效,其力偶矩为

$$M = Fh = (F_3 - F_4)h = F_3h - F_4h = M_1 + M_2$$

对有任意个力偶组成的平面力偶系，可同样照上法合成，于是得

$$M = M_1 + M_2 + \cdots + M_n = \sum_{i=1}^{n} M_i \tag{3-5}$$

即平面力偶系合成的结果是一个合力偶，合力偶矩等于力偶系中各力偶矩的代数和.

二、平面力偶系的平衡条件

由合成的结果是一个合力偶可得平面力偶系平衡的必要和充分条件是：力偶系的各力偶矩的代数和等于零，即

$$\sum_{i=1}^{n} M_i = 0 \tag{3-6}$$

式(3-6)称为**平面力偶系的平衡方程**.一个方程，可求解一个未知量.

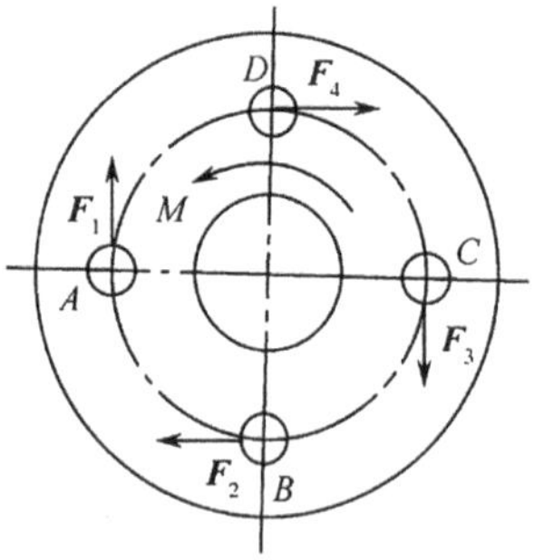

图 3-10

例 3-1　图 3-10 所示，电动机轴通过联轴器与工作轴相连接，联轴器上四个螺栓 A、B、C、D 的孔心均匀地分布在同一圆周上，此圆的直径 AC = BD = 150mm，电动机轴传给联轴器的力偶矩 M = 2.5kN·m，每个螺栓所受的力为多少？设四个螺栓的受力是相等的.

解　取联轴器为研究对象.作用于联轴器上的力有电动机轴传递给联轴器的力偶矩 M 和工作轴通过螺栓传递给联轴器的反力 $\boldsymbol{F}_1$、$\boldsymbol{F}_2$、$\boldsymbol{F}_3$、$\boldsymbol{F}_4$，其受力图如图示.四反力组成两力偶与力偶 M 平衡.

$$\sum M_i = 0, \quad M - F_1 \times AC - F_2 \times BD = 0$$

即

$$2.5 \times 10^3 - 2 \times F_1 \times 150 \times 10^{-3} = 0$$

解之得

$$F_1 = 8.33\text{kN}$$

每个螺栓受的力相等，令为 $\boldsymbol{F}'$，由作用与反作用定律，得

$$F' = 8.33\text{kN}$$

例 3-2　图 3-11(a)所示支架的横杆 CB 上作用有力偶矩 $M_1 = 0.2\text{kN·m}$ 和 $M_2 = 0.5\text{kN·m}$ 的两个力偶.已知 CB = 0.8m，试求横杆所受的反力.

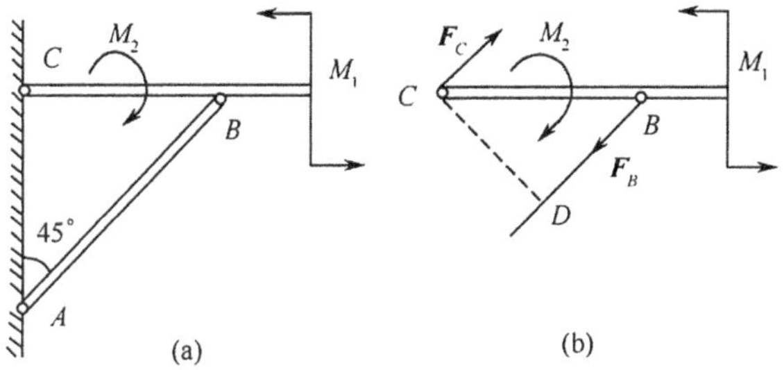

图 3-11

解　取横杆 CB 为研究对象.其上除作用有力偶矩为 M_1 和 M_2 的两个力偶外,B、C 两处还受有约束反力 $\boldsymbol{F}_B$和 $\boldsymbol{F}_C$.由于力偶只能由力偶来平衡,故反力 $\boldsymbol{F}_B$和$\boldsymbol{F}_C$必组成一力偶.斜杆 AB 是二力杆,$\boldsymbol{F}_B$的作用线沿 A、B 两点的连线;$\boldsymbol{F}_C$与 $\boldsymbol{F}_B$大小相等、平行反向.由此,横杆的受力图为图 3-10(b),其中反力 $\boldsymbol{F}_B$、$\boldsymbol{F}_C$的指向是假设的.

三力偶组成一平面力偶系.列平衡方程

$$\sum M_i = 0,\quad M_1 - M_2 - F_B \cdot CD = 0$$

(其中 CD 为力偶($\boldsymbol{F}_B$,$\boldsymbol{F}_C$)的力偶臂.)将上式代入已知量得

$$0.2 - 0.5 - F_B \times 0.8 \times \sin 45^\circ = 0$$

解之得

$$F_B = -0.53\text{kN},\qquad F_C = F_B = -0.53\text{kN}$$

负号说明假设的指向与实际指向相反.

习　题

3-1　长方体箱 $ABCD$ 之重量 $P = 100$N,棱边 $AB = 0.8$m,$AD = 0.6$m.今将其斜放,试问箱底与水平面所成的角 γ 为多大时,箱之重力对棱 A 的矩为零?

3-2　如图所示,为了使油桶沿搭在汽车上的倾斜木板 AB 往上滚,用绳绕过桶,绳的一端拴在车上,另一端作用一个与 AB 平行的拉力 $\boldsymbol{F}$,已知油桶重 1500N,$AB = 2.4$m,高度 $BC = 1.2$m.力 $\boldsymbol{F}$ 至少应多大才能将油桶拉上汽车?

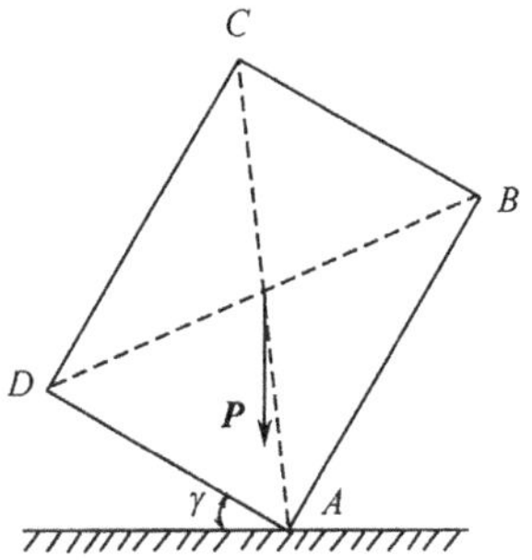

题 3-1 图

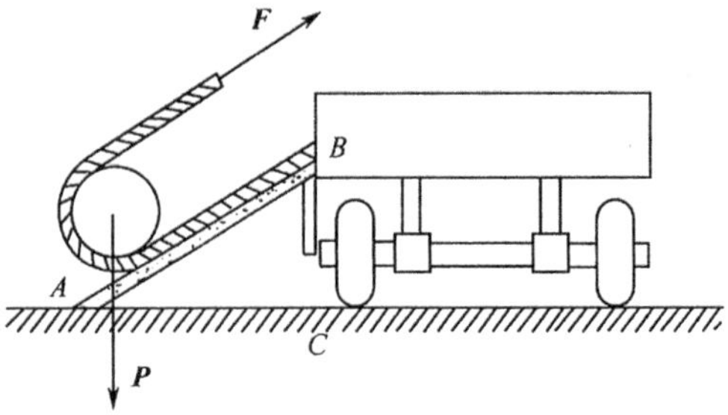

题 3-2 图

3-3　四块相同的均质板,各重 P,长 $2b$,叠放如图.在板Ⅰ右端点 A 挂着重物 B,其重为 $2P$.欲使各板都平衡,求每块板可伸出的最大距离.

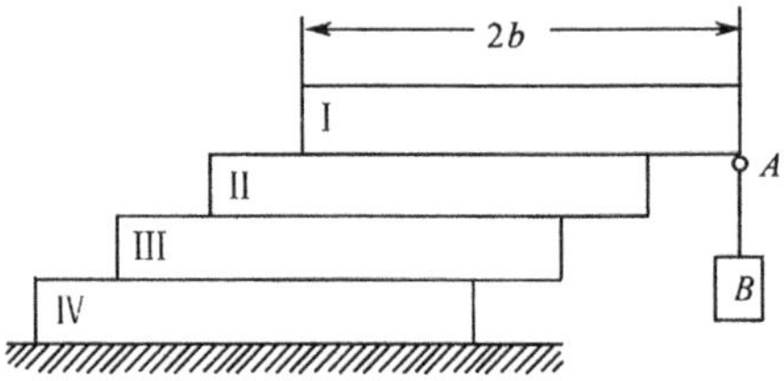

题 3-3 图

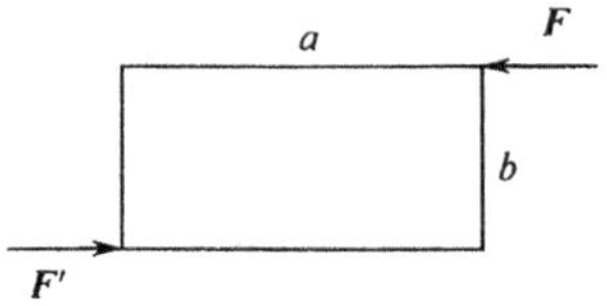

题 3-4 图

3-4　边长 $a=4\text{m}, b=2\text{m}$ 的矩形钢板平放于地面上.今沿其长边加两力 $\boldsymbol{F}$ 和 $\boldsymbol{F}'$,如图示.当 $F=F'=200\text{N}$ 时,钢板刚能转动.试问,使钢板转一角度,二力如何施加,其值最小,并求其值.

3-5　多轴钻床在水平放置的工件上同时钻四个孔,四个钻头的切削力在水平面各形

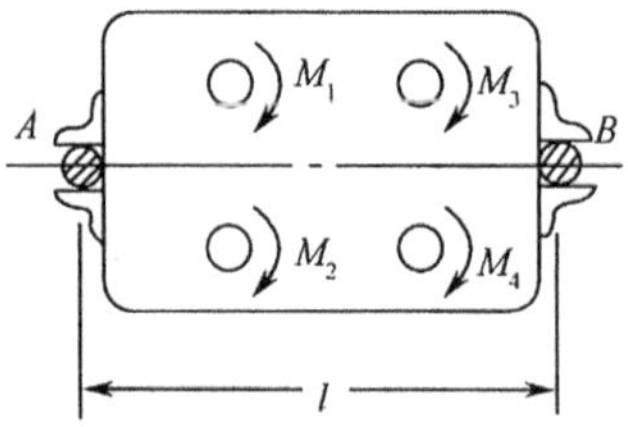

题 3-5 图

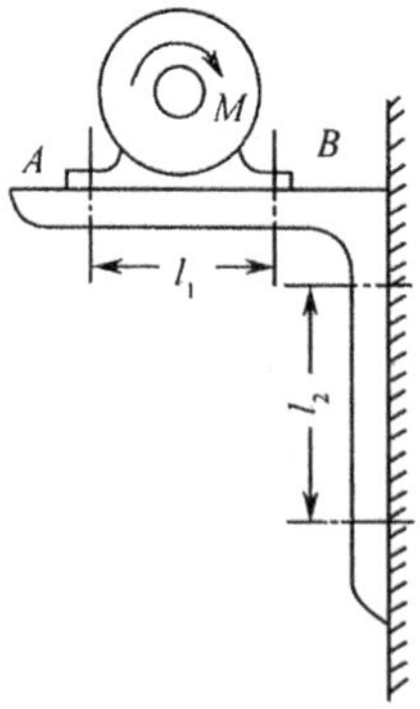

题 3-6 图

成一力偶，力偶矩 $M_1 = M_2 = M_3 = M_4 = 20\text{N}\cdot\text{m}$，工件由固定螺钉 A、B 卡住，$AB = l = 250\text{mm}$，求螺钉的约束反力.

3-6 图示直角架上装一电机，电机在旋转时受一矩 $M = 200\text{N}\cdot\text{m}$ 的力偶作用，电机及角架的自重不计. 已知 $l_1 = 250\text{mm}$，$l_2 = 500\text{mm}$. 假设诸固定螺栓只受拉力，求螺栓 A、B、C、D 所受的力.

3-7 图示一减速箱，在外伸的两轴上分别作用着一个力偶，它们的力偶矩 $M_1 = 2000\text{N}\cdot\text{m}$，$M_2 = 1000\text{N}\cdot\text{m}$. 减速箱用两个相距为 400mm 的螺钉 A 和 B 固定在地面上. 设 A、B 两处只有铅垂方向的约束反力，试求此二处的约束反力.

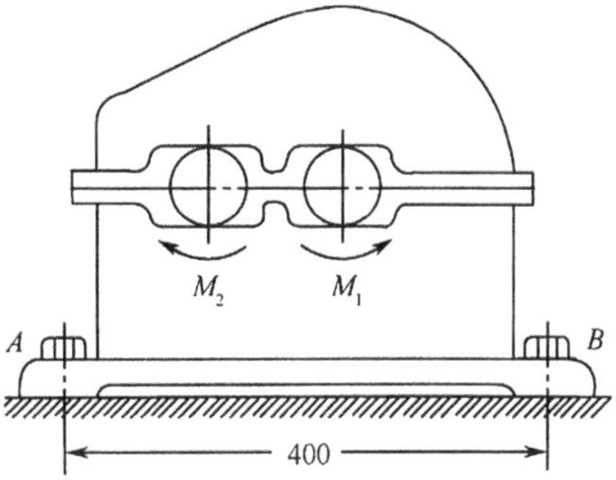

题 3-7 图

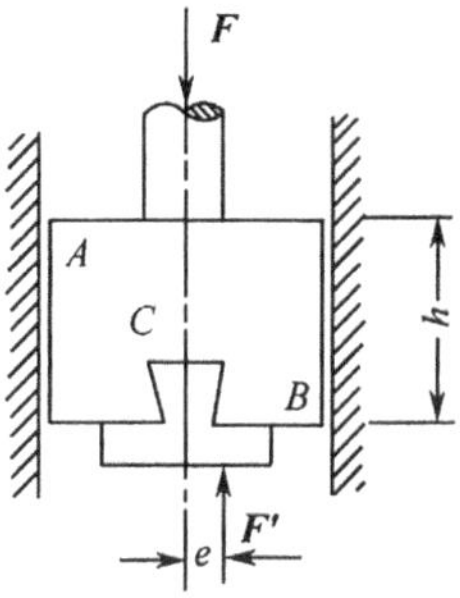

题 3-8 图

3-8 锻锤工作时，如工件给它的反作用力有偏心，则会使锻锤 C 发生偏斜，这将在导轨 AB 上产生很大的压力，从而加速导轨的磨损并影响锻件的精度. 已知打击力 $F = 1000\text{kN}$，偏心距 $e = 20\text{mm}$，锻锤高度 $h = 200\text{mm}$. 试求锻锤给导轨两侧的压力.

3-9 炼钢用的电炉上，有一电极提升装置，如图所示. 设电极 GH 和支架共重 P，重心在点 C. 支架上 A、B 和 E 三个导轮可沿固定立柱 KL 滚动，钢丝绳系在点 D. 求电极等速直线上升时钢丝绳的拉力 F 及 A、B、E 三处的约束反力.

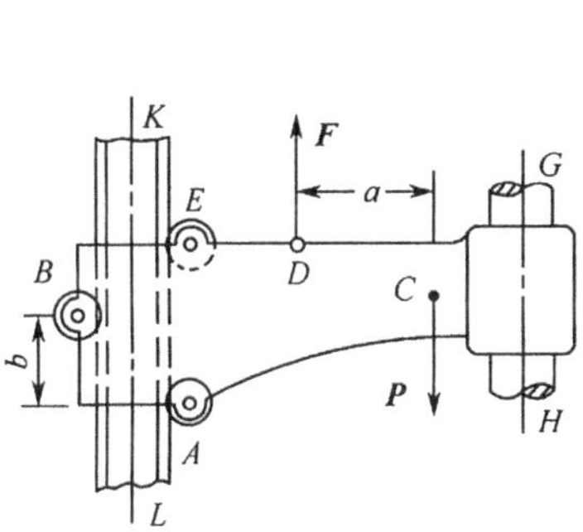

题 3-9 图

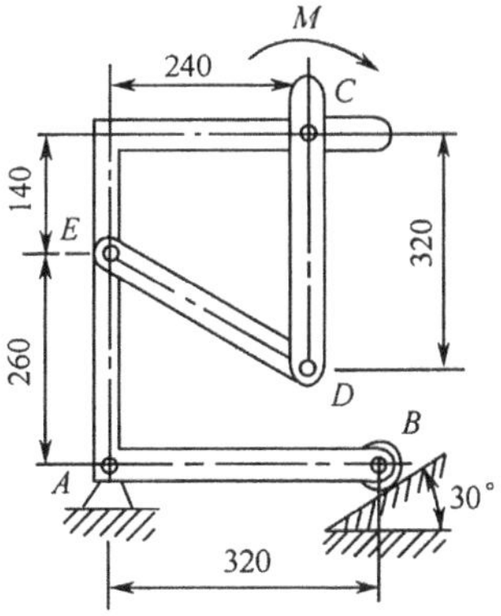

题 3-10 图

3-10　在框架上作用一力偶，其矩 M 大小为 40N·m，转向如图示. A 为固定铰链，C、D 和 E 均为中间铰链，不计各杆质量，试求平衡时，A、B、C、D 和 E 处的约束反力.

3-11　两齿轮的半径分别为 r_1、r_2，作用于轮Ⅰ上的主动力偶的力偶矩为 M_1，齿轮的啮合角为 α，不计两齿轮的重量. 求使二轮维持匀速转动时齿轮Ⅱ的阻力偶之矩 M_2 及轴承 O_1、O_2 的约束反力的大小和方向.

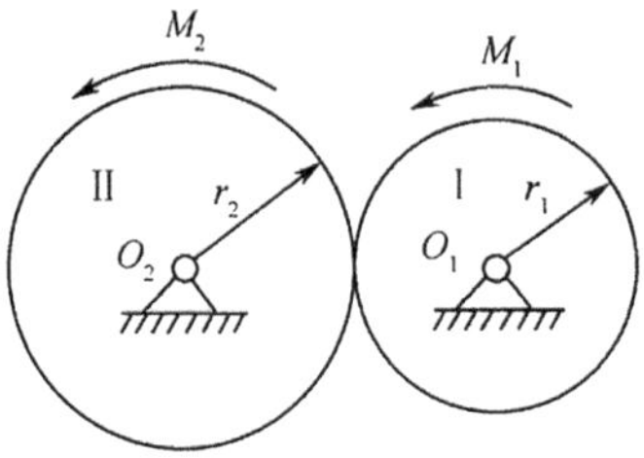

题 3-11 图

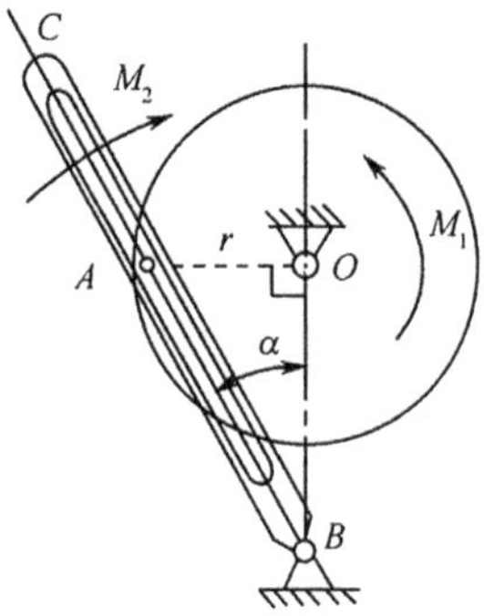

题 3-12 图

3-12　图示机构自重不计. 圆轮上的销子 A 置于摇杆 BC 上的光滑导槽内. 圆轮上作用一力偶，其矩为 $M_1 = 2$kN·m，$OA = r = 0.5$m. 图示位置时 OA 与 OB 垂直，$\alpha = 30°$，且系统平衡. 求作用于摇杆 BC 上力偶的矩 M_2 及铰链 O、B 处的约束反力.

3-13　按图示曲杆 AB 的支承方式，求 A、B 支承处的约束反力.

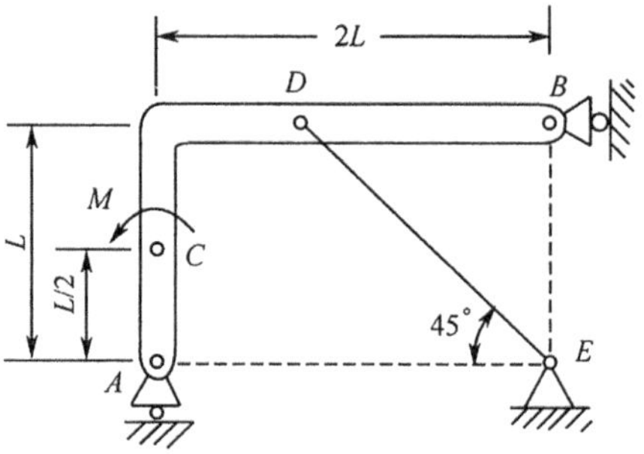

题 3-13 图

第四章　平面一般力系

前面我们研究了平面汇交力系和平面力偶系,但并非所有力系的各力都汇交于一点或全部互相平行.**各力的作用线在同一平面内且任意分布的力系称为平面一般力系**.这是工程上最普遍遇到的力系.

此外,如物体结构所承受的载荷和支承都具有同一个对称面,则作用在物体上的力系就可以向对称面集中简化为在这对称平面内的平面力系.如图4-1所示之高炉上料车,其所受的重力、拉力及前后轮的反力都可以向其对称面简化成平面力系.

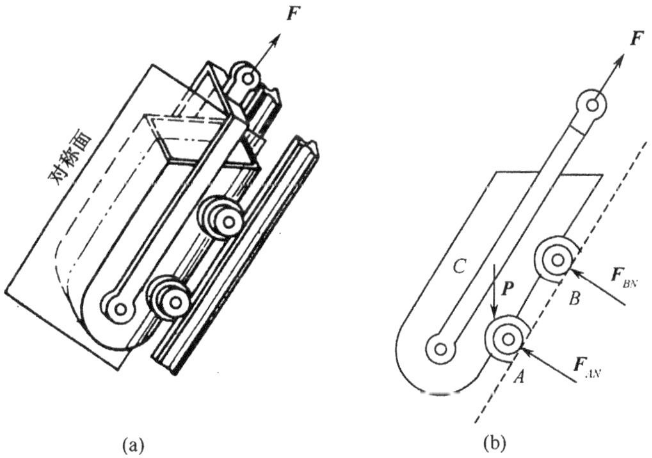

图 4-1

下面首先研究平面一般力系的简化问题.

§4-1　平面一般力系向其作用面内一点的简化

一平面一般力系总可以用力的平行四边形法则将力系中的各力依次合成,直至求得最后的合成结果.但对于力的数目众多的力系,这样做,显然是十分繁琐的.这里要介绍的力系向一点的简化是一种简单而具有普遍意义的简化方法.此方法的理论基础是力的平移定理.

一、力的平移定理

设有一力 $\boldsymbol{F}$ 作用于物体的点 A(图 4-2(a)),现将该力平移到物体上任一点 B.为此,在点 B 加一对平衡力 $\boldsymbol{F}'$ 和 $\boldsymbol{F}''$,使 $\boldsymbol{F}' = -\boldsymbol{F}'' = \boldsymbol{F}$,如图 4-2(b)所示.而力 $\boldsymbol{F}$ 和 $\boldsymbol{F}''$ 又可视为是一个力偶.这些作法与原来一个力 $\boldsymbol{F}$ 对物体的作用等效.这就相当于把力 $\boldsymbol{F}$ 平移到点 B,即力 $\boldsymbol{F}'$;同时要附加一个力偶,见图 4-2(c),该力偶的力偶臂为 h,其矩就等于原力 $\boldsymbol{F}$ 对点 B 的矩,即

$$M = M_B(\boldsymbol{F}) = Fh$$

于是得**力的平移定理:作用在物体上的力可以平移到物体的任一点,但必须附加一力偶,附加力偶的力偶矩等于原力对新作用点的矩**.

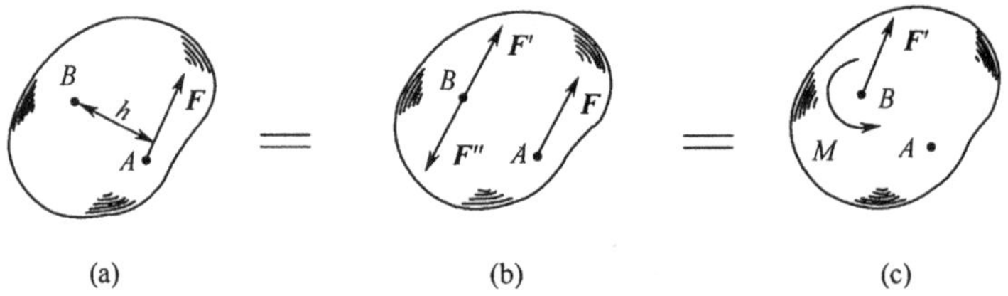

图 4-2

根据这个定理,一个力可分解为同平面的一个力和一个力偶;按图 4-2 的逆过程,同平面的一个力和一个力偶又可合成为一个力.

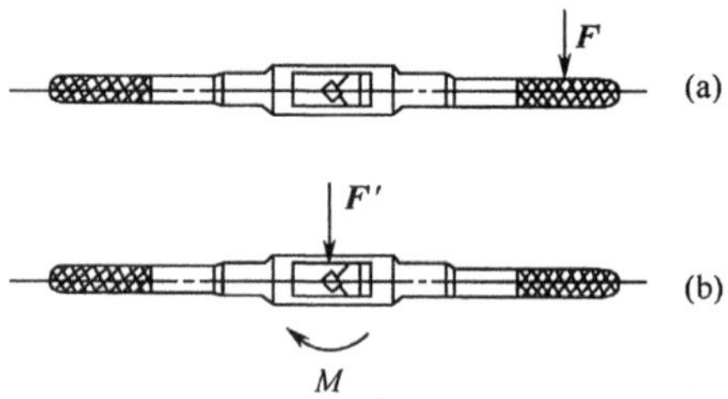

图 4-3

应该指出,力的平移定理只适用于刚体.

用力的平移定理可以解释一些力学现象.如攻丝时,若在扳手的一边用力 $\boldsymbol{F}$(图 4-3(a)),丝锥相当于受到一个使它转动的力偶矩为 M 的力偶和一个力

$\boldsymbol{F}'$的作用(图 4-3(b)).正是这个力 $\boldsymbol{F}'$可能使丝锥折断.

二、平面一般力系向其作用面内一点的简化

设物体上作用一平面一般力系 $\boldsymbol{F}_1$、$\boldsymbol{F}_2$、…、$\boldsymbol{F}_n$(图 4-4(a)),在平面内任选一点 O,根据力的平移定理,将各力都平移到点 O,点 O 称为**简化中心**.每一个力的平移都要附加一力偶.这样整个力系分解为两个力系:汇交于点 O 的平面汇交力系$\boldsymbol{F}'_1$、$\boldsymbol{F}'_2$、…、$\boldsymbol{F}'_n$和力偶矩分别为M_1、M_2、…、M_n 的附加的平面力偶系(图 4-4(b)).

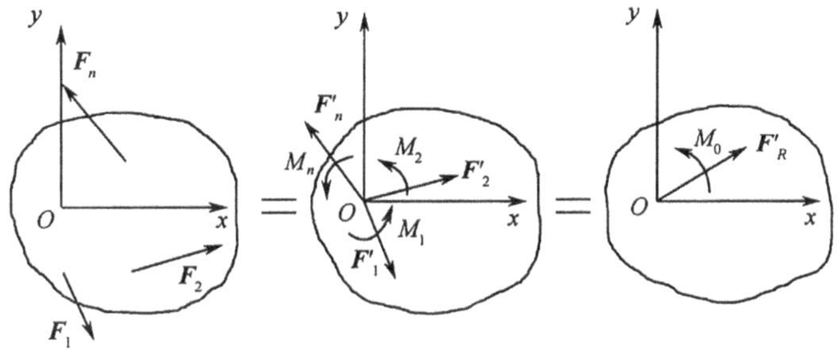

图 4-4

平面汇交力系的各力与原力系相应的各力大小相等、方向相同,即

$$\boldsymbol{F}'_1 = \boldsymbol{F}_1, \boldsymbol{F}'_2 = \boldsymbol{F}_2, \cdots, \boldsymbol{F}'_n = \boldsymbol{F}_n$$

平面力偶系各力偶矩分别等于原力系的各力对简化中心 O 的矩,即

$$M_1 = M_O(\boldsymbol{F}_1), M_2 = M_O(\boldsymbol{F}_2), \cdots, M_n = M_O(\boldsymbol{F}_n)$$

下面分别合成这两个力系.

这平面汇交力系可合成为一个力(图 4-4(c)),它等于原力系各力的矢量和,即

$$\boldsymbol{F}'_R = \boldsymbol{F}'_1 + \boldsymbol{F}'_2 + \cdots + \boldsymbol{F}'_n = \boldsymbol{F}_1 + \boldsymbol{F}_2 + \cdots + \boldsymbol{F}_n = \sum \boldsymbol{F}_i \quad (4\text{-}1)$$

矢量 $\boldsymbol{F}'_R$称为原力系的**主矢**.

这平面力偶系可合成为一个力偶(图 4-1(c)),这个力偶的力偶矩等于原力系各力对点 O 的矩的代数和,即

$$\begin{aligned} M_O &= M_1 + M_2 + \cdots + M_n \\ &= M_O(\boldsymbol{F}_1) + M_O(\boldsymbol{F}_2) + \cdots + M_O(\boldsymbol{F}_n) \\ &= \sum M_O(\boldsymbol{F}_i) \end{aligned} \quad (4\text{-}2)$$

M_O 称为原力系对简化中心 O 的**主矩**.

主矢只决定于原力系的各力的大小和方向,与简化中心的位置无关.而主矩一般与简化中心的位置有关,原力系的各力对不同的简化中心的矩的代数和一般是不相等的.因此,当说到主矩时,必须指明是对哪一点的主矩.

综上所述,**平面一般力系向平面内任一点简化的结果是:力系简化为一个通过简化中心的力和一个力偶,这个力等于力系各力的矢量和,即力系的主矢;这个力偶的力偶矩等于力系各力对简化中心的矩的代数和,即力系对简化中心的主矩**.

主矢 $\boldsymbol{F}'_R$的大小和方向可用解析法确定.建立坐标系 Oxy,与求平面汇交力系合力的大小和方向一样,主矢的大小和方向余弦分别为

$$F'_R = \sqrt{\left(\sum X\right)^2 + \left(\sum Y\right)^2} \tag{4-3}$$

$$\cos\alpha = \frac{\sum X}{F'_R}, \quad \cos\beta = \frac{\sum Y}{F'_R} \tag{4-4}$$

在学习了力系向一点简化的方法的基础上,现再介绍一种类型的约束——**固定端约束**,或称**固定端支座**.

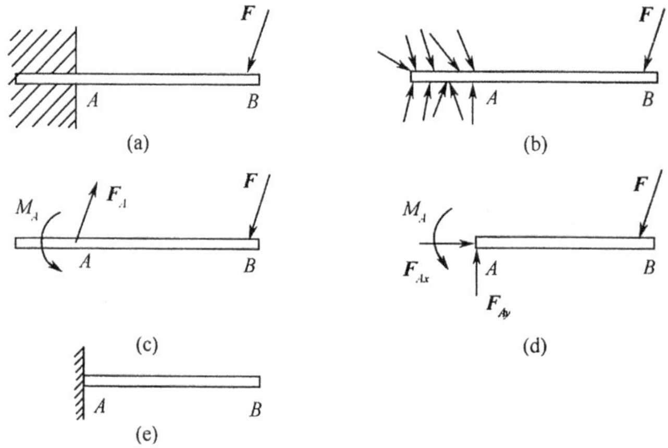

图 4-5

固定端约束是经常见到的,如一端嵌入墙内的梁(图 4-5(a)),夹紧在刀架上的车刀,夹持在卡盘上的工件等,都是受固定端约束.这种约束的特点是既限制物体沿任何方向移动,又限制物体作任何转动.现以图 4-5(a)所示之梁为例,来分析固定端约束的约束反力.设梁的 B 端受力 $\boldsymbol{F}$ 的作用,梁嵌入部分的每个与墙接触的点受到的约束反力的大小和方向都不一样,这些杂乱无

章的约束反力组成了一个平面一般力系，如图 4-5(b)所示．但可将这个力系向点 A 简化为一个力和一个力偶(图 4-5(c))．这个力的大小和方向一般是未知的，故用两个未知的正交分力 $\boldsymbol{F}_{Ax}$ 和 $\boldsymbol{F}_{Ay}$ 来表示(图 4-5(d))．可以分析得出，约束反力 $\boldsymbol{F}_{Ax}$ 和 $\boldsymbol{F}_{Ay}$ 限制了梁的移动，约束反力偶 M_A 限制了梁的转动．固定端约束的简图如图 4-5(e)所示．

§4-2　平面一般力系简化结果的分析

一、简化结果的讨论

平面一般力系向任一点简化的结果，可能出现以下四种情况：

1．主矢 $\boldsymbol{F}'_R=0$，主矩 $M_O\neq0$

力系可简化为一个合力偶，合力偶的力偶矩等于力系对简化中心的主矩．

因为力偶对其作用面内任一点的矩恒等于力偶矩，而与矩心的位置无关，就是说，无论力系向哪一点简化，得到的都是一个力偶矩保持不变的力偶，所以，当力系简化为一个力偶时，主矩与简化中心的位置无关．

2．主矢 $\boldsymbol{F}'_R\neq0$，主矩 $M_O=0$

力系可简化为一个合力，合力的大小和方向等于力系的主矢，合力的作用线过简化中心．

3．主矢 $\boldsymbol{F}'_R\neq0$，主矩 $M_O\neq0$

这不是简化的最后结果，可按图 4-2 的逆过程进一步简化，如图 4-6 所示．保持力偶矩不变，将力偶矩为 M_O 的力偶用 $\boldsymbol{F}_R$ 和 $\boldsymbol{F}''_R$ 两个力来表示，使 $\boldsymbol{F}_R=-\boldsymbol{F}''_R=\boldsymbol{F}'_R$(图 4-6(b))，去掉一对平衡力 $\boldsymbol{F}'_R$ 和 $\boldsymbol{F}''_R$，只剩下一个作用线过

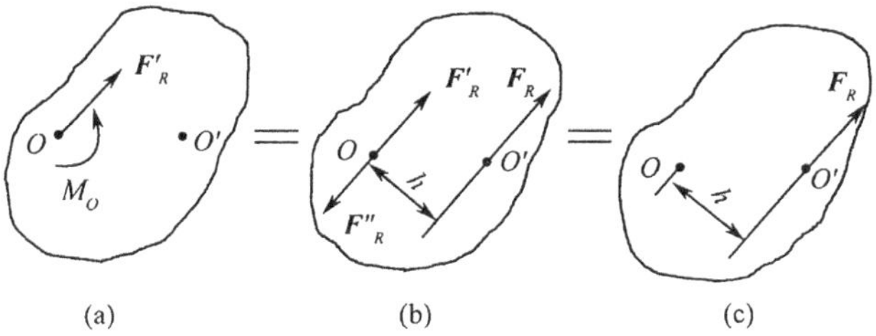

图 4-6

O'的力$\boldsymbol{F}_R$(图 4-6(c)),这个力就是力系的合力.合力的大小和方向与主矢相同,合力的作用线到原简化中心的距离为

$$h = \frac{M_O}{F'_R}$$

合力的作用线在原简化中心的哪一侧,可根据合力对原简化中心的矩与主矩有相同的转向这一原则确定.

4. 主矢 $\boldsymbol{F}'_R=0$,主矩 $M_O=0$

力系是平衡力系.这种情况将在下节讨论.

由上所述可见,平面一般力系简化的最后结果或是一个力,或是一个力偶,或力系平衡.

二、合力矩定理

由图 4-6(b)知,平面一般力系的合力 $\boldsymbol{F}_R$ 对 O 点的矩为

$$M_O(\boldsymbol{F}_R) = Fh = M_O$$

又由式(4-2)知

$$M_O = \sum M_O(\boldsymbol{F}_i)$$

于是得

$$M_O(\boldsymbol{F}_R) = \sum M_O(\boldsymbol{F}_i) \tag{4-5}$$

该式说明:**平面一般力系的合力对其作用面内任一点的矩等于力系的各力对同一点的矩的代数和**.这就是**平面一般力系的合力矩定理**.

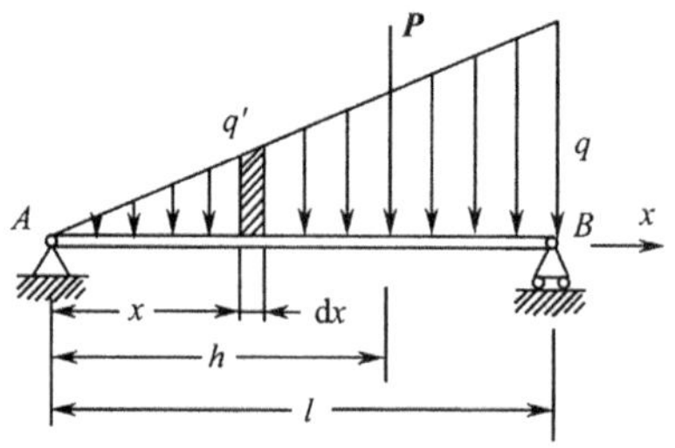

图 4-7

例 4-1　水平梁 AB 受三角形分布载荷的作用,如图 4-7 所示.载荷的最大值为 q,梁长为 l.试求合力的大小及其作用线位置.

解　在梁上距 A 端为 x 的微段 $\mathrm{d}x$ 上,作用力的大小为 $q'\mathrm{d}x$,其中 q'为该处的载荷强度,$q'=\frac{x}{l}q$.因此分布载荷的合力的大小为

$$P = \int_0^l q'\mathrm{d}x = \frac{1}{2}ql$$

设合力 $\boldsymbol{P}$ 的作用线距A 端的距离为h,在微段 $\mathrm{d}x$ 上的作用力对点A 的矩为$q'\mathrm{d}x \cdot x$,全部载荷对点 A 的矩的代数和可用积分求出,根据合力矩定理

可写成

$$Ph = \int_0^l q' x \mathrm{d}x$$

将 q' 和 P 的值代入上式，得

$$h = \frac{2}{3}l$$

计算结果说明，合力大小等于三角形分布载荷的面积，合力作用线通过该三角形的几何中心 C.

例 4-2 图 4-8(a)所示之弯管 ABC 上作用有力 $F_1=600\text{N}$，$F_2=100\text{N}$，$F_3=400\text{N}$.(1)试将各力向点 A 简化；(2)求简化的最后结果.

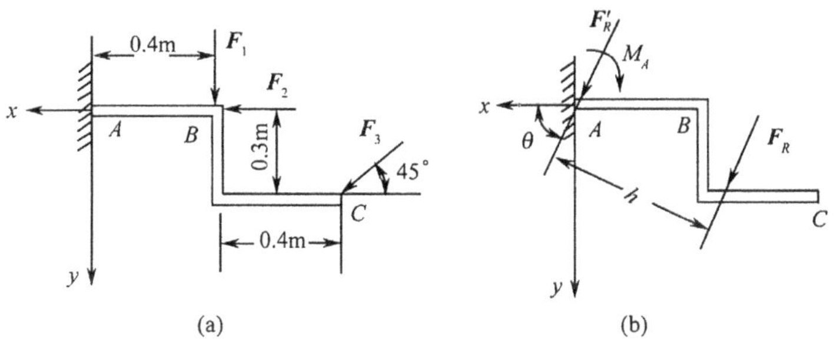

图 4-8

解 (1) 向点 A 简化

计算主矢

如图建立坐标系.

$$\sum X = F_2 + F_3\cos45° = 100 + 400 \times \cos45° = 382.8(\text{N})$$

$$\sum Y = F_1 + F_3\sin45° = 600 + 400 \times \sin45° = 882.8(\text{N})$$

主矢的大小为

$$F'_R = \sqrt{\left(\sum X\right)^2 + \left(\sum Y\right)^2} = \sqrt{382.8^2 + 882.8^2} = 962.2(\text{N})$$

其方向可由下式求得

$$\tan\theta = \frac{\sum Y}{\sum X} = \frac{882.8}{382.8} = 2.306$$

$$\theta = 66.55°$$

计算主矩

$$
\begin{aligned}
M_A &= \sum M_A(\boldsymbol{F}_i) = -F_1 \times 0.4 - F_3\cos45° \times 0.3 - F_3\sin45° \times (0.4 + 0.4) \\
&= -600 \times 0.4 - 400\cos45° \times 0.3 - 400\sin45° \times (0.4 + 0.4) \\
&= -551.1(\mathrm{N \cdot m})
\end{aligned}
$$

式中计算力 $\boldsymbol{F}_3$ 对点 A 的力矩时应用了合力矩定理.

各力向点 A 简化为一个通过点 A 的力(即主矢 $\boldsymbol{F}'_R$)和一个力偶(即主矩 M_A),如图 4-8(b)所示.

(2) 简化的最后结果

欲求最后结果,可再简化为一个合力 $\boldsymbol{F}_R$,合力的大小和方向与主矢 $\boldsymbol{F}'_R$ 相同,作用线与点 A 的距离为

$$
h = \frac{M_A}{F'_R} = \frac{551.1}{962.2} = 0.573(\mathrm{m})
$$

作用线在点 A 的右侧(合力 $\boldsymbol{F}_R$ 对点 A 的矩与主矩 M_A 有相同的转向),见图 4-8(b).

§4-3　平面一般力系的平衡条件和平衡方程

本节讨论平面一般力系的主矢和主矩都等于零的情况.

主矢 $\boldsymbol{F}'_R=0$,主矩 $M_O=0$,说明力系向任一点简化所得的平面汇交力系和平面力偶系分别是平衡力系,那么原力系一定是平衡力系.反之,若力系平衡,其主矢 $\boldsymbol{F}_R$ 和主矩 M_O 必须都等于零,否则力系就可简化为一个力或一个力偶,力系就不平衡了.由此,平面一般力系平衡的必要和充分条件是:力系的主矢和力系对任一点的主矩都等于零,即

$$
\left.\begin{aligned}
\boldsymbol{F}'_R &= 0 \\
M_O &= 0
\end{aligned}\right\} \tag{4-6}
$$

此平衡条件用解析式表示时,由式(4-3)和式(4-2)可得

$$
\left.\begin{aligned}
\sum X &= 0 \\
\sum Y &= 0 \\
\sum M_O(\boldsymbol{F}_i) &= 0
\end{aligned}\right\} \tag{4-7}
$$

于是,**平面一般力系平衡的必要和充分的解析条件是:力系的各力在两个坐标轴上的投影的代数和都等于零,以及各力对任一点的矩的代数和也等于零**.

式(4-7)称为**平面一般力系的平衡方程**.三个独立方程,可求解三个未知量.

例 4-3　图 4-9(a)所示旋转式起重机自重 $P_1=10\text{kN}$,点 C 为其重心.起吊重物重 $P_2=30\text{kN}$,有关尺寸如图示.试求轴承 A 和止推轴承 B 处的约束反力.

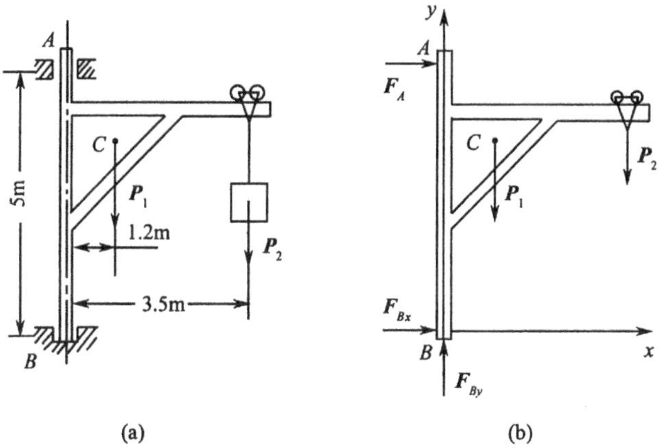

图 4-9

解　取起重机为研究对象,画受力图如图 4-9(b)所示,其中 $\boldsymbol{P}_1$ 为起重机自身重力,$\boldsymbol{P}_2$ 为重物拉力,轴承 A 反力为 $\boldsymbol{F}_A$,止推轴承 B 的两个正交反力为 $\boldsymbol{F}_{Bx}$ 和 $\boldsymbol{F}_{By}$.图中未知力的指向均为任意假设的.这些力组成一平面一般力系.

如图建立坐标系,列平衡方程.除坐标轴应与尽量多的力平行(或垂直)外,矩心应尽量选在未知力的交点上,使方程尽可能地减少未知量的数目,当然使方程中只含有一个未知量最好.

$$\sum X=0,\quad F_A+F_{Bx}=0$$

$$\sum Y=0,\quad F_{By}-P_1-P_2=0$$

$$\sum M_B(\boldsymbol{F}_i)=0,\quad -F_A\times 5-P_1\times 1.2-P_2\times 3.5=0$$

即

$$F_A+F_{Bx}=0$$

$$F_{By}-10-30=0$$

$$-F_A\times 5-10\times 1.2-30\times 3.5=0$$

解之得

$$F_A=-23.4\text{kN}$$

$$F_{Bx}=23.4\text{kN}$$

$$F_{By} = 40\text{kN}$$

F_A 为负值,说明假设的指向与实际指向相反.

例 4-4　试求图 4-10(a)所示之悬臂梁 ABC 固定端 A 处的约束反力.

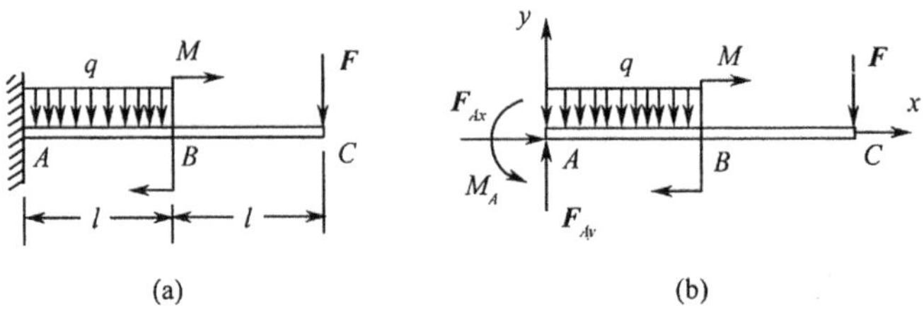

图 4-10

解　以悬臂梁为研究对象,绘受力图如图 4-10(b)所示,其中 $\boldsymbol{F}_{Ax}$、$\boldsymbol{F}_{Ay}$和 M_A 分别为固定端 A 处的约束反力和约束反力偶的力偶矩.

如图建立坐标系,列平衡方程.

$$\sum X = 0,\quad F_{Ax} = 0$$

$$\sum Y = 0,\quad F_{Ay} - ql - F = 0$$

$$\sum M_A(\boldsymbol{F}_i) = 0,\quad M_A - ql \times \frac{1}{2}l - M - F \times 2l = 0$$

解之得

$$F_{Ax} = 0$$

$$F_{Ay} = ql + F$$

$$M_A = \frac{1}{2}ql^2 + M + 2Fl$$

上述之方程形式,即式(4-7)所表示的,只是平面一般力系平衡方程的基本形式(两投影方程和一力矩方程),还有以下两种形式:

一种形式是,三个方程中,有一个投影方程和两个力矩方程,即

$$\begin{cases}\sum X = 0 \\ \sum M_A(\boldsymbol{F}_i) = 0 \\ \sum M_B(\boldsymbol{F}_i) = 0\end{cases} \tag{4-8}$$

其中 A、B 两点的连线不能与 x 轴垂直.

这是因为当 $\sum M_A(\boldsymbol{F}_i) = 0$ 时,力系的简化结果不可能是一个力偶,只有两种可能:或者简化为一个通过点 A 的合力;或者力系平衡. 又,当

$\sum M_B(\boldsymbol{F}_i)=0$ 时,仿此分析.这样,如有合力,则它必过 A、B 两点(图4-11),但又要满足 $\sum X=0$,因此此合力只有与 x 轴垂直.但附加条件是 A、B 两点的连线不能与 x 轴垂直,故力系必然是平衡力系.

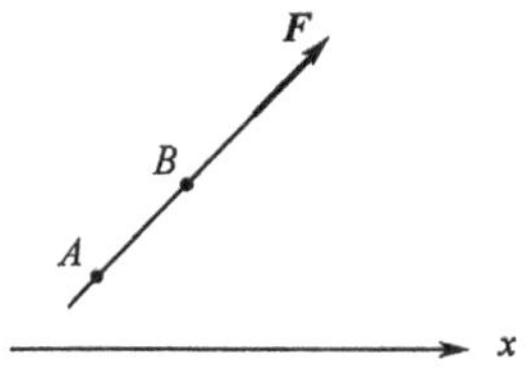

图 4-11

另一种形式是三个方程都是力矩方程,即

$$\left.\begin{aligned}\sum M_A(\boldsymbol{F}_i)=0\\ \sum M_B(\boldsymbol{F}_i)=0\\ \sum M_C(\boldsymbol{F}_i)=0\end{aligned}\right\}\tag{4-9}$$

其中 A、B、C 三点不能共线.

这是因为当 $\sum M_A(\boldsymbol{F}_i)=0$ 和 $\sum M_B(\boldsymbol{F}_i)=0$ 时,力系的简化结果或者是一个通过 A、B 两点的合力,或者力系平衡.但又要满足 $\sum M_C(\boldsymbol{F}_i)=0$,因此,如有合力,此合力又要过 C 点.而附加条件是 A、B、C 三点不能共线,故力系必然是平衡力系.

三种形式究竟采用哪一种简便,要根据具体问题来决定.应当指出,不管哪种形式,平面一般力系只有三个独立的方程,求解三个未知量.

下面的例题,我们用上述的三种形式的平衡方程分别解答,所得的结果是完全一样的.

例 4-5　悬臂吊车如图 4-12(a)所示,横梁 AB 长 = 2.5m,重量 P − 1.2kN.拉杆 CB 倾斜角 $\alpha=30°$,质量不计.载荷 $Q=7.5$kN.求图示位置 $a=$ 2m 时,拉杆的拉力和铰链 A 的约束反力.

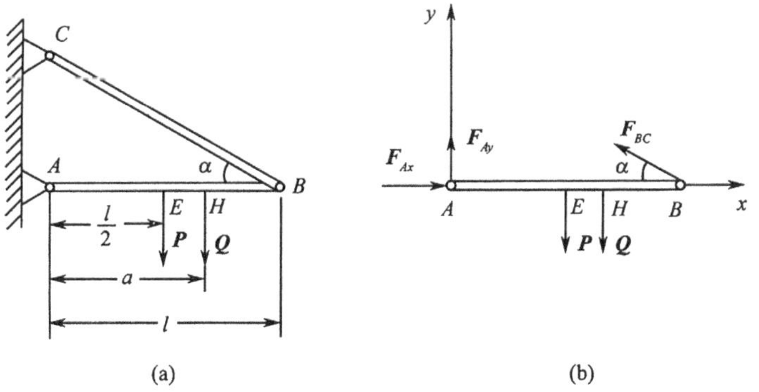

图 4-12

解　选横梁 AB 为研究对象,画受力图如图 4-12(b)所示,$\boldsymbol{F}_{BC}$为二力杆 CB 沿杆给横梁的拉力.图中诸力组成一平面一般力系.

如图建立坐标系,列平衡方程.

1. 二投影一力矩式

$$\sum M_A(\boldsymbol{F}) = 0, F_{BC}\sin\alpha \cdot l - P \cdot \frac{l}{2} - Qa = 0 \tag{a}$$

$$\sum X = 0, F_{Ax} - F_{BC}\cos\alpha = 0 \tag{b}$$

$$\sum Y = 0, F_{Ay} - P - Q + F_{BC}\sin\alpha = 0 \tag{c}$$

按式(a)、(b)、(c)顺序依次解出

$$F_{BC} = 13.2\text{kN}$$
$$F_{Ax} = 11.43\text{kN}$$
$$F_{Ay} = 2.1\text{kN}$$

2. 一投影二力矩式(A、B 两点连线与 x 轴不垂直)

$$\sum M_A(\boldsymbol{F}) = 0, F_{BC}\sin\alpha \cdot l - P \cdot \frac{l}{2} - Qa = 0 \tag{d}$$

$$\sum M_B(\boldsymbol{F}) = 0, P \cdot \frac{l}{2} - F_{Ay}l + Q(l - a) = 0 \tag{e}$$

$$\sum X = 0, F_{Ax} - F_{BC}\cos\alpha = 0 \tag{f}$$

按式(d)、(e)、(f)顺序依次解出

$$F_{BC} = 13.2\text{kN}$$
$$F_{Ay} = 2.1\text{kN}$$
$$F_{Ax} = 11.43\text{kN}$$

3. 三力矩式(A、B、C 三点不共线)

$$\sum M_A(\boldsymbol{F}) = 0, F_{BC}\sin\alpha \cdot l - P \cdot \frac{l}{2} - Qa = 0 \tag{g}$$

$$\sum M_B(\boldsymbol{F}) = 0, P \cdot \frac{l}{2} - F_{Ay}l + Q(l - a) = 0 \tag{h}$$

$$\sum M_C(\boldsymbol{F}) = 0, F_{Ax} \cdot l\tan\alpha - P \cdot \frac{l}{2} - Qa = 0 \tag{i}$$

按式(g)、(h)、(i)的顺序依次解出

$$F_{BC} = 13.2\text{kN}$$

$$F_{Ay} = 2.1\text{kN}$$
$$F_{Ax} = 11.43\text{kN}$$

§4-4 平面平行力系

各力的作用线在同一平面内并互相平行的力系称为平面平行力系. 平面平行力系是平面一般力系的特殊情况,它的平衡方程可由平面一般力系的平衡方程推出. 设物体上作用一平面平行力系 $\boldsymbol{F}_1$、$\boldsymbol{F}_2$、…、$\boldsymbol{F}_n$(图 4-13),建立坐标系,使 x 轴与诸力垂直,则 $\sum X = 0$ 自然满足. 这样,平面平行力系独立的平衡方程就只有两个,即

$$\left.\begin{aligned} \sum Y &= 0 \\ \sum M_O(\boldsymbol{F}) &= 0 \end{aligned}\right\} \qquad (4\text{-}10)$$

平面平行力系的平衡方程还有一种两力矩方程的形式,即

$$\left.\begin{aligned} \sum M_A(\boldsymbol{F}) &= 0 \\ \sum M_B(\boldsymbol{F}) &= 0 \end{aligned}\right\} \qquad (4\text{-}11)$$

其中 A、B 两点的连线不能与诸力平行.

仿式(4-8)和式(4-9)分析,当 $\sum M_A(\boldsymbol{F}) = 0, \sum M_B(\boldsymbol{F}) = 0$ 时,力系的简化结果是,要么力系平衡,要么是一个通过 A、B 两点的合力,该合力与诸力必平行,但附加条件是 A、B 两点的连线不能与诸力平行,故力系只有平衡.

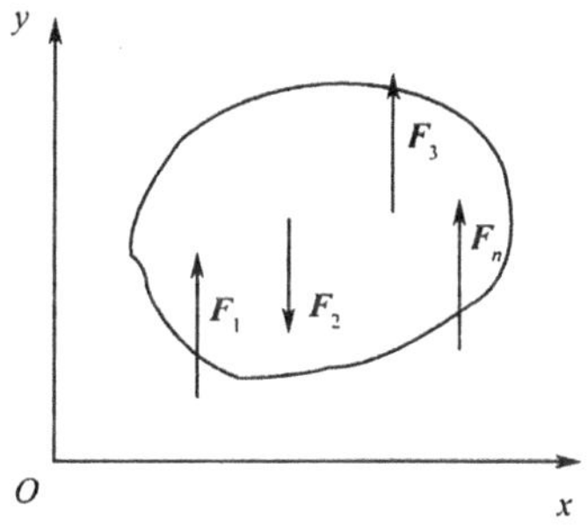

图 4-13

两个独立的方程,可求解两个未知量.

例 4-6 塔式起重机架重为 P,其作用线离右轨 B 的距离为 e,轨距为 b,最大载重 Q_1 离右轨的最大距离为 l,平衡配重 Q_2 离左轨 A 的距离为 a(图 4-14(a)). 欲使起重机满载及空载时均不翻倒,试求平衡配重的重量 Q_2.

解 取起重机为研究对象.

1. 满载时的情况

此时,作用于起重机的力为机架重力 $\boldsymbol{P}$、重物重力 $\boldsymbol{Q}_1$、平衡配重重力 $\boldsymbol{Q}_2$、钢轨反力 $\boldsymbol{F}_{NA}$、$\boldsymbol{F}_{NB}$(图 4-14(b)),这些力组成一平面平行力系. 要使起重机满

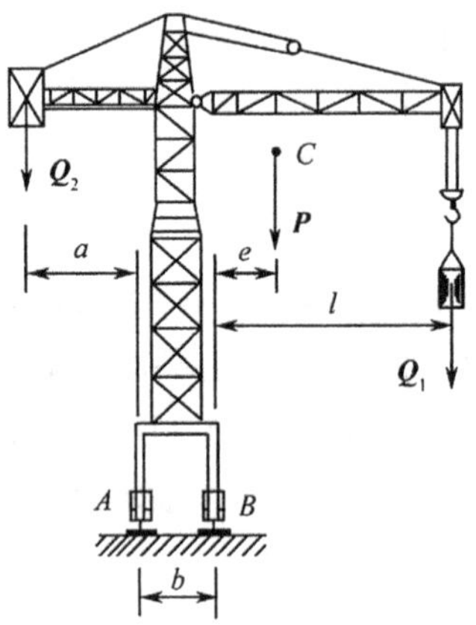

(a)

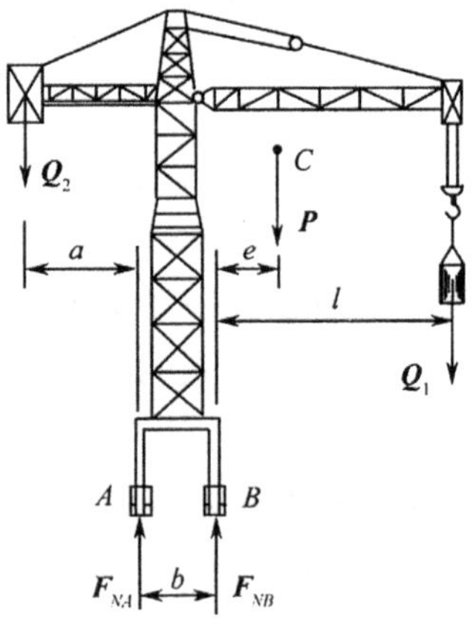

(b)

图 4-14

载时不翻倒,必须 $F_{NA}\geqslant 0$.列平衡方程

$$\sum M_B(\boldsymbol{F})=0,Q_2(a+b)-Pe-Q_1l-F_{NA}b=0$$

解得

$$F_{NA}=\frac{1}{b}[Q_2(a+b)-Pe-Q_1l]$$

由 $F_{NA}\geqslant 0$,即

$$\frac{1}{b}[Q_2(a+b)-Pe-Q_1l]\geqslant 0$$

得

$$Q_2\geqslant\frac{Pe+Q_1l}{a+b}$$

2. 空载时的情况

此时,作用于起重机的力有 $\boldsymbol{P}$、$\boldsymbol{Q}_2$、$\boldsymbol{F}_{NA}$、$\boldsymbol{F}_{NB}$(图 4-14(b)),这些力同样组成平面平行力系.要使起重机空载时不翻倒,必须 $F_{NB}\geqslant 0$.列平衡方程.

$$\sum M_A(\boldsymbol{F})=0,Q_2a-P(b+e)+F_{NB}b=0$$

解得

$$F_{NB}=\frac{1}{b}[P(b+e)-Q_2a]$$

由 $F_{NB}\geqslant 0$,即

$$\frac{1}{b}[P(b+e)-Q_2a]\geqslant 0$$

得

$$Q_2\leqslant\frac{P}{a}(b+e)$$

综合上面两种情况得配重 Q_2 的数值范围为

$$\frac{Pe+Q_1l}{a+b}\leqslant Q_2\leqslant\frac{P(b+e)}{a}$$

§4-5 静定与静不定问题的概念

我们知道,每一种力系都各有一定数目的独立的平衡方程.在研究力系的平衡问题时,如果未知量的数目等于或少于所能列出的独立的平衡方程的数目时,则由平衡方程可以把未知量全部求出,这样的问题称为**静定问题**.前面所遇到的力学问题都是静定问题.如果未知量的数目超过所能列出的独立的平衡方程的数目,仅由平衡方程无法把未知量全部求出.这样的问题称为**静不定问题**,或称**超静定问题**.如图 4-15 所示之梁,受已知力 $\boldsymbol{F}$ 的作用.约束反力共有 $\boldsymbol{F}_B$、$\boldsymbol{F}_{Ax}$、$\boldsymbol{F}_{Ay}$和力偶矩 M_A 四个.这些力组成一平面一般力系,只能列出三个独立的平衡方程.由这些平衡方程无法求出四个未知量(此图是四个约束反力),因此它是静不定问题.对于求解静不定问题,一般可借助物体受力变形的规律,补充足够的方程.这已超出静力学的范畴,在材料力学中再作介绍.

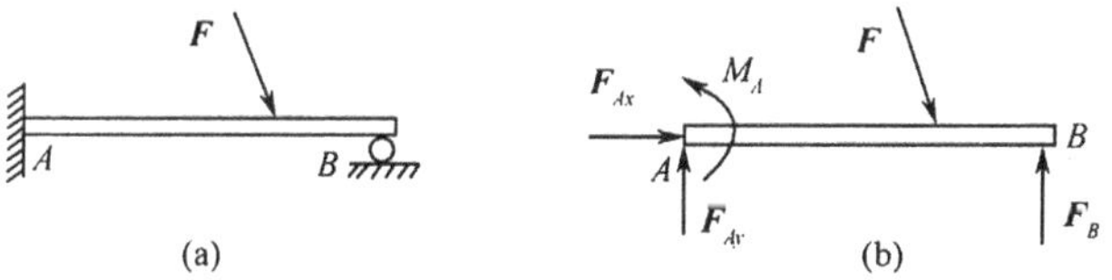

图 4-15

§4-6 物体系统的平衡

物体系统又简称**物体系**或**物系**,是指一些物体以一定的方式连接组成的系统.在研究物系的平衡问题时,常常是不仅要求出系统作为整体所受的外力,还要求出系统的内部物体间相互作用的内力.根据问题和求解过程的需要，既可以取整个物系为研究对象，也可以取物系中的单个物体或一部分物体为研究对象．物系平衡时，组成物系的每一个物体也是平衡的．作用在物体上的平面力系的类型不同，所能列出的独立的平衡方程的数目就不同，最多三个．整个物系独立方程的数目是所有单个物体独立方程数目的总和．当然，若系统的未知量的数目不超过所能列出的独立的平衡方程的数目，则系统是静定的，否则，就是静不定的．

例 4-7 一曲柄连杆机构在图 4-16(a)所示之位置时，作用在轮上的力偶矩 $M=300\text{N}\cdot\text{m}$，已知 $OA=50\text{mm}$，$AB=250\text{mm}$，求作用在滑块上的力 $\boldsymbol{F}$ 的大小和轴承 O 处的反力．

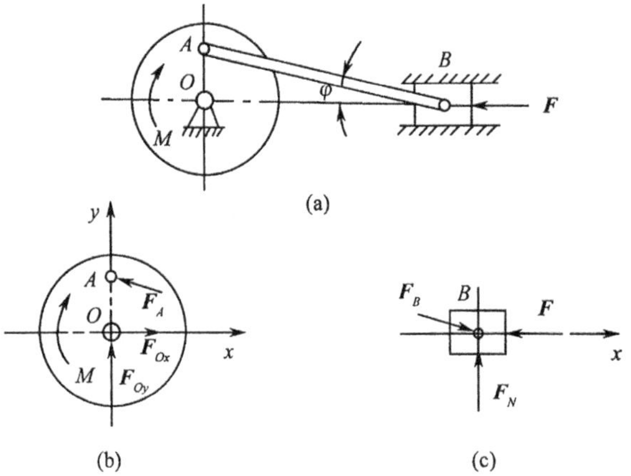

图 4-16

解 先取轮子为研究对象，受力图为图 4-16(b)所示，其中 $\boldsymbol{F}_A$ 为二力杆(连杆)AB 给轮子的作用力．这些力组成一平面一般力系．

如图建立坐标系，列平衡方程．

$$\sum M_O(\boldsymbol{F})=0,\ -M+F_A\times OA\cos\varphi=0$$

$$\sum X=0,F_{Ox}-F_A\cos\varphi=0$$

$$\sum Y=0,F_{Oy}+F_A\sin\varphi=0$$

即

$$-300+F_A\times 0.05\cos\varphi=0$$

$$F_{Ox}-F_A\cos\varphi=0$$

$$F_{Oy}+F_A\sin\varphi=0$$

由三角关系知,图中 $\varphi=11.53°$,解这三个方程得

$$F_A = 6124\text{N} = 6.124\text{kN}$$

$$F_{Ox} = 6000\text{N} = 6\text{kN}$$

$$F_{Oy} = -1225\text{N} = -1.225\text{kN}$$

再取滑块为研究对象,受力图为图 4-16(c),其中 $\boldsymbol{F}_B$ 为连杆 AB 作用于滑块的.这些力组成一平面汇交力系.

建立坐标系,列平衡方程

$$\sum X = 0, F_B\cos\varphi - F = 0$$

即

$$6.124 \times \cos\varphi - F = 0$$

解之得

$$F = 6\text{kN}$$

例 4-8　曲柄连杆式压榨机中的曲柄 OA 上作用一力偶,其矩 $M=500$ N·m(图 4-17(a)).已知 $OA=r=0.1$m, $BD=DC=ED=a$,机构在水平面内,在图示位置平衡,此时 $\angle OAB=90°$, $\theta=30°$,求水平压榨力 $\boldsymbol{F}$.

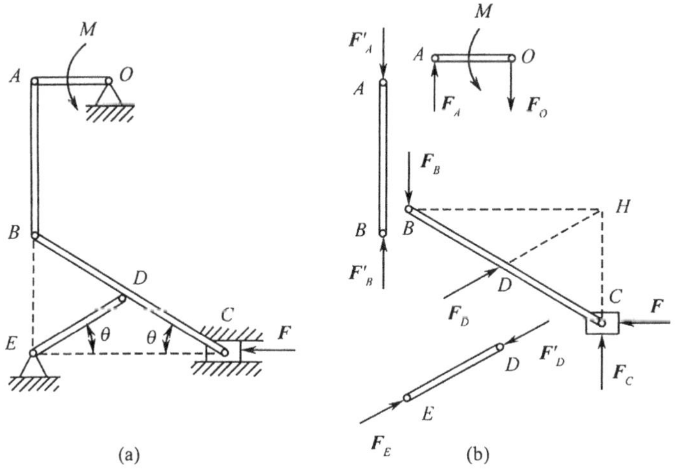

图 4-17

解　本题属于求机构平衡时主动力之间的关系问题,未必一定要全部求出约束反力,通常按传动顺序将机构拆开,分别选为研究对象,通过求连接点的力,逐步求得主动力之间应满足的关系或未知主动力的数值.

先取杆 OA 为研究对象.它受力偶矩 M 和二力杆 AB 力 $\boldsymbol{F}_A$ 的作用,根据力偶系的平衡条件,铰链 O 必有一反力 $\boldsymbol{F}_o$ 与 $\boldsymbol{F}_A$ 成一力偶与力偶 M 平衡,受力图即图 4-17(b).此为一平面力偶系,列平衡方程,

$$\sum M_i = 0, M - F_A r = 0$$

解之得

$$F_A = \frac{M}{r}$$

再取杆 BC 和滑块 C 一起为研究对象,其受力图为图 4-17(c),其中 $\boldsymbol{F}_D$ 为二力杆 ED 给杆 BC 的力,$\boldsymbol{F}_C$ 为导轨给滑块的反力.这是一个平面一般力系,列平衡方程.为直接求出未知力 $\boldsymbol{F}$,可选另外两个未知力 $\boldsymbol{F}_D$ 和 $\boldsymbol{F}_C$ 的作用线的交点 H 为矩心,列力矩方程.这样,方程中只出现 F 一个未知量.

$$\sum M_H(\boldsymbol{F}) = 0, F_B \cdot 2a\cos\theta - F \cdot 2a\sin\theta = 0$$

解得

$$F = F_B\cot\theta$$

又

$$F_B = F_A$$

故

$$F = F_A\cot\theta = \frac{M}{r}\cot\theta = \frac{500}{0.1}\cot 30^\circ$$
$$= 8660\text{N} = 8.66\text{kN}$$

例 4-9　组合梁 AC 和 CE 用铰链 C 联接,支承情况和载荷如图 4-18(a) 所示.已知 $a=1\text{m}$,$Q=4\text{kN}$,均布载荷集度 $q=2\text{kN/m}$,力偶矩 $M=4\text{kN·m}$.试求支座 A、B、D 的反力.

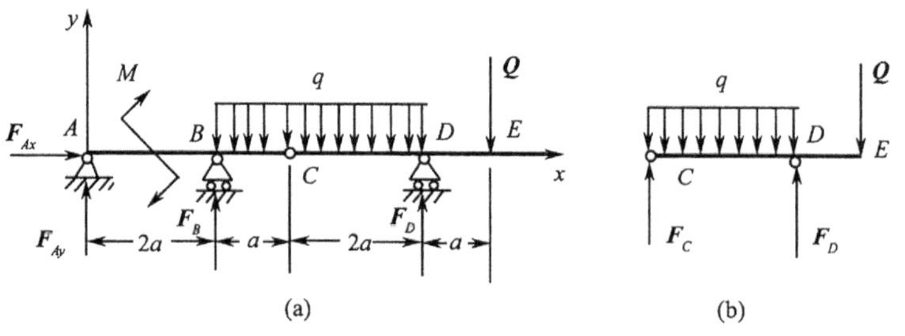

图 4-18

解　先取 CE 段为研究对象,其受力图为图 4-18(b),此为一平面平行力

系,列平衡方程

$$\sum M_C(\boldsymbol{F}) = 0, F_D \cdot 2a - Q \cdot 3a - 2aq \cdot a = 0$$

解得

$$F_D = \frac{3}{2}Q + qa = 8\text{kN}$$

再取整体为研究对象,其受力图为图 4-18(a),它们组成了一平面一般力系.

建立坐标系,列平衡方程

$$\sum M_A(\boldsymbol{F}) = 0, F_B \cdot 2a + F_D \cdot 5a - M - 3aq \cdot 3.5a - Q \cdot 6a = 0$$

$$\sum X = 0, F_{Ax} = 0$$

$$\sum Y = 0, F_{Ay} + F_B + F_D - Q - 3aq = 0$$

解得

$$F_B = 4.5\text{kN}$$

$$F_{Ax} = 0$$

$$F_{Ay} = -2.5\text{kN}$$

例 4-10　齿轮传动机构如图 4-19(a)所示.齿轮Ⅰ的半径为 r,自重 P_1.齿轮Ⅱ的半径为 $R=2r$,其上固结一半径为 r 的塔轮Ⅲ,轮Ⅱ与轮Ⅲ共重 $P_2=2P_1$.齿轮压力角为 $\alpha=20°$,被提升的物体 C 重为 $P=20P_1$.求(1)保持物体 C 匀速上升时,作用于轮Ⅰ上力偶的矩 M;(2)光滑轴承 A、B 的约束反力.

解　先取轮Ⅱ、Ⅲ及重物 C 为研究对象,受力如图 4-19(b)所示.齿轮间的啮合力 $\boldsymbol{F}_n$ 可沿节圆的切向及径向分解为圆周力 $\boldsymbol{F}$ 和径向力 $\boldsymbol{F}_r$.列平衡方程

$$\sum X = 0, F_{Bx} - Fr = 0$$

$$\sum Y = 0, F_{By} - P - P_2 - F = 0$$

$$\sum M_B(\boldsymbol{F}) = 0, Pr - FR = 0$$

又,由压力角定义知

$$\tan\alpha = \frac{Fr}{F}$$

则解方程得

$$F = \frac{Pr}{R} = 10P_1, \quad Fr = F\tan\alpha = 3.64P_1$$

$$F_{Bx} = Fr = 3.64P_1, F_{By} = P + P_2 + F = 32P_1$$

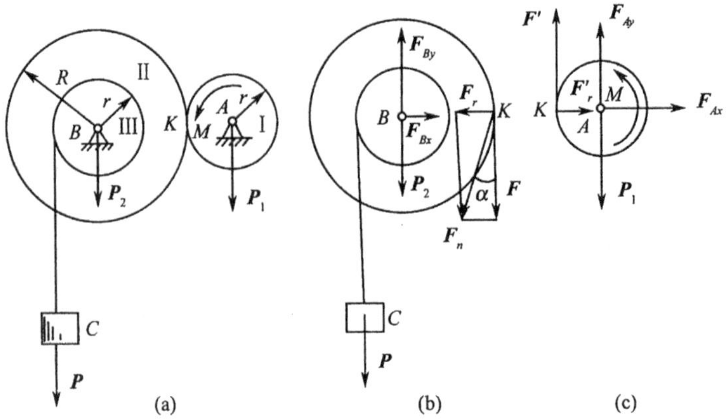

图 4-19

再取轮Ⅰ为研究对象，受力如图 4-19(c)所示，列平衡方程

$$\sum X = 0, F_{Ax} + F'r = 0$$

$$\sum Y = 0, F_{Ay} + F' - P_1 = 0$$

$$\sum M_A(\boldsymbol{F}) = 0, M - F'r = 0$$

解之得

$$F_{Ax} = -3.64P_1, F_{Ay} = -9P_1, M = 10P_1r$$

例 4-11　图 4-20(a)所示之支架，其载荷 $P=1\text{kN}$，两滑轮半径为 r，有关尺寸如图示. 求支座 A、C 的约束反力.

解　先取整体为研究对象，受力如图 4-20(b)所示，这是一个静不定的平面一般力系，四个未知量，但最多能列出三个独立的平衡方程，

$$\sum M_A(\boldsymbol{F}) = 0,\quad F_{Cx}\cdot 4r - P(3r + 3r + r) = 0$$

解之得

$$F_{Cx} = 1.75\text{kN}$$

$$\sum X = 0,\quad F_{Ax} + F_{Cx} = 0$$

解得

$$F_{Ax} = -1.75\text{kN}$$

$$\sum Y = 0,\quad F_{Ay} + F_{Cy} - P = 0 \tag{1}$$

已经列出了三个方程，为了求出 F_{Ay} 和 F_{Cy}，必须再补充一个独立的方程，为

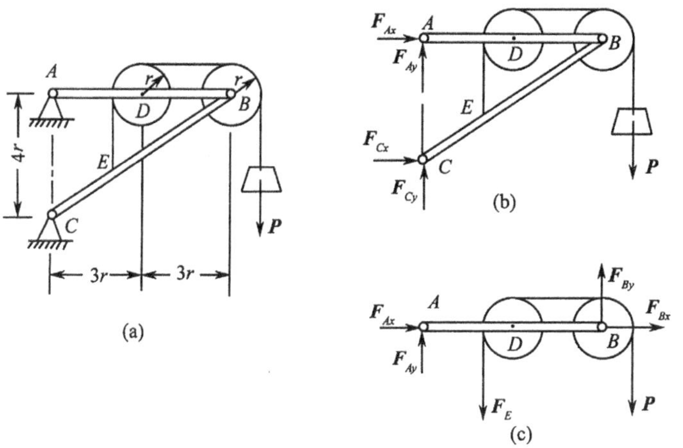

图 4-20

此，再取图 4-20(c)所示的部分为研究对象，绘受力图，其中 $F_E=P$.

$$\sum M_B(\boldsymbol{F})=0,\quad -F_{Ay}(3r+3r)+F_E(r+3r)-Pr=0$$

解得

$$F_{Ay}=0.5\text{kN}$$

再将其代入式(1)，解得

$$F_{Cy}=0.5\text{kN}$$

例 4-12 重为 $P=980\text{N}$ 的重物悬挂在滑轮支架系统上，如图 4-21(a)所示．设滑轮的中心 B 与支架 ABC 相连接，AB 为直杆，BC 为曲杆，B 为销钉，若不计滑轮和支架的自重，求销钉 B 作用在与它相连接的每一构件上的约束反力．

解 与销钉 B 相连的构件有滑轮 B、直杆 AB、曲杆 BC 及钢索 BE，画销钉和它们的受力图如图 4-21(b)所示．

先取滑轮 B 为研究对象

$$\sum X=0,F_{Bx}-\frac{1}{2}P\cos45^\circ=0$$

$$\sum Y=0,F_{By}-\frac{1}{2}P\sin45^\circ-\frac{1}{2}P=0$$

解得

$$F_{Bx}=347\text{N}$$
$$F_{By}=837\text{N}$$

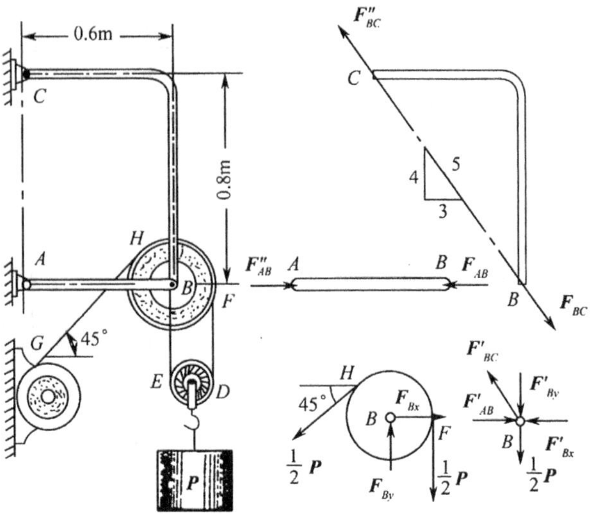

(a)　　(b)

图 4-21

再取销钉 B 为研究对象，其中，$\frac{1}{2}\boldsymbol{P}$ 是 BE 段钢索对它的作用力，$\boldsymbol{F}'_{Bx}$和 $\boldsymbol{F}'_{By}$是滑轮 B 对它的作用力，$\boldsymbol{F}'_{AB}$是二力杆 AB 对它的作用力，$\boldsymbol{F}'_{BC}$是二力构件 BC 对它的作用力.

$$\sum X = 0,\ -F'_{Bx} + F'_{AB} - F'_{BC} \cdot \frac{3}{5} = 0$$

$$\sum Y = 0,\ -F'_{By} - \frac{P}{2} + F'_{BC} \cdot \frac{4}{5} = 0$$

解得

$$F'_{AB} = 1340\text{N}$$

$$F'_{BC} = 1660\text{N}$$

销钉 B 作用在构件上的约束反力为上面求得的力的反作用力.

§4-7　平面简单桁架

所谓**桁架**，是指由一些直杆在两端互相焊接、铆接、榫接或螺栓紧固等而构成的一种几何形状不变的结构，如图 4-22 所示的即为一种桁架结构. 杆件连接的地方称为**节点**. 由于桁架的各杆件主要承受拉力或压力，材料的作用会得到充分的发挥,也减轻结构的重量,因此,桁架结构在工程上,诸如桥梁、厂房、起重机、电视塔等,被广泛采用.

各杆件在同一平面内的桁架称为**平面桁架**.

为简化桁架内力的计算,工程上一般作如下假设:

(1) 桁架的杆件都是直杆;

(2) 各杆件间是用光滑铰链连接;

(3) 所有载荷都作用在节点上,并在桁架平面内;

(4) 各杆件自重忽略不计.在需要考虑自重时,可将自重作为载荷平均分配在杆件两端的节点上.

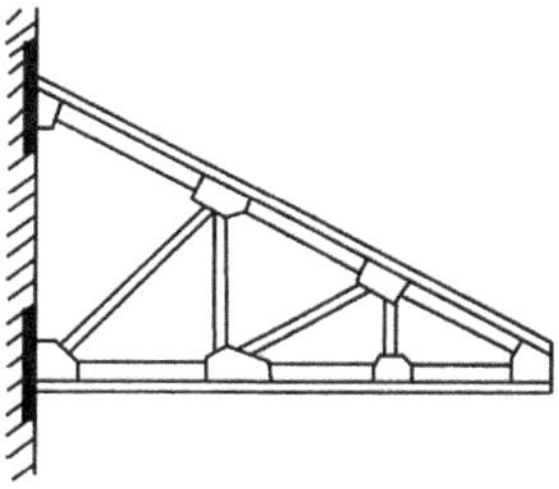

图 4-22

根据这些假设,桁架杆件都可视为二力杆件,只受拉力或压力.

自然,实际桁架的情况与以上假设是有出入的,但按这些假设简化计算所得的结果,符合工程上的要求.

我们知道,三角形是其形状保持不变的最简单的图形,以三角形框架为基础,每增加两根杆就增加一个节点,按这样规则构成的平面桁架称为**平面简单桁架**.图 4-23 所示的桁架就是一种平面简单桁架.可以证明,求解平面简单桁架内力的问题是静定问题,即平面简单桁架是静定桁架.

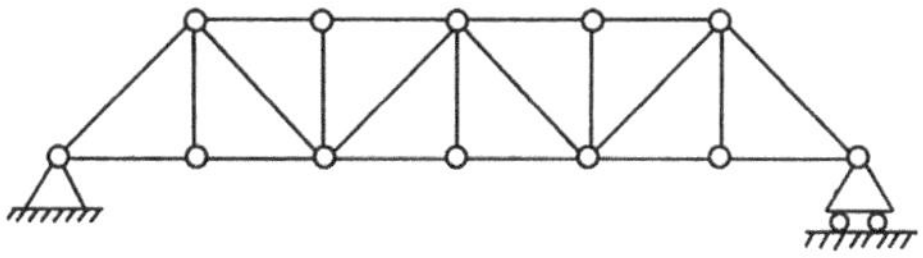

图 4-23

下面通过例题介绍两种计算桁架内力的方法.

1. 节点法

即逐个地取节点为研究对象,求桁架杆件所受内力的方法.

例 4-13 试求图 4-24(a)所示屋架各杆所受的内力.

解 桁架的每个节点都受一平面汇交力系的作用,最多只能列出两个独立的平衡方程,因此,为计算方便,应从只包含两个未知内力的节点开始,逐次操作.分析本题情况,可先从求支座的反力入手.

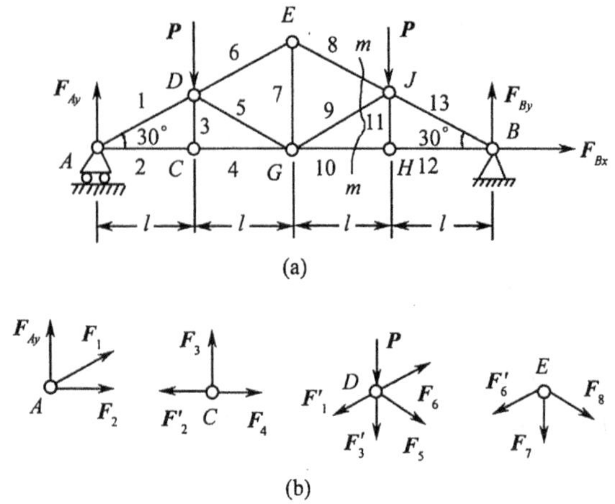

图 4-24

以整个桁架为研究对象

$$\sum X = 0, F_{Bx} = 0$$

$$\sum M_B(\boldsymbol{F}) = 0, -F_{Ay} \cdot 4l + P \cdot 3l + Pl = 0$$

$$\sum Y = 0, F_{Ay} - P - P + F_{By} = 0$$

解之得

$$F_{Bx} = 0, \quad F_{Ay} = 5\text{kN}, \quad F_{By} = 5\text{kN}$$

再求各杆所受的内力,

各节点受力图如图 4-24(b)所示(图中节点所受力的反作用力即相应杆的受力),其中假定各杆都受拉力,若结果为负值,说明杆受压力.

先从点 A 开始,F_1 和 F_2 未知,

$$\sum Y = 0, F_{Ay} + F_1\sin30° = 0$$

$$\sum X = 0, F_2 + F_1\cos30° = 0$$

解得

$$F_1 = -10\text{kN}, \qquad F_2 = 8.66\text{kN}$$

点 C,F_3 和 F_4 未知,

$$\sum X = 0, -F'_2 + F_4 = 0$$

$$\sum Y = 0, F_3 = 0$$

其中 $F'_2 = F_2 = 8.66\text{kN}$,解得

$$F_3 = 0, \qquad F_4 = 8.66\text{kN}$$

点 D,F_5 和 F_6 未知,

$$\sum X = 0, -F'_1\cos30° + F_5\cos30° + F_6\cos30° = 0$$

$$\sum Y = 0, -P - F'_1\sin30° - F'_3 - F_5\sin30° + F_6\sin30° = 0$$

其中 $F'_1 = F_1 = -10\text{kN}$,$F'_3 = F_3 = 0$,解得

$$F_5 = -5\text{kN}, \qquad F_6 = -5\text{kN}$$

点 E,F_7 和 F_8 未知,

$$\sum X = 0, -F'_6\cos30° + F_4\cos30° = 0$$

$$\sum Y = 0, -F'_6\sin30° - F_7 - F_8\sin30° = 0$$

其中 $F'_6 = F_6 = -5\text{kN}$,解得

$$F_7 = 5\text{kN}, \qquad F_8 = -5\text{kN}$$

仿此,继续取 G、H、J 点为研究对象,解得

$$F_9 = -5\text{kN}, \quad F_{10} = 8.66\text{kN}, \quad F_{11} = 0$$

$$F_{12} = 8.66\text{kN}, \quad F_{13} = -10\text{kN}$$

当然,本题也可先从点 B 开始,逐个向左取研究对象求解,所得的结果是一样的.

有些问题,未必先从求支座反力入手,例如图 4-25 所示之桁架,若直接按点 C→点 D→点 B 的顺序取研究对象,便可很方便地求出所有杆所受的内力.读者可自演.

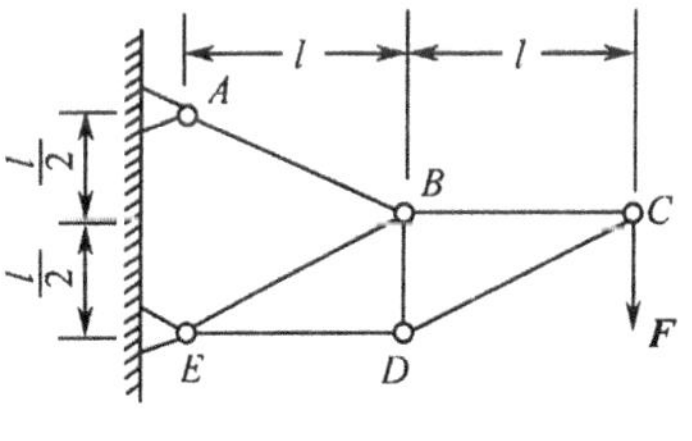

图 4-25

2. 截面法

即假想用一截面将桁架在适当地方截开,取其中一部分为研究对象,求被截杆件所受内力的方法.

如果例 4-13 不是求桁架各杆件所受的内力,而只是要求杆 8、9、10 所受的内力,应用截面法就方便得多.

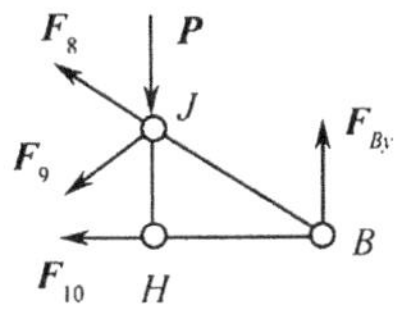

图 4-26

假想用 m-m 截面将 8、9、10 三杆截开,取右段为研究对象,其受力如图 4-26 所示,其中仍假定各杆都受拉力.由于平面一般力系最多能列出三个独立的平衡方程,所以,在取截面时,被截的内力未知的杆数一般不宜超过三根.

$$\sum M_J(\boldsymbol{F}) = 0, F_{By}l - F_{10}l\tan30° = 0$$

$$\sum X = 0, -F_{10} - F_8\cos30^\circ - F_9\cos30^\circ = 0$$

$$\sum Y = 0, F_8\sin30^\circ - F_9\sin30^\circ - P + F_{By} = 0$$

解得

$$F_8 = -5\text{kN}, \quad F_9 = -5\text{kN}, \quad F_{10} = 8.66\text{kN}$$

与节点法所求的答案完全一样.

习 题

4-1 图示绞盘上作用有三个力，$F_1 = F_2 = F_3 = 300\text{N}$，$OA = OB = OC = 1.2\text{m}$，试计算以点 O 为简化中心时该力系的主矢和主矩.

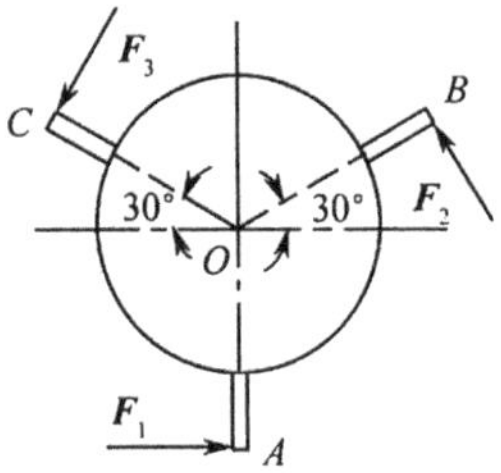

题 4-1 图

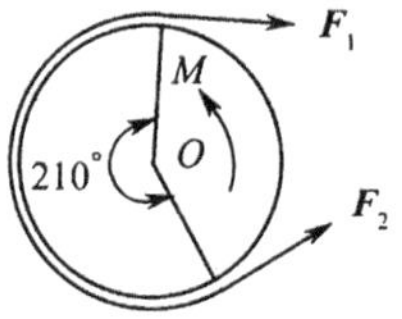

题 4-2 图

4-2 图示胶带运输机传动滚筒的半径 $R = 0.325\text{m}$，变速装置传来的力偶矩 $M = 4.65\text{kN·m}$，皮带张力 $F_1 = 19\text{kN}$，$F_2 = 4.7\text{kN}$，皮带包角为 210°，试将此力系向 O 点简化，并绘图表示最后结果.

4-3 已知 $F_1 = 150\text{N}$，$F_2 = 200\text{N}$，$F_3 = 300\text{N}$，$F = F' = 200\text{N}$. 求(1)力系向点 O 的简化结果，并绘图表示；(2)力系合力的大小及其与原点 O 的距离 h，并绘图表示.

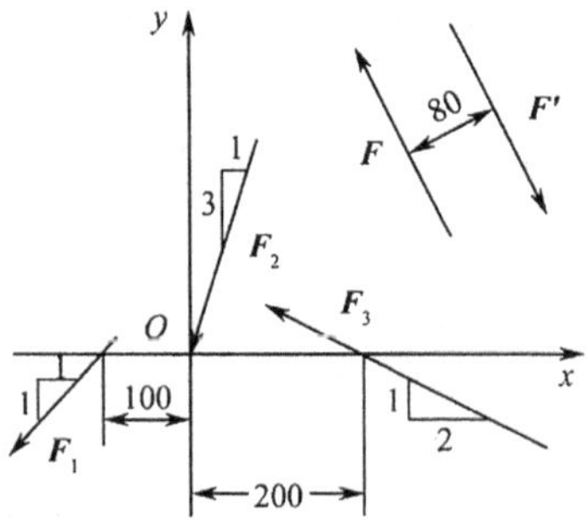

题 4-3 图

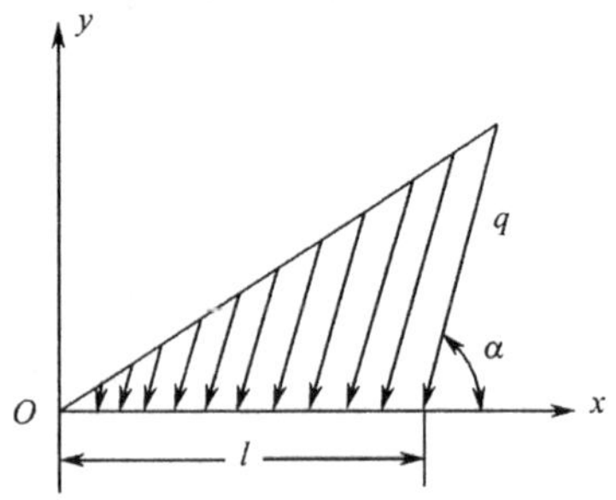

题 4-4 图

4-4　一呈三角形分布的载荷如图所示，载荷集度的最大值为 q，分布长度为 l，求其合力及其作用线的位置.

4-5　图示一电线杆 AC 埋入地下，输电线在 A 处拉力为 $F=12\text{kN}$，钢索 BD 拉力为 15kN，$\alpha=5°$，$\beta=45°$. 电线杆自身重力不计，求 C 处的约束反力.

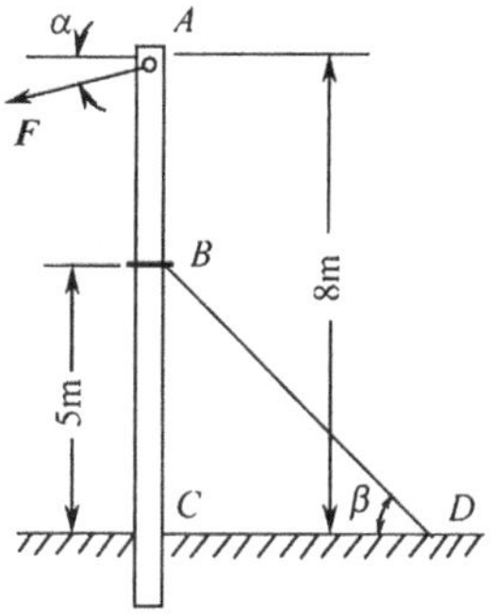

题 4-5 图

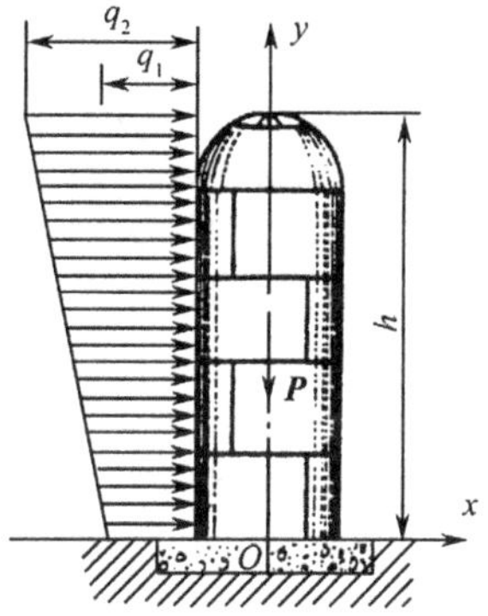

题 4-6 图

4-6　图示热风炉高 $h=40\text{m}$，重 $P=4000\text{kN}$，所受风压力可以简化为梯形分布力，$q_1=500\text{N/m}$，$q_2=2.5\text{kN/m}$. 可将地基抽象化为固定端约束，试求地基对热风炉的反力.

4-7　均质细杆 AB 重为 P，其两端用铰链与滑块相连，两滑块又由跨过滑轮的绳索相连，滑块可以在导槽内自由滑动，滑块重力不计. 求绳的拉力 F 与 W、θ 之间的关系.

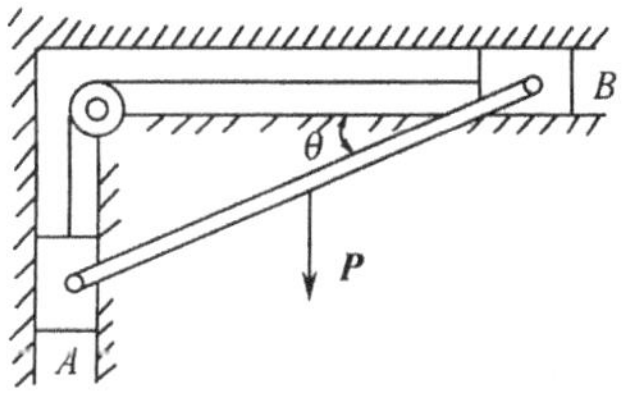

题 4-7 图

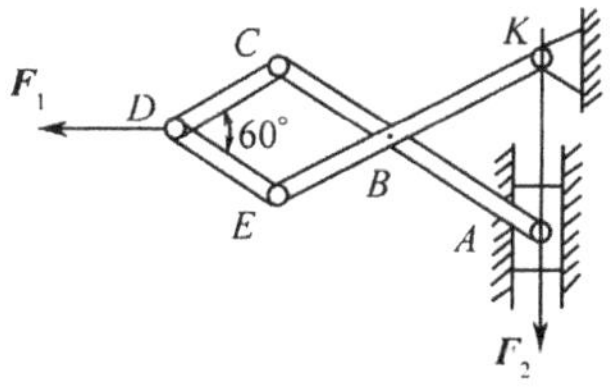

题 4-8 图

4-8　图示机构中 $AB=BC=CD=DE=EB=BK$，$F_1=0.5\text{kN}$. 求维持平衡时力 $\boldsymbol{F}_2$ 的大小.

4-9　一气动夹具如图示，压缩空气推动活塞向上运动，通过铰链 A 使杆 AC 推动杠杆 COD 绕点 O 转动，压紧工件. 气体作用在活塞上的压力 $F=3\text{kN}$，求杠杆压紧工件的力.

4-10　在图示支架结构 A 端悬挂一重 $P=2\text{kN}$ 的重物，试求杆 BD 和 EG 所受的力及 C 和 K 处的反力.

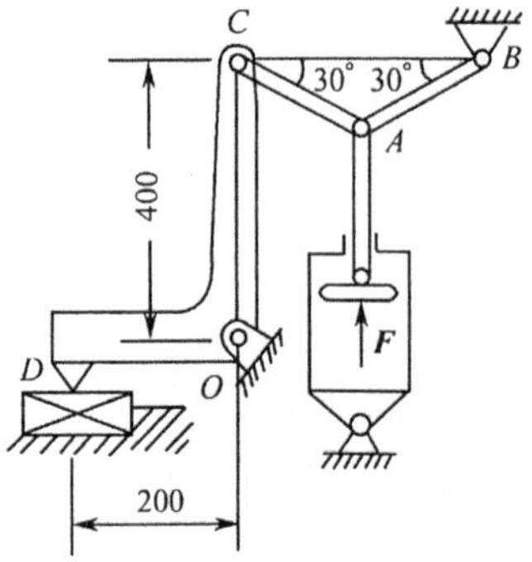

题 4-9 图

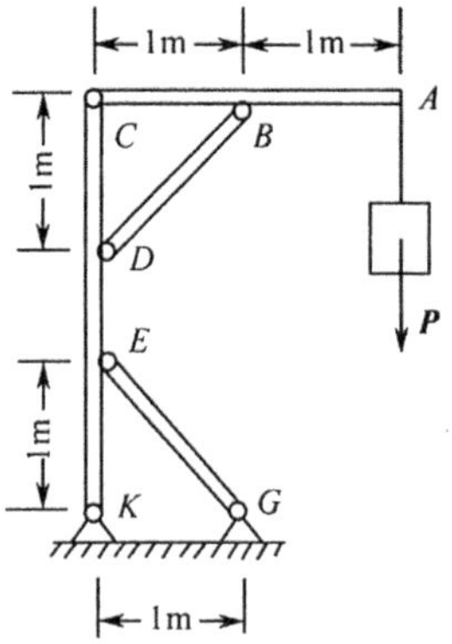

题 4-10 图

4-11　折梯由 AC、AD 两部分铰接,又以绳 BE 连接而成,放在光滑的地面上. AC 和 AD 部分的重力均为 200N. 今重为 $P=800\text{N}$ 的一人站在 K 处,求绳之拉力.

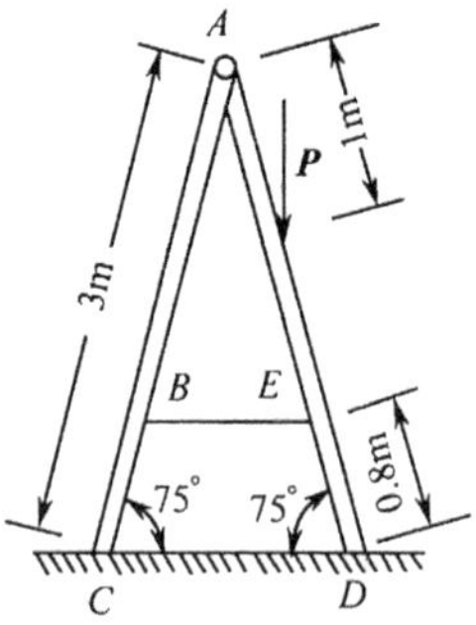

题 4-11 图

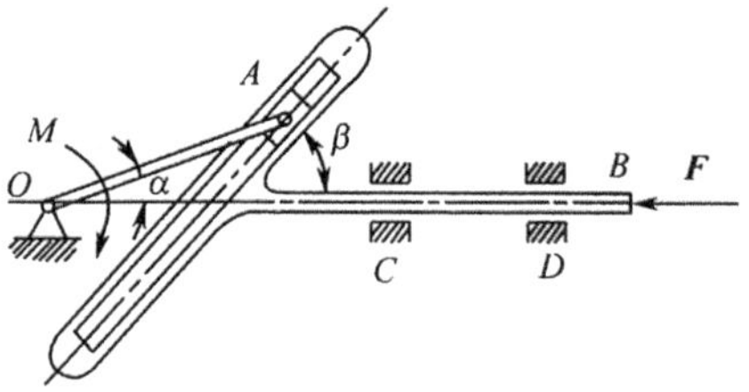

题 4-12 图

4-12　图示一滑道连杆机构,在滑道连杆上作用着水平力 $\boldsymbol{F}$. 已知 $OA=r$,滑道倾角为 β,机构重量和各处摩擦不计. 试求当机构平衡时,作用在曲柄 OA 上的力偶矩 M 与角 α 之间的关系.

4-13　求图示多跨梁支座 A、C 处的反力. 已知 $M=8\text{kN·m}$, $q=4\text{kN/m}$, $l=2\text{m}$.

4-14　由 AC 和 CD 构成的组合梁通过铰链 C 连接. 它的支承和受力如图所示. 已知均布载荷集度 $q=10\text{kN/m}$,力偶矩 $M=40\text{kN·m}$,不计梁重. 求支座 A、B、D 的约束反力和铰链 C 处所受的力.

4-15　各刚架的载荷和尺寸如图所示,不计刚架质量,试求刚架的各支座反力.

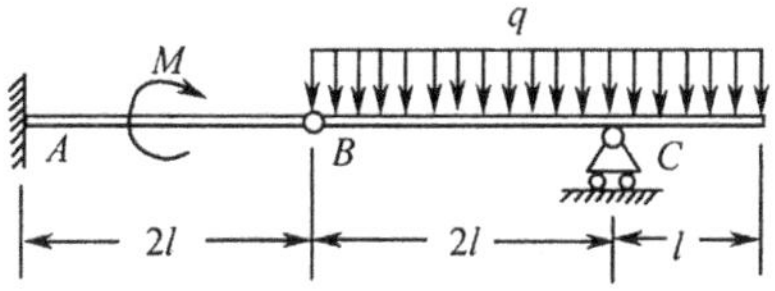

题 4-13 图

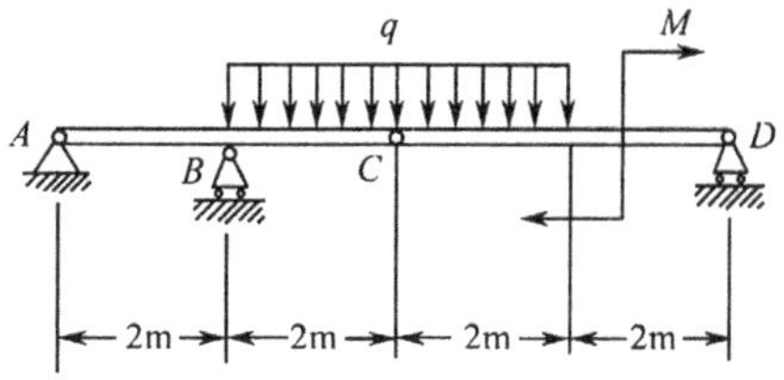

题 4-14 图

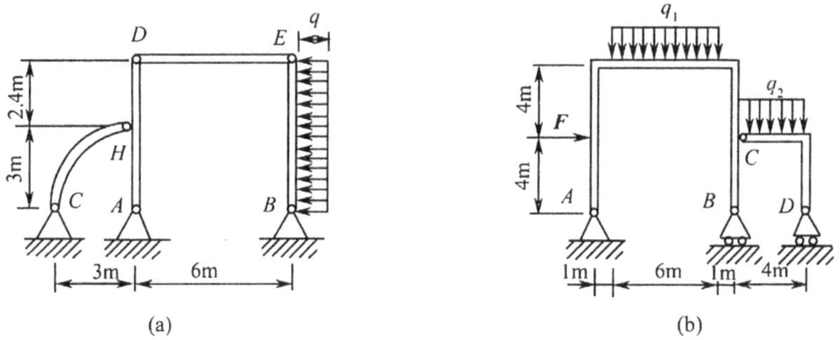

题 4-15 图

4-16　箱式电炉炉体结构如图(a)所示，D 为炉壳，E 为炉顶拱，II 为绝热材料，I 为边墙，J 为搁架．在实际炉子设计中，考虑到炉子在高温情况下，拱顶常产生裂缝，可将炉拱简化成三铰拱，如图(b)所示．已知拱顶是圆弧形，跨距 $l=1.15\text{m}$，拱高 $h=0.173\text{m}$，炉顶重 $P=2\text{kN}$，试求拱角 A 和 B 处的反力．

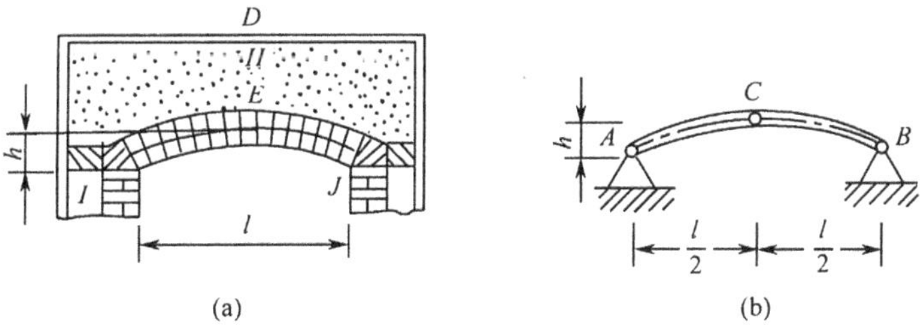

题 4-16 图

4-17　均质梁的重量为 9kN，用钢索悬挂，如图所示．试计算悬索末端的张力 F_1 和 F_2，并求角 θ．

4-18　立式压缩机曲轴的曲柄 EH 转到垂直向上的位置时，连杆作用于曲柄上的力

F 最大.现已知 $F=40\text{kN}$,飞轮重 $P=4\text{kN}$.求这时轴承 A 和 B 的反力.

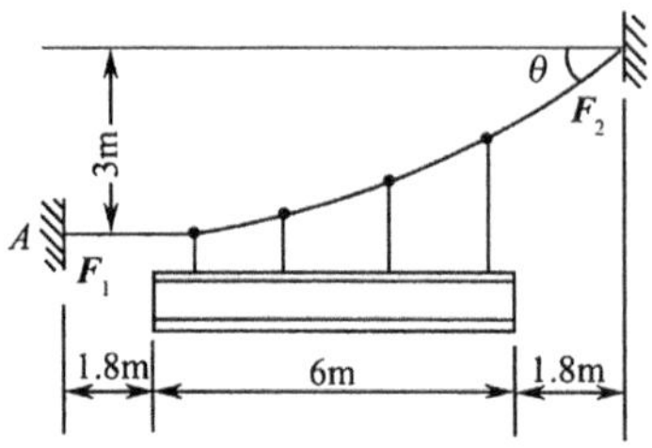

题 4-17 图

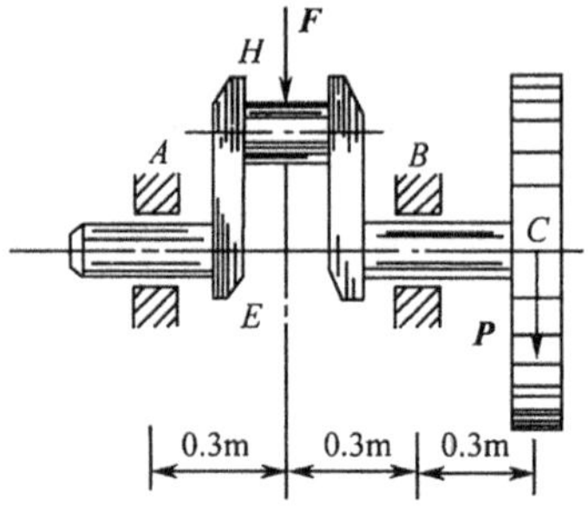

题 4-18 图

4-19　图示厂房房架是由两个刚架 AC 和 BC 用铰链 C 连接组成,A 与 B 两铰链固结于地基,吊车梁支承在房架突出部分 D 和 E 上.已知刚架重 $P_1=P_2=60\text{kN}$,吊车桥重 $P=20\text{kN}$,载荷 $Q=10\text{kN}$,风力 $F=10\text{kN}$,D、E 两点分别在力 P_1 和 P_2 的作用线上.求铰链 A、B、C 处的反力.

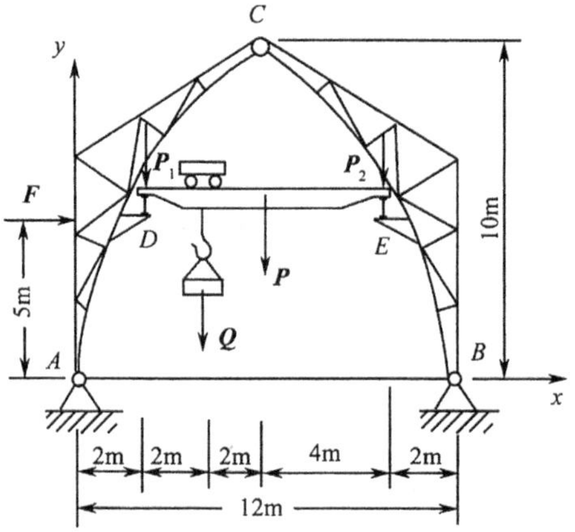

题 4-19 图

4-20　平炉的送料机由跑车 A 及走动的桥 B 所组成,跑车装有轮子,可沿桥移动,跑车下部装有一倾覆操纵柱 D,其上装有料箱 C.料箱中的载荷 $Q=15\text{kN}$,Q 的作用线与跑车轴线 OA 的距离为 5m.如欲保证跑车不致于翻倒,试问小车连同操纵柱的重量 P 最小应为多少?

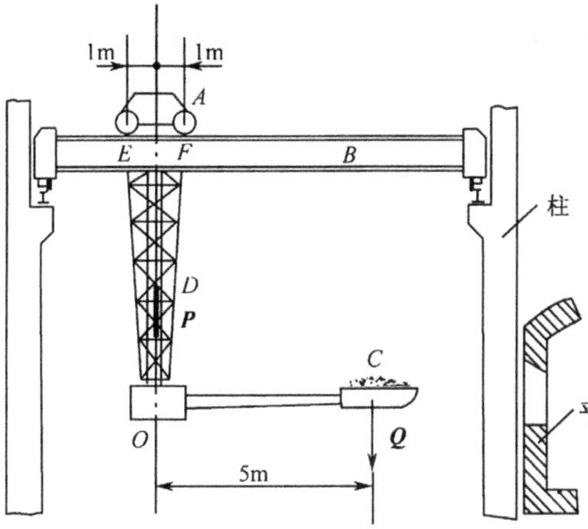

题 4-20 图

4-21　飞机起落架尺寸如图所示. A、B、C 均为铰链,杆 OA 垂直于连线 AB. 当飞机匀速直线滑行时,地面作用于轮上的铅垂正压力 $F_N = 30\text{kN}$,水平摩擦力和各杆的重量都比较小,略去不计. 试求 A、B 两点的约束反力.

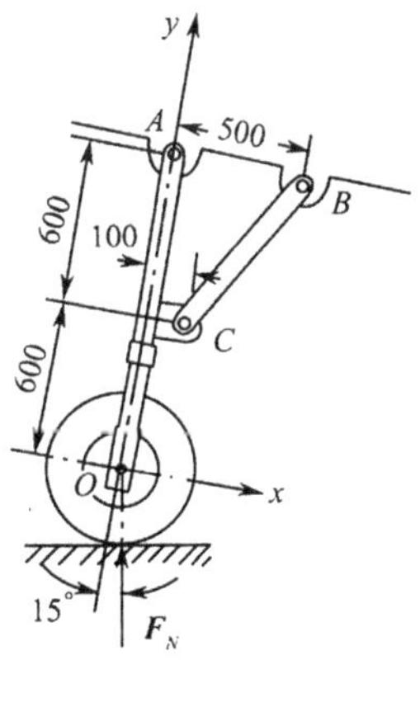

题 4-21 图

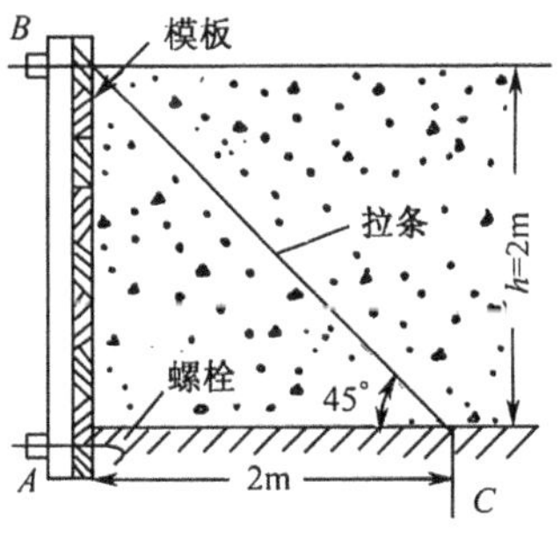

题 4-22 图

4-22　图示为浇注大体积混凝土时的支撑模板. 已知模板的长度(垂直于图面方向)为 $l = 0.6\text{m}$,混凝土浇注厚度 $h = 2\text{m}$. 流体混凝土侧压力按流体压力计算,而混凝土的比重 $\gamma = 2.4\times10^3\text{kg/m}^3$. 若不计模板本身重量,试问预埋螺栓 A 和拉条 BC 所受的力等于多少?(在计算时螺栓到混凝土底部平面的距离可忽略不计,又模板在点 A 可以有微小转动,所以点 A 简化为铰链约束.)

4-23 弧形闸门的重量为 400kN,重心 C 到 AD 的距离为 6m,闸门宽(垂直于纸面方向的长度)$L=9\text{m}$,闸门顶到坝顶的距离 $H=6\text{m}$,到 AD 的距离为 8m.已知闸门承受的水压力的合力 $\boldsymbol{F}_R$ 通过铰链 A,其水平分力 $F_{Rx}=\dfrac{1}{2}\rho gH^2L$(式中 $\rho=1\times10^3\text{kg/m}^3$ 为水的密度,$g=9.8\text{m/s}^2$ 为重力加速度),作用在 $\dfrac{2}{3}H$ 处,其铅垂分力 $F_{Ry}=150L(\text{kN})$,设 B 端为光滑接触,水正好装满到闸门顶.

(1) 当启门力 $F=0$ 时,试求铰链 A 和坝顶 B 处的约束力.

(2) 开启闸门时所需要的最小力 $F_{\min}$ 应为多少?

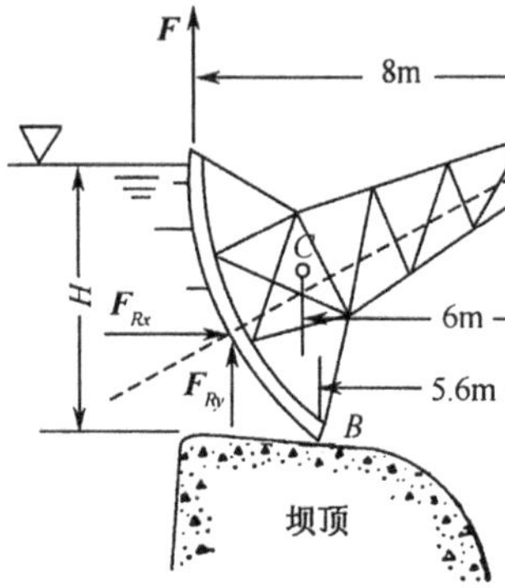

题 4-23 图

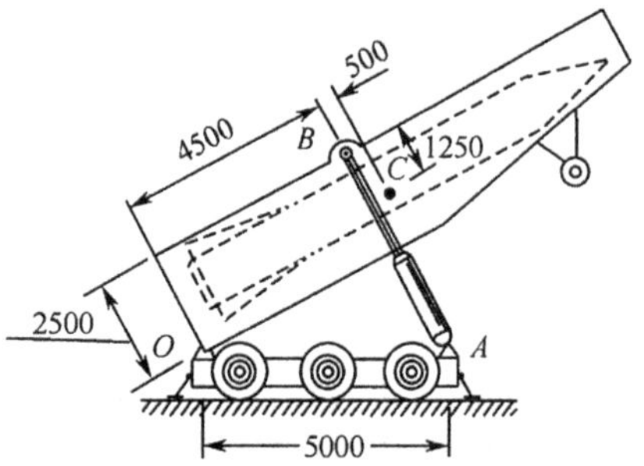

题 4-24 图

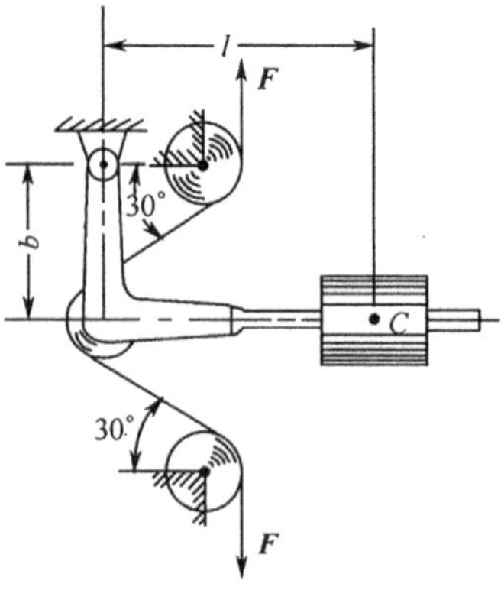

题 4-25 图

4-24 图示的拖车是专门用来运输和举升导弹至其发射位置的.车身连同导弹的重量为 62kN,重心位于点 C.车身由其两侧的液压缸 AB 推举可绕 O 轴转动.当车身的轴线与 AB 垂直时,求每一个液压缸的推力以及铰链 O 的约束反力.

4-25 套在杆子上的重块重量为 P,重心为点 C;曲臂借助于已知拉力 $\boldsymbol{F}$ 维持在图示位置平衡.如略去曲臂和滑轮的重量,求 l 的大小.

4-26 图示为多跨公路桥梁,由两个外伸梁 AB、CD 和短梁 BC 所组成,BC 的一端可视为铰链,另一端可视为辊轴,两外伸梁也可作同样的简化.外伸梁可视为匀质杆,其自重为 300kN/m,短梁 BC 也可视为匀质杆,其自重为 120kN/m.桥上有一载重汽车通过,汽车前后轮距为 4m,前后轴对桥的压力如图所示.试求汽车行至图示位置时 B、C、E 各点的约束反力.

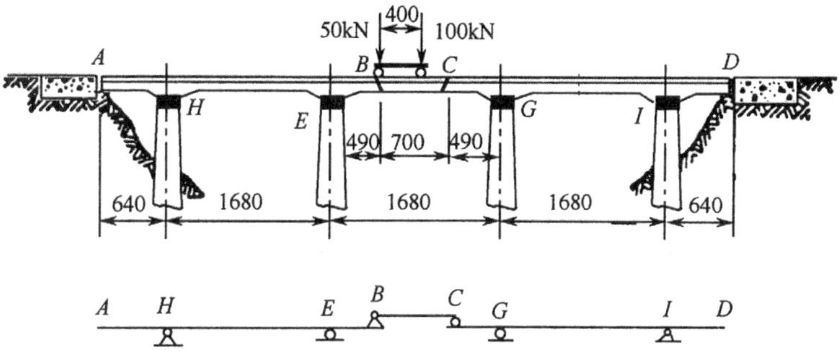

题 4-26 图

4-27　油压机的柱塞与活动梁是固结在一起的,活动梁可沿立柱在铅垂方向移动.当受偏心载荷时,导向套和立柱都要受侧压力,在初步计算时,可将活动梁与立柱之间的约束视为光滑约束.已知工作时的压力 $F=1000\text{kN}$,偏心距 $e=40\text{mm}$,试求当活动梁位于 $l=1500\text{mm}$位置时,导向套所受的侧压力,以及这时柱塞的下端截面 m-m 上的约束反力.

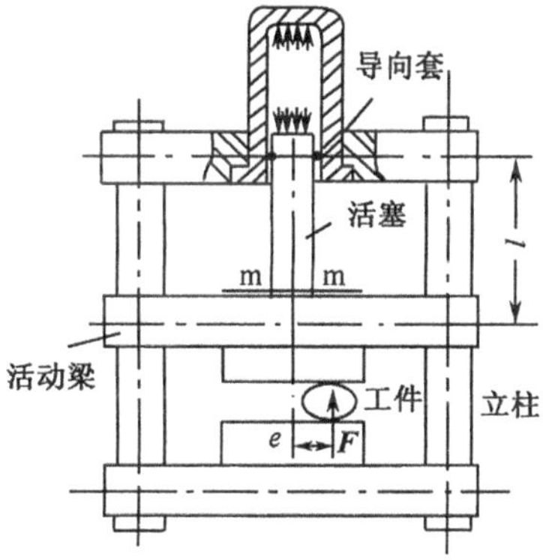

题 4-27 图

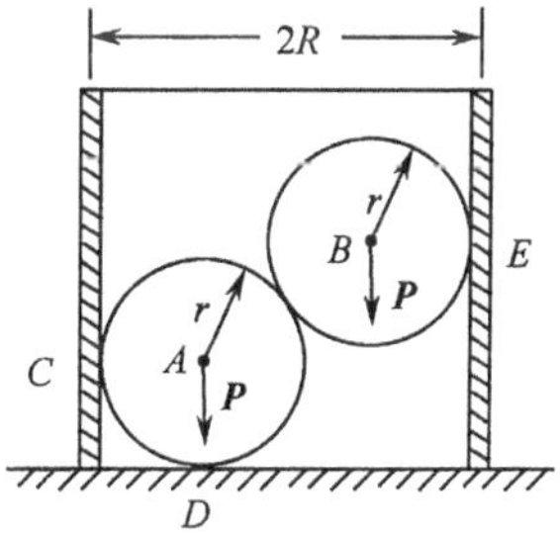

题 4-28 图

4-28　无底圆柱形空筒放在光滑的水平面上,内放两个重球,如图所示.每个球重为 P,半径为 r,圆筒半径为 $R(r<R<2r)$.不计筒壁厚度,试求圆筒不致翻倒的最小重量 $Q_{\min}$.

4-29　图示构件中不计各杆件重量,力 $F=1000\text{N}$,杆 ABC 与杆 DEF 平行,求铰支座 A、D 处的约束反力.

4-30　图示破碎机传动机构,活动夹板 AB 长为 600mm,假设破碎时矿石对活动夹板的垂直作用力 $F=1\text{kN}$, $AH=400\text{mm}$, $BC=CD=600\text{mm}$, $OE=100\text{mm}$,各杆的重量不计.图示位置时机构平衡,试求电机对杆 OE 作用的力偶矩 M 的大小.

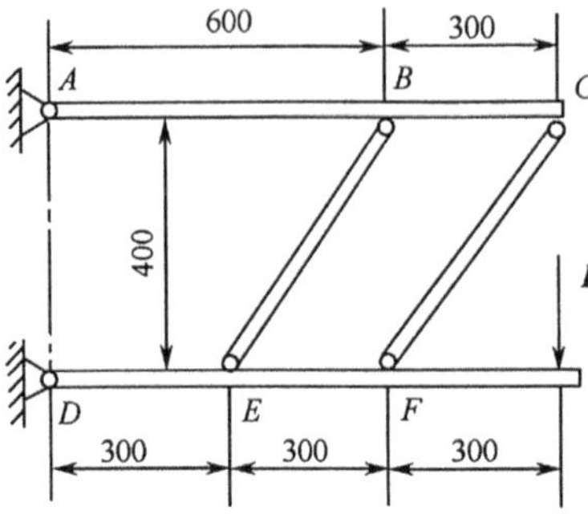

题 4-29 图

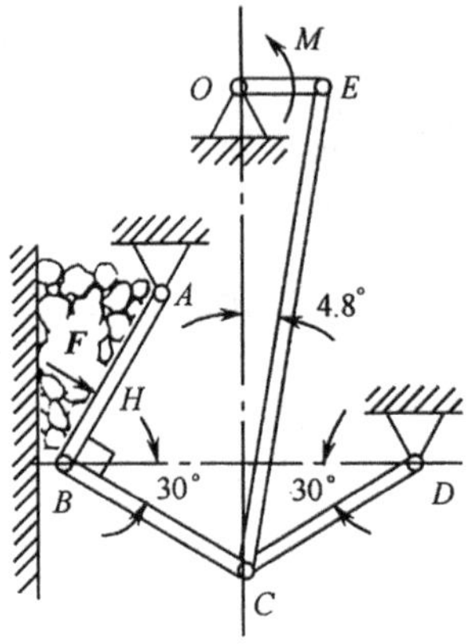

题 4-30 图

4-31　在图示机构中，OB 直线水平，当 B、D、K 在同一铅垂线上时，DE 垂直于 EK，曲柄 OA 正好在铅垂位置．已知 $OA=100\mathrm{mm}$，$BD=BC=DE=100\mathrm{mm}$，$EK=100\sqrt{3}\mathrm{mm}$．不计杆重，试求在图示位置平衡时 $\dfrac{M}{F}$ 的值．

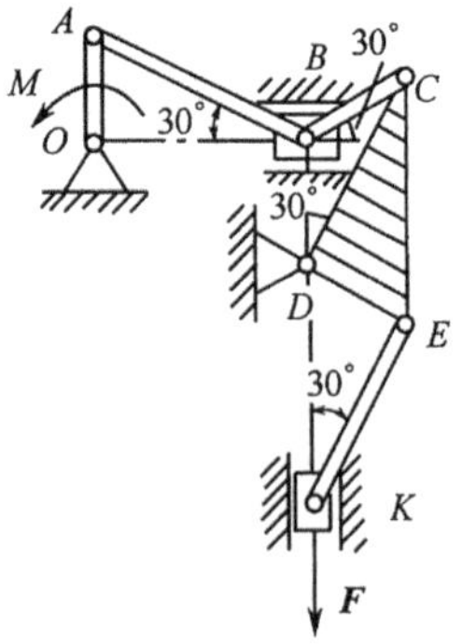

题 4-31 图

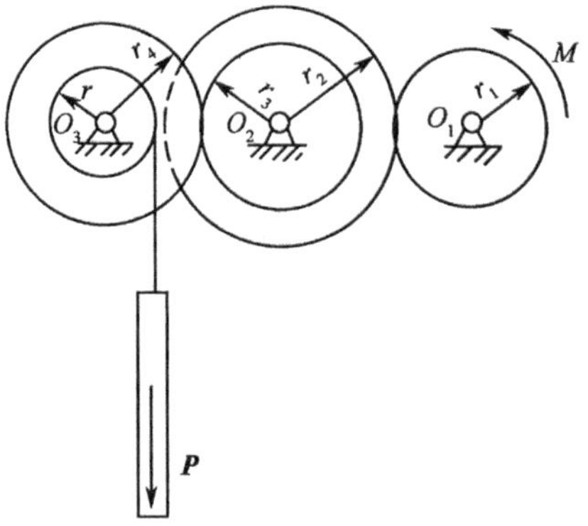

题 4-32 图

4-32　图示为一种闸门启闭设备的传动系统．已知各齿轮的半径分别为 r_1、r_2、r_3、r_4，鼓轮的半径为 r，闸门重为 P，齿轮的压力角为 α，不计各齿轮的自重，求最小的启门力偶矩 M 及轴 O_3 的约束反力．

4-33　平衡吊是一种简易吊运设备，具有结构简单、操作方便和效率高等优点．平衡吊的主要部件是平衡臂，其结构简图如图所示，这是一个平行四连杆机构，其中 $AK=EC$，$AE=KC$．平衡臂的自重一般采用拉簧或配重等方法加以平衡，故各杆件的重量均可不计.平衡臂起升和下降由电动机通过丝杆和滑块螺母带动,而水平、回转运动只需很小的力就可推拉.平衡吊的特点就是利用平衡臂各杆尺寸之间的几何关系使吊重 P 在任何位置都能平衡.试求其平衡的几何条件.

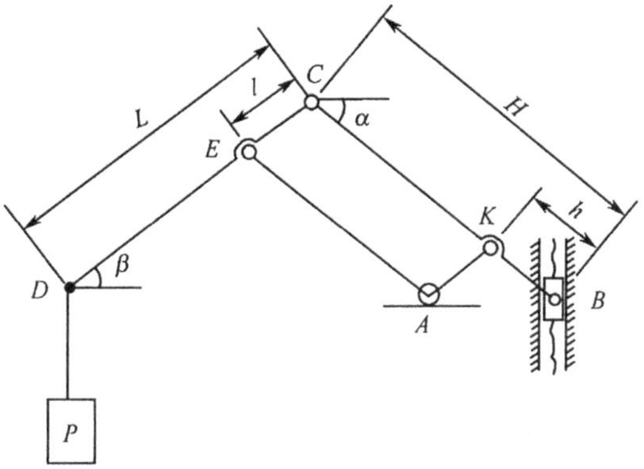

题 4-33 图

4-34　如图所示,用三根杆连接成一构架,各连接点均为铰链.图中尺寸单位为 m.求铰链 D 受的力.

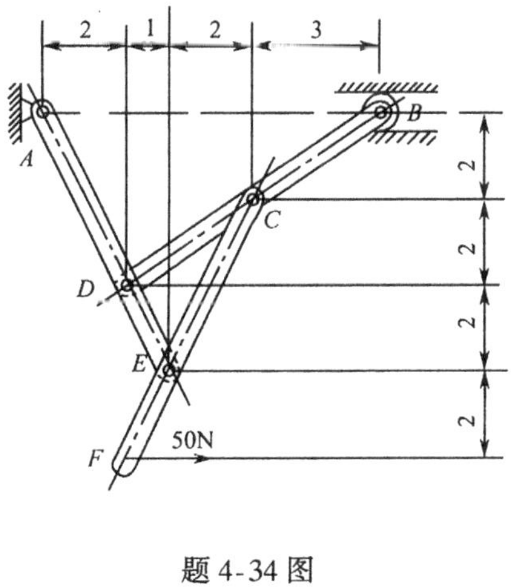

题 4-34 图

4-35　由直角曲杆 ABC、DE,直杆 CD 及滑轮组成的结构如图所示,AB 杆上作用有水平均布载荷 q.不计各构件的重量,在 D 处作用一铅垂力 $\boldsymbol{F}$,在滑轮上悬吊一重为 P 的重物,滑轮的半径 $r=a$,且 $P=2F$,$CO=OD$,求支座 E 及固定端 A 的约束反力.

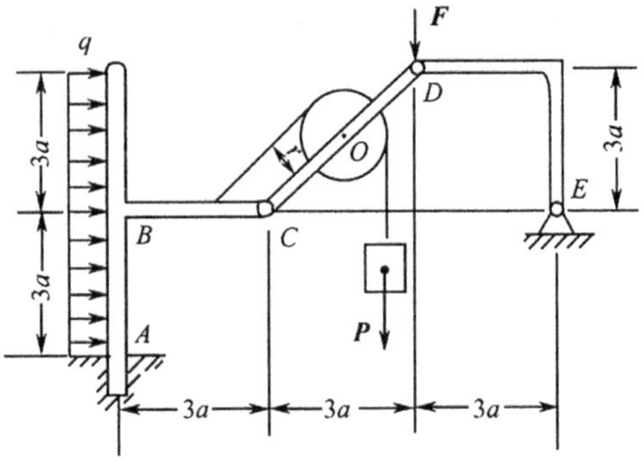

题 4-35 图

4-36 图示结构位于铅垂面内，由杆 AB、CD 及 T 形杆 BCE 组成，不计各杆的重量．已知载荷 $\boldsymbol{F}_1$、$\boldsymbol{F}_2$、M 及尺寸 a，且 $M=F_1a$，$\boldsymbol{F}_2$ 作用于销钉 B 上，求(1)固定端 A 处的约束反力；(2)销钉 B 对 AB 杆及 T 形杆的作用力．

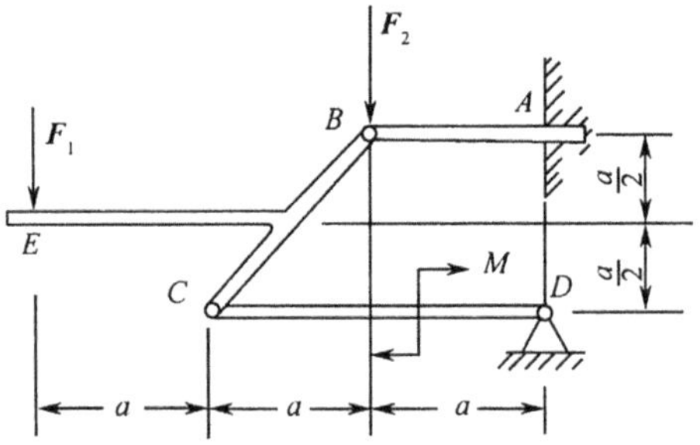

题 4-36 图

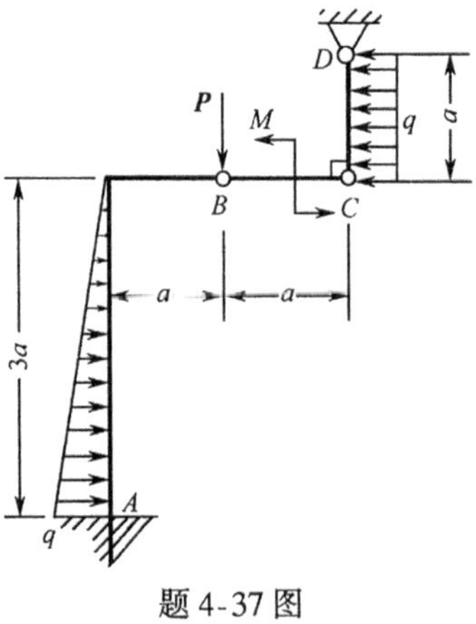

题 4-37 图

4-37 图示构架，由直杆 BC、CD 及直角弯杆 AB 组成，各杆自重不计，载荷分布及尺寸如图．销钉 B 穿透 AB 及 BC 两构件，在销钉 B 上作用一集中载荷 $\boldsymbol{P}$．已知 q、a、M，且 $M=qa^2$．求固定端 A 的约束反力及销钉 B 对 BC 杆和 AB 杆的作用力．

4-38 图示挖掘机计算简图中，挖斗载荷 $P=12.25\text{kN}$，作用于 G 点，尺寸如图．不计各杆自重，求在图示位置平衡时杆 EF 和 AD 所受的力．图中长度单位为 m．

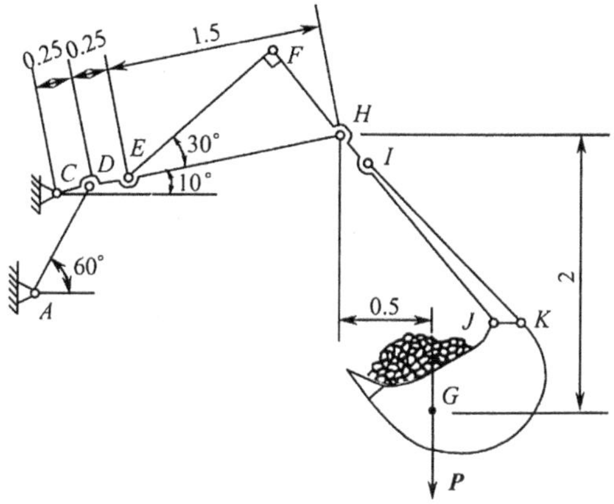

题 4-38 图

4-39　图示屋架为锯齿形桁架，$P_1 = P_2 = 20\text{kN}$，$F_A = F_B = 10\text{kN}$，试求各杆的内力.

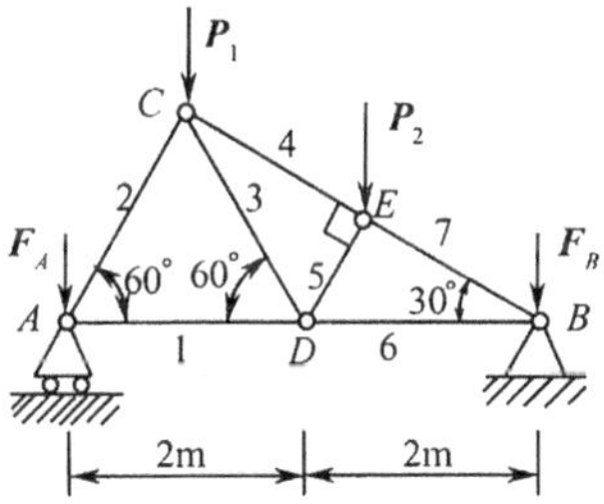

题 4-39 图

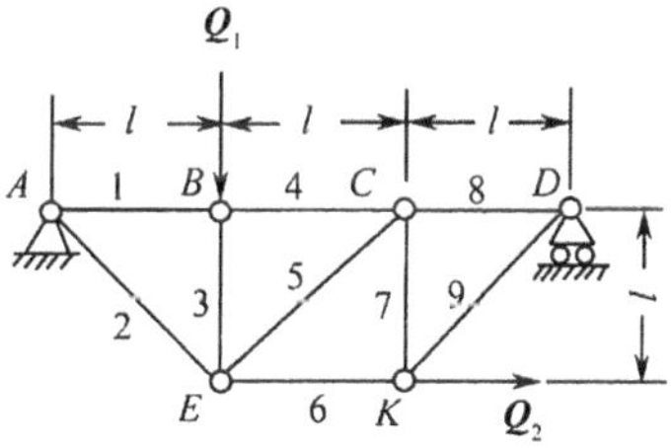

题 4-40 图

4-40　求图示桁架中各杆件的内力. 已知 $Q_1 = 40\text{kN}$，$Q_2 = 10\text{kN}$.

4-41　桁架受力如图所示，已知 $F_1 = 10\text{kN}$，$F_2 = F_3 = 20\text{kN}$. 试求杆 6、7、9、10 各自的内力.

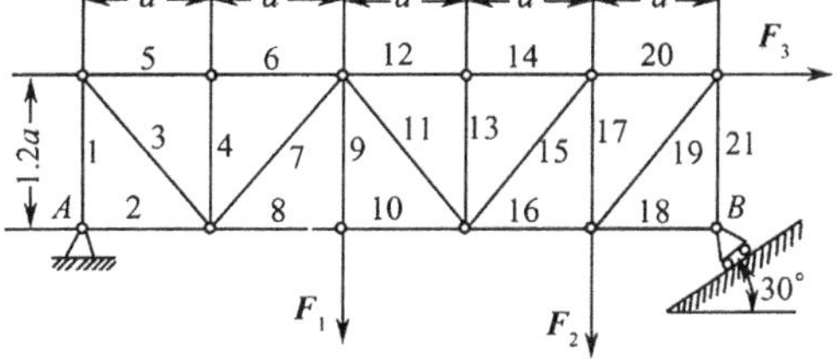

题 4-41 图

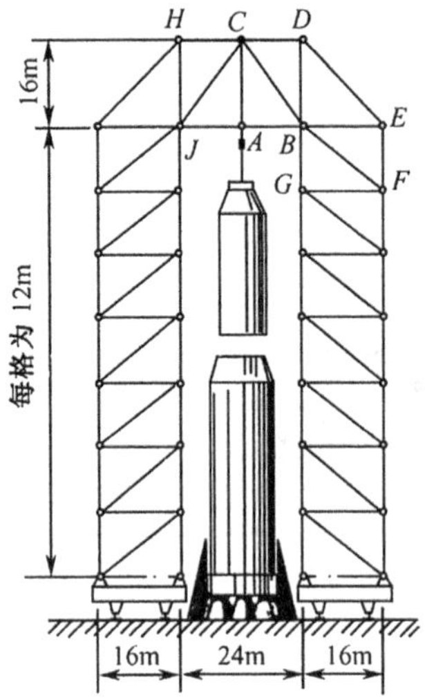

题 4-42 图

4-42　移动式起重机用于竖立火箭使之准备发射，桁架是对称的，而且是静不定的. 在点 A 悬挂火箭的一部分，其重量为 600kN. 由应变仪测得杆 AB 承受 50kN 的压力，杆 CD 承受 120kN 的拉力. 试计算 EF 和 BF 两杆的内力.

4-43　图示一桁架中杆件铰接的几种情况. 设图 4-43(a) 和图 4-43(c) 的节点上没有载荷作用；图 4-43(b) 的节点 B 上受到外力 $\boldsymbol{F}$ 作用，该力作用线沿水平杆. 试问图中七杆中哪些杆的内力一定等于零？为什么？

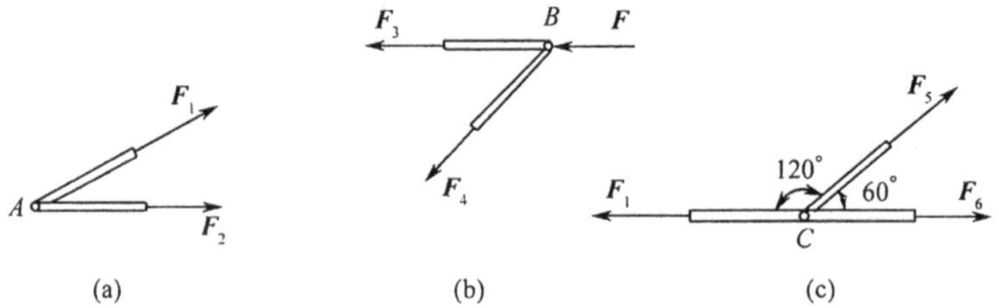

题 4-43 图

第五章　摩　　擦

在前面几章中,我们是把物体的接触表面当作理想光滑的.实际上,摩擦是一种普遍存在的现象,只是在摩擦力很小、对所研究的问题不起主要作用时,才将摩擦作为次要因素忽略不计.而对一些摩擦构成主要因素的问题,就不能不考虑摩擦.

当然,摩擦在工程实际中,有其有利的一面,也有其不利的一面.如皮带轮传递运动,车床卡盘夹固工件,制动器刹车等都是利用摩擦的实例.而摩擦对机械运动产生阻力,消耗能量,磨损零部件等又都是不利的.我们研究摩擦的目的,就在于设法利用其有利的一面,而限制其不利的一面.

根据相互接触物体间相对运动形式的不同(滑动或滚动),摩擦可分为滑动摩擦和滚动摩阻两类;又根据接触面间是否有良好的润滑剂,滑动摩擦又可分为干摩擦和湿摩擦两种.本章只研究干摩擦时物体的平衡问题.

摩擦是一种极其复杂的物理——力学现象,本章仅介绍工程中常用的简单近似理论.

§5-1　滑动摩擦

我们知道,两个互相接触的物体,如果沿其接触面有相对滑动或相对滑动的趋势,在接触面间便产生彼此阻碍滑动的力,这种现象称为**滑动摩擦**.这种力称为**滑动摩擦力**,简称**摩擦力**.下面通过一个简单的实验,来进一步阐明滑动摩擦的性质.

一、静摩擦力

在粗糙的水平面上放一重力为 $\boldsymbol{P}$ 的物体,并给物体施加一水平向右的拉力 $\boldsymbol{F}$,如图 5-1(a)所示.F 值由零起逐渐增大.当 $F=0$ 时,物体沿接触面没有滑动趋势,不存在滑动摩擦力,物体只受重力 $\boldsymbol{P}$ 和水平面的法向反力 $\boldsymbol{F}_N$ 的作用,处于静止的平衡状态(图 5-1(b)).逐渐增大力 F,只要不超过某值,物体始终静止不动.这是因为虽然物体有向右滑动的趋势,但接触面间产生了与滑

动趋势相反的摩擦力 $\boldsymbol{F}_s$ 阻碍物体向右滑动(图 5-1(c)). 由平衡条件知

$$F_s = F$$

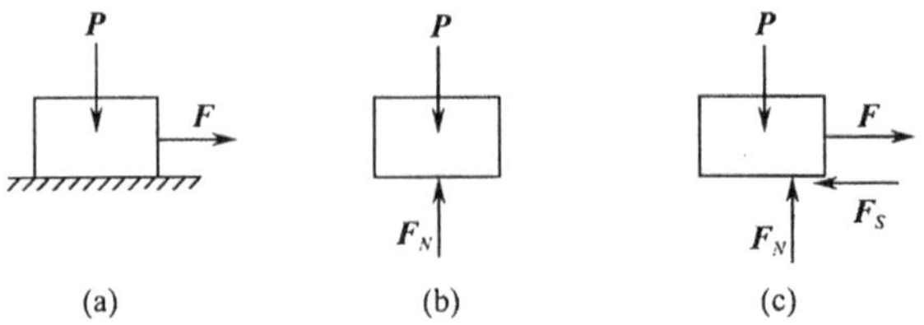

图 5-1

这种因有相对滑动趋势而产生的摩擦力称为**静摩擦力**. [当然,由平衡条件知,图 5-1(c)中还有一对力偶平衡,其矩 $M(\boldsymbol{P},\boldsymbol{F}_N)=M(\boldsymbol{F},\boldsymbol{F}_s)$,力偶$(\boldsymbol{P},\boldsymbol{F}_N)$的臂,即 $\boldsymbol{F}_N$ 与 $\boldsymbol{P}$ 的距离 h 随着力 $\boldsymbol{F}$ 的增大而增大. 这方面的内容,我们将在§5-4 滚动摩阻的概念中讨论.]显然,静摩擦力 F_s 不是一个固定的值,它随着 F 值的增大而增大,但只要物体保持静止平衡,$F_s \equiv F$.

当 F 增大到某一数值时,物体处于将要滑动而未滑动的临界平衡状态,这时的静摩擦力最大,称为**最大静摩擦力**,以 $\boldsymbol{F}_{max}$表示.

大量的实验结果证明,**最大静摩擦力的大小与两物体接触面间的法向压力的大小成正比**,即

$$F_{max} = f_s F_N \tag{5-1}$$

此即**静摩擦定律**. 式中比例常数 f_s 称为**静摩擦因数**,是一个无量纲的量,由实验测定. 其大小与相接触表面的材料和表面情况(粗糙度、湿度、温度等)有关,一般与接触面积的大小无关. 静摩擦因数的数值可在有关的工程手册中查到,表 5-1 给出了部分常用材料的滑动摩擦因数的值.

表 5-1　常用材料的滑动摩擦因数

材料名称	静摩擦因数		动摩擦因数	
	无润滑	有润滑	无润滑	有润滑
钢-钢	0.15	0.1～0.12	0.15	0.05～0.1
钢-软钢			0.2	0.1～0.2
钢-铸铁	0.3		0.18	0.05～0.15
钢-青铜	0.15	0.1～0.15	0.15	0.1～0.15
软钢-铸铁	0.2		0.18	0.05～0.15

续表

材料名称	静摩擦因数		动摩擦因数	
	无润滑	有润滑	无润滑	有润滑
软钢-青铜	0.2		0.18	0.07～0.15
铸铁-铸铁		0.18	0.15	0.07～0.12
铸铁-青铜			0.15～0.2	0.07～0.15
青铜-青铜		0.1	0.2	0.07～0.1
皮革-铸铁	0.3～0.5	0.15	0.6	0.15
橡皮-铸铁			0.8	0.5
木材-木材	0.4～0.6	0.1	0.2～0.5	0.07～0.15

二、动摩擦力

物体处于临界平衡状态时,若拉力 F 再稍大一点,即开始向右滑动,这时因相对滑动而产生的摩擦力称为**动摩擦力**,以 $\boldsymbol{F}_d$ 表示.

通过大量的实验总结出**动摩擦定律:动摩擦力的大小与两物体接触面间的法向压力的大小成正比**,即

$$F_d = fF_N \tag{5-2}$$

式中比例常数 f 称为**动摩擦因数**.动摩擦因数也与接触表面的材料和表面情况有关,还与相对滑动的速度有关.当相对滑动速度不大时,可近似地认为是个常数,表 5-1 也给出了几种常用材料的 f 值.一般情况下 $f<f_s$.

需要说明的是,摩擦是一个非常复杂的现象,上述两摩擦定律只是由法国科学家库仑建立的近似的实验定律;但是,由于公式简单,计算方便,又有足够的准确性,所以在工程实际中被广泛地应用.

§5-2 摩擦角和自锁现象

一、摩擦角

见图 5-2(a)所示,当考虑摩擦时,支承面对物体的约束反力除有法向反力 $\boldsymbol{F}_N$ 外,还有切向反力,即静摩擦力 $\boldsymbol{F}_s$.力 $\boldsymbol{F}_N$ 和力 $\boldsymbol{F}_s$ 的合力 $\boldsymbol{F}_R$ 称为**全约束反力**.它的作用线与接触面法线间的夹角 α,随静摩擦力 F_s 的增大而增大,如图 5-2(b)所示.当物体处于临界平衡状态时,静摩擦力达到最大值 F_{max},全约束反力 F_R 和夹角 α 也分别达到最大值 F_{Rm}和 φ,角 φ 称为**摩擦角**.由图可见

$$\tan\varphi = \frac{F_{\max}}{F_N} = \frac{fF_N}{F_N} = f \tag{5-3}$$

即摩擦角的正切等于静摩擦因数.

当物体的滑动趋势的方向改变时,全反力的方向也随之改变.如果物体与支承面间沿任何方向的摩擦因数都相同,即摩擦角都相等,那么全反力 $\boldsymbol{F}_{Rm}$ 的作用线将画出一个以支承面法线为轴、顶点为 A、顶角为 2φ 的正圆锥面,如图 5-2(c)所示,此圆锥面称为**摩擦锥**.

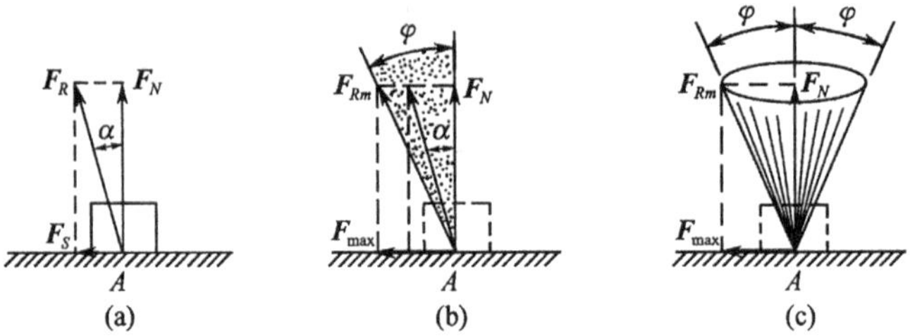

图 5-2

二、自锁现象

由以上所述知,全约束反力的作用线与接触面的公法线的夹角 α 总是小于或等于摩擦角 φ,即

$$\alpha \leqslant \varphi \tag{5-4}$$

就是说,全约束反力的作用线不能超出摩擦角.

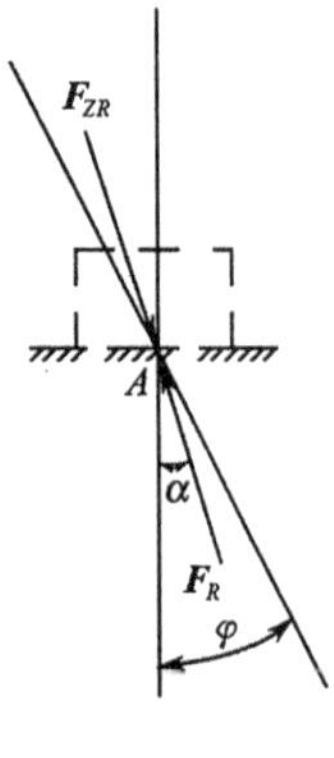

图 5-3

将作用在物体上的所有的主动力合成为一个合力 $\boldsymbol{F}_{ZR}$,不论其大小如何,只要其作用线在摩擦角之内,根据二力平衡公理,必有一全反力 $\boldsymbol{F}_R$ 与之等值、反向、共线(图 5-3),使物体处于平衡状态,这种现象称为**自锁**.

工程上诸如螺钉与螺帽的连接、螺旋千斤顶、某些夹具等,都是应用自锁原理设计的,使它们始终保持在平衡状态下工作.

当然,主动力的合力即使很小,其作用线若在摩擦角之外,物体也要滑动.在许多不应出现自锁的场合,又可根据这一点来设法避免自锁.

利用摩擦角的概念,可用简单的试验方法测定静摩擦因数.如图 5-4 所示,把要测定的两种材料分别做成斜面和物块,把物块放在斜面上,并逐渐从零起增大斜面的倾角 α，直到物块刚开始下滑时为止. 记下斜面倾角 α，这时的角 α 就是要测定的摩擦角 φ，其正切就是要测定的摩擦因数 f_s. 理由是这样的，由于物块仅受重力 $\boldsymbol{P}$ 和全约束反力 F_R 作用而平衡，所以 $\boldsymbol{F}_R$ 与 $\boldsymbol{P}$ 应等值、反向、共线，因此 $\boldsymbol{F}_R$ 必沿铅直线，$\boldsymbol{F}_R$ 与斜面法线的夹角等于斜面倾角 α. 当物块处于临界状态时，全约束反力 $\boldsymbol{F}_R$ 与法线间的夹角等于摩擦角 φ，即 $\alpha=\varphi$. 由式(5-4)求得摩擦因数，

$$f_s = \tan\varphi = \tan\alpha$$

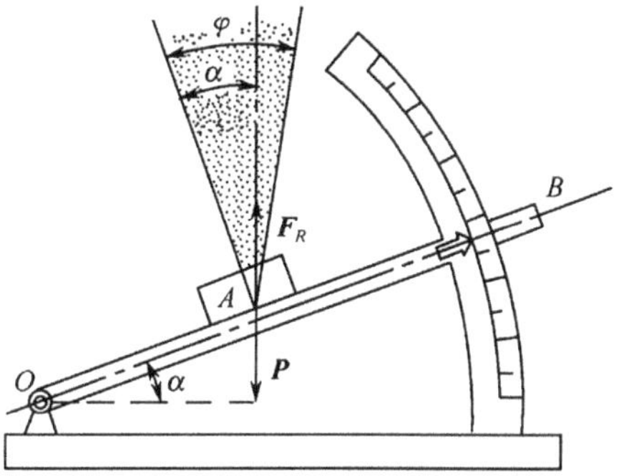

图 5-4

同时我们可得斜面的自锁条件，即物块 A 在铅直载重 $\boldsymbol{P}$ 的作用下(图 5-4)，不沿斜面下滑的条件. 由前面分析可知，只有当

$$\alpha \leqslant \varphi$$

时，物块不下滑，即**斜面的自锁条件是斜面的倾角小于或等于摩擦角**.

斜面的自锁条件也是螺纹(图 5-5(a))的自锁条件. 因为螺纹可以看成为绕一圆柱体上的斜面，如图 5 5(b)所示，螺纹升角 α 就是斜面的倾角，如图 5-5(c)所示. 螺母相当于斜面上的滑块 A，螺母的轴向载荷 $\boldsymbol{P}$ 相当于物块的重力，要使螺纹自锁，必须使螺纹的升角 α 小于或等于摩擦角 φ. 因此螺纹的

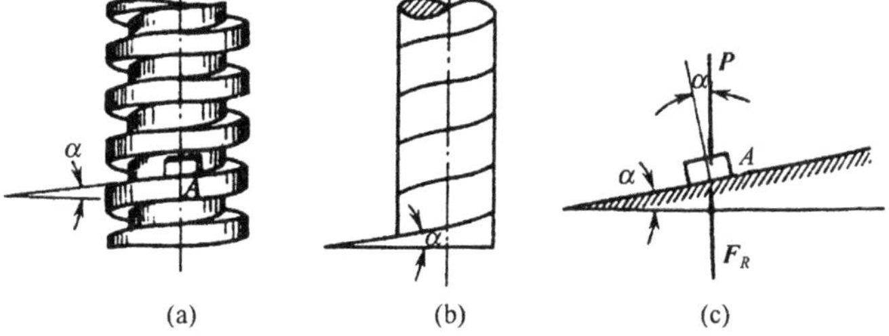

图 5-5

自锁条件是

$$\alpha \leqslant \varphi$$

若螺旋千斤顶的螺杆与螺母之间的摩擦因数为 $f_s = 0.1$，则

$$\tan\varphi = f_s = 0.1$$

得

$$\varphi = 5°43'$$

为保证螺旋千斤顶自锁，一般取螺纹升角 $\alpha = 4° \sim 4°30'$.

§5-3 考虑摩擦时的平衡问题

考虑摩擦时平衡问题的解法与前面研究的平衡问题的解法基本一样. 要特别注意的是，静摩擦力的方向总是与相对滑动的趋势相反；静摩擦力的大小有一个变化范围，一般是未知的，因此要列出

$$F_s \leqslant f_s F_N$$

作为补充方程(或不等式).

下面举例说明如何求解考虑摩擦时的平衡问题.

例 5-1 重力为 $\boldsymbol{P}$ 的物体放在倾角为 α 的斜面上，如图 5-6(a)所示. 接触面间的摩擦角为 φ，且 $\alpha > \varphi$. 试求使物体在斜面上保持静止时水平力 $\boldsymbol{F}$ 的大小.

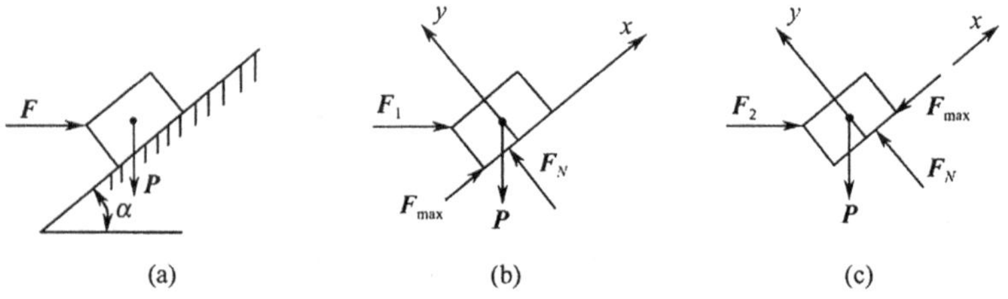

图 5-6

解 按题意，物体在斜面上保持静止，其滑动趋势有两种可能情况：若 F 值小时，物体有下滑的趋势；若 F 值大时，有上滑的趋势.

先求使物体不致于下滑的最小 F 值. 此时物体处于要下滑的临界平衡状态，最大静摩擦力沿斜面向上指，物体受力如图 5-6(b)所示. 列平衡方程

$$\sum X = 0, \quad F_1\cos\alpha - P\sin\alpha + F_{max} = 0$$

$$\sum Y = 0, \quad -F_1\sin\alpha - P\cos\alpha + F_N = 0$$

列补充方程

$$F_{\max} = f_s F_N$$

联解上面三式得

$$F_1 = P\frac{\sin\alpha - f_s\cos\alpha}{\cos\alpha + f_s\sin\alpha} = P\tan(\alpha - \varphi)$$

再求使物体不致于上滑的最大 F 值.此时物体处于要上滑的临界平衡状态,最大静摩擦力沿斜面向下指.物体受力如图 5-6(c)所示.列平衡方程

$$\sum X = 0,\quad F_2\cos\alpha - P\sin\alpha - F_{\max} = 0$$

$$\sum Y = 0,\quad -F_2\sin\alpha - P\cos\alpha + F_N = 0$$

列补充方程

$$F_{\max} = f_s F_N$$

联解上面三式得

$$F_2 = P\frac{\sin\alpha + f_s\cos\alpha}{\cos\alpha - f_s\sin\alpha} = P\tan(\alpha + \varphi)$$

综合以上两个结果,使物体保持静止的力 F 的大小应为

$$P\tan(\alpha - \varphi) \leqslant F \leqslant P\tan(\alpha + \varphi)$$

本题也可借助全反力和摩擦角用几何法求解.

先求 F_1. 将图 5-6(b)中的 $\boldsymbol{F}_{\max}$和 $\boldsymbol{F}_N$ 合成为全反力 $\boldsymbol{F}_{Rm}$,它与接触面公

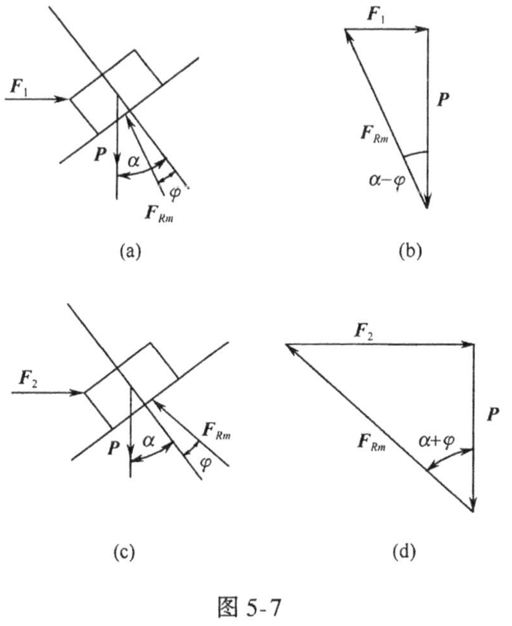

图 5-7

法线的夹角为摩擦角 φ,如图 5-7(a)所示.这样,物体可视为在 $\boldsymbol{F}_1$、$\boldsymbol{P}$、$\boldsymbol{F}_{Rm}$三力作用下处于平衡.作封闭的三角形(图 5-7(b)).解此三角形得

$$F_1 = P\tan(\alpha - \varphi)$$

再求 F_2. 将图 5-6(c)中之 $\boldsymbol{F}_{\max}$和 $\boldsymbol{F}_N$ 同样处理,如图 5-7(c)、(d)所示.解得

$$F_2 = P\tan(\alpha + \varphi)$$

所以

$$P\tan(\alpha - \varphi) \leqslant F \leqslant P\tan(\alpha + \varphi)$$

两种解法所得的结果完全一样.

例 5-2　齿轮装在轴上,如图 5-8(a)所示.今拨叉以一 $\boldsymbol{F}$ 力作用于齿轮,令其在轴上滑移.已知齿轮与轴相接触的长度为 b,齿轮孔与轴间的摩擦系数为 f_s.试求力 $\boldsymbol{F}$ 到轴线的距离 l 为多大,齿轮才不致于被卡住.

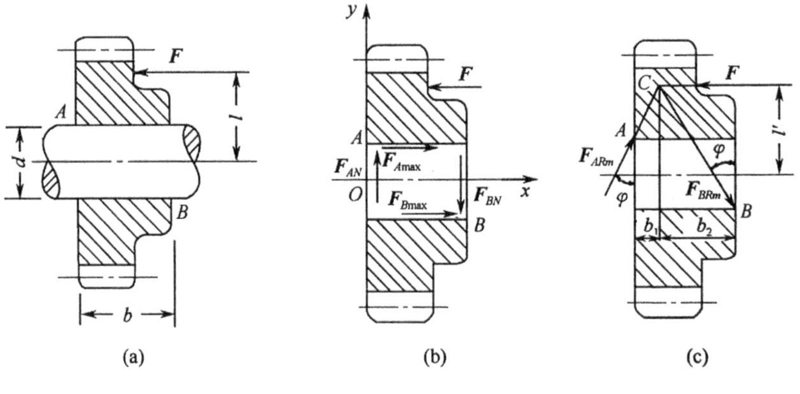

图 5-8

解　齿轮孔与轴间在本题要求情况下总有一定的间隙,齿轮在拨叉的推动下要发生倾斜,此时齿轮与轴就在 A、B 两点处接触.

取齿轮为研究对象,其受力图为图 5-8(b)所示.列平衡方程

$$\sum X = 0,\quad F_{A\max} - F_{B\max} - F = 0$$

$$\sum Y = 0,\quad F_{AN} - F_{BN} = 0$$

$$\sum M_0(\boldsymbol{F}) = 0,\quad Fl - F_{BN}b - F_{A\max} \cdot \frac{d}{2} + F_{B\max} \cdot \frac{d}{2} = 0$$

列补充方程

$$F_{A\max} = f_s F_{AN}$$

$$F_{B\max} = f_s F_{BN}$$

联解上面五式得

$$l = \frac{b}{2f_s};$$

要保证齿轮不被卡住(即不发生自锁现象),其条件是

$$F > F_{A\max} + F_{B\max} = f_s(F_{AN} + F_{BN})$$

由方程 $\sum Y = 0$ 和 $\sum M_0(\boldsymbol{F}) = 0$ 知

$$Fl = F_{BN}b$$

代入上述条件得

$$F = \frac{b}{l}F_{BN} > 2f_s F_{BN}$$

于是得,应是

$$l < \frac{b}{2f_s}.$$

本题也可用几何法求解.

将 A、B 两处的法向反力和切向反力以全反力表示,则齿轮的受力如图5-8(c)所示.A、B 两处全反力 $\boldsymbol{F}_{ARm}$ 和 $\boldsymbol{F}_{BRm}$ 的作用线相交于点 C,设点 C 到轴线的距离为 l'.图中角 φ 为摩擦角.

由于全反力的作用线不可能超出摩擦角,因此,A、B 两处全反力的交点只能在点 C 或点 C 的上侧,而不会在点 C 的下侧.根据三力平衡汇交定理,若力 $\boldsymbol{F}$ 的作用线过点 C 或在点 C 的上侧,则必与两全反力汇交,此时齿轮肯定是平衡的(即被卡住).若力 $\boldsymbol{F}$ 作用在点 C 的下侧,则齿轮不可能被卡住而滑移,因此此时三力不可能汇交于一点.

现在来计算 l' 的值,由图中几何关系知

$$b_1 = \left(l' - \frac{d}{2}\right)\tan\varphi$$

$$b_2 = \left(l' + \frac{d}{2}\right)\tan\varphi$$

两式相加

$$b = b_1 + b_2 = 2l'\tan\varphi = 2l'f_s$$

于是得

$$l' = \frac{b}{2f_s};$$

要使齿轮不被卡住,力 $\boldsymbol{F}$ 到轴线的距离只有小于 l',即

$$l < \frac{b}{2f_s}.$$

例 5-3　图 5-9(a)所示一绞车制动轮半径 $R=0.3\text{m}$,鼓轮半径 $r=0.2\text{m}$,制动轮与鼓轮固接在一起.制动轮与制动块间的静摩擦因数 $f_s=0.6$,重物重 $P=1\text{kN}$.图中 $l=1.2\text{m}$,$l_1=0.5\text{m}$,$l_2=0.2\text{m}$.试求要制动住鼓轮,在制动杆 C 端应加多大的铅直力 $\boldsymbol{F}$.

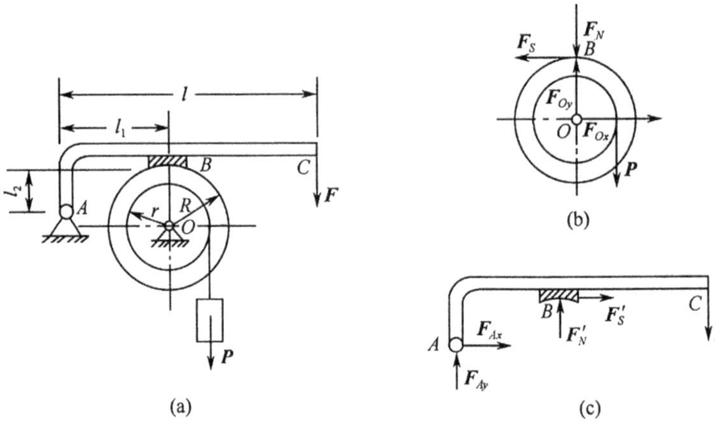

图 5-9

解　取鼓轮和制动轮一起为研究对象.受力如图 5-9(b)所示,其中 F_s 为静摩擦力.列平衡方程

$$\sum M_0(\boldsymbol{F}) = 0,\quad F_sR - Pr = 0$$

得

$$F_s = \frac{Pr}{R} \tag{1}$$

再取制动杆为研究对象,受力如图 5-9(c)所示,其中静摩擦力 $\boldsymbol{F}'_s=-\boldsymbol{F}_s$,$\boldsymbol{F}'_N=-\boldsymbol{F}_N$.列平衡方程

$$\sum M_A(\boldsymbol{F}) = 0, F'_Nl_1 - F'_sl_2 - Fl = 0$$

得

$$F_N = \frac{F_sl_2 + Fl}{l_1} \tag{2}$$

将式(1)代入式(2)得

$$F_N = \frac{\dfrac{Prl_2}{R} + Fl}{l_1} \tag{3}$$

按题意,鼓轮被制动住时,有关系式

$$F_s \leqslant f_s F_N$$

将式(1)、(3)代入该式,即

$$\frac{Pr}{R} \leqslant f_s \frac{\dfrac{Prl_2}{R} + Fl}{l_1}$$

解之得

$$F \geqslant \frac{Pr}{lR}\left(\frac{l_1}{f_s} - l_2\right)$$

代入已知量

$$F \geqslant \frac{1 \times 0.2}{1.2 \times 0.3} \times \left(\frac{0.5}{0.6} - 0.2\right) = 0.35(\text{kN})$$

例 5-4 图 5-10(a)所示为一楔连接装置. 已知,$\alpha = 15°$,楔块 A、B 与 C 间的摩擦角都是 $\varphi = 12°$. 忽略各楔块与固定面间的摩擦和各楔块的重量. 如在楔块 A 上作用一水平力 $F = 10\text{kN}$,问作用在楔块 C 上的铅直力 $\boldsymbol{P}$ 最大等于多少而不致于使楔块 C 下滑?

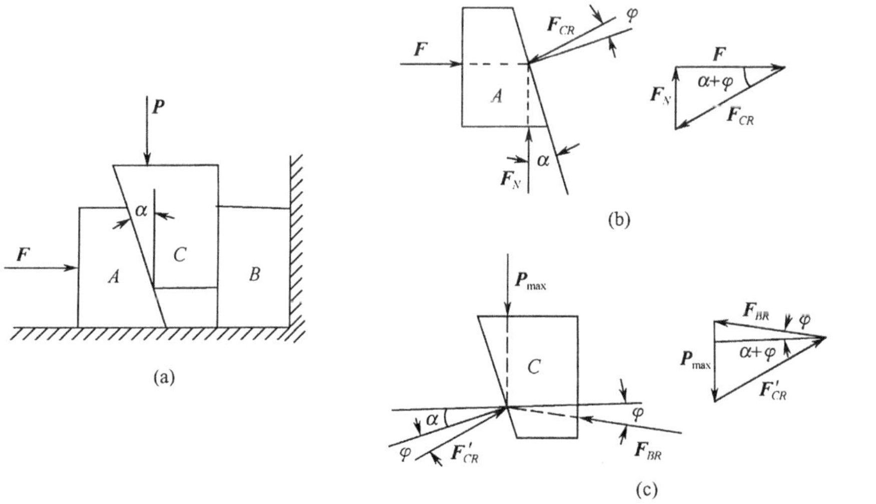

图 5-10

解 本题用摩擦角概念求解比较简单

先选楔块 A 为研究对象. 它受水平力 $\boldsymbol{F}$、支承面铅直反力 $\boldsymbol{F}_N$、楔块 C 对 A 作用的全约束反力 $\boldsymbol{F}_{CR}$ 三个力作用,如图5-10(b)所示. 当力 $\boldsymbol{P}$ 达到题目要

求的最大值时,各楔块均处于临界平衡状态.这时 C 相对于 A 有沿斜面向下滑动的趋势,而 A 相对于 C 有沿斜面向上滑动的趋势,因此 $\boldsymbol{F}_{CR}$ 的作用线与接触面的法线间的夹角(即摩擦角 φ)偏向图示的一方;其实,根据三力平衡汇交定理绘出的由 $\boldsymbol{F}$、$\boldsymbol{F}_N$ 和 $\boldsymbol{F}_{CR}$ 组成的封闭的力三角形,就可断定了全反力 $\boldsymbol{F}_{CR}$ 的作用线的位置和方向.

由三角公式解得

$$F_{CR} = \frac{F}{\cos(\alpha + \varphi)};$$

再选楔块 C 为研究对象.它受铅直力 $\boldsymbol{P}$、楔块 A 对 C 的全反力 $\boldsymbol{F}'_{CR}$ 和楔块 B 对 C 的全反力 $\boldsymbol{F}_{BR}$ 三个力作用,如图 5-10(c)所示.楔块 C 有向下滑动的趋势而处于临界的平衡状态时,P 为最大值 P_{max};C 两侧摩擦角 φ 的偏向如图示.

由力三角形得

$$P_{max} = F'_{CR}[\sin(\alpha + \varphi) + \cos(\alpha + \varphi)\tan\varphi]$$

由于

$$F'_{CR} = F_{CR}$$

故得

$$P_{max} = F[\tan(\alpha + \varphi) + \tan\varphi] = 7.22\text{kN}$$

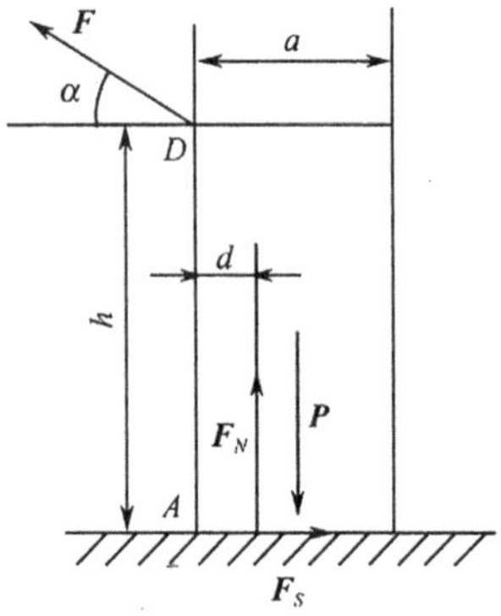

图 5-11

例 5-5　图 5-11 所示的均质木箱重 $P = 5\text{kN}$,它与地面间的静摩擦因数 $f_s = 0.4$.图中 $h = 2a = 2\text{m}$, $\alpha = 30°$.求(1)当 D 处的拉力 $F = 1\text{kN}$ 时,木箱是否平衡?(2)能保持木箱平衡的最大拉力.

解　要保持木箱平衡,必须满足两个条件,一是不发生滑动,即要求静摩擦力 $F_s \leqslant F_{max} = f_s F_N$;二是不绕 A 点翻倒,这时法向反力 $\boldsymbol{F}_N$ 的作用线距点 A 的距离 d 必须大于零,即 $d > 0$.

(1)取木箱为研究对象,受力如图5-11所示.列平衡方程

$$\sum X = 0, F_s - F\cos\alpha = 0 \tag{a}$$

$$\sum Y = 0, F_N - P + F\sin\alpha = 0 \tag{b}$$

$$\sum M_A(\boldsymbol{F}) = 0, hF\cos\alpha - P \cdot \frac{a}{2} + F_N d = 0 \quad \text{(c)}$$

求解上述各方程,得

$$F_s = 866\text{N}, F_N = 4500\text{N}, d = 0.172\text{m}$$

此时木箱与地面间的最大静摩擦力

$$F_{\max} = f_s F_N = 1800\text{N}$$

可见,$F_s < F_{\max}$,木箱不滑动;又,$d > 0$,木箱不会翻倒.总之,木箱平衡.

(2) 为求保持平衡的最大拉力 F,可分别求出木箱将滑动时的临界拉力 F_h 和木箱将绕点 A 翻倒的临界拉力 F_f.二者中取较小者,即为所求.

木箱将要滑动的条件为

$$F_s = F_{\max} = f_s F_N \quad \text{(d)}$$

联立式(a)、(b)、(d)解得

$$F_h = \frac{f_s P}{\cos\alpha + f_s \sin\alpha} = 1876\text{N}$$

木箱将要绕点 A 翻倒的条件为 $d = 0$,将其代入式(c),得

$$F_f = \frac{Pa}{2h\cos\alpha} = 1443\text{N}$$

由于 $F_f < F_h$,所以保持木箱平衡的最大拉力

$$F = F_f = 1443\text{N}$$

本例说明,当拉力 F 逐渐增大时,木箱将先翻倒而失去平衡.

例 5-6　重为 $P = 100\text{N}$ 的均质滚轮夹在无重杆 AB 和水平面之间,在杆端 B 作用一垂直于 AB 的力 $\boldsymbol{F}_B$,其大小为 50N.A 为光滑铰链,轮与杆间的静摩擦因数 $f_{Cs} = 0.4$.轮半径为 r,杆长为 l,当 $\alpha = 60°$时,$AC = CB = \dfrac{l}{2}$,如图

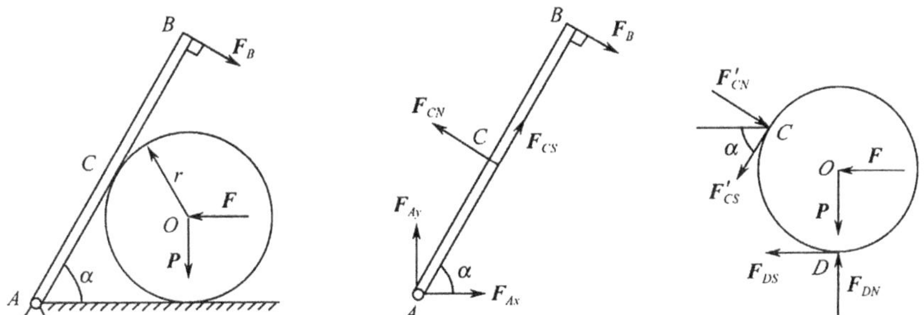

图 5-12

5-12(a)所示.如要维持系统平衡,(1)当 D 处的静摩擦因数 $f_{Ds}=0.3$ 时,求作用于轮心 O 处的水平推力 $\boldsymbol{F}$ 的最小值;(2)当 $f_{Ds}=0.15$ 时,$\boldsymbol{F}$ 的最小值又为多少?

解　若推力 $\boldsymbol{F}$ 过大,轮将向左运动,角 α 将加大;反之,若推力 $\boldsymbol{F}$ 过小,轮将向右运动,角 α 将减小.显然,在后者的临界平衡状态下,推力 $\boldsymbol{F}$ 的值即为维持系统平衡的最小值.此外,本题在 C、D 两处都有静摩擦力,二者之中只要有一个达到最大值,系统即处于将要运动的临界平衡状态,其推力 F 就是最小值.

(1) 先假设 C 处的静摩擦力达到最大值.当推力 F 为最小时,轮有沿水平面向右滚动的趋势,因此轮上点 C 相对于杆 AB 有向右上方滑动的趋势,故轮受静摩擦力 $\boldsymbol{F}'_{Cs}$作用,沿过点 C 的轮缘切线指向左下方;而杆受静摩擦力 $\boldsymbol{F}_{Cs}$作用,沿杆指向右上方,如受力图 5-12(c)和(b)所示.设 D 处静摩擦力 $\boldsymbol{F}_{Ds}$ 未达到最大值,并假设其方向向左,如图 5-12(c)所示.

先取杆 AB 为研究对象.列平衡方程

$$\sum M_A(\boldsymbol{F}) = 0,\quad F_{CN}\cdot\frac{l}{2} - F_B l = 0 \tag{a}$$

列补充方程

$$F_{Cs} = F_{C\max} = f_{Cs}F_{CN} \tag{b}$$

解此二式得

$$F_{CN} = 100\mathrm{N},\quad F_{Cs} = 40\mathrm{N}$$

再取轮为研究对象.列平衡方程

$$\sum M_O(\boldsymbol{F}) = 0,\quad F'_{Cs}\cdot r - F_{Ds}\cdot r = 0 \tag{c}$$

$$\sum X = 0,\quad F'_{CN}\sin 60^\circ - F'_{Cs}\cos 60^\circ - F - F_{Ds} = 0 \tag{d}$$

$$\sum Y = 0,\quad -F'_{CN}\cos 60^\circ - F'_{Cs}\sin 60^\circ - P + F_{DN} = 0 \tag{e}$$

由式(c)得

$$F_{Ds} = F'_{Cs}$$

将 $F'_{CN}=F_{CN}=100\mathrm{N}$、$F_{Ds}=F'_{Cs}=F_{Cs}=40\mathrm{N}$ 依次代入式(d)和式(e),则由式(d)得最小水平推力为

$$F_{\min} = F = 26.6\mathrm{N}$$

由式(e)得

$$F_{DN} = 100 + 40\sin 60^\circ + 100\cos 60^\circ = 184.6\mathrm{N}$$

当 $f_{Ds}=0.3$ 时,D 处的最大静摩擦力为

$$F_{D\max} = f_{Ds}F_{DN} = 55.39\mathrm{N}$$

但由于实际静摩擦力 $F_{DS}=40N<F_{D\max}=55.39\text{N}$,故 D 处无滑动;然而静摩擦力 $\boldsymbol{F}_{DS}$ 是使轮滚动的必须的条件,因此即使微量减小最小水平推力 $F_{\min}(=26.6\text{N})$,C 处也将突破临界平衡状态,轮便开始向右滚动.所以上面所得的 $F_{\min}=F=26.6\text{N}$ 确是维持系统平衡的最小水平推力.

(2) 当 $f_{Ds}=0.15$ 时,D 处最大静摩擦力为

$$F'_{D\max}=f_{Ds}F_{DN}=27.7\text{N}$$

小于 $f_{Ds}=0.3$ 时的最大静摩擦力 $F_{D\max}=55.39\text{N}$,因此在 $F=26.6\text{N}$ 的水平推力作用下反而有可能出现轮向右滑动的情况,为此,需计算 D 处处于临界平衡状态时所需的水平推动 F',列平衡方程,保留式(a)、(c)、(d)、(e),将补充方程(b)改为

$$F_{Ds}=F_{D\max}=f_{Ds}F_{DN} \tag{b$'$}$$

联解以上五式得此时最小水平推力为

$$F'_{\min}=F'=47.81\text{N}$$

此时,C 处静摩擦力仍是小于最大静摩擦力,$F'_{Cs}<F_{C\max}$,因此 C 处无滑动.同样,哪怕微量减小最小水平推力 $F'_{\min}(=47.81\text{N})$,轮也会开始向右滚动.所以 $F'_{\min}=F'=47.81\text{N}$ 确是此时维持系统平衡的最小水平推力.

读者可自演如何求维持平衡的最大水平推力.

§5-4　滚动摩阻的概念

我们知道,滚动比滑动省力.物体滚动时存在怎样的阻力,其规律如何?下面以轮子的滚动为例进行分析.

设在不光滑的水平面上放一重为 P 的轮子,现在其轮心 O 上加一水平力 $\boldsymbol{F}$,如图 5-13(a)所示.当力 $\boldsymbol{F}$ 较小时,轮子既不滑动也不滚动.由静平衡条件知,接触点 A 处的法向反力 $\boldsymbol{F}_N$ 与重力 $\boldsymbol{P}$ 是一对平衡力,静摩擦力 $\boldsymbol{F}_s$ 与力 $\boldsymbol{F}$ 等值反向.静摩擦力 $\boldsymbol{F}_s$ 阻止了轮子的滑动,但与力 $\boldsymbol{F}$ 组成一力偶(图 5-13(b)),因此,不管力 $\boldsymbol{F}$ 有多小,轮子都要滚动,而轮子实际上是静止的.这是因为轮子和平面并不是刚体,在接触面处它们发生了局部变形,二者是一个面接触,轮子所受的约束反力是一个分布力系(图 5-13(c)).将此力系向点 A 简化,可得一力 $\boldsymbol{F}'$ 和一个矩为 M 的力偶(图 5-13(d)).再将力 $\boldsymbol{F}'$ 分解为静摩擦力 $\boldsymbol{F}_S$ 和法向反力 $\boldsymbol{F}_N$(图 5-13(e)).比较该受力图和图 5-13(b)看出,比将轮子和平面视为刚体时多出一个矩为 M 的力偶来,正是这个力偶与力 $\boldsymbol{F}_S$ 和 $\boldsymbol{F}$ 组成的滚动力偶平衡,阻止了轮子的滚动.这个力偶称为**滚动摩阻力偶**,简称

滚阻力偶.

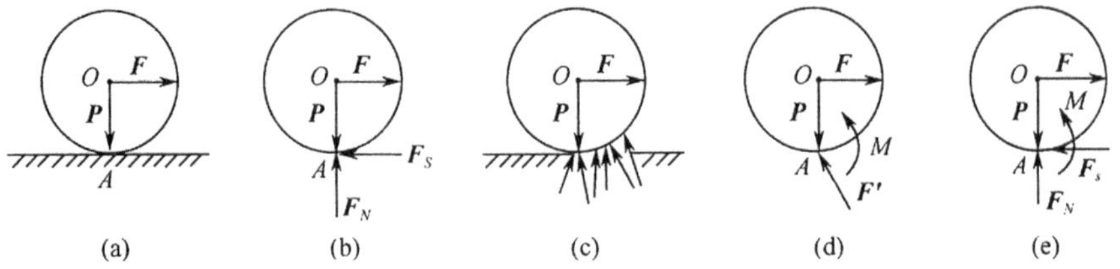

图 5-13

逐渐增大 $\boldsymbol{F}$,滚动力偶矩增大,滚阻力偶矩随着增大.只要轮子还没有开始滚动,滚阻力偶矩始终与滚动力偶矩平衡.当 F 增大到某一数值时,轮子处于要滚动而未滚动的临界平衡状态,这时滚阻力偶矩最大,称为**最大滚阻力偶矩**,以 M_{max}表示.

由实验得出**滚动摩阻定律:最大滚阻力偶矩的大小与法向反力的大小成正比**,即

$$M_{max} = \delta F_N$$

式中比例常数 δ 称为**滚阻系数**.它具有长度量纲,其数值与接触物体的材料、硬度等有关,由实验测定.表 5-2 给出了几种常用材料的滚动摩阻系数的值.

表 5-2 滚动摩阻系数

材料名称	δ/mm	材料名称	δ/mm
铸铁与铸铁	0.5	软钢与钢	0.5
钢质车轮与钢轨	0.05	有滚珠轴承的料车与钢轨	0.09
木与钢	0.3~0.4	无滚珠轴承的料车与钢轨	0.21
木与木	0.5~0.8	钢质车轮与木面	1.5~2.5
软木与软木	1.5	轮胎与路面	2~10
淬火钢珠对钢	0.01		

下面解释为什么滚动比滑动省力.假如给图 5-13(a)所示的轮子加的水平力能使其运动,那么,轮子可能滑动,也可能滚动.设使轮子开始滑动的最小水平力为 $\boldsymbol{F}_1$,开始滚动的最小水平力为 $\boldsymbol{F}_2$,轮子的半径为 r.由前面所述知

$$F_1 > f_s F_N = f_s P \tag{1}$$

$$F_2 r > \delta F_N = \delta P \text{ 或 } F_2 > \frac{\delta}{r} P \tag{2}$$

比较(1)、(2)两式，一般说来，$f_s \gg \frac{\delta}{r}$，故 $F_1 \gg F_2$，滚动比滑动省力得多.

例 5-7　轮胎半径为 $r=400\text{mm}$，载重 $P=2000\text{N}$，轴传来的推力为 $\boldsymbol{F}$，设静滑动摩擦因数 $f=0.6$，滚阻系数 $\delta=2.4\text{mm}$，试求欲推动此轮胎前进所需的力 F.

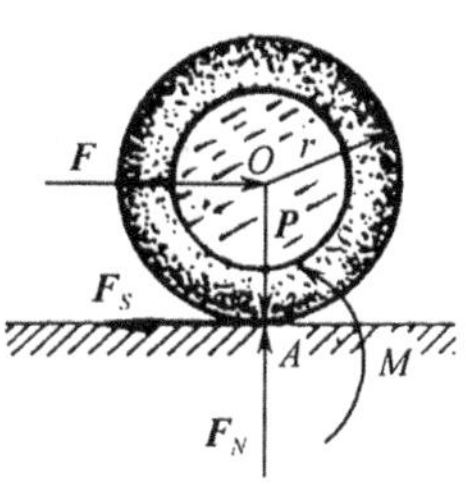

图 5-14

解　轮胎受力如图 5-14 所示，其受力有载重 $\boldsymbol{P}$，推力 $\boldsymbol{F}$，法向反力 $\boldsymbol{F}_N$，滑动摩擦力 $\boldsymbol{F}_s$，滚阻力偶矩 M，这是一平面一般力系.

列平衡方程.

轮胎前进有两种可能，一种是滚动，另一种是滑动.

首先分析向前滚动的可能情况.

$$\sum X = 0, F - F_s = 0 \tag{a}$$

$$\sum Y = 0, F_N - P = 0 \tag{b}$$

$$\sum M_A(\boldsymbol{F}) = 0, M - Fr = 0 \tag{c}$$

列补充方程

$$M_{\max} = \delta F_N \tag{d}$$

联解上述方程得

$$F = \frac{\delta}{r}P = \frac{2.4}{400} \times 2000 = 12(\text{N})$$

说明只要施 12N 的力就可使轮胎向前滚动；

再分析向前滑动的可能情况.

将式(d)改为下面补充方程

$$F_{\max} = f_s F_N$$

再联解有关方程得

$$F = f_s P = 0.6 \times 2000 = 1200(\text{N})$$

这说明需施 1200N 的力才能使轮胎向前滑动，但这是不可能的，因推力 F 达到 12N 时，轮子就已向前滚动了.

例 5-8　半径为 R 的滑轮上作用有力偶，轮上绕有细绳拉住半径为 R 重为 P 的圆柱，如图 5-15(a)所示. 斜面倾角为 α，圆柱与斜面间的滚阻系数为 δ. 求保持圆柱平衡时，力偶矩 M_B 的最大与最小值；并求能使圆柱匀速滚动而不滑动时静滑动摩擦因数的最小值.

解　取圆柱为研究对象. 圆柱在即将滚动的临界平衡状态时，滚阻力偶矩

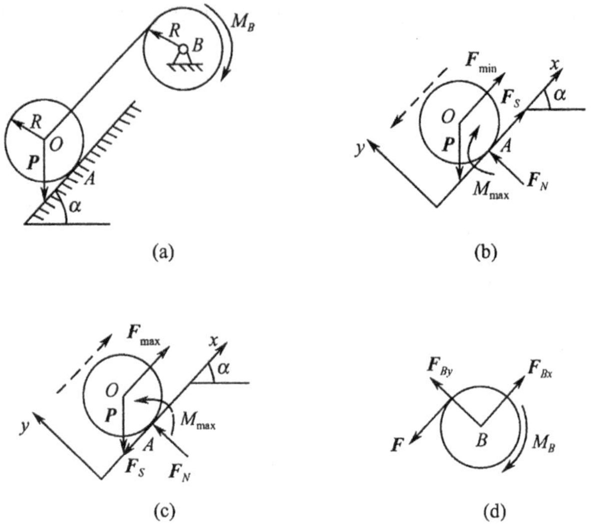

图 5-15

达最大值，$M_{\max}=\delta F_N$，其转向与滚动趋势相反. 当细绳拉力为最小值时，圆柱有向下滚动的趋势；当细绳拉力为最大值时，圆柱有向上滚动的趋势.

(1) 先求 $F_{\min}$，受力如图 5-15(b)所示，列平衡方程

$$\sum M_A(\boldsymbol{F})=0,\quad P\sin\alpha\cdot R-F_{\min}R-M_{\max}=0 \tag{a}$$

$$\sum Y=0,\quad F_N-P\cos\alpha=0 \tag{b}$$

由于圆柱处在临界状态，列补充方程

$$M_{\max}=\delta F_N \tag{c}$$

联解上面三个方程，得最小拉力值

$$F_{\min}=P\left(\sin\alpha-\frac{\delta}{R}\cos\alpha\right)$$

(2) 再求 $F_{\max}$，受力如图 5-15(c)所示，列平衡方程

$$\sum M_A(\boldsymbol{F})=0,\quad P\sin\alpha\cdot R-F_{\max}\cdot R+M_{\max}=0$$

$$\sum Y=0,\quad F_N-P\cos\alpha=0$$

列补充方程

$$M_{\max}=\delta F_N$$

联解上面三个方程，得最大拉力值

$$F_{\max}=P\left(\sin\alpha+\frac{\delta}{R}\cos\alpha\right)$$

(3) 以滑轮 B 为研究对象，受力如图 5-15(d)所示，列平衡方程

$$\sum M_B(\boldsymbol{F}) = 0, \quad FR - M_B = 0$$

当细绳拉力分别为 $F_{\min}$或 $F_{\max}$时，得力偶矩 M_B 的最小值和最大值为

$$M_{B\min} = F_{\min}R = P(R\sin\alpha - \delta\cos\alpha)$$

$$M_{B\max} = F_{\max}R = P(R\sin\alpha + \delta\cos\alpha)$$

即 M_B 的数值范围为

$$P(R\sin\alpha - \delta\cos\alpha) \leqslant M_B \leqslant P(R\sin\alpha + \delta\cos\alpha)$$

(4) 求圆柱只滚不滑时的静滑动摩擦因数的最小值 $f_{s\min}$.

取圆柱为研究对象，当它能向上滚动时，受力如图 5-15(c)所示，列平衡方程

$$\sum M_0(\boldsymbol{F}) = 0, \quad -F_sR + M_{\max} = 0$$

$$\sum Y = 0, \quad F_N - P\cos\alpha = 0$$

补充方程为

$$M_{\max} = \delta F_N$$

联解之得

$$F_s = \frac{\delta}{R}P\cos\alpha$$

满足只滚不滑的条件为

$$F_s \leqslant f_sF_N = f_sP\cos\alpha$$

比较上述结果，得

$$f_s \geqslant \frac{\delta}{R}$$

因此，圆柱能只滚不滑时，静滑动摩擦因数的最小值为$\frac{\delta}{R}$.

读者可自演当圆柱能向下只滚不滑时，由图 5-15(b)，可得到同样的结果.

习　题

5-1　A 物重 $P_A = 5\text{kN}$，B 物重 $P_B = 6\text{kN}$，A 物与 B 物间的静滑动摩擦因数 $f_{1s} = 0.1$，B 物与地面间的静滑动摩擦因数 $f_{2s} = 0.2$，两物块由绕过一定滑轮的无重水平绳相连. 求使系统运动的水平力 $\boldsymbol{F}$ 的最小值.

5-2　重 $P = 300\text{N}$ 的轮子放在水平面上，并与竖直墙壁接触，如图示. 已知接触面间的静摩擦因数均为 $f_s = 0.3$，轮子半径 $r = 150\text{mm}$. 求能使轮子开始转动所需的力偶矩 M.

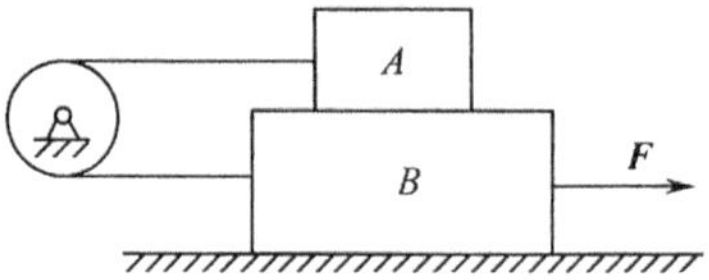

题 5-1 图

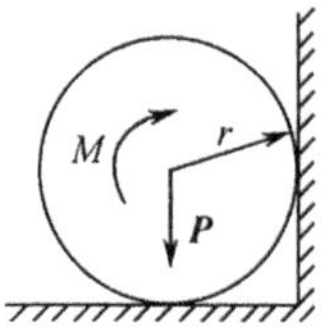

题 5-2 图

5-3 已知 π 形物体重为 P,尺寸如图所示.现以水平力 $\boldsymbol{F}$ 拉此物体,当刚开始拉动时,A、B 两处的摩擦力是否都达到最大值? 如 A、B 两处的静摩擦因数均为 f_s,此二处最大静摩擦力是否相等? 又,如力 $\boldsymbol{F}$ 较小而未能拉动物体时,能否分别求出 A、B 两处的静摩擦力?

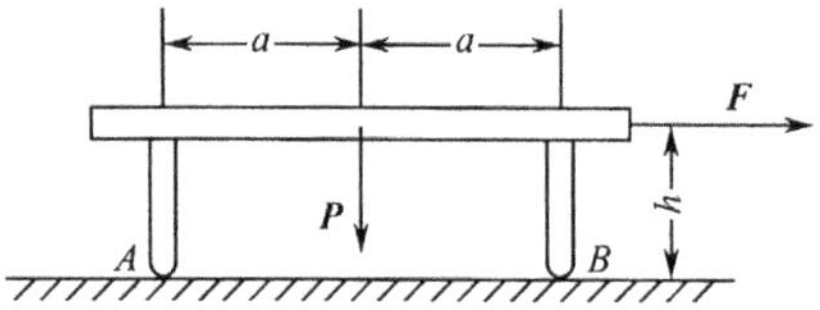

题 5-3 图

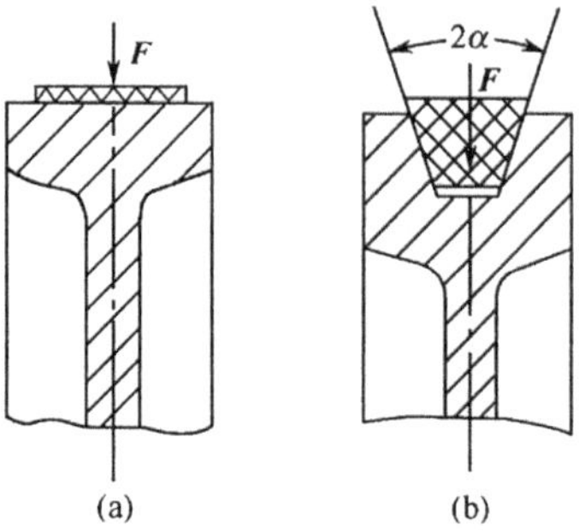

题 5-4 图

5-4 如图所示,试比较用同样材料、在相同的光洁度和相同的皮带压力 $\boldsymbol{Q}$ 作用下,平皮带与三角皮带所能传递的最大拉力.

5-5 如图所示,砂石与皮带间的静摩擦因数 $f_s=0.5$,试问输送带的最大倾角 α 为多大?

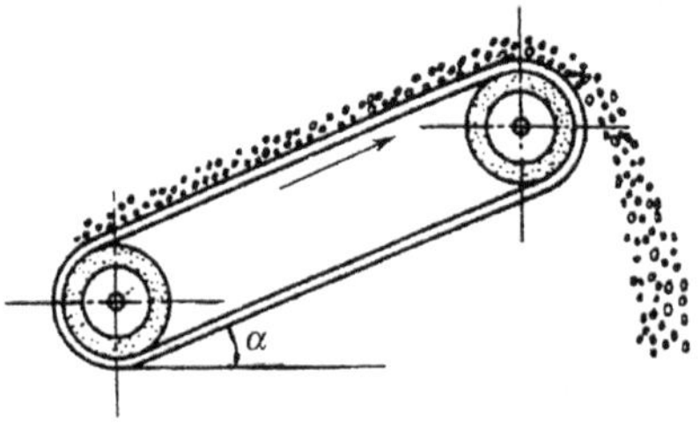

题 5-5 图

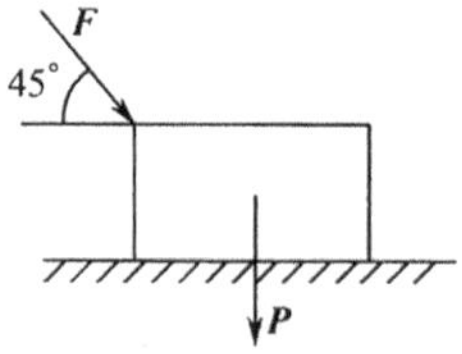

题 5-6 图

5-6 图示物块重为 P,与水平面间的摩擦角 $\varphi=20°$,物块上作用一与水平面成 45° 角的力 $\boldsymbol{F}$,试用摩擦角的概念解答:(1)若 $F=P$,物体是否平衡? (2) 保持物体平衡,力 $\boldsymbol{F}$

最大应为多少？

5-7　图示用一钢楔劈物，接触面间的摩擦角为 φ. 劈入后欲使楔不滑出，问钢楔两平面间的夹角应该多大？楔重不计.

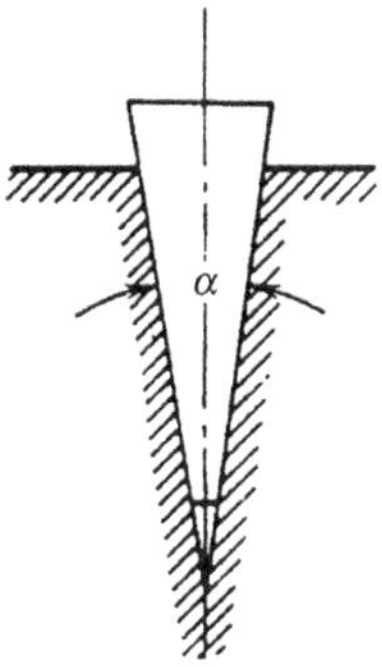

题 5-7 图

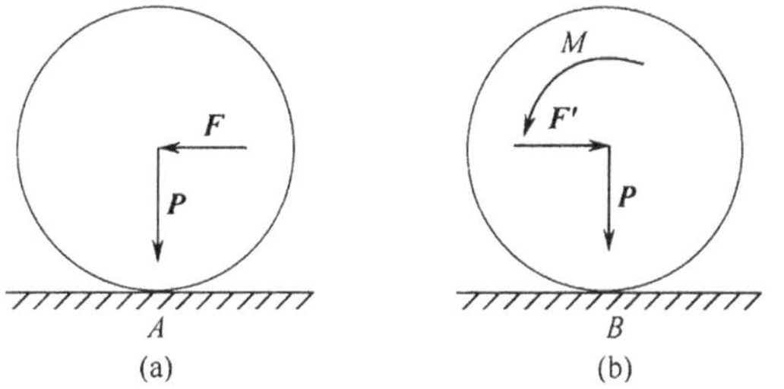

题 5-8 图

5-8　汽车匀速水平行驶时，地面对车轮有滑动摩擦也有滚动摩阻，而车轮只滚不滑. 汽车前轮受车身施加的一个向前推力 $\boldsymbol{F}$(图(a))，而后轮受一驱动力偶 M，并受车身施加的向后的反力 $\boldsymbol{F}'$(图(b)). 试画全前、后轮的受力图. 在同样摩擦情况下，试画出自行车前、后轮的受力图.

5-9　图示长为 l 的梯子 AB 上端靠在光滑的墙壁上，下端搁在地板上. 梯子与地板间的静摩擦因数为 f_s. 梯子重量不计，问梯子放得和墙壁成多大的角 α，重为 P 的人沿梯爬到顶端而梯子不至于下滑？

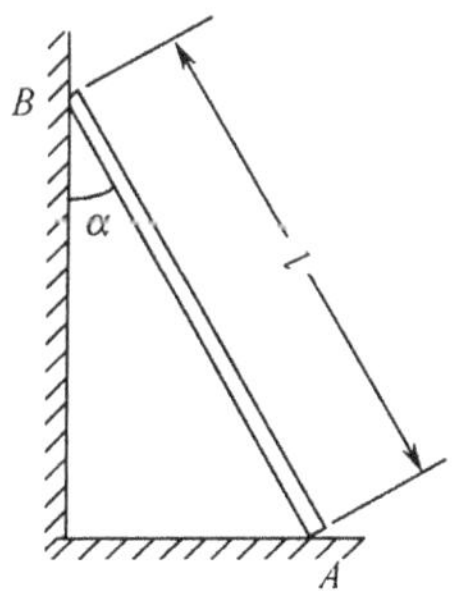

题 5-9 图

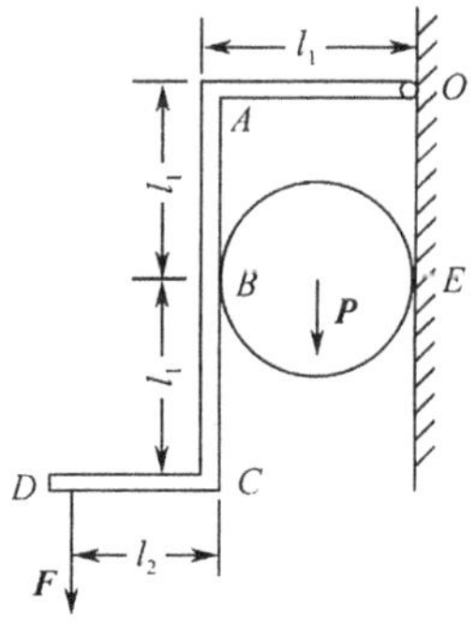

题 5-10 图

5-10　图示球重 $P=300\text{N}$，接触面间的静摩擦因数均为 $f_s=0.25$，$l_1=0.2\text{m}$，$l_2=0.15\text{m}$. 问力 $\boldsymbol{F}$ 为多大，球不至于落下？

5-11　两根重均为 100N、长均为 $l=0.5\text{m}$ 的均质杆如图所示，C 处的静摩擦因数 $f_s=0.5$. 问系统平衡时角 θ 最大只能等于多少？

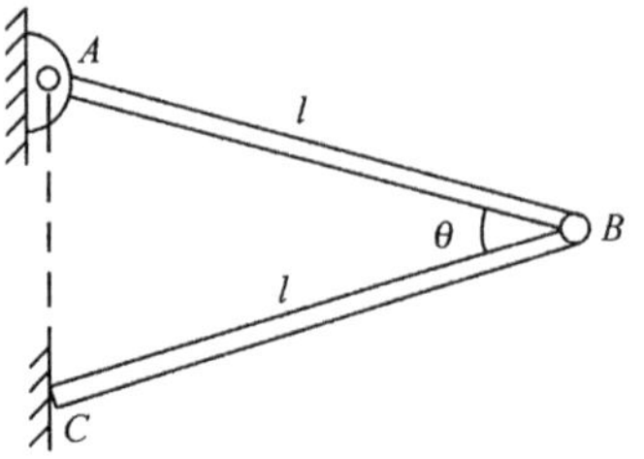

题 5-11 图

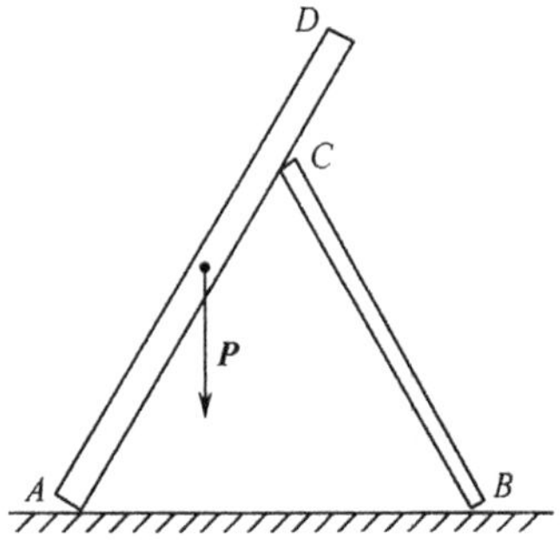

题 5-12 图

5-12 均质长板 AD 重 P,长为 4m,用一短板 BC 支撑,如图所示.若 $AC=BC=AB=3\text{m}$,BC 板的自重不计.求 A、B、C 处摩擦角各为多大才能使之保持平衡.

5-13 半圆柱重 P,重心 C 到圆心 O 的距离为 $a=\dfrac{4R}{3\pi}$,其中 R 为圆柱体半径,如半圆柱体与水平面间的摩擦因数为 f_s,求半圆柱体被拉动时所偏过的角度 θ.

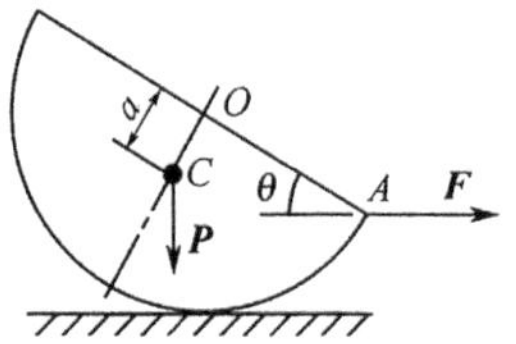

题 5-13 图

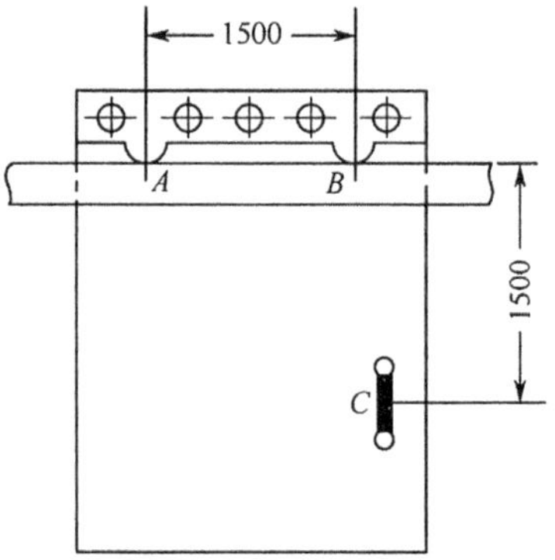

题 5-14 图

5-14 自重为 900N 的滑门放在轨道上如图示.若 A、B 两支点与轨道之间的静摩擦因数分别为 $f_{As}=0.2$ 和 $f_{Bs}=0.3$,试分别求出滑门向左和向右滑动时,作用于手把 C 处的水平力 $\boldsymbol{F}$ 的大小.

5-15 长为 $l=2\text{m}$、重为 $P=50\text{N}$ 的均质杆 AB,放于粗糙的水平面上,且可绕光滑铅垂轴 A 转动.已知杆 AB 在力偶矩为 $M=10\text{N·m}$ 的力偶作用下作匀速转动.试求杆与水平面间的动摩擦因数 f.

5-16 重为 $P=50\text{N}$,高为 $h=100\text{mm}$ 的物块 M 放于粗糙水平面上,如图所示.设静摩擦因数 $f_s=0.6$,试求在水平力 $\boldsymbol{F}$ 的作用下,使物块同时开始滑动和倾倒的宽度 b,以及此时力 $\boldsymbol{F}$ 的大小.

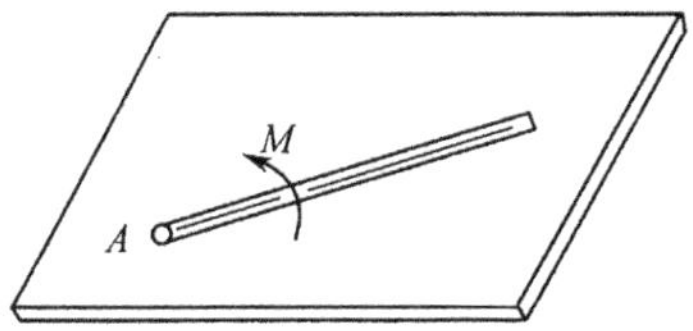

题 5-15 图

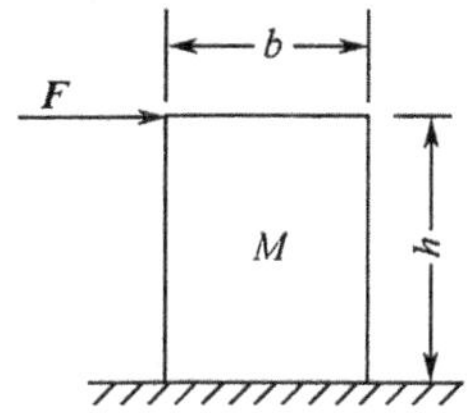

题 5-16 图

5-17　机床上为了迅速装卸工件,常采用如图所示的偏心夹具.已知偏心轮直径为 D,偏心轮与台面间的静摩擦因数为 f_s,今欲使偏心轮手柄上外力去掉后,偏心轮不会自动脱开,试问偏心距 e 应为多少?

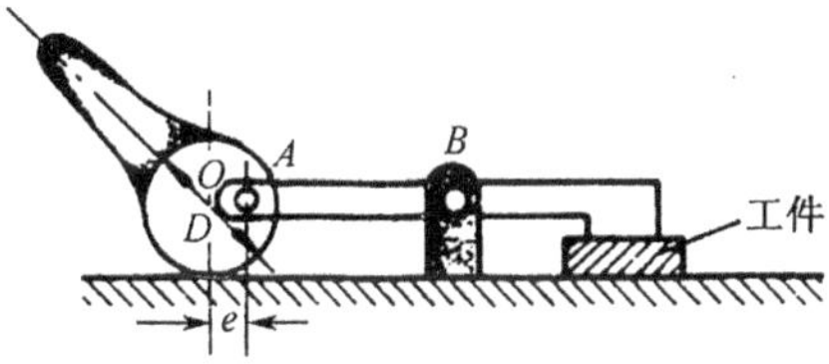

题 5-17 图

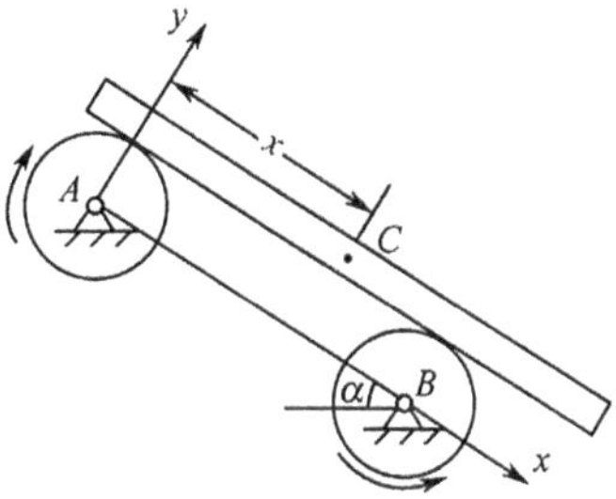

题 5-18 图

5-18　两半径相同的圆轮做反向转动,两轮轮心的连线与水平线的夹角为 α,轮心距为 $2a$.现将一重为 P 的长板放在两轮上面,两轮与板间的动摩擦因数都是 f,求当长板平衡时长板中心的位置.

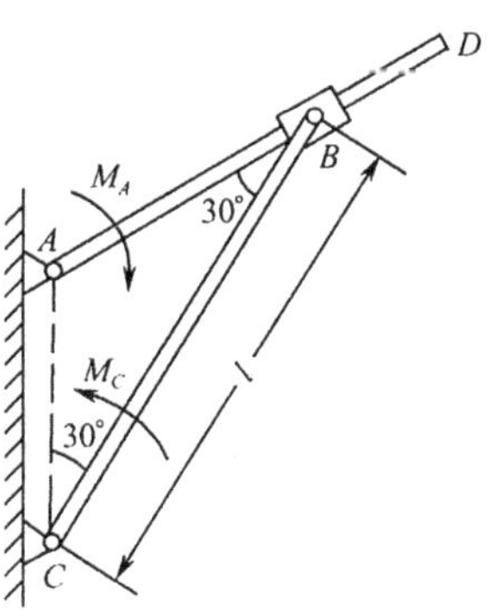

题 5-19 图

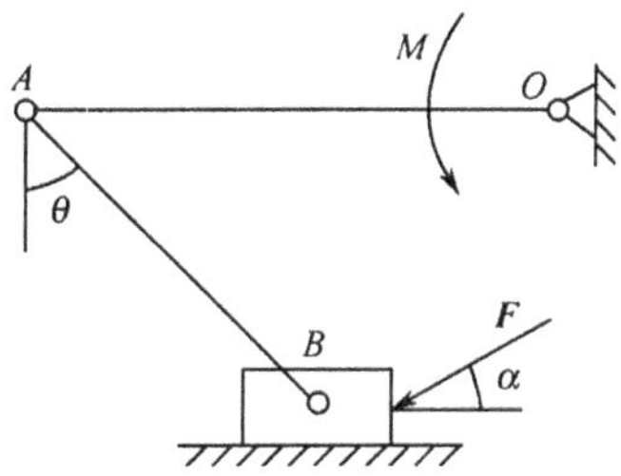

题 5-20 图

5-19 图示两无重杆在 B 处用套筒式无重滑块连接，在 AD 杆上作用一矩为 $M_A=40\text{N·m}$的力偶，滑块和 AD 杆间的静摩擦因数 $f_s=0.3$，求保持系统平衡时力偶矩 M_C 的范围.

5-20 平面曲柄连杆滑块机构如图所示. $OA=l$，在曲柄 OA 上作用有矩为 M 的力偶，OA 水平. 连杆 AB 与铅垂线的夹角为 θ，滑块与水平面间的静摩擦因数为 f_s，不计重量，且 $\tan\theta>f_s$. 求机构在图示位置保持平衡时力 $\boldsymbol{F}$ 的值.

5-21 汽车的重量为 12kN，重心在点 C. 汽车由静止起动，问欲使前轮越过高为 120mm 的障碍物，发动机给予后轮的扭矩 M 应为多少(设后轮不打滑)？又后轮胎与地面之间的静摩擦因数至少应等于多少才能阻止后轮打滑(前轮越过障碍物时不考虑接触点的摩擦)？

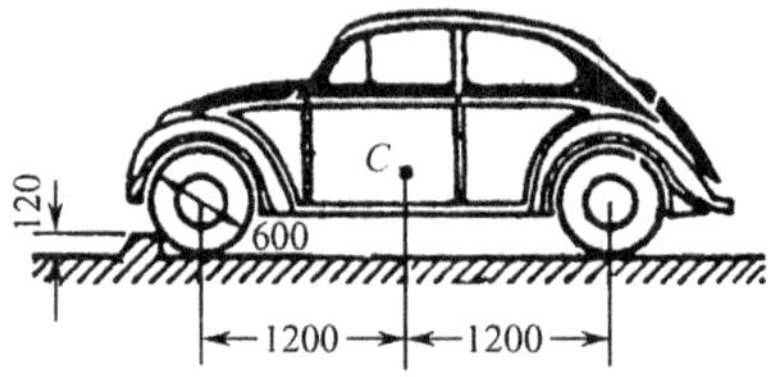

题 5-21 图

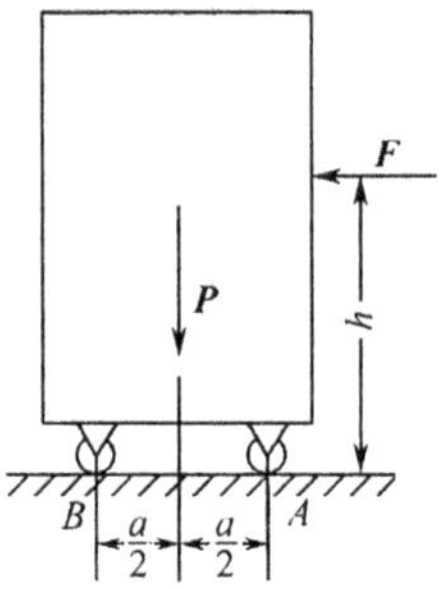

题 5-22 图

5-22 图示立柜重 $P=1\text{kN}$，放置于水平地面上. $h=1.2\text{m}$，$a=0.9\text{m}$，滚轮直径可忽略. 滚轮与地面的静摩擦因数 $f_s=0.3$，不计滚阻. 若：(1)滚轮 A 不能自由转动；(2)滚轮 B 不能自由转动；(3)两轮都不能自由转动，求使立柜移动的最小水平推力 $\boldsymbol{F}$；并校核会不会翻倒.

5-23 均质圆柱重 P、半径 r，搁在不计自重的水平杆和固定斜面之间. 杆端 A 为光滑铰链，D 端受一铅垂向上的力 $\boldsymbol{F}$，圆柱上作用一力偶，如图所示. 已知 $F=P$，圆柱与杆和斜面间的静摩擦因数皆为 $f_s=0.3$，不计滚动摩阻，当 $\alpha=45°$时，$AB=BD$. 求此时能保持系统静止的力偶矩 M 的最小值.

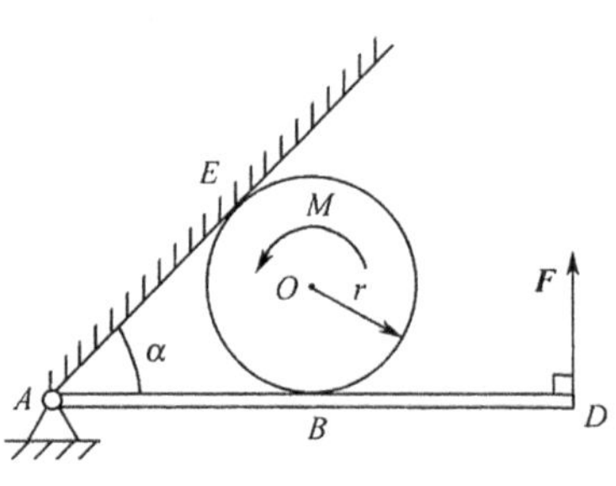

题 5-23 图

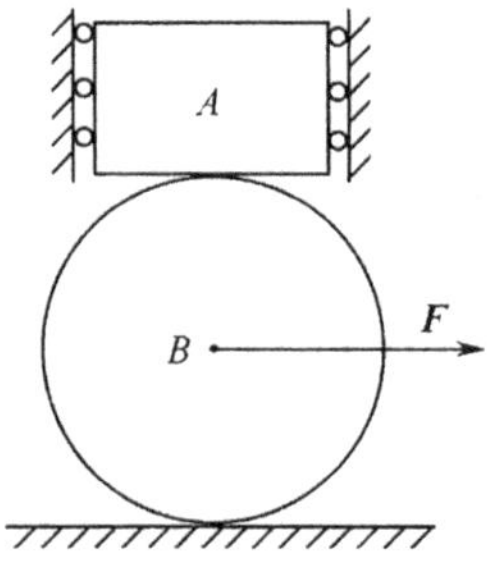

题 5-24 图

5-24　物块 A 重 $P_A=300\text{N}$,均质轮 B 重 $P_B=600\text{N}$,物块 A 与轮 B 接触处的静滑动摩擦因数 $f_{s1}=0.3$,轮 B 与地面间的静滑动摩擦因数 $f_{s2}=0.5$,不考虑滚动摩阻,求能拉动轮 B 的水平拉力 F 的最小值.

5-25　如图所示,A 块重 500N,轮轴 B 重 1000N,A 块与轮轴的轴以水平绳连接.在轮轴外沿绕以细绳,此绳跨过一光滑的滑轮 D,在绳的端点系一重物 C.如 A 块与平面间的静摩擦因数为 0.5,轮轴与平面间的静摩擦因数为 0.2,不计滚动摩阻,试求使物体系平衡时物体 C 的重量 P 的最大值.

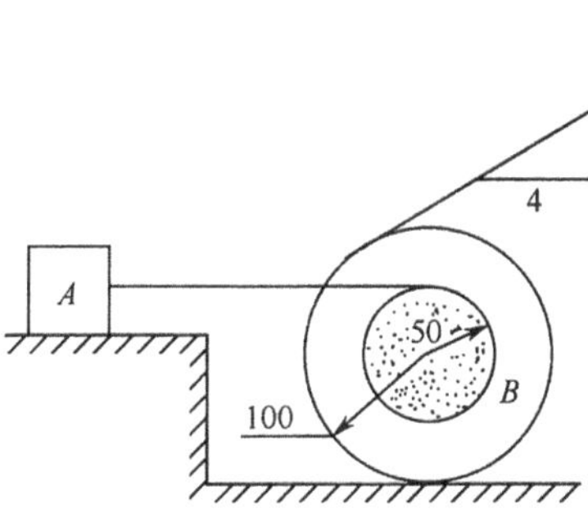

题 5-25 图

5-26　图示为一种夹紧装置,它能卡住绳索使之不能沿拉力 $\boldsymbol{F}$ 的方向移动.设绳沿铅垂线,凸轮圆弧中心为点 O,A、B 为光滑销钉.在图示位置时绳索与凸轮间的静摩擦因数至少应等于多少才能保证自锁?凸轮重量不计.

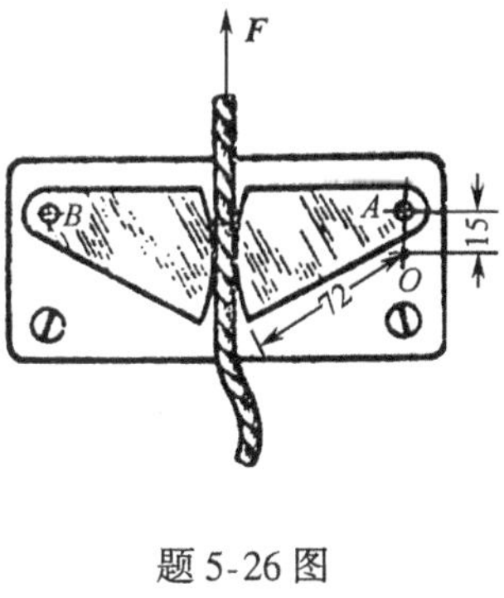

题 5-26 图

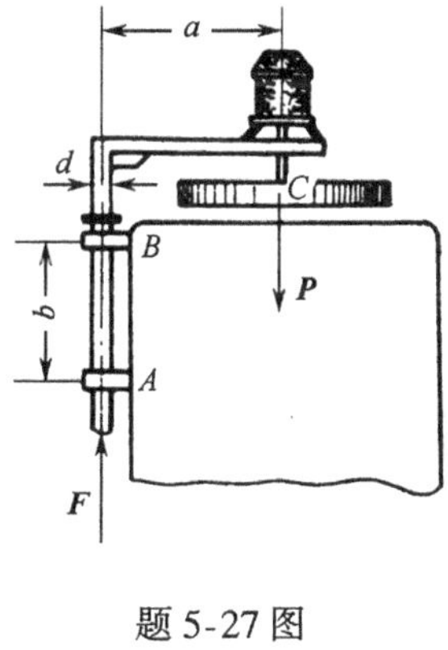

题 5-27 图

5-27　渗碳炉炉盖的升降支架由 A、B 两径向轴承所支撑,如图所示.设已知 $d=80\text{mm}$,$b=470\text{mm}$,$a=1050\text{mm}$,轴承与轴之间的静摩擦因数 $f_s=0.12$,炉盖重 $P=2000\text{N}$.沿 AB 轴线需作用多大的力 F,才能将炉盖推起?

5-28　一起重用的夹具由 ABC 和 DEF 两相同的弯杆组成,并由杆 BE 连接,B 和 E

都是铰链，尺寸如图所示．试问要能提起重物，夹具与重物接触面处的静摩擦因数 f_s 应为多大？

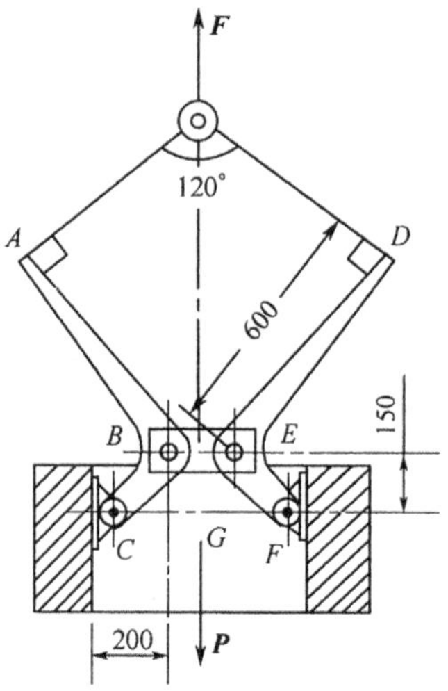

题 5-28 图

5-29　砖夹宽 l，曲杆 AGB 和 $GCED$ 在点 G 铰接．砖重为 $\boldsymbol{P}$，提砖用力为 $\boldsymbol{F}$，砖夹与砖之间的静摩擦因数为 $f_s=0.5$．图中 $l=250\text{mm}$，$l_1=30\text{mm}$．试问尺寸 l_2 为多少才能把砖夹起？

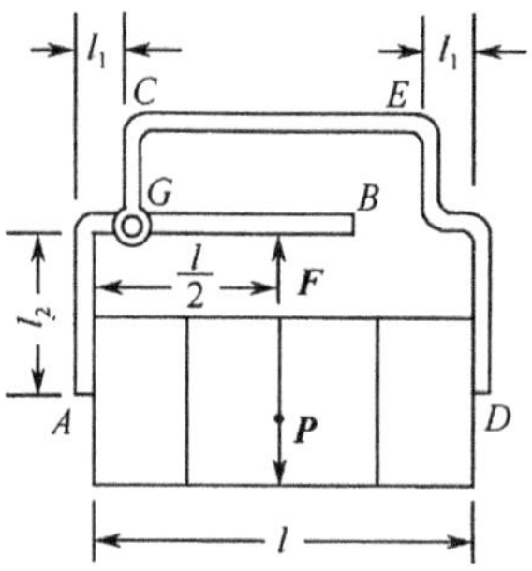

题 5-29 图

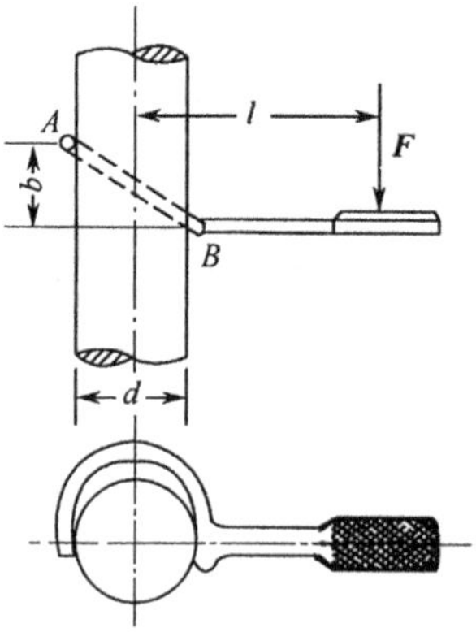

题 5-30 图

5-30　攀登电线杆所用的脚套钩如图示．已知电线杆直径 $d=300\text{mm}$，套钩尺寸 $b=100\text{mm}$，套钩与电线杆之间的静摩擦因数 $f_s=0.3$，试问脚踏力 $\boldsymbol{F}$ 到电线杆轴线间的距离 l 为多少，脚套钩不打滑？

5-31　图示机构的凸轮上作用一矩为 M 的力偶，顶杆上作用一铅垂力 $\boldsymbol{F}$，滑道宽度

为 b,偏心距为 e,顶杆与滑道间的静摩擦因数为 f_s,凸轮与顶杆间的摩擦不计. 问 b 为多大时,顶杆向上运动不被卡住?

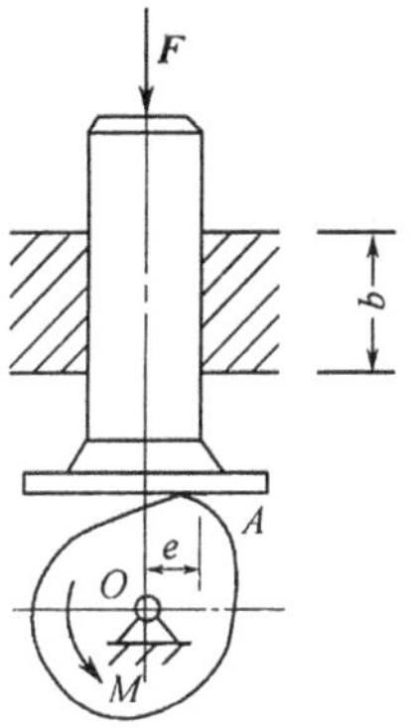

题 5-31 图

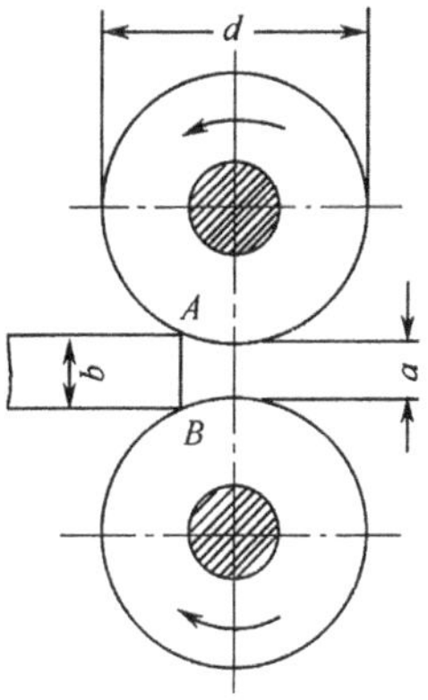

题 5-32 图

5-32　图示为压延机的两个轧辊,其直径均为 $d=500$mm,两辊间的间隙 $a=5$mm,两轧辊转向相反,如图中旋转箭头所示. 已知烧红的钢板与轧辊之间的静摩擦因数 $f_s=0.1$,压延时靠摩擦力将钢板带入轧辊,试问能压延钢板的最大厚度 b 是多少?(提示:作用在钢板 A、B 处的正压力和摩擦力的合力必须水平向右,才能使钢板进入轧辊.)

5-33　图示物块 A 重 $P=2$kN,楔块 B 重量可不计,各接触面间的静摩擦因数均为 $f_s=0.3$. 试求使物块 A 开始上升所需的最小水平力 F.

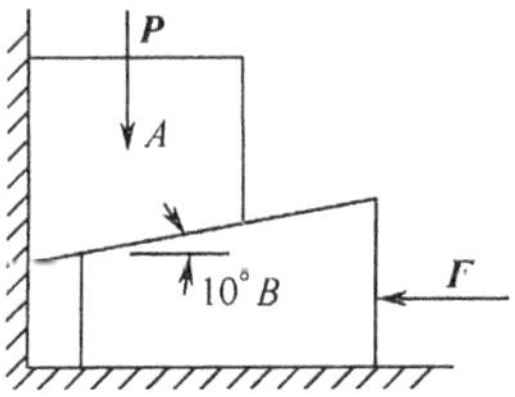

题 5-33 图

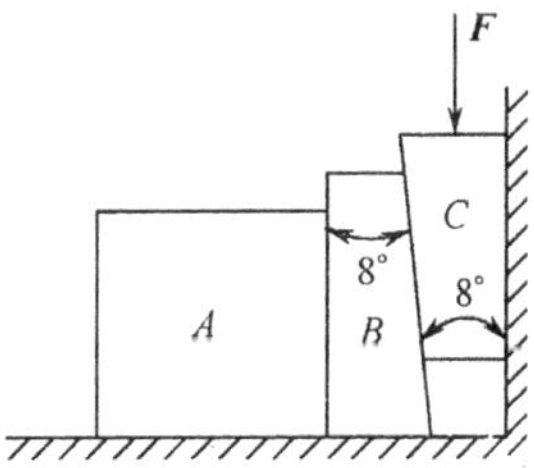

题 5-34 图

5-34　图示物块 A 重为 2kN,楔块 B、C 重量可不计,各接触面间的摩擦角均为 $\varphi=12°$. 试求使物块 A 开始向左滑动时力 $\boldsymbol{F}$ 的大小.

5-35　尖劈起重装置如图所示. 尖劈 A 的顶角为 α,在 B 块上受力 $\boldsymbol{Q}$ 的作用. A 块与 B 块之间的静摩擦因数为 f_s(有滚柱处的摩擦力忽略不计). 如不计 A 块和 B 块的重量,试求能保持平衡的力 F 的范围.

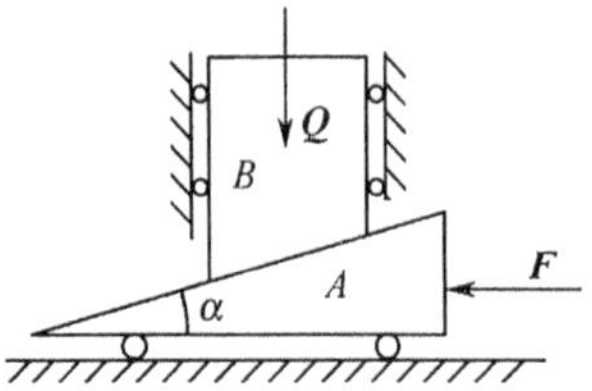

题 5-35 图

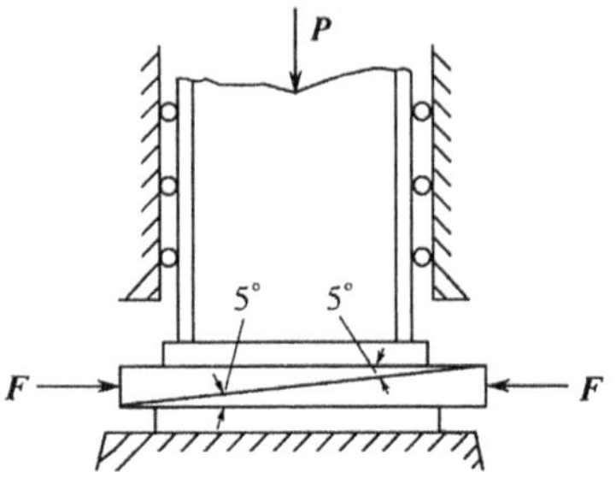

题 5-36 图

5-36 两块顶角为 5°的尖劈是用来调整立柱的位置的,立柱上作用有 $P=5\text{kN}$ 的垂直载荷.已知各接触面间的静摩擦因数 $f_s=0.4$,求顶起立柱所需要的力 F.

5-37 为了在较软的地面上移动一重量为 1kN 的木箱,可先在地面上铺上木板,然后在木箱与木板间放进钢管作为滚子.若钢管直径 $d=50\text{mm}$,钢管与木板及木箱间滚阻系数均为 $\delta=2.5\text{mm}$,试求推动木箱所需的水平力 F.若不同钢管使木箱直接在木板上滑动,试求推动木箱所需的水平力 F,已知木箱与木板间的静摩擦因数 $f_s=0.4$.

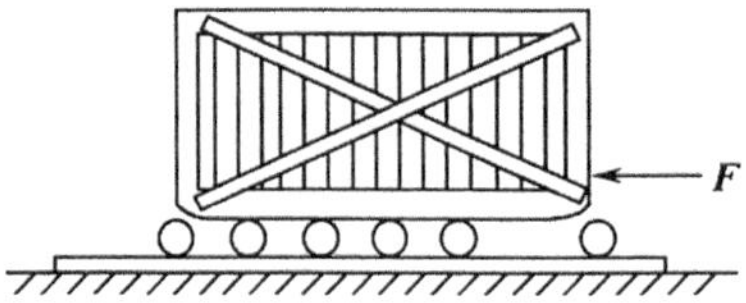

题 5-37 图

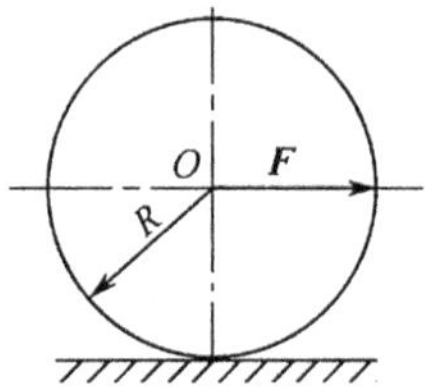

题 5-38 图

5-38 轮子半径为 R,在其圆心点 O 作用水平力 $\boldsymbol{F}$.轮与水平面间的滚阻系数为 δ,试求轮与水平面的静摩擦因数 f_s 应为多少,方能使轮只滚动而不滑动.

5-39 如图所示,钢管车间的钢管运转台架,依靠钢管自重缓慢无滑动地滚下,钢管直径为 50mm.设钢管与台架间的滚阻系数 $\delta=0.5\text{mm}$.试确定台架的最小倾角 α 应为多大?

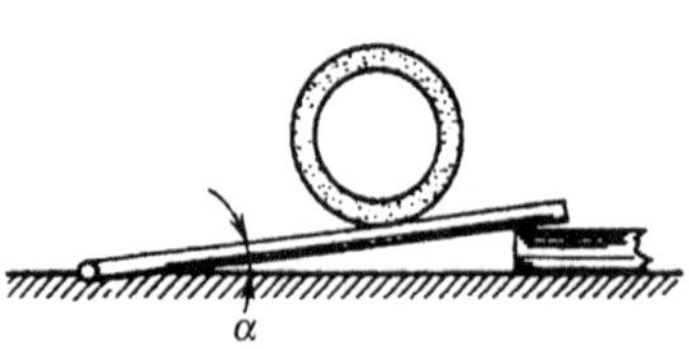

题 5-39 图

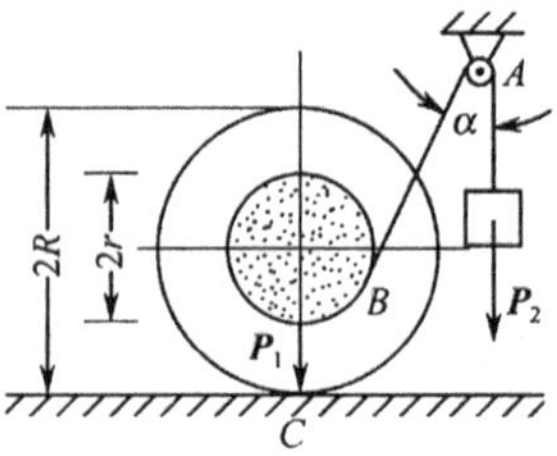

题 5-40 图

5-40　一半径为 R、重为 P_1 的轮静止在水平面上，如图所示. 在轮上半径为 r 的轴上缠有细绳，此细绳跨过滑轮 A，在端部系一重为 P_2 的物体. 绳的 AB 部分与铅直线成 α 角. 求轮与水平面接触点 C 处的滚阻力偶矩、滑动摩擦力和法向反力.

5-41　如图所示，重为 P_1、半径为 R 的均质圆柱放在与水平面成夹角 α 的斜面上，吊有重为 P_2 物体的柔绳跨过滑轮 A 系于圆柱轴心 C 上. 已知圆柱与斜面间的滚阻系数为 δ. (1) 圆柱与斜面的静摩擦因数 f_s 为多少方能保证圆柱滚动而不滑动? (2)在此情况下，维持圆柱在斜面上平衡的物体重量 P_2 的最大值和最小值各为多少?

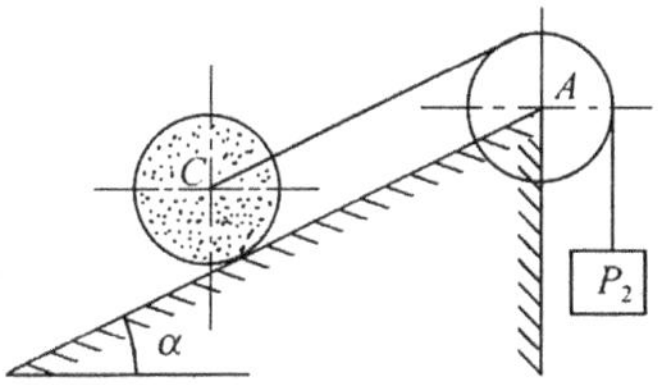

题 5-41 图

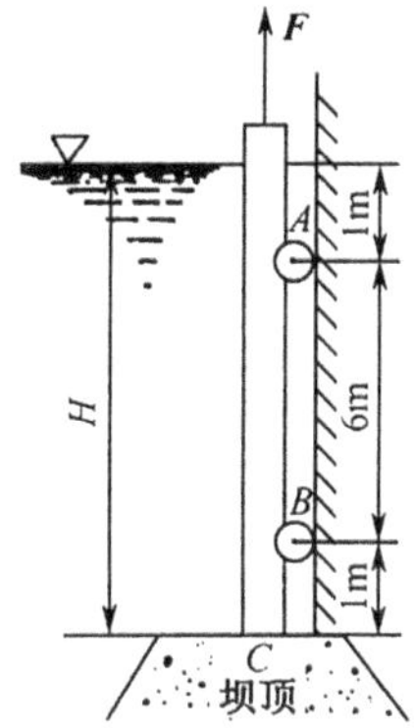

题 5-42 图

5-42　平板闸门宽 $L=12\text{m}$(为垂直于图面方向的长度)，高 $H=8\text{m}$，重 $P=400\text{kN}$，安置在铅垂滑槽内. A、B 为滚轮，半径为 100mm，滚轮与滑槽间的滚动摩阻系数 $\delta=0.7\text{mm}$，C 处为光滑接触. 闸门由起重机启闭. 试求：(1)闸门未启动时(即 $F=0$ 时) A、B、C 三点的约束反力；(2)开启闸门所需的力 F.

***5-43**　工程中常见的皮带轮传动，是利用皮带与轮子间的摩擦来传递动力的，如图所示. $F_2>F_1$，在轮子与皮带间将要发生滑动时，皮带两端拉力的关系为

$$F_2 = F_1 e^{f_s \alpha}$$

其中 α 为皮带与轮子的接触部分所对应的圆心角，即包角；f_s 为皮带与轮子间的静摩擦因数.

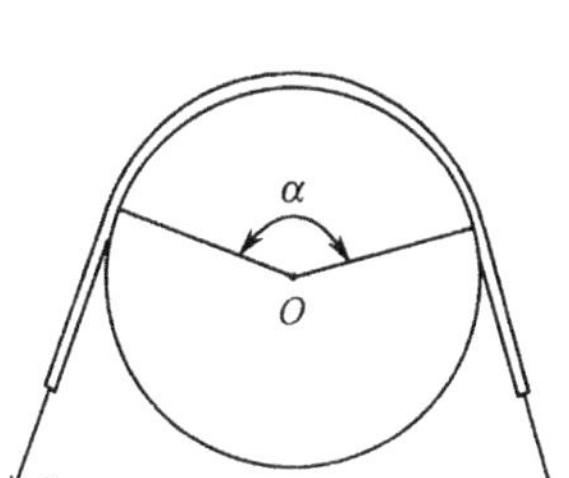

题 5-43 图

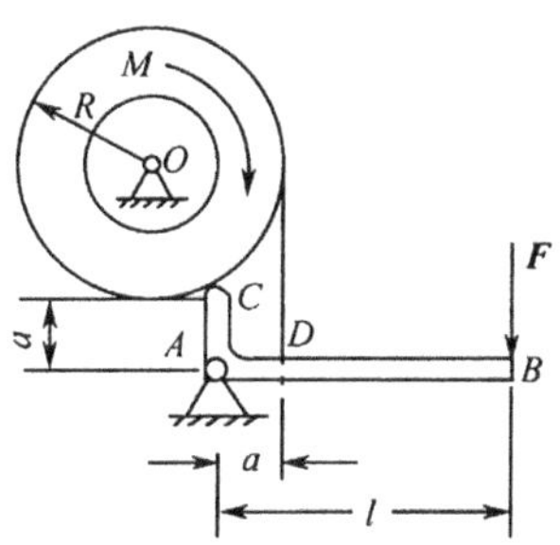

题 5-44 图

5-44　轴 O 上作用着力矩 $M=200\mathrm{N\cdot m}$，如图所示，$R=200\mathrm{mm}$，$a=100\mathrm{mm}$，$l=400\mathrm{mm}$. 设皮带与轮间的静摩擦因数 $f_s=0.45$，试求为防止轴转动作用于皮带式制动器上的垂直力 $\boldsymbol{F}$ 的最小值.

5-45　长为 l 的直杆 AB 的两端系在绳子上，该绳子绕过无摩擦的滑轮 C 和固定轴 D，如图所示. 如果杆的自重不计，绳子与固定轴间的静摩擦因数 $f_s=0.3$，试求维持 AB 杆平衡的任意力 $\boldsymbol{F}$ 的作用范围.

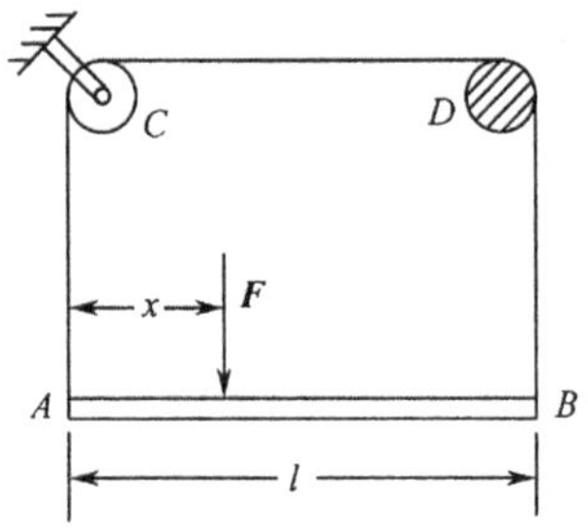

题 5-45 图

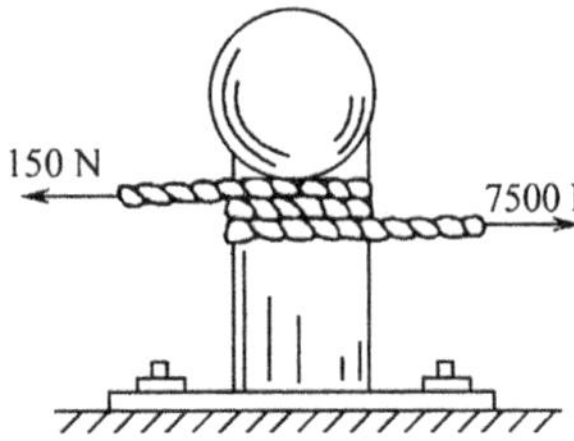

题 5-46 图

5-46　拉住轮船的绳子，绕固定在码头上的带缆桩两整圈，如图所示. 设船作用于绳子的拉力为 7500N；为了保证两者之间无相对滑动，码头装卸工人必须用 150N 的拉力拉住绳子另一端. 试求：

(1) 绳子与带缆桩间的静摩擦因数 f_s；

(2) 如绳子绕在桩上三整圈，工人的拉力仍为 150N，问此时船作用绳子的最大拉力为多少?

第六章 空间力系

各力的作用线不在同一平面内的力系称为空间力系.

同平面力系一样,我们按空间汇交力系、空间力偶系和空间一般力系的顺序来研究.

§6-1 空间汇交力系

各力的作用线汇交于一点的空间力系称为空间汇交力系.

一、空间汇交力系的合成

将平面汇交力系的合成法则扩展到空间,可得,**空间汇交力系合成的结果是一个合力,合力的作用线通过力系的汇交点,合力的大小和方向等于力系各力的矢量和**,即

$$\boldsymbol{F}_R = \boldsymbol{F}_1 + \boldsymbol{F}_2 + \cdots + \boldsymbol{F}_n = \sum_{i=1}^{n} \boldsymbol{F}_i \tag{6-1}$$

我们还知道,任一矢量,包括力 $\boldsymbol{F}$ 和合力 $\boldsymbol{F}_R$,在空间直角坐标系 $Oxyz$ 中的解析表达式为

$$\boldsymbol{F} = X\boldsymbol{i} + Y\boldsymbol{j} + Z\boldsymbol{k}$$

$$\boldsymbol{F}_R = F_{Rx}\boldsymbol{i} + F_{Ry}\boldsymbol{j} + F_{Rz}\boldsymbol{k}$$

其中 X、Y、Z 和 F_{Rx}、F_{Ry}、F_{Rz} 分别为力 $\boldsymbol{F}$ 和合力 $\boldsymbol{F}_R$ 在 x 轴、y 轴、z 轴上的投影;$\boldsymbol{i}$、$\boldsymbol{j}$、$\boldsymbol{k}$ 分别为 x 轴、y 轴、z 轴的单位矢量.

根据合矢量投影定理,可得

$$\left.\begin{aligned} F_{Rx} &= \sum_{i=1}^{n} X_i \\ F_{Ry} &= \sum_{i=1}^{n} Y_i \\ F_{Rz} &= \sum_{i=1}^{n} Z_i \end{aligned}\right\} \tag{6-2}$$

于是得合力的大小为

$$F_R = \sqrt{F_{Rx}^2 + F_{Ry}^2 + F_{Rz}^2} = \sqrt{\left(\sum X\right)^2 + \left(\sum Y\right)^2 + \left(\sum Z\right)^2} \tag{6-3}$$

合力的方向余弦为

$$\left.\begin{aligned} \cos(\boldsymbol{F}_R, \boldsymbol{i}) &= \cos\alpha = \frac{F_{Rx}}{F_R} = \frac{\sum X}{F_R} \\ \cos(\boldsymbol{F}_R, \boldsymbol{j}) &= \cos\beta = \frac{F_{Ry}}{F_R} = \frac{\sum Y}{F_R} \\ \cos(\boldsymbol{F}_R, \boldsymbol{k}) &= \cos\gamma = \frac{F_{Rz}}{F_R} = \frac{\sum Z}{F_R} \end{aligned}\right\} \tag{6-4}$$

其中 α、β、γ 分别是合力 $\boldsymbol{F}_R$ 与 x 轴、y 轴、z 轴正向间的夹角.

空间汇交力系的力多边形是空间的,用几何作图法求解合力很不方便,因此,通常都采用解析法.

二、空间汇交力系的平衡条件

空间汇交力系平衡的必要和充分条件是:力系的合力等于零,即

$$\boldsymbol{F}_R = \sum \boldsymbol{F} = 0 \tag{6-5}$$

由式(6-3)知,欲要合力 F_R 等于零,必须同时满足

$$\left.\begin{aligned} \sum X &= 0 \\ \sum Y &= 0 \\ \sum Z &= 0 \end{aligned}\right\} \tag{6-6}$$

因此,**空间汇交力系平衡的必要和充分的解析条件是:力系的各力在三坐标轴上的投影的代数和都等于零**.式(6-6)称为**空间汇交力系的平衡方程**.三个独立的方程,可求解三个未知量.

例 6-1　图 6-1(a)所示之三杆 AO、BO、CO 在点 O 用球形铰链连接,并且在 A、B、C 三处用球形铰链固定在竖直墙壁上.$\triangle AOB$、$\triangle COB$ 所在的平面及墙壁三者互相垂直.在点 O 悬挂一重 P 的重物.求三杆所受的力.

解　三杆都是二力杆.取点 O 为研究对象,其受力为图 6-1(b)所示,其中 $\boldsymbol{F}_{AO}$、$\boldsymbol{F}_{BO}$、$\boldsymbol{F}_{CO}$ 分别是杆 AO、BO、CO 对点 O 的作用力.图中四力组成一空间汇交力系.

建立坐标系,列平衡方程

$$\sum X = 0,\ -F_{AO}\cos60^\circ + F_{BO}\cos60^\circ = 0$$

$$\sum Y = 0, -F_{AO}\sin 60° - F_{BO}\sin 60° + F_{CO}\sin 30° = 0$$

$$\sum Z = 0, F_{CO}\cos 30° - P = 0$$

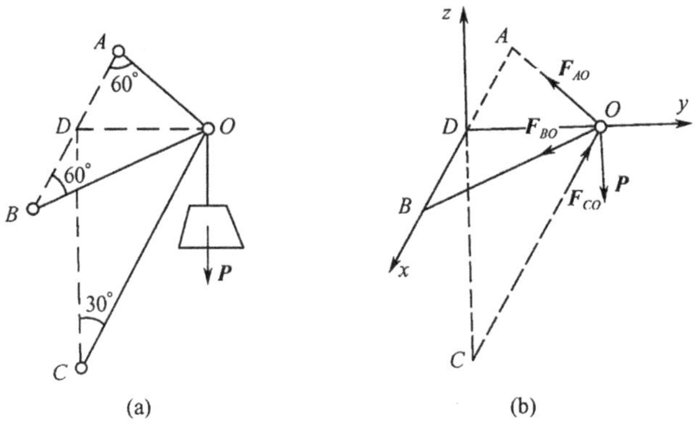

图 6-1

联解之得

$$F_{AO} = 0.33P$$
$$F_{BO} = 0.33P$$
$$F_{CO} = 1.15P$$

由作用与反作用定律得

$$F'_{AO} = 0.33P$$
$$F'_{BO} = 0.33P$$
$$F'_{CO} = 1.15P$$

§6-2　空间力偶系

一、空间力偶　等效条件

我们已知道,只要力偶矩不变,力偶可以任意改变其力的大小和力偶臂的长短,也可以在其作用面内任意移动和转动,而不改变它对物体的效应.其实在空间,力偶还可以移到与其作用面平行的任一平面内,而不改变它对物体的效应.力偶的这种性质的实例是很多的,如图 6-2(a)所示之螺丝刀,只要其上的平面Ⅰ和平面Ⅱ平行,那么在两平面内先后施加力偶矩相等的力偶($\boldsymbol{F}$, $\boldsymbol{F}'$),其转动效应是一样的.相反,如图 6-2(b)所示,在物块的两个不相平行的平面Ⅰ和平面Ⅱ上,分别施加一力偶 M_1 和 M_2,即使其力偶矩大小相等,它们使物块转动的效应(转向)也是不一样的.

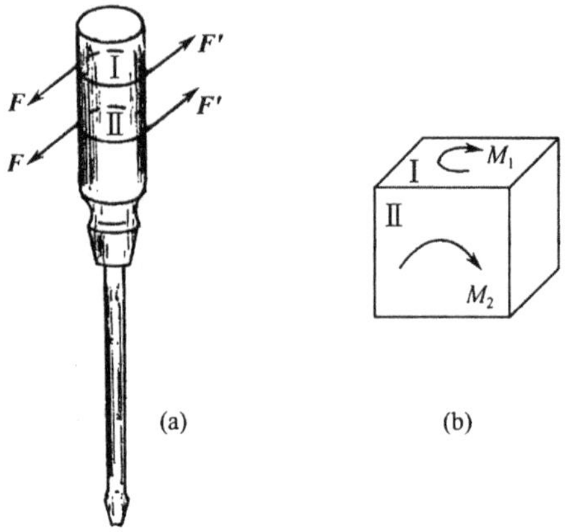

图 6-2

结合平面力偶的等效条件,空间力偶的等效条件是:两个平行平面内的两个力偶,如果其力偶矩的大小相等,力偶的转向相同,则两个力偶等效.

由此可知力偶的三要素为,力偶矩的大小;力偶的转向;力偶作用面的方位.

二、力偶矩的矢量表示

力偶的三要素可用一矢量来完全表示.矢量的模表示力偶矩的大小;矢量的指向遵守右手螺旋规则,表示力偶的转向(右手四指顺力偶转向弯曲,伸直拇指,拇指指向即矢量的指向);矢量的方位与力偶作用面的法线相同,如图6-3所示.这个矢量称为**力偶矩矢**,记作 $\boldsymbol{M}$.

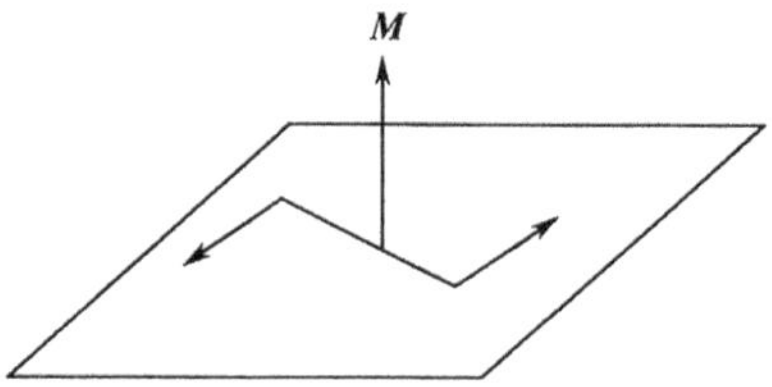

图 6-3

由于力偶可以在其作用面内任意移动,又可向平行于作用面的任一平面内移动,因此力偶矩矢可以平行于自身在空间任意移动,而无需考虑其始端或末端的位置,故力偶矩矢是**自由矢量**.

显然,**力偶矩矢相等的两个力偶等效**.

三、空间力偶系的合成

不在同一平面内的许多力偶称为空间力偶系.

设物体上作用有力偶矩矢分别为 $\boldsymbol{M}_1$、$\boldsymbol{M}_2$、…、$\boldsymbol{M}_n$ 的许多力偶.根据力偶矩矢是自由矢量这一点,通过平移、滑动,总可以使它们汇交于一点,然后将这些矢量一一相加,得合力偶矩矢

$$\boldsymbol{M} = \boldsymbol{M}_1 + \boldsymbol{M}_2 + \cdots + \boldsymbol{M}_n = \sum \boldsymbol{M}_i \tag{6-7}$$

即**空间力偶系合成的结果是一个合力偶,合力偶矩矢等于各分力偶矩矢的矢量和.**

同空间汇交力系一样,求合力偶矩通常都采用解析法.

合力偶矩矢在任一轴上的投影等于各分力偶矩矢在同一轴上投影的代数和,即

$$\left.\begin{aligned} M_x &= \sum_{i=1}^{n} M_{ix} \\ M_y &= \sum_{i=1}^{n} M_{iy} \\ M_z &= \sum_{i=1}^{n} M_{iz} \end{aligned}\right\} \tag{6-8}$$

于是得合力偶矩矢的大小为

$$M = \sqrt{M_x^2 + M_y^2 + M_z^2} = \sqrt{\left(\sum M_{ix}\right)^2 + \left(\sum M_{iy}\right)^2 + \left(\sum M_{iz}\right)^2} \tag{6-9}$$

合力偶矩矢的方向余弦为

$$\left.\begin{aligned} \cos(\boldsymbol{M},\boldsymbol{i}) &= \cos\alpha = \frac{M_x}{M} = \frac{\sum M_{ix}}{M} \\ \cos(\boldsymbol{M},\boldsymbol{j}) &= \cos\beta = \frac{M_y}{M} = \frac{\sum M_{iy}}{M} \\ \cos(\boldsymbol{M},\boldsymbol{k}) &= \cos\gamma = \frac{M_z}{M} = \frac{\sum M_{iz}}{M} \end{aligned}\right\} \tag{6-10}$$

其中 α、β、γ 分别为合力偶矩矢 $\boldsymbol{M}$ 与 x 轴、y 轴、z 轴正向间的夹角.

例 6-2　图 6-4(a)所示的长方体Ⅰ、Ⅱ、Ⅲ平面内分别作用有力偶($\boldsymbol{F}_1$, $\boldsymbol{F}'_1$)、($\boldsymbol{F}_2$, $\boldsymbol{F}'_2$)、($\boldsymbol{F}_3$, $\boldsymbol{F}'_3$),其力偶矩均为 2N·m,试求它们的合力偶.

解　三力偶组成一空间力偶系.将每个力偶用力偶矩矢表示,分别为 $\boldsymbol{M}_1$、$\boldsymbol{M}_2$、$\boldsymbol{M}_3$.然后将它们平移滑动,使汇交于空间中任取的一点 A,如图 6-4

(b)所示.建立坐标系.

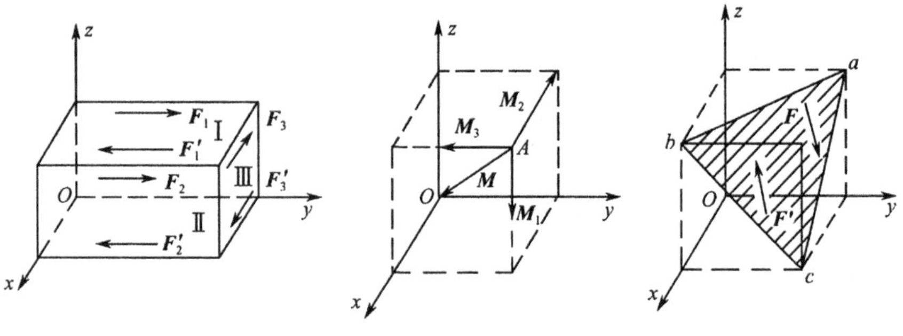

图 6-4

$$\sum M_{ix} = -M_2 = -2\text{N}\cdot\text{m}$$

$$\sum M_{iy} = -M_3 = -2\text{N}\cdot\text{m}$$

$$\sum M_{iz} = -M_1 = -2\text{N}\cdot\text{m}$$

于是合力偶矩矢的大小和方向分别为

$$\begin{aligned} M &= \sqrt{\left(\sum M_{ix}\right)^2 + \left(\sum M_{iy}\right)^2 + \left(\sum M_{iz}\right)^2} \\ &= \sqrt{(-2)^2 + (-2)^2 + (-2)^2} \\ &= 2\sqrt{3}(\text{N}\cdot\text{m}) \end{aligned}$$

$$\cos(\boldsymbol{M},\boldsymbol{i}) = \frac{\sum M_{ix}}{M} = \frac{-2}{2\sqrt{3}} = -\frac{\sqrt{3}}{3}$$

$$\cos(\boldsymbol{M},\boldsymbol{j}) = \frac{\sum M_{iy}}{M} = \frac{-2}{2\sqrt{3}} = -\frac{\sqrt{3}}{3}$$

$$\cos(\boldsymbol{M},\boldsymbol{k}) = \frac{\sum M_{iz}}{M} = \frac{-2}{2\sqrt{3}} = -\frac{\sqrt{3}}{3}$$

为清楚形象计,将图 6-4(b)辅助图形绘为正方体,显然合力偶矩 M 的方向为过点 A 和点 O 指向点 O,合力偶的作用面为垂直于 AO 的任一平面,例如图 6-6(c)所示之 abc 平面.此平面上的力偶($\boldsymbol{F},\boldsymbol{F}'$)即为所求的合力偶.

四、空间力偶系的平衡条件

空间力偶系平衡的必要和充分条件是:力偶系的合力偶矩矢等于零,即

$$\boldsymbol{M} = \sum \boldsymbol{M}_i = 0 \tag{6-11}$$

由式(6-9)知,欲要上式成立,必须同时满足

$$\left.\begin{aligned}\sum M_{ix} &= 0\\ \sum M_{iy} &= 0\\ \sum M_{iz} &= 0\end{aligned}\right\} \tag{6-12}$$

于是得空间力偶系平衡的必要和充分的解析条件是:力偶系的各力偶矩矢在三个坐标轴上投影的代数和都等于零.

式(6-12)称为**空间力偶系的平衡方程**.三个独立方程可求解三个未知量.

例 6-3 蜗轮蜗杆变速箱用螺栓 A、B 紧固在基础 上.C 轴输入一力偶矩 $M_1 = 100\text{N}\cdot\text{m}$, D 轴输出一力偶矩 $M_2 = 400\text{N}\cdot\text{m}$.若不考虑箱底与基础间摩擦的影响,试求螺栓 A、B 对变速箱的约束反力.

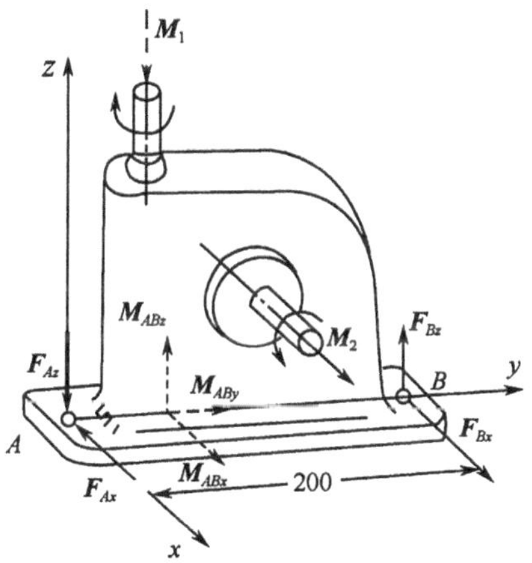

图 6-5

解 将作用于变速箱上的力偶矩矢(以虚线示之),分别为 $\boldsymbol{M}_1$、$\boldsymbol{M}_2$、$\boldsymbol{M}_{ABx}$、$\boldsymbol{M}_{ABy}$、$\boldsymbol{M}_{ABz}$,列平衡方程

$$\left.\begin{aligned}\sum M_x &= 0, \quad M_2 + M_{ABx} = 0\\ \sum M_y &= 0, \quad 0 + M_{ABy} = 0\\ \sum M_z &= 0, \quad -M_1 + M_{ABz} = 0\end{aligned}\right\}$$

即

$$\left.\begin{aligned}&M_2 + F_{Az}\cdot AB = 0\\ &M_{ABy} = 0\\ &-M_1 - F_{Ax}\cdot AB = 0\end{aligned}\right\}$$

代入已知数据解之得

$$F_{Az} = F_{Bz} = -2000\text{N}$$
$$F_{Ax} = F_{Bx} = -500\text{N}$$
$$F_{Ay} = F_{By} = 0$$

§6-3　力对点的矩与力对轴的矩的关系

一、力对点的矩的矢量表示

在平面力系中,力对点的矩用代数量可以完全描述.这是因为诸力与矩心在同一平面内,力使物体绕矩心逆时针转动,还是顺时针转动,可用“+”、“-”号充分表示.但在空间力系中,诸力和矩心一般不在同一平面内,方位不同,没有一个统一的逆时针和顺时针转向标准,力对点的矩再用代数量表示显然是不行的.为此,引入力对点的矩的矢量表示.

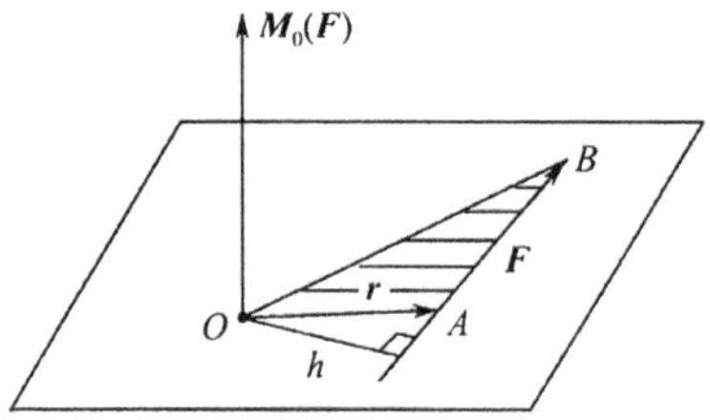

图 6-6

如图 6-6 所示,力 $\boldsymbol{F}$ 对点 O 的矩可以用这样的矢量表示:自点 O 画一矢量,垂直于力 $\boldsymbol{F}$ 与点 O 所确定的平面;矢量的模表示力 $\boldsymbol{F}$ 对点 O 的矩的大小;矢量的指向遵守右手螺旋规则,表示力使物体绕点 O 的转向.这个矢量称为**力 $\boldsymbol{F}$ 对点 O 的矩矢**,简称**力矩矢**,记作 $\boldsymbol{M}_O(\boldsymbol{F})$.力矩矢的大小可这样计算

$$|\boldsymbol{M}_O(\boldsymbol{F})| = Fh = 2\triangle OAB \tag{6-13}$$

由于力矩矢的大小和方向与矩心的位置有关,显然它是**定位矢量**,始端必须在矩心上.

见图,若以 $\boldsymbol{r}$ 表示力作用点 A 的矢径,则矢积 $\boldsymbol{r}\times\boldsymbol{F}$ 的模等于三角形 OAB 面积的两倍,其方向与力矩矢 $\boldsymbol{M}_O(\boldsymbol{F})$一致,因此可得

$$\boldsymbol{M}_O(\boldsymbol{F}) = \boldsymbol{r}\times\boldsymbol{F} \tag{6-13$'$}$$

该式即**力对点的矩的矢积表达式**,即**力对点的矩矢等于矩心到该力作用点的矢径与该力的矢积**.

二、力对轴的矩

在§3-1 中提到过,平面内的力 $\boldsymbol{F}$ 对该平面内任一点 O 的矩,实际上是

该力对过点 O 且垂直于该平面的 z 轴的矩，此时力 $\boldsymbol{F}$ 与 z 轴的位置关系是互相垂直的.

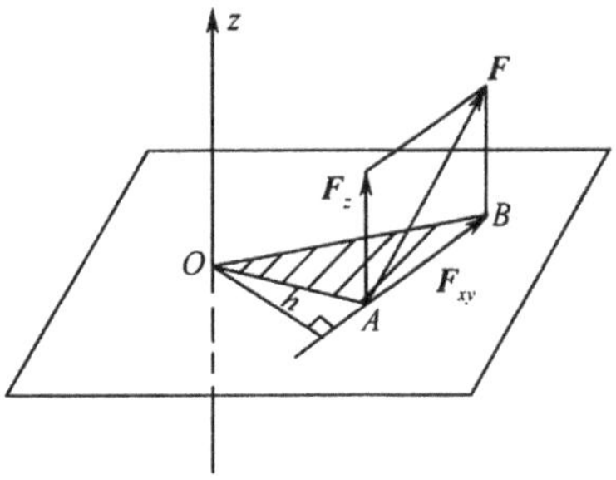

图 6-7

在一般情况下，力 $\boldsymbol{F}$ 与 z 轴不是相互垂直的，也不平行，如图 6-7 所示. 为度量力 $\boldsymbol{F}$ 使物体绕 z 轴转动的效应，将其分解为平行于 z 轴和垂直于 z 轴的两个分力 $\boldsymbol{F}_z$ 和 $\boldsymbol{F}_{xy}$，分力 $\boldsymbol{F}_{xy}$ 在垂直于 z 轴的平面内，设该平面与 z 轴相交于点 O. 很显然，分力 $\boldsymbol{F}_z$ 对物体不会产生绕 z 轴转动的效应，只有分力 $\boldsymbol{F}_{xy}$ 产生此效应，因此，力 $\boldsymbol{F}$ 对 z 轴的矩就可用分力 $\boldsymbol{F}_{xy}$ 对点 O 的矩来量度. 力 $\boldsymbol{F}$ 对 z 轴的矩以 $M_z(\boldsymbol{F})$ 来表示，则

$$M_z(\boldsymbol{F}) = M_O(\boldsymbol{F}_{xy}) = \pm F_{xy}h = \pm 2\triangle OAB \tag{6-14}$$

其中 h 为力臂；+、− 号分别表示从轴的正向看，力使物体绕轴逆时针转动和顺时针转动.

显然，当力与轴相交或平行，即共面时，力对轴的矩等于零.

三、力对点的矩与力对通过该点的轴的矩的关系

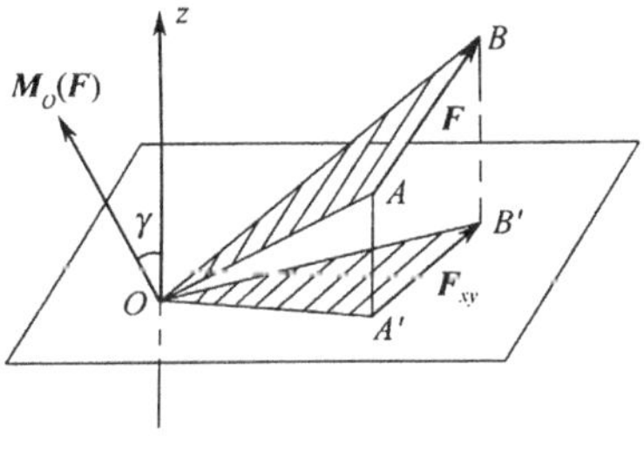

图 6-8

任取一点 O，过点 O 作任一轴 z，如图 6-8 所示，设有一力 $\boldsymbol{F}$，其对点 O 的矩矢 $\boldsymbol{M}_O(\boldsymbol{F})$ 垂直于 $\triangle OAB$ 所在平面，大小为

$$|\boldsymbol{M}_O(\boldsymbol{F})| = 2\triangle OAB \tag{1}$$

其对 z 轴的矩为

$$M_z(\boldsymbol{F}) = M_O(\boldsymbol{F}_{xy}) = 2\triangle OA'B' \tag{2}$$

其中 $\boldsymbol{F}_{xy}$ 为力 $\boldsymbol{F}$ 在过点 O 且垂直于 z 轴的平面内的分力，$\triangle OA'B'$ 为 $\triangle OAB$ 在此平面内的投影.

设 $\triangle OAB$ 和 $\triangle OA'B'$ 所在两平面间的夹角为 γ，也即为力矩矢 $\boldsymbol{M}_O(\boldsymbol{F})$ 与 z 轴间的夹角，由几何关系知

$$\triangle OAB\cos\gamma = \triangle OA'B'$$

将式(1)、(2)代入上式得

$$[\boldsymbol{M}_O(\boldsymbol{F})]\cos\gamma = M_z(\boldsymbol{F})$$

也即写为

$$[\boldsymbol{M}_O(\boldsymbol{F})]_z = M_z(\boldsymbol{F}) \tag{6-15}$$

该式表明，**力对一点的矩矢在通过该点的任意轴上的投影等于力对该轴的矩**.

§6-4　空间一般力系向一点的简化

各力的作用线任意分布的空间力系称为空间一般力系.

我们采用与简化平面一般力系一样的方法，简化空间一般力系.

如图 6-9 所示，设物体上作用一空间一般力系 $\boldsymbol{F}_1$、$\boldsymbol{F}_2$、…、$\boldsymbol{F}_n$，在物体上任选一点 O 为简化中心. 将诸力分别平移到点 O，得一汇交于点 O 的空间汇交力系 $\boldsymbol{F}'_1$、$\boldsymbol{F}'_2$、…、$\boldsymbol{F}'_n$，$\boldsymbol{F}'_i=\boldsymbol{F}_i$；和一个附加的空间力偶系，附加力偶的力偶矩等于原力对简化中心的矩. 以 $\boldsymbol{M}_1$、$\boldsymbol{M}_2$、…、$\boldsymbol{M}_n$ 分别表示各附加力偶的力偶矩矢，以 $\boldsymbol{M}_O(\boldsymbol{F}_1)$、$\boldsymbol{M}_O(\boldsymbol{F}_2)$、…、$\boldsymbol{M}_O(\boldsymbol{F}_n)$ 分别表示各原力对简化中心的矩矢，则 $\boldsymbol{M}_i=\boldsymbol{M}_O(\boldsymbol{F}_i)$.

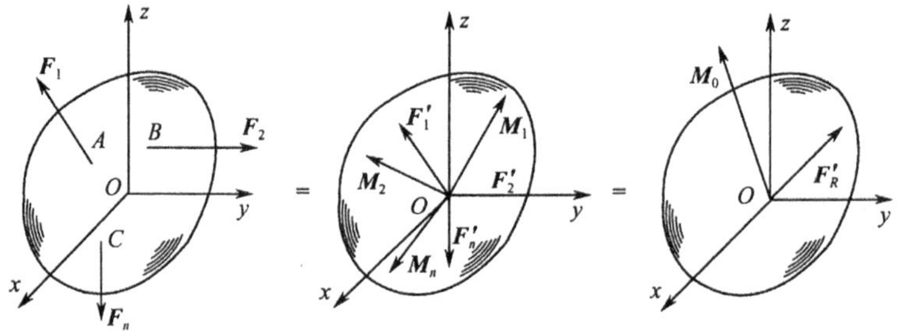

(a)　(b)　(c)

图 6-9

上面空间汇交力系合成为一通过简化中心的力 $\boldsymbol{F}'_R$，

$$\boldsymbol{F}'_R = \sum \boldsymbol{F}'_i = \sum \boldsymbol{F}_i \tag{6-16}$$

$\boldsymbol{F}'_R$ 称为原力系的**主矢**，主矢与简化中心的位置无关.

由式(6-3)知，主矢的大小和方向余弦为

$$F'_R = \sqrt{\left(\sum X\right)^2 + \left(\sum Y\right)^2 + \left(\sum Z\right)^2} \tag{6-17}$$

$$\left.\begin{aligned}\cos(\boldsymbol{F}'_R,\boldsymbol{i}) &= \cos\alpha = \frac{\sum X}{F'_R}\\ \cos(\boldsymbol{F}'_R,\boldsymbol{j}) &= \cos\beta = \frac{\sum Y}{F'_R}\\ \cos(\boldsymbol{F}'_R,\boldsymbol{k}) &= \cos\gamma = \frac{\sum Z}{F'_R}\end{aligned}\right\} \tag{6-18}$$

上面空间力偶系合成为一个力偶矩矢为 $\boldsymbol{M}_O$ 的力偶，

$$\boldsymbol{M}_O = \sum \boldsymbol{M}_i = \sum \boldsymbol{M}_O(\boldsymbol{F}_i) \tag{6-19}$$

$\boldsymbol{M}_O$ 称为原力系对简化中心的**主矩**,主矩一般与简化中心的位置有关.

由式(6-9)、式(6-10)和式(6-15)可得主矩的大小和方向余弦为

$$M_O = \sqrt{\left[\sum M_x(\boldsymbol{F})\right]^2 + \left[\sum M_y(\boldsymbol{F})\right]^2 + \left[\sum M_z(\boldsymbol{F})\right]^2} \tag{6-20}$$

$$\left.\begin{aligned}\cos(\boldsymbol{M}_O,\boldsymbol{i}) &= \cos\lambda = \frac{\sum M_x(\boldsymbol{F})}{M_O}\\ \cos(\boldsymbol{M}_O,\boldsymbol{j}) &= \cos\mu = \frac{\sum M_y(\boldsymbol{F})}{M_O}\\ \cos(\boldsymbol{M}_O,\boldsymbol{k}) &= \cos\nu = \frac{\sum M_z(\boldsymbol{F})}{M_O}\end{aligned}\right\} \tag{6-21}$$

其中 λ、μ、ν 分别为主矩 $\boldsymbol{M}_O$ 与 x、y、z 轴正向间的夹角.

下面通过作用在飞机上的力系说明空间力系简化结果的实际意义.飞机在飞行时受到重力、升力、推力和阻力等力组成的空间一般力系的作用.通过其重心 O 作直角坐标系 $Oxyz$,如图 6-10 所示.将力系向飞机的重心 O 简化,得一力 $\boldsymbol{F}'_R$ 和一力偶,力偶矩矢为 $\boldsymbol{M}_O$.如果将这力和力偶矩矢向三坐标轴分解,则得到三个作用在重心 O 的正交分力 $\boldsymbol{F}'_{Rx}$、$\boldsymbol{F}'_{Ry}$、$\boldsymbol{F}'_{Rz}$ 和三绕坐标轴的力偶 $\boldsymbol{M}_{Ox}$、$\boldsymbol{M}_{Oy}$、$\boldsymbol{M}_{Oz}$.可以看出它们的意义是

$\boldsymbol{F}'_{Rx}$—— 有效推进力

$\boldsymbol{F}'_{Ry}$—— 有效升力

$\boldsymbol{F}'_{Rz}$—— 侧向力

$\boldsymbol{M}_{Ox}$—— 滚动力矩

$\boldsymbol{M}_{Oy}$—— 偏航力矩

$\boldsymbol{M}_{Oz}$—— 俯仰力矩

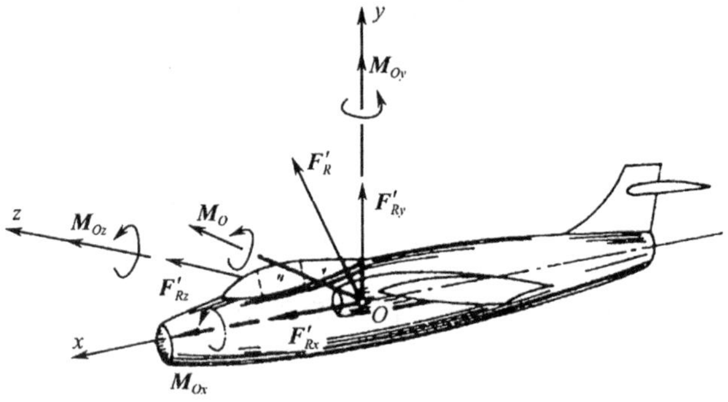

图 6-10

§6-5 空间一般力系简化结果的分析

由上一节我们知道,空间一般力系向任一点简化的结果是得一力 $\boldsymbol{F}'_R$(主矢)和一力偶,其矩为 $\boldsymbol{M}_O$(主矩),但这不一定是最后结果.下面我们对简化结果作进一步分析.

一、简化结果的讨论

我们采用类似于讨论平面一般力系简化结果的方式进行讨论.

1. 主矢 $\boldsymbol{F}'_R=0$,主矩 $\boldsymbol{M}_O\neq 0$

力系可简化为一个合力偶,合力偶矩矢等于力系对简化中心的主矩,此时主矩与简化中心的位置无关.

2. 主矢 $\boldsymbol{F}'_R\neq 0$,主矩 $\boldsymbol{M}_O=0$

力系可简化为一个合力,合力的大小和方向等于力系的主矢,合力的作用线通过简化中心.

3. 主矢 $\boldsymbol{F}'_R\neq 0$,主矩 $\boldsymbol{M}_O\neq 0$

i.若 $\boldsymbol{F}'_R\perp\boldsymbol{M}_O$,如图 6-11(a)所示,此时可将力偶矩矢为 $\boldsymbol{M}_O$ 的力偶视为由 $\boldsymbol{F}_R$ 和 $\boldsymbol{F}''_R$ 组成,且 $\boldsymbol{F}_R=-\boldsymbol{F}''_R=\boldsymbol{F}'_R$,如图 6-11(b)所示.合成在同一平面的力 $\boldsymbol{F}'_R$ 和力偶($\boldsymbol{F}_R$,$\boldsymbol{F}''_R$),便得到一个力 $\boldsymbol{F}_R$,这个力就是力系的合力,如图 6-11(c)所示,合力的大小和方向与主矢相同,合力的作用线与原简化中心 O 的

距离为

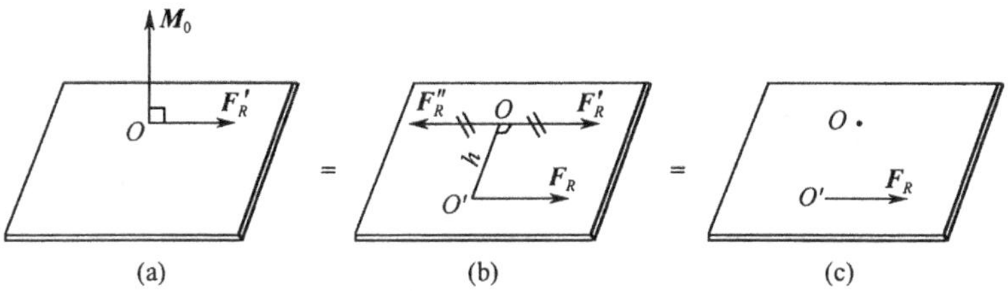

图 6-11

$$h = \frac{|\boldsymbol{M}_O|}{F_R} \tag{6-22}$$

ii. 若 $\boldsymbol{F}_R' /\!/ \boldsymbol{M}_O$，如图 6-12(a)所示，此结果称为**力螺旋**. 所谓力螺旋就是由一个力和一个力偶组成的力系，其中力垂直于力偶的作用面. 力螺旋是经常见到的，例如，钻孔时的钻头对工件的作用及拧木螺钉时螺丝刀对螺钉的作用都是力螺旋.

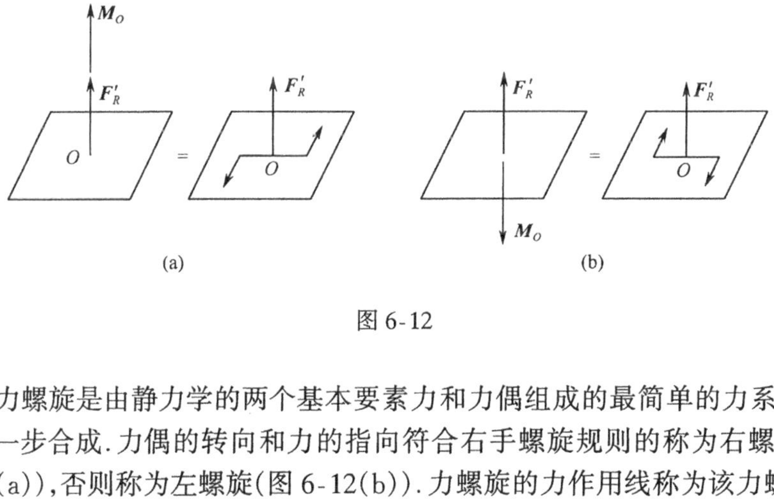

图 6-12

力螺旋是由静力学的两个基本要素力和力偶组成的最简单的力系，不能再进一步合成. 力偶的转向和力的指向符合右手螺旋规则的称为右螺旋(图 6-12(a))，否则称为左螺旋(图 6-12(b)). 力螺旋的力作用线称为该力螺旋的中心轴.

iii. $\boldsymbol{F}_R'$ 与 $\boldsymbol{M}_O$ 既不平行，又不垂直，如图 6-13(a)所示，此时可将 $\boldsymbol{M}_O$ 分解为两个分量 $\boldsymbol{M}_O'$ 和 $\boldsymbol{M}_O''$，它们分别平行于 $\boldsymbol{F}_R'$ 和垂直于 $\boldsymbol{F}_R'$，如图 6-13(b)所示，则 $\boldsymbol{M}_O''$ 和 $\boldsymbol{F}_R'$ 可用作用于点 O' 的力 $\boldsymbol{F}_R$ 来代替. 由于力偶矩矢量是自由矢量，故可将 $\boldsymbol{M}_O'$ 平行移动，使之与 $\boldsymbol{F}_R$ 共线. 这样便得一力螺旋，其中心轴不在简化中心 O，而是通过另一点 O'，如图 6-13(c)所示. O、O' 两点间的距离为

$$h = \frac{|\boldsymbol{M}_O''|}{F_R'} = \frac{M_O \sin\alpha}{F_R'} \tag{6-23}$$

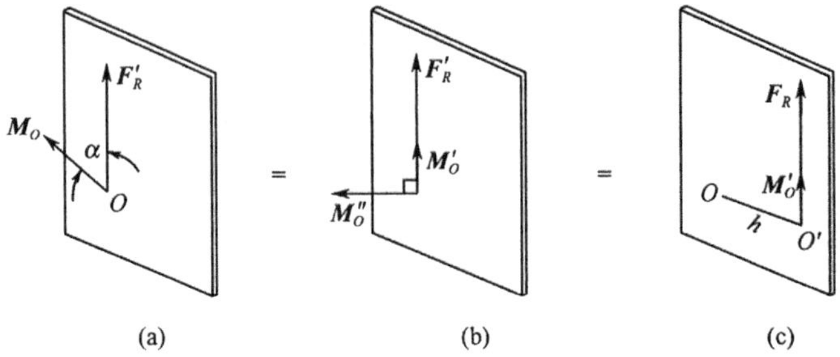

图 6-13

可见,一般情况下空间一般力系可合成为一力螺旋.

4. 主矢 $\boldsymbol{F}_R'=0$,主矩 $\boldsymbol{M}_O=0$

力系是平衡力系,这种情况将在下节讨论.平衡是我们研究的重点.

综上所述,空间一般力系简化的最终结果或是一个力,或是一个力偶,或是一个力螺旋,或力系平衡.

二、合力矩定理

由图 6-11(b),空间一般力系的合力 $\boldsymbol{F}_R$ 对点 O 的矩为

$$\boldsymbol{M}_O(\boldsymbol{F}_R) = \boldsymbol{M}_O \tag{6-24}$$

又由式(6-19)知

$$\boldsymbol{M}_O = \sum \boldsymbol{M}_O(\boldsymbol{F}_i) \tag{6-25}$$

于是得

$$\boldsymbol{M}_O(\boldsymbol{F}_R) = \sum \boldsymbol{M}_O(\boldsymbol{F}_i) \tag{6-26}$$

该式说明:**空间一般力系的合力对任一点的矩等于力系的各力对同一点的矩的矢量和**.这就是**空间一般力系的合力矩定理**.

根据力对点的矩与力对轴的关系,把上式两边投影到过点 O 的任一轴上,可得

$$M_z(\boldsymbol{F}_R) = \sum M_z(\boldsymbol{F}_i) \tag{6-27}$$

这是**空间一般力系的合力矩定理的另一种形式,即空间一般力系的合力对于任一轴的矩等于力系的各力对同一轴的矩的代数和**.

§6-6 空间一般力系的平衡条件和平衡方程

一、空间一般力系平衡的必要和充分条件

该条件是:力系的主矢和力系对任一点的主矩都等于零,即

$$\left.\begin{aligned} \boldsymbol{F}'_R &= 0 \\ \boldsymbol{M}_O &= 0 \end{aligned}\right\} \tag{6-28}$$

由式(6-17)和式(6-20)得**空间一般力系平衡的必要和充分的解析条件是:力系的各力在三个坐标轴上的投影的代数和都等于零,以及各力对每个坐标轴的矩的代数和也都等于零**,即

$$\left.\begin{aligned} &\sum X = 0 \\ &\sum Y = 0 \\ &\sum Z = 0 \\ &\sum M_x(\boldsymbol{F}) = 0 \\ &\sum M_y(\boldsymbol{F}) = 0 \\ &\sum M_z(\boldsymbol{F}) = 0 \end{aligned}\right\} \tag{6-29}$$

式(6-29)称为**空间一般力系的平衡方程**.六个独立方程,可求解六个未知量.

二、空间平行力系

从空间一般力系的平衡方程,式(6-29),可导出特殊力系的平衡方程,如空间平行力系、空间汇交力系和平面一般力系等的平衡方程.

以空间平行力系为例.

设物体受一空间平行力系 $\boldsymbol{F}_1$、$\boldsymbol{F}_2$、…、$\boldsymbol{F}_n$ 作用,如图 6-14 所示.建立坐标系 $Oxyz$,使 z 轴与诸力平行,则各力在 x 轴和 y 轴上的投影都等于零,各力对 z 轴的矩也都等于零,因而方程 $\sum X = 0$、$\sum Y = 0$、$\sum M_Z(\boldsymbol{F}) = 0$ 均自然满足,不为方程;故空间平行力系的平衡方程只有三个,即

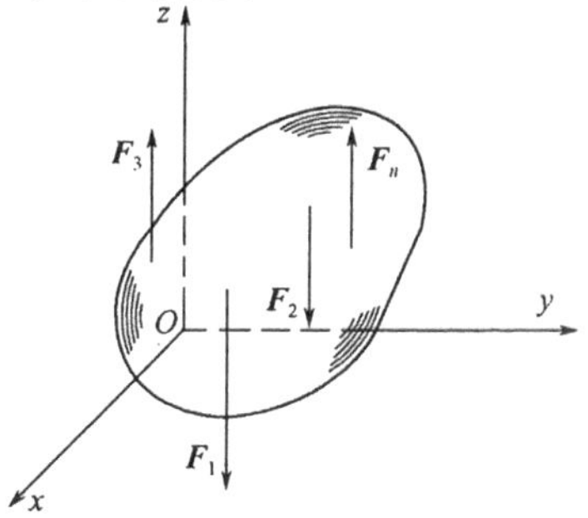

图 6-14

$$\left.\begin{aligned}\sum Z &= 0\\ \sum M_x(\boldsymbol{F}) &= 0\\ \sum M_y(\boldsymbol{F}) &= 0\end{aligned}\right\}\qquad(6\text{-}30)$$

例 6-4　图示力系的三力分别为 $F_1=350\text{N}$、$F_2=400\text{N}$、$F_3=600\text{N}$,其作用线的位置如图所示.试将此力系向原点 O 简化.

解　本题在简化过程中使用合矢量投影定理和合力矩定理(对轴)比较方便.

$$F_{1x} = F_1\cdot\frac{100}{\sqrt{90^2+100^2}}\cdot\frac{60}{100} = 156(\text{N}),\quad F_{1y} = 208\text{N}, F_{1z} = -234\text{N}$$

$$F_{2x} = 0, F_{2y} = F_2\cos45^\circ = 283\text{N},\quad F_{2z} = -283\text{N}$$

$$F_{3x} = -F_3\sin30^\circ = -300\text{N},\quad F_{3y} = 520\text{N}, F_{3z} = 0$$

则

$$F'_{Rx} = \sum X = F_{1x}+F_{2x}+F_{3x} = 156+0-300 = -144(\text{N})$$

$$F'_{Ry} = \sum Y = F_{1y}+F_{2y}+F_{3y} = 208+283+520 = 1011(\text{N})$$

$$F'_{Rz} = \sum Z = F_{1z}+F_{2z}+F_{3z} = -234-283+0 = -517(\text{N})$$

于是得(图 6-15(b))主矢大小和其方向余弦为

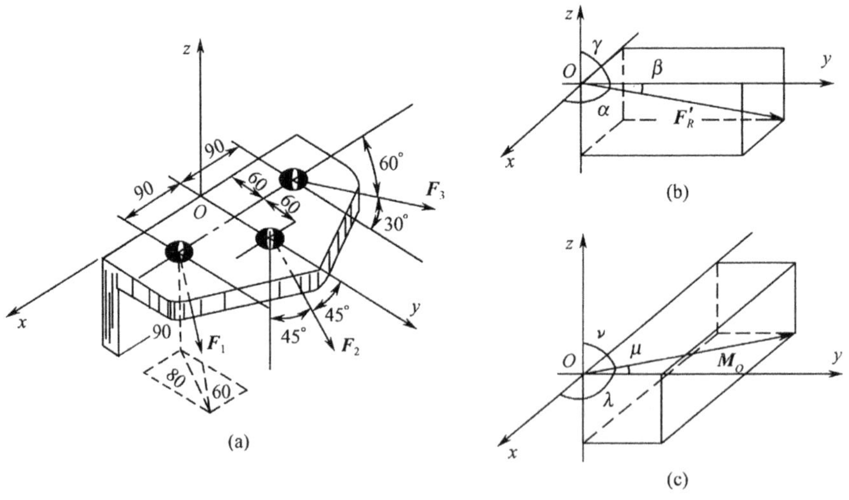

图 6-15

$$F'_R = \sqrt{(F'_{Rx})^2 + (F'_{Ry})^2 + (F'_{Rz})^2} = 1144.62\text{N}$$

$$\cos\alpha = \frac{F'_{Rx}}{F'_R} = \frac{-144}{1144.62} = -0.1258, \cos\beta = \frac{F'_{Ry}}{F'_R} = 0.8833,$$

$$\cos\gamma = \frac{F'_{Rz}}{F'_R} = -0.4517$$

$$M_x(\boldsymbol{F}_{1x}) = 0, M_x(\boldsymbol{F}_{1y}) = 0,$$

$$M_x(\boldsymbol{F}_{1z}) = -F_{1z} \cdot 60 = -234 \times 60 = -14.04(\text{N} \cdot \text{m})$$

$$M_x(\boldsymbol{F}_{2x}) = 0, M_x(\boldsymbol{F}_{2y}) = 0,$$

$$M_x(\boldsymbol{F}_{2z}) = F_{2z} \cdot 120 = -283 \times 120 = -33.96(\text{N} \cdot \text{m})$$

$$M_x(\boldsymbol{F}_{3x}) = 0, M_x(\boldsymbol{F}_{3y}) = 0,$$

$$M_x(\boldsymbol{F}_{3z}) = 0$$

故

$$\sum M_x(\boldsymbol{F}) = M_x(\boldsymbol{F}_{1z}) + M_x(\boldsymbol{F}_{2z}) = -48\text{N} \cdot \text{m}$$

同理

$$\sum M_y(\boldsymbol{F}) = 21.06\text{N} \cdot \text{m}$$

$$\sum M_z(\boldsymbol{F}) = -19.4\text{N} \cdot \text{m}$$

于是得(图 6-15(c))主矩大小及其方向余弦为

$$M_O = \sqrt{\left[\sum M_x(\boldsymbol{F})\right]^2 + \left[\sum M_y(\boldsymbol{F})\right]^2 + \left[\sum M_z(\boldsymbol{F})\right]^2} = 55.89\text{N} \cdot \text{m}$$

$$\cos\lambda = \frac{\sum M_x(\boldsymbol{F})}{M_O} = \frac{-48}{55.89} = -0.8588,$$

$$\cos\mu = \frac{\sum M_y(\boldsymbol{F})}{M_O} = 0.3768,$$

$$\cos\nu = \frac{\sum M_z(\boldsymbol{F})}{M_O} = -0.3471$$

例 6-5 水平传动轴 AB 上装有半径分为 $r_1 = 200\text{mm}$ 和 $r_2 = 250\text{mm}$ 的两皮带轮Ⅰ、Ⅱ,如图 6-16 所示.轮Ⅰ的皮带是水平的,张力 $F_1 = 2F_2 = 5\text{kN}$;轮Ⅱ的皮带与铅直线成 $\alpha = 30°$,张力 $F_3 = 2F_4$.求平衡时,张力 $\boldsymbol{F}_3$ 和 $\boldsymbol{F}_4$ 的大小及轴承 A、B 的反力.

解 取整个系统为研究对象.其受力有张力 $\boldsymbol{F}_1$、$\boldsymbol{F}_2$、$\boldsymbol{F}_3$、$\boldsymbol{F}_4$ 和轴承反力 $\boldsymbol{F}_{Ax}$、$\boldsymbol{F}_{Az}$、$\boldsymbol{F}_{Bx}$、$\boldsymbol{F}_{Bz}$,如图示,这些力组成一空间一般力系.由于有 $F_3 = 2F_4$ 的关系,因此未知力实际有五个,可列五个方程求解.

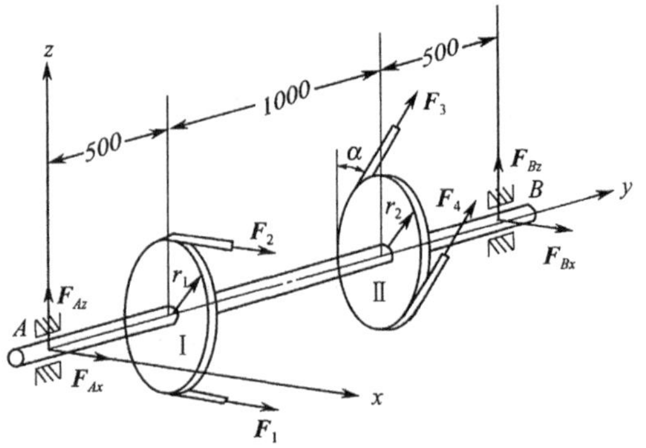

图 6-16

$$\sum X = 0, F_{Ax} + F_1 + F_2 + F_3\sin\alpha + F_4\sin\alpha + F_{Bx} = 0 \quad (1)$$

$$\sum Z = 0, F_{AZ} + F_3\cos\alpha + F_4\cos\alpha + F_{BZ} = 0 \quad (2)$$

$$\sum M_x(\boldsymbol{F}) = 0, F_3\cos\alpha(0.5+1) + F_4\cos\alpha(0.5+1) + F_{BZ}(0.5+1+0.5) = 0 \quad (3)$$

$$\sum M_y(\boldsymbol{F}) = 0, \quad -F_1r_1 + F_2r_1 + F_3r_2 - F_4r_2 = 0 \quad (4)$$

$$\sum M_z(\boldsymbol{F}) = 0, \quad -F_1\times 0.5 - F_2\times 0.5 - F_3\sin\alpha(0.5+1) - F_4\sin\alpha(0.5+1) - F_{Bx}(0.5+1+0.5) = 0 \quad (5)$$

代入已知量,按式(4)、(3)、(5)、(1)、(2)的顺序解得

$$F_4 = 2\text{kN}$$
$$F_3 = 4\text{kN}$$
$$F_{Bz} = -3.897\text{kN}$$
$$F_{Bx} = -4.125\text{kN}$$
$$F_{Ax} = -6.375\text{kN}$$
$$F_{Az} = -1.299\text{kN}$$

由于在 y 轴方向无力作用,故方程 $\sum Y = 0$ 无用.

例 6-6 如图 6-17 所示镗床镗孔时,镗刀杆上装的刀头作用在工件孔内壁上有主切削力 $F_z = 500\text{N}$,径向力 $F_x = 150\text{N}$,轴向力 $F_y = 75\text{N}$,刀尖位于 Oxy 平面内.不计工件重量,求工件 O 处的约束反力.

解 取工件为研究对象,它在 O 处受空间固定端约束,约束反力如图示,包括反力 $\boldsymbol{F}_{Ox}$、$\boldsymbol{F}_{Oy}$、$\boldsymbol{F}_{Oz}$和反力偶矩矢 $\boldsymbol{M}_x$、$\boldsymbol{M}_y$、$\boldsymbol{M}_z$,这些反力偶矩也可用旋转

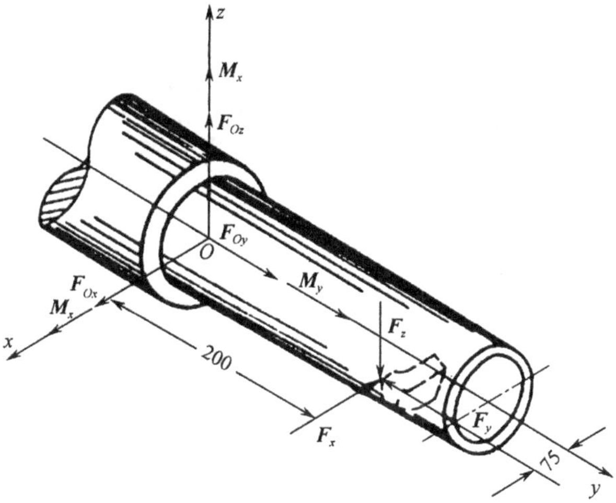

图 6-17

符号表示，分别与平面Oyz、Ozx、Oxy平行，或说分别“套”在 x、y、z 轴上，作为约束反力偶矩矢 $\boldsymbol{M}_O$ 在三个坐标轴向的分量. 这些力与主动力 $\boldsymbol{F}_x$、$\boldsymbol{F}_y$、$\boldsymbol{F}_z$ 组成一空间一般力系. 列平衡方程

$$\sum X = 0,\quad F_{Ox} - F_x = 0$$

$$\sum Y = 0,\quad F_{Oy} - F_y = 0$$

$$\sum Z = 0,\quad F_{Oz} - F_z = 0$$

$$\sum M_x(\boldsymbol{F}) = 0,\quad M_x - F_z \times 0.2 = 0$$

$$\sum M_y(\boldsymbol{F}) = 0,\quad M_y + F_z \times 0.075 = 0$$

$$\sum M_z(\boldsymbol{F}) = 0,\quad M_z + F_x \times 0.2 - F_y \times 0.075 = 0$$

代入已知量解得

$$F_{Ox} = 150\text{N}, F_{Oy} = 75\text{N},\quad F_{Oz} = 500\text{N}$$

$$M_x = 100\text{N}\cdot\text{m},\quad M_y = -37.5\text{N}\cdot\text{m},\quad M_z = -24.4\text{N}\cdot\text{m}$$

例 6-7　一车床的主轴如图 6-18(a)所示，齿轮 C 的节圆半径 $R=100\text{mm}$，卡盘 D 夹住一半径 $r=50\text{mm}$ 的工件，A 为向心推力轴承，B 为径向轴承. 已知车刀给工件的主切削力 $F_z=1400\text{N}$、径向力 $F_x=466\text{N}$、轴向力$F_y=352\text{N}$，齿轮 C 在啮合处受齿轮E 作用，作用力为 $\boldsymbol{F}_C$，压力角为 20°，作用在齿轮 C 的最低点. 不考虑主轴和工件的重量，求力 $\boldsymbol{F}_C$ 的大小和A、B 处

的约束反力.

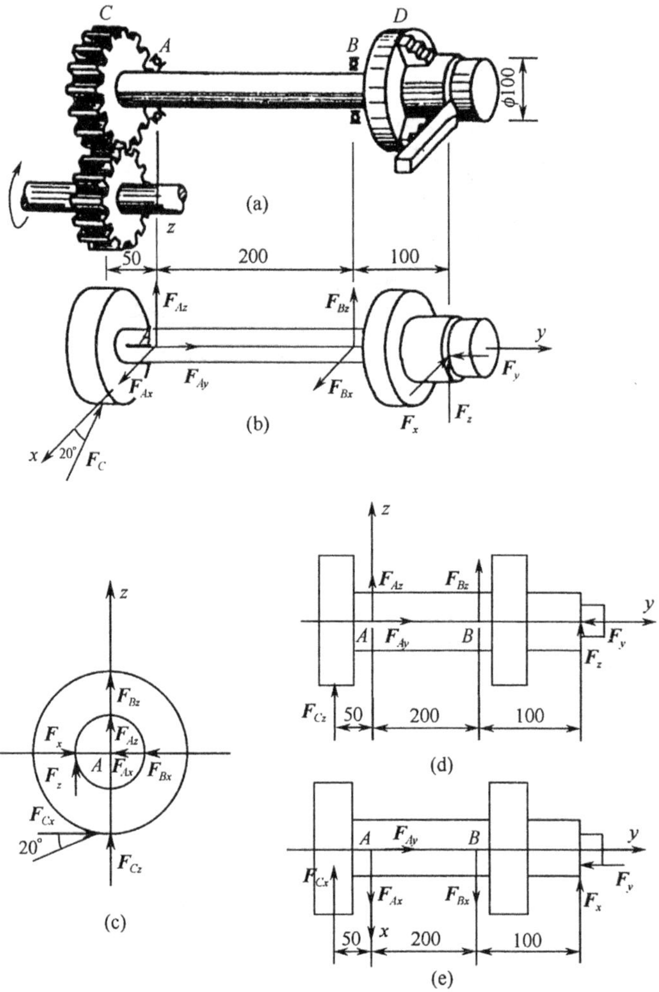

图 6-18

解　取主轴为研究对象,建立坐标系 $Axyz$,画其受力,如图 6-18(b)所示.

我们可以采用将空间力系向三个坐标平面分解转化为平面力系来求解,这种方法比较容易掌握,是材料力学和工程上经常采用的方法.

如图 6-18(c)所示,在 Axz 平面上

$$\sum M_A(\boldsymbol{F}) = 0,\quad F_C\cos20^\circ \cdot 100 - F_z \cdot 50 = 0$$

得

$$F_C = 746\text{N}$$

如图 6-18(d)所示,在 Ayz 平面上

$$\sum M_A(\boldsymbol{F}) = 0, \quad -F_C\sin20° \cdot 50 + F_{Bz} \cdot 200 + F_z \cdot 300 = 0$$

得

$$F_{Bz} = -2040\text{N}$$

$$\sum Z = 0, \quad F_C \cdot \sin20° + F_{Az} + F_{Bz} + F_z = 0$$

得

$$F_{Az} = 385\text{N}$$

$$\sum Y = 0, \quad F_{Ay} - F_y = 0$$

得

$$F_{Ay} = 352\text{N}$$

如图 6-18(e)所示,在 Axy 平面上

$$\sum M_A(\boldsymbol{F}) = 0, \quad -F_C\cos20° \cdot 50 - F_{Bx} \cdot 200 + F_x \cdot 300 - F_y \cdot 50 = 0$$

得

$$F_{Bx} = 437\text{N}$$

$$\sum X = 0, \quad -F_C\cos20° + F_{Ax} + F_{Bx} - F_x = 0$$

得

$$F_{Ax} = 729\text{N}$$

例 6-8 匀质矩形板 $ABCD$ 重 $P = 800\text{N}$,重心为点 G.矩形板用球形铰

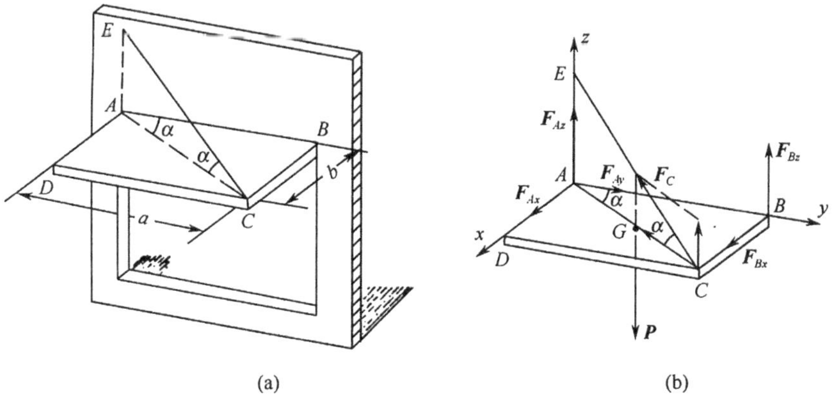

图 6-19

A 和圆柱铰 B 固定在墙上，并用绳子 CE 系住，静止在水平位置. 已知 $\angle ECA = \angle BAC = \alpha = 30°$，如图 6-19(a)所示. 求绳子的拉力和铰链 A、B 的约束反力.

解　取矩形板 $ABCD$ 为研究对象，其受力如图 6-19(b)所示. 建立坐标系，列平衡方程

$$\sum M_y(\boldsymbol{F}) = 0,\quad P \cdot \frac{b}{2} - F_C \sin\alpha \cdot b = 0$$

得

$$F_C = 800\text{N}$$

$$\sum M_x(\boldsymbol{F}) = 0,\quad F_{Bz} \cdot a - P \cdot \frac{a}{2} + F_C \sin\alpha \cdot a = 0$$

得

$$F_{Bz} = 0$$

$$\sum M_z(\boldsymbol{F}) = 0,\quad -F_{Bx} a = 0$$

得

$$F_{Bx} = 0$$

$$\sum X = 0,\quad F_{Ax} + F_{Bx} - F_C \cos\alpha \sin\alpha = 0$$

得

$$F_{Ax} = 346\text{N}$$

$$\sum Y = 0,\quad F_{Ay} - F_C \cos\alpha \cos\alpha = 0$$

得

$$F_{Ay} = 600\text{N}$$

$$\sum Z = 0,\quad F_{Az} - P + F_C \sin\alpha = 0$$

得

$$F_{Az} = 400\text{N}$$

空间一般力系的平衡方程不局限于式(6-29)所示的基本形式，投影轴可不必相互垂直，取矩的轴也可不必与投影轴重合，力矩方程的数目可取 3 个至 6 个，当然平衡方程的总数不能超过 6 个.

例 6-9　图 6-20 所示均质长方形板由六根直杆支持于水平位置，直杆两端各用球铰链与板和地面连接. 已知板重为 P，在 A 处作用一水平力 $\boldsymbol{F}$，$F = 2P$. 求各杆的内力.

解　取长方形板为研究对象，各杆均为二力杆，设它们均受拉力.

受力如图示，列平衡方程

$$\sum M_{AB}(\boldsymbol{F}) = 0, \ -F_6 a - P \cdot \frac{a}{2} = 0 \tag{a}$$

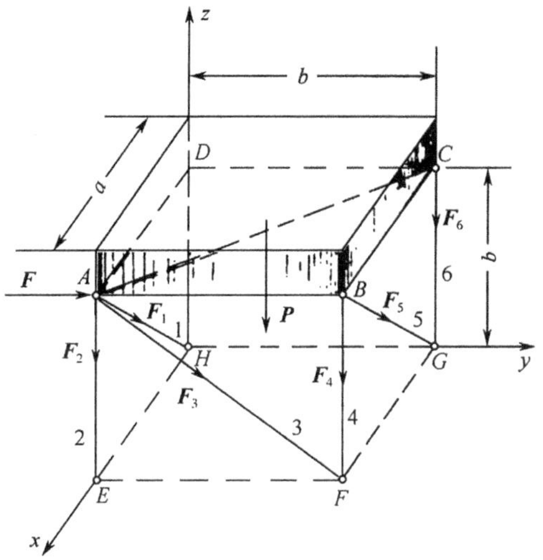

图 6-20

得

$$F_6 = -\frac{P}{2}$$

$$\sum M_{AE}(\boldsymbol{F}) = 0 \tag{b}$$

得

$$F_5 = 0$$

$$\sum M_{AC}(\boldsymbol{F}) = 0 \tag{c}$$

得

$$F_4 = 0$$

$$\sum M_{EF}(\boldsymbol{F}) = 0, \ -P \cdot \frac{a}{2} - F_6 a - F_1 \frac{a}{\sqrt{a^2 + b^2}} b = 0 \tag{d}$$

得

$$F_1 = 0$$

$$\sum M_{FG}(\boldsymbol{F}) = 0, \ -P \cdot \frac{b}{2} + Fb - F_2 b = 0 \tag{e}$$

得

$$F_2 = 1.5P$$

$$\sum M_{BC}(\boldsymbol{F}) = 0, \ -P \cdot \frac{b}{2} - F_2 b - F_3 \cos 45^\circ b = 0 \tag{f}$$

得

$$F_3 = -2\sqrt{2}P$$

例 6-10　手推三轮车上装有一重 $P=400\text{N}$ 的重物，重力作用线过车板的点 G，如图 6-21 所示. 三轮车的自重不计，试求地面给三个滚轮 A、B、C 的反力.

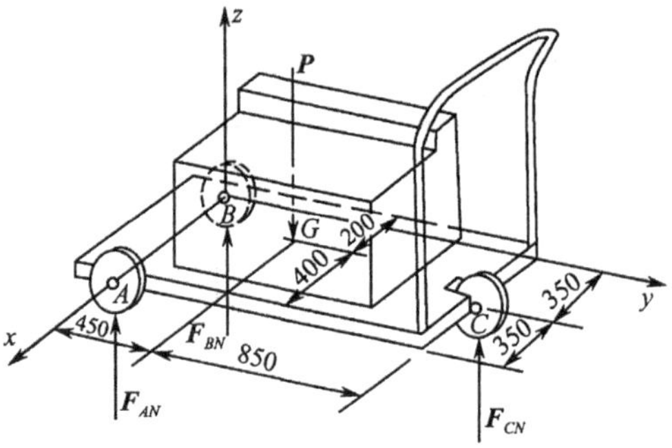

图 6-21

解　取整个三轮车为研究对象，其受力如图示，它们组成一空间平行力系. 建立坐标系 $Bxyz$，列平衡方程

$$\sum M_x(\boldsymbol{F}) = 0, \quad F_{CN}(0.85 + 0.45) - P \times 0.45 = 0$$

得

$$F_{CN} = 138.46\text{N}$$

$$\sum M_y(\boldsymbol{F}) = 0, \quad P \times 0.3 - F_{CN} \times 0.35 - F_{AN} \times (0.35 + 0.35) = 0$$

得

$$F_{AN} = 102.2\text{N}$$

$$\sum Z = 0, \quad F_{AN} + F_{BN} + F_{CN} - P = 0$$

得

$$F_{BN} = 159.34\text{N}$$

习　　题

6-1　正方形匀质平板的重量为 18kN，其重心在点 C. 平板由三根绳子悬挂着并保持水平，试求各绳的拉力.

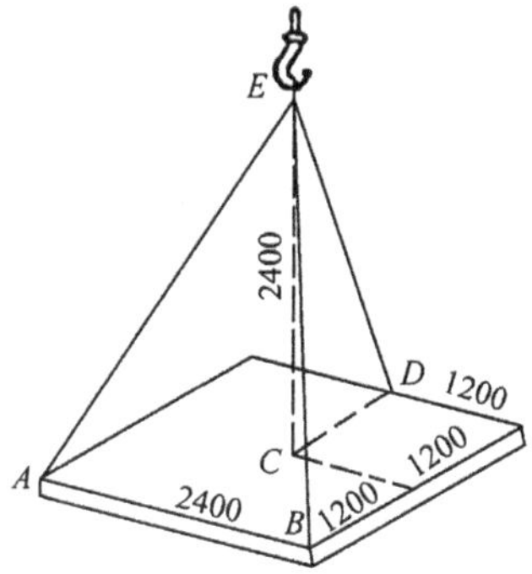

题 6-1 图

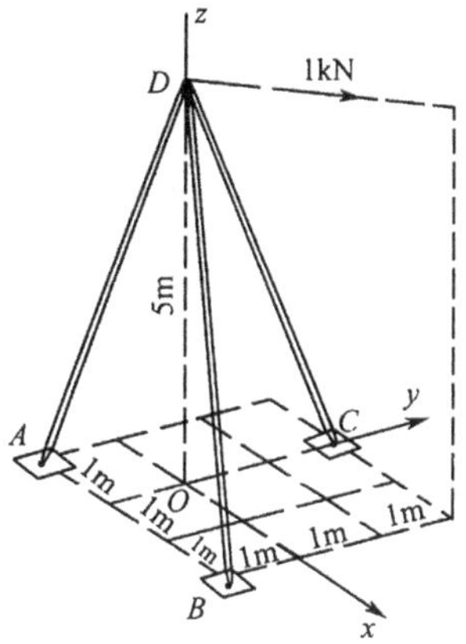

题 6-2 图

6-2　三脚架的三杆用球铰 D 相连接，并用球铰支座 A、B、C 支承．今在三脚架的点 D 作用有 1kN 的水平力，各杆的重量略去不计，试求各杆所受的力．

6-3　匀质光滑圆球放置在 120°的槽内，并依靠在与槽相垂直的平板上．如欲使球所受的三个约束力大小均相等，问角 θ 应等于多大？

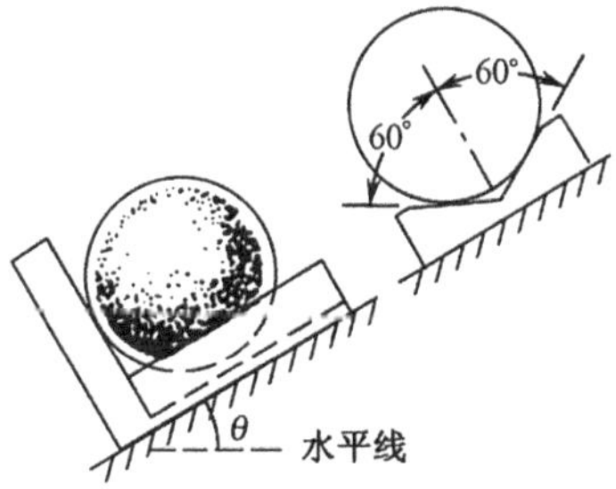

题 6-3 图

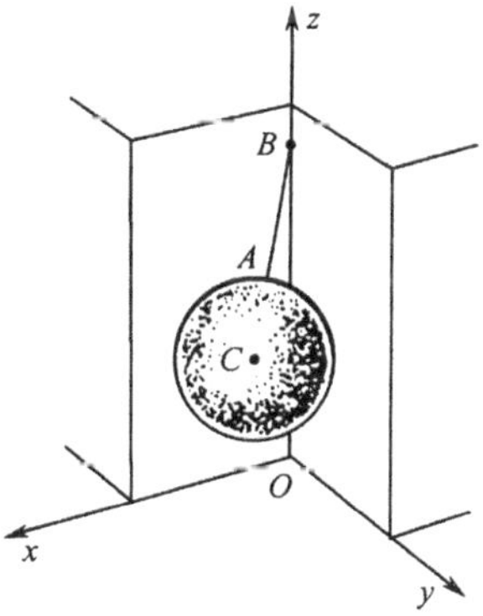

题 6-4 图

6-4　匀质光滑圆球的重量为 P，半径为 r，绳子 AB 的长度为 $2r$，绳子的 B 端固定在相互垂直的两铅垂墙壁的交线上．试求绳子 AB 的拉力 $\boldsymbol{F}$ 和墙壁对球的约束力 $\boldsymbol{F}_N$．

6-5　边长为 200mm 的正方体上作用有六个力，如图示．力的大小均为 150N，求六力合成的结果．

6-6　图示一工件的四个面上同时钻五个孔，每个孔所受的切削力偶矩均为 80N·m．求合力偶矩矢的大小和方向．

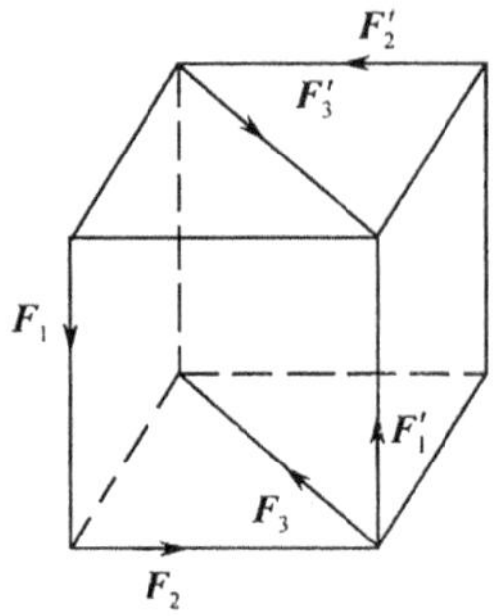

题 6-5 图

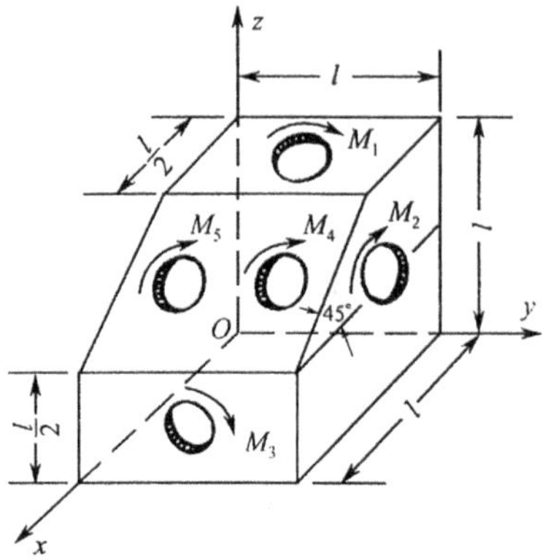

题 6-6 图

6-7　在三角形棱柱体的三个侧面上各受一力偶的作用,其力偶矩矢各为 M_1、M_2、M_3,如图示.已知 $M_1=100\text{N}\cdot\text{m}$,问欲保持物体平衡时,$M_2$ 和 M_3 的大小应为多少?

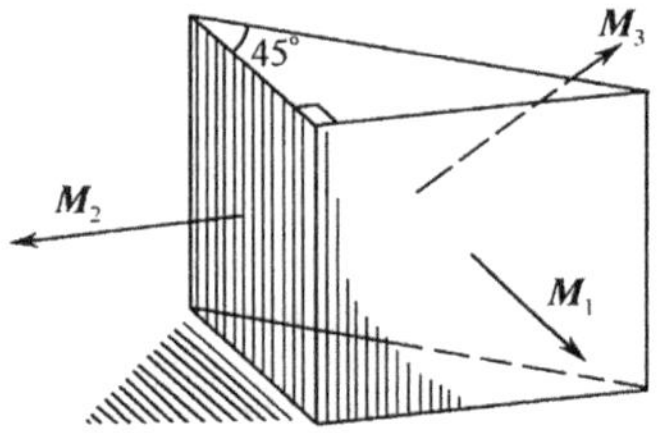

题 6-7 图

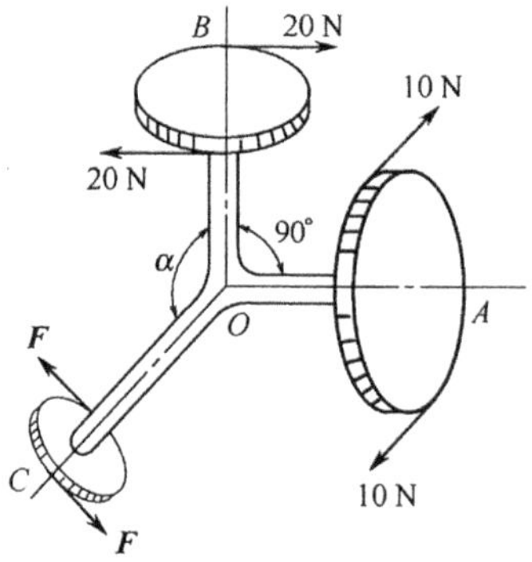

题 6-8 图

6-8　图示三圆盘 A、B 和 C 的半径分别为 150mm、100mm 和 50mm. 三轴 OA、OB 和 OC 在同一平面内,$\angle AOB$ 为直角.在这三圆盘上分别作用力偶,组成各力偶的力作用在轮缘上,它们的大小分别等于 10N、20N 和 F.如这三圆盘所构成的物系是自由的,不计物系重量,求能使此物系平衡的力 $\boldsymbol{F}$ 的大小和角 α.

6-9　力偶矩矢 $\boldsymbol{M}_1$ 和 $\boldsymbol{M}_2$ 分别表示作用于平面 ABC 和 ACD 上的力偶,已知 $M_1=M_2=M$,求合力偶矩矢 $\boldsymbol{M}_h$ 的大小和方向.

6-10　齿轮箱有三个轴,其中 A 轴水平,B 和 C 轴位于 yz 铅垂坐标平面内,轴上作用的力偶如图所示,求合力偶矩矢 $\boldsymbol{M}$ 的大小和方向.

6-11　图示钢丝绳 AB 用螺栓拉紧,已知其拉力 $F=1.2\text{kN}$,求绳子作用于点 A 的力对点 O 的矩.

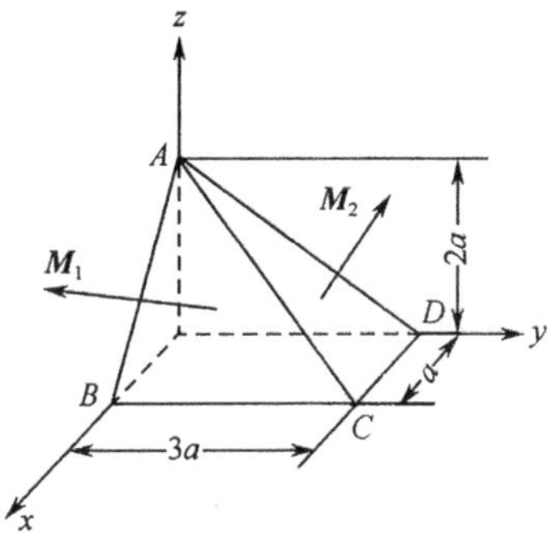

题 6-9 图

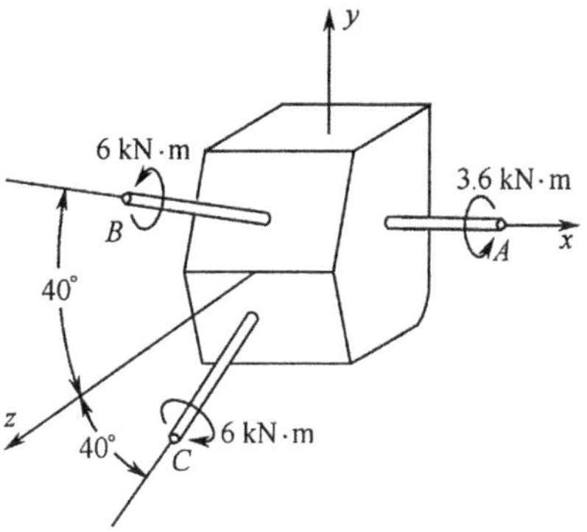

题 6-10 图

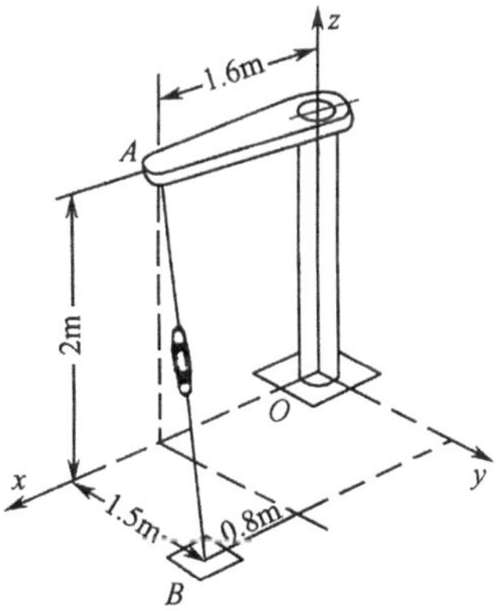

题 6-11 图

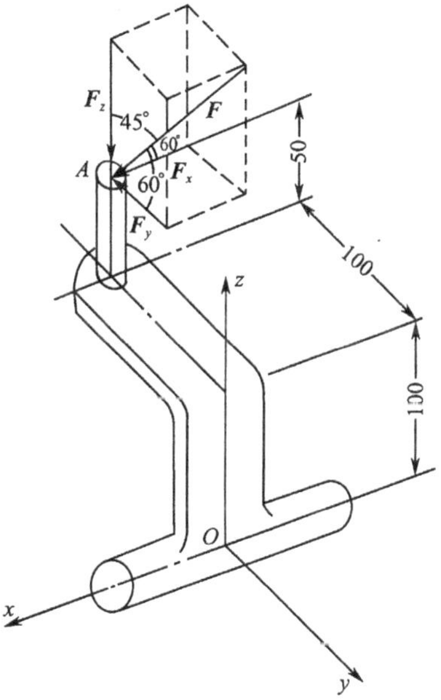

题 6-12 图

6-12　已知作用在托架点 A 上的力 $F=500\mathrm{N}$,方向如图示.试求力 $\boldsymbol{F}$ 对 x、y、z 三坐标轴的矩.

6-13　轴 AB 与铅直线成 α 角,悬臂 CD 与轴垂直地固定在轴上,其长为 a,并与铅直面 zAB 成 θ 角,如图示.如在点 D 作用铅直向下的力 $\boldsymbol{F}$,求此力对轴 AB 的矩.

6-14　作用于铣刀上的力系可以简化为一个力和一个力偶,已知力的大小为 1200N,力偶矩的大小为 240N·m,方向如图所示.求此力系对刀架固定端点 O 的力矩的大小.

6-15　作用于管扳子手柄上的两个力构成一力偶,试求此力偶矩矢的大小和方向.

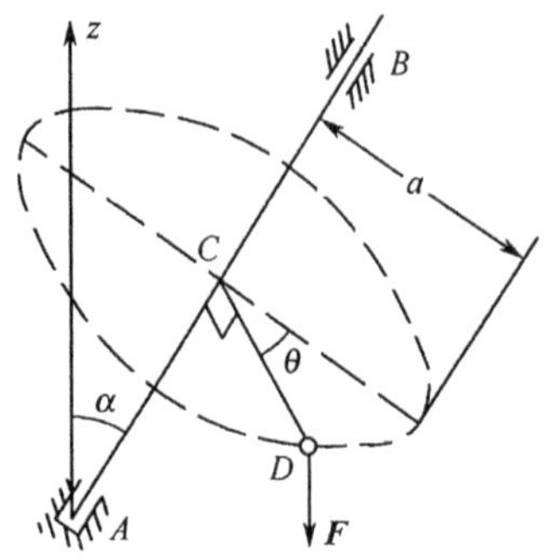

题 6-13 图

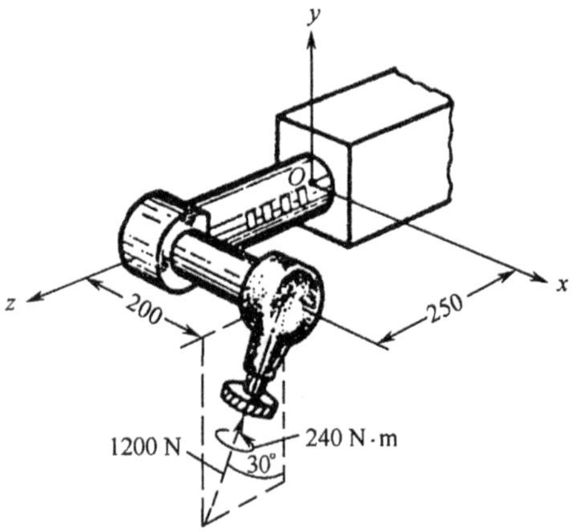

题 6-14 图

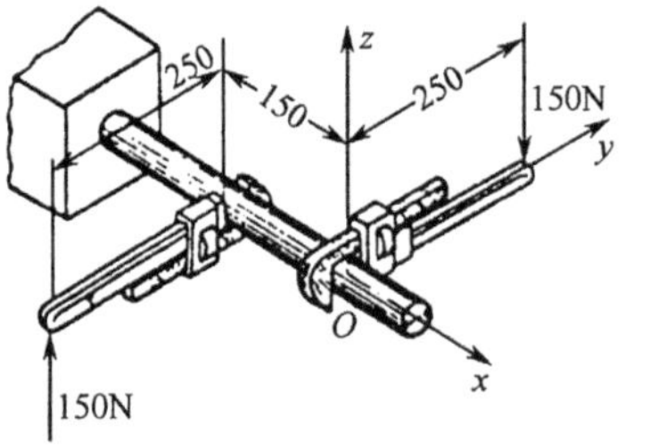

题 6-15 图

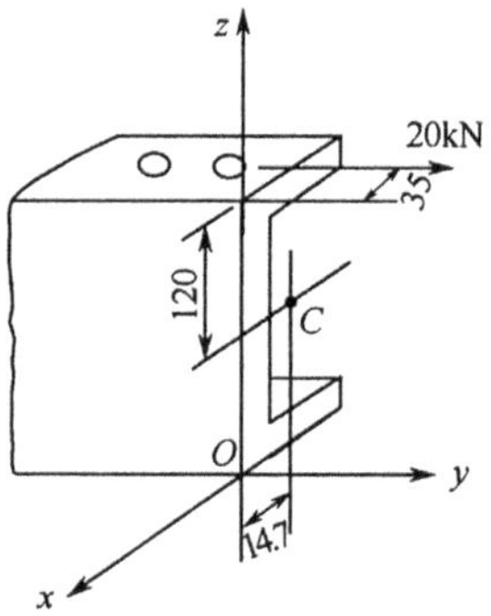

题 6-16 图

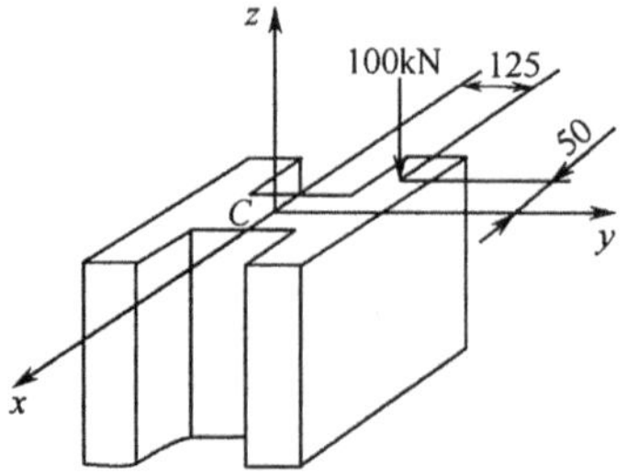

题 6-17 图

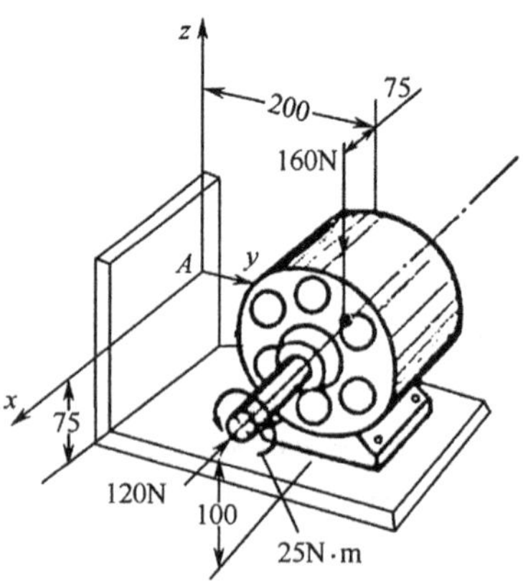

题 6-18 图

6-16　槽钢受力如图，试求此力向截面形心 C 平移的结果.

6-17　截面为工字形的立柱受力如图，试求此力向截面形心 C 平移的结果.

6-18　电机固定在支架上，它受到自身重 160N 和轴上的力 120N 及矩为 25N·m 的力偶的作用，求此力系向点 A 简化的结果.

6-19　试将图示的空间力系简化为一力螺旋.（提示：先将力系向点 A 简化.）

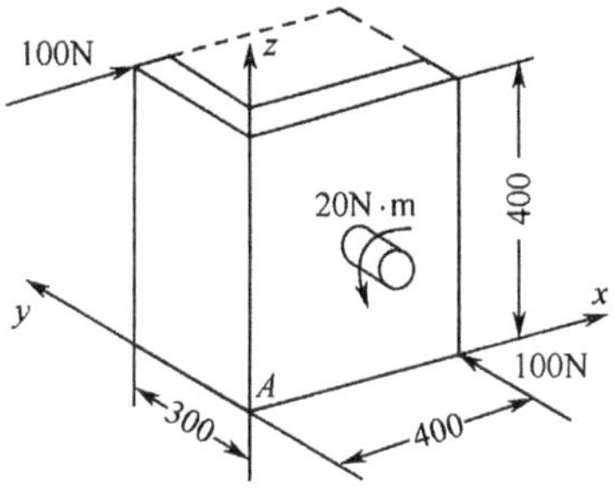

题 6-19 图

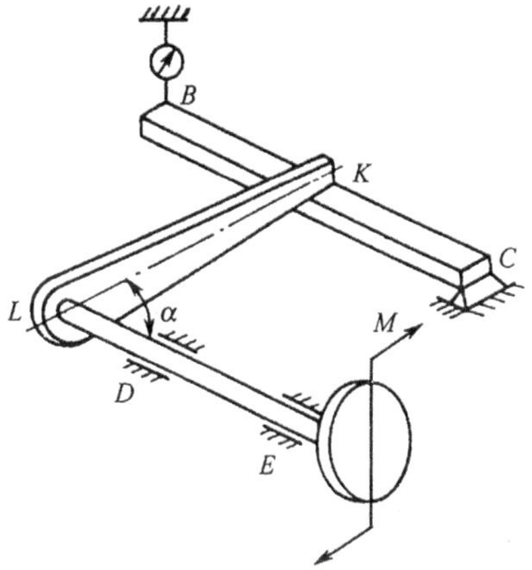

题 6-20 图

6-20　图示，在扭转试验机里扭矩的大小根据测力计 B 的读数来确定. 假定测力计所指示的力为 F，杆 BC 与轴 DE 平行. 已知 K 处为光滑接触，$BK = KC$，角 $\alpha = 90°$，$KL = a$，$LD = b$，$DE = c$，各杆的重量不计. 试求扭矩 M 的大小以及对轴承 D 和 E 的压力.

6-21　图示圆柱直齿轮的节圆直径 $d = 173\text{mm}$，压力角 $\alpha = 20°$，法兰盘上作用一力偶矩 $M = 1.03\text{kN·m}$ 的力偶，已知 $l_1 = 200\text{mm}$，$l_2 = 112\text{mm}$，求传动轴匀速转动时 A、B 两轴承的反力.

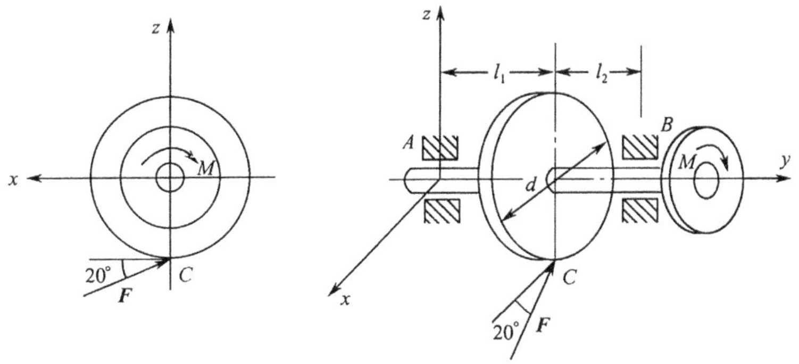

题 6-21 图

6-22 一传动轴装有两齿轮，支承在轴承 A、B 上．齿轮 C 的节圆直径 $d_1 = 210\text{mm}$，齿轮 D 的节圆直径 $d_2 = 108\text{mm}$，点 E 受啮合齿轮（图中未画出）压力 $\boldsymbol{F}_1$ 的作用，点 H 受另一啮合齿轮（图中也未画出）压力 $\boldsymbol{F}_2$ 的作用，$F_2 = 22\text{kN}$，压力角 α 均为 20°，试求当传动轮匀速转动时力 $\boldsymbol{F}_1$ 和两轴承反力的大小．

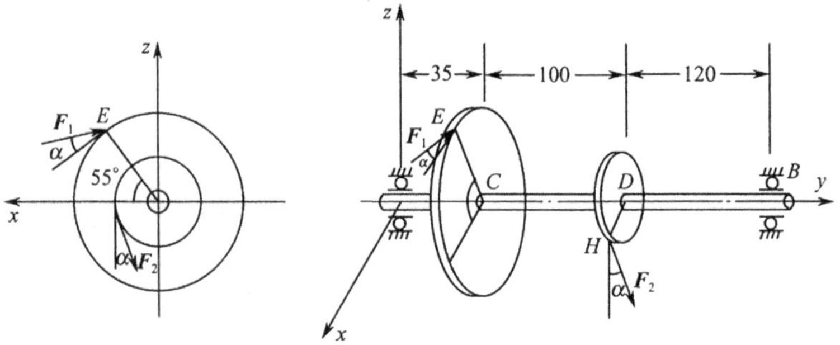

题 6-22 图

6-23 某减速箱由三轴组成如图示，动力由轴Ⅰ输入，在轴Ⅰ上作用转矩 $M_1 = 697\text{N·m}$．如齿轮节圆直径为 $D_1 = 160\text{mm}$，$D_2 = 632\text{mm}$，$D_3 = 204\text{mm}$，齿轮压力角为 20°．试求轴承 A、B、C、D 的约束反力．

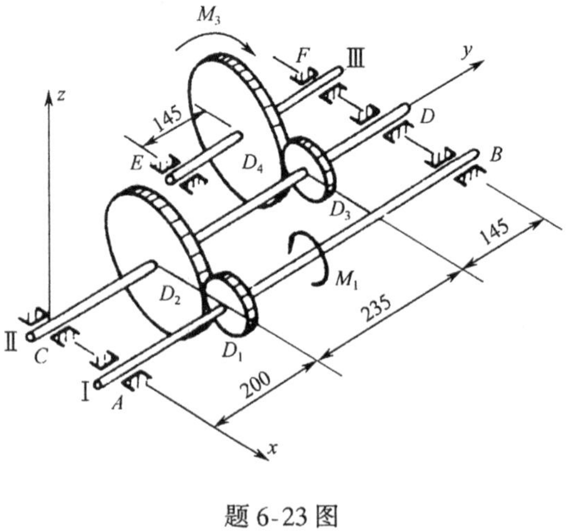

题 6-23 图

6-24 图示摩擦轮传动机构，轴 A 垂直于轴 B，轴 B 上的弹簧使盘与摩擦轮之间的压力的大小保持不变．设盘与轮间摩擦系数为 0.6，作用于主动轴 A 的力矩 $M = 20\text{N·m}$．为保证在匀速转动下轮与盘间不发生滑动，试问弹簧压力 F_N 至少应为多少？又在此情况下轴承 C 和 D 的约束反力等于多少？

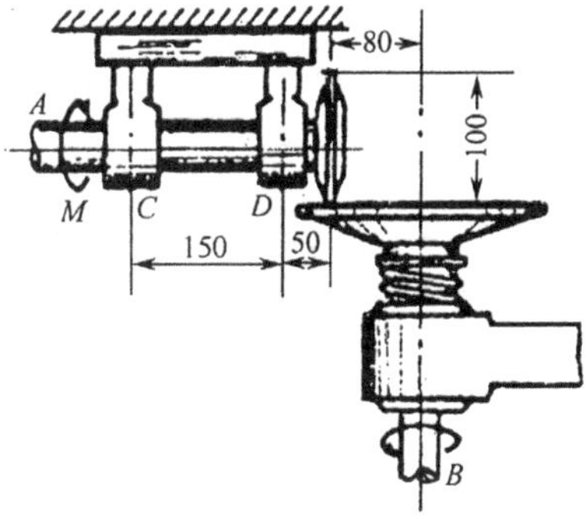

题 6-24 图

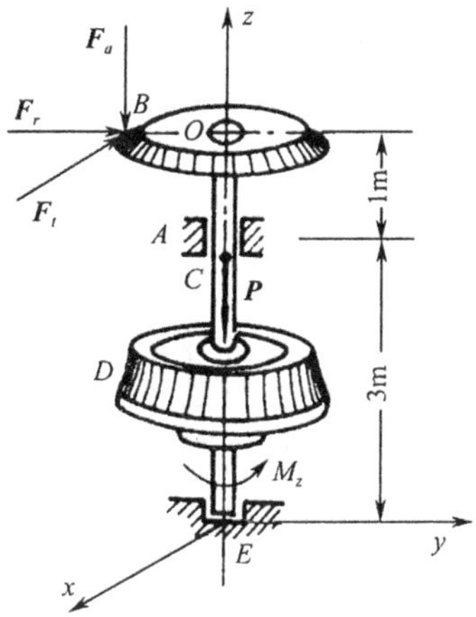

题 6-25 图

6-25　在图示水涡轮机的水涡轮 D 上作用一力偶矩 $M_z = 1.2\text{kN}\cdot\text{m}$ 的力偶. 锥齿轮的 B 处所受的力可分解为三个分力:切向力 $\boldsymbol{F}_t$、轴向力 $\boldsymbol{F}_a$、径向力 $\boldsymbol{F}_r$,其大小比例为 $F_t : F_a : F_r = 1:0.32:0.17$. 已知水涡轮、轴、锥齿轮的总重为 $P = 12\text{kN}$,锥齿轮半径 $OB = 0.6\text{m}$,其余尺寸如图所示. 设此系统作匀角速转动,试求力 $\boldsymbol{F}_t$、$\boldsymbol{F}_a$、$\boldsymbol{F}_r$ 的大小和止推轴承 E、轴承 A 的约束反力.

6-26　匀质杆 AB 长为 l,重为 P. A 端由一球形铰链固定在地面上,B 端搁在竖直墙壁上,杆与墙壁间的摩擦系数为 f_s. 试求图中所示角 α 为多大时,杆将开始沿墙壁滑动.

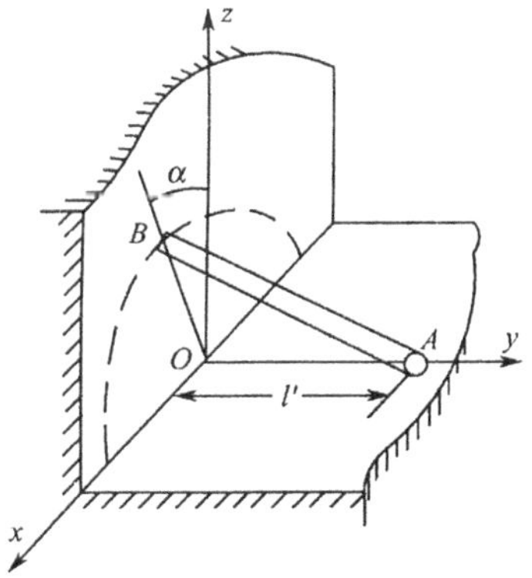

题 6-26 图

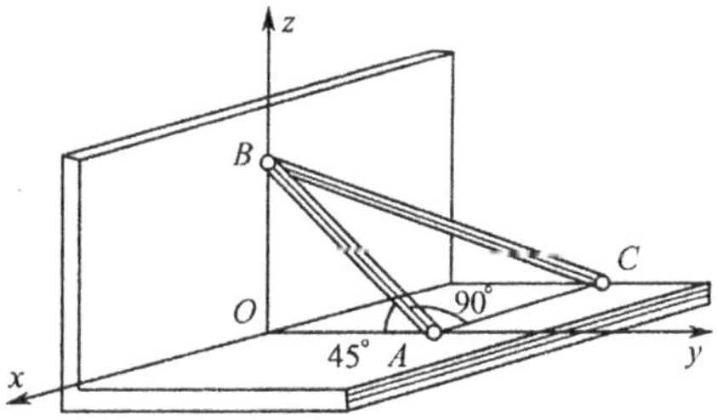

题 6-27 图

6-27　两个均质杆 AB 和 BC 分别重 P_1 和 P_2,其端点 A 和 C 用球铰固定在水平面上,另一端 B 由球铰连接,靠在光滑的铅直墙上,墙面与 AC 平行,如图所示. 如杆 AB 与水平线交角为 45°，$\angle BAC = 90°$，求 A 和 C 的支座反力及墙上 B 点所受的压力.

6-28　作用在踏板上的铅垂力 $\boldsymbol{F}_1$ 使得位于铅垂位置的连杆上产生拉力 $\boldsymbol{F}_2$. 已知 $F_2 = 200\text{N}$, $a = 60\text{mm}$, $b = 100\text{mm}$, $c = 120\text{mm}$, $\alpha = 30°$. 求轴承 A、B 的约束反力.

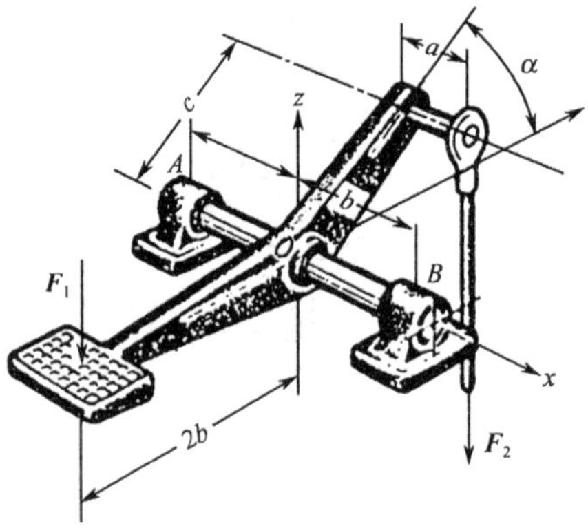

题 6-28 图

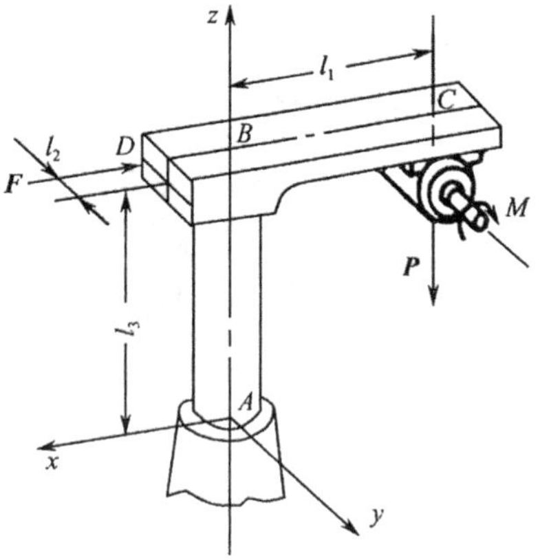

题 6-29 图

6-29　刚架 ABC 的 A 端固定在基础上，C 端装有一电动机，如图示. 电动机重 $P = 300\text{N}$，由于负荷的存在，电动机轴上受一力偶矩 $M = 100\text{N·m}$ 的力偶的反作用. 在刚架的 D 点作用一水平力 $\boldsymbol{F}$，其大小为 300N. 已知 $l_1 = 300\text{mm}$, $l_2 = 80\text{mm}$, $l_3 = 250\text{mm}$. 试求固定端 A 的约束力.

6-30　三轮小车连同上面的载荷共重 $P = 3\text{kN}$，求车静止时，各轮对水平地面的压力.

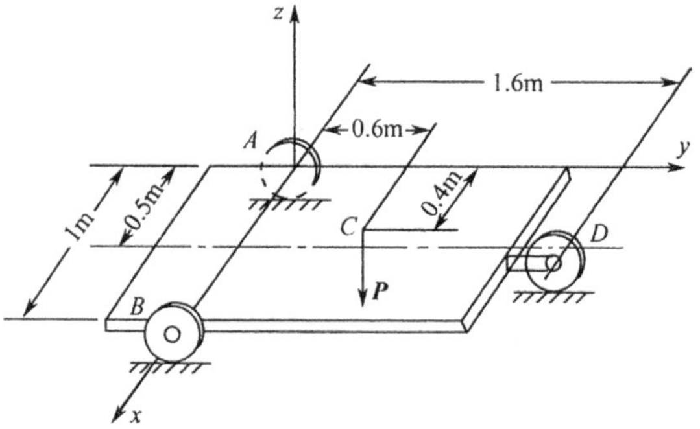

题 6-30 图

6-31　水平地面上放置一三脚圆桌，其半径 $r = 0.5\text{m}$，重为 $P = 600\text{N}$. 圆桌的三脚 A、B、C 构成一等边三角形，如图所示. 若在中线 CD 上距圆心 O 为 l 的点 D 处作用一铅垂力 $F = 1.5\text{kN}$ 时，求使圆桌不致于翻倒的最大距离 l.

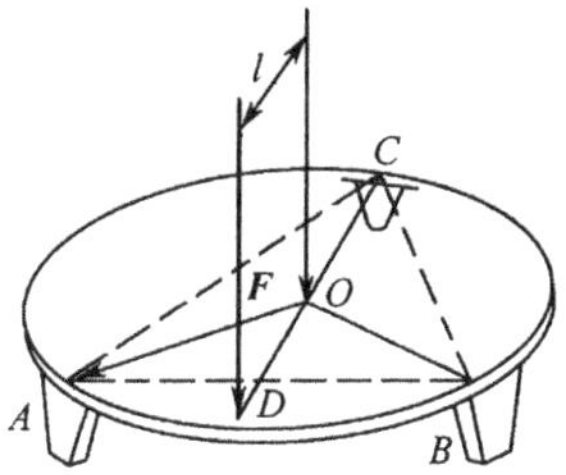

题 6-31 图

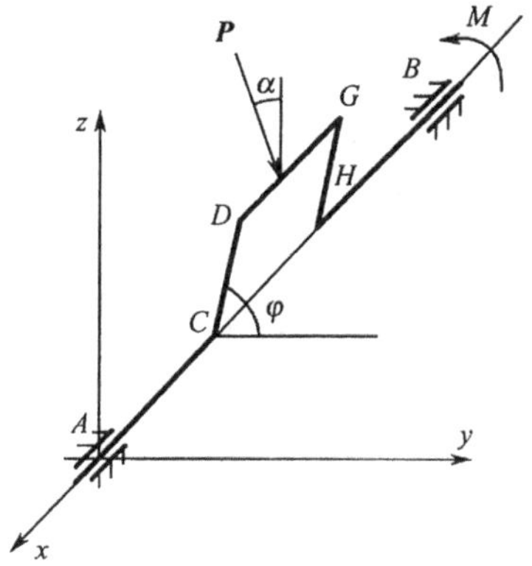

题 6-32 图

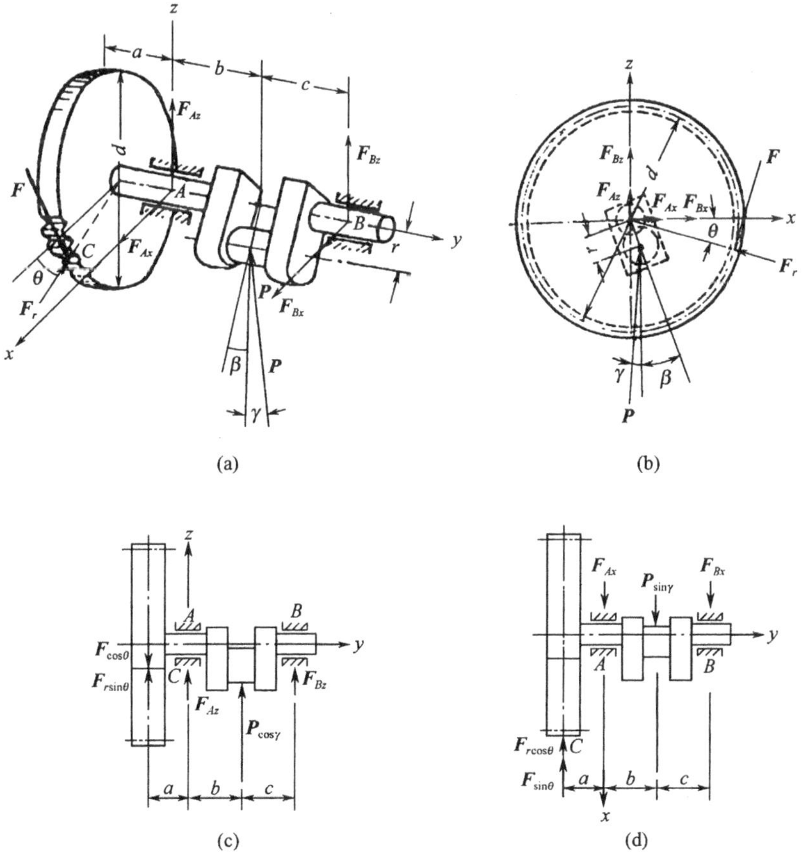

题 6-33 图

6-32　曲轴在曲柄 E 处作用一力 $P=30\text{kN}$，同时在曲轴 B 端作用一力偶矩为 M 的力偶．力 $\boldsymbol{P}$ 在垂直于 AB 轴线的平面之内并和铅垂线成夹角 $\alpha=10°$，已知 $CDGH$ 平面和水平面成夹角 $\varphi=60°$，$AC=CH=HB=400\text{mm}$，$CD=GH=200\text{mm}$，$DE=EG$，不计曲轴自重，试求力偶矩 M 之值和轴承反力．

6-33　一曲柄压力机的曲轴和齿轮的示意图见题 6-33(a)图．当曲柄与铅垂线成 $\beta=20°$时，通过连杆传来的载荷 $\boldsymbol{P}$ 最大，此时 $P=5000\text{kN}$，方向与铅垂线成 $\gamma=4°$．曲柄半径 $r=50\text{mm}$，齿轮节圆直径 $d=1960\text{mm}$，压力角 $\alpha=20°$，$\boldsymbol{F}$、$\boldsymbol{F}_r$ 分别为圆周力和径向力．A、B 为向心滑动轴承．$a=380\text{mm}$，$b=c=398\text{mm}$，$\theta=17°$．由于曲轴的转速很低，可作为平衡问题；曲轴与齿轮的自重较载荷小得多，可忽略不计．求齿轮所受啮合力 F、F_r 及 A、B 轴承处的支承反力．(要求用将空间力系转化为平面力系的方法求解．)

6-34　具有半圆形轴线的曲杆位于一水平面内，其两端 A 与 B 固定在铅垂墙上．在圆形杆上作用有均布的力偶，每单位弧长的力偶矩为 m，如图所示．如圆形轴线的半径为 r，并假设在 A、B 端承受相同的力，求 A、B 处的支座反力．

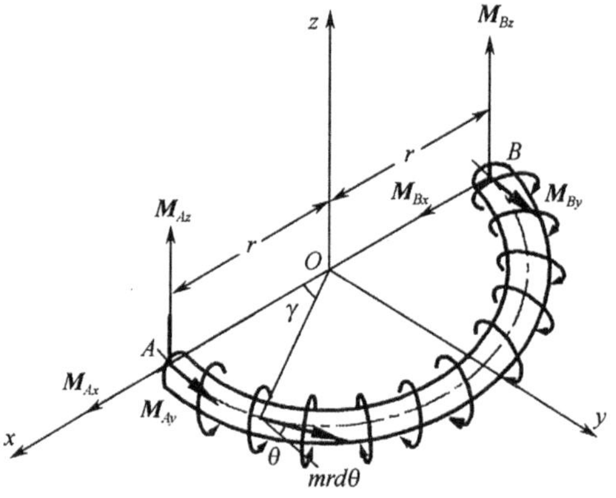

题 6-34 图

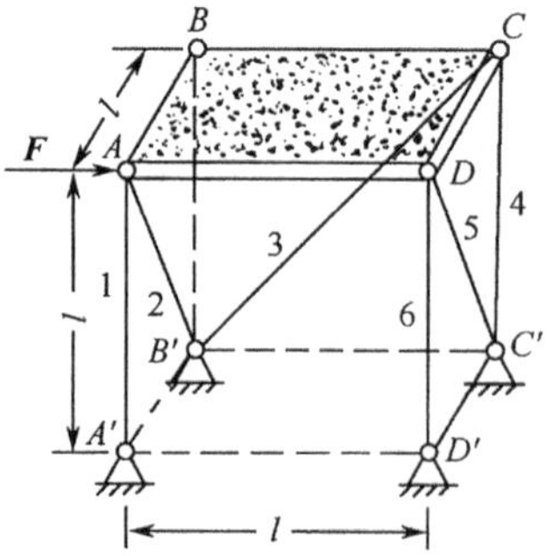

题 6-35 图

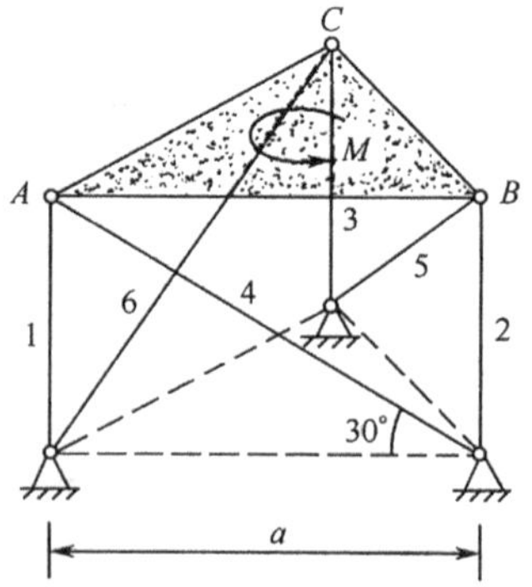

题 6-36 图

6-35　正方形薄板 $ABCD$ 由六根直杆支撑,如图示.在板的点 A 沿 AD 作用一力 $\boldsymbol{F}$,求各杆所受的力.

6-36　边长为 a 的等边三角形 ABC 用三根铅直杆 1、2、3 和三根与水平面成 30°角的斜杆 4、5、6 撑在水平位置.在板的平面内作用一力偶,其矩为 M,转向如图示.如板和杆重量不计,求各杆内力.

第七章　重　　心

物体的重心是一个重要的概念．比如汽车、船舶重心的位置对它们运动的稳定性就有很大的影响；起重机重心必须位于某一规定的范围内，否则承载后难以保持平衡，而不能安全正常地工作；转动零件，尤其是高速转动零件，如果其重心不在转动轴线上，可能会引起强烈的振动．凡此种种，都说明确定物体重心的位置在工程实际中是十分重要的．

我们知道，物体的重力是地球对它的吸引力，若把物体看作是由许多质点组成的，则各质点的重力便组成一空间汇交力系(汇交于地心附近)．由于物体的线度与地球的半径相比非常小，故此力系足可以视为铅垂的同向空间平行力系．此力系的合力即物体的重力．且物体在地表面无论怎样放置(包括放置的位置和方位)，重力的作用线都通过此物体内(或其附近)的一个确定的点，这一点称为物体的**重心**．

一、重心位置的坐标公式

下面推导出的公式也可用于确定物体的质心、液体的压力中心等的位置．

设将物体分割成许多小块，每个小块的体积为 ΔV_i，其重力为 P_i．这些重力组成平行力系，其合力即整个物体的重力

$$P = \sum P_i$$

取直角坐标系 $Oxyz$，使重力与 z 轴平行，如图 7-1 所示．设任一小块的坐标为 x_i、y_i、z_i，重心 C 的坐标为 x_C、y_C、z_C．由合力矩定理，对 x 轴取矩，有

$$-Py_C = -P_1y_1 - P_2y_2 - \cdots - P_ny_n = -\sum P_iy_i$$

再对 y 轴取矩，有

$$Px_C = \sum P_ix_i$$

由以上两式可得重心 C 的坐标 y_C 和 x_C 的计算公式．

为推导 z_C 的计算公式，可根据物体重心的位置相对于物体本身是一个确定的点这一点，将物体连同坐标系 $Oxyz$ 一起绕 x 轴顺时针转 90°，使 y 轴铅直向下，重力 $\boldsymbol{P}_i$ 和合力 $\boldsymbol{P}$ 也铅直向下与 y 轴平行．转后 $\boldsymbol{P}_i$ 和 $\boldsymbol{P}$ 与 y 轴的位

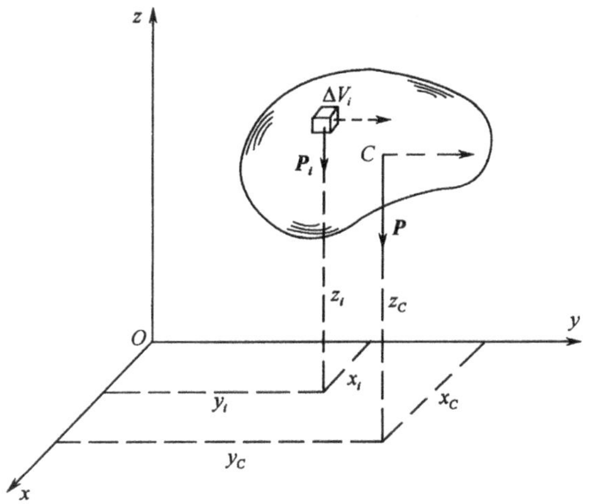

图 7-1

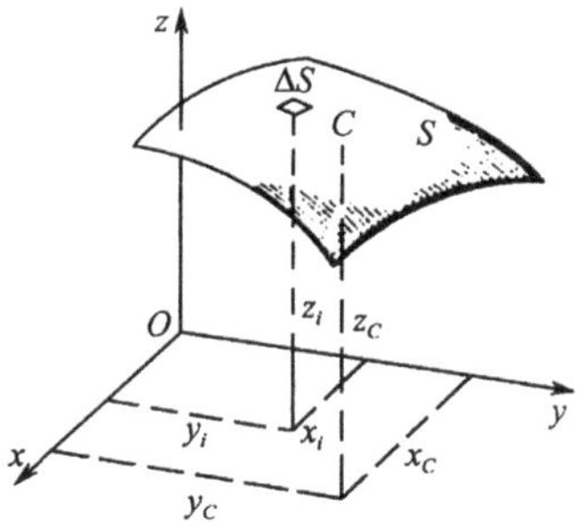

图 7-2

置关系如图虚线所示.再次对 x 轴取矩,则有

$$-Pz_C=-\sum P_iz_i$$

于是由以上三式得重心坐标的计算公式为

$$\left.\begin{aligned}x_C&=\frac{\sum P_ix_i}{\sum P_i}\\ y_C&=\frac{\sum P_iy_i}{\sum P_i}\\ z_C&=\frac{\sum P_iz_i}{\sum P_i}\end{aligned}\right\}\tag{7-1}$$

物体分割得越多,即每一小块的体积越小,则按式(7-1)计算出的重心位置越准确,在极限情况下可用积分计算.

如果物体是均质的,求其重心的问题可转化为纯几何的问题.

以 γ 表示物体单位体积的重量($\gamma=$常量),则 $P=\gamma\Delta V_i$.将其代入式(7-1),消去 γ,得

$$\left.\begin{aligned} x_C &= \frac{\sum V_i x_i}{\sum V_i} = \frac{\sum V_i x_i}{V} \\ y_C &= \frac{\sum V_i y_i}{\sum V_i} = \frac{\sum V_i y_i}{V} \\ z_C &= \frac{\sum V_i z_i}{\sum V_i} = \frac{\sum V_i z_i}{V} \end{aligned}\right\} \tag{7-2}$$

以积分形式表示为

$$\left.\begin{aligned} x_C &= \frac{\int_V x \mathrm{d}V}{V} \\ y_C &= \frac{\int_V y \mathrm{d}V}{V} \\ z_C &= \frac{\int_V z \mathrm{d}V}{V} \end{aligned}\right\} \tag{7-2$'$}$$

对于等厚薄壁物体，如厂房的双曲顶壳、薄壁容器、飞机机翼等，若以 δ 表示物体的厚度，ΔS_i 表示小面积，S 表示整个面积，则由式(7-2)和(7-2)′得

$$\left.\begin{aligned} x_C &= \frac{\sum \Delta S_i x_i}{S} \\ y_C &= \frac{\sum \Delta S_i y_i}{S} \\ z_C &= \frac{\sum \Delta S_i z_i}{S} \end{aligned}\right\} \tag{7-3}$$

和

$$\left.\begin{aligned} x_C &= \frac{\int_S x \mathrm{d}S}{S} \\ y_C &= \frac{\int_S y \mathrm{d}S}{S} \\ z_C &= \frac{\int_S z \mathrm{d}S}{S} \end{aligned}\right\} \tag{7-3$'$}$$

如果物体不是曲面板而是平板，则求其重心位置时，只取式(7-2)和(7-3)′的前两式.

对于等截面细长曲杆，以 Δl_i 表示一小段杆长，则同理可得

$$\left.\begin{aligned} x_C &= \frac{\sum \Delta l_i x_i}{l} \\ y_C &= \frac{\sum \Delta l_i y_i}{l} \\ z_C &= \frac{\sum \Delta l_i z_i}{l} \end{aligned}\right\} \tag{7-4}$$

和

$$\left.\begin{aligned} x_C &= \frac{\int_l x \mathrm{d}l}{l} \\ y_C &= \frac{\int_l y \mathrm{d}l}{l} \\ z_C &= \frac{\int_l z \mathrm{d}l}{l} \end{aligned}\right\} \tag{7-4$'$}$$

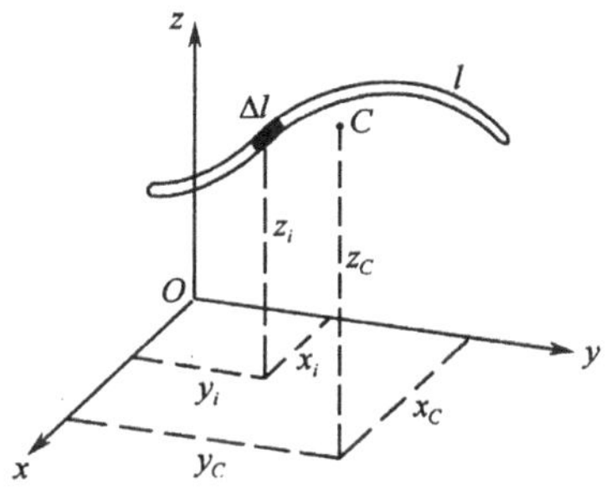

图 7-3

由以上看出，对于均质物体，其重心的位置只与物体的形状和尺寸有关，这显然是一个几何位置，如此确定的位置又称为物体的**形心**. 所以式(7-2)至式(7-4)′又称为物体形心的坐标公式.

形心和重心是两个不同的概念. 对于非均质物体，形心和重心的位置一般是不相重合的.

如果均质物体具有对称面、或对称轴、或对称中心，那么，其重心必在其对称面、对称轴、对称中心上.

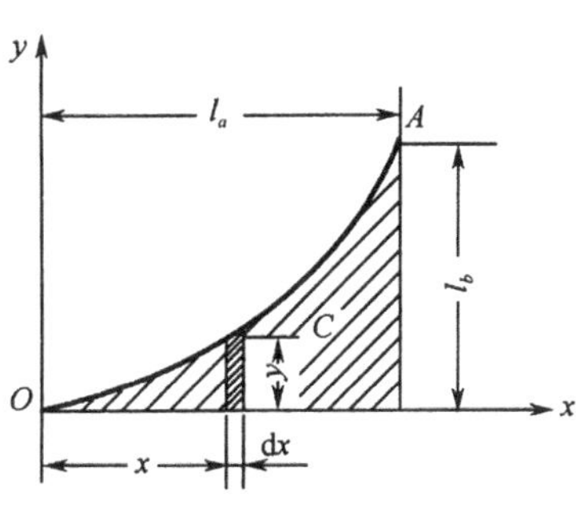

图 7-4

例 7-1 求图 7-4 所示之阴影部分的重心. 其中 OA 曲线是对称于 y 轴抛物线的一段.

解 图中所示抛物线函数为

$$y = kx^2$$

取面积单元 $\mathrm{d}S = y\mathrm{d}x$，其中心坐标为 $\left(x, \frac{y}{2}\right)$，则由式(7-3)′，阴影部分重心

的坐标为

$$x_C=\frac{\int_S x\mathrm{d}S}{S}=\frac{\int_0^{l_a}x(y\mathrm{d}x)}{\int_0^{l_a}y\mathrm{d}x}=\frac{\int_0^{l_a}kx^3\mathrm{d}x}{\int_0^{l_a}kx^2\mathrm{d}x}=\frac{3}{4}l_a$$

$$y_C=\frac{\int_S \frac{y}{2}\mathrm{d}S}{S}=\frac{\int_0^{l_a}\frac{y}{2}(y\mathrm{d}x)}{\int_0^{l_a}y\mathrm{d}x}=\frac{\int_0^{l_a}\frac{k^2}{2}x^4\mathrm{d}x}{\int_0^{l_a}kx^2\mathrm{d}x}=\frac{3}{10}l_b$$

一些简单形状物体的重心位置可查阅有关的工程手册.表 7-1 列出了简单形体的重心位置.

表 7-1 简单形体重心表

图 形	重 心 位 置
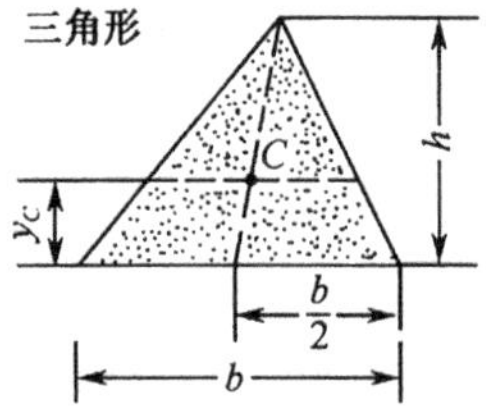	在中线的交点 $y_C=\frac{1}{3}h$
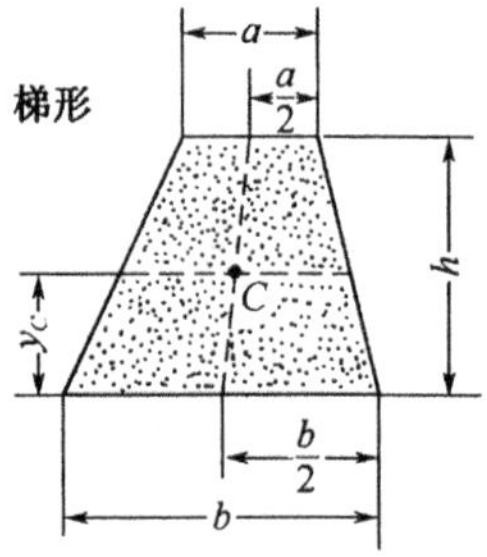	$y_C=\frac{h(2a+b)}{3(a+b)}$
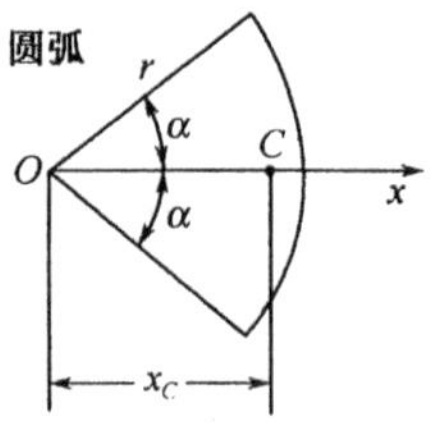	$x_C=\frac{r\sin\alpha}{\alpha}$ 对于半圆弧 $\alpha=\frac{\pi}{2}$,则 $x_C=\frac{2r}{\pi}$

续表

图 形	重 心 位 置
弓形 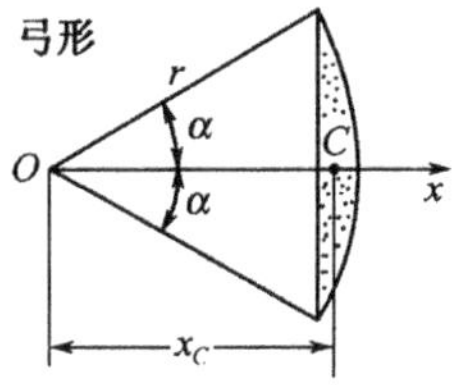	$x_C=\frac{2}{3}\frac{r^3\sin^3\alpha}{S}$ $\left[\text{面积 } S=\frac{r^2(2\alpha-\sin2\alpha)}{2}\right]$
扇形 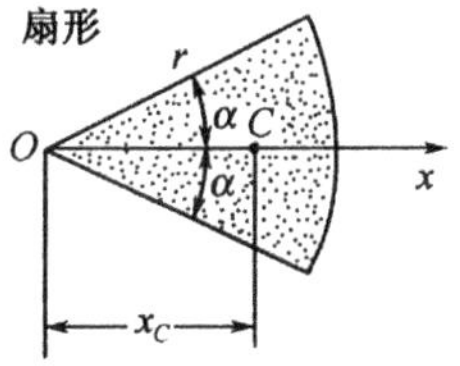	$x_C=\frac{2}{3}\frac{r\sin\alpha}{\alpha}$ 对于半圆 $\alpha=\frac{\pi}{2}$,则 $x_C=\frac{4r}{3\pi}$
部分圆环 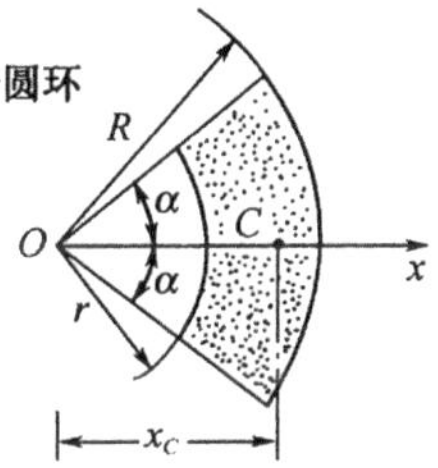	$x_C=\frac{2}{3}\frac{R^3-r^3}{R^2-r^2}\frac{\sin\alpha}{\alpha}$
抛物线面 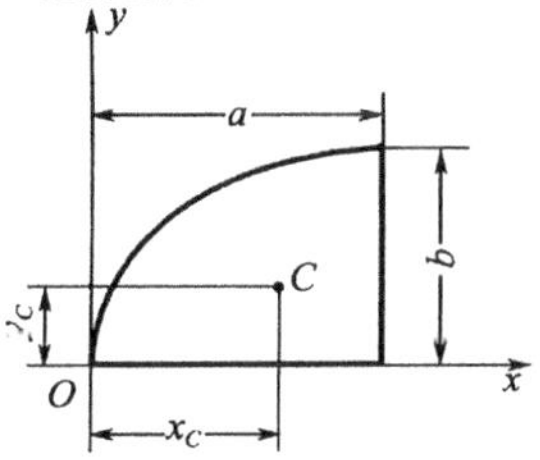	$x_C=\frac{3}{5}a$ $y_C=\frac{3}{8}b$
抛物线面 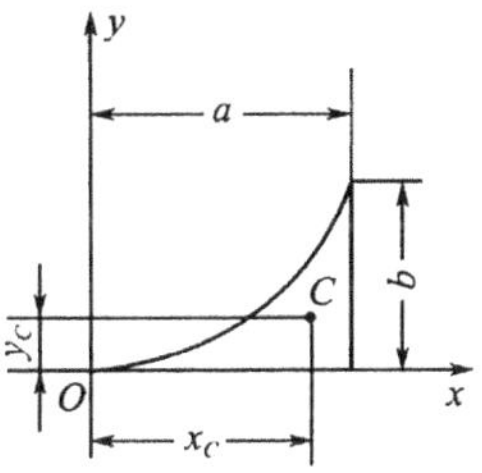	$x_C=\frac{3}{4}a$ $y_C=\frac{3}{10}b$

续表

图　形	重 心 位 置
半圆球 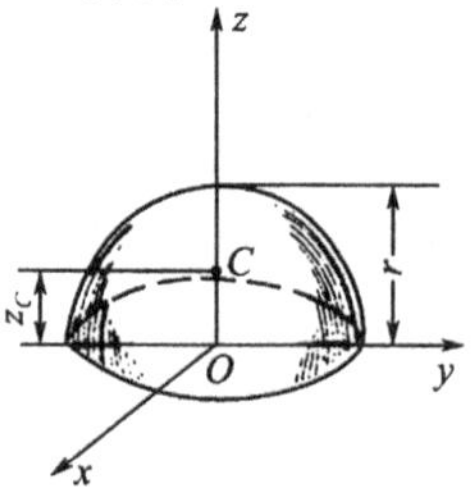	$z_C=\frac{3}{8}r$
正圆锥体 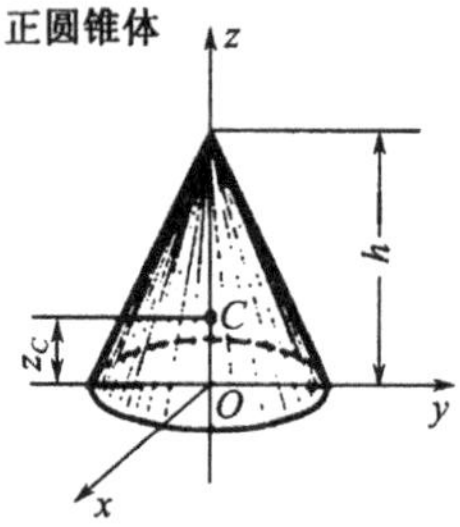	$z_C=\frac{1}{4}h$
正角锥体 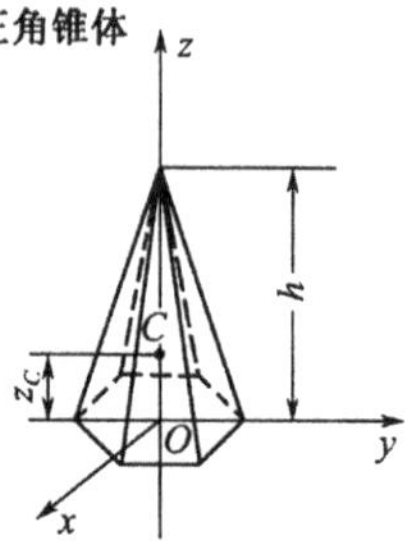	$z_C=\frac{1}{4}h$
锥形筒体 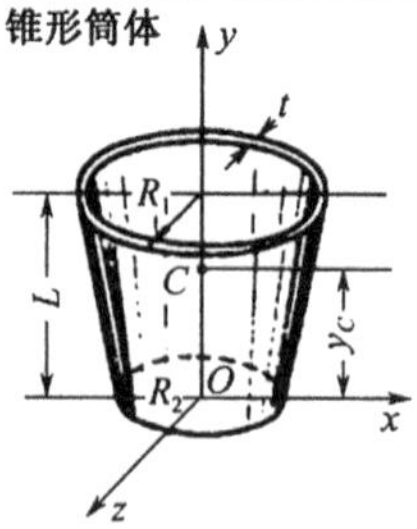	$y_C=\frac{4R_1+2R_2-3t}{6(R_1+R_2-t)}\cdot L$

二、组合形体的重心

有些物体的形状比较复杂，但可以看作是由几个形状简单的物体组合而成的．求这些组合形体的重心一般采用下述两种方法．

1．分割法

即将物体分割成几个简单形状，而每个简单形体的重心是已知的或容易求出的，则整个组合形体的重心就可用有限形式的重心坐标公式，式(7-2)、或式(7-3)、或式(7-4)直接求出．下面举例说明．

例 7-2　试求图 7-5 所示图形的重心位置．

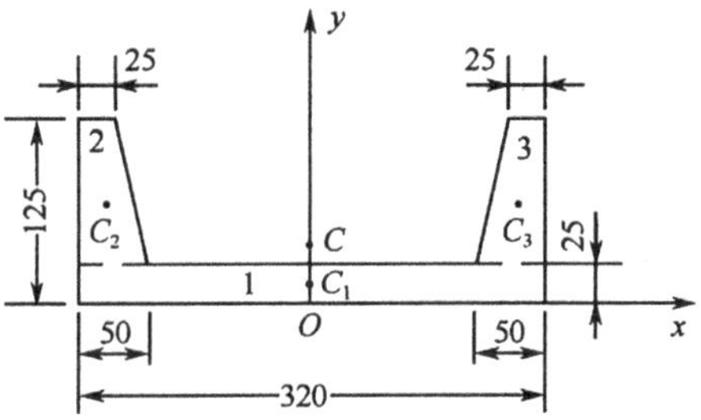

图 7-5

解　此图形可分割为一个矩形 1 和两个梯形 2、3 三部分，分割线如图中虚线所示．由于整个图形有对称轴 Oy，因此重心必在此轴上，故 $x_C=0$．只需求 y_C．

矩形面积为

$$S_1 = 320 \times 25 = 8000(\mathrm{mm}^2)$$

两梯形面积为

$$S_2 = S_3 = \frac{(25+50)\times(125-25)}{2} = 3750(\mathrm{mm}^2)$$

矩形重心 C_1 的坐标为

$$y_1 = \frac{25}{2} = 12.5(\mathrm{mm})$$

查表 7-1 得两梯形重心 C_2、C_3 的坐标为

$$y_2 = y_3 = \frac{(125-25)\times(50+2\times25)}{3\times(50+25)} + 25 = 69.4(\mathrm{mm})$$

由式(7-3)得整个图形的重心 C 的坐标为

$$y_C = \frac{S_1y_1 + S_2y_2 + S_3y_3}{S_1 + S_2 + S_3}$$

$$= \frac{8000 \times 12.5 + 3750 \times 69.4 + 3750 \times 69.4}{8000 + 3750 + 3750} = 40(\text{mm})$$

2. 负面积、负体积法

若物体有空缺部分，可以负体积或负面积补充之，然后用与分割法相同的公式计算物体的重心位置。如例 7-2 之图形可视为由矩形 $ABKD$ 切去梯形 $EMGH$ 而得到的，如图 7-6 所示。这样，

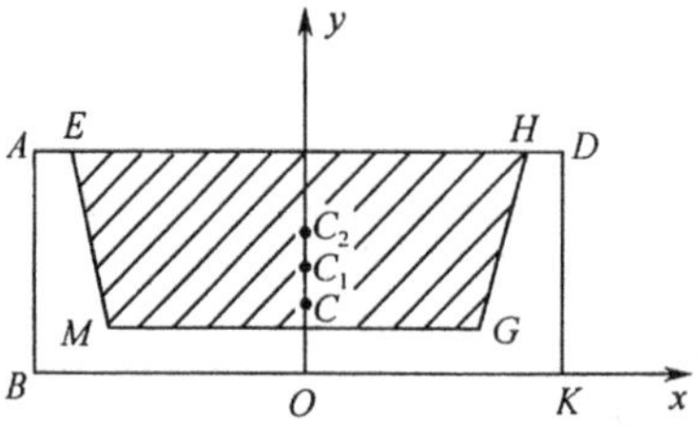

图 7-6

矩形面积为

$$S_1 = 320 \times 125 = 40000(\text{mm}^2)$$

梯形面积为

$$S_2 = -\frac{[(320 - 25 \times 2) + (320 - 50 \times 2)] \times (125 - 25)}{2} = -2450(\text{mm}^2)$$

矩形重心 C_1 的坐标为

$$y_1 = \frac{125}{2} = 62.5(\text{mm})$$

梯形重心 C_2 的坐标为

$$y_2 = 125 - \frac{100 \times (270 + 220 \times 2)}{3 \times (270 + 220)} = 76.7(\text{mm})$$

于是原图形的重心 C 的坐标为

$$y_C = \frac{S_1y_1 + S_2y_2}{S_1 + S_2} = \frac{40000 \times 62.5 - 24500 \times 76.7}{40000 - 24500} = 40(\text{mm})$$

又，

$$x_C = 0$$

结果与分割法完全一样。

3. 实验法

对于形状很复杂或非均质物体，用计算方法求重心的位置比较困难，这时常采用实验方法，如**悬挂法**、**称重法**。但这些在物理学中已经学过，在此不再赘述。

习　　题

7-1　求正弦曲线下平面图形的形心坐标。

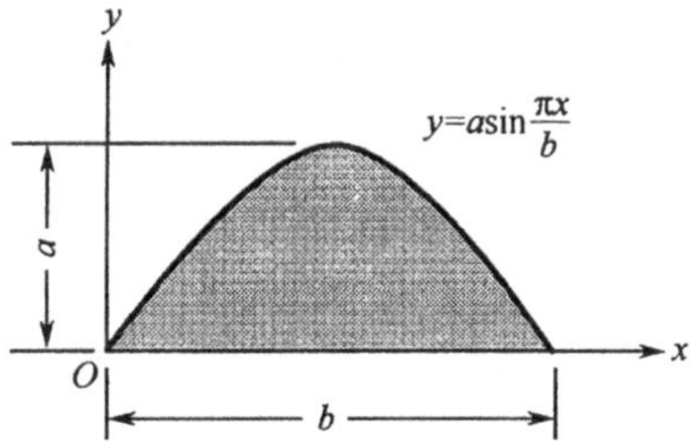

题 7-1 图

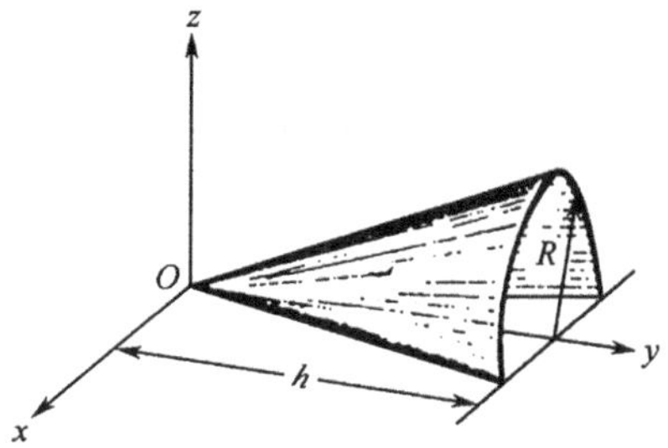

题 7-2 图

7-2 求图示半圆锥壳的形心坐标.

7-3 工字钢截面尺寸如图示,求此截面的形心坐标 x_C.

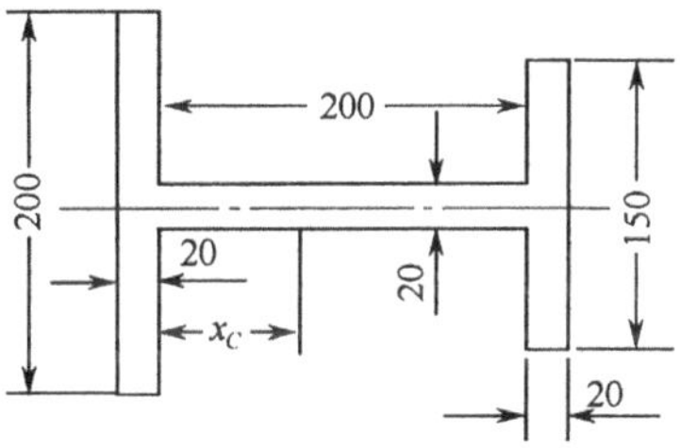

题 7-3 图

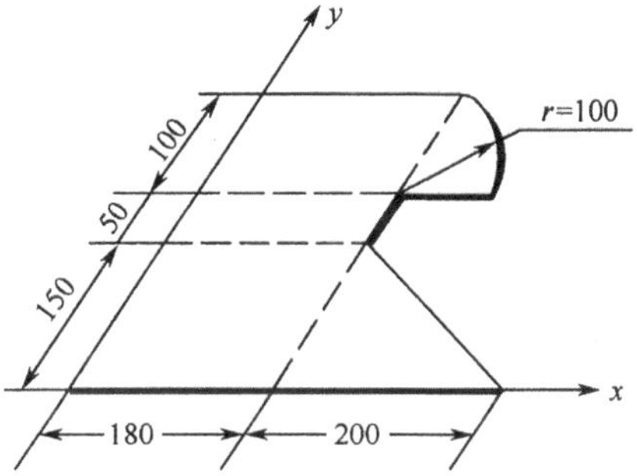

题 7-4 图

7-4 图示薄板由形状为矩形、三角形和四分之一的圆形的三块等厚薄板组成,尺寸如图示.求此薄板形心的位置.

7-5 某一结构的断面如图所示,试求其形心的位置.

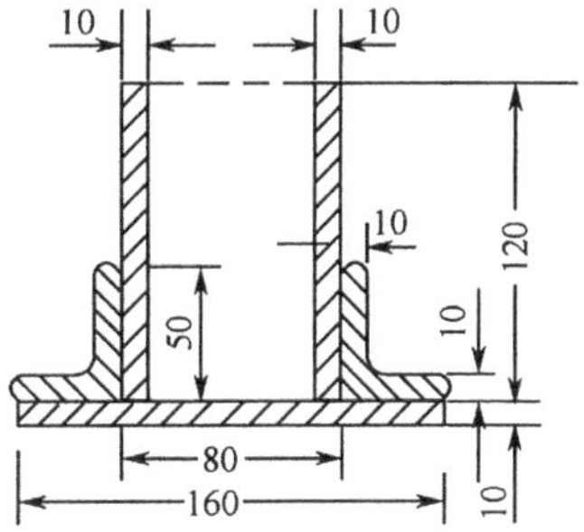

题 7-5 图

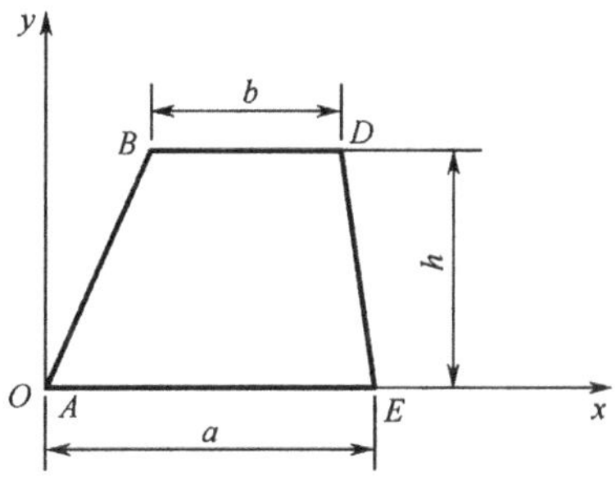

题 7-6 图

7-6　求图示梯形形心的坐标.

7-7　支架由等厚的板料制成,其形状如图所示,其中 $r = 40\text{mm}$, $R = 80\text{mm}$, $a = 80\text{mm}$, $b = 100\text{mm}$.求其重心的位置.

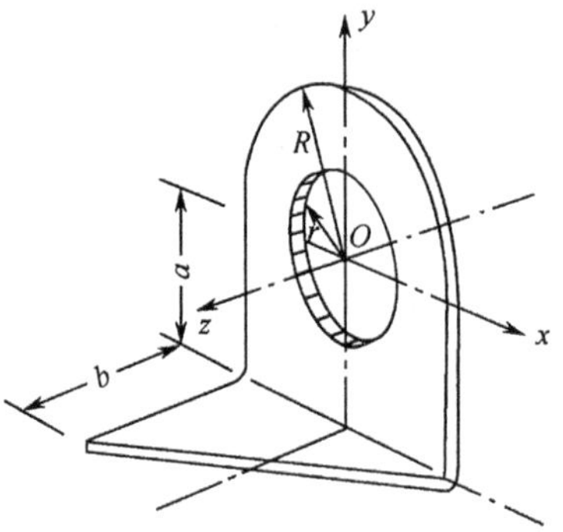

题 7-7 图

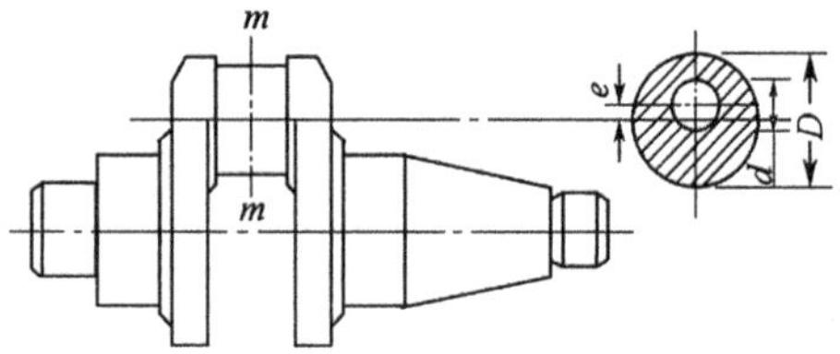

题 7-8 图

7-8　某柴油机曲轴连杆轴颈的直径 $D = 65\text{mm}$,为了减少转动时不平衡的惯性力,在中间偏心地挖一直径为 $d = 38\text{mm}$ 的圆孔.已知偏心距 $e = 9\text{mm}$,求截面 $m-m$ 形心的位置.

7-9　某单柱冲床床身的截面 $m-m$ 如图示,试求该截面形心的位置.

7-10　均质细长杆被弯成图示形状,求其重心的坐标.

7-11　求图示均质混凝土基础的重心位置.

7-12　图示均质物体由半径为 r 的圆柱体和半径为 r 的半球体相结合组成.如均质物体的重心位于半球体的大圆的中心点 C,求圆柱体的高.

7-13　图示均质物体由圆锥体和半球体相结合组成,半球体的半径和圆锥体底圆半径均为 r.如均质物体的重心恰在球体和圆锥体的交界面的中心点 C,求圆锥体的高 h.

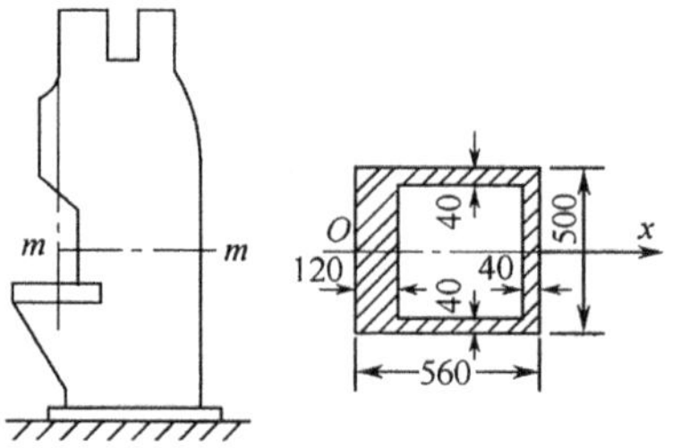

题 7-9 图

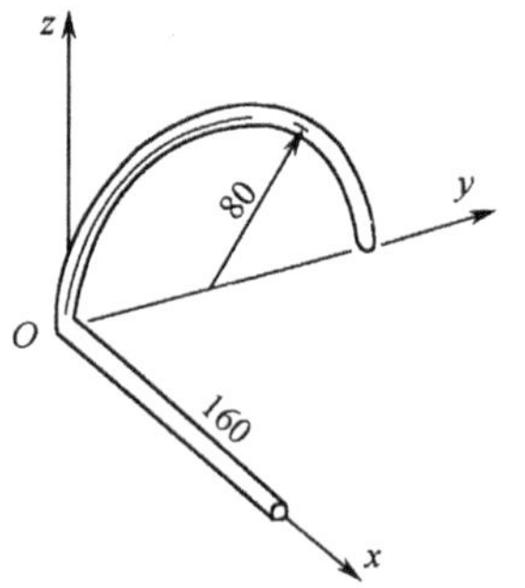

题 7-10 图

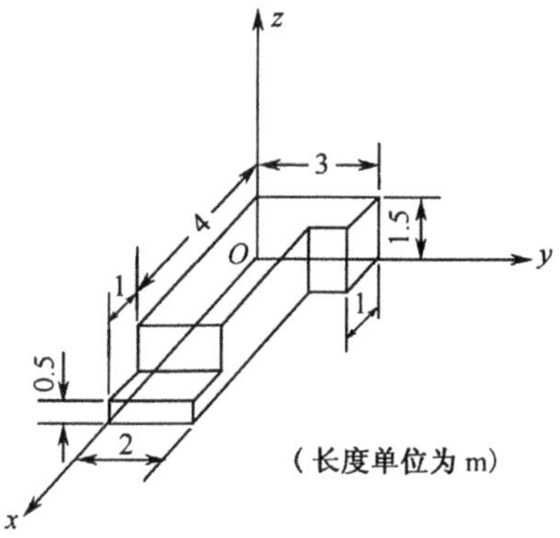

题 7-11 图

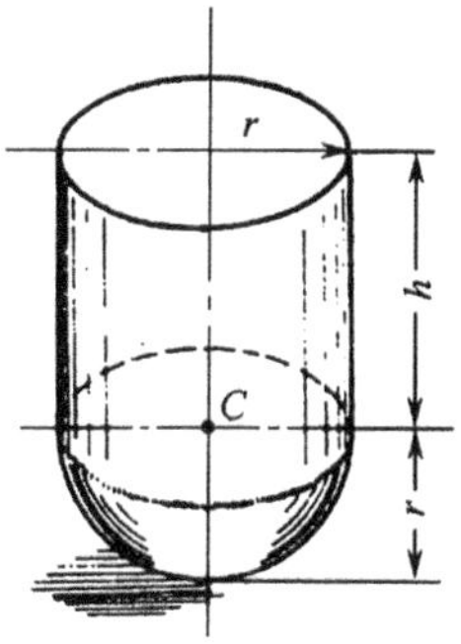

题 7-12 图

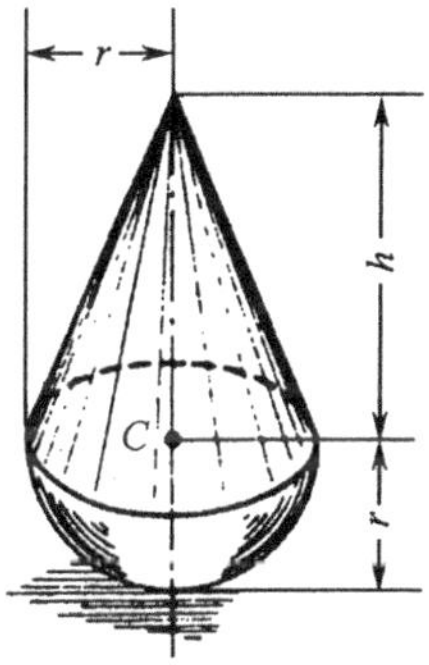

题 7-13 图

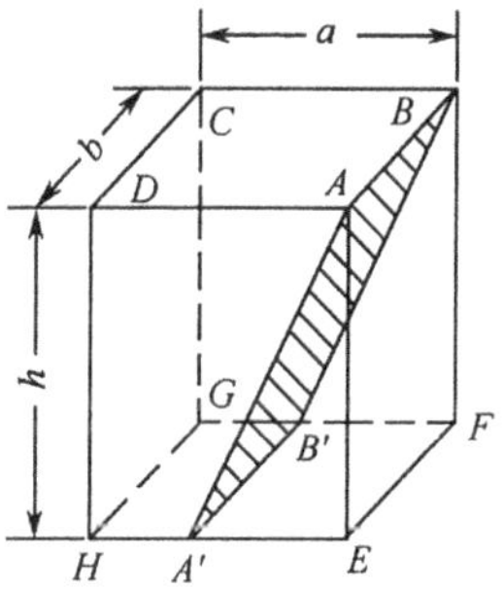

题 7-14 图

7-14　已知图示均质长方体的长为 a、宽为 b、高为 h，放于平面上，今过 AB 边并垂直于 $ADHE$ 平面切削去楔块 $ABA'B'EF$. 试求能使剩余部分保持平衡而不倾倒所能切削的 $A'E(=B'F)$的最大长度.

7-15　图示为一铸模，求其重心的位置.

7-16　支架与轴的组合件如图示. 支架为具有一定厚度的等厚板制成，为简明起见，图中画为薄板. 设铅垂金属材料单位面积的重量为 250N/m^2，水平底座板材料单位面积重量为 400N/m^2，钢轴材料单位体积的重量为 $7.83\times10^4\text{N/m}^3$；$R=50\text{mm}$，$l=150\text{mm}$，$a=100\text{mm}$，$b=75\text{mm}$，$c=50\text{mm}$，$d=50\text{mm}$，$\varphi=40\text{mm}$。试求此组合件重心的位置.

7-17　平面桁架由 **7** 根相同材料的均质等截面杆构成，每根杆长如图所示，求该桁架重心的位置.

7-18　图示机床重 **50**kN，当水平放置时($\theta=0°$)秤上读数为 15kN，当 $\theta=20°$时秤上读数为 10kN，试确定机床重心的位置.

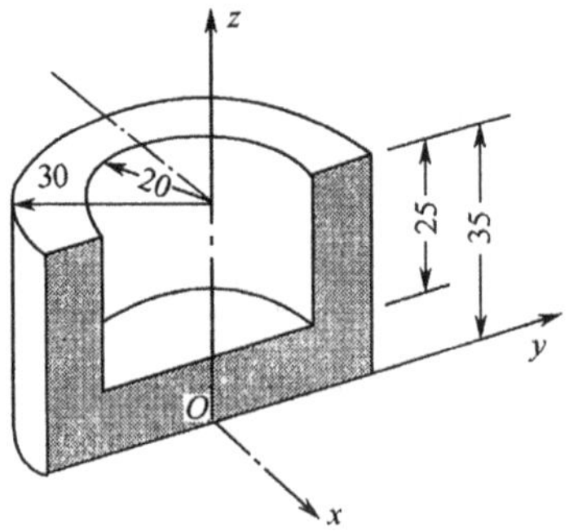

题 7-15 图

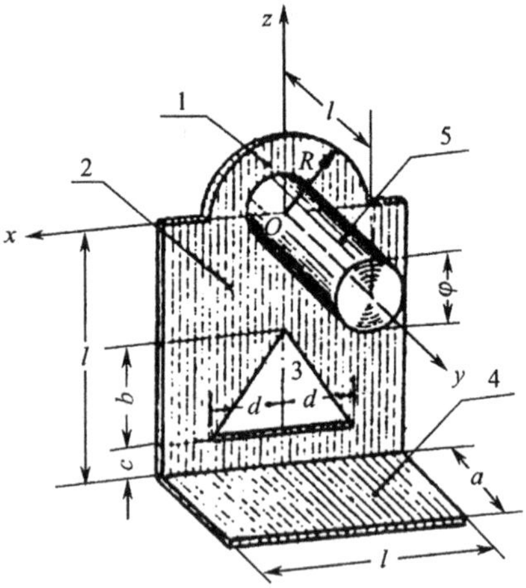

题 7-16 图

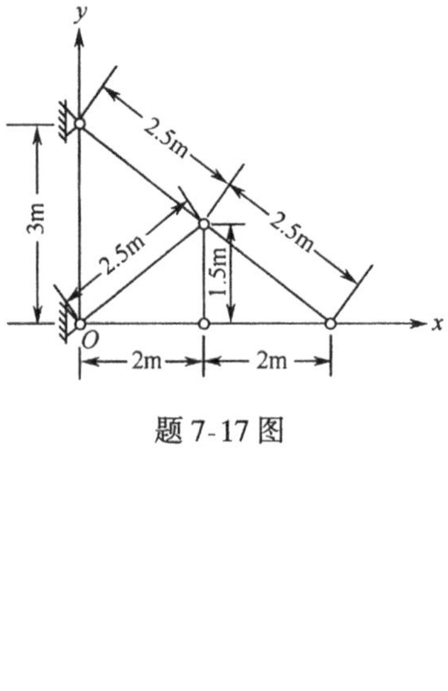

题 7-17 图

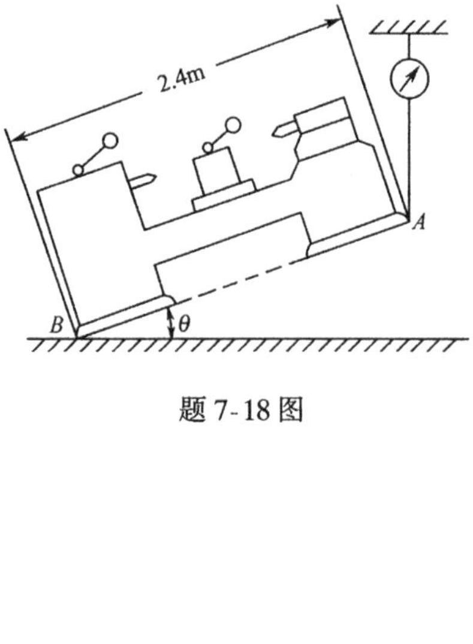

题 7-18 图

第二篇　材 料 力 学

工程实际中的结构、设备和机器都是由各种构件组合而成的.当结构、设备和机器在承受载荷或做机械运动时,构件都要受到外力的作用.在静力学中,根据力的平衡关系,已经基本上解决了构件所受外力的计算问题.而这些构件在外力的作用下是否能安全正常地工作,这就是材料力学所要分析研究的内容.

材料力学主要研究构件在外力作用下可能被破坏和变形、失稳的规律及材料本身在不同情况下的力学性质.通过这些研究,对构件进行强度、刚度和稳定性的定性、定量分析,为构件的合理设计及合理选材提供必要的理论基础和计算方法.

保证构件安全正常地工作和最经济地使用材料是一对矛盾,这一矛盾的不断解决,促进了材料力学的不断发展.

第八章　材料力学的基本概念

应用静力学的知识可以对组成机械设备和工程结构的构件进行受力分析和计算.要保证构件在这些外力的作用下能安全正常地工作,它们就必须具有足够的承载能力,也就是必须具有足够的强度、刚度和稳定性.

所谓**强度**是指构件在载荷作用下抵抗破坏的能力.

所谓**刚度**是指构件在载荷作用下抵抗变形的能力.

所谓**稳定性**是指构件在载荷作用下保持其原有平衡形式的能力.

§8-1　变形固体及其基本假设

任何物体在外力的作用下都会变形.在静力学中,构件的微小变形对力平衡的分析是一个次要因素,可不考虑,故把所研究的构件看作是刚体.但材料力学研究的是构件在外力作用下的变形和破坏,对于这些问题,即使变形很微小,也是一个主要因素,必须考虑,所以在材料力学中把所研究的构件都视为**变形固体**.为研究上的方便,突出与研究问题有关的主要因素,略去次要因素,我们采用以下假设,对变形固体加以抽象简化:

一、连续均匀假设

即认为**组成物体的物质毫无间隙地充满了物体的整个几何空间,各点处的力学性质完全相同**.实际上,从物质的结构来说,粒子之间并不连续,是有空隙的,物体的力学性质也不是各点处都相同.但粒子间的空隙与所研究的物体的尺寸相比,极其微小;而且数量极大的粒子是无规则排列的,因此在宏观讨论中完全可以视组成物体的物质是连续均匀的.这样,我们可以取其任何微小的部分来进行研究,而不失其宏观性.

二、各向同性假设

即认为**物体在各个方向都具有相同的力学性质**.实际上,如金属物体,是由晶粒组成的,就单个晶体来说,其力学性质具有明显的方向性,但由于晶粒的数目极多，排列又是不规则的，物体的力学性质并不显示出方向性的差别，因此可视物体是各向同性的.在今后的讨论中，一般把物体假设为各向同性的.

当然，有些材料，如木材、胶合板、钢丝、纤维织品等在不同的方向上具有不同的力学性质，统称为各向异性材料.

三、小变形假设

即假设**物体的变形远小于其原始尺寸**.这样，在研究物体平衡时，或用到物体尺寸时，就可忽略变形而仍按原始尺寸分析计算，使问题大为简化.此外，由于是小变形，在进行变形分析时，也可加以某些简化.实际上材料力学研究的变形都局限于小变形，至于变形过大的情况，一般都超出材料力学研究的范畴，因此小变形假设又称为**小变形条件**.

连续均匀假设、各向同性假设、小变形假设，使一些复杂的力学问题变得简单，便于研究，而又能得出合乎工程计算要求的结果.

材料力学还有一些简化内力和变形的假设，将在后面的章节中陆续介绍.

§8-2　杆件及其变形的基本形式

构件的形状多种多样，大致可分为四类：杆、板、壳和块体.纵向尺寸远大于横向尺寸的构件称为**杆件**.杆的各横截面形心的连线称为杆的**轴线**；轴线是直线的杆称为**直杆**；轴线是曲线的杆称为**曲杆**.按各横截面相等与否，杆又分为**等截面杆**和**变截面杆**.材料力学研究的主要是杆件，尤其是等截面直杆，简称**等直杆**.等直杆是工程上最常见的构件.至于板、壳、块体一般不属于材料力

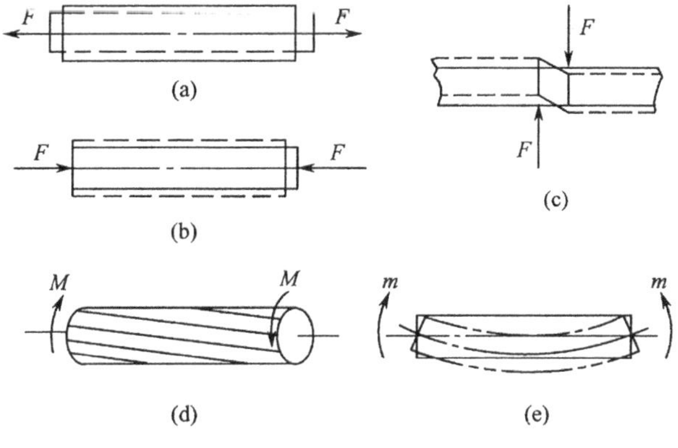

图 8-1

学研究的范畴.

杆件受外力作用发生的变形也是多种多样的，归纳起来，最简单最基本的变形是拉伸或压缩、剪切、扭转和弯曲四种.其他一些复杂的变形都可以看成是由以上四种基本变形组合而成的.图 8-1 给出四种基本变形的简图：(a)为拉伸；(b)为压缩；(c)为剪切；(d)为扭转；(e)为弯曲.在以后的章节中将详细研究这些变形.

第九章　拉伸与压缩

工程上有许多承受拉伸或压缩的构件. 图 9-1 所示为一螺钉紧固工件结构，当螺母拧紧时，被压紧的工件对螺钉有反作用力，这些反作用力的合力沿螺钉的轴线，两端合力均为拉力，使螺钉沿轴线方向伸长，具有这种特点的变形称为**轴向拉伸**. 如果在直杆两端沿轴线作用的是一对压力，则直杆将沿轴线缩短，称为**轴向压缩**. 轴向拉伸与压缩的受力简图分别为图 9-2(a)和 9-2(b)所示.

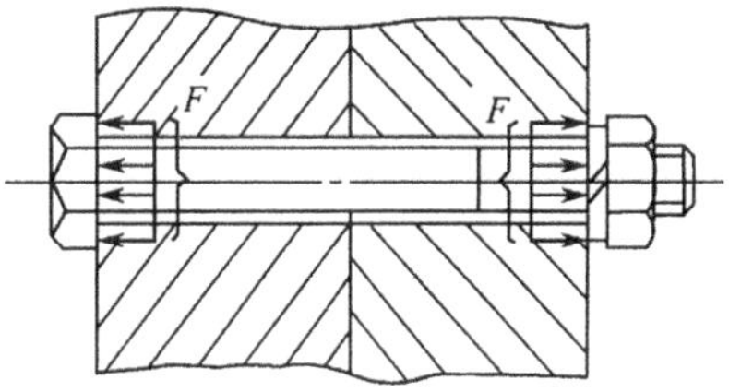

图 9-1

图 9-2

§9-1　轴　　力

在静力学中，我们研究物体系统的平衡问题时，提到外力和内力的概念. 与此不同，材料力学所说的外力是指构件所受的载荷和约束反力，内力是指构件内部各质点之间存在的相互作用的力. 构件未受外力作用时，这些内力就存在着. 正是这些内力，使各质点间保持一定的相对位置，构件保持一定的形状. 当构件受外力作用发生变形时，各质点间的相对位置发生变化，其相互作用力也发生变化，以图恢复原来的位置，抵抗构件变形. 这种由于外力的作用而引起的质点间的相互作用力的变化量显然是**附加内力**. 它随着外力的变化而变化. 但是，对一定材料和一定截面形状与尺寸的构件，附加内力的增加是有一定限度的，超过这一限度，构件再无法承担(或说抵抗)外力的作用而发生明显变形,甚至破坏,所以材料力学必须研究内力.由于涉及的只是附加内力,因此今后把附加内力简称为**内力**.

为了显示和计算构件的内力,通常采用**截面法**.这是材料力学的一个基本方法.下面我们举例说明如何用截面法求解轴向拉伸与压缩时直杆的内力.图9-3(a)所示杆件在拉力 F 的作用下处于平衡状态.欲求其任一横截面 m-m 上的内力时,可假想地将此杆沿该横截面截成Ⅰ、Ⅱ两部分,使内力暴露出来.杆件两部分在横截面上相互作用的内力,成作用与反作用的关系,是分布力系,其合力为 F_N,如图9-3(b)、(c)所示.由于杆件原来处于平衡状态,故截开后两部分仍应维持平衡.由Ⅰ部分(或Ⅱ部分)的静力平衡方程 $\sum X = 0$,求得

$$F_N = F$$

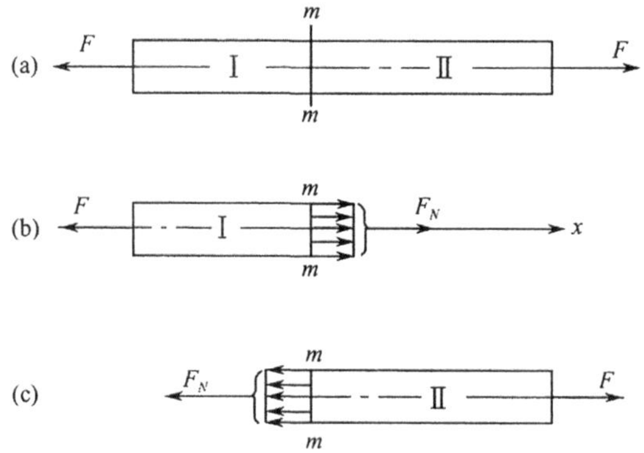

图 9-3

由于外力 F 的作用线沿杆的轴线,故合力 F_N 也必定沿杆的轴线,由此称 F_N 为杆件在横截面 m-m 处的**轴力**.通常规定,轴力背向横截面,即杆件拉伸时为正;轴力指向横截面,即杆件压缩时为负.这样,横截面两侧的轴力不仅大小相等,而且符号相同.

如果受到多于两个的轴向外力作用时,则杆件不同部分横截面处的轴力不同.为形象地表示轴力随横截面的位置的变化情况,常需画出**轴力图**.下面举例说明轴力图的画法.

例 9-1　试画出图9-4(a)所示多力杆的轴力图.已知 $F_1 = 80\text{kN}$, $F_2 = 50\text{kN}$, $F_3 = 30\text{kN}$.

解　先求约束反力 F_A(图9-4(a)),由整个杆的静力平衡方程

$$\sum X = 0, \quad -F_A + F_1 - F_2 + F_3 = 0$$

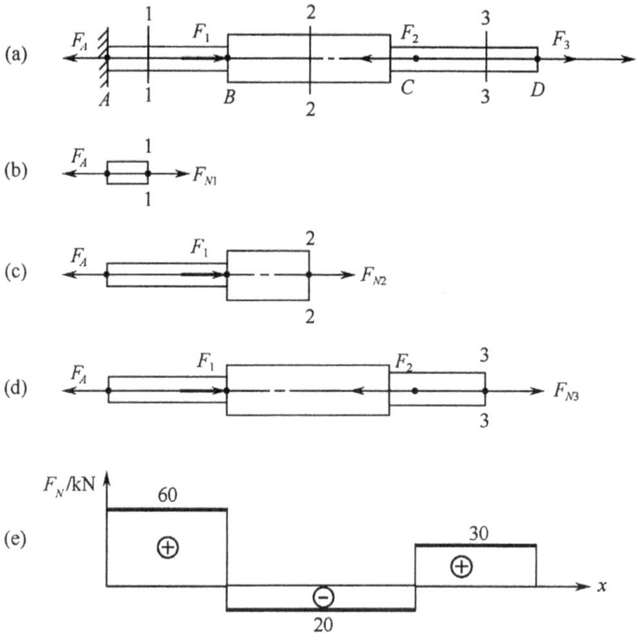

图 9-4

得

$$F_A = F_1 - F_2 + F_3 = 80 - 50 + 30 = 60(\text{kN})$$

点 A、B、C、D 分别为外力的作用点，将杆分为 AB、BC 和 CD 三段，逐段计算轴力.

先将杆沿横截面 1-1 截开，取左段（图 9-4(b)）列平衡方程

$$\sum X = 0, \quad -F_A + F_{N1} = 0$$

得

$$F_{N1} = F_A = 60\text{kN}$$

显然，在 AB 段各横截面上的轴力都相同，均为 60kN，拉力，正的.

再将杆沿横截面 2-2 截开，取其左段（图 9-4(c)）列平衡方程

$$\sum X = 0, \quad -F_A + F_1 + F_{N2} = 0$$

得

$$F_{N2} = F_A - F_1 = 60 - 80 = -20(\text{kN})$$

结果为负的，说明假设的指向与实际指向相反；实际指向是指向横截面，故轴力 F_{N2} 为压力，负的. 同为负的，但却是两个不同的含义.

最后将杆再沿横截面 3-3 截开,仍取左段(图 9-4(d))列平衡方程

$$\sum X=0,\quad -F_A+F_1-F_2+F_{N3}=0$$

得

$$F_{N3}=F_A-F_1+F_2=60-80+50=30(\mathrm{kN})$$

F_{N3}为拉力,正的.

当然,本题可以不必先求出约束反力,而直接由右向左逐段求轴力,较上述求解过程简便.也可以任取一段,不拘于逐段求解.

以平行于杆件轴线的坐标表示横截面的位置,以垂直于杆件轴线的另一坐标表示相应横截面处的轴力,绘出表示轴力与横截面位置关系的图线,即为轴力图.图 9-4(e)即为本题杆件的轴力图.轴力图不但形象地表示出各段内轴力的大小,而且还可以使各段内的变形是拉伸还是压缩一目了然.

例 9-2 图 9-5(a)所示为一厂房的柱子,由两段等直杆组成.柱受屋架的载荷 $P_1=100\mathrm{kN}$ 和两边吊车的载荷 $P_2=80\mathrm{kN}$ 的作用.求柱在横截面 1-1 和 2-2 上的轴力.

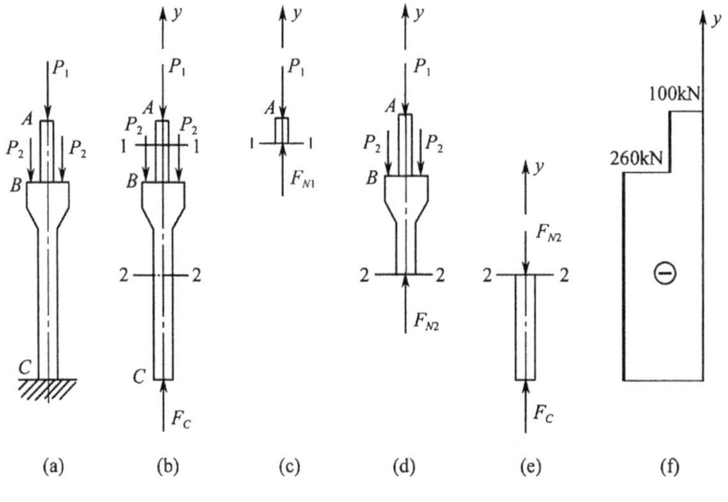

图 9-5

解 求柱子所受的约束反力,见图 9-5(b)所示,

由 $\sum Y=0$ 得 $F_C=P_1+2P_2=260\mathrm{kN}$;

求横截面 1-1 处的轴力,

取上段(图 9-5(c))列平衡方程

由 $\sum Y = 0$　得　　$F_{N1} = P_1 = 100\text{kN}$，　压力，负的；

求横截面 2-2 处的轴力，

取其上段(图 9-5(d))列平衡方程

由 $\sum Y = 0$　得　　$F_{N2} = P_1 + 2P_2 = 260\text{kN}$，　压力，负的；

也可取其下段(图 9-5(e))列平衡方程

由 $\sum Y = 0$　得　　$F_{N2} = F_C = 260\text{kN}$.

柱子轴力图为图 9-5(f).

§9-2　轴向拉伸与压缩时横截面上的应力

一、应力

在上一节中，我们以轴向拉压为例介绍了如何用截面法求某一截面上分布内力的合力(即轴力). 但仅知道合力，还不能判断杆的强度、刚度是否足够而不被破坏或明显变形. 譬如一拉杆，若其轴力很大，而杆也很粗，则未必被拉断；反力，如轴力不大，但杆很细，则有可能被拉断. 这说明杆能否被破坏不仅与内力合力的大小有关，还与截面的面积有关，就是说，与内力的密集程度(简称集度)有关.

根据连续均匀假设，内力在截面上是连续分布的，但在同一截面上的不同点处内力的分布情况(包括大小和方向)一般是不相同的.

例如图 9-6 所示之某工字钢梁受载荷 P 的作用而发生弯曲，下凹，说明梁的上半部分承受压力，横截面上半部分相应呈现的内力指向横截面，压力；梁的下半部分承受拉力，横截面下半部分相应呈现的内力背向横截面，拉力；且横截面上下边缘处内力值最大，即内力的集度最高；而梁的轴线处不承担载荷，则在横截面的横向对称轴上无内力.

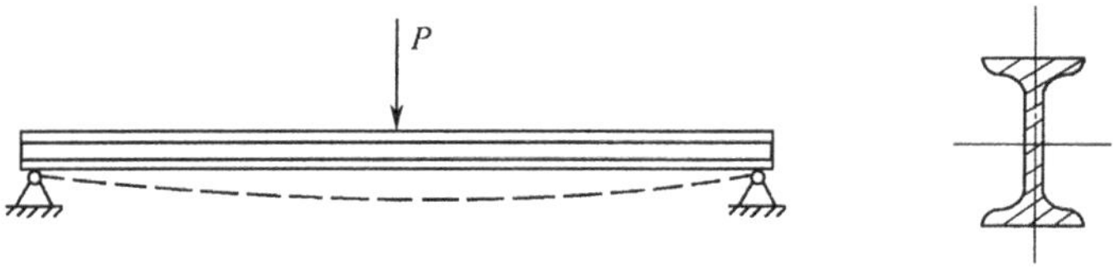

图 9-6

又如图 9-7 所示，一传动轴受力偶矩 M_1、M_2 和 M_3 的作用而发生扭转，轴的横截面上的内力切于截面，并且是沿所有同心(轴心)圆周的切线同转向分布的. 内力的大小，自轴心处为零起沿半径按直线规律增大，边缘处最大.

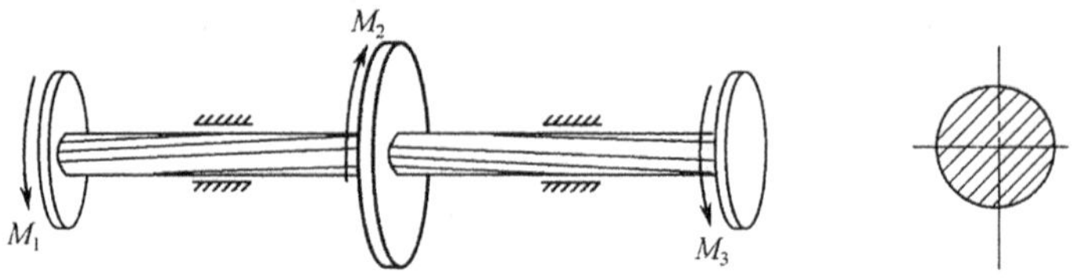

图 9-7

还可以举出大量的复杂情况的实例,如组合变形,这些,将在以后的章节中详加分析.构件受载荷作用若可能被破坏,往往就发生在内力集度高的点处.因此,我们有必要引入描述一点的内力集度的概念——应力.

设一受力构件被任一方位的平面 m-m 截开,取其一半,对其截面进行研究(图 9-8(a)).一般说来,m-m 截面上的内力并不是均匀分布的.今在其上围绕任一点 a 取一微小面积 ΔS,设 ΔS 上内力的合力为 $\Delta\boldsymbol{F}$,当面积 ΔS 大小发生变化时,$\Delta\boldsymbol{F}$ 的大小和方向都可能发生变化,因此,内力的平均集度

$$p_m = \frac{\Delta F}{\Delta S}$$

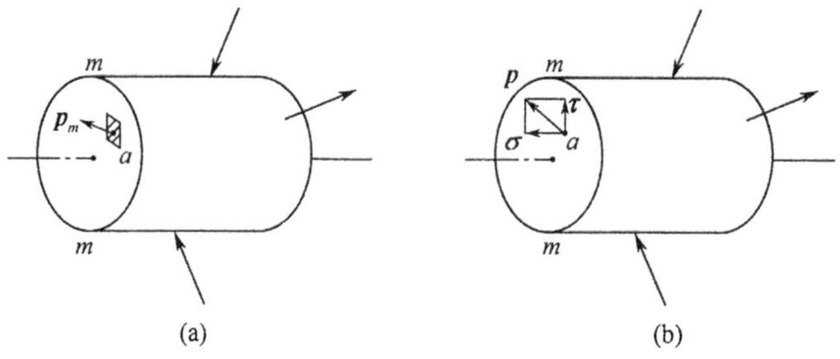

图 9-8

不能反映出点 a 处的内力集度的真实情况.所以应取当 ΔS 趋近于零时上式的极限值

$$p = \lim_{\Delta S \to 0} \frac{\Delta F}{\Delta S} = \frac{\mathrm{d}F}{\mathrm{d}S} \tag{9-1}$$

此值称为该点处的**应力**.$\Delta\boldsymbol{F}$ 的极限方向即应力的方向.

应力是一矢量,在一般情况下,既不与截面垂直,也不与截面相切.通常把它分解为垂直于截面,即沿截面法线方向的**正应力** σ 和相切于截面,即沿截面切线方向的**剪应力** τ 两分量(图 9-8(b)).

如图9-9所示,一轴向拉伸杆件,沿其斜截面截开,一般就将截面上的应

力 p 分解为正应力 σ 和剪应力 τ 进行研究.

应力的法定计量单位是帕[帕斯卡](符号为 Pa),$1Pa = 1N/m^2$. 由于单位帕太小,通常使用兆帕(MPa),$1MPa = 10^6Pa$; 或吉帕(GPa),$1GPa = 10^9Pa$.

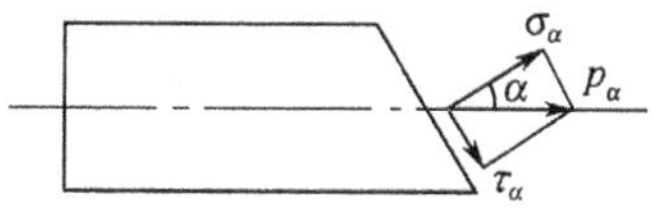

图 9-9

二、轴向拉伸与压缩时横截面上的应力

我们已经知道,截面上一点的应力与截面上内力的分布有关.下面通过试验,观察变形,来研究轴向拉伸与压缩时杆件横截面上内力的分布规律.

取一等直杆,在其表面上距杆端稍远处画出许多与轴线平行的纵向线和与它垂直的横向线,如图 9-10(a)所示.然后在杆的两端加一对轴向拉力 F. 发现所有的纵向线仍为平行于轴线的直线,伸长都相等;所有的横向线仍为垂直于轴线的直线,如图 9-10(b)所示.由表及里,内部变形也是这样.于是,我们可做如下假设:**变形前的横截面,在变形后仍保持为平面,且仍垂直于轴线**.这个假设称为**平面假设**.平面假设是材料力学的一个重要假设.

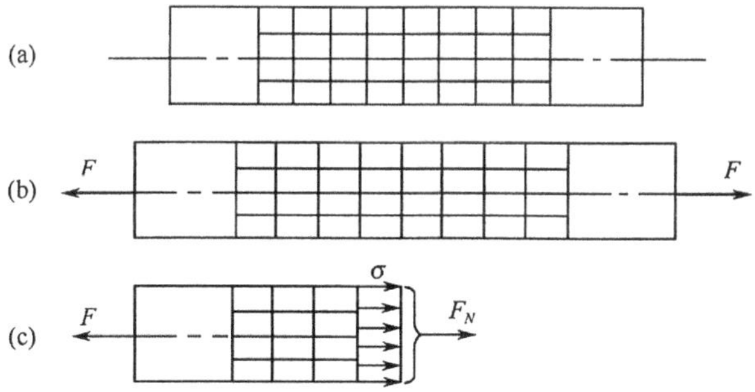

图 9-10

进一步设想杆件是由无数纵向纤维组成的,根据平面假设,可以推断,在任意两横截面间纤维的伸长都相同.又根据连续均匀假设,变形相同,受力必然相同,可知各纤维所受的力都相同,所以内力在横截面上是均匀分布的,且垂直于横截面,如图 9-10(c)所示.这就是我们要知道的内力的分布规律.

由内力的分布规律可知,在横截面上作用着均匀分布的正应力,其大小为

$$\sigma = \frac{F_N}{S} \tag{9-2}$$

式中　F_N——杆的轴力;

S——横截面面积.

正应力的符号与轴力的符号相对应,拉应力为正,压应力为负.

要说明的是,在杆两端加力处附近的横截面上的变形比较复杂,平面假设不再成立,应力分布并不是均匀的,所以式(9-2)在此处附近不适用.

§9-3　许用应力·强度条件

构件应力的值与构件的形状尺寸、截面的方位、所受的外力情况有关,不仅如此,还与制成构件的材料有直接的关系,任何一种材料所能承受的应力的增加都是有一定限度的,超过这一限度,材料就要被破坏.某材料所能承受的最大应力称为该材料的**极限应力**.不同材料的极限应力是不同的,要通过材料的力学性能试验来测定其数值(见§9-6、§9-7、§9-9).为保证构件安全正常地工作,应该使它的实际**工作应力**(由载荷引起的应力)小于所用材料的极限应力,因此有必要低于极限应力若干来确定构件所允许承受的最大应力,这个最大应力称为**许用应力**,用符号$[\sigma]$来表示.许用应力的确定见§9-9.许用应力的数值可在有关的工程手册中查到.

由上述可见,为保证杆件在轴向拉伸或压缩时安全正常地工作,必须使杆件的工作应力不超过杆件材料在轴向拉伸或压缩时的许用应力,即

$$\sigma = \frac{F_N}{S} \leqslant [\sigma] \tag{9-3}$$

该式称为杆件在轴向拉伸或压缩时的**强度条件**.

之所以用横截面的应力来建立强度条件,而不用其他方位的截面的应力,这是因为只要满足了横截面上的正应力的强度条件,其他截面自然满足,就不必考虑了(详见§9-4及第十四章).

应用强度条件式(9-3)可以解决三方面的强度计算问题.

(1) 强度校核　已知杆件所受载荷、横截面面积和材料的许用应力,检查式(9-3)是否满足,从而确定杆件是否安全.

(2) 截面设计　已知杆件所受载荷和材料的许用应力,按强度条件设计横截面面积或尺寸.

(3) 确定许用载荷　已知杆件横截面面积和材料的许用应力,按强度条件确定许用载荷.

例 9-3　图 **9**-11 所示为某电机的吊环螺钉,已知电机重为 800N,吊环螺钉为 $M8$,其螺纹根径 $d_0 = 6.4$mm,许用应力为$[\sigma] = 40$MPa.试校核吊起电机时吊环螺钉的强度(圆环的强度足够).

解 由于螺纹的根径最小,故应校核此处的强度.

其横截面面积为

$$S = \frac{\pi}{4}d_0^2$$

吊环螺钉的轴力为

$$F_N = P$$

于是得螺纹根部的正应力为

$$\sigma = \frac{F_N}{S} = \frac{800}{\frac{\pi}{4}\times(6.4\times10^{-3})^2} = 24.9\times10^6(\text{Pa}) = 24.9(\text{MPa})$$

$\sigma = 24.9\text{MPa} < [\sigma] = 40\text{MPa}$,因此吊环螺钉强度足够,安全.

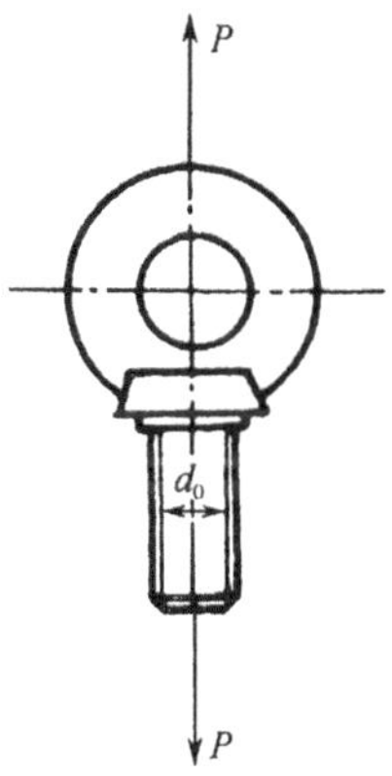

图 9-11

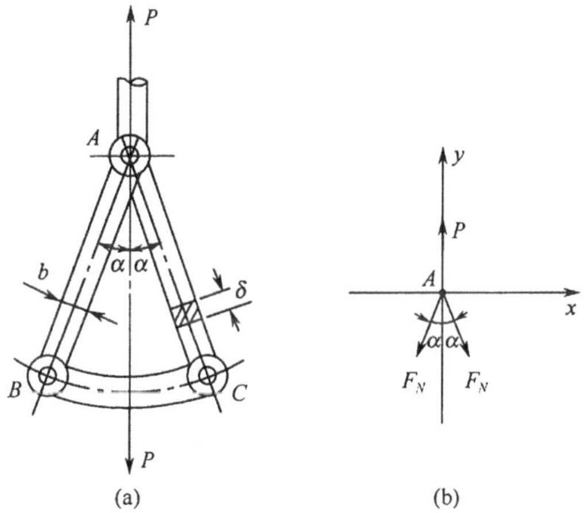

图 9-12

例 9-4 图 9-12(a)所示为一承受载荷 $P = 1000\text{kN}$ 的起重吊环,其两边的斜杆是由矩形截面的钢杆制成,$b/\delta = 3.6$;已知 $\alpha = 20°$,材料的许用应力 $[\sigma] = 120\text{MPa}$,试设计斜杆的尺寸 b、δ.

解 由于对称,两斜杆的轴力相等,均为 F_N.取点 A 为研究对象,其受力如图 9-12(b)所示.列静平衡方程

$$\sum Y = 0,\quad P - 2F_N\cos\alpha = 0$$

得

$$F_N = \frac{P}{2\cos\alpha} = \frac{1000}{2\cos20°} = 532(\text{kN})$$

由强度条件得斜杆横截面面积

$$S \geqslant \frac{F_N}{[\sigma]} = \frac{532 \times 10^3}{120 \times 10^6} = 4.43 \times 10^3 (\mathrm{mm}^2)$$

又由 $b/\delta = 3.6$,所以

$$S = b\delta = 3.6\delta^2 \geqslant 4.43 \times 10^3 \mathrm{mm}^2$$

于是得

$$\delta \geqslant 35\mathrm{mm}, \qquad b = 126\mathrm{mm}$$

取

$$\delta = 35\mathrm{mm}, \qquad b = 126\mathrm{mm}$$

例 9-5 图 9-13(a)所示结构中,AC 为钢杆,其横截面面积 $S_1 = 200\mathrm{mm}^2$,许用应力$[\sigma]_1 = 160\mathrm{MPa}$;$BC$ 为铜杆,其横截面面积 $S_2 = 300\mathrm{mm}^2$,许用应力$[\sigma]_2 = 100\mathrm{MPa}$,试求此结构的许用载荷 P.

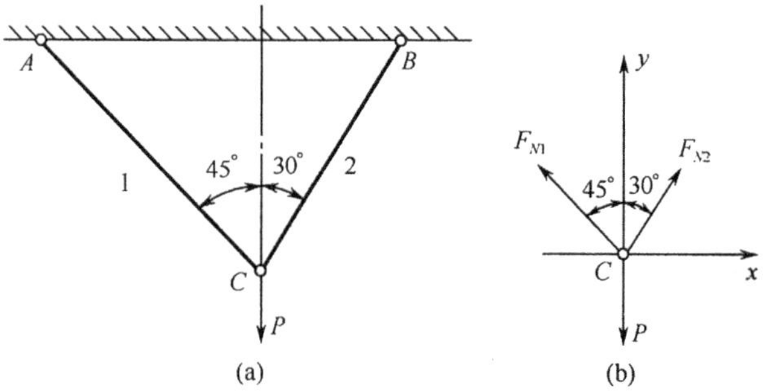

图 9-13

解 取点 C 为研究对象,受力如图 9-13(b)所示,其中 F_{N1}为 AC 杆轴力,F_{N2}为 BC 杆轴力.列静平衡方程

$$\sum X = 0, -F_{N1}\sin 45^\circ + F_{N2}\sin 30^\circ = 0$$

$$\sum Y = 0, F_{N1}\cos 45^\circ + F_{N2}\cos 30^\circ - P = 0$$

代入已知量解得

$$F_{N1} = 0.518P \tag{1}$$

$$F_{N2} = 0.732P \tag{2}$$

两杆允许承担的轴力为

$$F_{N1} \leqslant S_1[\sigma]_1 = 200 \times 10^{-6} \times 160 \times 10^6 = 32(\mathrm{kN}) \tag{3}$$

$$F_{N2} \leqslant S_2[\sigma]_2 = 300 \times 10^{-6} \times 100 \times 10^6 = 30(\mathrm{kN}) \tag{4}$$

将结果(3)代入式(1),得按 AC 杆强度算出的结构的许用载荷为

$$P \leqslant 61.8\text{kN}$$

将结果(4)代入式(2),得按 BC 杆强度算出的结构的许用载荷为

$$P \leqslant 41\text{kN}$$

显然欲使两杆都安全,最大许用载荷应为二者中的小者,即此结构许用载荷应为 $P \leqslant 41\text{kN}$.

§9-4 轴向拉伸与压缩时斜截面上的应力

前面我们研究了轴向拉伸与压缩时杆件横截面上的应力和强度计算,这是特殊截面上的应力,为全面了解杆件的强度,还应研究其他任意斜截面上的应力.

仍取一受轴向拉伸的等直杆为例,如图 9-14(a)所示,并仍用截面法研究.假想地用一与横截面成任意角 α 的斜截面 m-m 将杆截成Ⅰ、Ⅱ两部分,由Ⅰ部分(图 9-14(b))的静平衡条件 $\sum X = 0$,得斜截面上的轴力

$$F_{N\alpha} = F = F_N \tag{a}$$

式中 F_N 为横截面上的轴力.

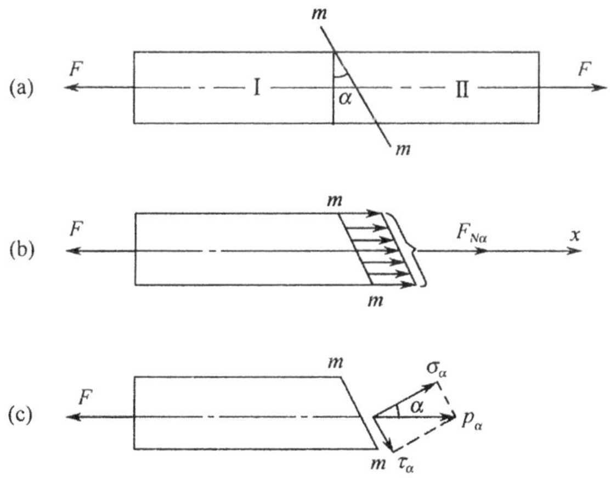

图 9-14

仿照分析横截面上应力分布规律的方法,同样可得斜截面上应力 p_α 也是均匀分布的,其方向与轴线平行.设斜截面的面积为 S_α,则

$$p_\alpha = \frac{F_{N\alpha}}{S_\alpha} \tag{b}$$

又

$$S_\alpha = \frac{S}{\cos\alpha}$$

式中 S 为横截面面积.

将此式代入式(b),并由式(a)得

$$p_\alpha = \frac{F_{N\alpha}}{S}\cos\alpha = \frac{F_N}{S}\cos\alpha = \sigma\cos\alpha \tag{c}$$

式中 σ 为横截面上的正应力.

将应力 p_α 分解为垂直于斜截面的正应力 σ_α 和切于斜截面的剪应力 τ_α (图 9-14(c)),并利用式(c),得

$$\sigma_\alpha = p_\alpha\cos\alpha = \sigma\cos^2\alpha \tag{9-4}$$

$$\tau_\alpha = p_\alpha\sin\alpha = \sigma\cos\alpha\sin\alpha = \frac{1}{2}\sigma\sin2\alpha \tag{9-5}$$

由此可见,斜截面上不仅存在正应力,还存在剪应力,它们的大小随着截面方位的不同而变化.

当 $\alpha=0$ 时,σ_α 最大,$\sigma_{\max}=\sigma$,即最大正应力发生在横截面上.

当 $\alpha=45°$时,τ_α 最大,$\tau_{\max}=\frac{\sigma}{2}$,即最大剪应力发生在与轴线成 45°的斜截面上.

最大剪应力只为最大正应力的一半,这就是只要满足了横截面上的正应力的强度条件,其他截面会自然满足,就不必考虑了的原因.

上面我们讨论的是杆件受轴向拉伸时的情况,当然,对受轴向压缩时,上述的全部结果同样适用.

本节的内容还为研究材料的力学性能和学习第十四章应力状态与强度理论知识打下了基础.

§9-5　轴向拉伸与压缩时的变形·胡克定律

杆件轴向拉伸(或压缩)时,其主要变形为纵向伸长(或缩短);同时其横向也有缩小(或增大).

一、纵向变形　胡克定律

设一等直杆的原长为 l,在轴向拉力 F 的作用下其长度为 l_1(图 9-15),则杆件的伸长为

$$\Delta l = l_1 - l$$

Δl 反映了杆件的总变形量,但不能说明杆件的变形程度,更不能反映杆内各

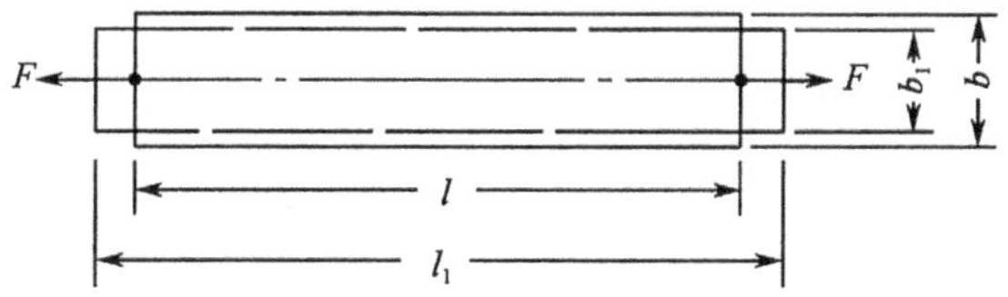

图 9-15

点处的变形情况.轴向拉伸(或压缩)时,由于杆内各点处纵向伸长(或压缩)是均匀的,因此可用杆件单位长度的伸长(或缩短),即

$$\varepsilon = \frac{\Delta l}{l} \tag{9-6}$$

来反映杆内各点处的纵向变形情况,ε 称为杆的**纵向线应变**,其符号规定,拉伸时为正,压缩时为负.ε 是没有量纲的量.

下面讨论杆件的变形与内力的关系.实验表明,**轴向拉伸或压缩时,当杆件横截面上的正应力 σ 不超过某一限度时,杆件的伸长或缩短量 Δl 与轴力 F_N 和杆的原长 l 成正比,与横截面面积 S 成反比**,即

$$\Delta l \propto \frac{F_N l}{S}$$

引入比例常数 E,上式写为

$$\Delta l = \frac{F_N l}{ES} \tag{9-7}$$

这一比例关系称为**胡克定律**.

比例常数 E 称为**材料的弹性模量**,它反映了材料的力学性质.其数值随材料而异,由实验测定,可在有关的工程手册中查到,附录Ⅱ给出了几种常用材料的 E 值.弹性模量的单位与应力的单位相同.

式中 ES 称为杆件的抗拉或抗压刚度,它反映了杆件抵抗拉伸或压缩变形的能力,其值越大,杆的变形越小.

将式(9-7)改写为

$$\frac{F_N}{S} = E\,\frac{\Delta l}{l}$$

则得

$$\sigma = E\varepsilon \tag{9-8}$$

此为胡克定律的另一种表达形式,即**当应力不超过某一限度时,纵向线应变与正应力成正比**.

应当指出,胡克定律是一个近似的实验定律,但在实际工程中,其误差一

般是可以忽略的.

二、横向变形　泊松比

仍见图 9-15,设 b 和 b_1 分别为杆件变形前和变形后的横向尺寸,则**横向线应变** ε' 为

$$\varepsilon' = \frac{b_1 - b}{b} = \frac{\Delta b}{b} \tag{9-9}$$

实验表明,**当应力不超过某一限度时,横向线应变与纵向线应变之比的绝对值为一常数**,即

$$\left| \frac{\varepsilon'}{\varepsilon} \right| = \mu \tag{9-10}$$

常数 μ 称为**泊松比**.

μ 也是一个反映材料的力学性质的量.其数值与材料有关,通过实验测得,可在有关的工程手册中查到,附录 II 给出了几种常用材料的 μ 值.泊松比是一个无量纲的量.

由于 ε' 与 ε 的符号总是相反,故 ε' 与 ε 的关系可写为

$$\varepsilon' = -\mu\varepsilon \tag{9-11}$$

例 9-6　图 9-16 所示两端受拉力 F 作用的钢制圆杆,其中间段有一穿透切槽.已知 $F = 15\text{kN}$, $d = 20\text{mm}$, $l = 400\text{mm}$, $l_1 = 250\text{mm}$,切槽宽为 $\frac{d}{2}$,弹性模量 $E = 210\text{GPa}$,试求杆的总伸长.

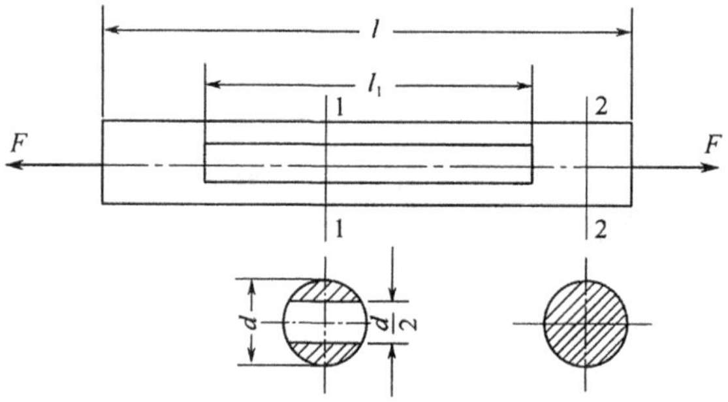

图 9-16

解　圆杆的总伸长为切槽部分与其余部分伸长之和.圆杆的轴力处处相等,$F_N = F$;其横截面面积分别为

$$S_{1\text{-}1} = \frac{\pi}{4}d^2 - \frac{d}{2} \times d$$

$$= \frac{\pi}{4} \times (20 \times 10^{-3})^2 - \frac{20 \times 10^{-3}}{2} \times 20 \times 10^{-3} = 114 \times 10^{-6}(\mathrm{m}^2)$$

$$S_{2\text{-}2} = \frac{\pi}{4} d^2$$

$$= \frac{\pi}{4} \times (20 \times 10^{-3})^2 = 314 \times 10^{-6}(\mathrm{m}^2)$$

则圆杆的总伸长为

$$\Delta l = \frac{F_N l_1}{ES_{1\text{-}1}} + \frac{F_N(l - l_1)}{ES_{2\text{-}2}}$$

$$= \frac{15 \times 10^3 \times 250 \times 10^{-3}}{210 \times 10^9 \times 114 \times 10^{-6}} + \frac{15 \times 10^3 \times (400 - 250) \times 10^{-3}}{210 \times 10^9 \times 314 \times 10^{-6}}$$

$$= 0.1566 \times 10^{-3} + 0.0341 \times 10^{-3}$$

$$= 0.1907 \times 10^{-3}(\mathrm{m}) = 0.191(\mathrm{mm})$$

例 9-7　图 9-17(a)所示三角构架之 AB 和 AC 杆均为钢杆，两杆横截面面积分别为 $S_1 = 314\mathrm{mm}^2$、$S_2 = 1256\mathrm{mm}^2$，弹性模量 $E = 200\mathrm{GPa}$，载荷 $P = 20\mathrm{kN}$，AB 杆长 $l_1 = 2\mathrm{m}$，试求节点 A 的位移.

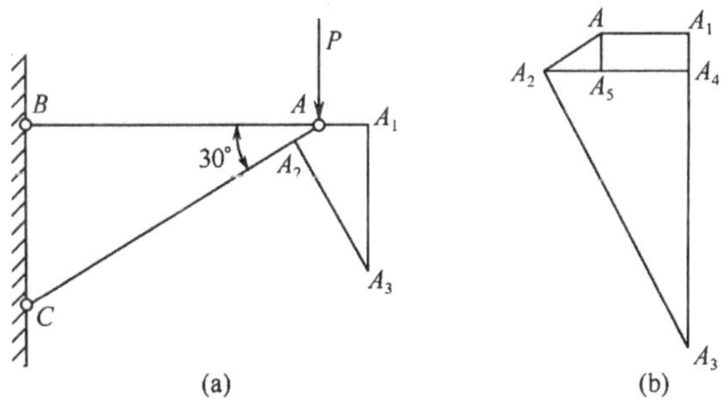

图 9-17

解　由节点 A 的静力平衡条件求得 AB 杆的轴力 F_{N1} 和 AC 杆的轴力 F_{N2} 分别为

$$F_{N1} = 34.64\mathrm{kN}(拉), \quad F_{N2} = 40\mathrm{kN}(压)$$

由△ABC 求得 AC 杆的长度为

$$l_2 = 2.31\mathrm{m}$$

AB 杆的伸长量为

$$\Delta l_1 = \frac{34.64 \times 10^3 \times 2}{200 \times 10^9 \times 314 \times 10^{-6}} = 1.103 \times 10^{-3}(\mathrm{m})$$

AC 杆的缩短量为

$$\Delta l_2 = \frac{40 \times 10^3 \times 2.31}{200 \times 10^9 \times 1256 \times 10^{-6}} = 0.368 \times 10^{-3}(\mathrm{m})$$

为了求点 A 的位移,可假想将 AB 和 AC 两杆在点 A 拆开,并在其原长上分别增加和减去 Δl_1 和 Δl_2,然后分别以点 B 和点 C 为圆心,以两杆变形后的长度 BA_1 和 CA_2 为半径作圆弧相交于点 A_3. 点 A_3 即为点 A 在构架变形后的新位置. 因两杆的变形很微小,A_1A_3 和 A_2A_3 是两段极其微小的短弧,因此可分别用垂直于 AB 和 AC 的垂线来代替,两垂线的交点就是点 A_3. AA_3 即为点 A 的位移.

为清楚计,将变形前后的几何关系放大如图 9-17(b)所示.

点 A 的水平位移为

$$AA_1 = \Delta l_1 = 1.103 \times 10^{-3}\mathrm{m} = 1.10\ \mathrm{mm}$$

点 A 的铅垂位移为

$$\begin{aligned} A_1A_3 &= A_1A_4 + A_4A_3 \\ &= AA_2\sin30^\circ + A_2A_4/\tan30^\circ \\ &= AA_2\sin30^\circ + (A_2A_5 + A_5A_4)/\tan30^\circ \\ &= \Delta l_2\sin30^\circ + (\Delta l_2\cos30^\circ + \Delta l_1)/\tan30^\circ \\ &= 2.647 \times 10^{-3}\ \mathrm{m} = 2.65\ \mathrm{mm} \end{aligned}$$

§9-6　材料在拉伸时的力学性质

在研究构件的强度、变形等问题时,必须知道材料的力学性质,如前面涉及到的极限应力、弹性模量、泊松比等都是它的一些具体内容. 试验是研究材料的力学性质的主要方法. 这里介绍的是材料在常温(指室温)、静载荷(指缓慢平稳地加载荷)下的拉伸试验和压缩试验,这是研究材料力学性质的最基本的试验.

低碳钢和铸铁是工程上最常使用的两类材料,它们的力学性质具有一定的代表性,因此我们把它们作为重点进行研究.

一、拉伸试验　应力-应变图

为了便于比较不同材料拉伸时的力学性质,国家标准《金属拉力试验法》(GB228-87)规定将材料做成标准试件,通常采用圆柱形试件,如图 9-18 所示. 试件中部截面部分的直径为 d_0,在中部标出长为 l_0 的一段作为测量变形的长度,称作**标距**.标距的长度有两种,对于长试件取 $l_0=10d_0$;对于短试件取 $l_0=5d_0$.此外在国家标准中,对试验时的加载速度,试件表面的光洁度,试验温度及标距部分的尺寸偏差也都有明确规定.

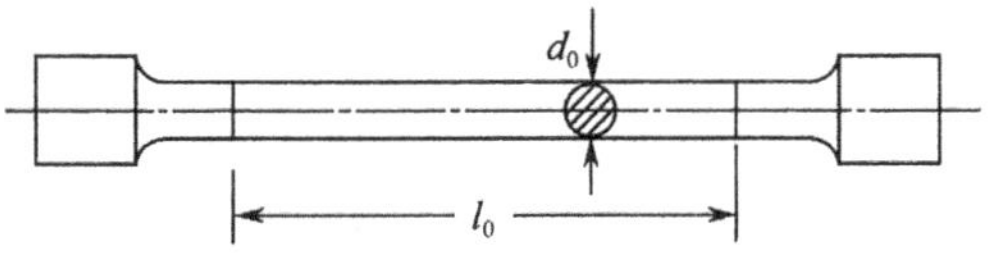

图 9-18

试验所用的主要设备为,对试件加载荷的万能材料试验机和测量试件变形的引伸仪.

试验时,将试件两端装入材料试验机的卡头中,开动试验机,使试件轴向受到缓慢增加的拉力,直到拉断试件为止.拉力 P 的大小可由试验机上的测力装置示出,标距的伸长 Δl 可由引伸仪量得.将拉力 P 和对应的标距伸长 Δl 一一记录下来,以 P 为纵坐标,Δl 为横坐标,就可绘出表示 P 与 Δl 关系的曲线,该曲线称为**拉伸图**.试验机一般都带有绘图装置,能自动绘出 P 与 Δl 的关系.它描述了从开始加载到破坏为止,试件承受的载荷和变形发展的全过程.

图 9-19 即低碳钢的拉伸图.

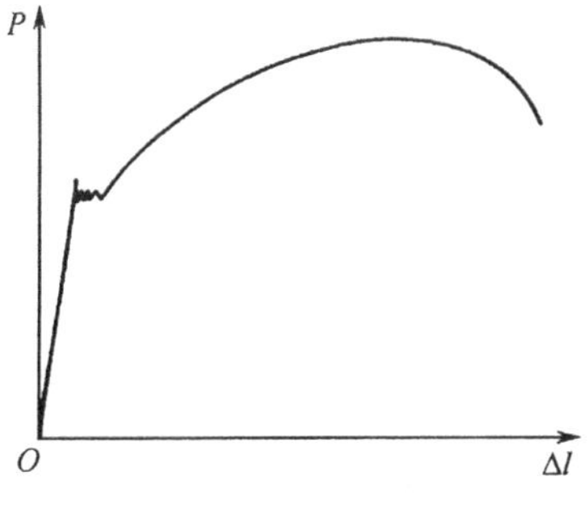

图 9-19

显然,拉伸图不仅与试件的材料有关,还与试件的尺寸有关,例如同一材料制成的长短、粗细不同的试件,如果标距长一些,则在同样的拉力作用下,其伸长量就会大一些;如果横截面面积大一些,则产生相同的伸长所需的拉力也应大一些,因此,因试件的尺寸不同,所画出的拉伸图会是各种各样,不同.为了消除试件尺寸的影响,使试验结果反映材料本身的力学性质,将拉力 P 除以试件的原横截面面积S_0,即以应力$\sigma=\dfrac{P}{S_0}$来衡量材料的受力情况;将标距的绝对伸长Δl除以标距原长l_0,即以应变$\varepsilon=\dfrac{\Delta l}{l_0}$来衡量材料的变形情况.这样,就将图 9-19 拉伸曲线改变为同一材料的以σ作为纵坐标,ε作为横坐标的表示σ与ε关系的曲线,如图 9-20 所示,此曲线称为**应力-应变图**,或称σ-ε图.应力-应变图与拉伸图形状相似,只是二者的纵、横坐标的比例尺不同而已.

图 9-20 即低碳钢的应力-应变图.

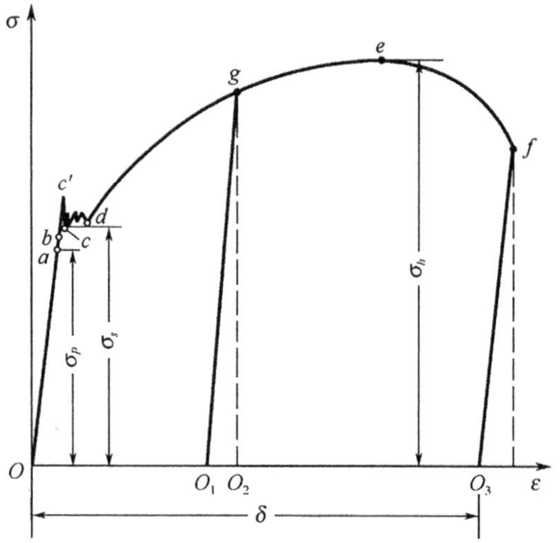

图 9-20

二、低碳钢在拉伸时的力学性质

由低碳钢的应力-应变图看出,其整个拉伸过程大致可分为四个阶段.

1. 弹性阶段

图 9-20 中的 Ob 段即表示弹性阶段.在这个阶段内,材料的变形完全是**弹性变形**,所谓弹性变形是指载荷卸去后能自行消失的变形.点 b 对应的应力σ_e称为材料的**弹性极限**,σ_e是材料只产生弹性变形的最大应力.弹性阶段内的直线段 Oa 表示应力与应变成正比关系,即材料服从胡克定律.点 a 对应的应力σ_P称为材料的**比例极限**,只有当应力不超过σ_P时,材料才服从胡克定律.$Q235$ 钢的比例极限$\sigma_P\approx 200$MPa.由于弹性极限和比例极限的数值非常接近,因此工程上对二者并不严格区分.

从图中可看出

$$E = \frac{\sigma}{\varepsilon} = \tan\alpha$$

所以弹性模量 E 是直线 Oa 的斜率.

2. 屈服阶段

过了弹性阶段后，σ-ε 曲线继续上升一小段，到达点 c' 时，又倒退至点 c. 此后曲线呈近乎平行于 ε 轴的小锯齿形线段，直至点 d. 这说明自点 c' 到点 c 相应的应力 σ 在减小，至 cd 段应力几乎不变，只做微小波动；而相应的应变 ε 却迅速增加，这种现象称为**屈服**(或**流动**)，曲线 $c'd$ 段称为**屈服阶段**. 这一阶段主要产生塑性变形，所谓**塑性变形**是指载荷卸去后不能消失的变形，又称**残余变形**.

表面光滑的试件在屈服时，其表面上会出现许多与轴线大致成 45°的条纹，如图 9-21 所示，这些条纹称为滑移线，是金属材料内部晶格之间产生相对滑动而形成的；说明在 45°的斜截面上的剪应力最大.

σ-ε 曲线上点 c' 对应的应力称作上屈服极限，其值受变形速度及试件形状的影响较大，一般是不稳定的；所以工程上通常都以数值比较稳定的点 c 对应的应力(下屈服极限)作为材料的**屈服极限**，记作 σ_s. $Q235$ 钢的屈服极限 $\sigma_s \approx 240$MPa.

材料屈服表现为明显的塑性变形，而零件的塑性变形会影响机器的正常工作，因此屈服极限 σ_s 是衡量材料强度的重要指标.

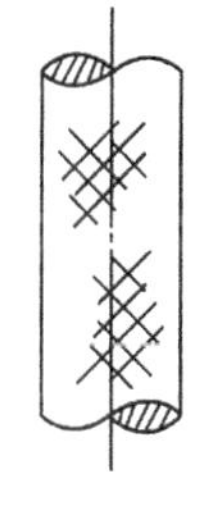

图 9-21

3. 强化阶段

屈服阶段后，曲线上升，直到最高点 e，即材料又明显地恢复了抵抗变形的能力，要使试件继续变形就得增加拉力，这种现象称为材料的**强化**. 曲线 de 段称为**强化阶段**. 点 e 所对应的应力 σ_b 称为材料的**强度极限**. 强度极限是材料为承受载荷作用所产生的最大应力，它是衡量材料强度的另一个重要指标. $Q235$ 钢的强度极限 $\sigma_b \approx 400$MPa.

强化阶段的变形大部分也是塑性变形，同时试件的横向尺寸明显缩小.

4. 局部颈缩阶段

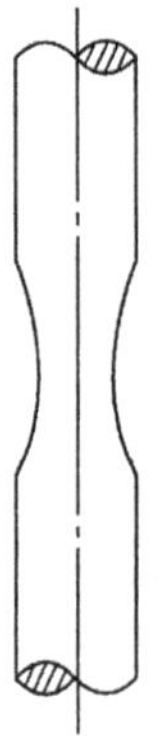

图 9-22

点 e 过后，曲线斜向下降，到点 f，曲线终结. 其间试件某一局部的截面急剧收缩出现**颈缩**现象，如图 9-22 所示. 截面的收缩使试件继续伸长所需的拉力也相应减小，应力 σ 随之下降，降落到点 f 对应的应力时，试件被拉断，试验结束.

试件拉断后，弹性变形消失了，而塑性变形保留了下来，图 9-20 中的 OO_3 即表示了材料拉断后塑性变形的程度. 因此一般用试件拉断后的相对残余变形量来衡量材料的塑性性能. 常用的两个塑性指标是

(1) 延伸率 δ

$$\delta = \frac{l_1 - l_0}{l_0} \times 100\%$$

式中　l_0——标距原长；

l_1——拉断后的标距长.

δ 越大，说明材料的塑性越好. 一般把 $\delta \geqslant 5\%$ 的材料称为**塑性材料**，如钢、铜等；把 $\delta < 5\%$ 的材料称为**脆性材料**，如铸铁、混凝土等. 低碳钢的延伸率 $\delta \approx 20\% \sim 30\%$，说明它的塑性很好.

(2) 断面收缩率 ψ

$$\psi = \frac{S_0 - S_1}{S_0} \times 100\%$$

式中　S_0——原横截面面积；

S_1——拉断后断口处的最小横截面面积.

ψ 越大，说明材料的塑性越好. 低碳钢的断面收缩率 $\psi \approx 60\% \sim 70\%$，同样说明它的塑性很好.

下面介绍材料的冷作硬化知识.

在拉伸试验中，如果将试件拉到弹性阶段后的任一点，如图 9-20 的点 g，然后逐渐卸载，则应力-应变曲线是沿着与直线 Oa 几乎平行的直线 gO_1 返回到点 O_1. O_1O_2 表示的是消失了的弹性应变，而 OO_1 表示的是遗留下来的塑性应变. 这说明在超过弹性阶段后的任一点，材料的变形包括弹性变形和塑性变形两部分.

若卸载后重新加载，则曲线基本沿着卸载时的斜直线 O_1g 上升，到点 g 后又沿曲线 gef 直到拉断.

比较两曲线 $Oabc'cdgef$ 和 O_1gef，可以看出，在第二次加载时，材料的比例极限提高了，而断裂后遗留的塑性变形减小了（即图中所示塑性应变 OO_3 减少了 OO_1 一段而成为 O_1O_3），这种现象称作材料的**冷作硬化**．冷作硬化现象经退火处理后又可消除．

工程上常利用冷作硬化来提高某些构件在弹性阶段的承载能力，如起重用的钢丝绳和建筑用的钢筋等，常用冷拔工艺进行加工以提高其强度．又如对某些零件进行喷丸处理，使其表面发生塑性变形，形成冷硬层，以提高零件表面层的强度．但另一方面，冷作硬化又会使材料变脆，给下一步加工造成困难，且使零件容易产生裂纹，这就又需要在适当工序间通过热处理来消除冷作硬化的影响．

三、其他塑性材料在拉伸时的力学性质

金属材料的品种众多，它们的力学性质不尽相同，下面举例简单介绍．

16 锰（16Mn）钢是一种具有优良的力学性能和广泛使用价值的低合金高强度钢，其应力-应变曲线为图 9-23 所示，图中同时给出了 Q235 钢的应力-应变曲线，以便比较．可以看出，16 锰钢的曲线与 Q235 钢的曲线相似，但前者的屈服极限 σ_s 和强度极限 σ_b 比 Q235 钢有明显提高．它的各种性能指标为 $\sigma_s=290\sim350\text{MPa}$，$\sigma_b=480\sim520\text{MPa}$，$\delta=21\%\sim29\%$，$\psi=45\%\sim60\%$．由此可见，16 锰钢的力学性能更优于低碳钢．

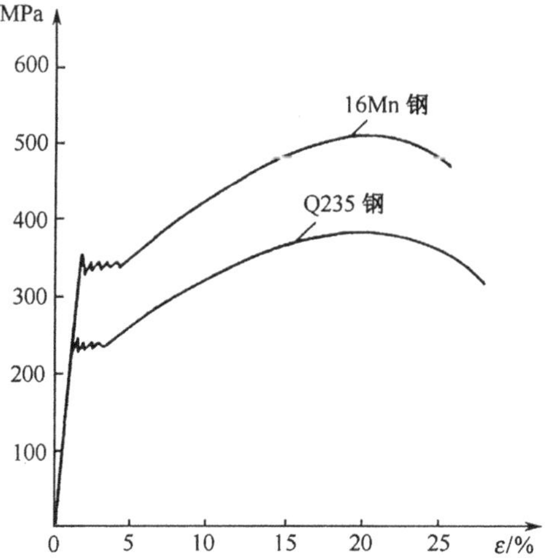

图 9-23

在同样试验条件下得到的锰钢、硬铝、退火球墨铸铁和青铜材料的应力-应变曲线如图 9-24 所示. 从这些曲线可以看出,这些材料与低碳钢相同之点是,它们断裂后都具有较大的塑性变形,故同属于塑性材料;不同之点是,有的材料没有屈服极限,但有其他三个阶段(如硬铝、退火球墨铸铁、青铜);有的材料只有弹性阶段和强化阶段,而没有屈服阶段和颈缩阶段(如锰钢).

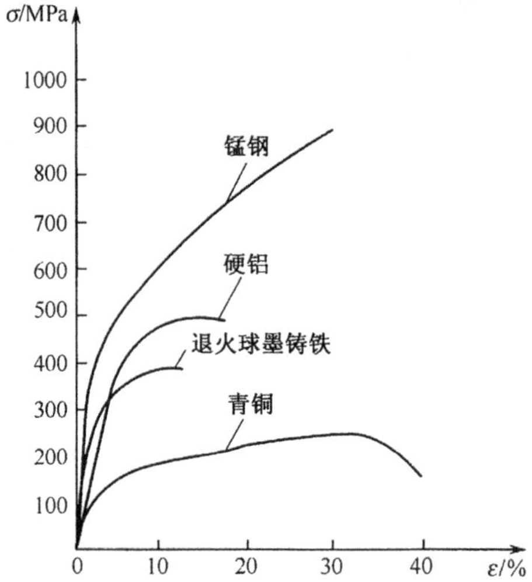

图 9-24

对于没有明显屈服阶段的塑性材料,按国家标准规定,取对应于试件卸载后产生 0.2% 的塑性应变时的应力作为材料的屈服极限,以 $\sigma_{0.2}$表示,称为**名义屈服极限**,如图 9-25 所示(图中平行于弹性阶段的斜虚线). 同屈服极限 σ_s

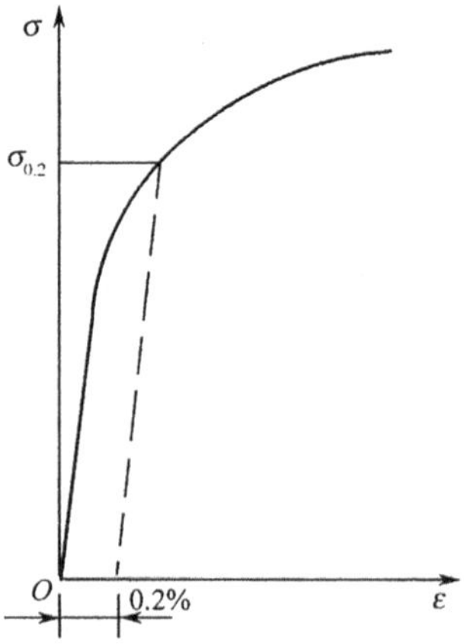

图 9-25

一样，它是衡量材料强度的一个重要指标.

四、铸铁在拉伸时的力学性质

灰口铸铁拉伸时的应力-应变图如图 9-26 所示. 它是一条微弯的曲线，没有明显的直线部分，也没有屈服阶段和颈缩现象，在应力不高时即被拉断，始终没有明显的塑性变形，因此灰口铸铁是典型的脆性材料.

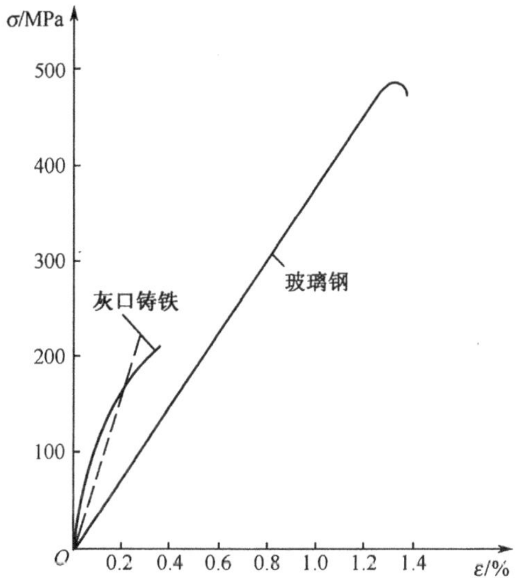

图 9-26

工程实际中，铸铁是不能应用在拉应力较高的情况下的，因此，通常取一条割线(图 9-26 中的虚线)来近似地代替曲线的开始部分，并认为在这一段内，材料服从胡克定律.

图 9-26 中所示的另一种脆性材料——玻璃钢的拉伸时的应力-应变曲线的特点是，直到试件快要被拉断都是直线，即一直保持弹性阶段.

强度极限 σ_b 是衡量脆性材料强度的惟一指标.

§9-7 材料在压缩时的力学性质

金属材料的压缩试件一般都制成短圆柱形，为避免试件被压弯，其高度约为直径的 1.5～3 倍. 混凝土、石料等则制成立方体形的试块.

低碳钢压缩时的应力-应变图如图9-27所示，图中虚线为低碳钢拉伸时的应力-应变曲线.可以看出,在屈服阶段之前,两曲线重合,它们的弹性模量 E、比例极限 σ_P、屈服极限 σ_s 相同.过了屈服阶段,试件越压越扁,抗压能力也不断提高,直至压薄也不断裂,因而得不到压缩时的强度极限.由于试件两端面与压头间摩擦力的影响,试件两端的横向变形受到阻碍,因而试件被压成鼓形.塑性材料一般都有这些特点.

由于可以从拉伸试验中测定低碳钢压缩时的主要性能,所以不一定要进行压缩试验.

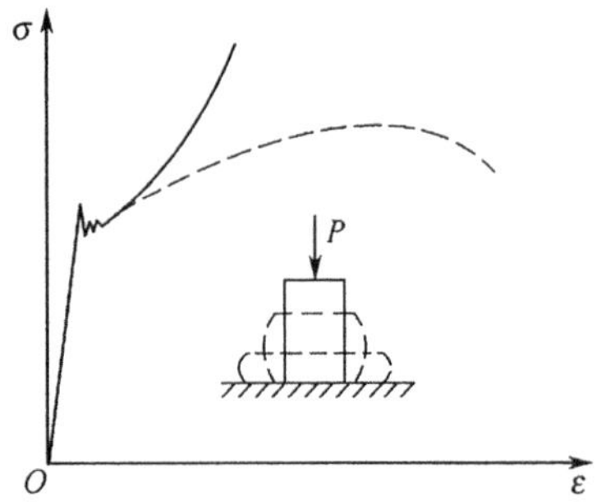

图 9-27

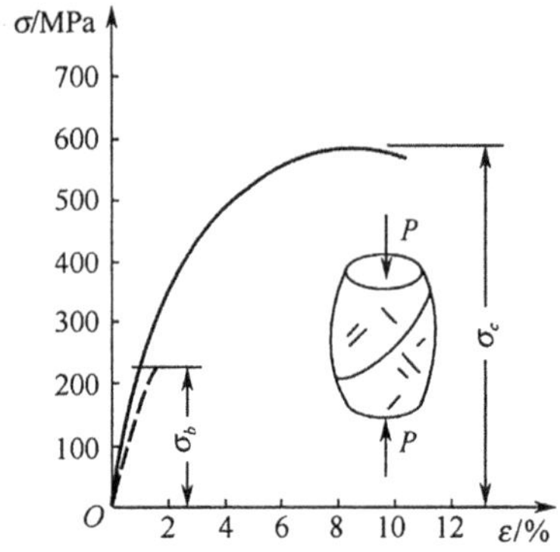

图 9-28

图 9-28 是铸铁压缩时的应力-应变图.与拉伸时一样,没有明显的直线部分,也没有屈服极限,但与拉伸时的应力-应变曲线(图 9-28 中的虚线)相比,其强度极限是拉伸时的约 2～5 倍.因此铸铁宜作受压构件,而不宜作受拉构件.一般脆性材料的抗压强度都明显高于其抗拉强度.

铸铁压缩时,其破坏断面与轴线约成 45°角,这说明该斜截面上有最大的剪应力.

附录Ⅱ给出了几种常用材料的 σ_s、σ_b 和 δ 值.

§9-8　应力集中的概念

我们知道,等截面直杆在轴向拉伸或压缩时,横截面上的应力是均匀分布的.但由于需要,一些构件上常带有开孔、沟槽、肩台和螺纹等,使截面尺寸突变.在这些突变处附近,横截面上的应力分布不再是均匀的,而是急剧增加,稍远处,应力又迅速降低趋于均匀.如图 9-29 和图 9-30 所示,这种现象称为应力集中.

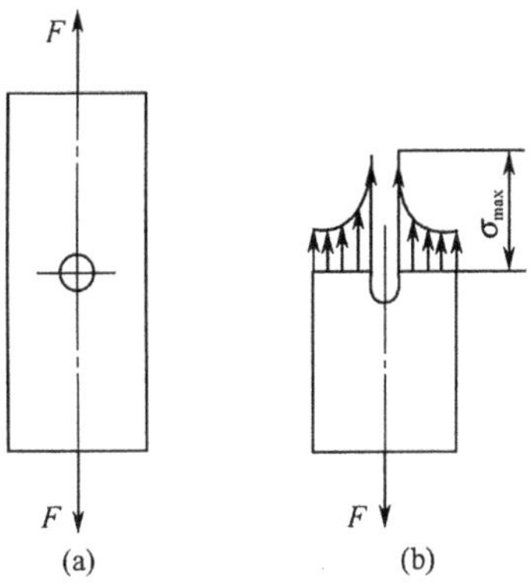

图 9-29

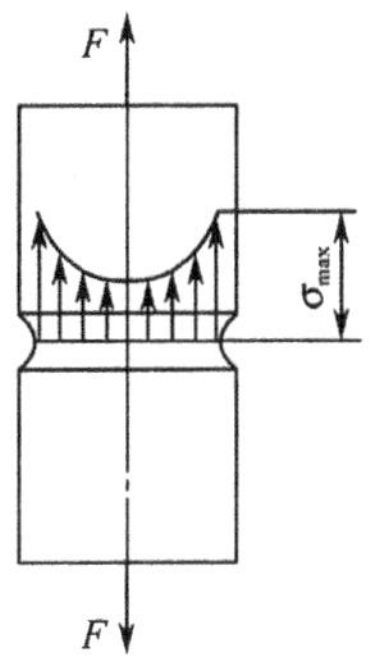

图 9-30

应力集中的程度可用**应力集中系数**k 来衡量,

$$k = \frac{\sigma_{max}}{\sigma_m}$$

式中　σ_{max}为发生应力集中的截面上的最大应力;

σ_m 为同一截面上的平均应力.

应力集中系数之值主要通过试验手段来测定,在工程设计手册中可查到.利用应力集中系数,可以求出最大应力.

不同的材料对应力集中的敏感程度是不同的.对于塑性材料来说,当某局部的最大应力 σ_{max}达到屈服极限时,该处首先屈服,截面上其余部分仍处于弹性阶段,承担着增加的外力,而最大应力 σ_{max}却不再随着外力的增加而增加,这时整个构件仍能正常工作.直至屈服区域扩大到整个截面,构件的承载能力才能达到极限状态.因此,在一般情况下,对塑性材料可以不考虑应力集中的影响,而脆性材料,由于没有屈服阶段,某局部的最大应力 σ_{max}不断增加,首先达到强度极限,致使构件在该处开始断裂,很快导致整个构件破坏.所以应力集中使脆性材料的承载能力大大降低,必须考虑.但像铸铁等组织不均匀的脆性材料,其内部的许多缺陷本身就是产生应力集中的主要因素,因此,由截面尺寸突变而引起的应力集中可不考虑.

§9-9　安全系数和许用应力的确定

在§9-3 中建立轴向拉伸或压缩强度条件时用到许用应力[σ],许用应力一般用下式确定

$$[\sigma] = \frac{\sigma_u}{n}$$

式中，σ_u——材料的极限应力，或说破坏应力；

n——大于 1 的系数，称为**安全系数**.

对于塑性材料，当其屈服时就产生塑性变形，影响构件的正常工作，故取屈服极限 σ_s（或名义屈服极限 $\sigma_{0.2}$）作为极限应力，则许用应力为

$$[\sigma] = \frac{\sigma_s}{n}$$

对于脆性材料，直至断裂也无明显的塑性变形，故取强度极限 σ_b 作为极限应力，则许用应力为

$$[\sigma] = \frac{\sigma_b}{n}$$

确定许用应力时须用的安全系数，主要是基于以下几方面的考虑.

(1) 实际的材料并不是像假设的那样绝对均匀，构件材料与试件材料也难以完全一样.

(2) 对构件、所受力及计算方法的简化，使所得应力带有一定的近似性.

(3) 对载荷的估计一般不可能十分精确，而且还可能会有偶然的载荷.

(4) 构件的磨损、腐蚀，其本身的重要性等都要求构件要有足够的强度储备.

显然，安全系数取得越大，构件越安全；但取得过大，会浪费材料，因此要综合多方面的考虑，对具体的情况作具体的分析. 一般对塑性材料取 $n=1.2\sim2.5$，脆性材料取 $n=2.0\sim3.5$. 具体选用时可查阅有关的工程手册.

§9-10　简单拉压静不定问题

一、静不定问题的解法

在§4-5 中提过，求解静不定问题可借助物体受力变形的规律，补充足够的方程. 下面通过例题来说明静不定问题的解法.

例 9-8　如图 9-31(a)所示，三杆合吊一重为 P 的重物，A、B、C、D 四处均为铰链连接. 已知 1、2 杆的长度、横截面面积和材料的弹性模量均相同，分别为 l、S、E；3 杆的长度、横截面积和材料的弹性模量分别为 l_3、S_3、E_3. 求三杆的内力.

解　取点 A 为研究对象，其受力如图 9-31(b)，其中 F_{N1}、F_{N2}、F_{N3}分别

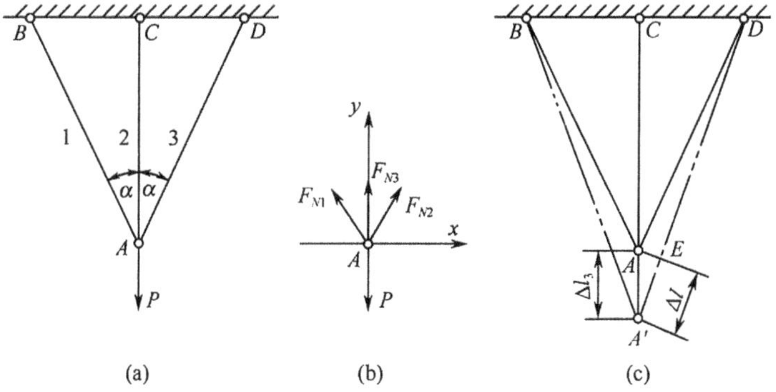

图 9-31

为 1、2、3 杆的轴力，由静平衡条件，平面汇交力系能列两个独立的方程，

$$\sum X = 0, \quad -F_{N1}\sin\alpha + F_{N2}\sin\alpha = 0 \tag{1}$$

$$\sum Y = 0, \quad F_{N1}\cos\alpha + F_{N3} + F_{N2}\cos\alpha - P = 0 \tag{2}$$

两个方程含三个未知量，这显然是一个静不定问题，需加列一补充方程. 下面讨论如何利用变形和内力的关系来解决这一问题.

首先找出三杆变形的谐调关系.

由于三杆的位置、长度、截面积、材料和受力对称，因此点 A 必沿铅垂方向下移至点 A'(图 9-31(c)). AA' 即 3 杆的伸长 Δl_3. 自点 A 作 $A'D$ 的垂线 AE，由于是小变形，$A'E$ 可视为 2 杆的伸长 Δl(当然也等于 1 杆的伸长)，于是得变形谐调关系为

$$\Delta l = \Delta l_3 \cos\alpha \tag{3}$$

式(3)称为三杆的**变形几何方程**.

由胡克定律，杆的伸长与轴力间的物理关系为

$$\left.\begin{aligned} \Delta l &= \frac{F_{N2} l}{ES} \\ \Delta l_3 &= \frac{F_{N3} l_3}{E_3 S_3} \end{aligned}\right\} \tag{4}$$

将式(4)代入式(3)，并代入图示关系 $l_3 = l\cos\alpha$，得

$$\frac{F_{N2}}{ES} = \frac{F_{N3}}{E_3 S_3}\cos^2\alpha \tag{5}$$

式(5)即为所需要的补充方程.

联解式(1)、(2)、(5)得

$$F_{N1}=F_{N2}=\frac{P}{2\cos\alpha+\dfrac{E_3S_3}{ES\cos^2\alpha}}$$

$$F_{N3}=\frac{P}{1+2\dfrac{ES}{E_3S_3}\cos^2\alpha}$$

上述求解步骤归纳起来,即

(1) 确定研究对象,列静力平衡方程;

(2) 分析变形谐调关系,列变形几何方程;

(3) 建立变形与力之间的物理关系;

(4) 由变形几何方程和物理关系导出所需要的补充方程;

(5) 联解平衡方程和补充方程.

二、装配应力

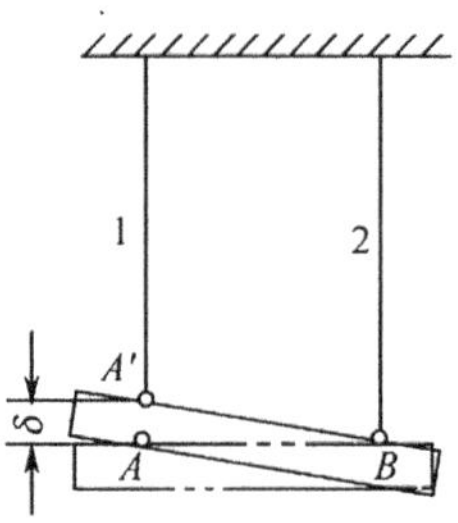

图 9-32

构件制成后,其尺寸难免会有些微小的误差.对于静定结构,这些误差,如图 9-32 所示之 1 杆比应有的长度做短了一微小量 δ,只不过引起横梁 AB 发生微小的倾斜,成 $A'B$ 位置,杆内不会引起任何应力.但在静不定结构中就往往会引起应力.如图 9-33(a)所示之 2 杆较 1、3 杆短了 δ,将三杆与横梁强行装配在一起,则 2 杆产生了拉应力,1、3 杆产生了压应力.这样引起的应力称为**装配应力**.装配应力是在结构承受外载荷之前就具有的引力.这种应力的存在,一般是不利的,因再与外载荷引起的应力叠加,往往会降低结构承受外载荷的能力.但有很多地方又利用它,例如紧配合,就是有意利用装配应力实现的.

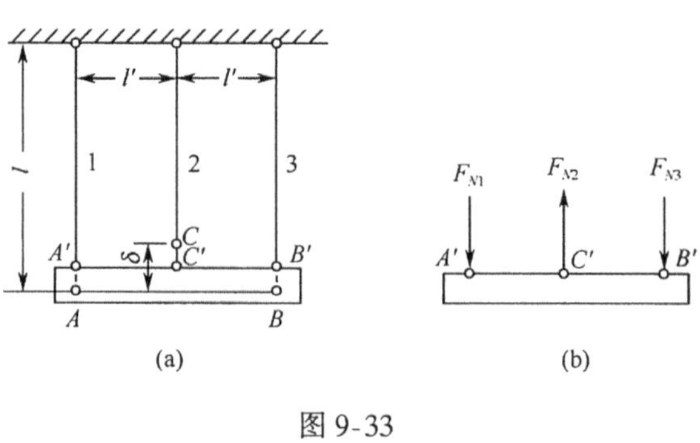

图 9-33

求解装配应力一类问题的方法与前述方法相同.

例 9-9 设上述图 9-33(a)所示三杆的横截面面积均为 S,材料的弹性模量均为 E,1、3 杆的原长为 l,2 杆较 1、3 杆短 δ 长.试求三杆的内力.

解

(1) 平衡方程

横梁受力为图 9-33(b)所示.

$$\sum Y = 0, \quad -F_{N1} + F_{N2} - F_{N3} = 0 \tag{1}$$

$$\sum M_{C'}(\boldsymbol{F}) = 0, \quad F_{N1}l' - F_{N3}l' = 0 \tag{2}$$

(2) 变形几何方程

由图 9-33(a)可知

$$\Delta l = \delta - \Delta l_2 \tag{3}$$

式中,Δl 为 1、3 杆的缩短量 AA'、BB',$AA' = BB'$;Δl_2 为 2 杆的伸长量 CC'.

(3) 物理关系

由胡克定律得

$$\left.\begin{aligned} \Delta l &= \frac{F_{N1}l}{ES} \\ \Delta l_2 &= \frac{F_{N2}l}{ES} \end{aligned}\right\} \tag{4}$$

由于 2 杆的原长为 $l-\delta$,而 $\delta \ll l$,故取 l 为 2 杆的原长.

(4) 补充方程

将式(4)代入式(3)得

$$\frac{F_{N1}l}{ES} = \delta - \frac{F_{N2}l}{ES} \tag{5}$$

(5) 联解式(1)、(2)、(5)得

$$F_{N1} = F_{N3} = \frac{\delta ES}{3l}$$

$$F_{N2} = \frac{2\delta ES}{3l}$$

三、温度应力

温度的变化将引起构件的膨胀或收缩.在静定结构中,由于构件能自由变形,因此,当温度变化时,一般不会使构件内产生应力.但在静不定结构中,构件的变形受到某些限制,温度的变化往往使构件内产生应力,这种应力称为**温度应力**.

求解温度应力一类的问题同样用前述的方法.

例 9-10　图 9-34(a)中,杆 AB 两端固定,杆材料的弹性模量为 $E=200\text{GPa}$、线胀系数 $a=12\times10^{-6}\text{K}^{-1}$,求温度升高 60K 时杆内的温度应力.设杆的横截面面积为 S.

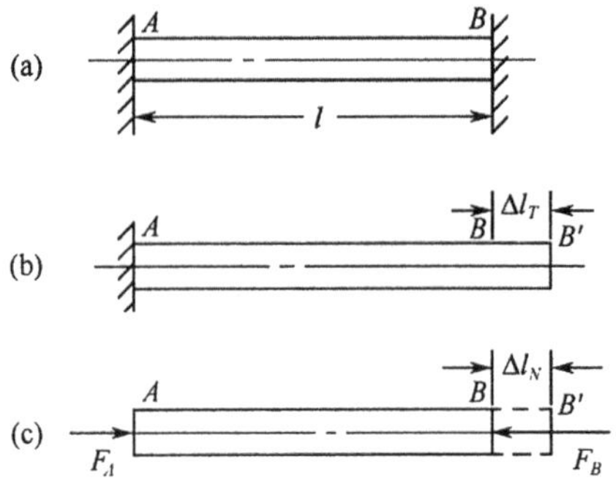

图 9-34

解　温度升高后,杆伸长.如果只有一端(如 A 端),杆的伸长是自由的(图 9-34(b)).但因 B 端的阻挡,杆不能伸长,这就相当于在杆端施加压力,把杆的 B 端压回到原来的位置(图 9-34(c)).

设杆两端所受的压力为 F_A、F_B,则平衡方程为

$$F_A - F_B = 0 \tag{1}$$

两个未知量一个独立方程,显然这是一个静不定问题.

以 Δl_T 表示由温度引起的杆的变形,Δl_N 表示由压力引起的弹性变形,由杆的总长度不变得变形几何方程为

$$\Delta l_T - \Delta l_N = 0 \tag{2}$$

又由物理关系知

$$\left.\begin{aligned}\Delta l_T &= al\Delta T\\ \Delta l_N &= \frac{F_N l}{ES}\end{aligned}\right\} \tag{3}$$

其中,轴力 $F_N=F_A=F_B$.

将式(3)代入式(2)得

$$F_N = a\Delta TES$$

于是温度应力为

$$\sigma=\frac{F_N}{S} = a\Delta TE$$

$$= 12 \times 10^{-6} \times 60 \times 200 \times 10^{9} = 144(\mathrm{MPa})$$

这样大的数值，可见温度应力是不能忽略的，因此铁道钢轨间留有空隙，桥梁的一端采用活动铰链支座，高温管道装置伸缩节(图 9-35)等都是为减小温度应力而采用的方法.

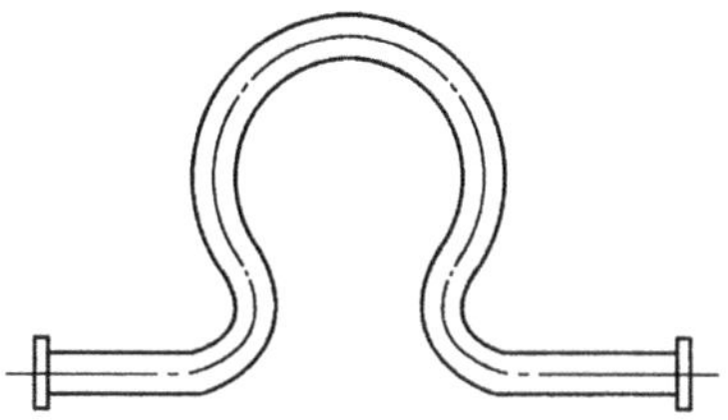

图 9-35

习　题

9-1　试求图示各杆指定截面的轴力，并画其轴力图.

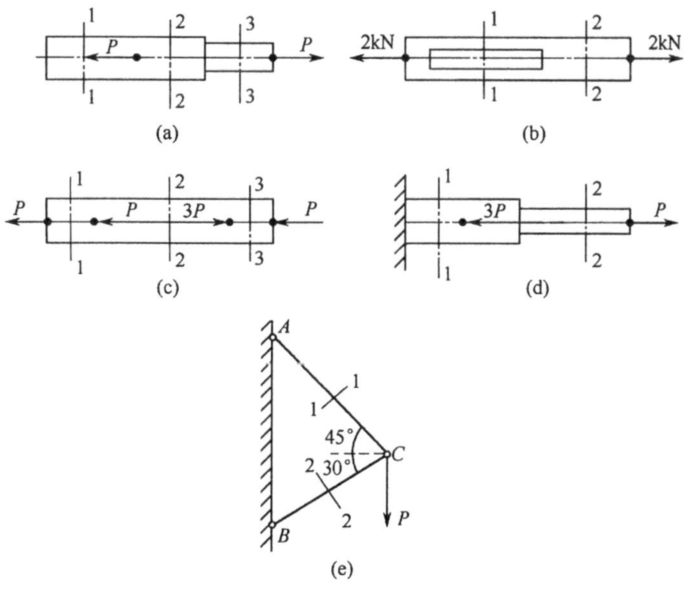

题 9-1 图

9-2　作用于图示零件上的拉力 $F = 38\mathrm{kN}$，试问零件内最大拉应力发生在哪个截面上？并求其值.

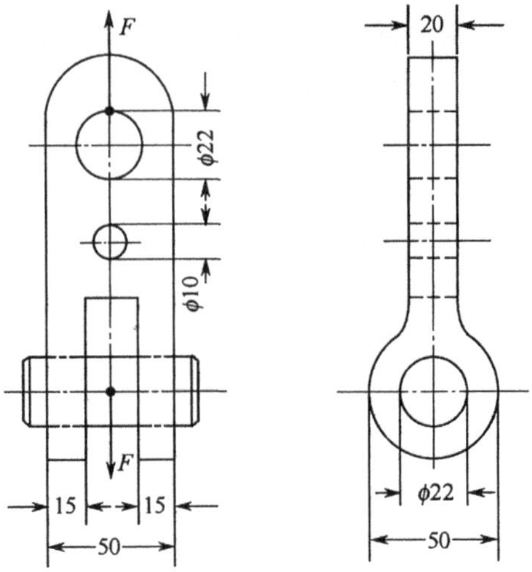

题 9-2 图

9-3　一链条如图所示，图中尺寸 $H = 65\text{mm}$，$h = 40\text{mm}$，$t = 4.5\text{mm}$，$d = 20\text{mm}$，若链条所受载荷 $P = 25\text{kN}$，求链板的最大应力.

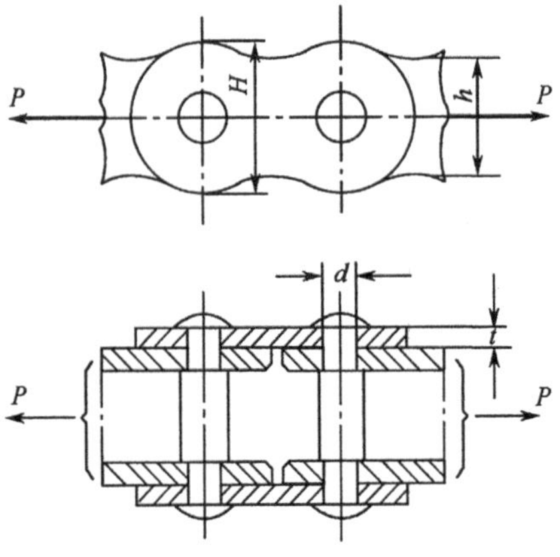

题 9-3 图

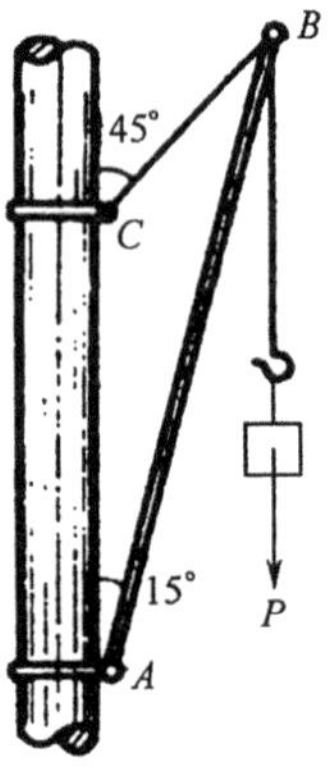

题 9-4 图

9-4　一桅杆起重机如图所示，起重杆 AB 为一钢管，其外径 $D = 20\text{mm}$，内径 $d = 18\text{mm}$；钢绳 CB 的横截面面积为 0.1cm^2. 已知起重量 $P = 2000\text{N}$，试计算起重杆和钢丝绳的应力.

9-5　在图示结构中，若钢拉杆 BC 的横截面直径为 10mm，试求拉杆内的应力.

9-6　图示结构，1、2 两杆的横截面直径分别为 10mm 和 20mm，试求两杆内的应力.

9-7　图为某镗床工作台进给油缸，油压 $p = 2\text{MPa}$，油缸内径 $D = 75\text{mm}$，活塞杆直径

$d=18\mathrm{mm}$,已知活塞杆材料的许用应力$[\sigma]=50\mathrm{MPa}$,试校核活塞杆强度.

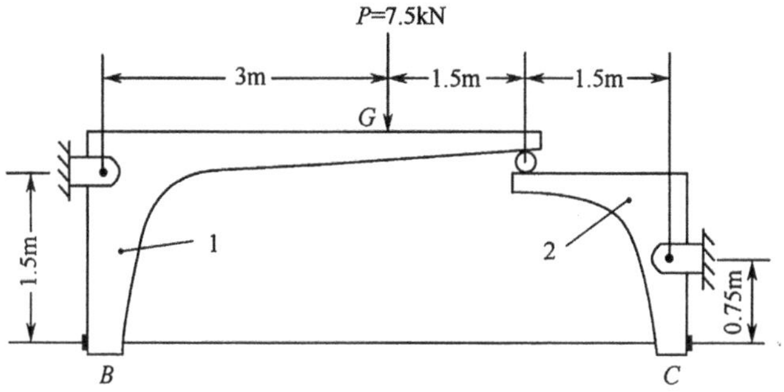

题 9-5 图

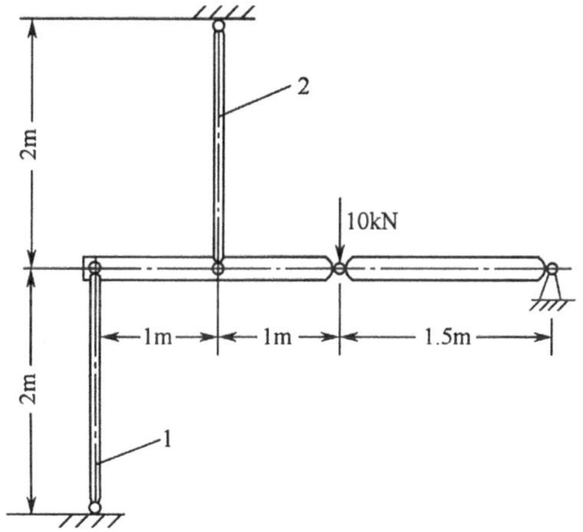

题 9-6 图

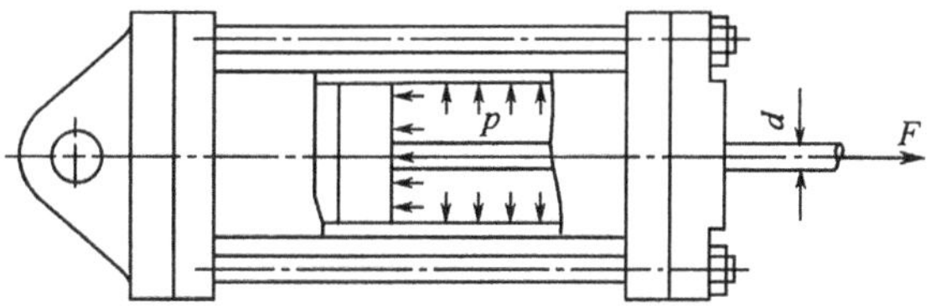

题 9-7 图

9-8　汽车离合器踏板如图所示.已知踏板受到压力 $F=400\mathrm{N}$ 作用,拉杆 1 的直径 $D=9\mathrm{mm}$,杠杆臂长 $L=300\mathrm{mm}$,$l=56\mathrm{mm}$,拉杆的许用应力$[\sigma]=50\mathrm{MPa}$,试校核拉杆 1 的

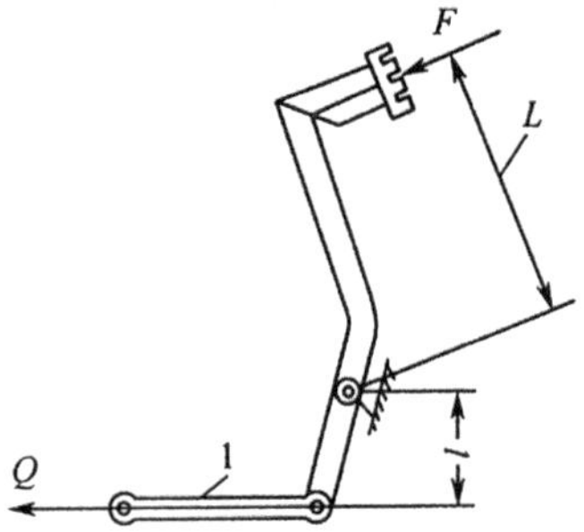

题 9-8 图

强度.

9-9　用绳索吊运一重 $P=20\text{kN}$ 的重物. 设绳索的横截面面积 $S=12.6\text{cm}^2$, 许用应力 $[\sigma]=10\text{MPa}$, 试问:

(1) 当 $\alpha=45°$ 时, 绳索强度是否够用?

(2) 当改为 $\alpha=60°$ 时, 再校核绳索的强度.

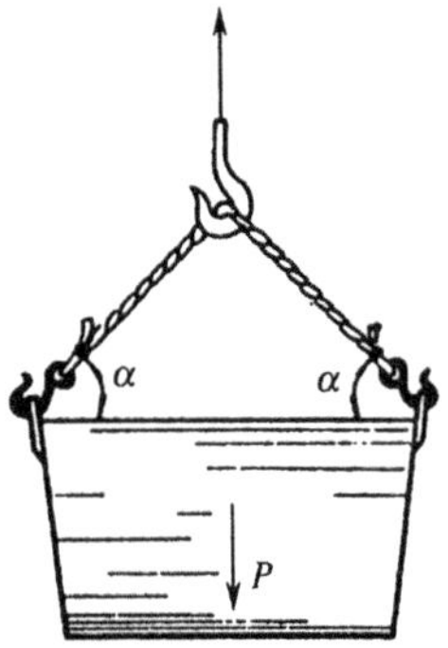

题 9-9 图

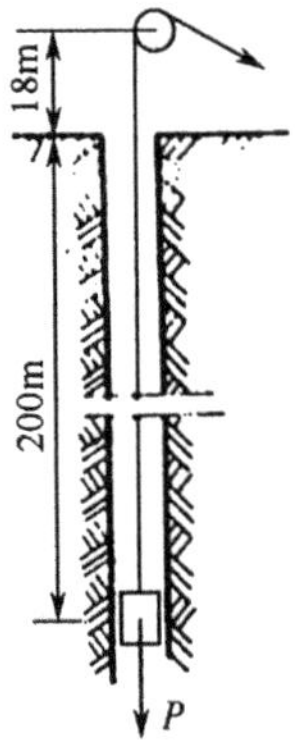

题 9-10 图

9-10　某金属矿矿井深 **200**m, 其提升系统简图如图示. 设罐笼及其装载的矿石共重 $P=45\text{kN}$, 钢丝绳自重为 $p=23.8\text{N/m}$; 钢丝绳横截面面积 $S=2.51\text{cm}^2$, 抗拉强度 $\sigma_b=1600\text{MPa}$. 设取安全系数 $n=7.5$, 试校核钢丝绳的强度.

9-11　一冷锻机的曲柄滑块机构如图示, 锻压时, 连杆 AB 接近水平位置, 锻压力 $F=3780\text{kN}$. 连杆横截面为矩形, 高与宽之比 $\dfrac{b}{\delta}=1.4$, 材料的许用应力 $[\sigma]=90\text{MPa}$, 试设计截面尺寸 b 和 δ.

9-12　悬臂吊车的尺寸和载荷如图所示. 斜杆 BC 由两角钢组成, 载荷 $P=25\text{kN}$. 设材料的许用应力 $[\sigma]=140\text{MPa}$. 试选择角钢的型号.

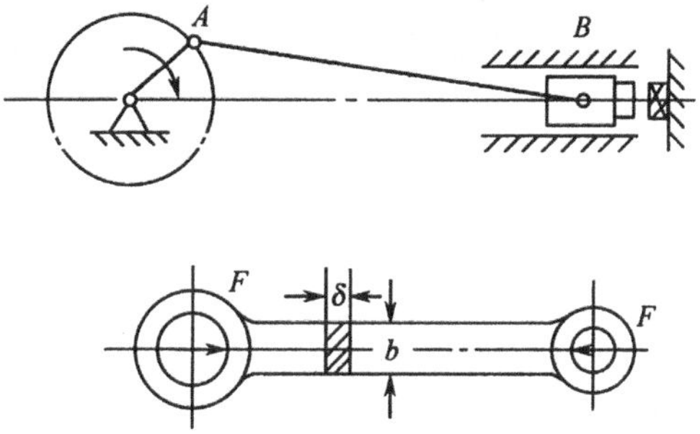

题 9-11 图

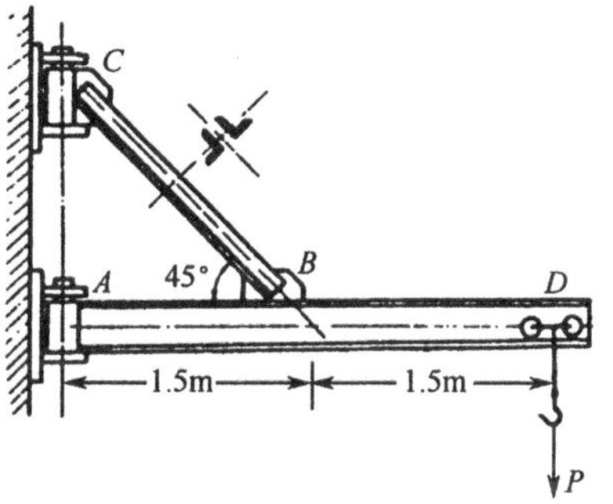

题 9-12 图

9-13　同步电机的磁极用螺钉固定在转子上，当转子转动时，磁极和线圈由于转动而产生的离心力 $F=50\text{kN}$. 每一磁极用两只螺钉固定(图中只看到一只)，螺钉材料的许用应力$[\sigma]=130\text{MPa}$. 试设计螺钉的直径(内径).

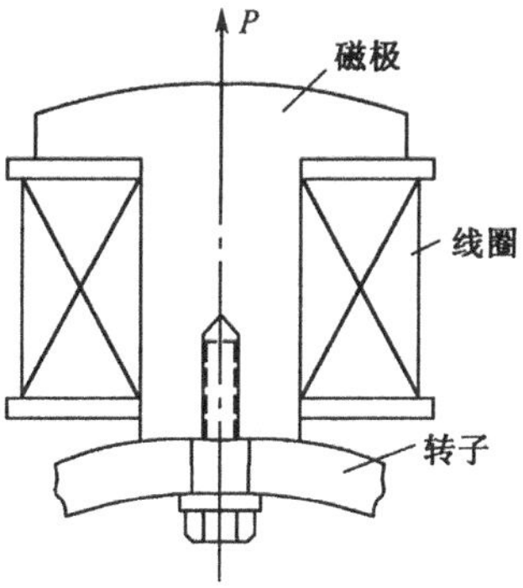

题 9-13 图

9-14　图示双杠杆夹紧机构,需产生一对 20kN 的夹紧力,试求水平杆 AB 及二斜杆 BC 和 BD 的横截面直径.已知三杆的材料相同,$[\sigma]=100\text{MPa}$,$\alpha=30°$.

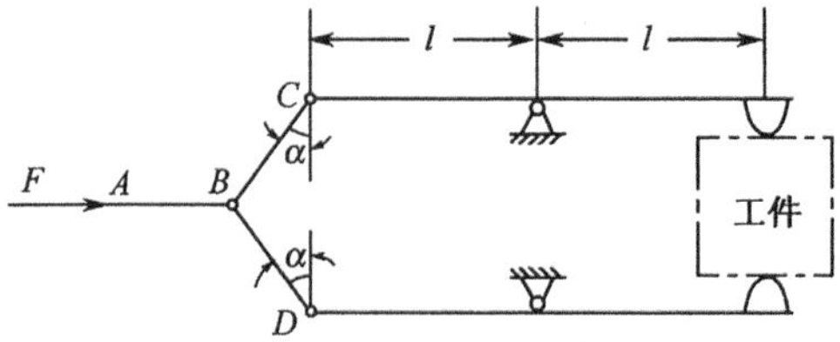

题 9-14 图

9-15　图示为一水塔的结构简图,水塔重量 $P=400\text{kN}$,支撑于杆 AB、BD 及 CD 上,并受到水平方向的风力 $F=100\text{kN}$ 的作用.设各杆材料均为钢,许用应力都为 $[\sigma]=100\text{MPa}$.求各杆所需的横截面面积.

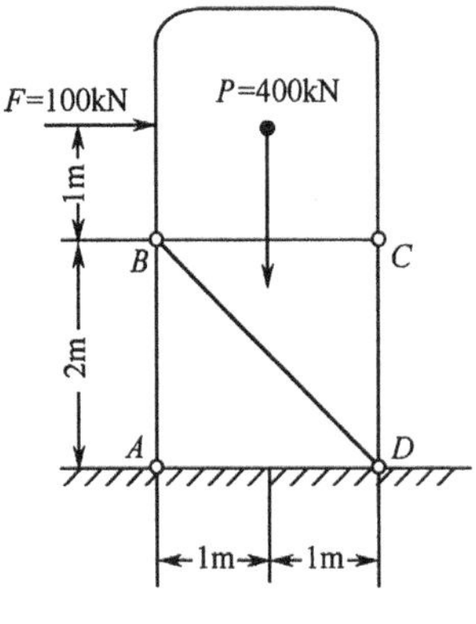

题 9-15 图

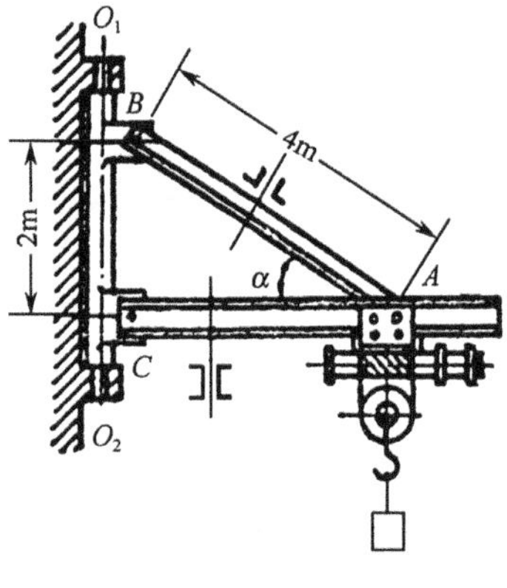

题 9-16 图

9-16　图示一简易旋臂式吊车,由三角架构成.斜杆由两根 5 号等边角钢组成,每根角钢的横截面面积 $S_1=4.80\text{cm}^2$;水平横杆由两根 10 号槽钢组成,每根槽钢的横截面面积 $S_2=12.74\text{cm}^2$.材料都是 Q235 钢,许用应力为 $[\sigma]=120\text{MPa}$.整个三角架能绕 O_1-O_2 轴转动,电动葫芦能沿水平横杆移动.当电动葫芦在图示位置时,求能允许起吊的最大重量(包括电动葫芦的重量在内).两杆自重不计.

9-17　三角形构架 ABC 如图所示,由 AC 及 BC 两杆组成,在点 C 受到载荷 P 的作用.已知杆 AC 由两根 10 号槽钢所组成,$[\sigma]_{AC}=160\text{MPa}$;杆 BC 是 20a 号工字钢所组成,$[\sigma]_{BC}=100\text{MPa}$.试求许用载荷 P.

9-18　铰接的正方形结构如图所示,各杆材料皆为铸铁,许用拉应力 $[\sigma_l]=50\text{MPa}$,许用压应力 $[\sigma_y]=60\text{MPa}$,各杆横截面尺寸均为 2500mm^2,试求结构的许用载荷.

9-19　两块 Q235 钢板用 T4222 焊条对焊起来作为拉杆,已知 $b=60\text{mm}$,$t=10\text{mm}$,

钢板许用应力$[\sigma]=160\text{MPa}$,焊缝许用应力$[\sigma]=145\text{MPa}$,试求此拉杆的许可拉力$[F]$.

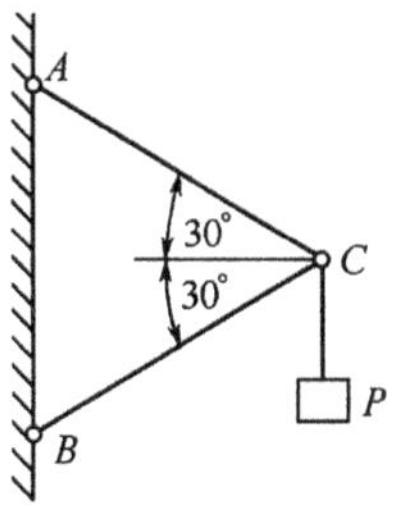

题 9-17 图

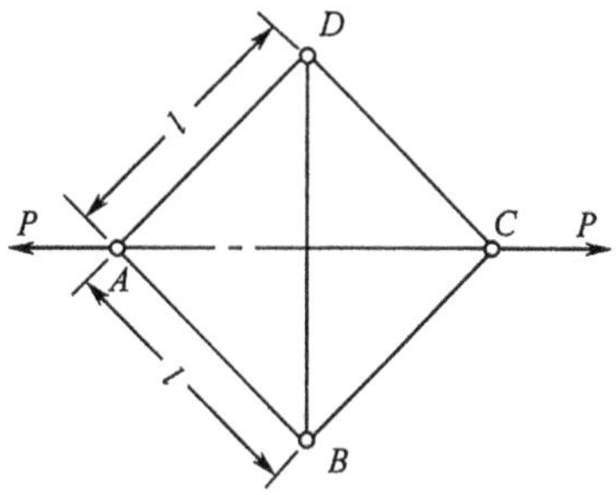

题 9-18 图

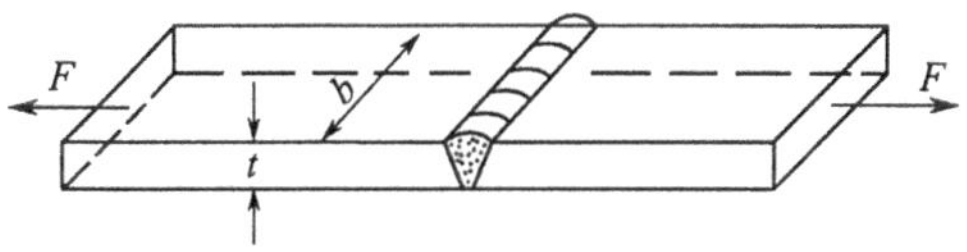

题 9-19 图

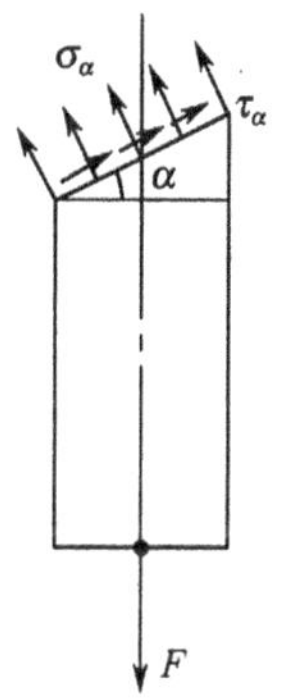

题 9-20 图

9-20　横截面面积为 **400**mm^2 的杆件受轴向拉力 F 作用.设想沿图示斜面将杆截开,斜面上正应力 $\sigma_\alpha=100\text{MPa}$,剪应力 $\tau_\alpha=50\text{MPa}$,试求拉力 F 的大小及斜面与横截面间的夹角 α.

9-21　一受轴向拉力 $F=160\text{kN}$ 的杆件,若其任一截面的剪应力都不得超过 80MPa,求此杆件最小横截面面积 S.

9-22　图示拉杆沿斜截面 m-n 由两部分胶合而成.设在胶合面上许用拉应力$[\sigma]=100\text{MPa}$,许用剪应力$[\tau]=50\text{MPa}$.并设胶合面的强度控制杆件的拉力.试问:为使杆件承受最大拉力 F,α 角的值应为多少?若杆件横截面面积为 4cm^2,并规定 $\alpha\leqslant 60°$,试确定许用载荷 F.

9-23　图示钢杆之 AC 段和 CD 段横截面面积分别为 500mm^2 和 200mm^2,钢杆的弹性模量 $E=200\text{GPa}$.试求钢杆总长度的改变.

9-24　为了改进万吨水压机的设计,在四根立柱的小型水压机上进行模型实验,测得立柱的轴向总伸长 $\Delta l=0.4\text{mm}$,立柱直径 $d=80\text{mm}$,长度 $l=1350\text{mm}$.材料为 20MnV,

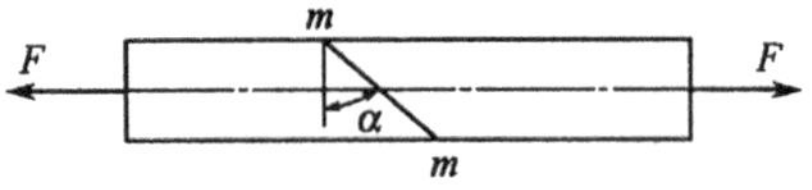

题 9-22 图

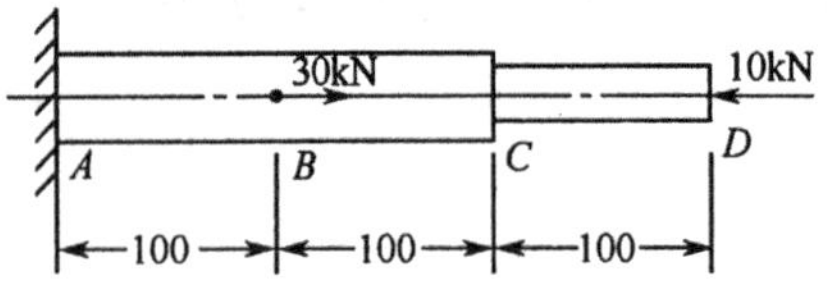

题 9-23 图

$E=210\text{GPa}$. 问每一立柱受到的轴向力有多大？水压机的中心载荷 P 等于多少？

9-25　直径 $d=25\text{mm}$ 的圆杆，受到正应力 $\sigma=240\text{MPa}$ 的拉伸，若材料的弹性模量 $E=210\text{GPa}$，泊松比 $\mu=0.3$，试求其直径改变量 Δd.

9-26　用一板状试样进行拉伸试验，在试样表面贴上纵向和横向的电阻丝片束测定试样的应变. 已知 $b=30\text{mm}$，$h=4\text{mm}$；每增加 3000N 的拉力时，测得试样的纵向线应变 $\varepsilon=120\times10^{-6}$，横向线应变 $\varepsilon'=-38\times10^{-6}$. 求试样材料的弹性模量 E 和泊松比 μ.

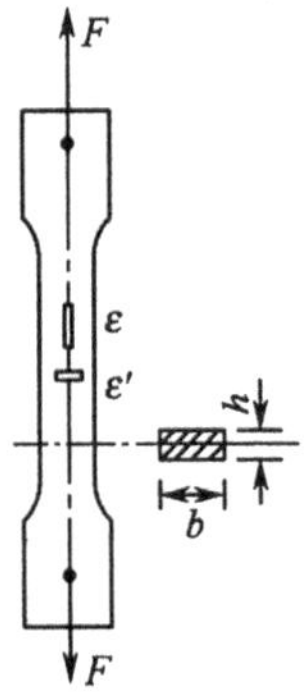

题 9-26 图

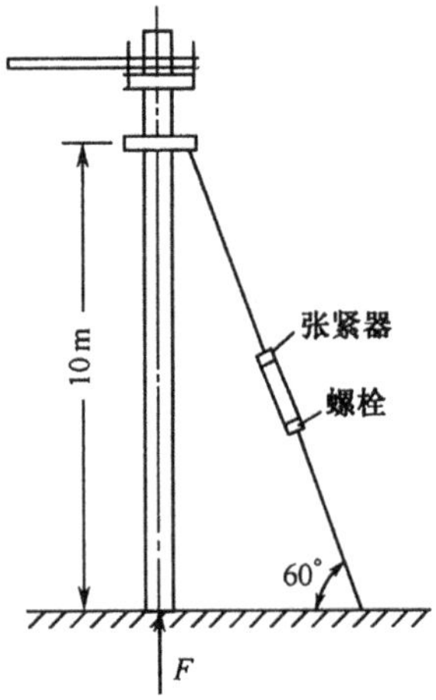

题 9-27 图

9-27　电线杆由钢缆通过旋紧张紧器螺杆稳固. 已知钢缆的横截面面积为 $1\times10^3\ \text{mm}^2$，$E=200\text{GPa}$，$[\sigma]=300\text{MPa}$. 欲使电杆有稳固力 $F=100\text{kN}$，张紧器的螺杆需相对移动多少？并校核，此时钢缆的强度是否足够？

9-28　电子秤的传感器为一空心圆筒形结构，受轴向拉伸或压缩，如图所示. 已知圆筒的外径 $D=80\text{mm}$，壁厚 $t=9\text{mm}$，圆筒材料的弹性模量 $E=210\text{GPa}$. 在称某一重物时，由筒壁上的电阻丝片测得筒壁沿轴向产生的线应变 $\varepsilon=-476\times10^{-6}$，求此重物的重量 P.

9-29　设横梁 $ABCD$ 为刚体. 横截面面积为 76.36mm^2 的钢索绕过无摩擦的滑轮. 设 $P=20\text{kN}$，试求钢索内的应力和点 C 的垂直位移. 设钢索的 $E=177\text{GPa}$.

9-30　图示结构的 1、2、3 杆长度 l、横截面面积 S、弹性模量 E 均相同，求在力 P 作用下点 A 的铅垂位移.

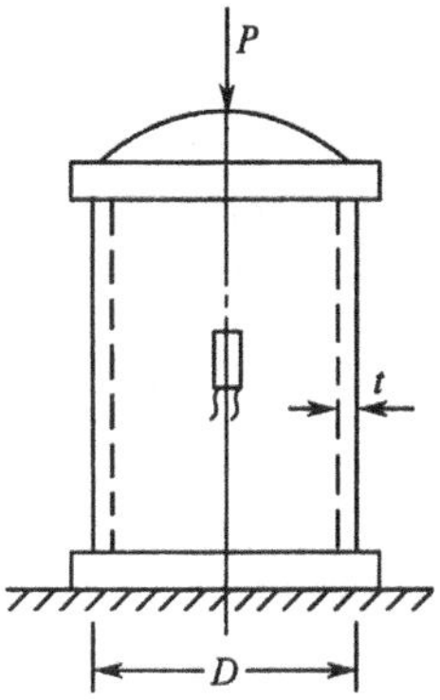

题 9-28 图

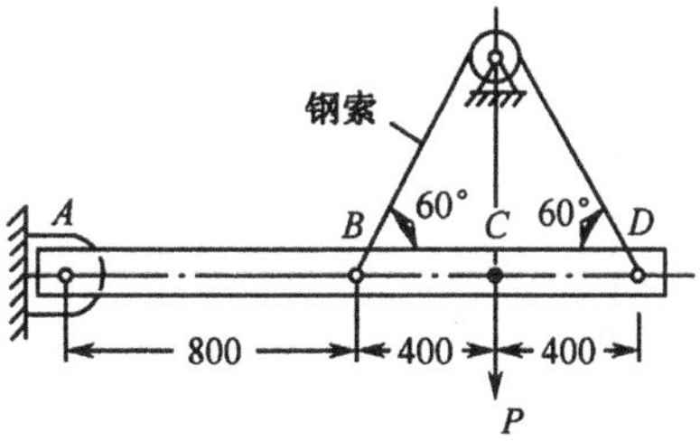

题 9-29 图

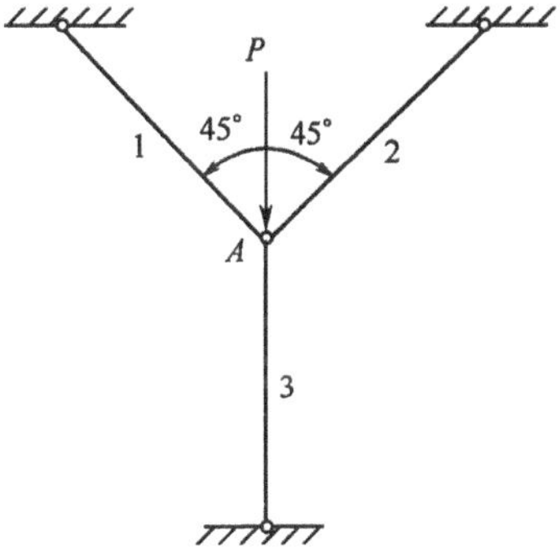

题 9-30 图

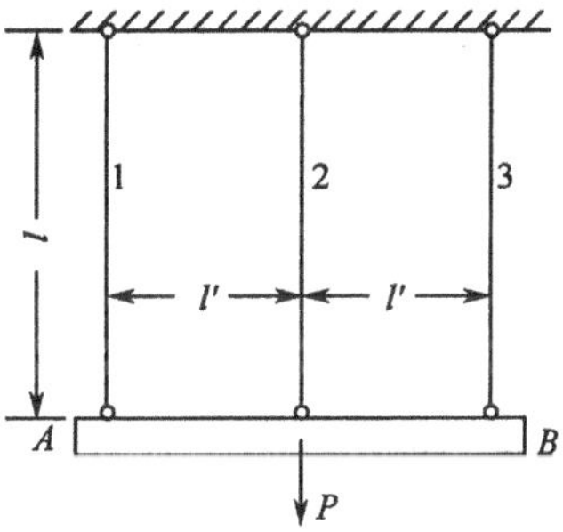

题 9-31 图

9-31　刚性杆 AB 重 $P=35\text{kN}$，由三根等长钢杆 1、2、3 吊起．杆的横截面面积为 $S_1=100\text{mm}^2$，$S_2=150\text{mm}^2$，$S_3=225\text{mm}^2$．试求各杆内的应力．

9-32　钢质圆杆 **1** 和铜质圆杆 **2** 合吊一水平横梁 AB，如图示，两杆直径分别为 $d_1=20\text{mm}$，$d_2=25\text{mm}$；弹性模量分别为 $E_1=200\text{GPa}$，$E_2=100\text{GPa}$．横梁 AB 变形不计．(1) 试求当给横梁施加 30kN 的力 F 时，其作用点 E 的位移；(2) 力 F 距杆 1 距离为多少时，横梁保持水平？

9-33　图示结构中，设水平梁 CD 为刚性杆，变形忽略不计，AB 杆为一钢杆，直径 $d=30\text{mm}$，弹性模量 $E=210\text{GPa}$．今在 D 端作用一载荷 P，通过装在 AB 杆上的变形仪测得 AB 杆的线应变 $\varepsilon=7.15\times10^{-4}$．(1) 试求载荷 P 的大小；(2) 若 AB 杆材料的许用应力 $[\sigma]=160\text{MPa}$，试求许用载荷 F 及此时 D 端的位移．

9-34　一刚性梁放在三根混凝土支柱上，中间支柱与梁之间有 $\delta=1.5\text{mm}$ 的间隙，如图所示．三支柱横截面面积均为 0.04m^2，混凝土的弹性模量 $E=14\text{GPa}$，在梁上加载荷

$P=720\mathrm{kN}$时三支柱内应力各是多少？

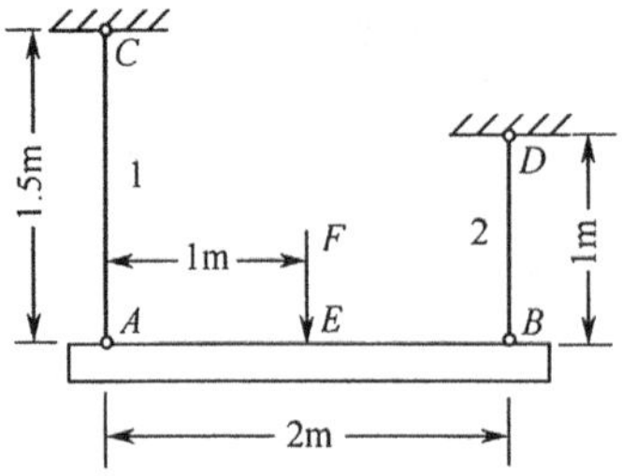

题 9-32 图

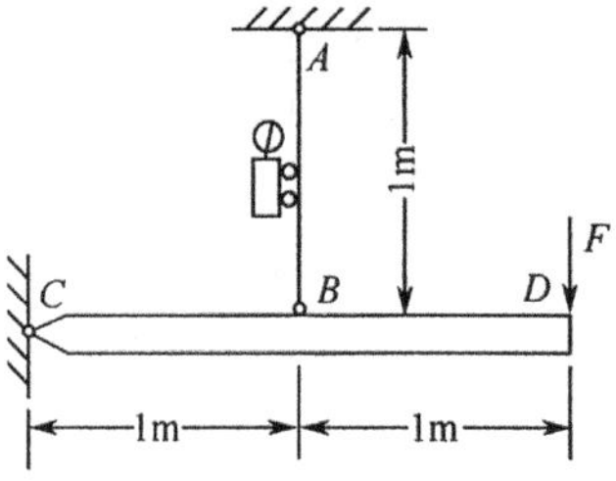

题 9-33 图

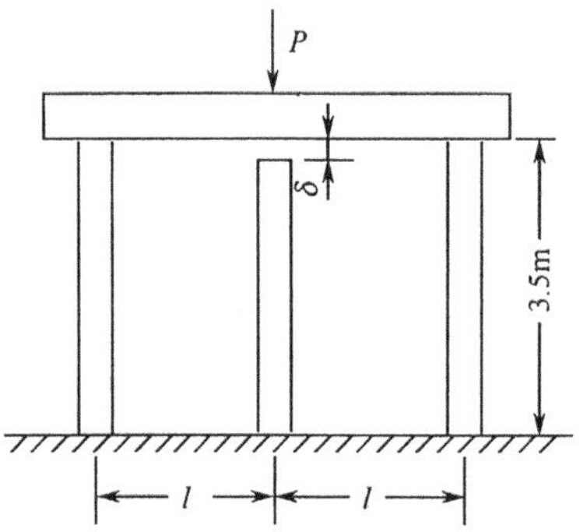

题 9-34 图

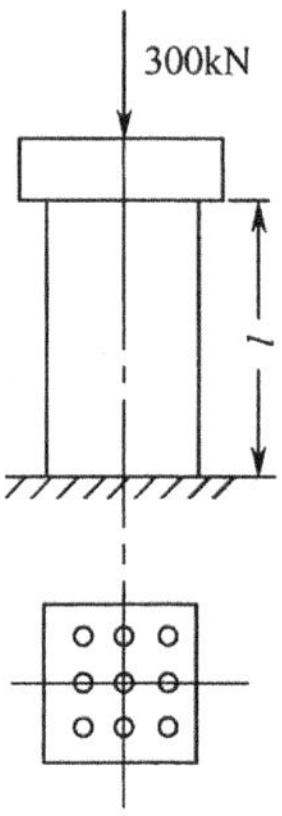

题 9-35 图

9-35　在图示钢筋混凝土柱的横截面上，钢筋面积与混凝土面积之比为 1:40，二者的弹性模量之比为 10:1，问二者各承担多少载荷？

9-36　图示钢螺栓直径 $D_1=30\mathrm{mm}$，螺距 $s=1.5\mathrm{mm}$. 其外套一内径 $d_2=32\mathrm{mm}$、外径 $D_2=50\mathrm{mm}$、长 $l=200\mathrm{mm}$ 的铜管. 钢和铜的弹性模量分别为 $E_1=200\mathrm{GPa}$ 和 $E_2=100\mathrm{GPa}$. 现将螺母旋紧 1/5 圈，试求螺栓所受的拉力. 为简化计算，不考虑螺栓头和螺母的变形.

9-37　阶梯形钢杆的两端在温度 $t_1=15℃$ 时被固定，求温度升高至 $t_2=55℃$ 时，杆内

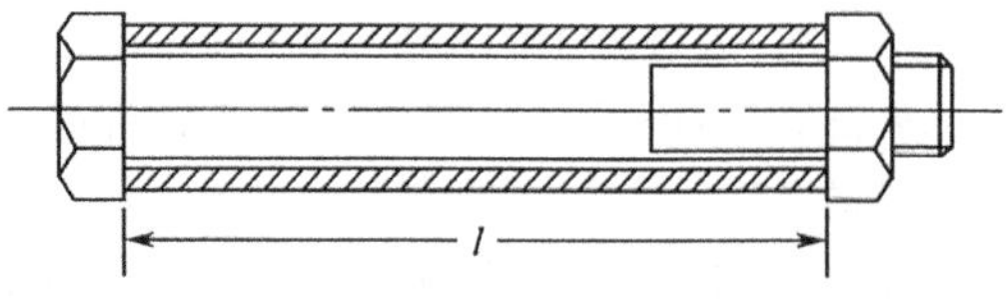

题 9-36 图

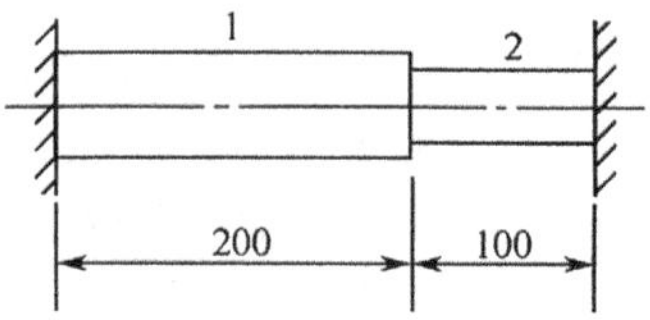

题 9-37 图

的最大应力. 已知 $E = 200\text{GPa}$, 线膨胀系数 $a = 12.5 \times 10^{-6}\text{K}^{-1}$, $S_1 = 200\text{mm}^2$, $S_2 = 100\text{mm}^2$.

9-38 图示结构中,设横梁 AB 变形不计. 钢杆 1 的横截面面积 $S_1 = 100\text{mm}^2$,长 $l_1 = 330\text{mm}$,弹性模量 $E_1 = 200\text{GPa}$,线胀系数 $a_1 = 12.5 \times 10^{-6}\text{K}^{-1}$;铜杆 2 的相应数据 $S_2 = 200\text{mm}^2$, $l_2 = 220\text{mm}$, $E_2 = 100\text{GPa}$, $a_2 = 16.5 \times 10^{-6}\text{K}^{-1}$. 如温度升高 30℃,试求两杆的轴力.

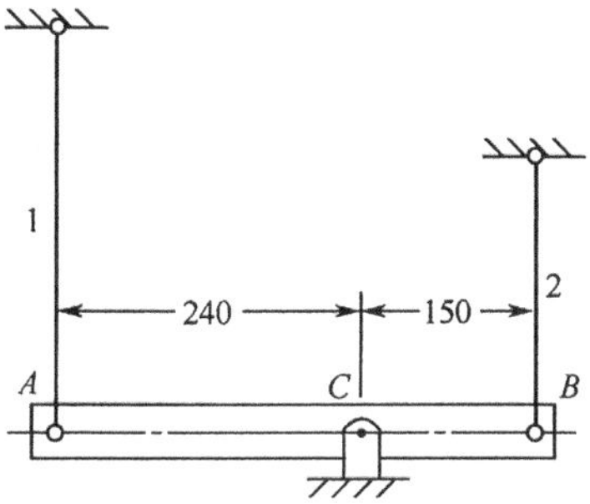

题 9-38 图

第十章　剪　切

承受剪切的构件其受力和变形与轴向拉压不同.如图 10-1(a)中连接两块钢板的铆钉,当给钢板施加拉力 F 时,铆钉两侧受到两组大小相等、方向相反、相距很近的横向力 F 的作用(图 10-1(b));两组力中间的相邻截面发生相对错动(图 10-1(c)).构件的这种变形称为**剪切**.发生相对错动的截面 mm 称为**剪切面**.当外力 F 增大到一定数值时,铆钉即沿剪切面被剪断.

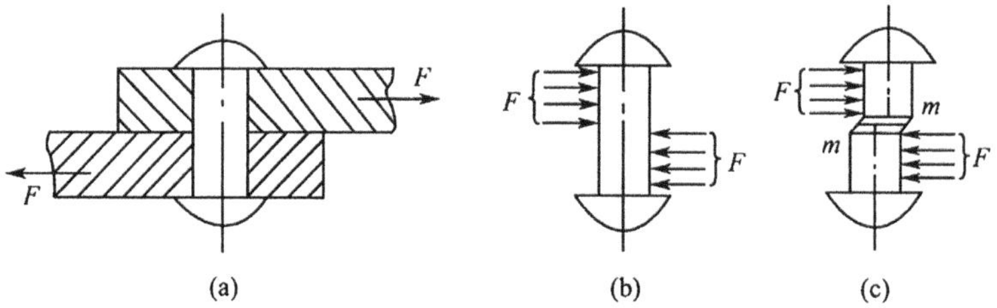

图 10-1

工程上常用的其他连接件,如连接轮与轴的键(图 10-2)、销钉、螺栓等,以及焊缝连接,都是承受剪切的实例.

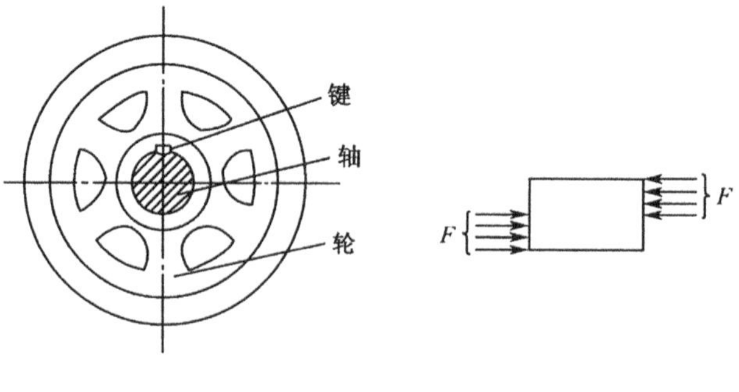

图 10-2

又如冲床和剪板机下料时就是通过剪切将材料切下的,如图 10-3 所示.

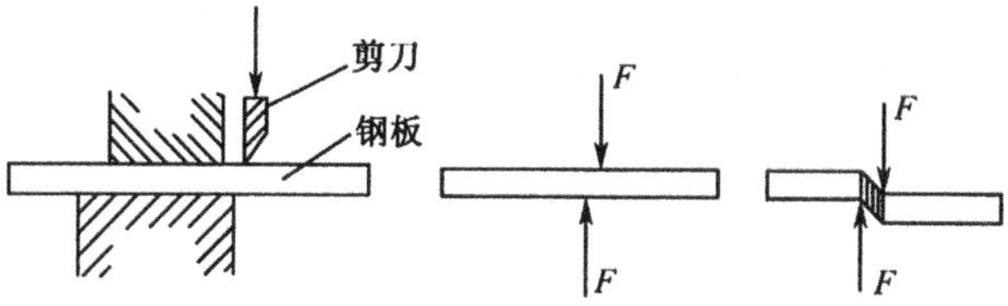

图 10-3

受剪切的构件还常常伴随着其他形式的变形，如图 10-4 中螺栓就是除受剪切作用外，还有拉伸和弯曲形式的变形．不过在一般情况下，这些变形都较小，可忽略不计．

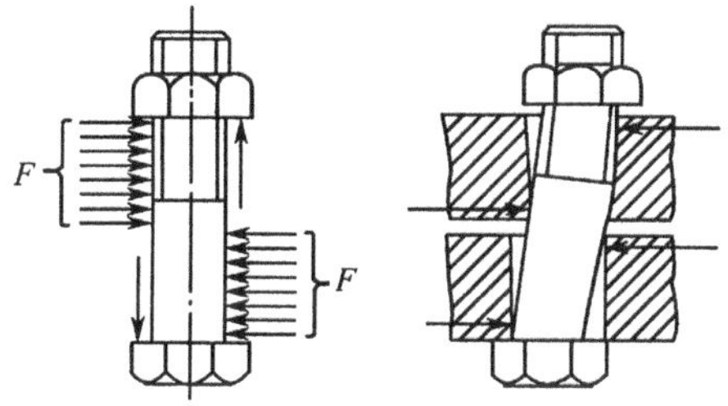

图 10-4

§10-1 剪切的实用计算

我们仍以上述的铆钉为例，先用截面法求剪切面上的内力．假想将铆钉沿剪切面 mm 截开，取任一部分进行研究(图 10-5(a))．由静力平衡条件知，mm 截面上内力的合力 F_Q 必切于截面，且 $F_Q=F$，此合力称为**剪力**．由于剪切面附近的变形比较复杂，难以找出剪切面上的与剪力相应的剪应力的分布

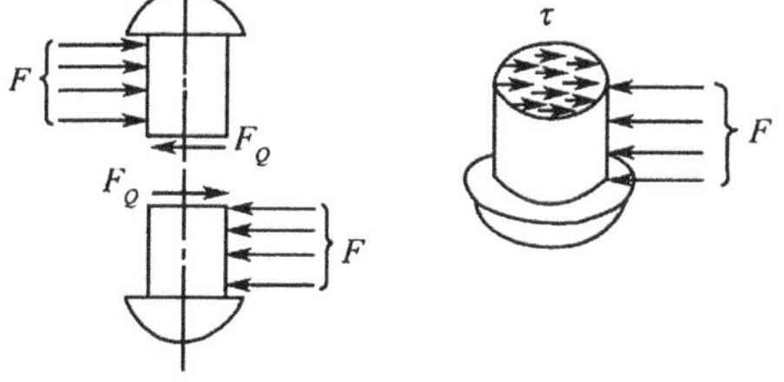

图 10-5

规律,因此工程上为简化计算和实用,假设剪应力在剪切面上是均匀分布的(图 10-5(b)).设剪切面的面积为 S,则剪应力为

$$\tau = \frac{F_Q}{S} \tag{10-1}$$

显然由该式得出的剪应力是名义剪应力.

为保证受剪构件不被破坏,剪切面上的剪应力不能超过材料的许用剪应力$[\tau]$,因此剪切强度条件为

$$\tau = \frac{F_Q}{S} \leqslant [\tau] \tag{10-2}$$

同轴向拉压一样,应用剪切强度条件也可以解决强度校核、截面设计、确定许用载荷三方面的问题.

材料的极限剪应力是通过材料的剪切试验得出的,试验时试件的形状和受力要尽可能与实际情况一样.把试件放在试验机上加载,直至被剪断,测得破坏载荷 F_b.然后也用实用计算公式(10-1),由 F_b 求出极限剪应力,即剪切极限强度 τ_b.再将 τ_b 除以适当的安全系数 n,即得材料的许用剪应力$[\tau]$.

许用剪应力的数值可查阅有关的工程手册.根据实验所积累的数据,对于塑性较多的低碳钢材料,常取

$$[\tau] = (0.6 \sim 0.8)[\sigma]$$

式中$[\sigma]$为许用拉应力.

§10-2 挤压和挤压的实用计算

一连接件,如图 10-1(a)所示的连接两块钢板的铆钉,除可能发生剪切破坏外,钢板铆钉孔和铆钉的连接面还互相挤压,有可能使铆钉孔或铆钉在接触处局部产生明显的塑性变形,而影响连接的牢固性.图 10-6 所示即铆钉孔被挤压成长圆孔的情况.因此为避免挤压破坏,也要进行挤压强度的计算.挤压是伴随剪切出现的,构件是由哪个因素引起的破坏,要由具体情况来定.

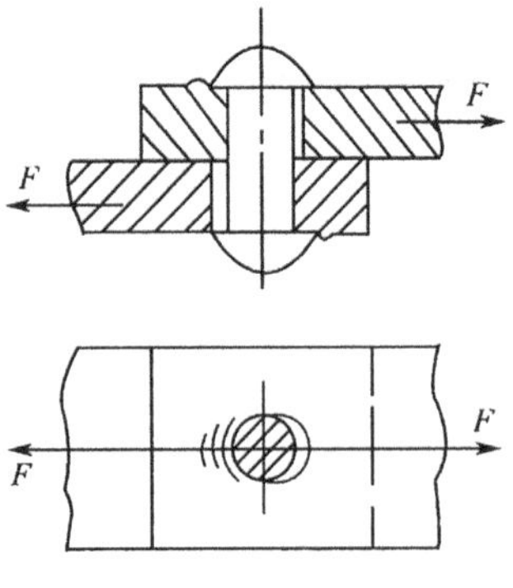

图 10-6

上述铆钉与铆钉孔相接触的面称为**挤压面**.引起挤压的力称为**挤压力**,以 F_j 表示.由于挤压而引起的应力称为**挤压应力**,以 σ_j 表示,其方向垂直于挤压面.挤压应力的分布比较复杂,沿半圆柱挤压面的分布大致如图10-7所示.为了简

便，工程上也采用实用计算法，假设挤压应力在挤压计算面积上是均匀分布的，则

$$\sigma_j = \frac{F_j}{S_j} \tag{10-3}$$

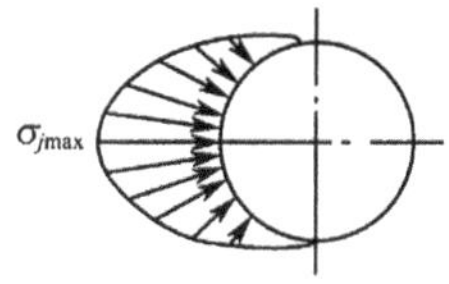

图 10-7

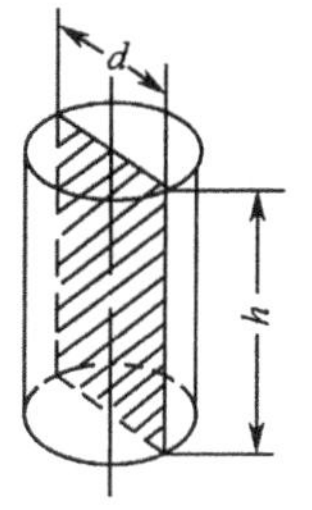

图 10-8

式中 S_j 为挤压计算面积. 挤压计算面积要根据接触面的情况来定：

（1）接触面为平面，则 S_j 即为接触面面积.

（2）接触面为半圆柱面，则 S_j 为圆柱的直径平面面积，即图 10-8 阴影面积，$S_j = dh$. 这样算得的挤压应力与理论分析所得的最大挤压应力（图 10-7）数值相近，而最大应力处是发生破坏最危险的地方.

由此，挤压强度为

$$\sigma_j = \frac{F_j}{S_j} \leqslant [\sigma_j] \tag{10-4}$$

式中　$[\sigma_j]$为许用挤压应力.

许用挤压应力是通过试验确定的，其数值可查阅有关的工程手册. 对于钢材，一般取

$$[\sigma_j] = (1.7 \sim 2.0)[\sigma]$$

其中　$[\sigma]$为许用拉应力.

如果互相挤压的材料不同，应对抵抗挤压能力较弱者进行挤压强度计算.

§10-3　实　　例

例 10-1　在图 10-9(a)所示之用销钉连接的挂钩中，力 $F = 20\text{kN}$，$t_1 = 8\text{mm}$，$t_2 = 5\text{mm}$，销钉的许用剪应力 $[\tau] = 60\text{MPa}$，许用挤压应力 $[\sigma_1] = 200\text{MPa}$. 试选取销钉的直径 d.

解　销钉受力如图 10-9(b)所示，共有两个剪切面和三个挤压面. 假想将

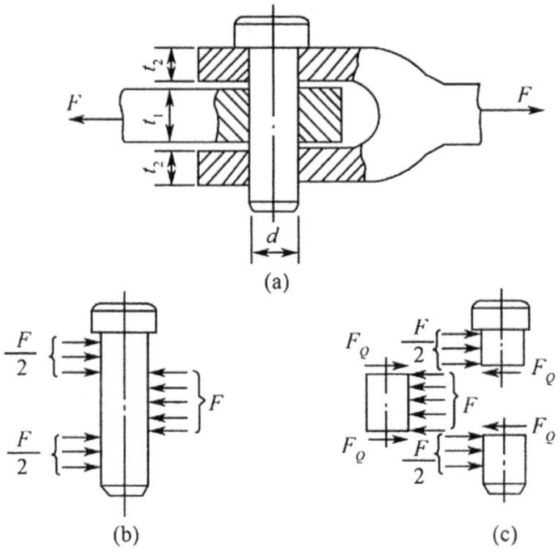

图 10-9

销钉沿剪切面截开成三段,如图 10-9(c)所示,不论取哪一段研究,均得

$$F_Q = \frac{F}{2}$$

由于 $t_1 < 2t_2$,及受力和结构的对称性,显然中间一段的挤压应力大于上、下两段.中间一段的挤压力为

$$F_j = F$$

1) 先按剪切强度条件计算销钉所需直径

$$\tau = \frac{F_Q}{S} = \frac{\frac{F}{2}}{\frac{\pi d^2}{4}} \leqslant [\tau]$$

所以

$$d \geqslant \sqrt{\frac{2F}{\pi[\tau]}} = \sqrt{\frac{2 \times 20 \times 10^3}{\pi \times 60 \times 10^6}} = 0.0146(\mathrm{m})$$

2) 再按此直径校核销钉中间一段的挤压强度

$$\sigma_j = \frac{F_j}{S_j} = \frac{F}{dt} = \frac{2 \times 10^3}{0.0146 \times 8 \times 10^{-3}} = 171.2(\mathrm{MPa}) < [\sigma_j]$$

强度足够.

于是,选取 $d = 16\mathrm{mm}$ 的标准销钉.

例 10-2 一铸铁制皮带轮通过平键与轴相连接,如图 10-10(a)所示.键和轴均为钢制.已知皮带轮传递的力偶矩 $M = 350\mathrm{N \cdot m}$,轴的直径 $d = 40\mathrm{mm}$,

键的尺寸 $b \times h \times l = 12 \times 8 \times 55$(单位为 mm). 键的许用剪应力$[\sigma]=600\text{MPa}$,铸铁的许用挤压应力$[\sigma_j]=80\text{MPa}$. 试校核键连接的强度.

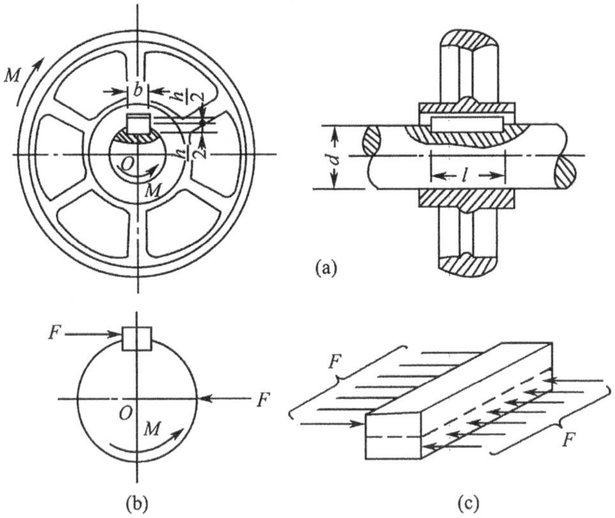

图 10-10

解　取键和轴作为一整体,其受力如图 10-10(b)所示. 键的受力如图 10-10(c)所示. 由

$$\sum M_O(\boldsymbol{F}) = 0, \qquad M - F\frac{d}{2} = 0$$

得

$$F = \frac{2M}{d}$$

1) 校核键的剪切强度

由图 10-10(c)可知,键的剪切面面积 $S = bl$,剪力 $F_Q = F$,则

$$\tau = \frac{F_Q}{S} = \frac{\frac{2M}{d}}{bl} = \frac{2M}{bld}$$

$$= \frac{2 \times 350}{12 \times 10^{-3} \times 55 \times 10^{-3} \times 40 \times 10^{-3}}$$

$$= 26.5(\text{MPa}) < [\tau]$$

2) 校核皮带轮的挤压强度

铸铁相对于钢抗挤压能力弱,因此应校核皮带轮的挤压强度.

由图 10-10(c)及作用力与反作用力的关系,可知皮带轮的挤压计算面积

$S_j=\dfrac{hl}{2}$,挤压力 $F_j=F$,则

$$\sigma_j=\frac{F_j}{S_j}=\frac{\dfrac{2M}{d}}{\dfrac{hl}{2}}=\frac{4M}{hld}$$

$$=\frac{4\times 350}{8\times 10^{-3}\times 55\times 10^{-3}\times 40\times 10^{-3}}$$

$$=79.5(\text{MPa})<[\sigma_j]$$

综合以上两方面校核情况,链连接强度足够.

例 10-3　在图 10-11 所示结构中,拉杆直径 $d=50$mm,销子两面伸出杆的长度均不小于$\dfrac{d}{2}$,杆承受载荷 $F=100$kN.销子和杆均为钢制,其许用应力 $[\tau]=80$MPa,$[\sigma_j]=150$MPa,$[\sigma]=100$MPa.试设计销子的尺寸 h 和 b,并校核拉杆的强度.

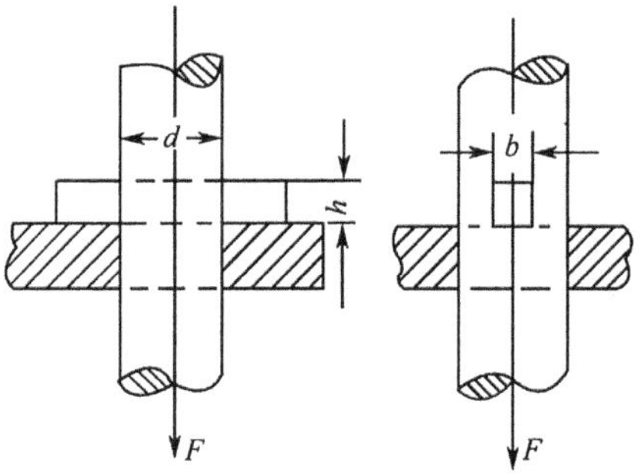

图 10-11

解　1) 杆的直径已知,先按挤压强度条件设计销子尺寸 b.由

$$\frac{F_j}{S_j}=\frac{F}{db}\leqslant[\sigma_j]$$

得

$$b\geqslant\frac{F}{d[\sigma_j]}=\frac{100\times 10^3}{50\times 10^{-3}\times 150\times 10^6}=13.3(\text{mm})$$

取 $b=14$mm.

2) 再按剪切强度条件设计销子尺寸 h.由

$$\frac{F_Q}{S}=\frac{\dfrac{F}{2}}{bh}\leqslant[\tau]$$

得

$$h \geqslant \frac{F}{2b[\tau]} = \frac{100 \times 10^3}{2 \times 14 \times 10^{-3} \times 80 \times 10^6} = 44.6(\text{mm})$$

取　$h = 45\text{mm}$

3) 拉杆在销钉处横截面面积最小，应校核此处拉杆拉压强度

$$\sigma = \frac{F_N}{S} = \frac{F}{\frac{\pi d^2}{4} - db}$$

$$= \frac{100 \times 10^3}{\frac{\pi \times (50 \times 10^{-3})^2}{4} - 50 \times 10^{-3} \times 14 \times 10^{-3}} = 79.2(\text{MPa}) < [\sigma]$$

所以强度足够.

例 10-4　已知钢板厚度 $t = 10\text{mm}$，其剪切强度极限 $\tau_b = 300\text{MPa}$，若用冲床将钢板冲出直径 $d = 25\text{mm}$ 的孔，问需要多大的冲剪力 P？

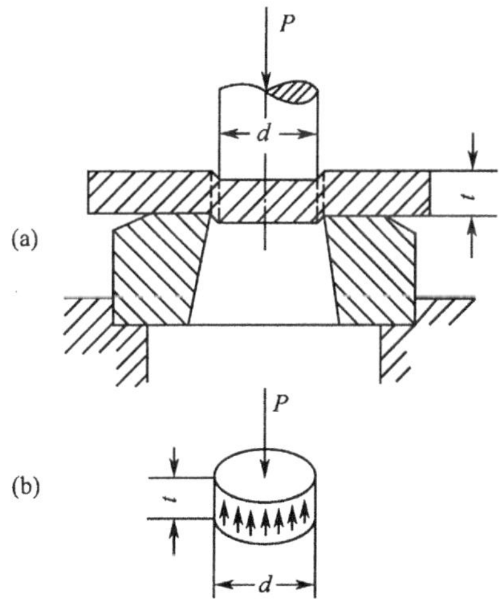

图 10-12

解　剪切面是钢板内冲出的薄圆柱体的柱形侧面的面积为

$$S = \pi dt = \pi \times 25 \times 10 = 785(\text{mm}^2)$$

冲孔所需要的冲剪力应为

$$P \geqslant S\tau_b = 785 \times 10^{-6} \times 300 \times 10^6 = 236(\text{kN})$$

例 10-5　图 10-13(a)所示为两块钢板用两条边焊缝搭接联接在一起. 钢板的厚度分别为 $t = 10\text{mm}$，$t_1 = 8\text{mm}$. 设拉力 $F = 150\text{kN}$，焊缝许用剪应力

$[\tau_h]=110$MPa. 试计算焊缝的长度 l.

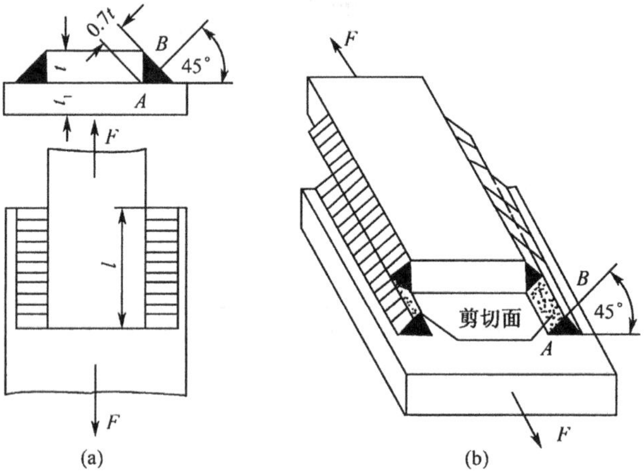

图 10-13

解　由实践和实验证明，侧边焊缝是沿着最弱的截面（即图 10-13(a)、(b)中与钢板成 45°的斜面 AB），受到剪切而破坏的. 由于焊缝的横截面可以认为是一个等腰直角三角形，故这 45°斜面的面积为

$$t\sin 45^\circ \sum l = 0.7t\sum l$$

侧边焊缝的强度条件为

$$\tau = \frac{F}{0.7t\sum l} \leqslant [\tau_h]$$

于是得侧边焊缝所需总长为

$$\sum l = \frac{F}{0.7t[\tau_h]} = \frac{150000}{0.7\times 0.01\times 110\times 10^6} = 0.195(\text{m})$$

所以，每条侧边焊缝的总长为

$$t = \frac{\sum l}{2} = \frac{0.195}{2} \approx 0.1(\text{m})$$

实际上，因每条焊缝在其两端的强度较差，通常须将它加长 10mm，所以取 $l=110$mm.

习　　题

10-1　一个直径 $d=40$mm 的螺栓受拉力 $P=100$kN，已知$[\tau]=60$MPa，求螺栓头所需的高度 h.

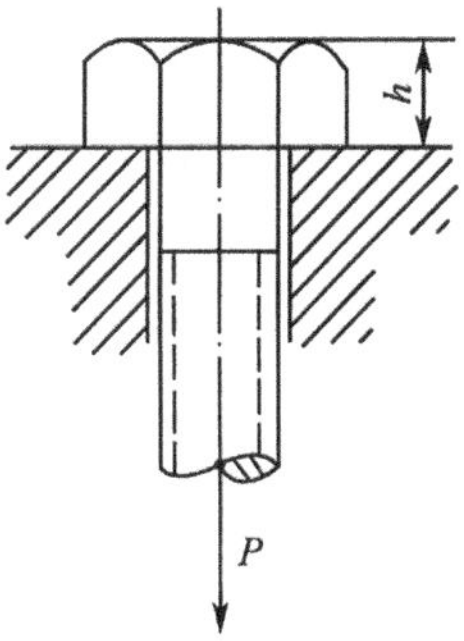

题 10-1 图

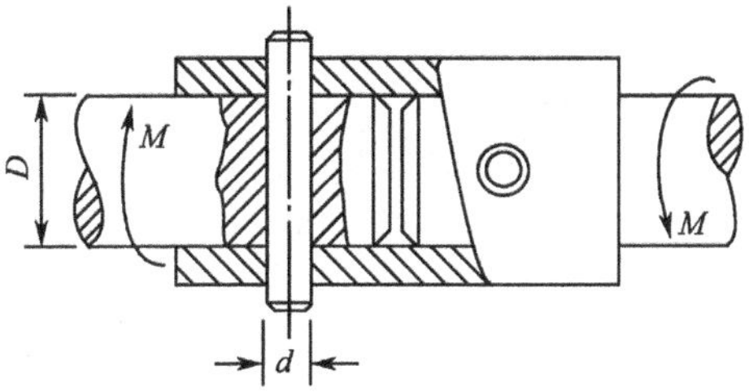

题 10-2 图

10-2　销钉式安全离合器如图所示，允许传递的外力偶矩 $M=30\text{kN}\cdot\text{cm}$，销钉材料的剪切强度极限 $\tau_b=360\text{MPa}$，轴的直径 $D=30\text{mm}$，为保证 $M>30000\text{N}\cdot\text{cm}$ 时销钉被剪断，求销钉的直径 d.

10-3　已知图示铆接钢板的厚度 $\delta=10\text{mm}$，铆钉的直径为 $d=17\text{mm}$，铆钉的许用剪应力 $[\tau]=140\text{MPa}$，许用挤压应力 $[\sigma_j]=320\text{MPa}$，$F=24\text{kN}$，试作强度校核.

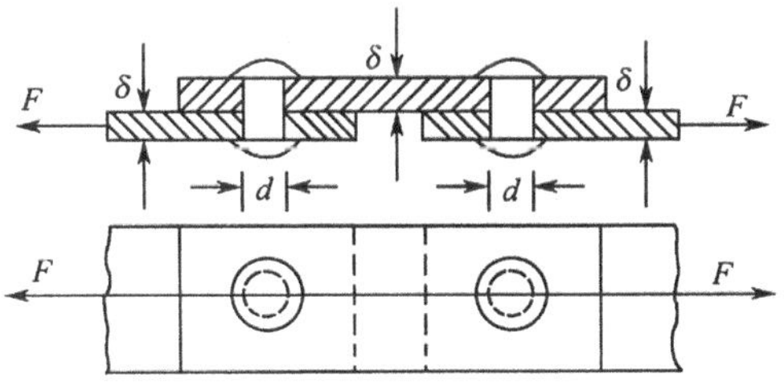

题 10-3 图

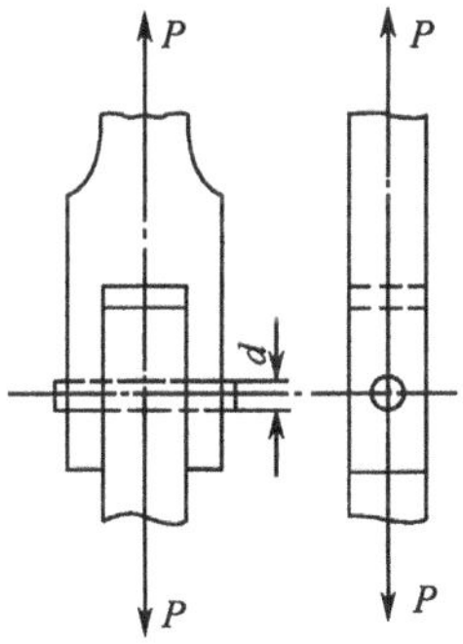

题 10-4 图

10-4　图示为测定剪切强度的试验装置. 若已知低碳钢试件的直径 $d=1\text{cm}$，剪断试件时的外力 $P=50.2\text{kN}$，问材料的剪切强度极限为多少?

10-5　图示机床花键轴有八个齿. 轴与轮的配合长度 $l=60\text{mm}$，外力偶矩 $m=4\text{kN}\cdot\text{m}$. 轮与轴的挤压许用应力为 $[\sigma_j]=140\text{MPa}$，试校核花键轴的挤压强度.

10-6　在厚度 $t=5\text{mm}$ 的钢板上，冲出一个形状如图所示的孔，钢板剪断时的剪切强度极限 $\tau_b=300\text{MPa}$，求冲床所需的冲力 P.

10-7　图示联轴器用四个螺栓连接，螺栓对称地安排在直径 $D=480\text{mm}$ 的圆周上. 这个联轴节传递的力偶矩 $M=24\text{kN}\cdot\text{m}$，螺栓的直径 d 需要多大? 材料的许用剪应力 $[\tau]=80\text{MPa}$.（由于对称，可假设各螺栓所受的剪力相等.）

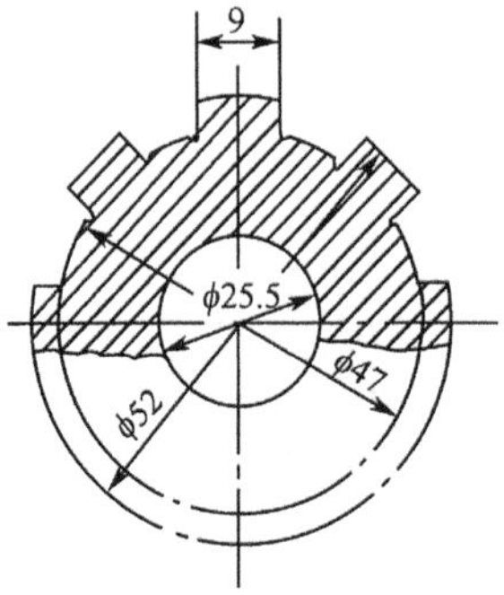

题 10-5 图

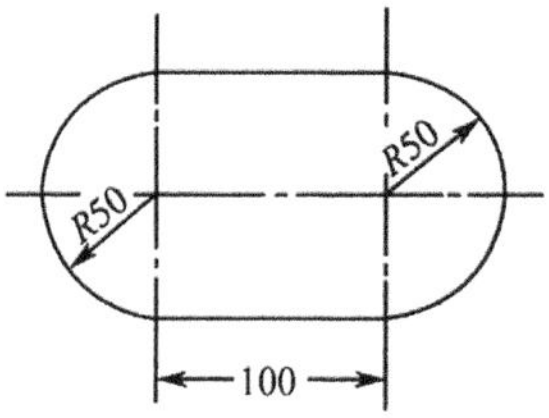

题 10-6 图

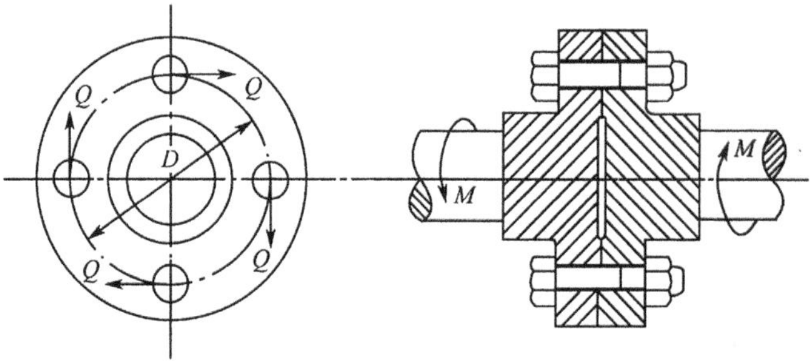

题 10-7 图

10-8　边长为 200mm 的正方形截面的混凝土柱，安装在边长为 $a = 1\text{m}$ 的正方形混凝土基础板上. 在柱顶上受轴向压力 $P = 100\text{kN}$，若地基对混凝土基础板的支撑反力是均匀分布的，混凝土的许用剪应力为 $[\tau] = 1.5\text{MPa}$，为了使柱不致于穿过基础板，试问此板所需的最小厚度 t 为多少？

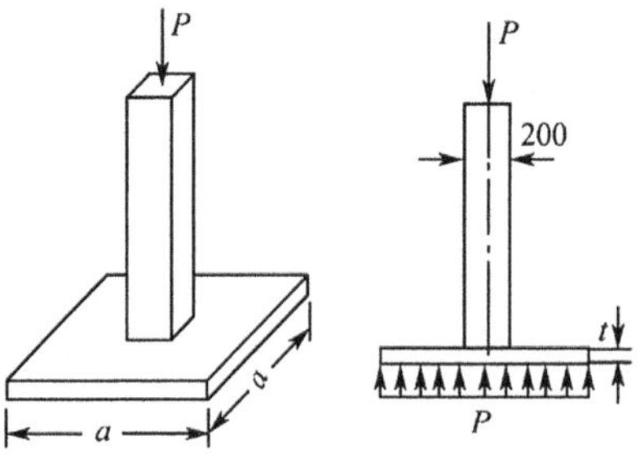

题 10-8 图

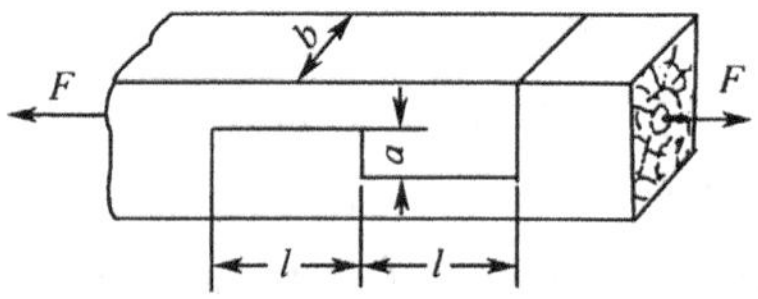

题 10-9 图

10-9　矩形截面木料拉杆的接头如图所示. 已知轴向拉力 $F=50\text{kN}$, 截面宽度 $b=250\text{mm}$, 木料顺纹许用挤压应力 $[\sigma_j]=10\text{MPa}$, 顺纹许用剪应力 $[\tau]=1\text{MPa}$, 试求接头处所需的尺寸 l 和 a.

10-10　手柄与轴用平键连接, 键长为 35mm, 已知键的许用应力 $[\tau]=100\text{MPa}$, $[\sigma_j]=220\text{MPa}$, 求作用在手柄上的力 F 的最大值.

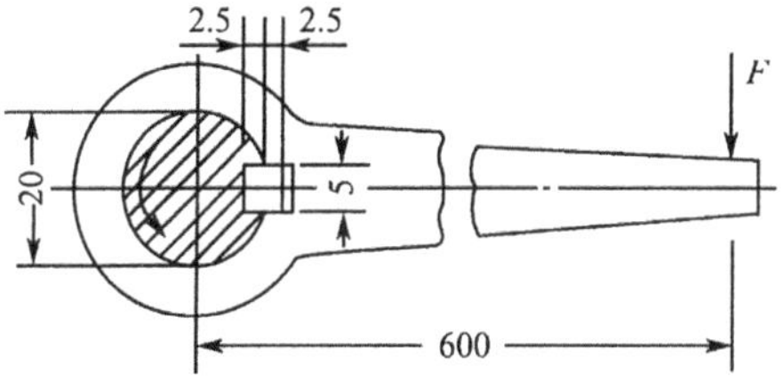

题 10-10 图

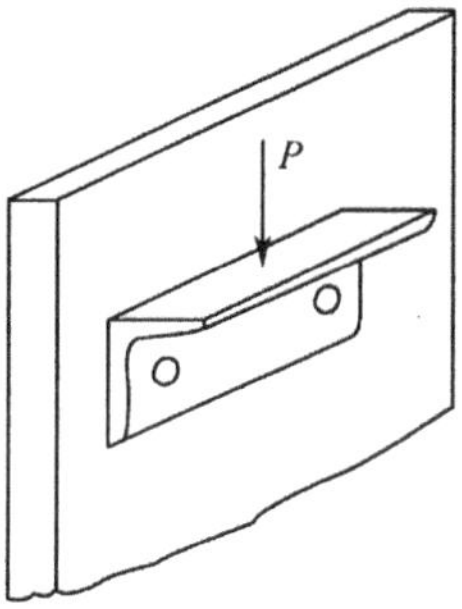

题 10-11 图

10-11　用两个铆钉将 **140×140×12**mm 的等边角钢铆接在立柱上, 构成支托. 若 $P=30\text{kN}$, 铆钉的直径为 21mm, 试求铆钉的剪应力和挤压应力.

10-12　试确定图示杠杆机构中销轴 B 的直径 d. 已知力 $F_1=50\text{kN}$, 销轴的许用应力 $[\tau]=100\text{MPa}$, $[\sigma_j]=240\text{MPa}$.

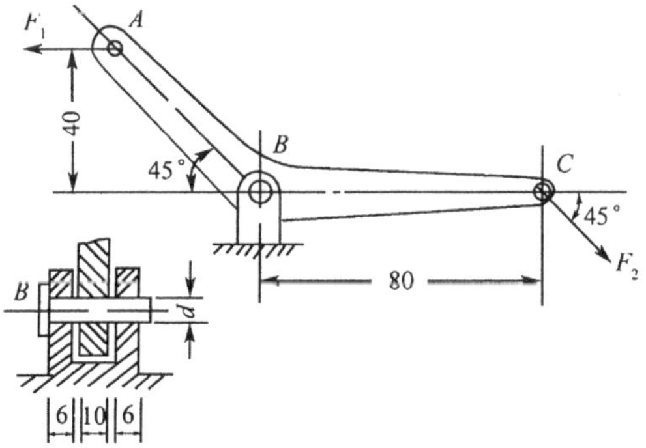

题 10-12 图

10-13　图示承受内压的圆筒与端盖之间用角铁和铆钉相联. 已知圆筒内径 $D=1000\text{mm}$, 内压 $p=1\text{MPa}$, 筒壁及角铁的厚度均为 10mm, 若铆钉的直径为 20mm, 许用剪切应力 $[\tau]=70\text{MPa}$, 许用挤压应力 $[\sigma_j]=160\text{MPa}$, 许用拉应力 $[\sigma]=40\text{MPa}$, 试问联接筒盖和角铁以及联接筒壁和角铁的铆钉每边各需多少个?

10-14　试确定图示焊接的焊缝长度 l. 已知, $F=240\text{kN}$, $[\tau]=100\text{MPa}$.

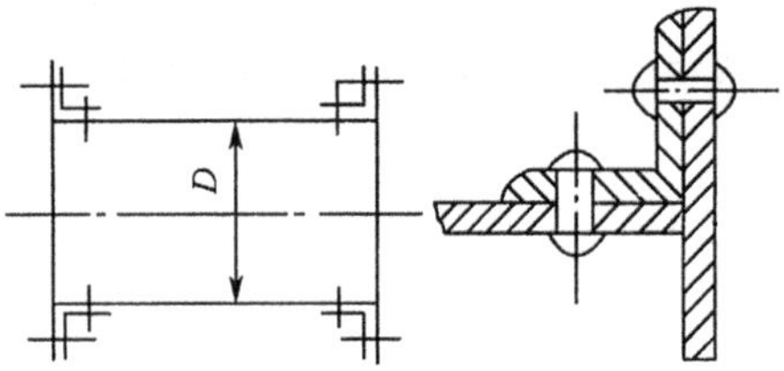

题 10-13 图

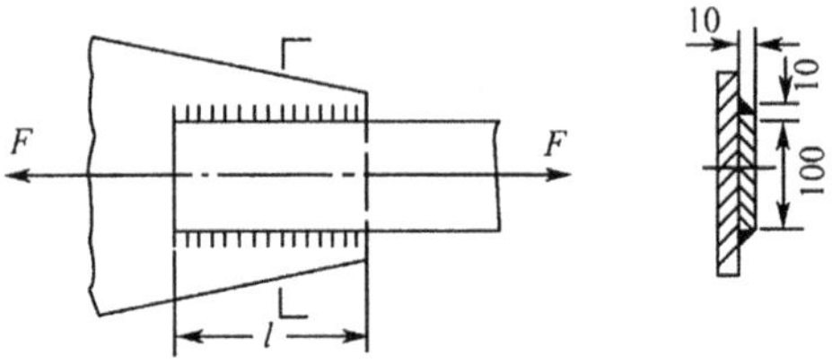

题 10-14 图

第十一章　扭　　转

两端带有万向联轴节的传动轴如图 11-1 所示.直杆受到垂直于轴线的平面内的外力偶作用,致使直杆的各横截面绕轴线产生相对角位移,而纵向线变为螺旋线.具有这种特点的变形称为扭转.

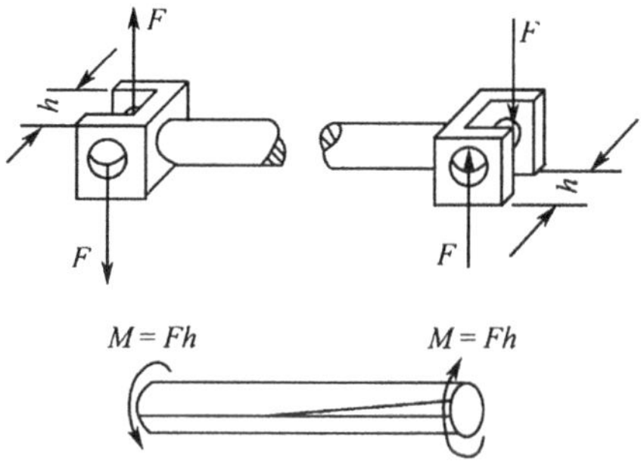

图 11-1

许多直杆在扭转的同时还伴有其他变形,若直杆的变形是以扭转为主,而伴随的变形小得可以忽略,则按单纯的扭转问题来处理.

主要产生扭转变形的直杆统称为**轴**.工程上最常见的轴为圆形截面轴.本章只讨论圆轴的扭转问题,主要是等截面圆轴.

§11-1　外力偶矩的计算

研究轴的强度和刚度,必须首先分析作用在轴上的外力偶矩.实际工程上的传动轴,其外力偶矩通常并不直接给定,需要根据给定的传递功率和转速加以换算:

外力偶矩每分钟所作的功为

$$W = 2n\pi M \tag{a}$$

由功率导出,每分钟输入或输出的功为

$$W = 60P \tag{b}$$

M 所作的功也就是输入或输出的功,由式(a)、(b),得外力偶矩的计算公式

$$M = \frac{60P}{2n\pi} = 9.55\frac{P}{n} \qquad (11\text{-}1)$$

式中,M 为外力偶矩,单位为 kN·m;

P 为功率,单位为 kW;

n 为转速,单位为 r/min

§11-2 扭矩和扭矩图

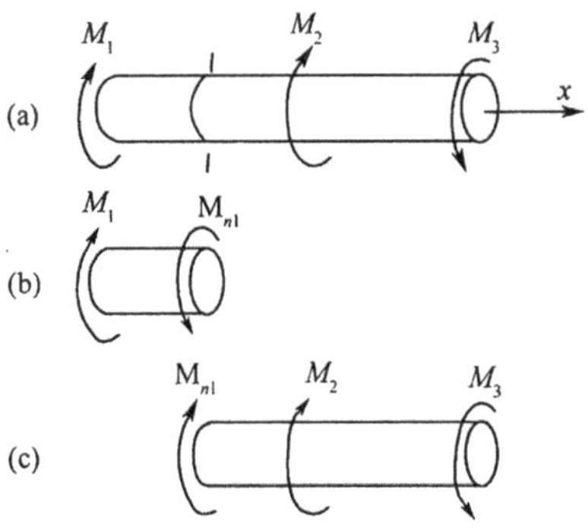

图 11-2

知道作用在轴上的外力偶矩之后,就可以利用截面法计算横截面上的内力.设有一轴如图 11-2(a)所示,已知外力偶矩 $M_1 = M_0$, $M_2 = 2M_0$, $M_3 = 3M_0$,现求1-1截面上的内力.

假想在 1-1 截面处将轴截开,取其任一段,例如左段为分离体(图 11-2(b)).一般,截面上应有内力偶矩 M_{n1},且满足

$$\sum M_x(\boldsymbol{F}) = 0, \qquad M_{n1} - M_1 = 0$$

得

$$M_{n1} = M_1 = M_0$$

M_{n1}是轴在 1-1 截面上的内力偶矩,称为**扭矩**.它是与截面相切的内力系的合力偶矩.

若研究右段(图 11-2(c)),则有

$$\sum M_x(\boldsymbol{F}) = 0, \qquad M_3 - M_2 - M_{n1} = 0$$

得

$$M_{n1} = M_3 - M_2 = 3M_0 - 2M_0 = M_0$$

对比以上结果可见,研究左段与研究右段所得扭矩,其数值相等而转向相反.这是必然的,因为它们互为作用与反作用力.**扭矩的数值等于截面一侧所有外力偶矩的代数和**.

当然，无论研究左段或右段，所得同一截面上的扭矩，其符号也应相同，为此，把扭矩的符号同轴的变形联系起来，规定如下：若扭矩矢与截面外法线方向一致，则扭矩为正，反之为负，如图 11-3 所示．

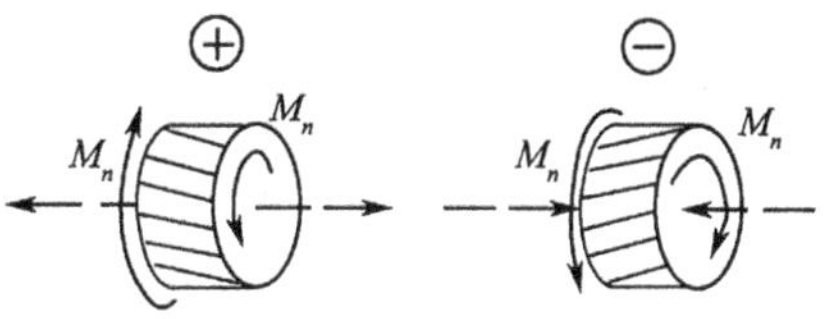

图 11-3

于是，图 11-2(b)、(c)中所示 1-1 截面上的扭矩均为正．

对照以上规定可以看出，使截面处的轴段产生右螺旋变形的外力偶，使截面上产生正扭矩；反之，使截面上产生负扭矩．

为表明扭矩随截面位置而变化的规律，以便能够直观地确定最大扭矩及危险截面的位置，以横坐标表示截面位置，纵坐标表示扭矩，仿照轴力图作**扭矩图**．以下举例说明具体作法．

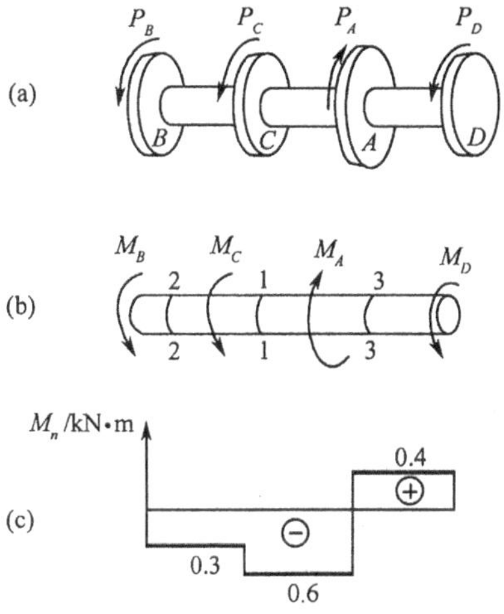

图 11-4

例 11-1　传动轴如图 11-4(a)所示．已知轴的转速为 $n=191\text{r/min}$，主动轮 A 输入的功率 $P_A=20\text{kW}$，三个从动轮 B、C、D 输出功率分别为 $P_B=P_C=6\text{kW}$，$P_D=8\text{kW}$．试绘制轴的扭矩图．

解　作用于各轮的外力偶矩分别为

$$M_A=9.55\frac{P_A}{n}=9.55\times\frac{20}{191}=1(\text{kN}\cdot\text{m})$$

$$M_B=9.55\frac{P_B}{n}=9.55\times\frac{6}{191}=0.5(\text{kN}\cdot\text{m})$$

$$M_C=M_B=0.3\text{kN}\cdot\text{m}$$

$$M_D=9.55\frac{P_D}{n}=9.55\times\frac{8}{191}=0.4(\text{kN}\cdot\text{m})$$

轴的受力简图如图 11-4(b)所示．

在每段轴内各取一个截面，并分别计算各截面的扭矩．

1-1 截面扭矩的数值，等于截面一侧所有外力偶矩的代数和，现根据截面右侧的外力偶矩进行计算．其中 M_D 使 1-1 截面处的轴段产生右螺旋变形，故使 1-1 截面上产生正扭矩；相反，M_A 使 1-1 截面产生负扭矩，所以 1-1 截面的扭矩为

$$M_{n1} = -M_A + M_D = -1 + 0.4 = -0.6(\text{kN} \cdot \text{m})$$

同理可得

$$M_{n2} = -M_B = -0.3\text{kN} \cdot \text{m}$$

$$M_{n3} = +M_D = 0.4\text{kN} \cdot \text{m}$$

按比例画出扭矩图(图 12-4(c)). 由图可见,危险截面在 AC 段内,$|M_n| = 0.6\text{kN·m}$.

§11-3 圆轴扭转应力

本节研究圆轴横截面上各点处的应力. 首先从变形几何方面入手,寻找变形的规律. 再利用应变和应力间的物理关系,找到应力的分布规律. 最后结合静力学平衡条件,导出应力计算公式.

一、变形几何关系

从实验观察出发,将等直圆轴一端固定,并于轴的表面画若干条圆周线和纵向线(图 11-5(a)). 施加外力偶 M 后圆轴产生扭转变形,如图 11-5(b)所示. 可观察到下述现象:

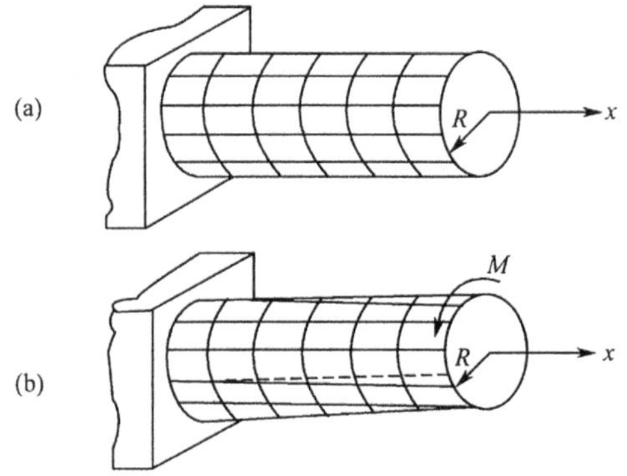

图 11-5

(1)圆周线的大小、形状不变,两圆周线的间距不变,只是绕轴线产生了相对转动位移.

(2)纵向线变为螺旋线,在小变形下,可近似地看作直线,但倾斜了一个微小角度.

根据这些表面现象,经推理,作出内部变形的假设:圆轴的横截面,在轴变形后仍保持为平面，其大小、形状不变，其半径仍为直线．两横截面间的距离保持不变．这个假设叫做**平面假说**．这就是说，在圆轴扭转变形时，其横截面如同刚性圆盘一样，只是绕轴线旋转了一个角度．这个假设已为由此推演出来的应力和变形的计算公式在大量的实验中所证实，是成立的．

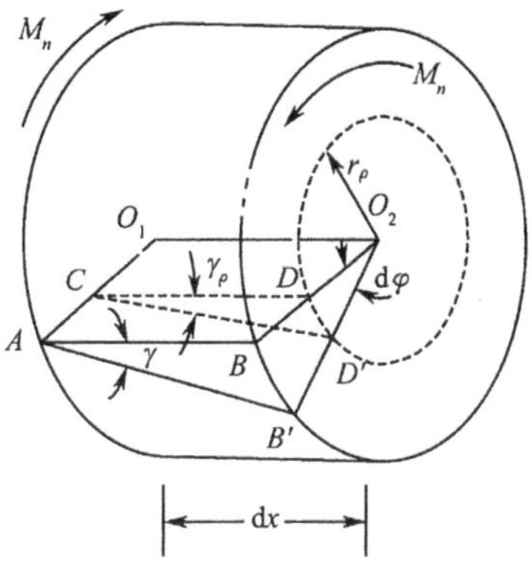

图 11-6

由于横截面的形状、间距不变，可以断定，横截面上没有正应力，而只有剪应力．

为进一步分析变形的规律，从轴上取出长为 dx 的微段，如图 11-6 所示．其右侧截面相对左侧截面绕轴线 O_1O_2 转过了一个角度 $d\varphi$，半径 O_2B 也转过了同一角度 $d\varphi$，纵向线 AB 转至 AB'，其倾斜角为 γ；半径为 r_ρ 的任一圆柱面上的纵向线 CD 转至 CD'，其倾斜角为 γ_ρ．

$d\varphi$ 称为 dx 长度上的**扭转角**．γ 和 γ_ρ 分别为外圆柱面和半径为 r_ρ 的圆柱面上一点处，在垂直于半径的平面上的**剪应变**．由几何关系可见

$$\gamma_\rho \approx \tan\gamma_\rho = \frac{DD'}{CD} = \frac{r_\rho d\varphi}{dx} = r_\rho \frac{d\varphi}{dx} \tag{a}$$

对同一截面而言，$\frac{d\varphi}{dx}$与 r_ρ 无关，视为常数，故剪应变 γ_ρ 与半径 r_ρ 成正比．

二、物理方面

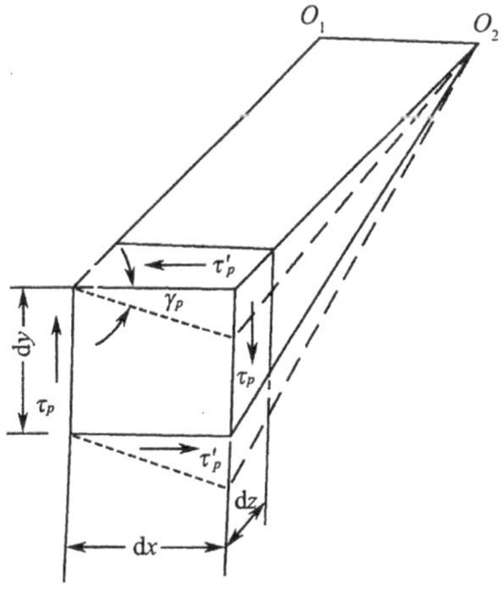

图 11-7

以两个横截面、两个纵向对称面和两个圆柱面从轴上半径为 r_ρ 处截取微单元体，如图 11-7 所示．其各边长度分别记为 dx、dy、dz．各侧面上的应力可视为均匀分布．

单元体前后两侧面上的剪应变 γ_ρ，是与左右两侧面上的剪应力 τ_ρ 相对应的．已知 γ_ρ 所在的平面垂直于半径，因而 τ_ρ 必垂直于半径．左、右两侧面的剪应力必等值反向，以满足 $\sum F_y = 0$．这两个侧面上的切向内力组成一力偶．可以断定，上、下

两侧面上必有等值反向的剪应力 τ'_ρ，组成另一力偶，以满足 $\sum M = 0$，即

$$(\tau_\rho \mathrm{d}y\mathrm{d}z)\mathrm{d}x = (\tau'_\rho \mathrm{d}x\mathrm{d}z)\mathrm{d}y$$

得

$$\tau_\rho = \tau'_\rho \tag{11-2}$$

上式说明，在互相垂直的两个面上，若有垂直于两面交线的剪应力，则必然是成对出现的. 其大小相等，方向都指向或背向两面的交线. 这种关系称为**剪应力互等原理**.

单元体互相垂直的各面上只有剪应力作用的受力情况，称为**纯剪切**。

大量实验证实：当剪应力不超过材料的剪切比例极限时，它与剪应变成正比，即

$$\tau_\rho = G\gamma_\rho \tag{b}$$

这个关系称为**剪切胡克定律**，比例常数 G 称为**剪切横量**，它反映材料抵抗剪切变形的能力. 几种常用材料的 G 值见书末附录Ⅱ.

将式(a)中的 γ_ρ 值代入式(b)，得横截面上应力分布规律的表达式

$$\tau_\rho = G\gamma_\rho = Gr_\rho \frac{\mathrm{d}\varphi}{\mathrm{d}x} \tag{c}$$

式中 G 和$\frac{\mathrm{d}\varphi}{\mathrm{d}x}$为常数，可知 τ_ρ 与 r_ρ 成正比. 由于图 11-7 所示单元体为无限小，则 τ_ρ 可以代表该单元体所包含的一点处的应力. 式(c)说明，横截面上任一点处的剪应力与该点到圆心的距离成正比. 剪应力分布规律如图 11-8 所示.

三、静力学方面

在图 11-8 所示截面上，于半径为 r_ρ 处取微面积 $\mathrm{d}S$. 此处剪应力为 τ_ρ. $\mathrm{d}S$ 上的切向内力对圆心之矩为 $r_\rho\tau_\rho\mathrm{d}S$. 将所有微面积上的内力矩求总和，即为横截面上的扭矩

$$M_n = \int_S r_\rho\tau_\rho \mathrm{d}S \tag{d}$$

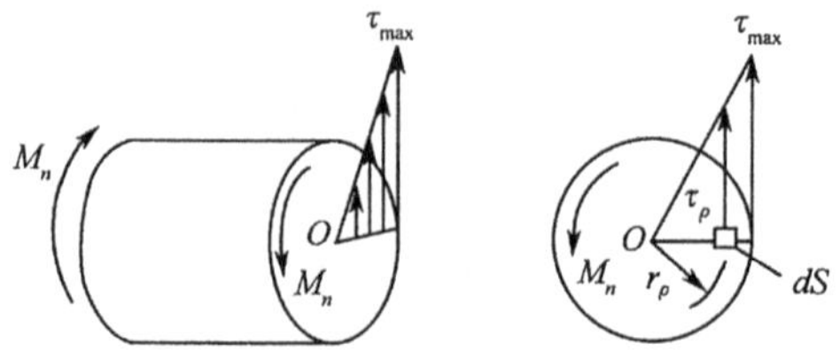

图 11-8

式中　S 为横截面的面积.

将式(c)代入式(d),

$$M_n = \int_S G r_\rho^2 \frac{\mathrm{d}\varphi}{\mathrm{d}x} \mathrm{d}S$$

将 $G\frac{\mathrm{d}\varphi}{\mathrm{d}x}$从积分号内提出,

$$M_n = G\frac{\mathrm{d}\varphi}{\mathrm{d}x}\int_S r_\rho^2 \mathrm{d}S$$

令 $I_\rho = \int_S r_\rho^2 \mathrm{d}S$,上式改写为

$$M_n = G\frac{\mathrm{d}\varphi}{\mathrm{d}x} I_\rho \tag{11-3}$$

式中,I_ρ 为**截面的极惯性矩**,单位为 m^4,是只与横截面尺寸有关的几何量.

将式(11-3)中的$\frac{\mathrm{d}\varphi}{\mathrm{d}x}$代入式(c),得

$$\tau_p = \frac{M_n r_\rho}{I_\rho} \tag{11-4}$$

这就是等直圆轴扭转时横截面上任一点处剪应力的计算公式.

由式(11-4)可见,当 r_ρ 等于圆轴横截面的半径R 时,即在横截面边缘处,剪应力有最大值

$$\tau_{\max} = \frac{M_n R}{I_\rho}$$

令　$W_\rho = \frac{I_\rho}{R}$,则

$$\tau_{\max} = \frac{M_n}{W_\rho} \tag{11-5}$$

式中,W_ρ 为**抗扭截面系数**,单位为 m^3,也是只与横截面尺寸有关的几何量.

以上剪应力计算公式只适用于 $\tau_{\max}$不超过材料的剪切比例极限时的圆轴扭转,因在推导过程中引用了胡克定律和平面假设.非圆截面杆扭转时平面假设不成立.

§11-4　圆轴扭转变形

圆轴的扭转变形,是以两横截面间相对的扭转角来度量的.对照图 11-6,由式(11-3)可知,间距为 $\mathrm{d}x$ 的两横截面间的扭转角为

$$\mathrm{d}\varphi = \frac{M_n}{G I_\rho}\mathrm{d}x$$

而长为 l 的一段轴(图 11-9),其两端横截面间的扭转角应为

$$\varphi=\int_l \mathrm{d}\varphi=\int_l \frac{M_n}{GI_\rho}\mathrm{d}x$$

对于等直圆轴,若在长度 l 内 M_n 不变,则上式改写为

$$\varphi=\frac{M_n}{GI_\rho}\int_l \mathrm{d}x=\frac{M_n}{GI_\rho}l \tag{11-6}$$

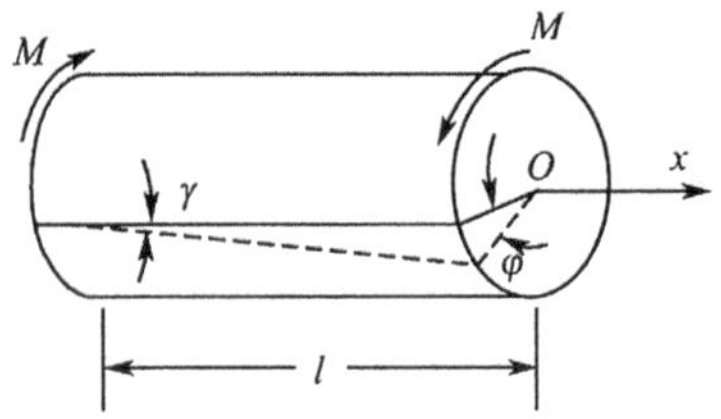

图 11-9

式中　GI_ρ 为轴的**抗扭刚度**,反映轴抵抗扭转变形的能力.

式(11-6)就是等直圆轴扭转变形的计算公式. φ 的单位为 rad.

为消除长度 l 的影响,工程上常以单位长度扭转角 θ 来衡量扭转变形的程度. 将式(11-6)两端同除以长度 l,并将弧度换算为度,得

$$\theta=\frac{M_n}{GI_\rho}\times\frac{180°}{\pi} \tag{11-7}$$

以上圆轴扭转变形的计算公式,同样只适用于 $\tau_{\max}$不超过材料的剪切比例极限的情况.

§11-5　极惯性矩与抗扭截面系数

一、实心圆截面

如图 11-10 所示,设其直径为 D,在离圆心为 r_ρ 处取宽为 $\mathrm{d}r_\rho$ 的环形微面积 $\mathrm{d}S=2\pi r_\rho \mathrm{d}r_\rho$. 于是得极惯性矩和抗扭截面系数分别为

$$I_\rho=\int_S r_\rho^2 \mathrm{d}S=\int_0^{\frac{D}{2}} 2\pi r_\rho^3 \mathrm{d}r_\rho=\frac{\pi}{32}D^4 \tag{11-8}$$

$$W_\rho=\frac{I_\rho}{\frac{D}{2}}=\frac{\pi}{16}D^3 \tag{11-9}$$

二、空心圆截面

如图 11-11 所示,设其外径为 D,内径为 d,极惯性矩和抗扭截面系数分

别为

$$I_\rho = \int_S r_\rho \rho^2 \mathrm{d}S = \int_{\frac{d}{2}}^{\frac{D}{2}} 2\pi r_\rho^3 \mathrm{d}r_\rho = \frac{\pi}{32}(D^4 - d^4) = \frac{\pi}{32}D^4(1 - \alpha^4) \tag{11-10}$$

$$W_\rho = \frac{I_\rho}{\frac{D}{2}} = \frac{\pi}{16}D^3(1 - \alpha^4) \tag{11-11}$$

式中 $\alpha = \dfrac{d}{D}$

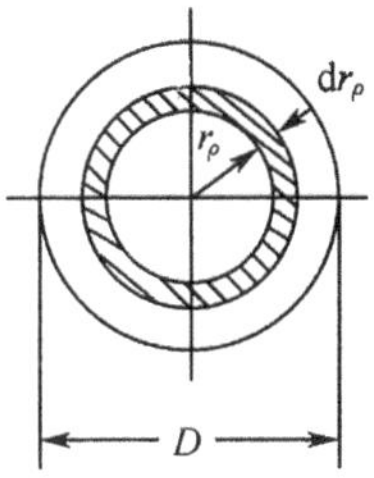

图 11-10

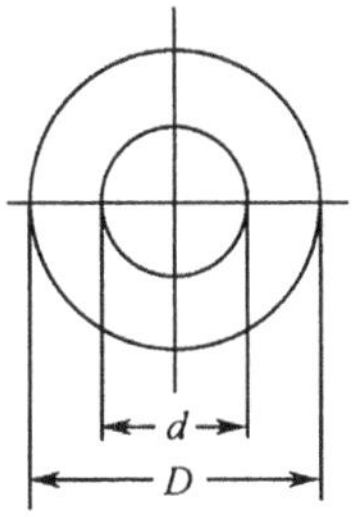

图 11-11

三、薄壁圆环

薄壁圆环可作为空心圆截面的特殊情况.因其内、外径很接近,极惯性矩和抗扭截面系数近似计算如下:

$$I_\rho = \frac{\pi}{32}(D^4 - d^4) = \frac{\pi}{32}(D^2 + d^2)(D + d)(D - d)$$

$$\approx \frac{\pi}{32} \times 8r_m^2 \times 4r_m \times 2t = 2\pi r_m^3 t \tag{11-12}$$

$$W_\rho = \frac{I_\rho}{r_m} = 2\pi r_m^2 t \tag{11-13}$$

式中,r_m 为圆环的平均半径;

t 为圆环的壁厚.

§ 11-6　扭转强度和刚度条件

在计算圆轴扭转强度问题时,应首先确定危险截面.设危险截面上的扭矩为 $|M_n|_{\max}$,则由式(11-5)求得该截面内最大剪应力 $\tau_{\max}$,并使之不超过材料

的许用剪应力.强度条件为

$$\tau_{\max} = \frac{|M_n|_{\max}}{W_\rho} \leqslant [\tau] \tag{11-14}$$

式中,许用剪应力$[\tau]$是根据扭转试验测得的极限剪应力,再除以适当的安全系数来确定的,而安全系数的选取则视构件的工作情况而定.同一材料的许用剪应力$[\tau]$与许用拉应力$[\sigma]$有如下的大致关系:

塑性材料 $[\tau]=(0.5\sim0.6)[\sigma]$;

脆性材料 $[\tau]=(0.8\sim1.0)[\sigma]$.

机器中的轴如果产生过大的扭转变形,就会影响机器的工作精度,或引起强烈振动,因此,对轴的变形有时也要加以限制,即要求轴在单位长度内的扭转角不超过某一许可值.刚度条件为

$$\theta_{\max} = \frac{|M_n|_{\max}}{GI_\rho} \times \frac{180^\circ}{\pi} \leqslant [\theta] \tag{11-15}$$

式中,$[\theta]$为许用单位长度扭转角,其数值根据轴的工作情况等因素确定.一般规定:

精密仪器的轴 $[\theta]=(0.25\sim0.5)(^\circ)/\mathrm{m}$

一般传动轴 $[\theta]=(0.5\sim1)(^\circ)/\mathrm{m}$

精度较低的传动轴 $[\theta]=(1\sim2.5)(^\circ)/\mathrm{m}$

以上强度条件和刚度条件,均可用于校核、设计截面和确定许可载荷.

例 11-2 设例 11-1 中的传动轴为钢质等截面圆轴.已知$[\tau]=30\mathrm{MPa}$, $G=80\mathrm{GPa}$, $[\theta]=0.3(^\circ)/\mathrm{m}$.试按强度和刚度条件设计轴的直径.

解 由例 11-1 已知,$|M_n|_{\max}=0.6\mathrm{kN\cdot m}$

由强度条件

$$\tau_{\max} = \frac{|M_n|_{\max}}{W_\rho} = \frac{|M_n|_{\max}}{\frac{\pi}{16}D^3} \leqslant [\tau]$$

得

$$D \geqslant \sqrt[3]{\frac{16|M_n|_{\max}}{\pi[\tau]}} = \sqrt[3]{\frac{16\times0.6\times10^3}{\pi\times30\times10^6}} = 0.047\mathrm{m}$$

由刚度条件

$$\theta_{\max} = \frac{|M_n|_{\max}}{GI_\rho} \times \frac{180^\circ}{\pi} = \frac{|M_n|_{\max}}{G\times\frac{\pi}{32}D^4} \times \frac{180^\circ}{\pi} \leqslant [\theta]$$

得

$$D \geqslant \sqrt[4]{\frac{0.6\times10^3\times180\times32}{80\times10^9\times\pi^2\times0.3}} = 0.062(\mathrm{m})$$

两个数值中应取较大者,故确定圆轴的直径为 0.062m,即 62mm.

例 11-3　某传动轴以直径比 $\alpha=\dfrac{d}{D}=0.8$ 的空心圆轴(a)代替直径为 D_0 的实心圆轴(b),如图 11-12 所示. 二者材料、长度及横截面面积均相同. 试按强度和刚度条件比较其许可扭矩.

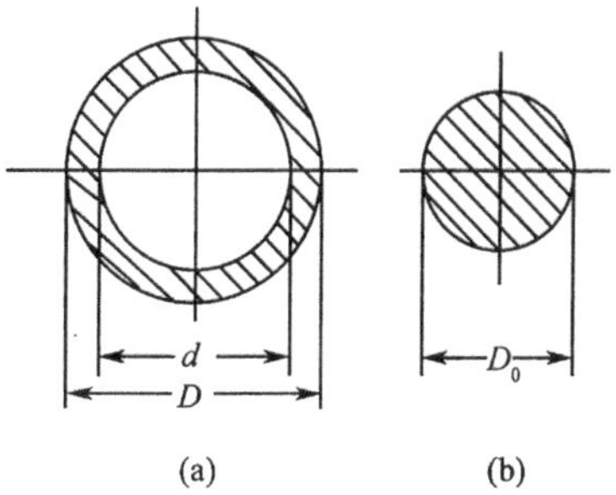

图 11-12

解　根据二轴横截面面积相等

$$\frac{\pi}{4}(D^2-d^2)=\frac{\pi}{4}D_0^2$$

得

$$D_0 = 0.6D$$

按强度条件,要求

$$\tau_{1\max}=\tau_{2\max}=[\tau]$$

即

$$\frac{|M_{n1}|_{\max}}{W_{\rho_1}}=\frac{|M_{n2}|_{\max}}{W_{\rho_2}}$$

得

$$\frac{|M_{n1}|_{\max}}{|M_{n2}|_{\max}}=\frac{W_{\rho_1}}{W_{\rho_2}}=\frac{\frac{\pi}{16}D^3(1-\alpha^4)}{\frac{\pi}{16}D_0^3}=2.73$$

按刚度条件,要求

$$\theta_{1\max}=\theta_{2\max}=[\theta]$$

即

$$\frac{|M_{n1}|_{\max}}{GI_{\rho1}}=\frac{|M_{n2}|_{\max}}{GI_{\rho2}}$$

得

$$\frac{|M_{n1}|_{\max}}{|M_{n2}|_{\max}}=\frac{I_{\rho1}}{I_{\rho2}}=\frac{\frac{\pi}{32}D^4(1-\alpha^4)}{\frac{\pi}{32}D_0^4}=4.56$$

习　　题

11-1　画出图示各轴的扭矩图.

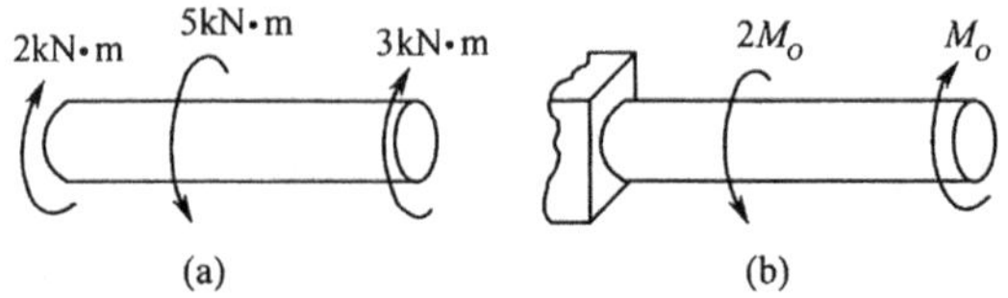

题 11-1 图

11-2　画出以下各截面上与扭矩 M_n 相对应的剪应力分布图.

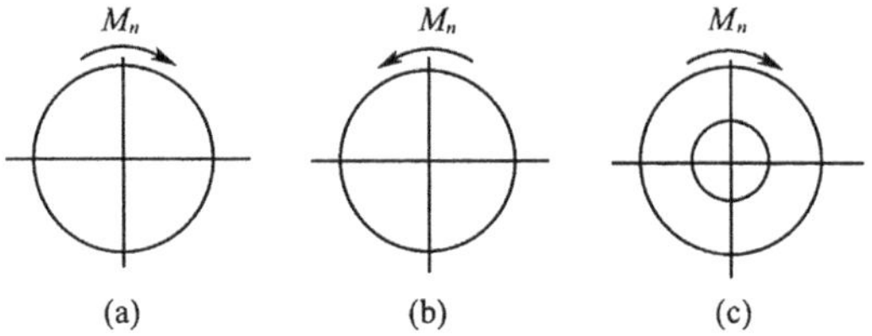

题 11-2 图

11-3　实心圆轴的尺寸和受力情况如图示,求轴内最大剪应力.

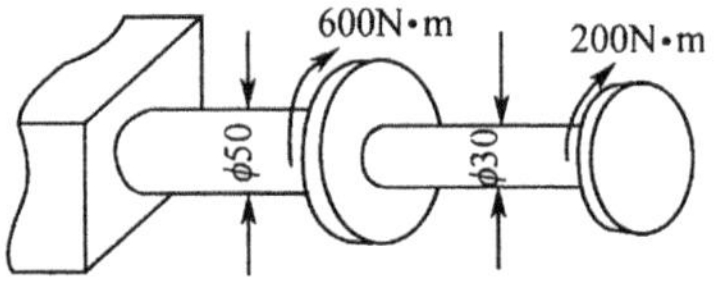

题 11-3 图

11-4　空心圆截面轴的尺寸和受力情况如图示,试计算轴内最大和最小剪应力.

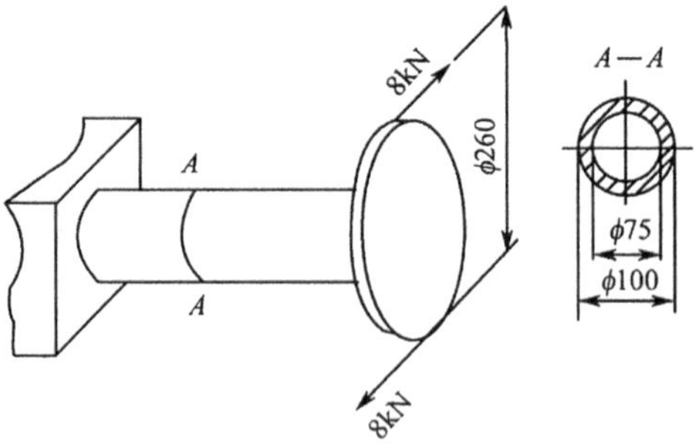

题 11-4 图

11-5　切蔗机主轴电动机经三角皮带轮带动. 已知电动机的功率为 55kw, 主轴转速为 580r/min, 主轴直径 $D=60$mm, 材料为 45 号钢, 其许用剪应力 $[\tau]=40$MPa. 若不考虑传动中的功率损耗, 试验算主轴的扭转强度.

11-6 一带有框式搅拌浆叶的主轴, 其受力情况如图所示. 搅拌轴由电动机经过减速箱及圆锥齿轮带动. 已知电动机的功率为 2.8kW, 机械传动的效率为 85%, 搅拌轴的转速为 5r/min, 轴的直径为 $d=75$mm, 轴的材料为 45 号钢, 许用剪应力为 $[\tau]=60$MPa. 试校核轴的强度.

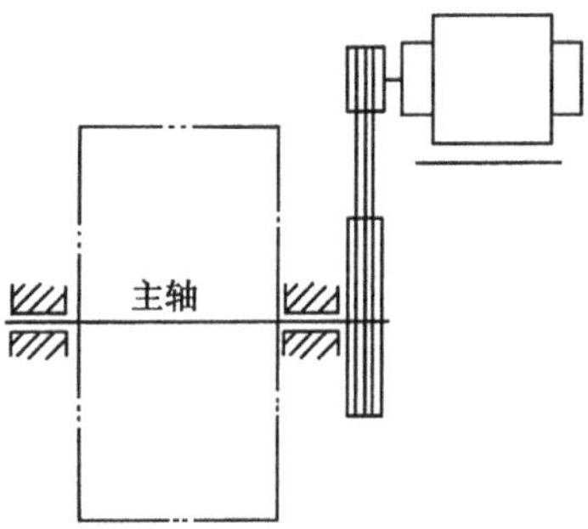

题 11-5 图

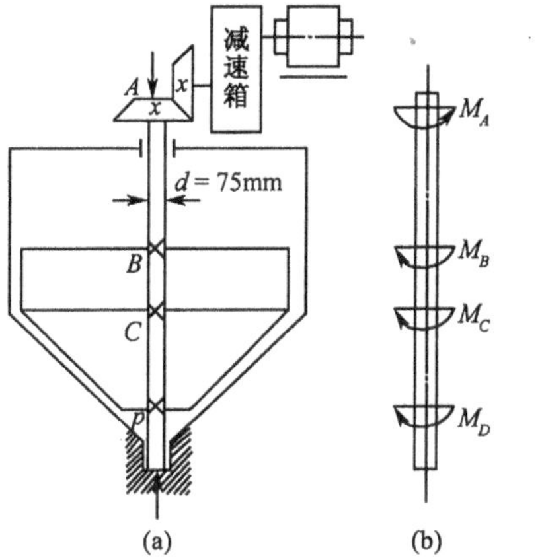

题 11-6 图

11-7　已知传动轴转速 $n=80$r/min, A 轮为主动轮, B、C 轮输出的功率分别为 $P_B=20$kW, $P_C=40$kW, 材料的许用剪应力 $[\tau]=60$MPa. 试根据强度条件设计实心圆轴的直径.

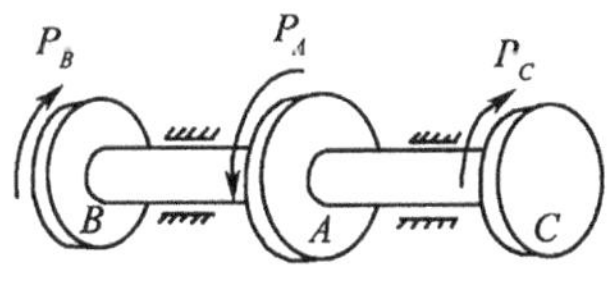

题 11-7 图

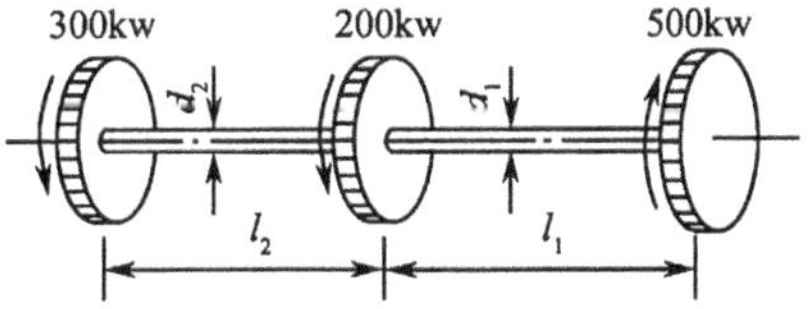

题 11-8 图

11-8　已知阶梯轴传递功率, 若两段轴的 τ_{max} 相等, 试求此两段轴的直径之比及两段轴的扭转角之比.

11-9　如图所示, 在一直径为 75mm 的等截面圆轴上, 作用着外力偶矩: $M_1=1$kN·m, $M_2=0.6$kN·m, $M_3=0.2$kN·m, $M_4=0.2$kN·m.

(1) 求作轴的扭矩图;

(2) 求出每段内的最大剪应力;

(3)求出轴两端截面的相对扭转角,设材料的剪切弹性模量 $G=80\text{GPa}$;

(4)若 M_1 与 M_2 的位置互换,试问最大剪应力将怎样变化?

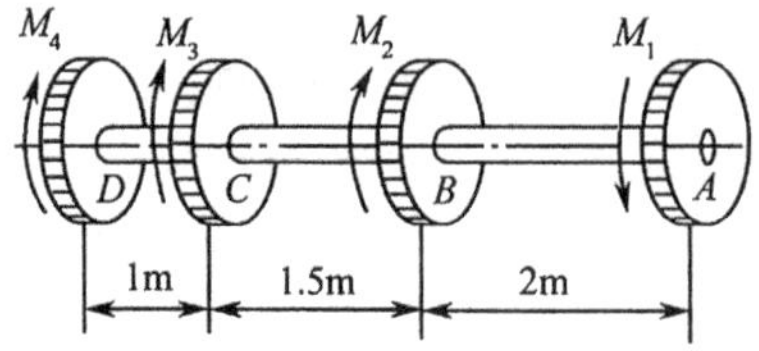

题 11-9 图

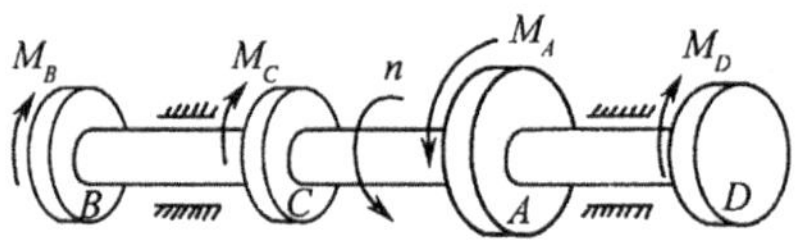

题 11-10 图

11-10　在直径为 $d=70\text{mm}$ 的等截面圆轴上作用着外力偶矩 $M_A=1\text{kN}\cdot\text{m}$, $M_B=0.2\text{kN}\cdot\text{m}$, $M_C=0.2\text{kN}\cdot\text{m}$, $M_D=0.6\text{kN}\cdot\text{m}$. 已知 $[\tau]=40\text{MPa}$, $[\theta]=1\ (°)/\text{m}$, $G=80\text{GPa}$. 试校核轴的强度和刚度.

11-11　图示绞车由两人同时操作,设每人加在手柄上的力 F 都是 200N,已知轴的许用剪应力 $[\tau]=40\text{MPa}$,

(1)试求轴 AB 的直径;

(2)求绞车所能吊起的最大重量.

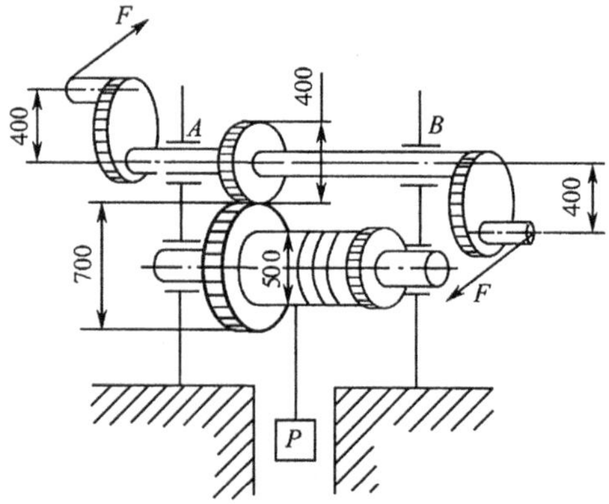

题 11-11 图

11-12　图示传动轴的转速为 200r/min,由主动轮 2 上传来的功率是 80kW,由从动轮

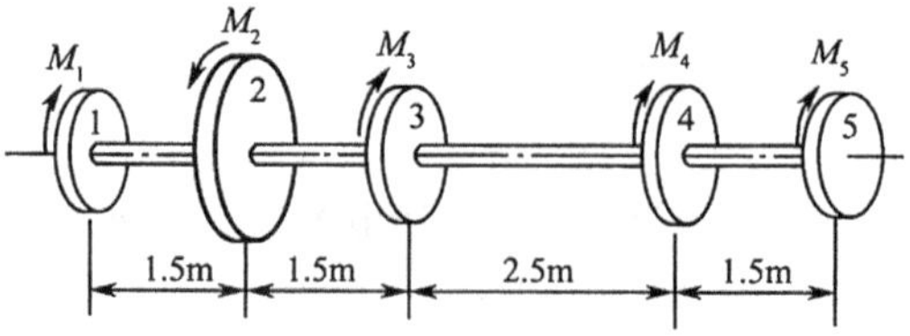

题 11-12 图

1、3、4 和 5 分别输出 25、15、30 和 10kW. 试按强度和刚度条件选择轴的直径. 已知: $[\tau]=40\text{MPa}$, $G=80\text{GPa}$, $[\theta]=0.5\ (^\circ)/\text{m}$.

11-13　一轴系由两段直径 $d=100\text{mm}$ 的圆轴由凸缘和螺栓联接而成. 轴扭转时最大剪应力为 70MPa, 螺栓的直径 $d_1=20\text{mm}$, 并布置在 $D_0=200\text{mm}$ 的圆周上. 设螺栓许用剪应力 $[\tau]=60\text{MPa}$, 求所需螺栓的个数 n.

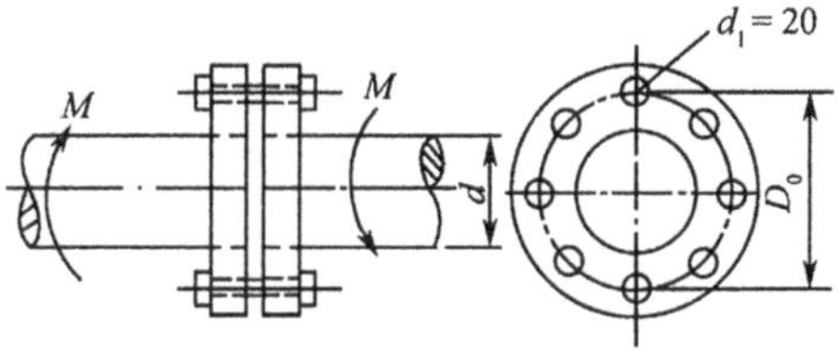

题 11-13 图

11-14　一简单摩擦离合器, 由一轴向另一轴传递力偶如图所示. 两离合器板是直径为 d 的圆, 且被法向力 F 压在一起. 假定力 F 均匀分布在离合板的接触面上. 设两板间摩擦系数为 f_s, 该离合器所能够(无滑动地)传递的最大扭矩是多少?

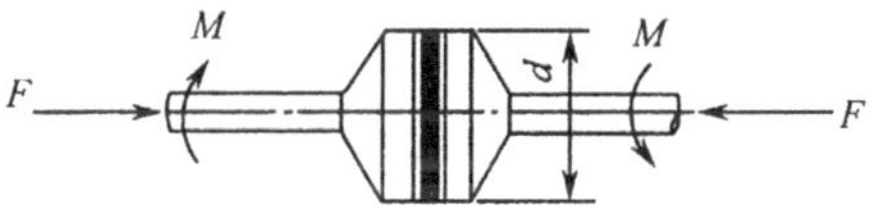

题 11-14 图

11-15　图示 AB 轴的转速 $n=120\text{r/min}$, 从 B 轮上输入功率 $P=40\text{kW}$, 此功率的一半通过锥齿轮传给垂直轴 V, 另一半功率由水平轴 H 传走. 已知锥齿轮的节圆直径 $D_1=600\text{mm}$, $D_2=240\text{mm}$; 各轴直径为 $d_1=100\text{mm}$, $d_2=80\text{mm}$, $d_3=60\text{mm}$; $[\tau]=20\text{MPa}$. 试对各轴进行强度校核.

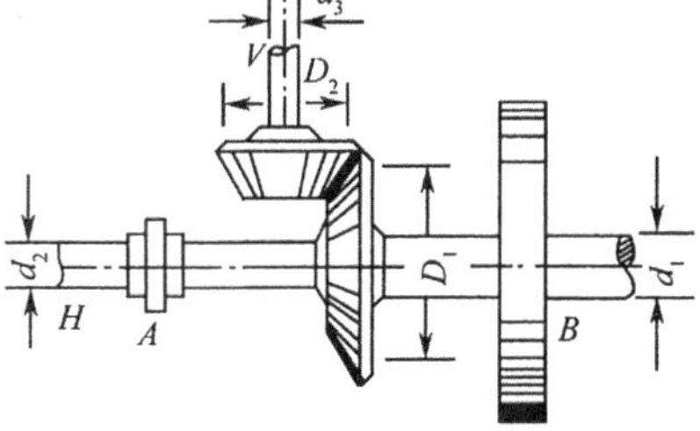

题 11-15 图

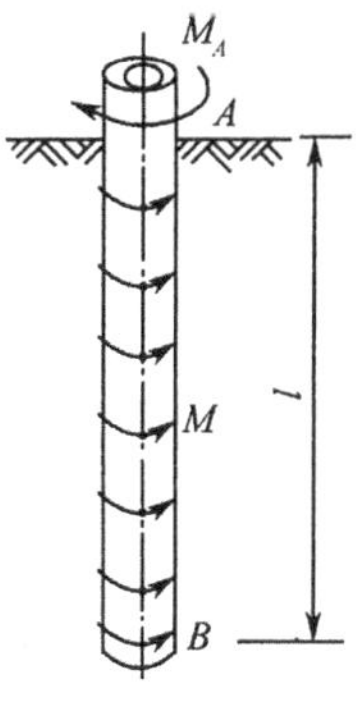

题 11-16 图

11-16 已知钻探机钻杆的外径 $D=6\text{cm}$,内径 $d=5\text{cm}$,功率 $P=7.35\text{kW}$,转速 $n=180\text{r/min}$,钻杆入土深度 $l=40\text{m}$,$[\tau]=40\text{MPa}$,假设土壤对钻杆的阻力沿钻杆长度均匀分布.试求

(1)单位长度上土壤对钻杆的阻力矩 t;

(2)作钻杆的扭矩图,并进行强度校核.

第十二章　弯 曲 强 度

若直杆的纵向平面内作用有横向外力或外力偶，则杆的轴线将由直线变为曲线，这种变形称为**弯曲**. 例如，图 12-1 所示的轧辊，在纵向平面内受到横向的分布载荷 q 的作用，致使其轴线变为曲线.

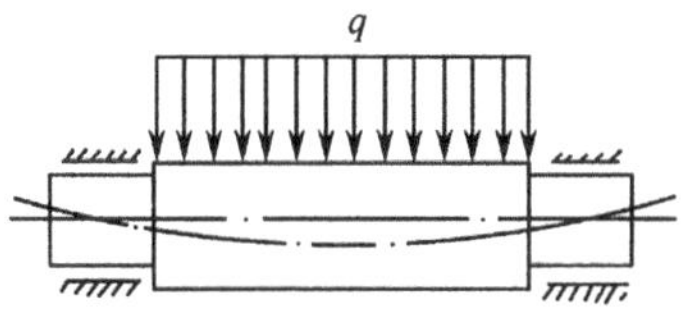

图 12-1

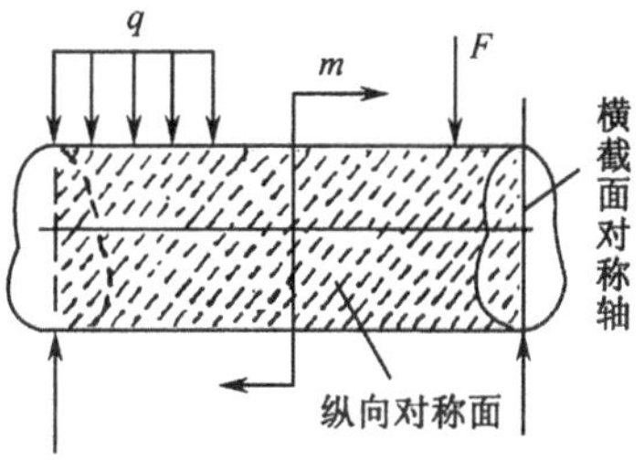

图 12-2

弯曲是工程上最重要的基本变形之一. 以弯曲变形为主的直杆称为**梁**.

有些梁，其横截面有对称轴. 通过横截面对称轴的纵向平面即为**纵向对称面**. 若所有外力均作用于梁的纵向对称面内，如图 12-2 所示，则梁的轴线就在纵向对称面内被弯成一条平面曲线，这种弯曲属于**平面弯曲**. 平面弯曲是弯曲问题中最常见的. 本章只涉及平面弯曲问题.

§12-1　梁的基本形式

实际的梁及其载荷、支座，比较复杂. 为便于分析、计算，常作些必要的简化，以计算简图来代替.

梁上的载荷有三种：集中力、集中力偶和分布载荷. 均匀分布载荷又称为均布载荷. 分布于梁的单位长度上的载荷量称为载荷集度，q 表示，单位为 N/m 或 kN/m.

梁的支承方式可简化为固定铰链支座、活动铰链支座和固定端支座三种.

梁本身常以其轴线表示，而所受外力向轴线简化.

通过上述简化，工程上常见的梁，可以归纳为三种基本形式：

(1)简支梁　梁的一端为固定铰链支座，另一端为活动铰链支座，如图 12-3(a)所示的行车大梁，其计算简图如图 12-3(b)所示.

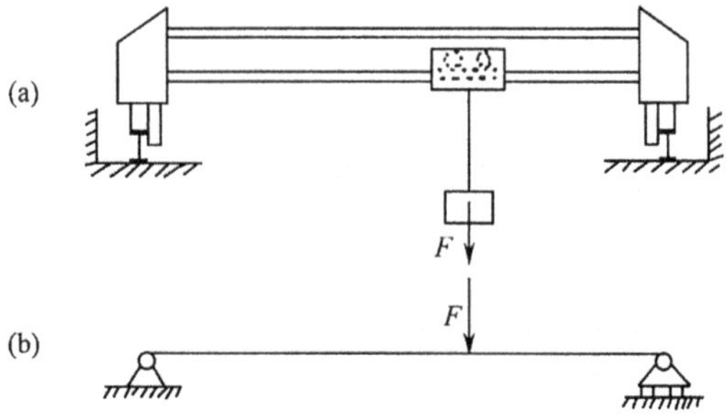

图 12-3

(2)外伸梁　简支梁的一端或两端延伸到铰链支座以外，如图 12-4(a)所示的螺栓压板夹紧装置，其计算简图如图 12-4(b)所示.

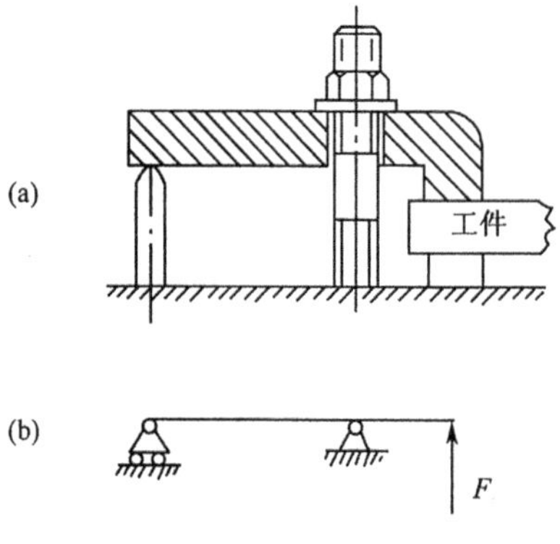

图 12-4

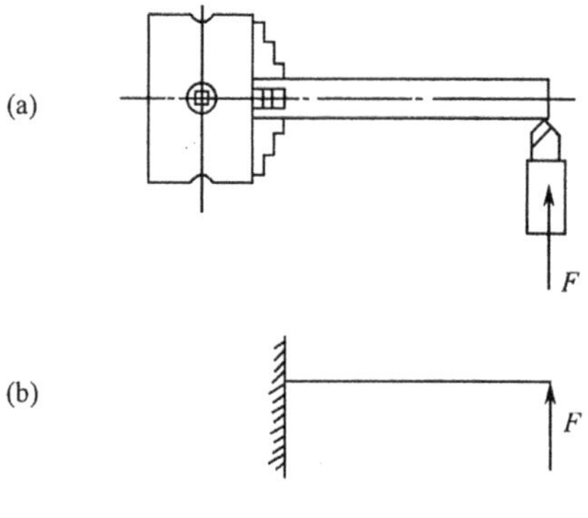

图 12-5

(3)悬臂梁　梁的一端为固定端，另一端为自由端，如图 12-5(a)所示车削中的工件，其计算简图如图 12-5(b)所示.

以上三种梁都可以用静平衡方程求解全部约束反力，称它们为静定梁.

两支座间的长度称为跨度.

§12-2　剪力和弯矩

已知梁的载荷并求得了约束反力，就可以根据包括载荷和约束反力在内的所有外力，利用截面法求得横截面上的内力.

现以图 12-6(a)所示的简支梁为例,说明任一横截面 1-1 上内力的求法.

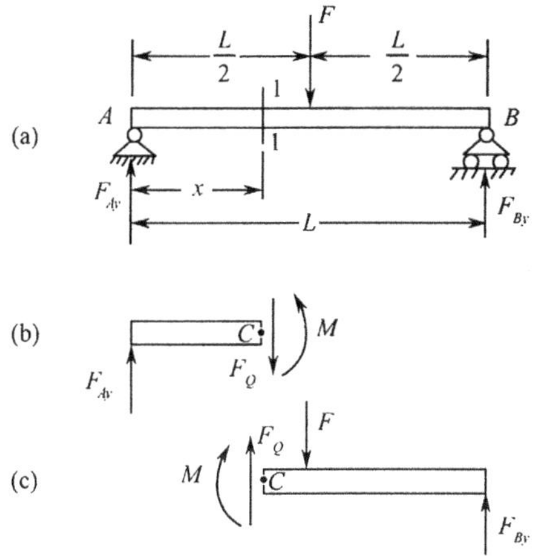

图 12-6

利用静平衡方程求得约束反力为

$$F_{Ay} = F_{By} = \frac{F}{2}$$

假想在 1-1 截面处将梁截开,取其任一段,例如左段为研究对象[图 12-6(b)].截面 1-1 上应有与截面相切的内力 F_Q,以满足

$$\sum Y = 0, \qquad F_{Ay} - F_Q = 0$$

得

$$F_Q = F_{Ay} = \frac{F}{2}$$

另外,截面 1-1 上也应有内力偶矩 M,以满足

$$\sum M_C(\boldsymbol{F}) = 0, \qquad M - F_{Ay}x = 0$$

(其中点 C 为截面的形心)得

$$M = F_{Ay}x = \frac{Fx}{2}$$

将横截面上的内力一一分解为与截面相切的和与截面垂直的两部分,其中

F_Q 即为与截面相切的内力系的合力,称为横截面上的**剪力**;

而 M 即为与截面垂直的内力系的合力偶矩,称为横截面上的**弯矩**.

若研究右段[图 12-6(c)],则由

$$\sum Y = 0, \qquad F_Q + F_{By} - F = 0$$

得

$$F_Q = F - F_{By} = \frac{F}{2}$$

由

$$\sum M_C(\boldsymbol{F}) = 0, \qquad F_{By}(L - x) - F\left(\frac{L}{2} - x\right) - M = 0$$

得

$$M = F_{By}(L - x) - F\left(\frac{L}{2} - x\right) = \frac{Fx}{2}$$

对比以上结果可见,研究左段与研究右段所得剪力(或弯矩)的大小相等,而方向(或转向)相反,这是因为截面两侧的力系成作用力与反作用力的关系.为统一,表示方向(或转向)的符号也应相同.为此,自梁上截取 dx 微段,规定:若剪力使微段顺时针向错动,则剪力为正;反之,为负,如图 12-7 所示.若弯矩使微段下凹曲时,则弯矩为正;反之,为负,如图 12-8 所示.图 12-6(b)、(c)中 1-1 截面两侧上的剪力和弯矩均为正的.

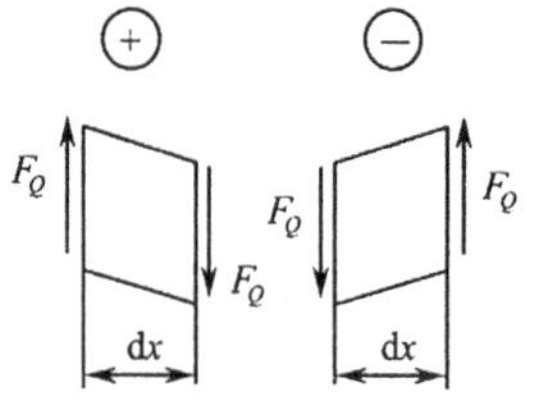

图 12-7

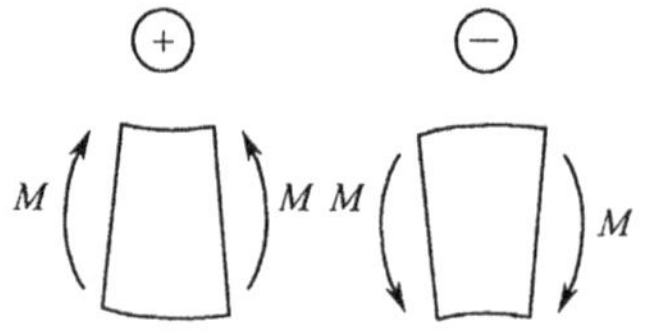

图 12-8

由以上分析和规定还可看出:

(1)截面一侧任一外力在该截面上产生的剪力总是与外力的方向相反.

(2)剪力的大小总是与产生它的外力相等.

(3)截面一侧任一外力(或外力偶)在该截面上产生的弯矩的转向总是与对截面形心的矩(或外力偶矩)的转向相反.

(4)弯矩的大小总是与产生它的外力对截面形心的矩(或外力偶矩)的大小相等.

因此,可由外力的大小、方向和外力对截面形心的矩(或外力偶矩)的大小、转向直接确定由它产生的剪力的大小、正负方向和弯矩的大小、正负转向.

当截面一侧有多个外力和外力偶作用时,它们在截面上分别产生的剪力和弯矩的代数和,即为截面上的合剪力和合弯矩.

例 12-1 求图 12-9 所示外伸梁 1-1 截面上的剪力和弯矩.

解 利用静平衡方程求得约束反力为

$$F_{Ay} = F, \qquad F_{By} = 2F$$

截面右侧受力较简单,故按右侧外力计算.

力 F 使截面上产生正剪力,力 F_{By}使截面上产生负剪力,因此截面上的剪力为

$$F_{Q1} = F - F_{By} = F - 2F = -F$$

力 F 使截面上产生负弯矩,力 F_{By}使截面上产生正弯矩,因此截面上的弯矩为

$$M_1 = -F(2l) + F_{By}\,l = -2Fl + 2Fl = 0$$

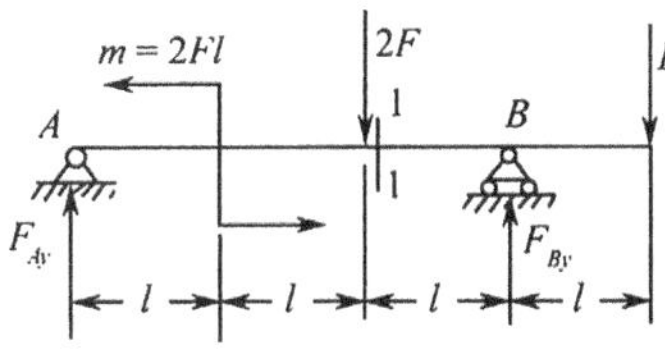

图 12-9

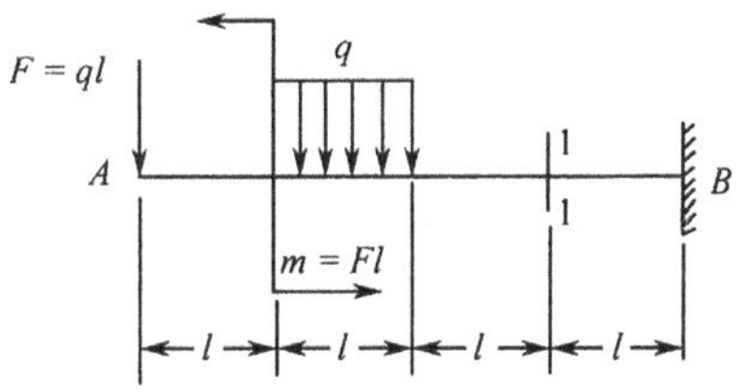

图 12-10

例 12-2 求图 12-10 所示悬臂梁 1-1 截面上的剪力和弯矩.

解 按截面左侧所受外力计算截面上的剪力和弯矩,不需求出 B 端的约束反力,较为简单.

力 F 和载荷 q 均使截面上产生负剪力,故截面上的剪力为

$$F_{Q1} = -F - ql = -2ql$$

力 F、q 和 M 均使截面上产生负弯矩,故截面上的弯矩为

$$\begin{aligned} M_1 &= -F(3l) - ql(1.5l) - m \\ &= -3ql^2 - 1.5ql^2 - ql^2 = -5.5ql^2 \end{aligned}$$

例 12-3 求图 12-11 所示简支梁 1-1 截面上的剪力和弯矩.

解 $F_{Ay} = F_{By} = \dfrac{F}{2}$

$$F_{Q1} = F_{Ay} - F = -\frac{F}{2}$$

$$M_1 = F_{Ay} \times 2l - Fl = 0$$

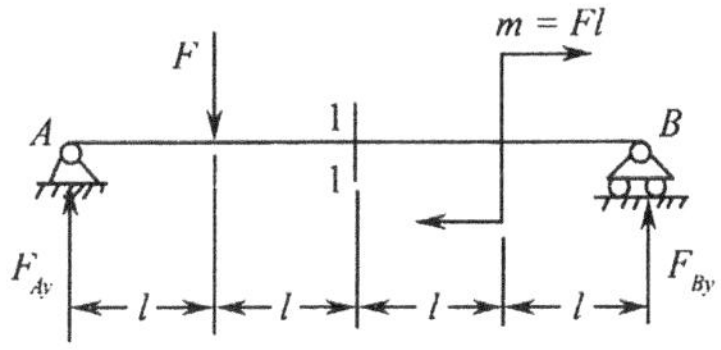

图 12-11

§12-3　剪力图和弯矩图

一般情况下,横截面上的剪力和弯矩是随截面位置的不同而不同的.以 x 轴坐标表示截面的位置,以另一与 x 轴垂直的轴的坐标表示剪力或弯矩,这样,剪力和弯矩可表达为 x 的函数,即

$$F_Q = f_1(x)$$

$$M = f_2(x)$$

这两个表达式分别叫做**剪力方程**和**弯矩方程**.

为全面了解剪力和弯矩随截面位置而变化的规律,并能直观地判断最大剪力和最大弯矩及其所在截面的位置,通常将剪力方程和弯矩方程用图线表示出来.这种图线分别叫做**剪力图**和**弯矩图**.以下举例说明剪力图和弯矩图的具体做法.

例 12-4　简支梁受分布载荷 q 的作用,如图 12-12(a)所示.试绘制剪力和弯矩图.

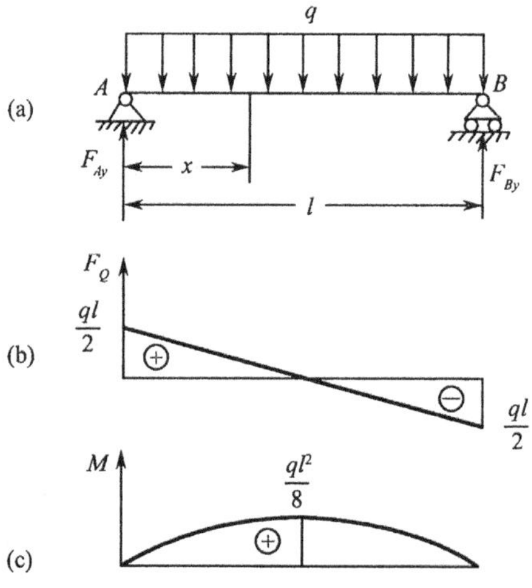

图 12-12

解　由静平衡方程求得

$$F_{Ay} = F_{By} = \frac{ql}{2}$$

任取一截面,设其坐标为 x.列梁的剪力方程和弯矩方程,得

$$F_Q = F_{Ay} - qx = \frac{ql}{2} - qx \quad (0 < x < l) \tag{1}$$

$$M = F_{Ay}x - qx\frac{x}{2} = \frac{qx}{2}(l - x) \quad (0 \leqslant x \leqslant l) \tag{2}$$

由式(1)可见,剪力图为倾斜直线,取

$$F_Q\Big|_{x=0} = \frac{ql}{2}, \quad F_Q\Big|_{x=l} = -\frac{ql}{2}$$

两点作剪力图,如图 12-12(b)所示.显然两端支座处的截面上的剪力最大,其大小为

$$F_{Q_{\max}} = \frac{ql}{2}$$

由式(2)可见,弯矩图为抛物线,取三点 $M_{x=0} = 0, M_{x=l} = 0, M_{x=\frac{l}{2}} = \frac{ql^2}{8}$作弯矩图,如图 12-12(c)所示,显然,由梁和载荷的对称性,可知梁的中点处的截面上的弯矩最大,其大小为

$$M_{\max} = \frac{ql^2}{8}$$

例 12-5 简支梁受集中力 F 的作用,如图 12-13(a)所示,试绘制剪力、弯矩图.

解 由静平衡方程求得

$$F_{Ay} = \frac{Fl_b}{l}, \qquad F_{By} = \frac{Fl_a}{l}$$

C 处作用有集中力 F,载荷是不连续的,因而在 C 处截面附近的剪力和弯矩的变化也是不连续的或是不平滑的.因此 AC 段和 BC 段的剪力方程和弯矩方程是不同的,必须分别列出.

在 AC 段任取截面 1-1,设其坐标为 x_1,列剪力方程和弯矩方程,得

$$F_Q = F_{Ay} = \frac{Fl_b}{l} \quad (0 < x_1 < l_a) \tag{1}$$

$$M = F_{Ay}x_1 = \frac{Fl_b}{l}x_1 \quad (0 \leqslant x_1 \leqslant l_a) \tag{2}$$

在 CB 段任取截面 2-2,设其坐标为 x_2,列剪力方程和弯矩方程,得

$$F_Q = -F_{By} = -\frac{Fl_a}{l} \quad (l_a < x_2 < l) \tag{3}$$

$$M = F_{By}(l - x_2) = \frac{Fl_a}{l}(l - x_2) \quad (l_a \leqslant x_2 \leqslant l) \tag{4}$$

由式(1)、(3)可见,在 AC 和 CB 段内,剪力都是常数,故剪力图都是与横

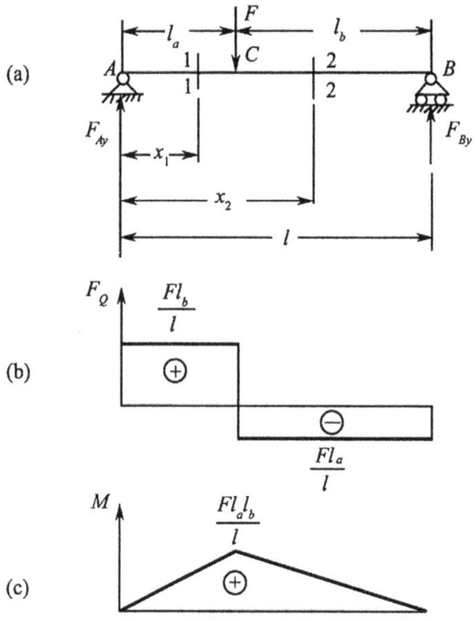

图 12-13

坐标平行的直线段,如图 12-13(b)所示.若 $l_b>l_a$,则在 AC 段的各截面上均有

$$F_{Q\max}=\frac{Fl_b}{l}$$

由式(2)、(4)可见,在 AC 和 CB 段内,弯矩图都是倾斜直线段.

由式(2),取 $M_{x_1=0}=0$,$M_{x_1=l_a}=\frac{Fl_al_b}{l}$ 两点,作 AC 段弯矩图倾斜直线段,如图 12-13(c)所示.

由式(4),取 $M_{x_2=l_a}=\frac{Fl_al_b}{l}$,$M_{x_2=l}=0$ 两点,作 CB 段弯矩图倾斜直线段,如图 12-13(c)所示.

在集中力 F 作用处的横截面上弯矩最大,

$$M_{\max}=\frac{Fl_al_b}{l}$$

例 12-6　简支梁受集中力偶 m 的作用,如图 12-14(a)所示.试绘制剪力、弯矩图.

解　由静平衡方程求得

$$F_{Ay}=F_{By}=\frac{m}{l}$$

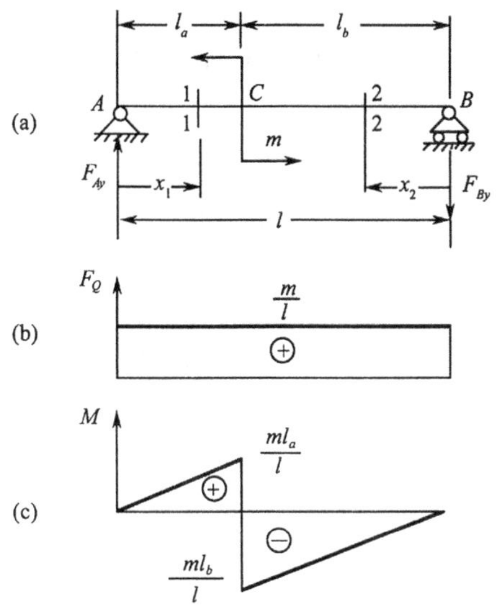

图 12-14

在 AC 段任取截面 1-1,设其坐标为 x_1,列剪力和弯矩方程,得

$$F_Q = F_{Ay} = \frac{m}{l} \quad (0 < x_1 \leqslant l_a) \tag{1}$$

$$M = F_{Ay}x_1 = \frac{m}{l}x_1 \quad (0 \leqslant x_1 < l_a) \tag{2}$$

在 CB 段任取截面 2-2,设其坐标为 x_2,列剪力和弯矩方程,得

$$F_Q = F_{By} = \frac{m}{l} \quad (l_b \geqslant x_2 > 0) \tag{3}$$

$$M = -F_{By}x_2 = -\frac{m}{l}x_2 \quad (l_b > x_2 \geqslant 0) \tag{4}$$

根据式(1)、(3)作剪力图,如图 12-14(b)所示.

根据式(2)、(4)作弯矩图,如图 12-14(c)所示.

由图(b)知

$$F_{Q\max} = \frac{m}{l}$$

由图(c)知,最大弯矩在集中力偶作用处,若 $l_b > l_a$,则

$$|M|_{\max} = \frac{ml_b}{l}$$

§12-4　载荷　剪力和弯矩间的关系

剪力和弯矩既然是由载荷引起的,它们之间必有一定的关系.掌握了这些关系,对于绘制或检验剪力图和弯矩图是很有帮助的.

设有一梁,如图 12-15(a)所示.从梁上截取长为 $\mathrm{d}x$ 的微段,如图 12-15(b)所示.任意的分布载荷 q 在微段上可视为均匀分布的.该微段左侧面上的剪力 F_Q 和弯矩 M 均设为正.考虑到分布载荷 q 的作用,右侧面的剪力有一增量 $\mathrm{d}F_Q$;考虑到分布载荷 q 及剪力 F_Q 的作用,右侧面的弯矩有一增量 $\mathrm{d}M$.

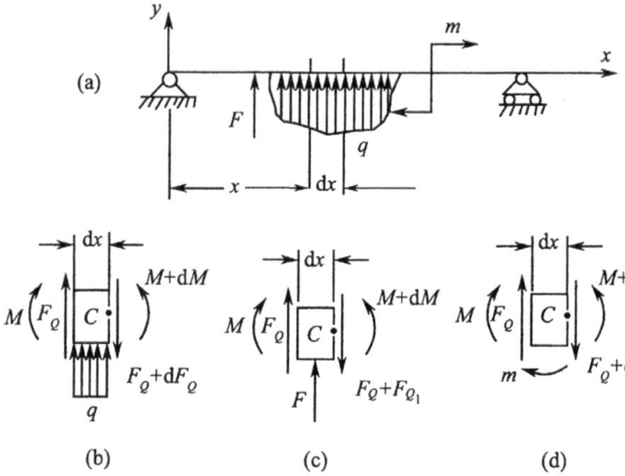

图 12-15

对微段列静平衡方程

$$\sum Y = 0, \qquad F_Q + q\mathrm{d}x - (F_Q + \mathrm{d}F_Q) = 0$$

得

$$\frac{\mathrm{d}F_Q}{\mathrm{d}x} = q \tag{12-1}$$

取截面形心 C 为矩心

$$\sum M_C(\boldsymbol{F}) = 0, \quad M + \mathrm{d}M - M - F_Q\mathrm{d}x - \frac{1}{2}q(\mathrm{d}x)^2 = 0$$

略去二阶微量,

$$\frac{\mathrm{d}M}{\mathrm{d}x} = F_Q \tag{12-2}$$

将式(12-2)再对 x 求导,并代入式(12-1),得

$$\frac{\mathrm{d}^2M}{\mathrm{d}x^2} = q \tag{12-3}$$

以上三式说明,剪力曲线上任一点处的切线斜率,等于梁在对应点处的载荷集度;弯矩曲线上任一点处的切线斜率,等于梁在对应点处横截面上的剪力;弯矩曲线的凹凸向取决于对应段梁上载荷集度的指向.

进一步分析:

若微段上作用有集中力 F[图 12-15(c)],则其右侧面剪力有一增量 F_{Q1},弯矩有一增量 $\mathrm{d}M$.

由静平衡条件 $\sum Y = 0$,有

$$F_Q + F = F_Q + F_{Q1} \tag{a}$$

得

$$F_{Q1} = F \tag{12-4}$$

设图中 F 左侧 F_Q 以 $F_{左}$ 表示,F 右侧 $F_Q + F_{Q1}$ 以 $F_{右}$ 表示,则式(a)可写为如下形式

$$F_{左} + F = F_{右} \tag{12-5}$$

由静平衡条件 $\sum M_C(\boldsymbol{F}) = 0$,有

$$M + F_Q\mathrm{d}x + F\mathrm{d}x = M + \mathrm{d}M$$

得

$$\frac{\mathrm{d}M}{\mathrm{d}x} = F_Q + F \tag{12-6}$$

若微段上作用有集中力偶[图 12-15(d)],则其右侧面弯矩有一增量 M_1,剪力有一增量 $\mathrm{d}F_Q$.

由静平衡条件 $\sum M_C(\boldsymbol{F}) = 0$,有

$$M + F_Q\mathrm{d}x + m = M + M_1 \tag{b}$$

略去一阶微量,得

$$M_1 = m \tag{12-7}$$

设图中 m 左侧 M 以 $M_{左}$ 表示,m 右侧 $M + M_1$ 以 $M_{右}$ 表示,则式(b)可写成如下形式

$$M_{左} + m = M_{右} \tag{12-8}$$

由静平衡条件 $\sum Y = 0$,有

$$F_Q = F_Q + \mathrm{d}F_Q$$

得

$$dF_Q = 0 \tag{12-9}$$

由以上分析，可以总结出剪力图和弯矩图的规律如下：

1. 梁的某段无分布载荷，即 $q=0$ 时，F_Q 为常数，在该段剪力曲线为一水平线；弯矩曲线为一倾斜直线，$F_Q>0$，则直线上斜；反之，下斜.

2. 梁的某段有上指的均布载荷，即 $q=$ 常数 >0 时，剪力曲线上斜，弯矩曲线为下凹抛物线；若有下指的均布载荷，即 $q=$ 常数 <0 时，情况相反.

3. 若某一截面上 $F_Q=0$，即 $\frac{dM}{dx}=0$，则该截面上的弯矩为一极值. 但并非一定是全梁中最大弯矩.

4. 集中力作用处，剪力值有突变，剪力曲线随之有突变，突变值等于集中力；弯矩曲线的切线斜率有突变，弯矩曲线有折角.

5. 集中力偶作用处，剪力值不变，弯矩曲线的切线斜率也不变；但弯矩值有突变，弯矩曲线随之有突变，突变值等于集中力偶矩.

例 12-7　绘制图 12-16(a)所示简支梁的剪力图和弯矩图.

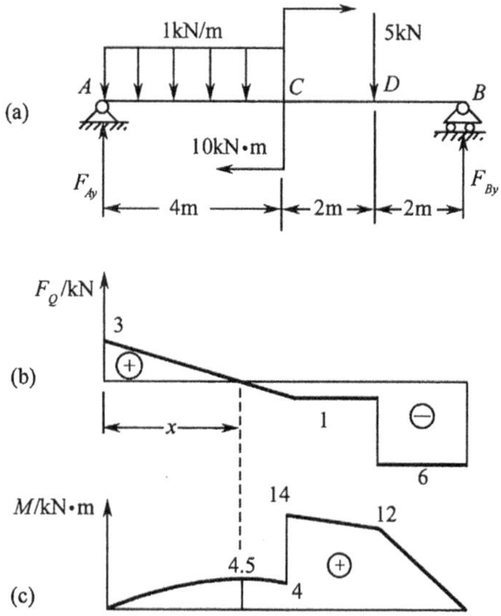

图 12-16

解　由静平衡方程得

$$F_{Ay} = 3\text{kN}, \qquad F_{By} = 6\text{kN}$$

作剪力图，自左至右，如图 12-16(b)所示.

A 处，F_{Ay}为集中力，由式(12-5)，$F_{QA左} + F_{Ay} = F_{QA右}$，即 $0+3=F_{QA右}$，得 $F_{QA右}=3\text{kN}$.

AC 段,梁上作用有向下的均布载荷,则其间的剪力曲线为下斜的直线,$F_{QC}=3-4\times1=-1(\mathrm{kN})$.集中力偶作用的 C 处,剪力值不变.

CD 段,梁上无载荷作用,其间曲线为与梁平行的水平线.

D 处,梁受向下的集中力作用,剪力值有突变,突变值为 $-5\mathrm{kN}$,剪力曲线突变下移,由式(12-5),$F_{QD左}+F_D=F_{QD右}$,即 $-1-5=F_{QD右}$,得 $F_{QD右}=-6\mathrm{kN}$.

DB 段,梁上无载荷作用,其间曲线也为与梁平行的水平线.

B 处,F_{By}为集中力,也由式(12-5),$F_{QB左}+F_{By}=F_{QB右}$,即 $-6+6=F_{QB右}$,得 $F_{QB右}=0$.

剪力曲线终止.

在 AC 段,剪力曲线与 x 轴线相交,说明此处梁的截面上的剪力 $F_Q=0$,设此截面的坐标为 x,则 $F_{Qx}=3-1\times x=0$,得 $x=3\mathrm{m}$.此处弯矩 M_x 为一极值.

作弯矩图,仍自左至右,如图 12-16(c)所示.

A 处,弯矩 $M_A=0$

AC 段,梁上作用有向下的均布载荷,则其间的弯矩曲线为上凸的抛物线,$M_{C左}=F_{Ay}\times4-1\times4\times\dfrac{4}{2}=4\mathrm{kN\cdot m}$;$M_x=F_{Ay}\times3-1\times3\times\dfrac{4-1}{2}=4.5\mathrm{kN\cdot m}$;结合 M_A,由此三点即画出 AC 段的近似弯矩曲线.

C 处,梁受集中力偶作用,弯矩值有突变,突变值为 $+10\mathrm{kN\cdot m}$,弯矩曲线突变上移,由式(12-8),$M_{C左}+M_C=M_{C右}$,即 $4+10=M_{C右}$,得 $M_{C右}=14\mathrm{kN\cdot m}$.

CD 段,梁上无载荷作用,而剪力曲线为一负的水平线,故弯矩曲线为一下斜直线,斜线的另一弯矩 $M_D=F_{By}\times2=12\mathrm{kN\cdot m}$.

D 处,梁受向下的集中力作用,弯矩曲线的切线斜率有突变,弯矩曲线有折角,斜直线的另一弯矩为 $F_{By}\times0=0$.

弯矩曲线终止.

由剪力图和弯矩图可见,在全梁上

$$|F_Q|_{max}=6\mathrm{kN},\qquad |M|_{max}=14\mathrm{kN\cdot m}$$

§12-5　弯曲正应力

前面说过,横截面上的剪力是与截面相切的内力系的合力,弯矩是与截面垂直的内力系的合力偶矩,因此,横截面上若有剪力,自然有剪应力;若有弯矩,自然有正应力.我们首先研究横截面上的弯曲正应力.为排除剪力的影响,所研究的梁是纯弯曲的,即各横截面上没有剪力而只有弯矩.

同研究扭转问题相似,我们仍按变形几何方面、物理方面和静力学方面的顺序,导出纯弯曲下梁的横截面上正应力的计算公式.

一、变形几何方面

为便于观察,取矩形截面梁进行实验.在梁的表面相距为 $\mathrm{d}x$ 处画两条横向线 mm、nn 和两条纵向线 ab、cd[图 12-17(a)].在梁的纵向对称面内(图 12-18)的两端施加外力偶,截面上便有弯矩 M,这种弯曲称为**平面弯曲**.梁变形后[图 12-17(b)],可观察到以下现象:

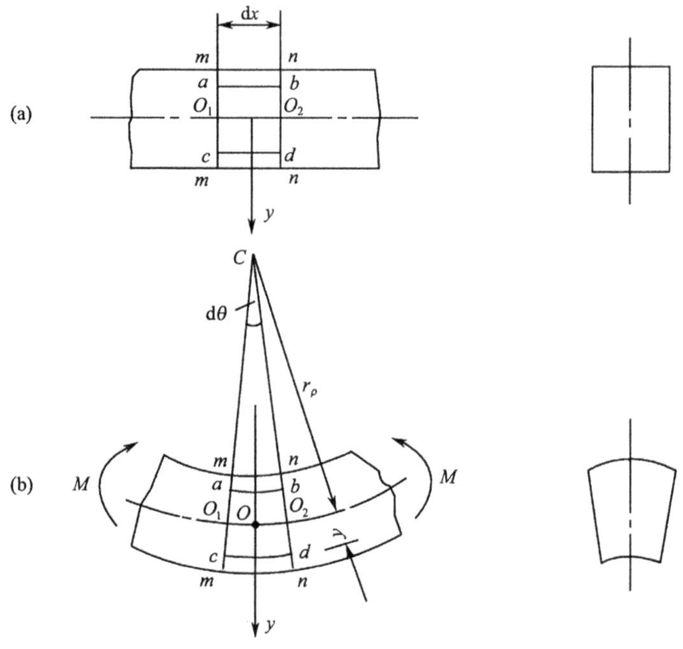

图 12-17

(1)横向线仍为直线,且与变形后的轴线仍保持垂直,只是倾斜了一个角度.

(2)纵向线变为弧线,上部的纵向线有所缩短而下部的纵向线有所伸长.

(3)截面的上部变宽而下部变窄.

根据这些表面现象，再做由表及里的分析，进一步做梁内部变形的假设：梁变形后，其横截面仍为平面，且与轴线仍保持垂直．这一假设称为**平面假设**．设想梁是由无数纵向纤维组成的，根据平面假设推断，在同一层，梁内部纵向纤维的变化与表面纵向线的变化相同．由于上部纵向纤维缩短而宽度增加，下部纵向纤维伸长而宽度减少，故可认为梁的纵向纤维只受到简单轴向拉伸或压缩，而纵向纤维之间没有相互挤压．

显然，由拉伸区至压缩区，其间必有一层纵向纤维既不伸长又不缩短，这一层称为**中性层**(图 12-18)．中性层与横截面的交线称为**中性轴**．在平面弯曲中，由于外力作用于梁的纵向对称面内，梁变形后的形状必然对称于该平面，因此中性轴必垂直于横截面对称轴，变形时，横截面绕中性轴旋转．

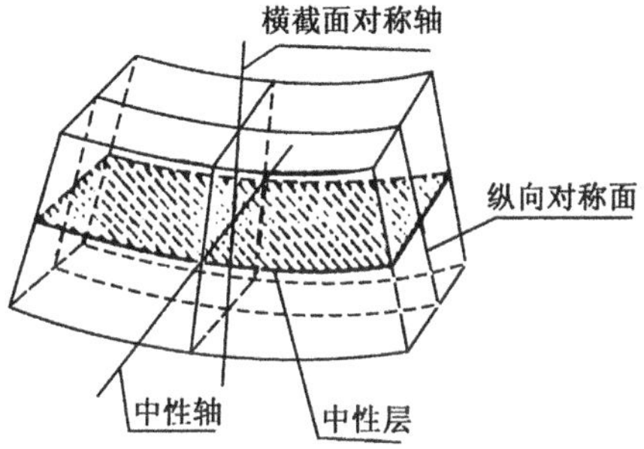

图 12-18

在图 12-17(b)中，设 O_1O_2 为中性层上的纵向纤维，梁变形后中性层的曲率半径为 r_ρ，mm 和 nn 间的夹角为 $\mathrm{d}\theta$，任一纵向纤维 cd 与中性层的距离为 y，那么，该纵向纤维在梁变形后的长度则为 $(r_\rho + y)\mathrm{d}\theta$，其原长应与长度不变的中性层纤维 O_1O_2 相等，为 $r_\rho\mathrm{d}\theta$，所以，该纵向纤维的线应变为

$$\varepsilon = \frac{(r_\rho + y)\mathrm{d}\theta - r_\rho\mathrm{d}\theta}{r_\rho\mathrm{d}\theta} = \frac{y}{r_\rho} \tag{a}$$

式中 r_ρ 与 y 无关，为常数．

式(a)表明，横截面上各点处纵向纤维的线应变与该纤维到中性层的距离成正比．

二、物理方面

纵向纤维受轴向拉伸或压缩，在应力不超过材料的比例极限时，其应力与应变服从胡克定律，即

$$\sigma = E\varepsilon \tag{b}$$

将式(a)代入式(b),得

$$\sigma = \frac{E}{r_\rho}y \qquad \text{(c)}$$

上式表明,横截面上各点处的正应力与该点到中性轴的距离成正比.正应力的分布规律如图 12-19(a)、(b)所示.在中性轴上正应力为零,中性轴的一侧为拉应力,另一侧为压应力.

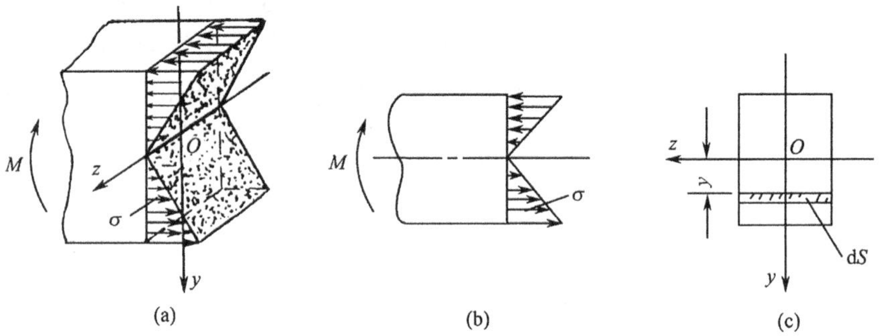

图 12-19

三、静力学方面

设横截面的纵向对称轴为 y 轴,中性轴为 z 轴,于横截面上坐标为 y 处取微面积 dS(图 12-19(c)),此处的正应力 $\sigma = E\dfrac{y}{r_\rho}$,$dS$ 上的法向内力为 σdS,横截面上所有微面积的法向内力组成一对称于 y 轴的平行力系,且这些内力在中性轴两侧指向相反.因为横截面上没有轴力(只有弯矩),所以该力系沿轴向的合力为零,即

$$F_N = \int_S \sigma dS = 0 \qquad \text{(d)}$$

将式(c)代入式(d),得

$$\frac{E}{r_\rho}\int_S ydS = 0$$

式中 $\int_S ydS$ 称为截面对中性轴 z 的**静矩**.

由第七章式(7-3)′知,截面形心坐标 $y_C = \dfrac{\int_S ydS}{S}$,由于 $\dfrac{E}{r_\rho} \neq 0$,必有 $\int_S ydS = 0$;又由于 $S \neq 0$,所以必是 $y_C = 0$,这说明 z 轴必过截面形心.y 轴

是截面的对称轴，自然过截面的形心．所以截面上所选坐标系的原点就是截面的形心．

再有，dS 上的法向内力 σdS 对 z 轴之矩为 $y\sigma dS$，所有微面积上的法向内力对 z 轴之矩的总和，就是该截面上的弯矩，即

$$M = \int_S y\sigma dS \tag{e}$$

将式(c)代入式(e)，得

$$M = \frac{E}{r_\rho}\int_S y^2 dS$$

令 $I_z = \int_S y^2 dS$，则上式改写为

$$M = \frac{E}{r_\rho} I_z \tag{12-10}$$

式中，I_z 称为截面对中性轴 z 的**惯性矩**，单位为 m^4，是只与截面尺寸有关的几何量．

将式(12-10)中的 $\frac{1}{r_\rho}$ 代入式(c)得

$$\sigma = \frac{My}{I_z} \tag{12-11}$$

这就是**纯弯曲时梁的横截面上任一点处正应力的计算公式**．

在应用式(12-11)时，一般只代入 M、y 的绝对值．所得正应力的符号，可根据梁的变形情况直接判断，以中性轴为界，受拉的一侧应力为正，受压的一侧应力为负．

在推导式(12-11)的过程中虽然选用的是矩形截面梁，但并没用到矩形的特殊几何性质，所以，该式适用于具有纵向对称面的任何截面形状的梁．

由式(12-11)可见，当 $y = y_{max}$ 时，梁的上、下边缘处正应力有最大值为

$$\sigma_{max} = \frac{My_{max}}{I_z} \tag{12-12}$$

令　$W_z = \frac{I_z}{y_{max}}$，则式(12-12)改写为

$$\sigma_{max} = \frac{M}{W_z} \tag{12-13}$$

式中，W_z 为截面对 z 轴的**抗弯截面系数**，单位为 m^3，它也是只与横截面尺寸有关的几何量．

一般的梁是作用有横向外力的，其横截面上既有弯矩又有剪力，这种弯曲称为**横力弯曲**或**剪切弯曲**．由于剪力的存在，梁变形后横截面发生翘曲，平面

假设不再成立，但对于长度 L 与高度 h 之比 $L/h \geqslant 5$ 的细长梁，当为横向弯曲时，因剪力的影响不大，其横截面上弯曲正应力的分布与纯弯曲时很接近，故仍可用以上纯弯曲正应力公式进行计算.

由推导过程可知，以上弯曲正应力计算公式，只适用于最大应力不超过材料的比例极限，且拉、压弹性模量相等的情况之下.

§12-6　惯性矩与抗弯截面系数

一、常用截面的惯性矩和抗弯截面系数

1. 矩形截面(图 12-20)

取微面积 $\mathrm{d}S = b\mathrm{d}y$，截面对 z 轴的惯性矩和抗弯截面系数分别为

$$I_z = \int_S y^2 \mathrm{d}S = \int_{-\frac{h}{2}}^{\frac{h}{2}} y^2 b \mathrm{d}y = \frac{bh^3}{12} \tag{12-14}$$

$$W_z = \frac{I_z}{y_{\max}} = \frac{bh^3}{12} \Big/ \frac{h}{2} = \frac{bh^2}{6} \tag{12-15}$$

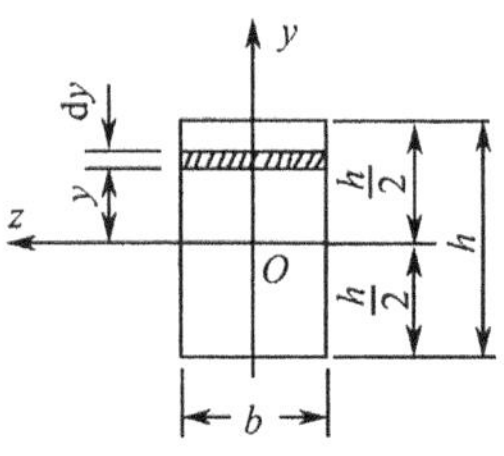

图 12-20

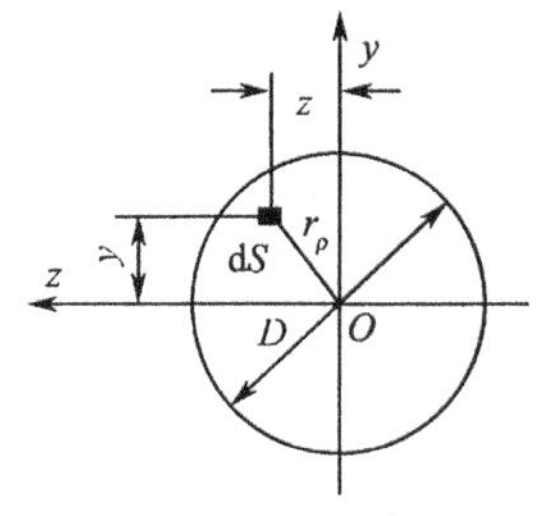

图 12-21

同理可求得截面对 y 轴的惯性矩和抗弯截面系数分别为

$$I_y = \frac{hb^3}{12}$$

$$W_y = \frac{hb^2}{6}$$

2. 圆形截面(图 12-21)

取微面积 $\mathrm{d}S$，由

$$r_\rho^2 = y^2 + z^2$$

则有

$$\int_S r_\rho^2 \mathrm{d}S = \int_S y^2 \mathrm{d}S + \int_S z^2 \mathrm{d}S$$

即

$$I_\rho = I_z + I_y$$

由于圆形截面以圆心为极对称,故截面对任一过圆心的轴有相等的惯性矩,即

$$I_z = I_y$$

已知圆形截面的极惯性矩

$$I_\rho = \frac{\pi}{32} D^4$$

所以圆形截面的惯性矩和抗弯截面系数分别为

$$I_z = I_y = \frac{I_\rho}{2} = \frac{\pi}{64} D^4 \tag{12-16}$$

$$W_z = W_y = \frac{\pi}{64} D^4 \Big/ \frac{D}{2} = \frac{\pi}{32} D^3 \tag{12-17}$$

3. 圆环形截面(图 12-22)

与圆形截面同理,可求得其惯性矩和抗弯截面系数分别为

$$I_y = I_z = \frac{\pi}{64} D^4 (1 - \alpha^4) \tag{12-18}$$

$$W_y = W_z = \frac{\pi}{32} D^3 (1 - \alpha^4) \tag{12-19}$$

式中 $\alpha = \dfrac{d}{D}$ 为直径比.

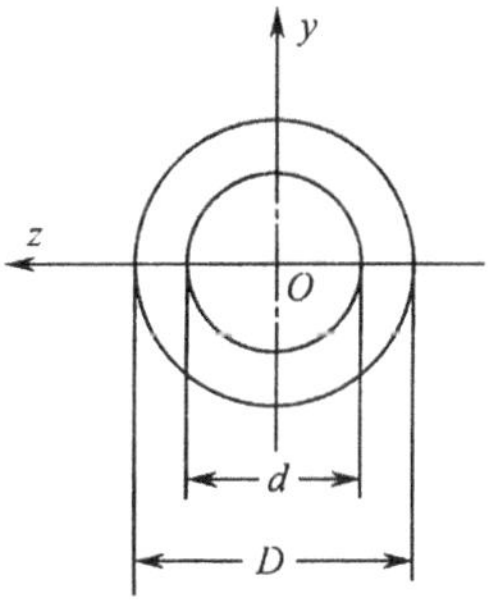

图 12-22

4. 薄壁圆环形截面

与圆形截面同理,其惯性矩和抗弯截面系数分别为

$$I_y = I_z = \frac{I_\rho}{2} = \pi r_m^3 t \tag{12-20}$$

$$W_y = W_z = \frac{I_y}{r_m} = \pi r_m^2 t \tag{12-21}$$

式中 r_m 为圆环的平均半径;

t 为圆环的壁厚.

表 12-1 为常见截面惯性矩和抗弯截面系数.型钢截面的惯性矩和抗弯截面系数,可查阅附录Ⅰ.

表 12-1　常用截面惯性矩和抗弯截面系数

图　形	惯性矩	抗弯截面系数
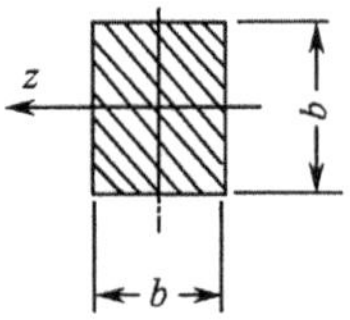	$I_z=\dfrac{bh^3}{12}$	$W_z=\dfrac{bh^2}{6}$
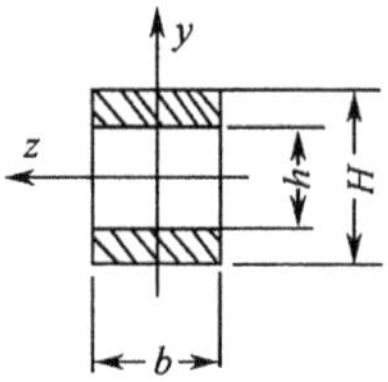	$I_z=\dfrac{b(H^3-h^3)}{12}$ $I_y=\dfrac{b^3(H-h)}{12}$	$W_z=\dfrac{b(H^3-h^3)}{6H}$ $W_y=\dfrac{b^2(H-h)}{6}$
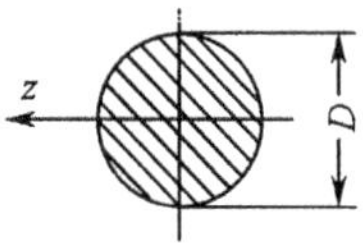	$I_z=\dfrac{\pi}{64}D^4$	$W_z=\dfrac{\pi}{32}D^3$
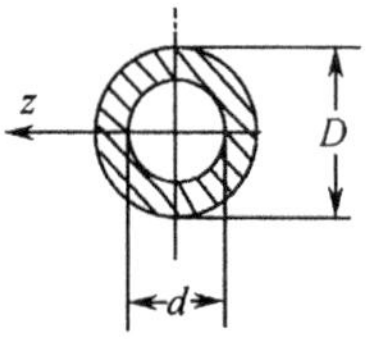	$I_z=\dfrac{\pi}{64}(D^4-d^4)$	$W_z=\dfrac{\pi}{32D}(D^4-d^4)$
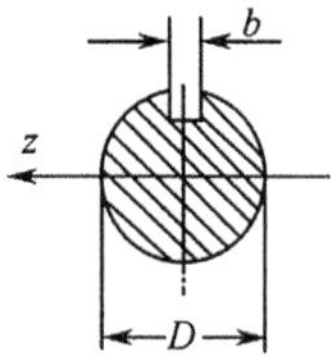	$I_z=\dfrac{\pi}{64}D^4-\dfrac{bt(D-t)^2}{4}$	$W_z=\dfrac{\pi}{32}D^3-\dfrac{bt(D-t)^2}{2D}$
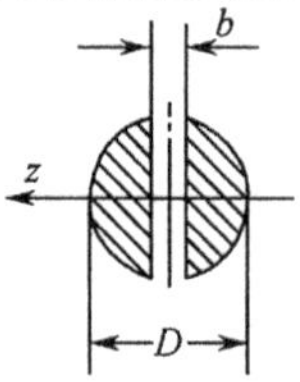	$I_z=\dfrac{\pi}{64}D^4\left(1-1.54\dfrac{b}{D}\right)$	$W_z=\dfrac{\pi}{32}D^3\left(1-1.54\dfrac{b}{D}\right)$

二、平行移轴定理

设有任一截面如图 12-23 所示. 已知该截面对其形心轴 z 的惯性矩为 I_z,

z_1 轴与 z 轴平行且相距为 h. 现求该截面对 z_1 轴的惯性矩.

取微面积 $\mathrm{d}S$,其与 z 轴的距离为 y,与 z_1 轴的距离为 y_1. 由图可见

$$y_1 = y + h$$

整个截面对 z_1 轴的惯性矩为

$$I_{z_1} = \int_S y_1^2 \mathrm{d}S = \int_S (y+h)^2 \mathrm{d}S$$
$$= \int_S y^2 \mathrm{d}S + 2h\int_S y \mathrm{d}S + h^2 \int_S \mathrm{d}S$$

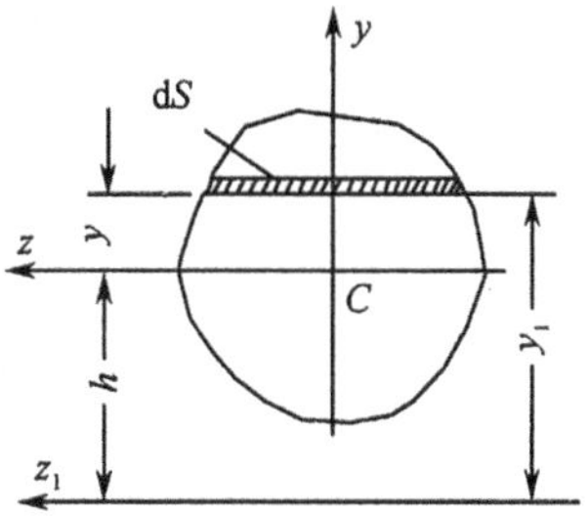

图 12-23

式中,$\int_S y\mathrm{d}S = S_z$ 为截面对 z 轴的静矩,因 z 轴过形心,故静矩 $S_z=0$,于是得

$$I_{z_1} = I_z + h^2 S \tag{12-22}$$

该式称为**平行移轴定理,即一截面对任一轴的惯性矩,等于它对与该轴平行的形心轴的惯性矩,再加上二轴间距离的平方与截面面积的乘积**.

三、组合截面的惯性矩

工程上常见的截面,往往是由几个简单形状的截面(如圆形、矩形)或几个型钢截面组成. 设组合截面的面积为 S,各组成部分的面积分别为 S_1、S_2、…,则

$$I_z = \int_S y^2 \mathrm{d}S = \int_{S_1} y^2 \mathrm{d}S + \int_{S_2} y^2 \mathrm{d}S + \cdots = I_{z_1} + I_{z_2} + \cdots = \sum I_{z_i} \tag{12-23}$$

上式说明,组合截面的惯性矩,等于各部分截面对同轴的惯性矩之和.

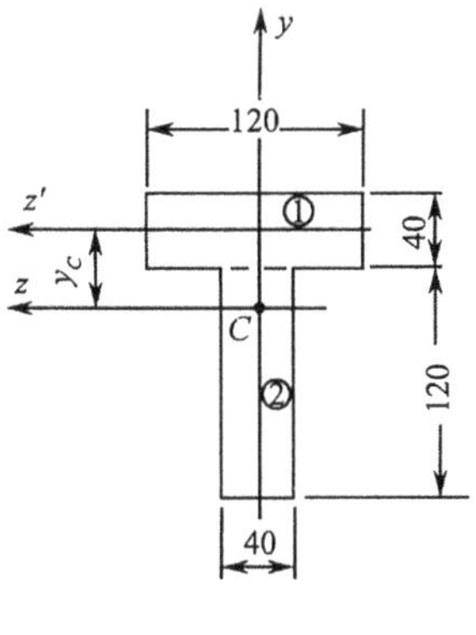

图 12-24

例 12-8 求 T 型截面(图 12-24)对其形心轴的惯性矩.

解 截面由两个矩形组成. 设截面的形心轴为 z,矩形 1 的形心轴为 z',并以 z' 为参考轴,求组合截面形心的位置,

$$y_c = \frac{120 \times 40 \times 0 + 120 \times 40 \times \left(-\frac{120}{2} - \frac{40}{2}\right)}{120 \times 40 + 120 \times 40}$$
$$= -40(\mathrm{mm})$$

矩形 1 对 z 轴的惯性矩为

$$I_{z_1} = \frac{120 \times 40^3}{12} + 120 \times 40 \times 40^2 = 8.32 \times 10^6 (\text{mm}^4)$$

矩形 2 对 z 轴的惯性矩为

$$I_{z_2} = \frac{40 \times 120^3}{12} + 40 \times 120 \times 40^2 = 13.44 \times 10^6 (\text{mm}^4)$$

则组合截面对其形心轴 z 的惯性矩为

$$I_z = I_{z_1} + I_{z_2} = 21.76 \times 10^6 \text{mm}^4 = 21.76 \times 10^{-6} \text{m}^4$$

§12-7　弯曲剪应力

梁横力弯曲时，横截面上既有弯矩，又有剪力．下面讨论与剪力相应的剪应力．

图 12-25 所示简支梁受横向集中力 F 的作用．1-1、2-2 截面上的剪力均为 F_Q，弯矩分别为 M 和 $M + \mathrm{d}M$．

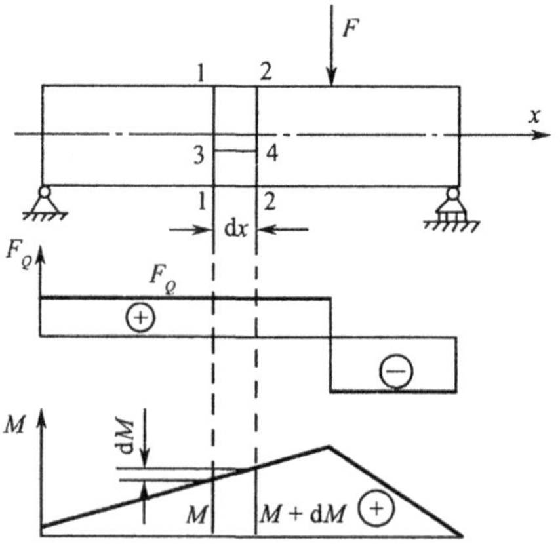

图 12-25

现以 1-1、2-2 截面从梁上截取长为 $\mathrm{d}x$ 的微段，如图 12-26(a)所示．其横截面为矩形截面，如图 12-26(b)所示．

在 1-1、2-2 截面上距中性轴为 y 处的弯曲正应力分别为

$$\sigma_1 = \frac{My}{I_z}$$

$$\sigma_2 = \frac{(M + \mathrm{d}M)y}{I_z}$$

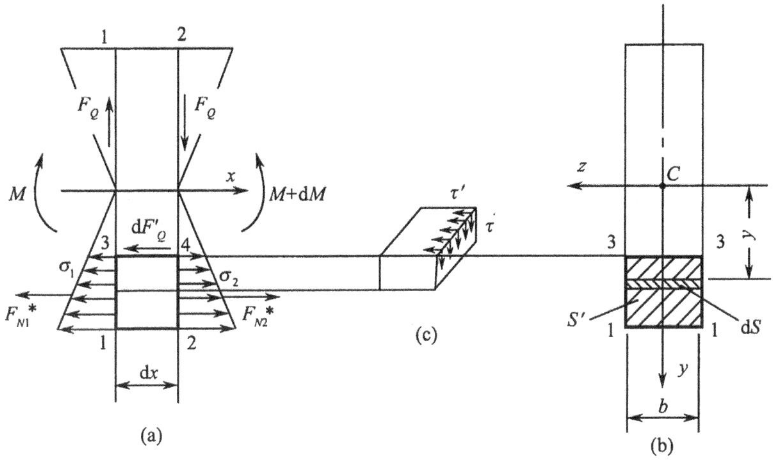

图 12-26

再从与中性层平行的纵向截面 3-4 起从 dx 微段上截取单元 1234,则单元体左、右侧面上的法向内力分别为

$$F^*_{N1} = \int_{S'} \sigma_1 \mathrm{d}S = \int_{S'} \frac{My}{I_z}\mathrm{d}S \tag{a}$$

$$F^*_{N2} = \int_{S'} \sigma_2 \mathrm{d}S = \int_{S'} \frac{(M + \mathrm{d}M)y}{I_z}\mathrm{d}S \tag{b}$$

式中 S'为横截面在 3-4 以下(或以上)的面积,即阴影部分(或空白部分)的面积.

由式(a)和式(b)可知,$F^*_{N1} \neq F^*_{N2}$,因此纵向截面 3-4 上必有切向内力 dF'_Q,以满足

$$\sum F_x = 0 \qquad F^*_{N1} + \mathrm{d}F'_Q - F^*_{N2} = 0 \tag{c}$$

设截面 3-4 上各点处的剪应力大小相等,记为 τ',则

$$\mathrm{d}F'_Q = \tau' b \mathrm{d}x \tag{d}$$

将式(a)、(b)、(d)代入式(c),得

$$\tau' = \frac{1}{bI_z} \cdot \frac{\mathrm{d}M}{\mathrm{d}x}\int_{S'} y\mathrm{d}A$$

已知 $\frac{\mathrm{d}M}{\mathrm{d}x} = F_Q$,且$\int_{S'} y\mathrm{d}S$ 为面积S' 对中性轴的静矩,记为 S^*_z,则上式即改

写为

$$\tau' = \frac{F_Q\ S_z^*}{bI_z} \tag{12-24a}$$

根据剪应力互等定理,横截面上沿 y 轴方向有剪应力 τ,$\tau=\tau'$,如图 12-26(c)所示.故得

$$\tau = \frac{F_Q\ S_z^*}{bI_z} \tag{12-24b}$$

这就是**矩形横截面直梁平面弯曲时纵、横截面上任一点处剪应力的计算公式**.式中,F_Q 为横截面上的剪力;

S_z^* 为待求剪应力处横线分隔的其中的一部分面积对中性轴的静矩;

I_z 为整个横截面对中性轴的惯性矩;

b 为横截面的宽度.

显然,在梁的上、下边缘处,相应的 $S^*=0$,得知 $\tau=0$;在截面的中性轴上,相应有 $S_{z\max}^*$,得知此处剪应力最大,为

$$\tau_{\max} = \frac{F_Q\ S_{z\max}^*}{bI_z} \tag{12-25a}$$

圆形、圆环形、工字形截面的最大剪应力同样在中性轴上,式(12-25a)仍然适用,只是式中的 b 应代以横截面在中性轴处的宽度 b_z,即

$$\tau_{\max} = \frac{F_Q\ S_{z\max}^*}{b_zI_z} \tag{12-25b}$$

表 12-2 为几种简单形状截面的最大剪应力.

表 12-2　几种简单形状截面的最大剪应力

截面形状	剪应力分布	$S_{z\max}^*$	I_z	b_z	$\tau_{\max}$
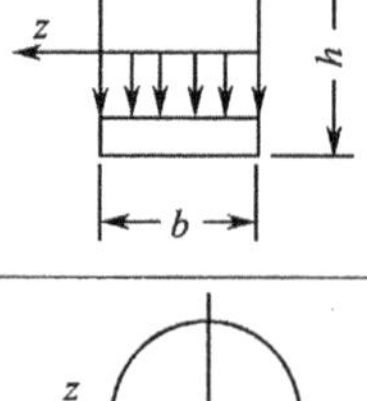	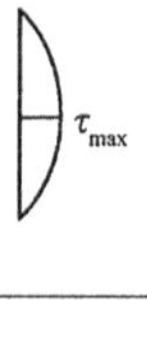	$\frac{bh^2}{8}$	$\frac{bh^3}{12}$	b	$\frac{3F_Q}{2S}$
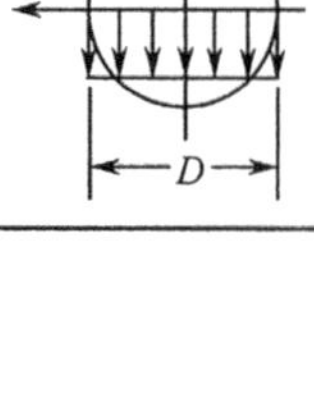	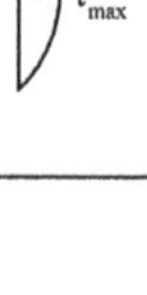	$\frac{1}{12}D^3$	$\frac{\pi}{64}D^4$	D	$\frac{4F_Q}{3S}$

续表

截面形状	剪应力分布	$S^*_{z\max}$	I_z	b_z	$\tau_{\max}$
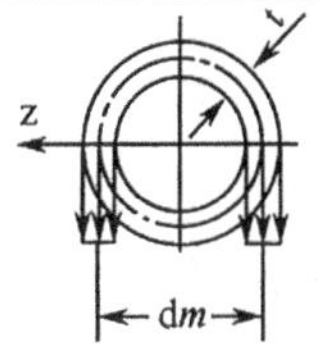	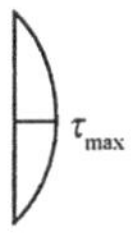	$\dfrac{dm^2t}{2}$	$\dfrac{\pi dm^3t}{8}$	$2t$	$2\dfrac{F_Q}{S}$
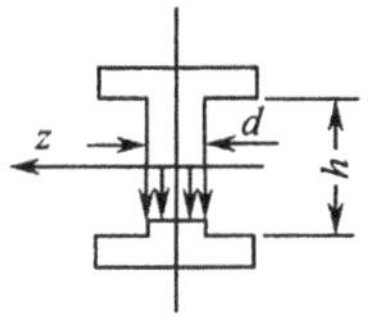	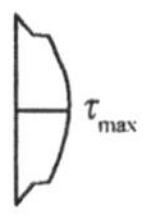	附录Ⅰ可查$\dfrac{I_z}{S^*_{z\max}}$		d	$\dfrac{F_Q}{S_f}$ $S_f=hd$

注：工字形截面的切应力主要分在腹板上，且接近平均，故 $\tau_{\max}$ 亦可用近似公式$\dfrac{F_Q}{S_f}$计算.

§12-8　弯曲强度条件

由前面的讨论已知，在梁内最大弯矩所在截面的上、下边缘处，剪应力为零而正应力为最大值.在最大剪应力所在截面的中性轴上，正应力为零而剪应力为最大值.因此应分别建立正应力和剪应力强度条件.

一、弯曲正应力强度条件

塑性材料的梁，因材料的拉伸和压缩许用应力相等，多采用对称于中性轴的截面.在危险截面的上、下边缘处分别有数值相等的最大拉应力和最大压应力，其强度条件为

$$\sigma_{\max}=\frac{M_{\max}}{W_z}\leqslant[\sigma] \tag{12-26}$$

若截面不对称于中性轴，则在危险截面距中性轴较远的一侧边缘处，有数值最大的工作应力，其强度条件为

$$\sigma_{\max}=\frac{M_{\max}y_{\max}}{I_z}\leqslant[\sigma] \tag{12-27}$$

脆性材料的梁，因材料的拉伸和压缩许用应力不等，往往采用不对称于中性轴的截面.在危险截面的上、下边缘处，分别有数值不等的最大拉应力和最大压应力.应分别建立强度条件

$$\sigma_{l\max}=\frac{M_{\max}y_1}{I_z}\leqslant[\sigma_l] \tag{12-28a}$$

$$\sigma_{y\max}=\frac{M_{\max}y_2}{I_z}\leqslant[\sigma_y] \tag{12-28b}$$

式中，y_1 为最大拉应力所在边缘与中性轴的距离；

y_2 为最大压应力所在边缘与中性轴的距离.

应当注意，若这类梁上同时有正、负弯矩，则梁内最大拉压应力可能分别在最大正弯矩和最大负弯矩所在的截面上. 这两个截面都必须计算.

材料的许用弯曲正应力，通常近似地以许用拉(压)应力代替. 实际上，前者略高于后者.

二、弯曲剪应力强度条件

$$\tau_{\max}=\frac{F_{Q\max}S_{z\max}^{*}}{b_zI_z}\leqslant[\tau] \tag{12-29}$$

在一般情况下，梁的强度主要由正应力所决定的. 根据弯曲正应力强度条件，可进行强度校核、截面设计或确定许用载荷. 只是在下列几种情况下，需要在按正应力计算强度之后，再按剪应力进行校核：①梁的跨度较小或载荷离支座很近，因而梁内最大弯矩值相对下降，而剪力可能有较大数值. ②铆接或焊接的工字形截面梁，与型钢相比，其腹板厚度与高度之比往往较小，因而腹板上的剪应力可能较大. ③木梁顺纹方向抗剪能力差，易于破坏.

例 12-9　矩形截面悬臂梁如图 12-27(a)所示. 已知 $L=300\text{mm}$，$h/b=3$，$F=17\text{kN}$，$[\sigma]=50\text{MPa}$，试确定梁的横截面尺寸.

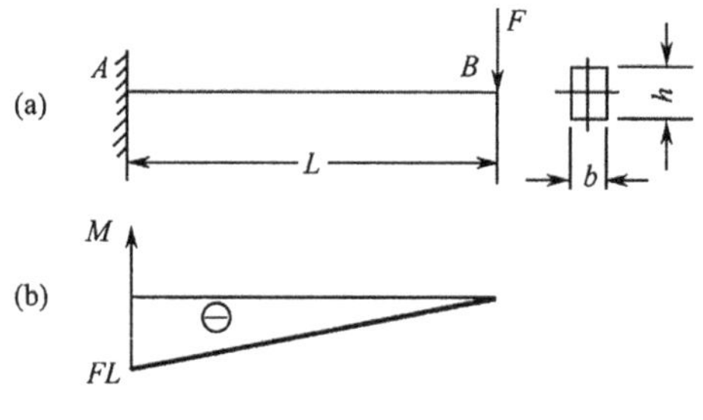

图 12-27

解　固定端截面 A 处有最大弯矩[图 12-27(b)]

$$M_{\max}=FL=17\times300\times10^{-3}=5.1(\text{kN}\cdot\text{m})$$

按强度条件

$$\sigma_{\max}=\frac{M_{\max}}{W_z}\leqslant[\sigma]$$

所需的抗弯截面系数为

$$W_z \geqslant \frac{M_{max}}{[\sigma]} = \frac{5.1 \times 10^3}{50 \times 10^6} = 0.102 \times 10^{-3}(\mathrm{m}^3) \tag{a}$$

又，

$$W_z = \frac{bh^2}{6} = \frac{3b^3}{2} \tag{b}$$

将式(a)代入式(b)便得

$$b = \sqrt[3]{\frac{2W_z}{3}} \geqslant \sqrt[3]{\frac{2 \times 0.102 \times 10^{-3}}{3}} = 41(\mathrm{mm})$$

$$h = 3b \geqslant 123\mathrm{mm}$$

例 12-10　心轴的尺寸如图 12-28(a)所示.集中力 $F_1 = 23.4\mathrm{kN}$, $F_2 = 27.2\mathrm{kN}$，材料为 45 号钢，$[\sigma] = 80\mathrm{MPa}$.试校核强度.

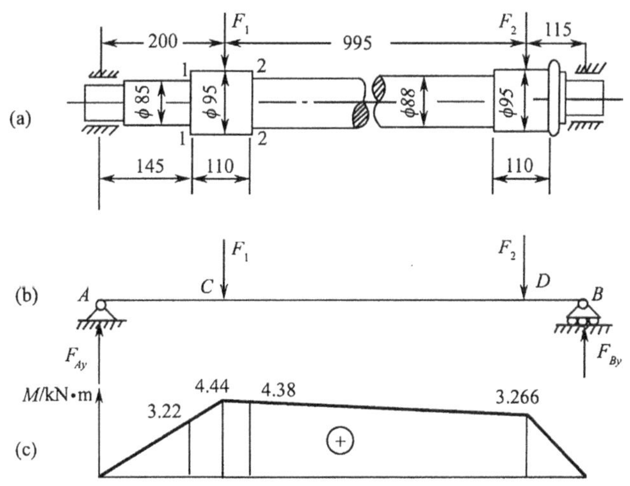

图 12-28

解　心轴的计算简图如图 12-28(b)所示.由静平衡方程求得

$$F_{Ay} = 22.2\mathrm{kN}$$

$$F_{By} = 28.4\mathrm{kN}$$

C、D 截面的弯矩分别为

$$M_C = 22.2 \times 200 \times 10^{-3} = 4.44(\mathrm{kN \cdot m})$$

$$M_D = 28.4 \times 115 \times 10^{-3} = 3.266(\mathrm{kN \cdot m})$$

画弯矩图[图 12-28(c)].

初步综合分析弯矩曲线和心轴各段直径，再选 1-1、2-2 截面处计算其弯矩

$$M_1 = \frac{4.44 \times 145 \times 10^{-3}}{200 \times 10^{-3}} = 3.22(\text{kN} \cdot \text{m})$$

$$M_2 = 3.266 + \frac{(4.44 - 3.266)(995 \times 10^{-3} - 55 \times 10^{-3})}{995 \times 10^{-3}} = 4.38(\text{kN} \cdot \text{m})$$

显然，C 截面处弯矩最大，可能是危险截面．而 1-1、2-2 两截面处弯矩虽然较小，但截面直径也较小，故也可能是危险截面．

下面分别计算三个可能危险截面上的最大正应力．

$$C\text{ 截面}\quad \sigma_{C\max} = \frac{4.44 \times 10^3}{\dfrac{\pi \times (95 \times 10^{-3})^3}{32}} = 52.7(\text{MPa})$$

$$1\text{-}1\text{ 截面}\quad \sigma_{1\max} = \frac{3.22 \times 10^3}{\dfrac{\pi \times (85 \times 10^{-3})^3}{32}} = 53.4(\text{MPa})$$

$$2\text{-}2\text{ 截面}\quad \sigma_{2\max} = \frac{4.38 \times 10^3}{\dfrac{\pi \times (88 \times 10^{-3})^3}{32}} = 65.5(\text{MPa})$$

可见心轴内最大弯曲正应力在 2-2 截面上

$$65.5\text{MPa} < [\sigma] = 80\text{MPa}$$

强度足够．

例 12-11　外伸梁如图 12-29(a)所示，其横截面尺寸同例 12-8，材料为铸铁，$[\sigma_l]=40\text{MPa}$，$[\sigma_y]=110\text{MPa}$．试校核梁的强度．

解　由静平衡方程求得

$$F_{Ay} = 11.43\text{kN}$$

$$F_{By} = 28.57\text{kN}$$

画剪力图和弯矩图[图 12-29(b)、(c)]．

剪力为零处，即 D 截面的坐标为

$$x = \frac{11.43}{8} = 1.43(\text{m})$$

此截面上的弯矩为正的最大值

$$M_D = 11.43 \times 1.43 - \frac{8 \times 1.43}{2} = 8.16(\text{kN} \cdot \text{m})$$

B 截面上的弯矩为负的最大值

$$M_B = -9\text{kN} \cdot \text{m}$$

因 T 型截面不对称于中性轴，且$[\sigma_l] \neq [\sigma_y]$，应分别校核 B、D 截面的正

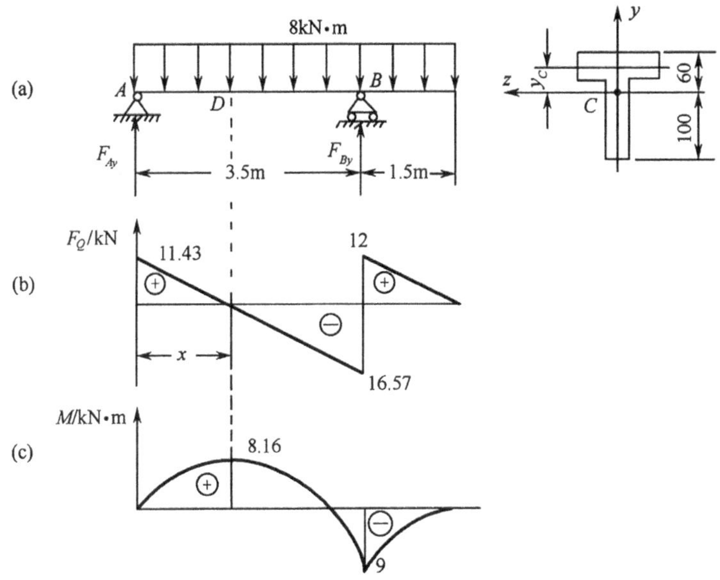

图 12-29

应力.

由例 12-8 已知，$y_C=40\text{mm}$，故上、下边缘与中性轴之距离为 60mm 和 100mm，且 $I_z=21.76\times10^{-6}\text{m}^4$. B、D 截面的弯曲正应力为

$$B\text{ 截面}\quad \sigma_{l\max}=\frac{9\times10^3\times60\times10^{-3}}{21.76\times10^{-6}}=24.8(\text{MPa})<[\sigma_l]$$

$$\sigma_{y\max}=\frac{9\times10^3\times100\times10^{-3}}{21.76\times10^{-6}}=41.4(\text{MPa})<[\sigma_y]$$

$$D\text{ 截面}\quad \sigma_{l\max}=\frac{8.16\times10^3\times100\times10^{-3}}{21.76\times10^{-6}}=37.5(\text{MPa})<[\sigma_l]$$

$$\sigma_{y\max}=\frac{8.16\times10^3\times60\times10^{-3}}{21.76\times10^{-6}}=22.5(\text{MPa})<[\sigma_y]$$

故梁的强度足够.

例 12-12　简支梁如图 12-30(a)所示. 若 $[\sigma]=160\text{MPa}$，$[\tau]=100\text{MPa}$，试选择 $h/b=2$ 的矩形截面.

解　由静平衡方程求得

$$F_{Ay}=87.5\text{kN}$$
$$F_{By}=12.5\text{kN}$$

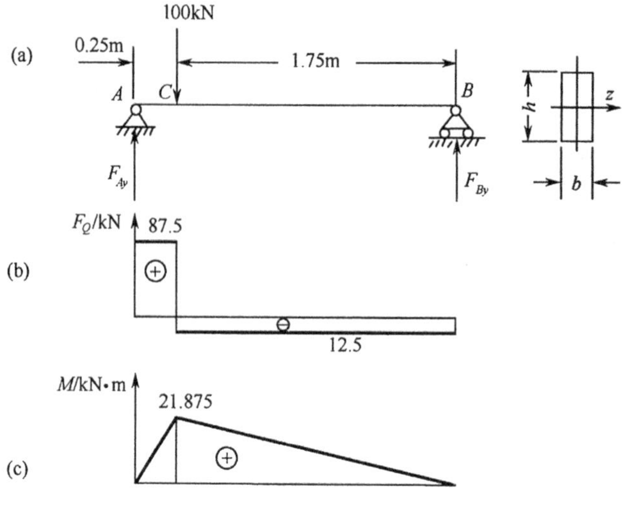

图 12-30

画剪力图和弯矩图[图 12-30(b)、(c)].

$$F_{Q\max} = 87.5\text{kN}$$

$$M_{\max} = 87.5 \times 0.25 = 21.875(\text{kN} \cdot \text{m})$$

由正应力强度条件

$$\sigma_{\max} = \frac{M_{\max}}{W_z} \leqslant [\sigma]$$

得

$$W_z \geqslant \frac{M_{\max}}{[\sigma]} = \frac{21.875 \times 10^3}{160 \times 10^6} = 136.7 \times 10^{-6}(\text{m}^3)$$

又由

$$W_z = \frac{bh^2}{6} = \frac{2b^3}{3}$$

得

$$b = \sqrt[3]{\frac{3W_z}{2}} > \sqrt{\frac{3 \times 136.7 \times 10^{-6}}{2}} = 59(\text{mm})$$

$$h = 2b = 2 \times 59 = 118(\text{mm})$$

由于载荷离支座很近,须校核剪切强度

$$\tau_{\max} = \frac{3F_{Q\max}}{2S} = \frac{3 \times 87.5 \times 10^3}{2 \times 59 \times 10^{-3} \times 118 \times 10^{-3}}$$

$$= 18.9(\text{MPa}) < [\tau] = 100\text{MPa}$$

强度足够.

§12-9 合理截面与等强度梁概念

如前所述,梁的强度主要是由弯曲正应力决定的,将式(12-26)改写为

$$M_{\max} = [\sigma] W_z$$

可见梁所能承受的最大弯矩 $M_{\max}$与抗弯截面系数 W_z 成正比,所以,在不增加横截面面积的情况下,采用合理的截面形状,以使 W_z 增大,是既可节省材料又可提高承载能力的有利途径.

由惯性矩的积分公式 $I_z = \int_S y^2 \mathrm{d}S$ 可见,I_z 与各微面积至中性轴距离的平方成正比,因而抗弯截面系数 $W_z = \frac{I_z}{y_{\max}}$随各微面积至中性轴距离的增大而增大.据此,在不增加横截面面积的情况下,为了增大 W_z 值,应使尽量多的材料分布在远离中性轴的地方.这一设想,从弯曲正应力的分布情况也可以得到解释.由于正应力沿截面的高度呈直线分布,当上、下边缘处的应力达到许用应力值时,中性轴附近各点处的正应力却很小,就是说,这部分材料不能充分发挥作用.相反,只有离中性轴较远处的材料才能充分利用以承受载荷.正是由于以上原因,工字形截面梁较合理,其次是矩形(竖放),正方形和圆形较差.

此外,梁的合理截面应使危险截面上、下边缘处的最大拉应力和最大压应力同时接近材料的许用应力,以使上、下边缘处的材料都得到充分利用.为此,对于塑性材料的梁,因其$[\sigma_l] = [\sigma_y]$,宜采用对称于中性轴的截面,使其最大拉应力和最大压应力相等.对于脆性材料的梁,因其$[\sigma_y] > [\sigma_l]$,宜采用不对称于中性轴的截面,且使中性轴偏于受拉的一侧(图 12-31),中性轴的位置应符合以下条件:

$$\frac{\sigma_{l\max}}{\sigma_{y\max}} = \frac{\dfrac{M_{\max} y_1}{I_z}}{\dfrac{M_{\max} y_2}{I_z}} = \frac{[\sigma_l]}{[\sigma_y]}$$

即

$$\frac{y_1}{y_2} = \frac{[\sigma_l]}{[\sigma_y]}$$

还需指出,以上选择截面形状的原则是从梁的强度出发提出来的.设计截面时,除把强度作为考虑截面形状主要因素之外,还须兼顾刚度、稳定性、制造

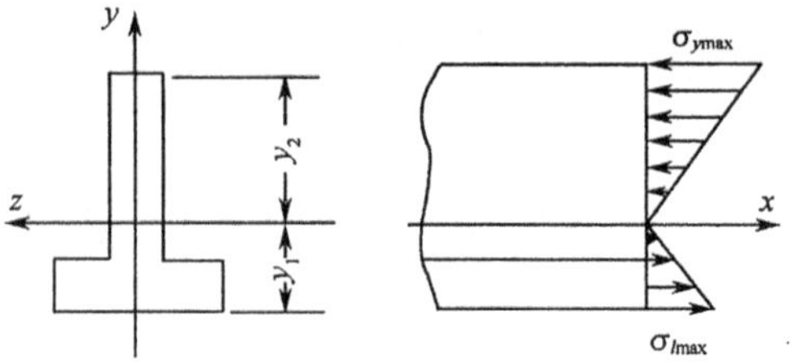

图 12-31

工艺、使用性能、材料本身等各方面的要求．例如，如果单纯为了增大矩形截面梁的抗弯截面系数 W_z，而把截面设计得过于狭长，将会降低梁的稳定性，容易产生侧向扭弯，所以，通常规定矩形截面的高宽比 $h/b=2\sim3$.

前面讨论的梁都是等截面的，截面的尺寸是根据危险截面的强度需要设计的．当然，其它各截面的弯矩，应力都相对比较小，因而强度有所富裕，材料未尽其用．为节省材料，减轻构件自重，可使各截面的 W_z 值随弯矩沿轴线变化，即令弯矩较大处有较大的 W_z 值，弯矩较小处有较小的 W_z 值，以使各截面上的最大正应力都等于危险截面上的最大正应力，即

$$\sigma_{\max}=\frac{M(x)}{W'_z(x)}=\frac{M_{\max}}{W_{z\max}}$$

或写为

$$W'_z(x)=\frac{W_{z\max}}{M_{\max}}M(x) \tag{12-30}$$

式中，$W'_z(x)$为任意截面的抗弯截面系数；

$W_{z\max}$为危险截面的抗弯截面系数；

$M(x)$为任意截面的弯矩．

这种梁称为等强度梁．

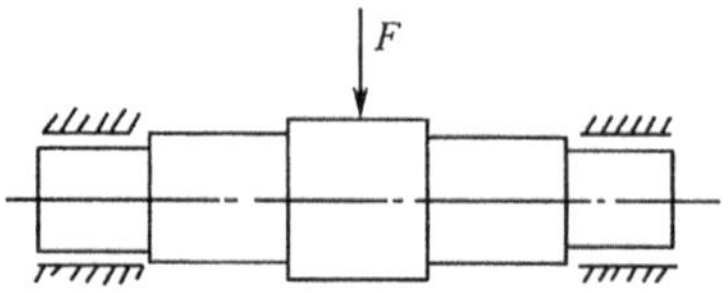

图 12-32

弯矩往往是沿梁的轴线连续变化的．等强度梁要求 W'_z 也沿轴线连续变化．由于制作工艺难度可能较大，因此常用阶梯状的梁代替，图 12-32 所示的阶梯轴便是一例．

习　题

12-1 试求图示各梁中 1-1、2-2、3-3 截面上的剪力和弯距，这些截面中有的无限接近截面 A 或截面 C.

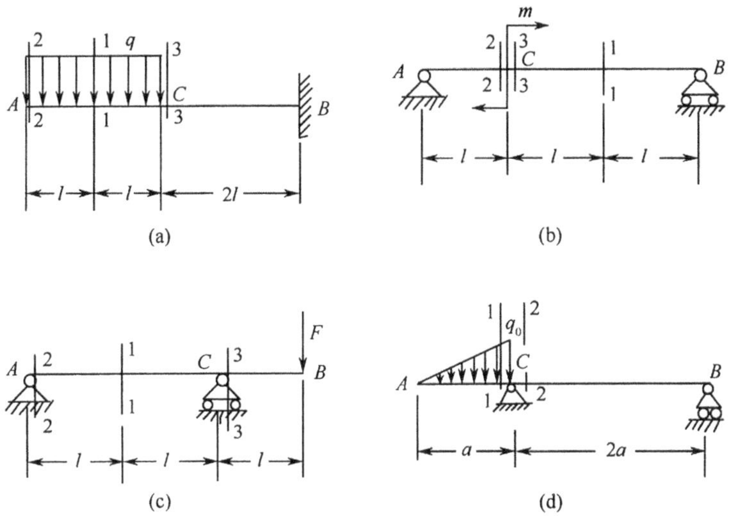

题 12-1 图

12-2 列出图示各梁的剪力方程和弯矩方程. 作剪力图和弯矩图，并求出 $|F_Q|_{max}$ 和 $|M|_{max}$.

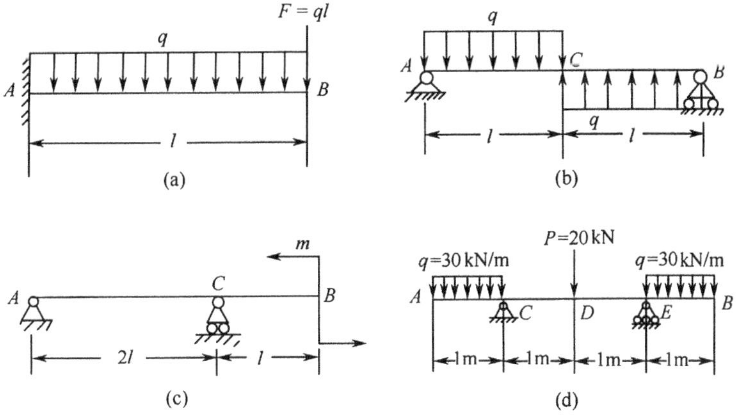

题 12-2 图

12-3　简支梁上移动着力偶 m,试问力偶处在什么位置时,梁内最大弯矩的数值最小?

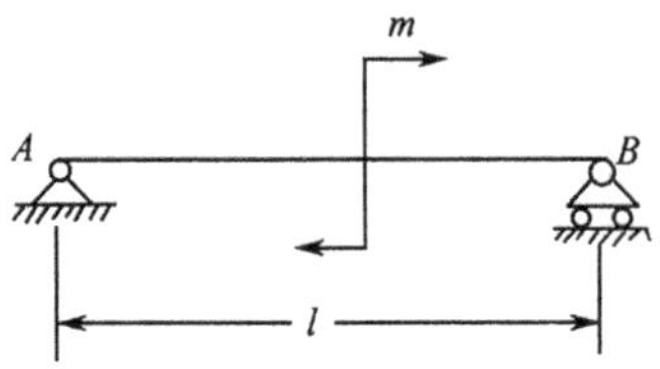

题 12-3 图

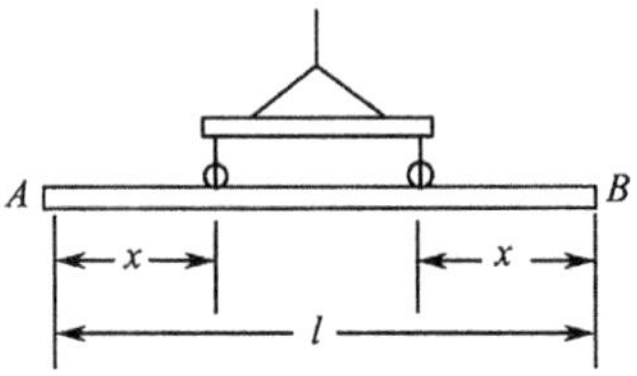

题 12-4 图

12-4　等截面钢筋混凝土杆单位长度重为 q,起吊时,起吊点与端面之距 x 应为多少,才能使杆内最大弯矩的数值最小?

12-5　桥式起重机大梁上的小车的每个轮子对大梁的压力均为 P,试问小车在什么位置时梁内的弯矩最大?其最大弯矩等于多少?最大弯距所在截面在何处?

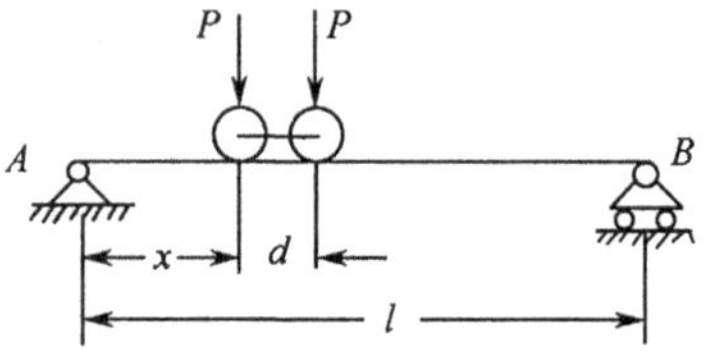

题 12-5 图

12-6　试利用载荷、剪力和弯矩间的关系绘制图示各梁的剪力图和弯矩图.

12-7　图示简支梁上作用有按线性规律分布的载荷,试绘制其剪力图和弯矩图.

12-8　简支梁上的分布载荷按抛物线规律变化,其函数关系为

$$q(x) = \frac{4q_0 x}{l}\left(1 - \frac{x}{l}\right)$$

试作剪力图和弯矩图.

12-9　设梁的剪力图如图所示,试作弯矩图和载荷图.已知梁上没有集中力偶作用.

12-10　已知梁的弯矩图如图所示,试作梁的载荷图和剪力图.

12-11　横截面尺寸和截面上的弯矩如图示.试求 A、B、C 三点处的弯曲正应力.

12-12　试求图示两截面对形心轴 z 的惯性矩.

12-13　从直径为 d 的圆木中锯出一个矩形截面梁,欲使它的抗弯截面系数 W_z 为最大时,求此矩形截面的高 h 和宽 b 之比值,以及其抗弯截面系数.

12-14　图示一 T 字形截面梁,系用两个尺寸均为 50mm×150mm 的木条黏合而成.已知梁的最大正弯距为 3100N·m,试求该截面内

(1)上、下边缘处的正应力;

(2)中性轴以上和以下与横截面垂直分布的内力系的合力.

12-15　有一正方形截面的梁,处于如图所示的两种不同位置,如果梁弯曲时均绕中性

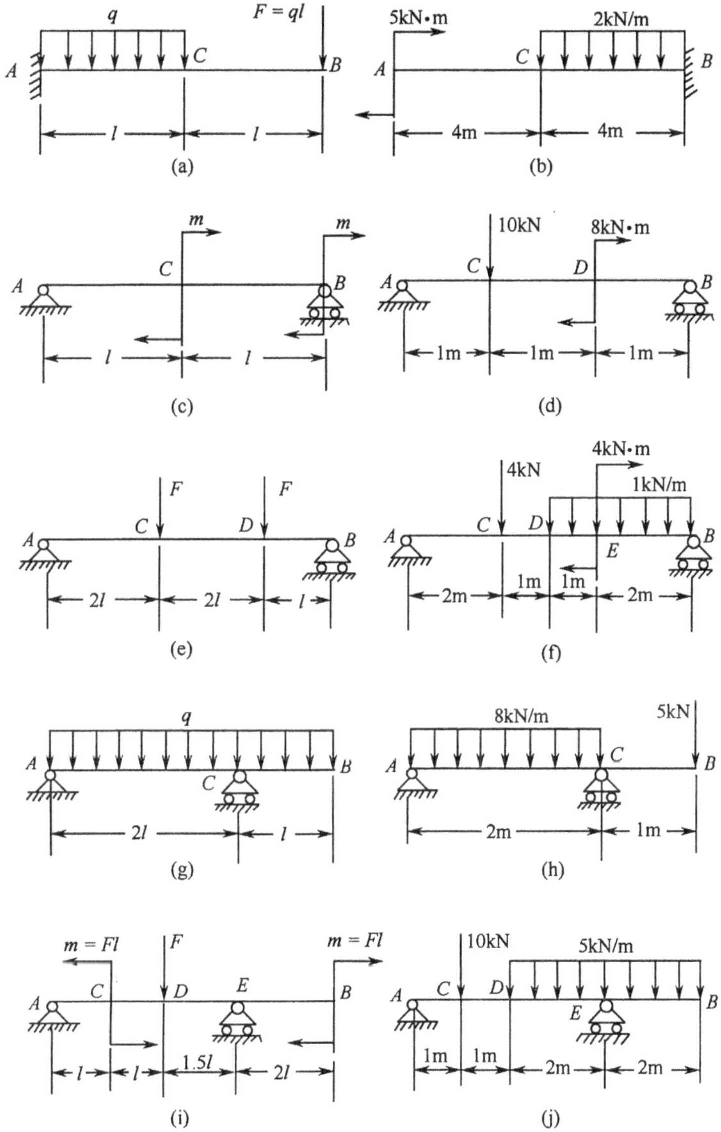

题 12-6 图

轴 z 转动，试确定在相同的最大弯曲正应力的情况下所作用弯矩之比值.

12-16　一根直径 $d=1\text{mm}$ 的直钢丝卷在直径 $D=600\text{mm}$ 的圆柱上，钢丝的弹性模量 $E=210\text{GPa}$，试求钢丝由于弹性弯曲而产生的最大弯曲正应力. 又材料的屈服极限 $\sigma_s=700\text{MPa}$，不使钢丝产生残余变形的直径 D_1 应为多大?

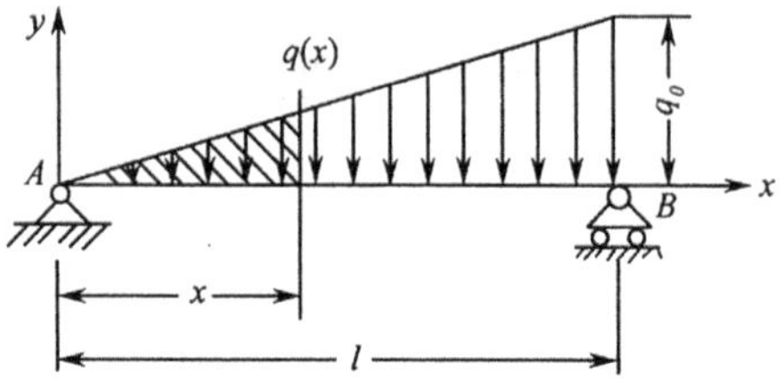

题 12-7 图

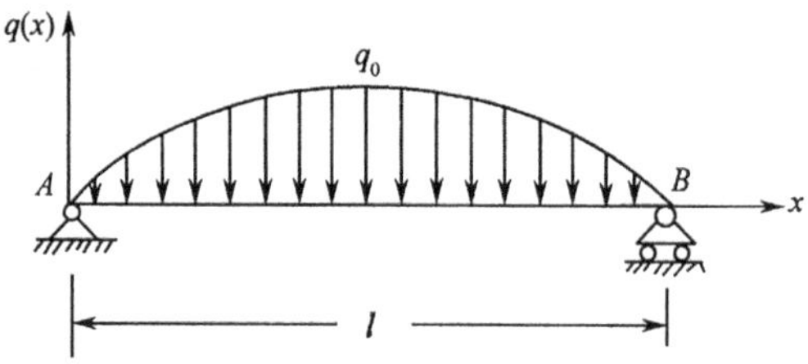

题 12-8 图

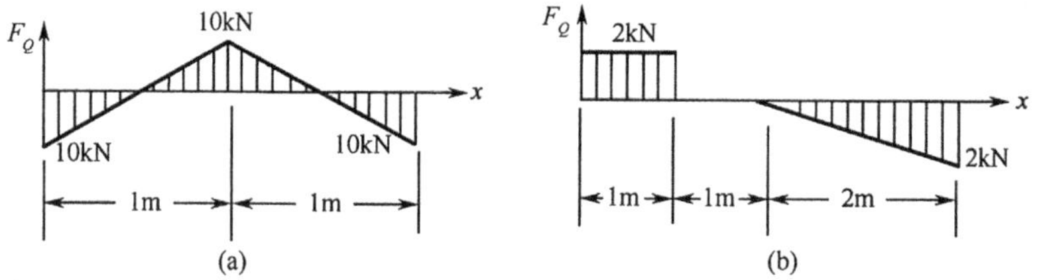

题 12-9 图

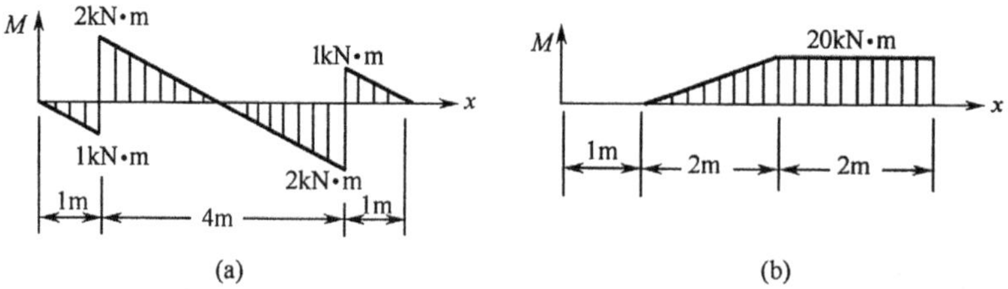

题 12-10 图

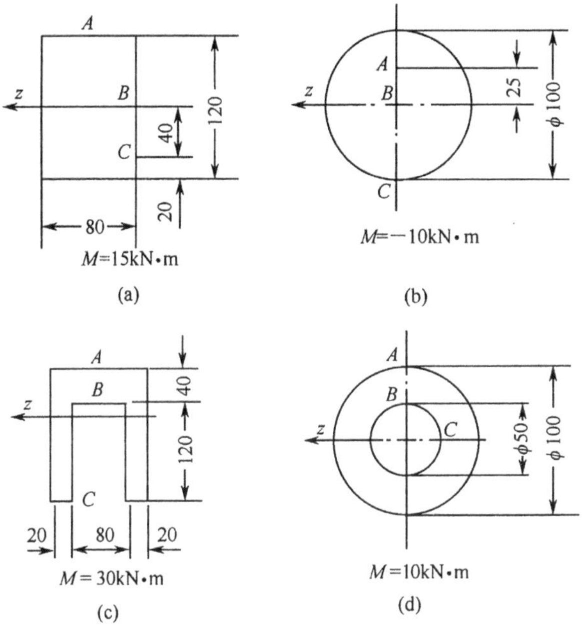

题 12-11 图

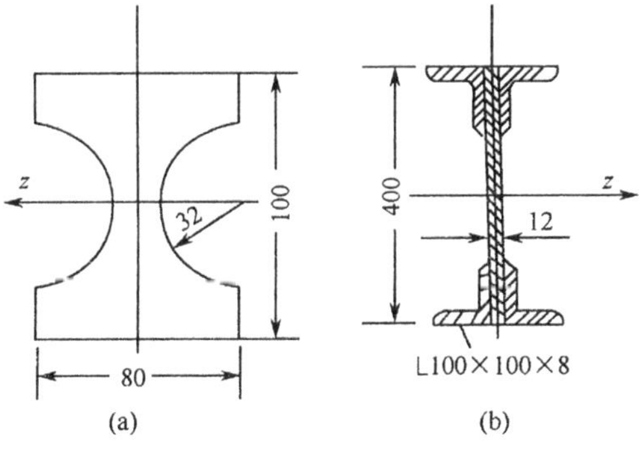

题 12-12 图

12-17　一圆轴如图所示,其外伸部分为空心管状,试作弯矩图,并求轴内的最大正应力.

12-18　某塔器高 $h=10\text{m}$,塔底部用裙式支座支承.已知裙式支座的外径与塔的外径相同,而它的内径为 $d=1000\text{mm}$,壁厚 $t=8\text{mm}$.塔所受风载荷 $q=468\text{N/m}$,试绘塔和支座(为一整体)的弯矩图,并求支座底部的最大弯矩和最大正应力.

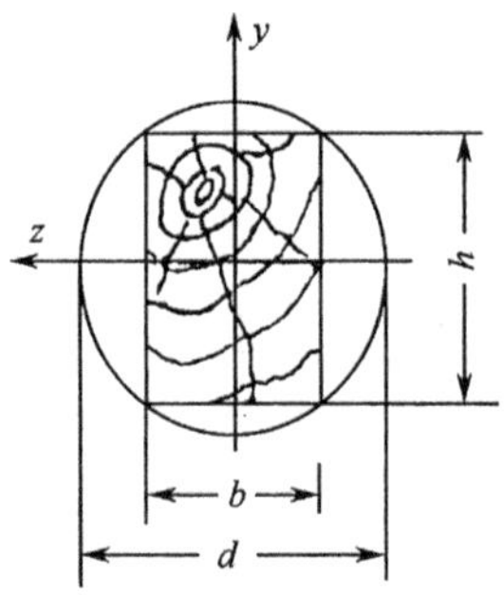

题 12-13 图

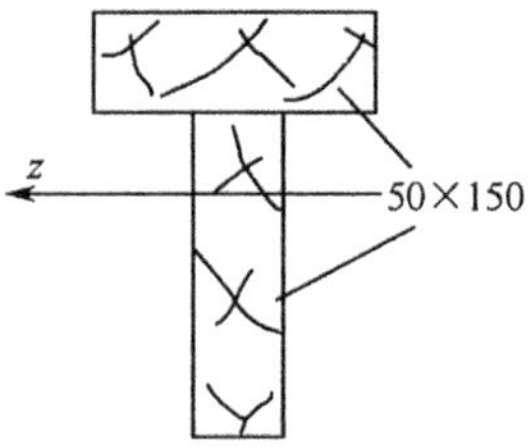

题 12-14 图

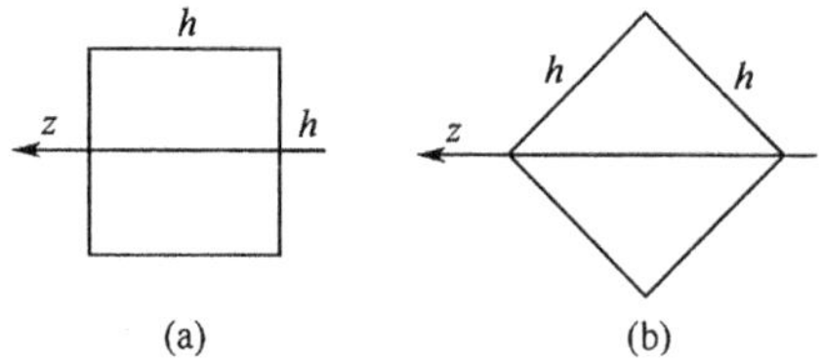

题 12-15 图

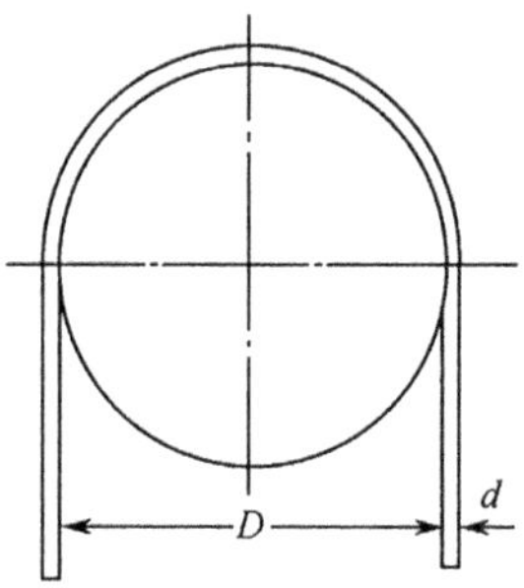

题 12-16 图

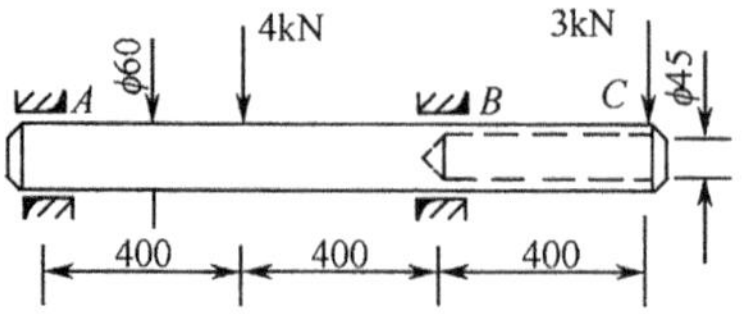

题 12-17 图

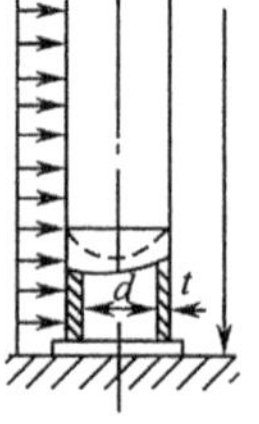

题 12-18 图

12-19　一外伸梁如图所示,梁用 16 号槽钢制成,试求梁的最大拉应力和最大压应力.并指出其所作用的截面和位置.

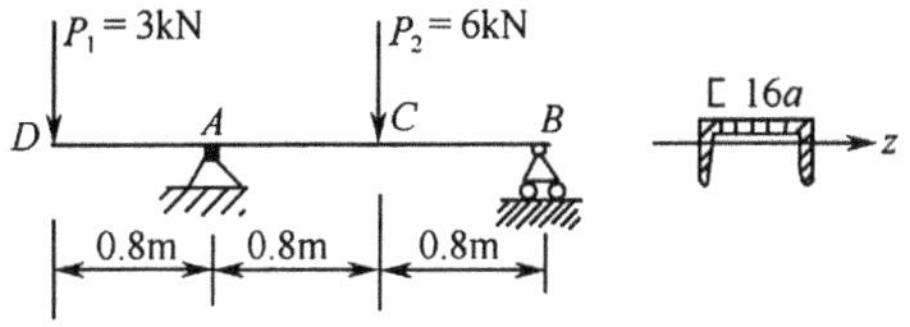

题 12-19 图

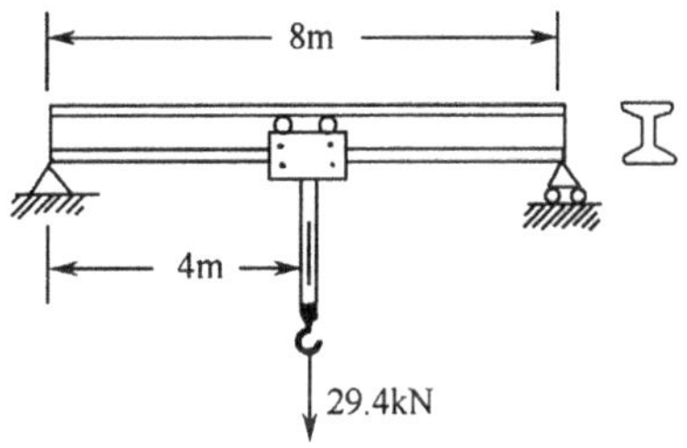

题 12-20 图

12-20　某车间的宽度为 8m,现需安装一台行车,起重量为 29.4kN,行车大梁选用一根 32a 号工字钢,单位长度的重量为 517N/m,工字钢的材料为 Q235 钢,它的许用弯曲应力为$[\sigma]=120$MPa.试按正应力校核此行车大梁的强度.

12-21　一矩形截面梁,尺寸如图示,许用应力$[\sigma]=160$MPa.试按下面两种情况校核该梁的强度:(1)使此梁的 120mm 边竖直放置;(2)使 120mm 的边水平放置.

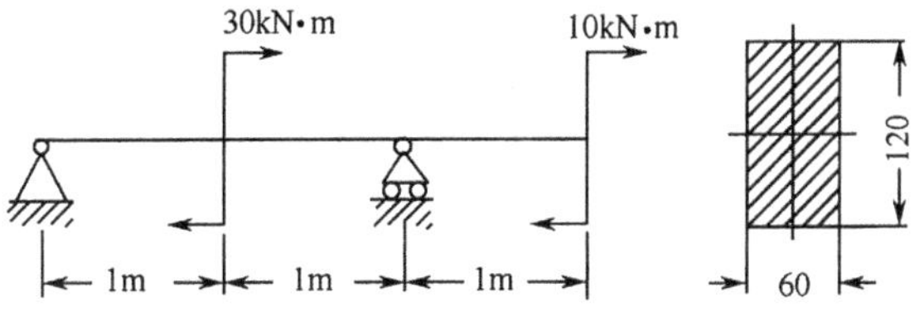

题 12-21 图

12-22　铸铁轴承架尺寸如图所示,受力 $P=16$kN.材料的许用拉应力$[\sigma_l]=30$MPa,

许用压应力$[\sigma_y]=100\text{MPa}$. 试校核截面 A-A 的强度，并画出其正应力分布图.

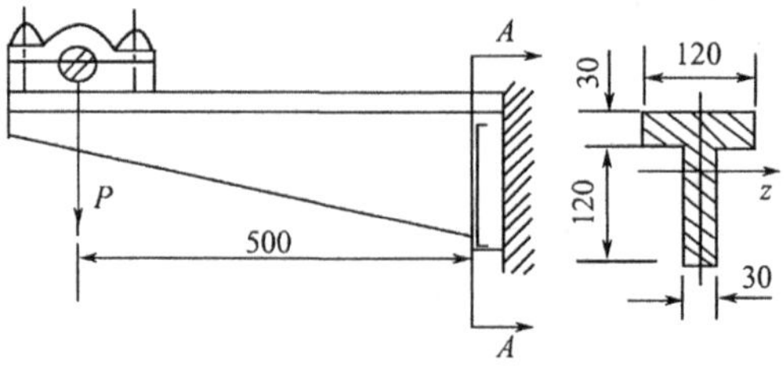

题 12-22 图

12-23　图示铸铁梁，其许用拉应力$[\sigma_l]=30\text{MPa}$，许用压应力$[\sigma_y]=60\text{MPa}$，试校核梁的强度.

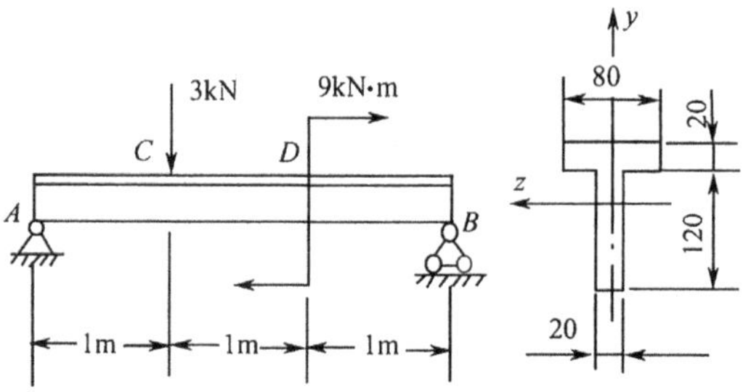

题 12-23 图

12-24　支持转筒的托轮结构如图所示. 转筒和其上滚圈的重量为 Q，作用在每个托轮上载荷 $P=60\text{kN}$. 支持托轮的轴可以简化为一简支梁. 已知材料的许用应力为$[\sigma]=100\text{MPa}$，轴 AB 的直径 d 等于多少？

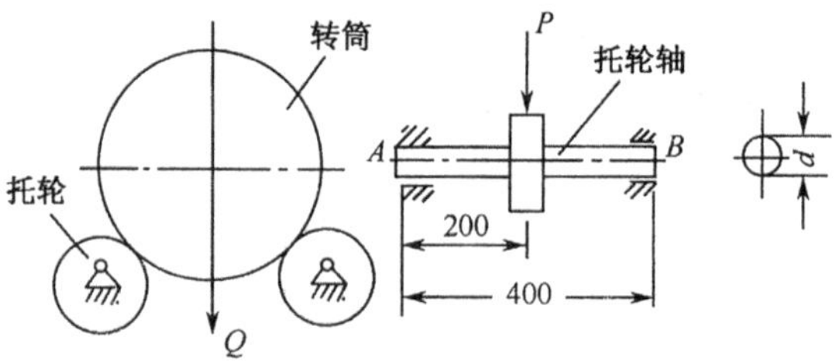

题 12-24 图

12-25　如图示正方形截面木梁，在 C 截面处钻一直径 $d=70\text{mm}$ 的圆孔，材料的许用应力$[\sigma]=10\text{MPa}$. 试

(1)设计正方形截面；

(2)校核 C 截面安全否？并作 C 截面的正应力分布图.

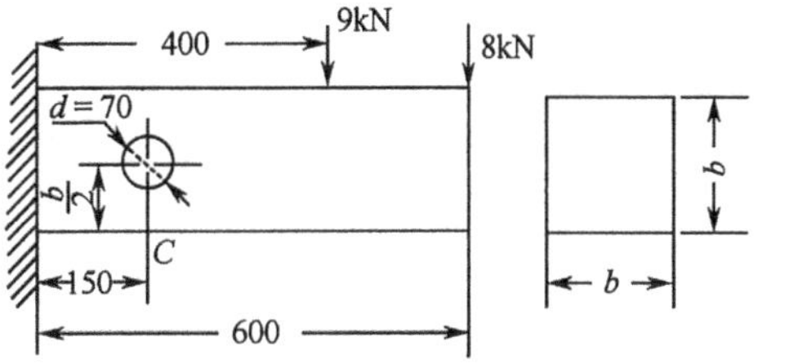

题 12-25 图

12-26 图示梁的许用应力$[\sigma]=120\text{MPa}$,试分别选择圆形、$h/b=2$ 的矩形截面,并比较其经济性.

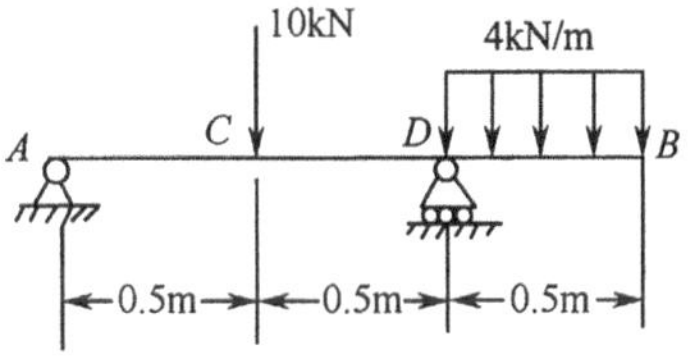

题 12-26 图

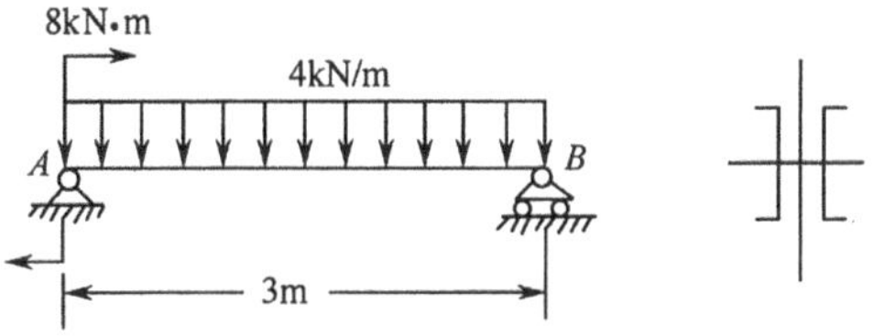

题 12-27 图

12-27 图示梁由两根槽钢组成,其许用应力$[\sigma]=120\text{MPa}$,试选择槽钢的型号.

12-28 ⊥形截面铸铁悬臂梁,尺寸及载荷如图所示.若材料的拉伸许用应力$[\sigma_l]=40\text{MPa}$,压缩许用应力$[\sigma_y]=160\text{MPa}$,截面对形心轴 z_C 的惯性矩 $I_{z_C}=10180\text{cm}^4$,$h_1=9.64\text{cm}$,试计算该梁的许用载荷 P.

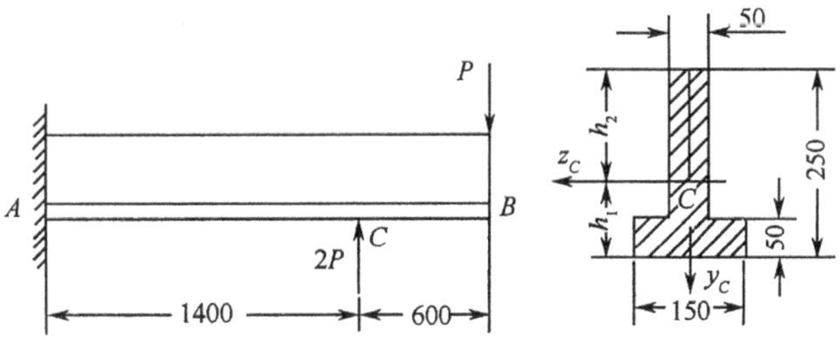

题 12-28 图

12-29 图示外伸梁的截面尺寸同例 12-8,其对 z 轴的惯性矩 $I_z=21.76\times10^{-6}\text{m}^4$,材料的许用拉应力$[\sigma_l]=30\text{MPa}$,许用压应力$[\sigma_y]=60\text{MPa}$,试求载荷 q 的许可值.若将截面

倒置,许可载荷为多少?

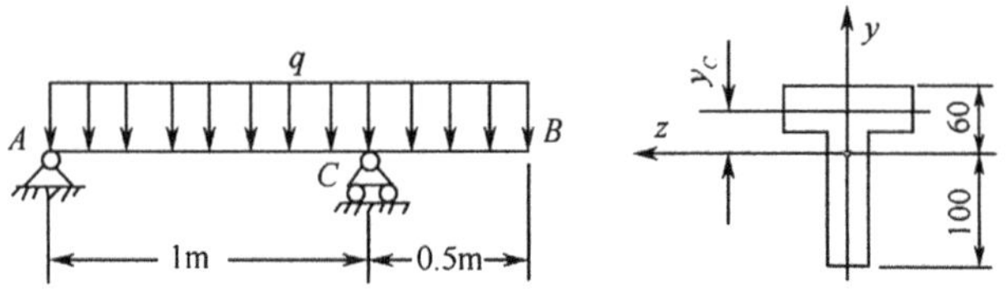

题 12-29 图

12-30　图示钢梁的许用应力$[\sigma]=120\mathrm{MPa}$,试根据弯曲正应力强度条件选择工字钢型号(考虑自重).

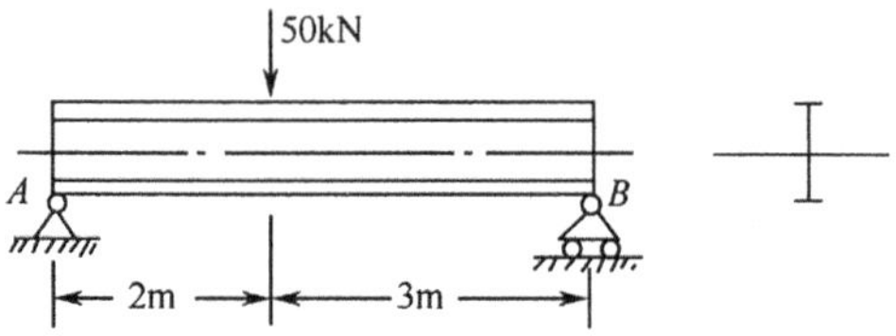

题 12-30 图

12-31　制动装置的杠杆,在 B 处用直径 $d=30\mathrm{mm}$ 的销钉支承.若杠杆的许用应力$[\sigma]=140\mathrm{MPa}$,销钉的剪切许用应力$[\tau]=100\mathrm{MPa}$,试求许可载荷 P_1 和 P_2.

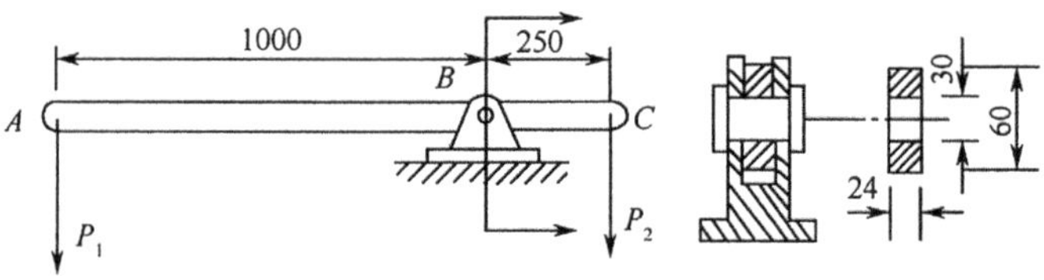

题 12-31 图

12-32　由工字钢制成的外伸梁如图所示.设材料的弯曲许用应力$[\sigma]=160\mathrm{MPa}$,许用剪应力$[\tau]=100\mathrm{MPa}$,试选择工字钢的型号.

12-33　一单梁吊车由 40a 号工字钢制成,在梁中段上下翼缘上各加焊了一块 $120\times10\mathrm{mm}^2$的盖板,如图所示.已知梁跨长 $l=8\mathrm{m}$,$a=5.2\mathrm{m}$,材料的弯曲许用应力$[\sigma]=140\mathrm{MPa}$,许用剪应力$[\tau]=80\mathrm{MPa}$.试按正应力强度条件确定梁的许用载荷 P,并校核梁的剪应力.梁的自重不计.

12-34　欲使图示梁中最大剪应力在数值上等于最大弯曲正应力的 3%,此梁的长度 L 与直径 d 之比应为多少?

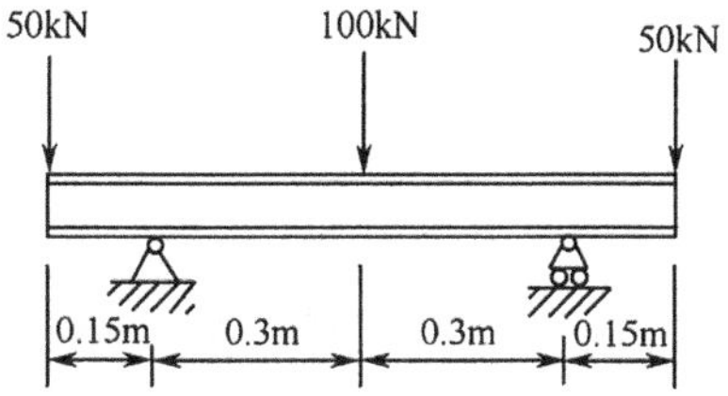

题 12-32 图

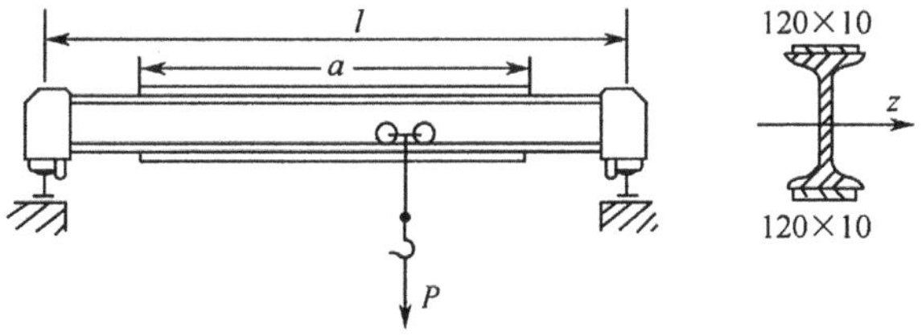

题 12-33 图

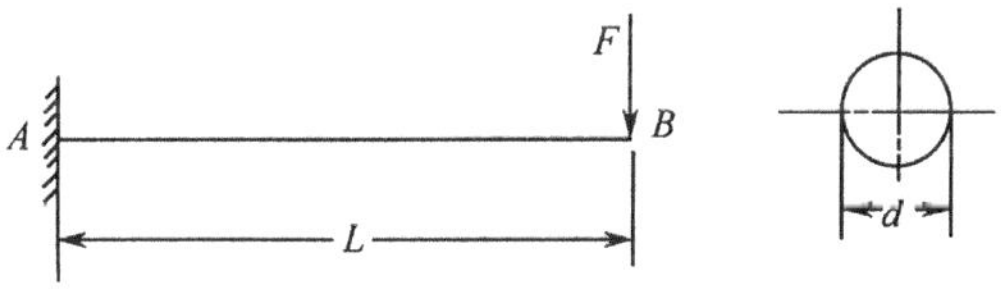

题 12-34 图

第十三章 弯曲变形

梁的变形的分析同梁内应力的分析同样重要.某些受弯构件的变形过大时,会影响其正常工作.例如,齿轮传动轴弯曲变形过大,会加剧齿轮、轴承和轴颈的局部磨损;行车大梁变形过大,会引起振动;造纸机轧辊变形过大,生产出的纸张就会厚薄不均;至于房屋的梁变形过大,其后果更是可想而知的了.所有这类现象都是不能允许的,因此,对某些受弯构件,除了有强度要求之外,还必须有刚度要求,把弯曲变形限定在某一范围之内.此外,在解决静不定梁的问题时,也需要计算梁的变形,以便建立变形协调方程.

同弯曲强度问题的讨论一样,本章讨论的变形问题只限于平面弯曲.

§13-1 挠曲线近似微分方程

首先指出,对于通常的细长梁,其变形主要与弯矩有关,而剪力的影响很小,可以忽略不计,所以,在讨论梁的变形时,平面假设仍然适用.

在图 13-1 中,悬臂梁在力 F 的作用下弯曲变形,其轴线 AB 变为曲线

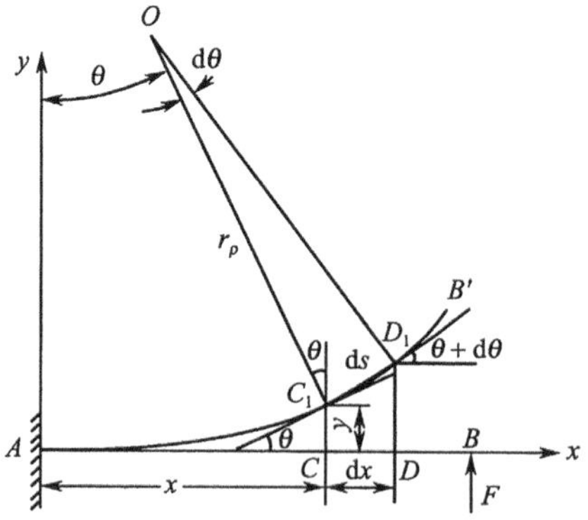

图 13-1

AB',该曲线称为**挠曲线**.建立坐标系 Axy,其中 AB 轴为 x 轴.任一横截面上的形心即轴线上一点 C 的垂直于轴线的位移 CC_1,也就是挠曲线上的对应点 C_1 的 y 坐标,称为该截面的**挠度**.挠度与 y 轴方向一致,则为正;反之为负.这样,挠度 y 与横截面的位置 x 的关系可以用函数 $y=f_1(x)$ 表示,该函数称为**挠曲线方程**.各截面的挠度不同,梁上绝对值最大的挠度 $|y|_{max}$ 记为 f.由于实际的梁变形很小,挠曲线是一条平坦曲线,截面形心在 x 轴方向的位移可以略去不计.挠度是度量梁弯曲变形的两基本量之一.

度量梁弯曲变形的另一个基本量是转角.横截面绕其中性轴转过的角度 θ,称为该截面的**转角**.由几何关系,该转角等于挠曲线在对应点处切线的倾角.转角的符号与切线倾角符号一致,在所设坐标系中,由 x 轴至切线逆时针转向时,倾角为正;反之为负.转角 θ 与横截面位置 x 的关系也可以用函数 $\theta=f_2(x)$ 表示,该函数称为**转角方程**.

挠曲线在点 C_1 处的切线斜率为

$$\tan\theta = \frac{\mathrm{d}y}{\mathrm{d}x} = y'$$

对于实际的梁,角 θ 一般很小,可认为

$$\tan\theta \approx \theta$$

故有

$$\theta = y' \tag{13-1}$$

上式表明,**梁的任一横截面的转角,等于挠曲线在对应点的切线斜率**.由此看来,只要写出挠曲线方程,则梁的变形就可以完全确定了.

为得挠曲线方程,我们建立变形与弯矩之间的关系.

将式(12-10)中的 I_z 简写为 I,则

$$\frac{1}{r_\rho} = \frac{M}{EI}$$

在横力弯曲时,弯矩 M 和曲率半径 r_ρ 均为位置 x 的函数,对于等截面梁,I 为常量,则上式可写为

$$\frac{1}{r_\rho(x)} = \frac{M(x)}{EI} \tag{a}$$

现在,考虑 C_1、D_1 两点间的微段 $\mathrm{d}s$,以建立曲率和挠曲线方程之间的关系.C_1、D_1 处挠曲线法线相交于曲率中心 O.C_1、D_1 处的转角分别为 θ 和 $\theta+\mathrm{d}\theta$,此处转角的增量 $\mathrm{d}\theta$ 等于 $\mathrm{d}s$ 所对的圆心角.由图可见

$$\mathrm{d}\theta = \frac{\mathrm{d}s}{r_\rho(x)}$$

或

$$\frac{1}{r_\rho(x)} = \frac{\mathrm{d}\theta}{\mathrm{d}s}$$

由于小变形,可认为 $\mathrm{d}s \approx \mathrm{d}x$,上式可改写为

$$\frac{1}{r_\rho(x)} = \frac{\mathrm{d}\theta}{\mathrm{d}x} \tag{b}$$

将式(13-1)代入式(b),得

$$\frac{1}{r_\rho(x)} = y'' \tag{c}$$

再由式(a)、(c)得

$$y'' = \frac{M(x)}{EI} \tag{13-2}$$

这就是**挠曲线的近似微分方程**,其中 $M(x)$为梁的弯矩方程.

§13-2　积分法求梁的变形

对于等截面梁,I 为常量,积分时可将 EI 从积分号内提出.于是,式(13-2)积分一次,可得转角方程

$$EIy' = EI\theta = \int M(x)\mathrm{d}x + C \tag{13-3}$$

再积分一次,得挠曲线方程

$$EIy = \iint M(x)\mathrm{d}x\mathrm{d}x + Cx + D \tag{13-4}$$

式中　EI 为梁的**抗弯刚度**.

积分常数 C、D 由边界条件决定.例如,铰链支座处挠度为零;固定端支座处转角和挠度均为零.若由外力将梁分为几段,每段弯矩方程不同,则需分段列出挠曲线近似微分方程,并分段逐次积分,每段的积分结果均出现两个积分常数.这些常数的确定,除利用边界条件外,还需利用分段处挠曲线的连续条件——两段梁在交界处有相同的转角和挠度.

以下举例说明利用积分法求弯曲变形的具体步骤.

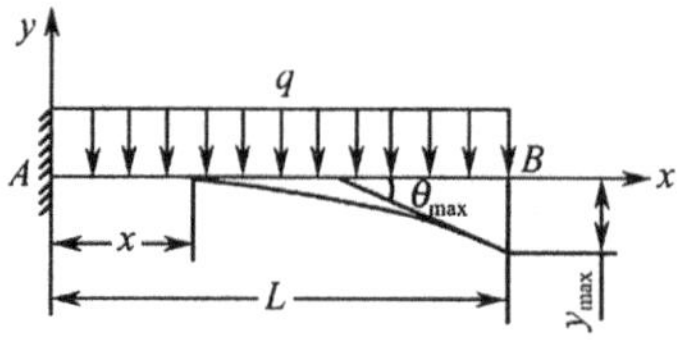

图 13-2

例 13-1　求图 13-2 所示悬臂梁的转角方程和挠曲线方程,并确定最大转角 θ_{max}和最大挠度 f.

解　建立坐标系如图示.坐标为 x 的任一横截面的弯矩表达式,即梁的弯矩方程为

$$M(x) = -\frac{q(L-x)^2}{2} \tag{1}$$

将式(1)代入式(13-2),得挠曲线近似微分方程为

$$EIy'' = -\frac{q(L-x)^2}{2} = -\frac{qL^2}{2} + qLx - \frac{q}{2}x^2 \tag{2}$$

将其积分一次,得

$$EIy' = EI\theta = -\frac{qL^2}{2}x + \frac{qL}{2}x^2 - \frac{q}{6}x^3 + C \tag{3}$$

再积分一次,得

$$EIy = -\frac{qL^2}{4}x^2 + \frac{qL}{6}x^3 - \frac{q}{24}x^4 + Cx + D \tag{4}$$

边界条件为 $\theta|_{x=0}=0, y|_{x=0}=0$,将其代入式(3)、(4),得积分常数

$$C = 0, \qquad D = 0$$

再将积分常数代回式(3)、(4),便得转角方程和挠曲线方程分别为

$$EIy' = EI\theta = -\frac{qL^2}{2}x + \frac{qL}{2}x^2 - \frac{q}{6}x^3$$

$$EIy = -\frac{qL^2}{4}x^2 + \frac{qL}{6}x^3 - \frac{q}{24}x^4$$

显然,在自由端有最大转角和最大挠度

$$\theta_{max} = \theta_B = \theta\Big|_{x=L} = -\frac{qL^3}{6EI}$$

$$f = y_{max} = y_B = y\Big|_{x=L} = -\frac{qL^4}{8EI}$$

在所设坐标系中,B 截面转角为负值,说明该截面绕中性轴顺时针旋转;B 截面挠度为负值,说明该截面形心的位移垂直向下.

例 13-2 求图 13-3 所示简支梁的转角方程和挠曲线方程,并确定其最大转角 θ_{max}和最大挠度 f.

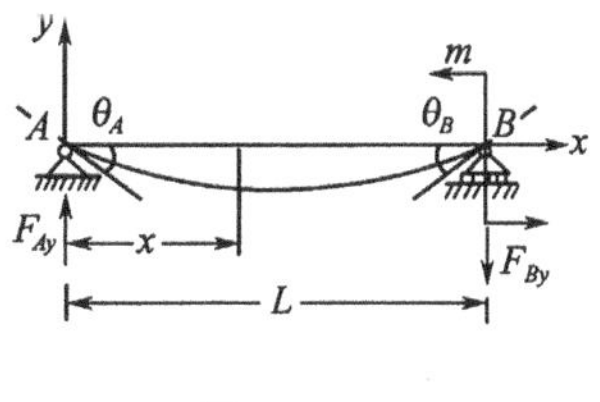

图 13-3

解 由静平衡方程求得

$$F_{Ay} = F_{By} = \frac{m}{L}$$

建立坐标系如图示.梁的弯矩方程为

$$M(x) = \frac{m}{L}x \tag{1}$$

将式(1)代入式(13-2),得挠曲线近似微分方程为

$$EIy'' = \frac{m}{L}x \tag{2}$$

将其积分一次,得

$$EIy' = EI\theta = \frac{m}{2L}x^2 + C \tag{3}$$

再积分一次,得

$$EIy = \frac{m}{6L}x^3 + Cx + D \tag{4}$$

边界条件为　$y_A = y\Big|_{x=0} = 0, y_B = y\Big|_{x=L} = 0$,将其代入式(4),得积分常数

$$D = 0, \quad C = -\frac{mL}{6}$$

再将积分常数代回式(3)、(4),便得转角方程和挠曲线方程分别为

$$EIy' = EI\theta = \frac{m}{2L}x^2 - \frac{mL}{6} \tag{5}$$

$$EIy = \frac{m}{6L}x^3 - \frac{mL}{6}x \tag{6}$$

由式(5)得

$$\theta_A = \theta\Big|_{x=0} = -\frac{mL}{6EI}$$

$$\theta_B = \theta\Big|_{x=L} = \frac{mL}{3EI}$$

显然,

$$\theta_{max} = \theta_B = \frac{mL}{3EI};$$

再令　$y' = 0$,即式(5)为

$$0 = \frac{m}{2L}x^2 - \frac{mL}{6}$$

解得

$$x = \frac{L}{\sqrt{3}}$$

可知最大挠度在 $x = \frac{L}{\sqrt{3}}$ 处.将其代入式(6),便得最大挠度为

$$f = y\Big|_{x=L/\sqrt{3}} = \frac{m}{6EIL} \cdot \frac{L^3}{3\sqrt{3}} - \frac{mL}{6EI} \cdot \frac{L}{\sqrt{3}} = -\frac{\sqrt{3}mL^2}{27EI}$$

例 13-3　求图 13-4 所示简支梁的转角方程和挠曲线方程,并确定其最大

转角 θ_{max}和最大挠度 f.

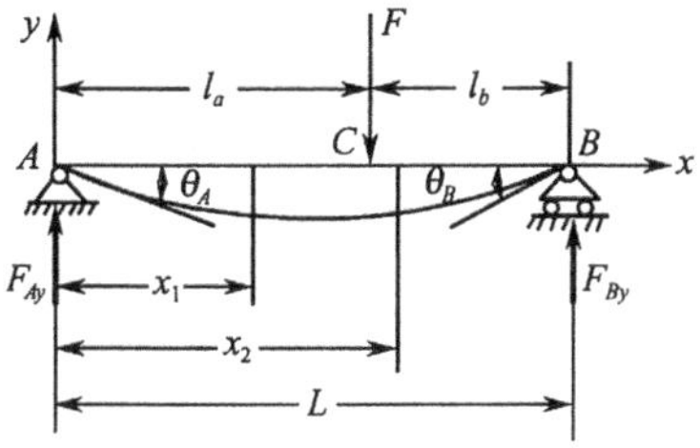

图 13-4

解 由静平衡方程求得

$$F_{Ay} = \frac{Fl_b}{L}$$

$$F_{By} = \frac{Fl_a}{L}$$

分段列出弯矩方程、挠曲线近似微分方程,并分段逐次积分:

AC 段

$$M_1(x_1) = \frac{Fl_b}{L}x_1$$

$$EIy_1'' = \frac{Fl_b}{L}x_1$$

$$EIy_1' = EI\theta_1 = \frac{Fl_b}{2L}x_1^2 + C_1 \tag{1a}$$

$$EIy_1 = \frac{Fl_b}{6L}x_1^3 + C_1x_1 + D_1 \tag{2a}$$

CB 段

$$M_2(x_2) = \frac{Fl_b}{L}x_2 - F(x_2 - l_a)$$

$$EIy_2'' = \frac{Fl_b}{L}x_2 - F(x_2 - l_a)$$

$$EIy_2' = EI\theta_2 = \frac{Fl_b}{2L}x_2^2 - \frac{F}{2}(x_2 - l_a)^2 + C_2 \tag{1b}$$

$$EIy_2 = \frac{Fl_b}{6L}x_2^3 - \frac{F}{6}(x_2 - l_a)^3 + C_2x_2 + D_2 \tag{2b}$$

边界条件为 $y_1\Big|_{x_1=0} = 0, y_2\Big|_{x_2=L} = 0$

连续条件为 $\theta_1\Big|_{x_1=la}=\theta_2\Big|_{x_2=la}, y_1\Big|_{x_1=la}=y_2\Big|_{x_2=la}$

将连续条件代入式(1a)、(2a)、(1b)、(2b),得

$$C_1 = C_2, \qquad D_1 = D_2$$

将边界条件分别代入式(2a)、(2b),得

$$D_1 = D_2 = 0, \quad C_1 = C_2 = \frac{Fl_b}{6L}(l_b^2 - L^2)$$

将所求得的积分常数代入以上有关各式,得转角方程和挠曲线方程分别为

AC 段

$$EIy_1' = EI\theta_1 = \frac{Fl_b}{6L}(3x_1^2 + l_b^2 - L^2) \tag{3a}$$

$$EIy_1 = \frac{Fl_b}{6L}[x_1^3 + (l_b^2 - L^2)x_1] \tag{4a}$$

CB 段

$$EIy_2' = EI\theta_2 = \frac{Fl_b}{2L}x_2^2 - \frac{F}{2}(x_2 - l_a)^2 + \frac{Fl_b}{6L}(l_b^2 - L^2) \tag{3b}$$

$$EIy_2 = \frac{Fl_b}{6L}x_2^3 - \frac{F}{6}(x_2 - l_a)^3 + \frac{Fl_b}{6L}(l_b^2 - L^2)x_2 \tag{4b}$$

由式(3a),$\theta_A = y_1'\Big|_{x_1=0} = -\dfrac{Fl_al_b}{6EIL}(L + l_b)$

由式(3b),$\theta_B = y_2'\Big|_{x_2=L} = \dfrac{Fl_al_b}{6EIL}(L + l_a)$

若 $l_a > l_b$,则

$$\theta_{\max} = \theta_B = \frac{Fl_al_b}{6EIL}(L + l_a)$$

由式(3a),

$$\theta_C = y_1'\Big|_{x_1=l_a} = \frac{Fl_al_b}{3EIL}(l_a - l_b)$$

若 $l_a > l_b$,则 $\theta_C > 0$,即梁变形后 *C* 截面逆时针旋转,最大挠度必在 *AC* 段内.令 $y_1' = 0$,即

$$0 = \frac{Fl_b}{6L}(3x_1^2 + l_b^2 - L^2)$$

解得

$$x_1 = \sqrt{\frac{L^2 - l_b^2}{3}}$$

最大挠度在 $x_1=\sqrt{\dfrac{L^2-l_b^2}{3}}$ 处，将该坐标代入式(4a)，得最大挠度为

$$f=y_1\Big|_{x_1=\sqrt{L^2-l_b^2}/\sqrt{3}}=-\frac{\sqrt{3}Fl_b}{27EIL}\sqrt{(L^2-l_b^2)^3}$$

§13-3 叠加法求梁的变形

在梁的转角方程和挠曲线方程中，转角和挠度均为载荷的线性齐次式，这样，当梁上有几个载荷共同作用时，各载荷引起的变形是彼此独立的，因此，可以分别计算各载荷单独作用下梁的变形，然后相加，得到梁在几个载荷共同作用下的变形，这个方法叫做**叠加法**.

表 13-1 列出各种简单载荷作用下梁的转角和挠度.

表 13-1 简单载荷作用下梁的变形

梁及载荷	挠曲线方程	转角和挠度
1 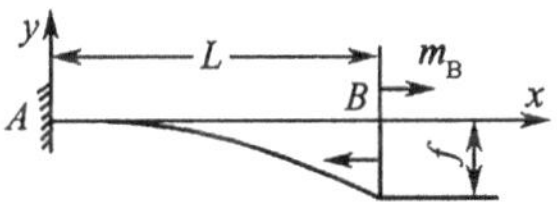	$y=-\dfrac{m_Bx^2}{2EI}$	$\theta_B=-\dfrac{m_BL}{EI}$ $f=-\dfrac{m_BL^2}{2EI}$
2 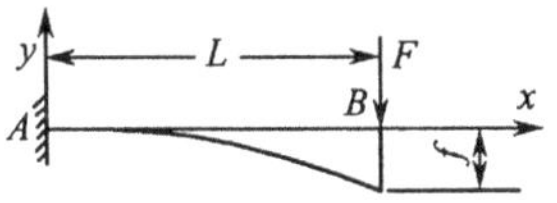	$y=-\dfrac{Fx^2}{6EI}(3L-x)$	$\theta_B=-\dfrac{FL^2}{2EI}$ $f=-\dfrac{FL^3}{3EI}$
3 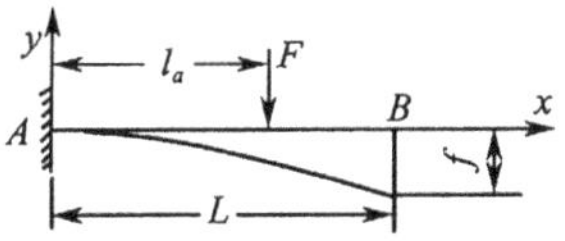	$y=-\dfrac{Fx^2}{6EI}(3l_a-x)$ $(0\leqslant x\leqslant l_a)$ $y=-\dfrac{Fl_a^2}{6EI}(3x-l_a)$ $(l_a\leqslant x\leqslant L)$	$\theta_B=-\dfrac{Fl_a^2}{2EI}$ $f=-\dfrac{Fl_a^2}{6EI}(3L-l_a)$
4 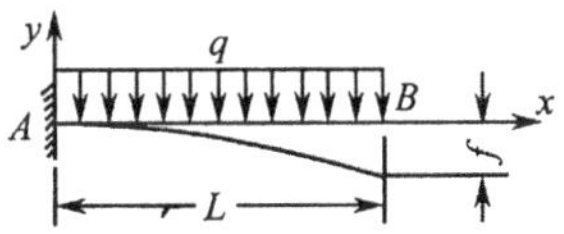	$y=-\dfrac{qx^2}{24EI}(x^2-4Lx+6L^2)$	$\theta_B=-\dfrac{qL^3}{6EI}$ $f=-\dfrac{qL^4}{8EI}$

续表

	梁及载荷	挠曲线方程	转角和挠度
5	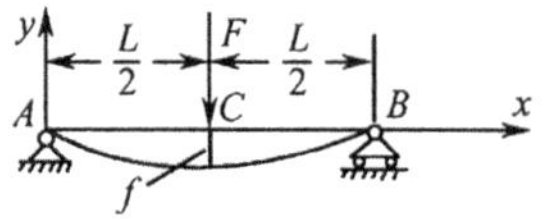	$y=-\frac{Fx}{48EI}(3L^2-4x^2)$ $\left(0\leqslant x\leqslant\frac{L}{2}\right)$	$\theta_A=-\theta_B=-\frac{FL^2}{16EI}$ $f=-\frac{FL^3}{48EI}$
6	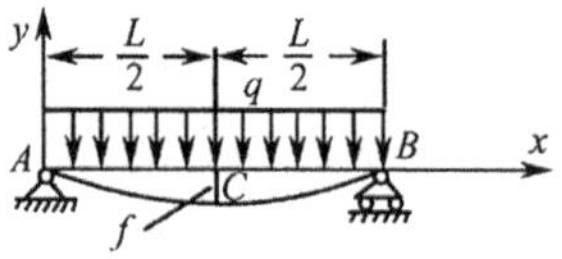	$y=-\frac{qx}{24EI}(L^3-2Lx^2+x^3)$	$\theta_A=\theta_B=-\frac{qL^3}{24EI}$ $f=-\frac{5qL^4}{384EI}$
7	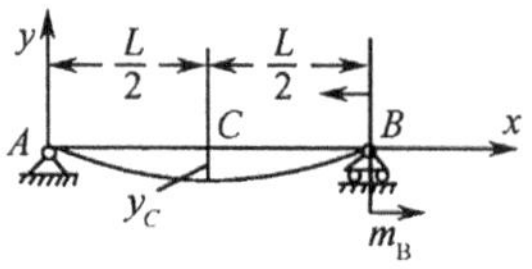	$y=-\frac{m_B x}{6EIL}(L^2-x^2)$	$\theta_A=-\frac{m_B L}{6EI}$ $\theta_B=\frac{m_B L}{3EI}$ $y_C=-\frac{m_B L^2}{16EI}$
8	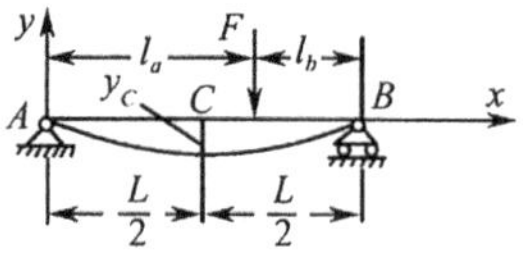	$y=-\frac{Fl_b x}{6EIL}(L^2-x^2-l_b^2)$ $(0\leqslant x\leqslant l_a)$ $y=-\frac{Fl_b}{6EIL}\times$ $\left[\frac{L}{l_b}(x-l_a)^3+(L^2-l_b^2)x-x^3\right]$ $(l_a\leqslant x\leqslant L)$	$\theta_A=-\frac{Fl_a l_b(L+l_b)}{6EIL}$ $\theta_B=\frac{Fl_a l_b(L+l_a)}{6EIL}$ $y_C=-\frac{Fl_b(3L^2-4l_b^2)}{48EI}$ $(l_a>l_b)$
9	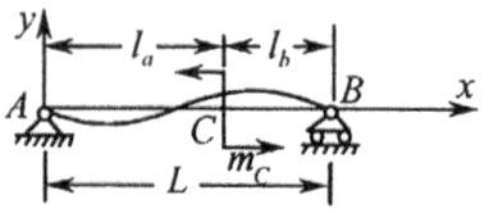	$y=\frac{m_C x}{6EIL}(x^2-L^2+3l_b^2)$ $(0\leqslant x\leqslant l_a)$ $y=\frac{m_C}{6EIL}\times$ $[x^3-3L(x-l_a)^2-x(L^2-3l_b^2)]$ $(l_a\leqslant x\leqslant L)$	$\theta_A=-\frac{m_C}{6EIL}(L^2-3l_b^2)$ $\theta_B=-\frac{m_C}{6EIL}(L^2-3l_a^2)$ $\theta_C=\frac{m_C}{3EIL}\times$ $(L^2-3Ll_a+3l_a^2)$

续表

梁及载荷	挠曲线方程	转角和挠度
10 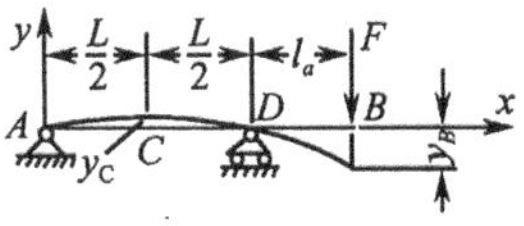	$y=\frac{Fl_a x}{6EIL}(L^2-x^2)$ $(0\leqslant x\leqslant L)$ $y=-\frac{F(x-L)}{6EI}\times$ $[l_a(3x-L)-(x-L)^2]$ $(L\leqslant x\leqslant L+l_a)$	$\theta_A=-\frac{\theta_B}{2}=\frac{FLl_a}{6EI}$ $y_B=-\frac{Fl_a^2}{3EI}(L+l_a)$ $y_C=\frac{FL^2l_a}{16EI}$

例 13-4 图 13-5(a)所示悬臂梁,承受分布载荷 q 和集中力 F 作用.试求自由端 B 处的转角和挠度.

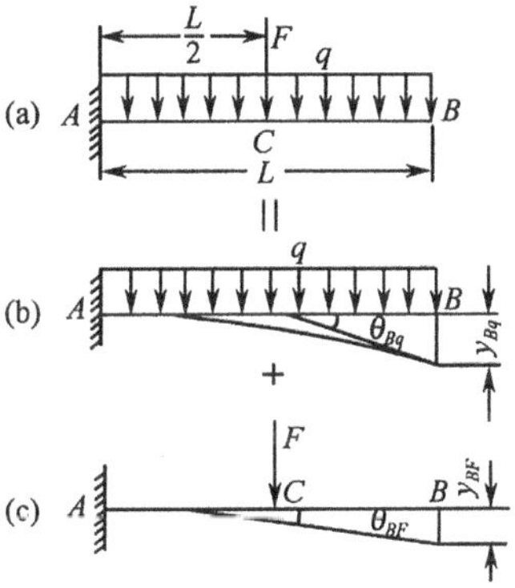

图 13-5

解 由表 13-1 查得,当梁仅受分布载荷 q 作用时[图 13-5(b)],自由端转角和挠度分别为

$$\theta_{Bq}=-\frac{qL^3}{6EI}$$

$$y_{Bq}=-\frac{qL^4}{8EI}$$

当梁仅受集中力 F 作用时[图 13-5(c)],自由端转角和挠度分别为

$$\theta_{BF}=-\frac{F\left(\frac{L}{2}\right)^2}{2EI}=-\frac{FL^2}{8EI}$$

$$y_{BF}=-\frac{F\left(\frac{L}{2}\right)^2}{6EI}\left(3L-\frac{L}{2}\right)=-\frac{5FL^3}{48EI}$$

将以上转角和挠度分别叠加,得自由端总转角和总挠度分别为

$$\theta_B=\theta_{Bq}+\theta_{BF}=-\frac{qL^3}{6EI}-\frac{FL^2}{8EI}=-\frac{(8qL+6F)L^2}{48EI}$$

$$y_B=y_{Bq}+y_{BF}=-\frac{qL^4}{8EI}-\frac{5FL^3}{48EI}=-\frac{(6qL+5F)L^3}{48EI}$$

例 13-5 机床主轴受力情况如图 13-6(a)所示.求主轴在 B 处的转角和

挠度.

解 主轴的变形可视为图 13-6(b)、(c)两种简单情况的叠加.由表 13-1 查得,在力 F_1 单独作用下 B 端的转角和挠度分别为

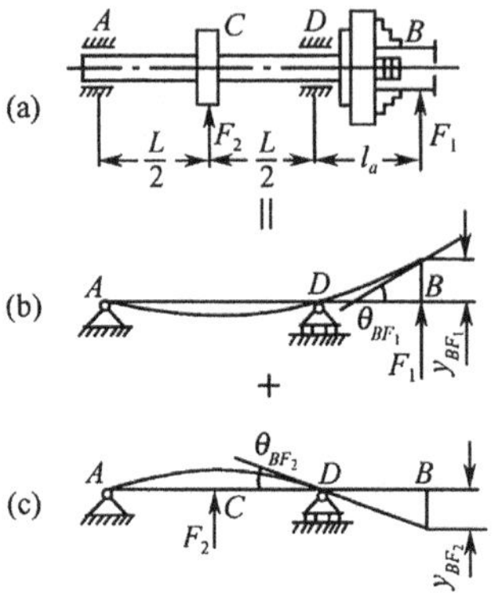

图 13-6

$$\theta_{BF_1} = \frac{F_1 L l_a}{3EI}$$

$$y_{BF_1} = \frac{F_1 l_a^2}{3EI}(L + l_a)$$

在力 F_2 单独作用下 B 端的转角和挠度分别为

$$\theta_{BF_2} = -\frac{F_2 L^2}{16EI}$$

$$y_{BF_2} = \theta_{BF_2} l_a = -\frac{F_2 L^2 l_a}{16EI}$$

则 B 端总转角和总挠度分别为

$$\theta_B = \theta_{BF_1} + \theta_{BF_2} = \frac{F_1 L l_a}{3EI} - \frac{F_2 L^2}{16EI} = \frac{(16F_1 l_a - 3F_2 L)L}{48EI}$$

$$y_B = y_{BF_1} + y_{BF_2} = \frac{F_1 l_a^2}{3EI}(L + l_a) - \frac{F_2 L^2 l_a}{16EI} = \frac{[16F_1 l_a(L + l_a) - 3F_2 L^2] l_a}{48EI}$$

例 13-6 图 13-7(a)所示悬臂梁受分布载荷 q 的作用.试求自由端 B 处的转角和挠度.

解 梁的变形可视为图 13-7(b)、(c)两种情况的叠加.图 13-7(b)中,L 长度上的 q 在 B 端引起的转角和挠度分别为

$$\theta_1 = -\frac{qL^3}{6EI}$$

$$y_1 = -\frac{qL^4}{8EI}$$

图 13-7(c)中,$\frac{L}{3}$长度上的 q 在 B 端引起的转角为

$$\theta_2 = \frac{q\left(\frac{L}{3}\right)^3}{6EI} = \frac{qL^3}{162EI}$$

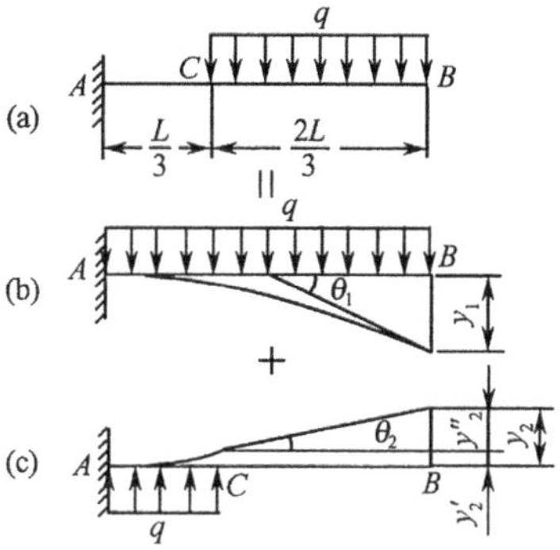

图 13-7

在 C 截面引起的挠度为

$$y_2' = \frac{q\left(\frac{L}{3}\right)^4}{8EI} = \frac{qL^4}{648EI}$$

由于 θ_2 在 B 端引起的挠度为

$$y_2'' = \theta_2 \times \frac{2}{3}L = \frac{qL^4}{243EI}$$

则$\frac{L}{3}$上的 q 在B 端引起的总挠度为

$$y_2 = y_2' + y_2'' = \frac{qL^4}{648EI} + \frac{qL^4}{243EI} = \frac{11qL^4}{1944EI}$$

于是,B 端的总转角和总挠度分别为

$$\theta = \theta_1 + \theta_2 = -\frac{qL^3}{6EI} + \frac{qL^3}{162EI} = -\frac{13qL^3}{81EI}$$

$$y = y_1 + y_2 = -\frac{qL^4}{8EI} + \frac{11qL^4}{1944EI} = -\frac{232qL^4}{1944EI}$$

§13-4　弯曲刚度条件

弯曲刚度条件是指梁的最大转角和最大挠度必须在规定的许可范围以内,即

$$|\theta|_{\max} \leqslant [\theta] \tag{13-5}$$

$$|f|_{\max} \leqslant [f] \tag{13-6}$$

式中　$[\theta]$为许可转角;$[f]$为许可挠度.

$[\theta]$和$[f]$的数值由构件的工作条件和工作要求而定.表13-2给出了部

分受弯构件的[θ]和[f]的参考值.

表 13-2 许可挠度和许可转角

名 称	[f]	名 称	[θ]
行车大梁	$(1/700\sim1/500)L$	轴(安装齿轮处)	0.001rad
一般传动轴	$(0.0003\sim0.0005)L$	轴(滚动轴承处)	(0.0016～0.0075)rad
架空管道	$1/500L$	轴(滑动轴承处)	0.001rad
一般塔器	$(1/500\sim1/1000)h$		

注:L 为两支承间的跨距;h 为塔器高度.

§13-5 简单静不定梁的解法

在实际工程中,某些受弯构件的跨度过大时,会产生过大的弯矩和变形,因此,除了维持其静力平衡的支座以外,往往还要增加支座以减小跨度.这样以来,梁的未知约束反力的个数显然要多于独立的静平衡方程的数目,因而梁就成为静不定的了.那些对于维持梁的静力平衡并非必须的约束,称为**多余约束**.相应的约束反力称为**多余反力**.而多余反力的个数也就是静不定梁的**度数**.

静不定梁与静定梁的差别,仅在于静不定梁存在着多余反力.若能求得多余反力,则静不定梁的强度和刚度计算问题就变成静定梁的计算问题了,因此,解决静不定梁的问题的关键,就在于求解多余反力.

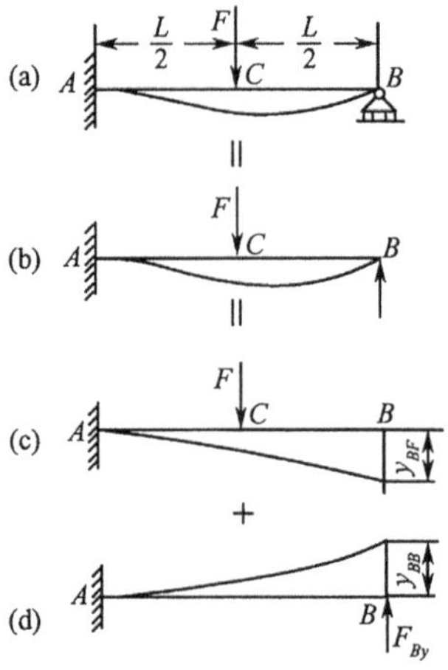

图 13-8

下面以图 13-8(a)所示的一度静不定梁为例,说明多余反力的求法.

先选某一约束,例如 B 处的约束,作为多余约束.将该约束解除后,代之以相应的反力 F_{By},于是,原来的静不定梁在形式上就成为在载荷 F 和反力 F_{By}共同作用下的静定的悬臂梁了[图 13-8(b)],只是 F_{By} 尚为未知.这个形式上的静定梁称为原静不定梁的**静定基**.

以 y_{BF}和 y_{BB}分别表示载荷 F 和多余反力 F_{By}单独作用下在静定基的 B 端引起的挠度[图 13-8(c)、(d)].应用叠加法,求得在 F 和 F_{By}共同作用下 B 端的挠度为

$$y_B = y_{BF} + y_{BB}$$

事实上,由于 B 端有支座,静定基在 B 端的挠度应为零,即

$$y_B = y_{BF} + y_{BB} = 0$$

这就是变形谐调条件.

由表 13-1 查得

$$y_{BF} = -\frac{F}{6EI}\left(\frac{L}{2}\right)^2\left(3L - \frac{L}{2}\right) = -\frac{5FL^3}{48EI}$$

$$y_{BB} = \frac{F_{By}L^3}{3EI}$$

将 y_{BF} 和 y_{BB} 代入谐调条件,得补充方程为

$$\frac{F_{By}L^3}{3EI} - \frac{5FL^3}{48EI} = 0$$

解得

$$F_{By} = \frac{5}{16}F$$

F_{By} 是正的,表明图 13-8(b)中 F_{By} 的方向设对了.

至此,原来在 F 作用下的静不定梁已转换为在 F 和 $F_{By} = \frac{5}{16}F$ 共同作用下的静定梁了.

再以固定端 A 处的转动约束作为多余约束来求解上述静不定梁[图 13-9(a)].

将多余约束解除后,代之以相应的反力偶 m_A,得到在 F 和 m_A 共同作用下的静定基[图13-9(b)].在 F 和 m_A 单独作用下的静定基的 A 端引起的转角,分别记为 θ_{AF} 和 θ_{AA}[图13-9(c)、(d)].用叠加法求在 F 和 m_A 共同作用下 A 端的转角表达式,并令其等于零,得变形谐调条件

$$\theta_A = \theta_{AF} + \theta_{AA} = 0$$

由表 13-1 查得

$$\theta_{AF} = -\frac{FL^2}{16EI}$$

$$\theta_{AA} = \frac{m_A L}{3EI}$$

代入变形谐调条件,得补充方程为

$$\frac{m_A L}{3EI} - \frac{FL^2}{16EI} = 0$$

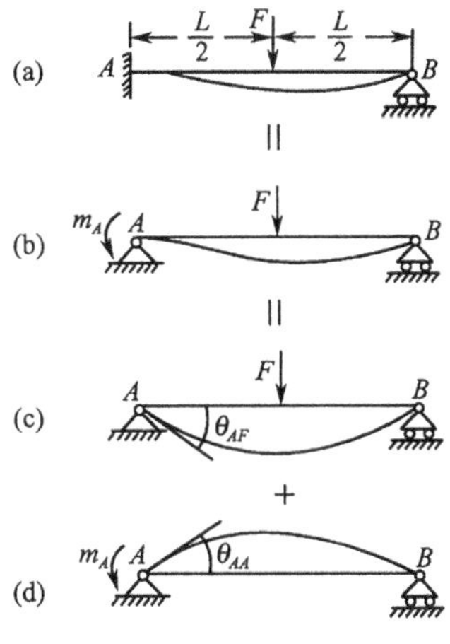

图 13-9

解得

$$m_A = \frac{3FL}{16}$$

以上解静不定梁的方法归纳为:先解除多余约束并代之以相应的反力(或反力偶),得到静定基.写出静定基在载荷和反力共同作用下于解除约束处的变形谐调条件,进而写出补充方程并求出反力.这个方法叫做**变形比较法**.多余约束的选择是任意的,视解题的具体情况而定.

例 13-7 求图 13-10(a)所示梁的约束反力,并画出弯矩图.

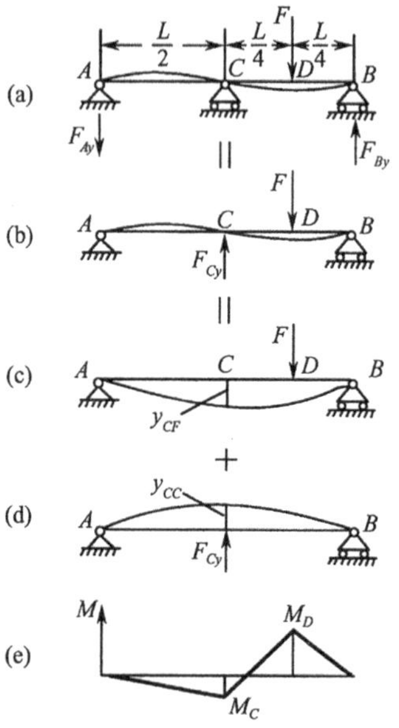

图 13-10

解 以 C 处支座为多余约束.解除多余约束,并将相应的反力 F_{Cy} 加在静定基上[图 13-10(b)].由表 13-1 查得 F 和 F_{Cy} 单独作用下静定基在 C 处的挠度分别为

$$y_{CF} = -\frac{F\frac{L}{4}\left[3L^2 - 4\left(\frac{L}{4}\right)^2\right]}{48EI} = -\frac{11FL^3}{768EI}$$

$$y_{CC} = \frac{F_{Cy}L^3}{48EI}$$

如图 13-10(c)、(d)所示,谐调条件和补充方程分别为

$$y_C = y_{Cy} + y_{CC} = 0$$

$$-\frac{11FL^3}{768EI} + \frac{F_{Cy}L^3}{48EI} = 0$$

解得

$$F_{Cy} = \frac{11}{16}F$$

由静平衡方程求得其余约束反力

$$F_{Ay} = \frac{3}{32}F$$

$$F_{By} = \frac{13}{32}F$$

C、D 截面的弯矩分别为

$$M_C = -F_{Ay}\frac{L}{2} = -\frac{3FL}{64}$$

$$M_D = F_{By}\frac{L}{4} = \frac{13FL}{128}$$

作弯矩图 13-10(e).

习 题

13-1 用积分法写出下列各梁的转角方程和挠曲线方程及指定截面的转角和挠度. 抗弯刚度 EI 为常数.

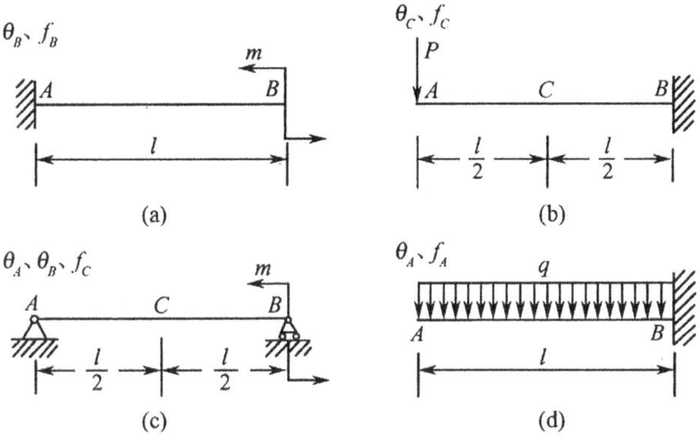

题 13-1 图

13-2 用积分法求以下各梁的转角方程、挠曲线方程, 以及指定截面的转角和挠度. EI 为常数.

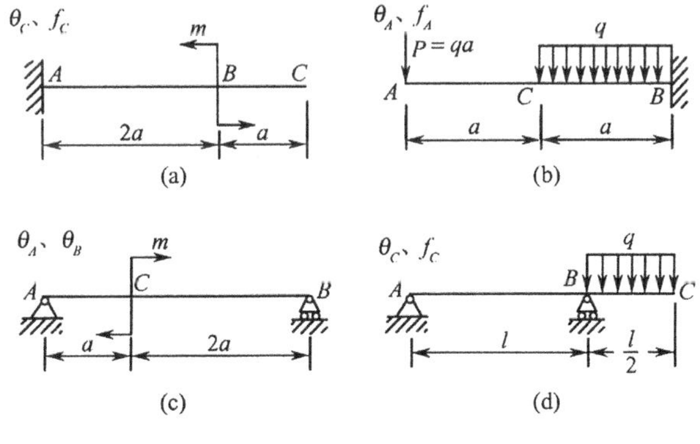

题 13-2 图

13-3 用叠加法求图示各梁中指定截面的挠度和转角. EI 为常数.

13-4 图示一外伸梁, 受分布载荷 q 和集中力 P 的作用, 若 $ql>2P$, 欲使点 C 的挠度为零, 试求 ql 与 P 的关系. EI 为常数.

13-5 图示各杆在连接点 A 和 B 处系刚性连接, 成一刚架. 试问应将载荷 P 安置在离刚架上的 B 点多大的距离 x 处, 才能使 A 点处的垂直位移等于零?

13-6 车床上用卡盘夹住工件进行切削时, 车刀作用于工件的力 $P=360\text{N}$, 工件材料

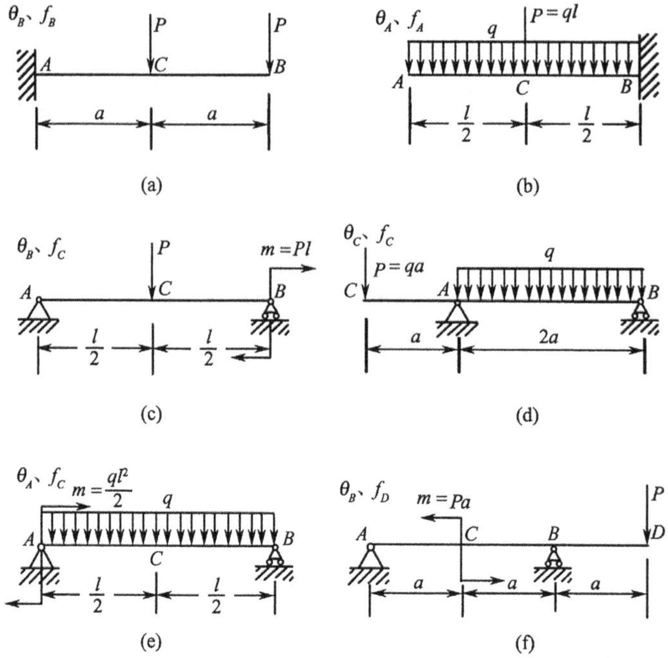

题 13-3 图

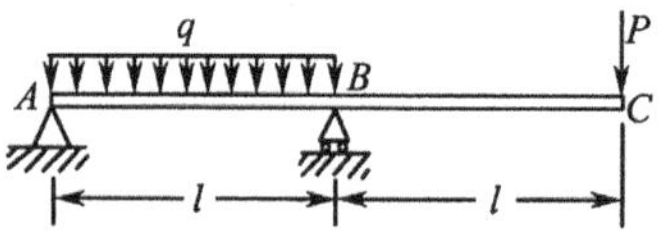

题 13-4 图

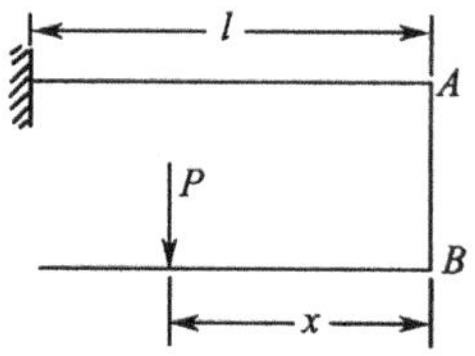

题 13-5 图

为普通碳钢，$E=200\times10^9\text{N/m}^2$，试求工件端点的挠度.

13-7　简化后的齿轮轴 AB 如图所示，试求轴承处截面的转角. 已知 $E=196\text{GPa}$.

13-8　阶梯形悬臂梁如图所示，AC 段的惯性矩为 CB 段的二倍. 试用积分法求 B 端的转角和挠度.

13-9　一齿轮轴受力如图所示，已知 $a=100\text{mm}$，$b=200\text{mm}$，$c=150\text{mm}$，$l=300\text{mm}$，材料的弹性模量 $E=210\text{GPa}$，轴在轴承处的许用转角 $[\theta]=0.005\text{rad}$，近似地设全轴的直径均为 $d=60\text{mm}$，试校核轴的刚度.

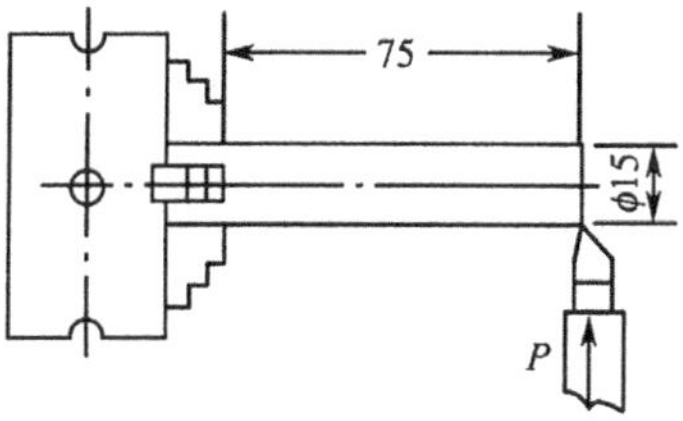

题 13-6 图

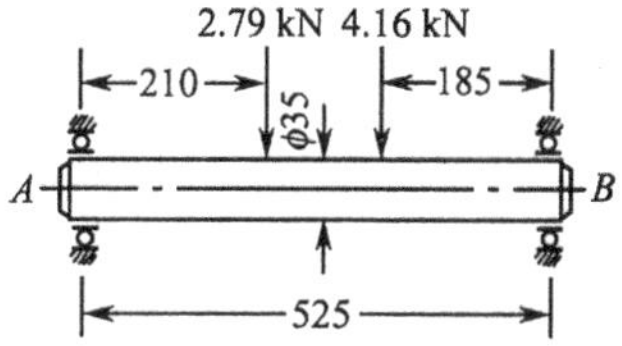

题 13-7 图

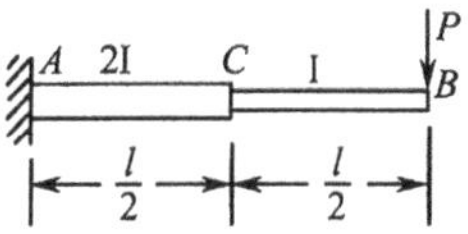

题 13-8 图

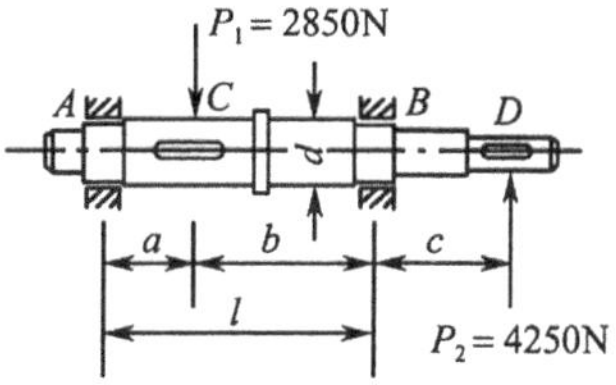

题 13-9 图

13-10 简支梁如图所示.已知 $l=4\text{m}, q=9.8\text{kN/m}, [\sigma]=100\text{MPa}, E=206\times10^9\text{N/m}^2$,若许可挠度$[f]=\dfrac{l}{1000}$,截面为由两根槽钢组成的组合截面,试确定槽钢的型号,并对自重影响进行校核.

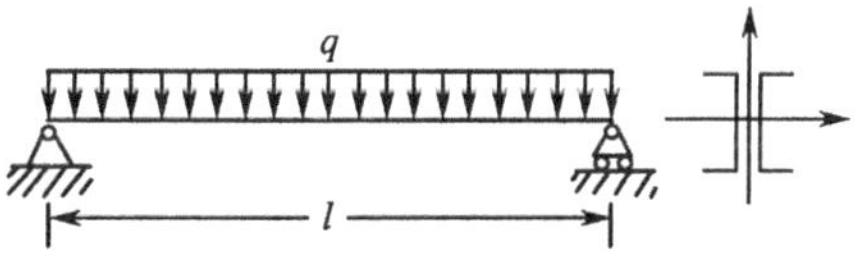

题 13-10 图

13-11 钢轴如图所示,已知 $E=200\text{GPa}$,左端轮上受力 $F=20\text{kN}$.若规定支座 A 处截面的许可转角$[\theta]=0.5°$,试选定此轴的直径.

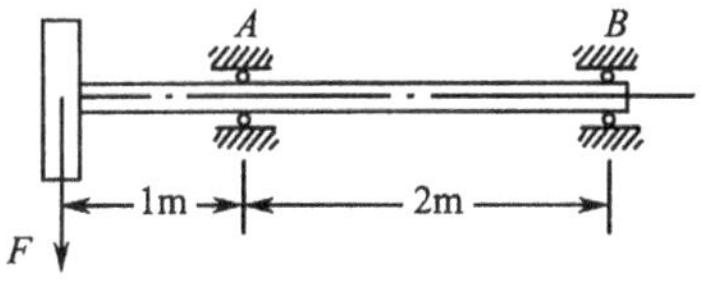

题 13-11 图

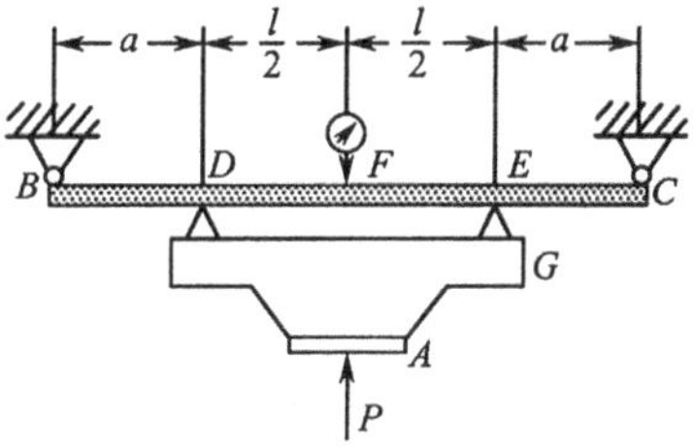

题 13-12 图

13-12 以弹性元件作为测力装置的试验如图所示.卡头 A 处作用力 P 是通过测量

BC 梁的挠度或应变来确定的. 已知梁的尺寸 $l=1\text{m}$, $a=100\text{mm}$, 梁截面宽 $b=60\text{mm}$, 截面高 $h=40\text{mm}$; 弹性模量 $E=220\text{GPa}$, 试问当千分表指针转动一小格(1/100mm)时, 载荷 P 增加多少?

13-13　一等截面简支梁 AB, 其支座高度相差 f_B(f_B 值远较梁长 l 为小, 图中所画为夸大的情况). 在此梁两端各加有力偶 m_A 和 m_B, 其结果使挠曲线在点 A 和点 B 的切线恰成水平, 试求 m_A、m_B 与 f_B 之间的关系.

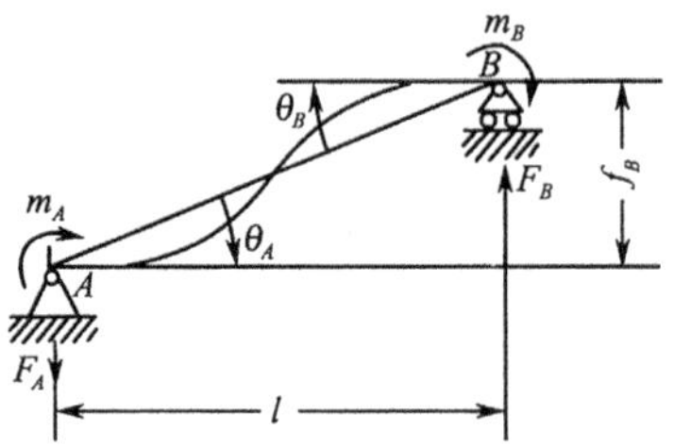

题 13-13 图

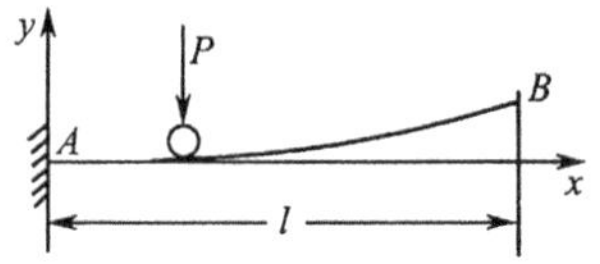

题 13-14 图

13-14　悬臂梁如图所示, 有载荷 P 沿梁移动. 若使载荷移动时总保持相同的高度, 试问应将梁轴线预弯成怎样的曲线? EI 为常数.

13-15　磨床砂轮主轴的示意图如图所示. 轴的外伸段的长度 $a=100\text{mm}$, 轴承间距离 $l=350\text{mm}$, $E=210\text{GPa}$, $F_y=600\text{N}$, $F_x=200\text{N}$. 试求主轴外伸端的总挠度.

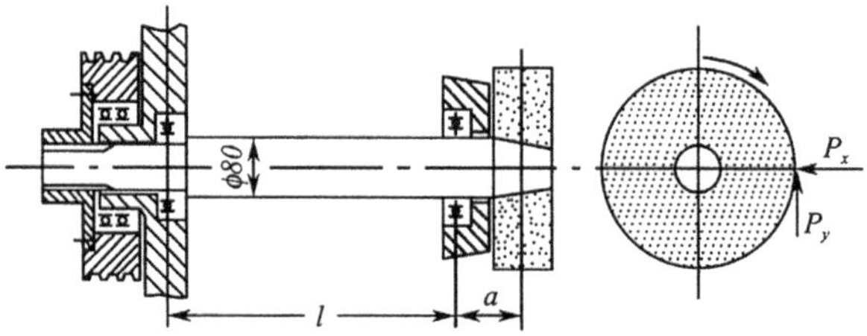

题 13-15 图

13-16　在简支梁的一半跨度内作用均布载荷 q[图(a)], 试求跨度中点的挠度. EI 为常数.

提示: 把图(a)中的载荷看作是图(b)和图(c)中两种载荷的叠加, 但在图(b)所示载荷作用下, 跨度中点的挠度等于零.

13-17　受有均布载荷 q 的钢梁, 一端固定, 另一端用钢拉杆系住. 已知钢梁的抗弯刚度 EI 和拉杆的抗拉刚度为 ES. 尺寸 h、l 均为已知, 求拉杆的内力.

13-18　如图所示的两梁相互垂直, 并在中点相互接触, 设两梁材料及长度均相同, 而截面的惯性矩分别为 I_1 和 I_2, 试求两梁所受载荷之比及梁内最大弯矩之比.

13-19　加热炉内的水管横梁支持在三个支点上, 承受着纵管传来的钢锭载荷, 如图所

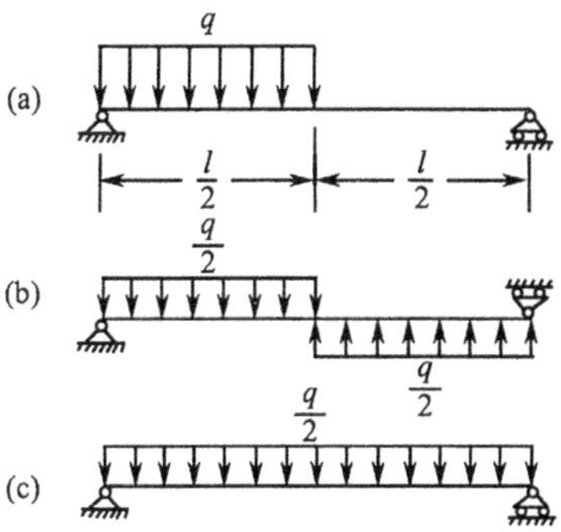

题 13-16 图

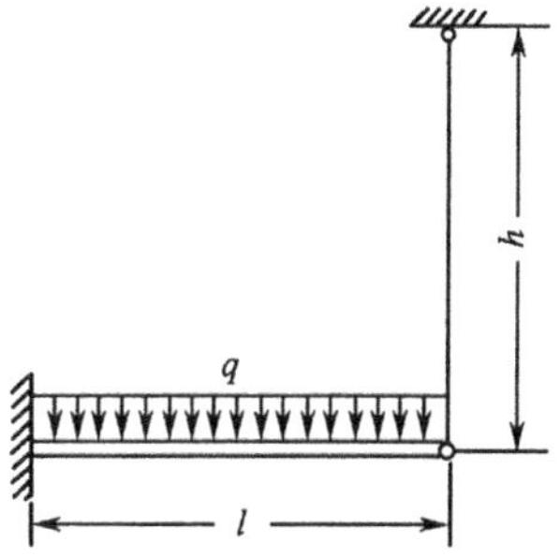

题 13-17 图

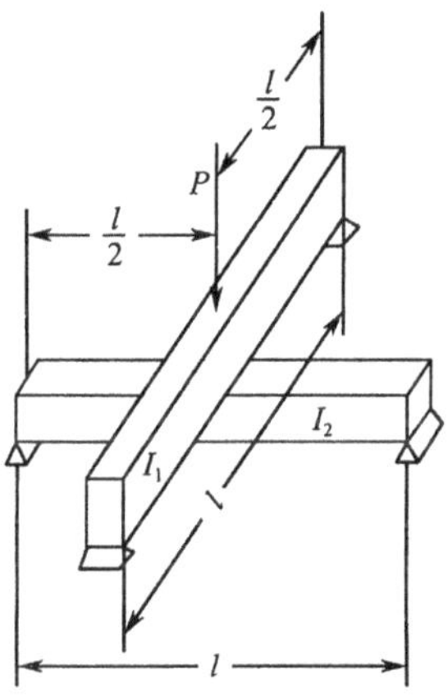

题 13-18 图

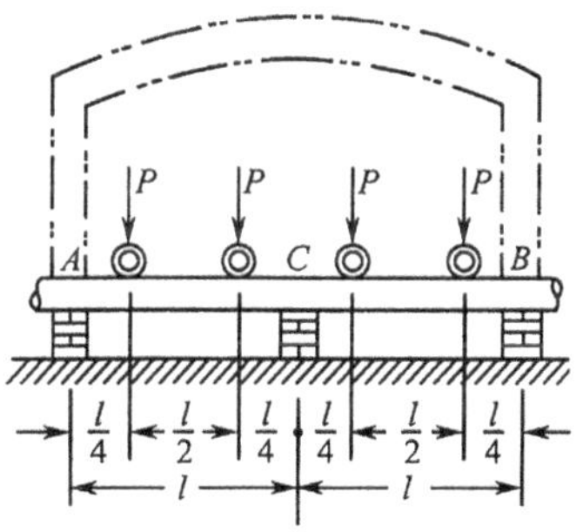

题 13-19 图

示. 求 A、B、C 处的支座反力，并作横管的弯矩图.

13-20 在车床上加工工件，已知工件的弹性模量 $E = 200\text{GPa}$，车刀作用于工件上的径向力 $P = 360\text{N}$；工件的尺寸如图所示. 问

(1)按图(a)方式加工时，因工件变形而引起的直径误差为多少？

(2)如在工件自由端加上顶尖后，按车刀行至工件中点时考虑[图(b)]，这时因工件变形而引起的直径误差又为多少？

(3)两者误差的百分比如何？

13-21 悬臂梁 AB 因强度和刚度不足，用同材料同截面的一根短梁 AC 加固，如图所示. 问：

(1)支座 C 处的反力 F_C 为多少？

(2)梁 AB 的最大弯矩和点 B 的挠度，比没有梁 AC 支承时减少多少？

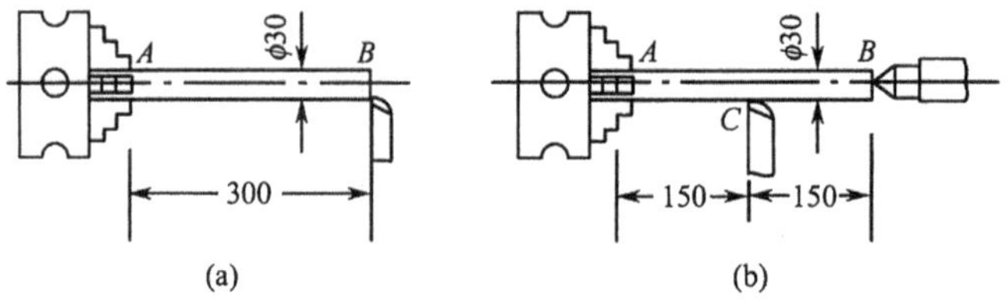

题 13-20 图

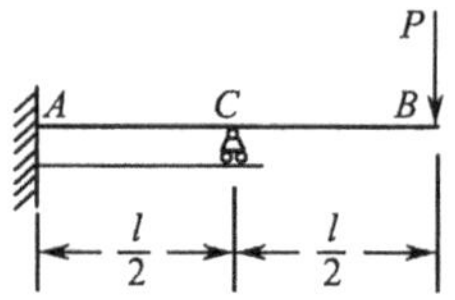

题 13-21 图

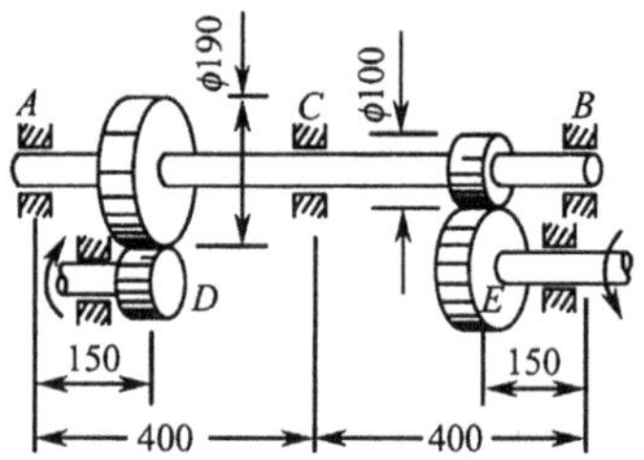

题 13-22 图

13-22　图示一铣床齿轮轴 AB,已知其传动的功率 $P=7.5\mathrm{kW}$,转速 $n=230\mathrm{r/min}$,D 为主动轮,现仅考虑齿轮切向力的影响,试作此轴的弯矩图.

13-23　如图所示两根悬臂梁 AC 和 CB,在 C 处铰接,并受集中力 P 的作用,求点 C 的挠度.设两根梁的抗弯刚度 EI 相等.尺寸 a、b 均为已知.

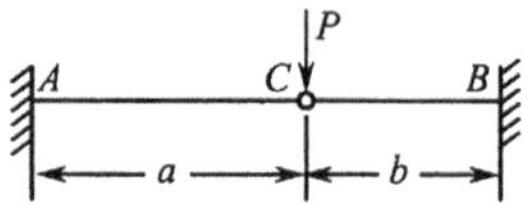

题 13-23 图

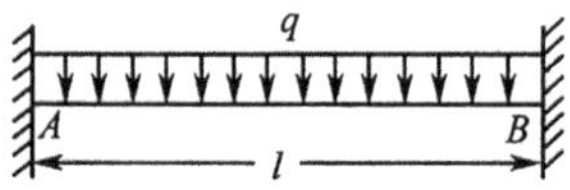

题 13-24 图

13-24　图示一两端固定的梁,受均布载荷 q 的作用,试求固定端的反力和反力偶矩.设 EI 已知.

提示:此梁受力对称,未知力可简化为一个.

第十四章　应力状态及强度理论

§14-1　一点处的应力状态

直杆受轴向拉伸或压缩时，同一斜截面上各点的应力相同，但在方位不同的斜截面上的应力是不同的. 圆轴扭转时横截面上各点的剪应力是沿半径成线性分布的. 直梁弯曲时横截面上的正应力是沿截面高度成线性分布的. 一般说来，在受力物体内，同一截面上各点的应力不一定相同；而且通过物体内任一点的不同方位的截面上的应力，一般也不相同. 通过物体内某一点的各截面上的应力情况，称为**该点处的应力状态**. 要研究受力构件的强度问题，就必须全面了解构件内各点的应力状态. 而在强度计算中，通常只需要研究构件内危险点的应力状态，确定在该点的最大应力及其方向，然后按其建立强度条件.

为研究一点处的应力状态，我们从受力构件内围绕该点截取一微小正六面体，即单元体，如图 14-1、图 14-2、图 14-3 所示. 由于单元体各边的长度都很微小，可以认为各个面上的应力是均匀分布的，并且还可以认为两个平行面上的应力大小相等，而方向相反. 这样，可以证明单元体的三个互相垂直面上的应力就表示这一点的应力状态. 如果单元体各个面上的应力均为已知时，则该点的应力状态就完全确定，因为过该点的任意斜截面上的应力都可由此计算出来. 这样截取的单元体称为**原始单元体**.

杆拉伸时 A 点处截取的原始单元体

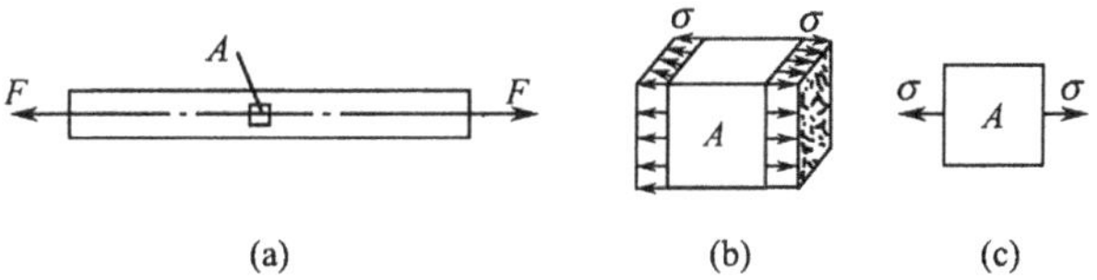

图 14-1

梁弯曲时 B、C、D 三点处截取的原始单元体

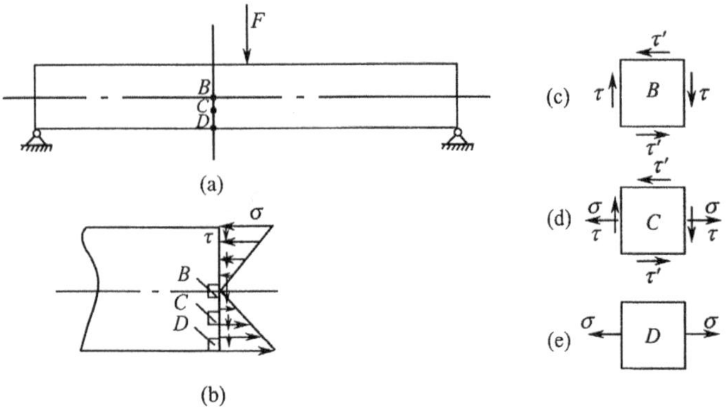

图 14-2

轴扭转时 E 点处截取的原始单元体

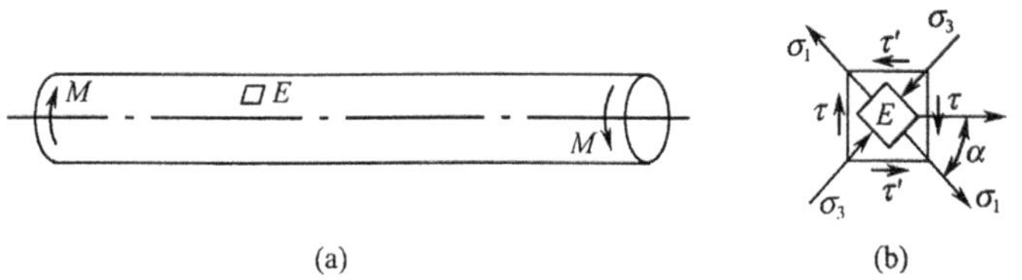

图 14-3

在受力构件的某一点处,取出一个任意方位的单元体,一般说来,其各面上既有正应力,也有剪应力.但可以证明,在该点处以不同方位截取的诸单元体中,必有一个特殊的单元体,其各面上均无剪应力,而只有正应力,这样的单元体称为该点处的**主单元体**.如图 14-1 所示的单元体 A 各面上均无剪应力而只有正应力(或正应力为零),则此单元体为点 A 处的主单元体.又如图 14-3(a)所示,在某点 E 处截取一原始单元体,它的各面上均无正应力;而在该点处截取一与它成某一角 α 的单元体时,则其各面上均无剪应力而只有正应力(或正应力为零),此单元体即为点 E 处的主单元体.剪应力为零的平面称为**主平面**.主平面上的正应力称为该点处的**主应力**.

在一般情况下,在一点处所取的主单元体的六个面上有三对主应力,两两等值反向,也就是过一点可以找出三个主应力,这三个主应力以其代数值大小顺序排列,记为 σ_1、σ_2、σ_3,即 $\sigma_1 \geqslant \sigma_2 \geqslant \sigma_3$.

图 14-4(a)所示钢轨在车轮压力作用下,其受压部分的材料有向外和向下扩张的趋势,而周围和下面的材料阻止其向外扩张,故受这些材料的压力.

在钢轨受压区域内取图(a)、图(b)所示单元体，其上就有三个主应力 σ_1、σ_2、σ_3.

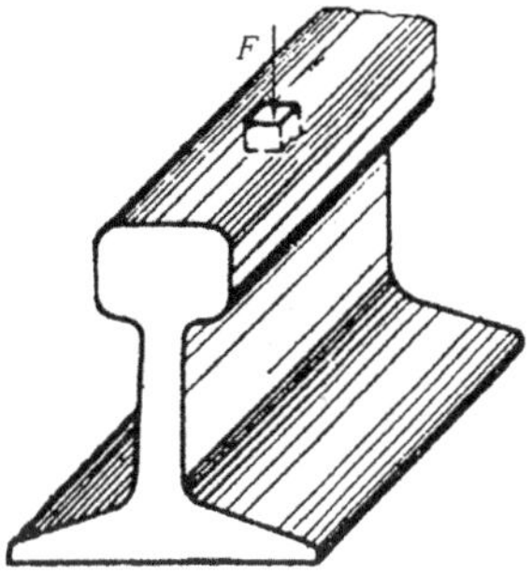

(a)

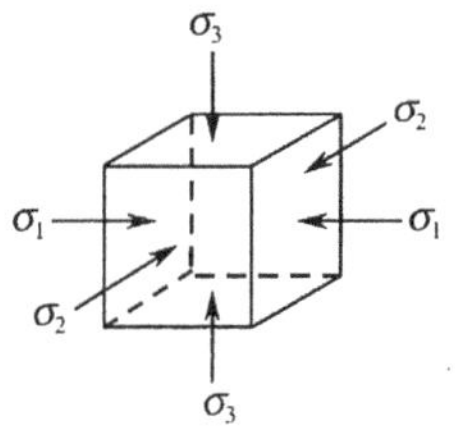

(b)

图 14-4

如果某点处的主单元体上有三个主应力皆不为零，则该点处的应力状态称为**三向应力状态**，如图 14-4(b)所示. 如果有两个主应力不为零，如图 14-3(b)中的主单元体所示，则该点处的应力状态称为**二向应力状态**，又称为**平面应力状态**. 如果只有一个主应力，如图 14-1(c)所示，则该点处的应力状态称为**单向应力状态**. 二向和三向应力状态统称为**复杂应力状态**.

§14-2 二向应力状态实例——薄壁容器的应力

如果容器的壁厚 t 远小于容器中面的最小曲率半径 R $\left(如\frac{t}{R}\leqslant\frac{1}{20}\right)$，则这种容器就称为**薄壁容器**；反之，称为**厚壁容器**.

一、圆筒形薄壁容器

设圆筒形薄壁容器的平均直径为 D，壁厚为 t，受到所装流体的压力为 p，如图 14-5(a)所示. 如果不考虑圆筒自重和圆筒内所装流体的重量，则筒体在内压力作用下只产生轴向伸长和周向胀大的变形，因此在筒壁的纵横两截面上只有正应力，而无剪应力.

用横截面将圆筒截开，取筒的左半部分连同所装流体一起为分离体(图 14-5(b))，由于筒壁很薄，可认为筒壁中的应力沿壁厚是均匀分布的.

流体作用于分离体的压力的合力为

$$F = p\,\frac{\pi}{4}D^2$$

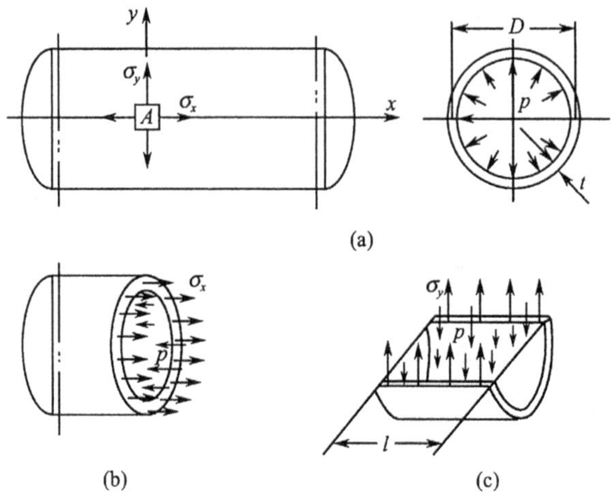

图 14-5

由静平衡方程

$$\sum X = 0, \sigma_x \pi D t - p \frac{\pi}{4} D^2 = 0$$

得

$$\sigma_x = \frac{pD}{4t} \tag{14-1}$$

再用两个横截面在离端盖较远处截取长为 l 的圆筒,并以纵向对称面将其截为两半,取其下半部分连同所装液体一起为分离体(图 14-5(c)),同样认为应力沿壁厚是均匀分布的.

流体作用于分离体的压力的合力为

$$F' = plD$$

由静平衡方程

$$\sum Y = 0, \quad 2(\sigma_y l t) - plD = 0$$

得

$$\sigma_y = \frac{pD}{2t} \tag{14-2}$$

由式(14-1)和式(14-2)得

$$\sigma_x = \frac{1}{2}\sigma_y$$

即圆筒形薄壁容器的筒壁的周向应力 σ_y 为轴向应力 σ_x 的 2 倍.

圆筒壁上任一点 A 处的应力状态如图 14-5(a)所示.要说明的是,圆筒内表面虽然直接受内压 p 的作用，但 p 远小于 σ_x 和 σ_y，于是由内压 p 引起的径向应力可以忽略不计；又圆筒外表面为自由表面，因此圆筒上任一点处的应力状态可近似地看作为二向应力状态.

二、圆球形薄壁容器

设圆球形薄壁容器的平均直径为 D，壁厚为 t，所受内压为 p，如图 14-6(a)所示.

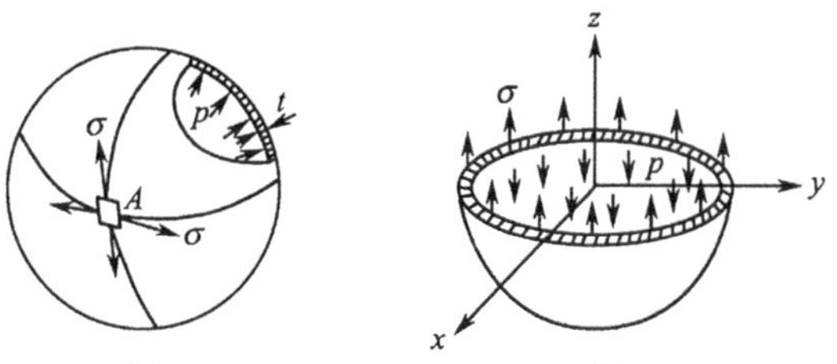

图 14-6

由于圆球的对称性，可取半个圆球连同所装的流体一起为分离体(图 14-6(b)).

流体作用于分离体的压力的合力为

$$F = p\frac{\pi D^2}{4}$$

由静平衡方程

$$\sum Z = 0,\qquad \sigma\pi Dt - p\frac{\pi D^2}{4} = 0$$

得

$$\sigma = \frac{pD}{4t} \tag{14-3}$$

如果略去径向应力，则球壁上任一点 A 处的应力状态如图 14-6(a)所示，为一等值二向应力状态.

§14-3 二向应力状态分析的解析法

在§14-2 中，我们在受内压的薄壁容器的器壁上按一定方位截取的单元体都是主单元体；而在一般构件中，特别是在复杂受力情况下，在构件的某一点处按某一方位截取的单元体一般不是主单元体.下面我们对任意截取的二向应力状态的单元体的应力情况做详细的分析.在此基础上进一步讨论三向应力状态问题.

设从受力构件上截取一单元体 $abcd$,如图 14-7(a)所示.其两对侧面上作用有应力 σ_x、σ_y、τ_x、τ_y,而其另一对侧面上应力为零,这类单元体是二向应力状态的一般情况.本节着重讨论二向应力状态下主应力的计算,为此,先研究任一斜截面上的应力的计算.

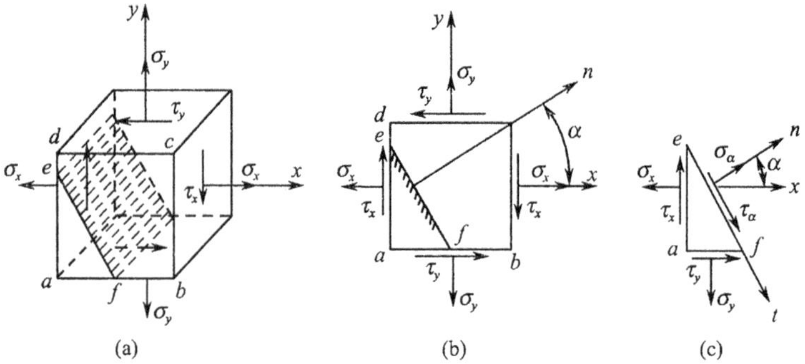

图 14-7

一、斜截面上的应力

假想以任一与 z 轴(图中未绘出)平行的斜截面 ef 将单元体截开,取其左半部分为分离体,如图 14-7(c)所示.设该斜截面外法线 n 与 x 轴夹角为 α,截面上的正应力为 σ_α,剪应力为 τ_α,并规定,正应力的符号以拉应力为正,压应力为负;剪应力的符号以使分离体在截面处顺时针错动为正,反之为负;α 角的符号,由 x 轴至截面外法线 n 逆时针转向为正,反之为负.如令斜截面 ef 的面积为 $\mathrm{d}S$,则 ea 和 af 面的面积分别为 $\mathrm{d}S\cos\alpha$ 和 $\mathrm{d}S\sin\alpha$.以直角坐标系的 n 轴和 t 轴为参考轴,列静平衡方程

$$\sum N = 0 \quad \sigma_\alpha \mathrm{d}S - (\sigma_x \mathrm{d}S\cos\alpha)\cos\alpha + (\tau_x \mathrm{d}S\cos\alpha)\sin\alpha$$
$$- (\sigma_y \mathrm{d}S\sin\alpha)\sin\alpha + (\tau_y \mathrm{d}S\sin\alpha)\cos\alpha = 0$$

由剪应力互等定理知,τ_x 和 τ_y 大小相等,并利用三角关系式

$$\cos^2\alpha = \frac{1+\cos2\alpha}{2}, \quad \sin^2\alpha = \frac{1-\cos2\alpha}{2}, \quad 2\sin\alpha\cos\alpha = \sin2\alpha$$

上式可化简为

$$\sigma_\alpha = \frac{\sigma_x+\sigma_y}{2} + \frac{\sigma_x-\sigma_y}{2}\cos2\alpha - \tau_x\sin2\alpha \tag{14-4}$$

$$\sum T = 0, \tau_\alpha \mathrm{d}S - (\sigma_x \mathrm{d}S\cos\alpha)\sin\alpha - (\tau_x \mathrm{d}S\cos\alpha)\cos\alpha$$
$$+ (\sigma_y \mathrm{d}S\sin\alpha)\cos\alpha + (\tau_y \mathrm{d}S\sin\alpha)\sin\alpha = 0$$

同上可化简为

$$\tau_\alpha = \frac{\sigma_x - \sigma_y}{2}\sin2\alpha + \tau_x\cos2\alpha \tag{14-5}$$

式(14-4)、式(14-5)即为外法线与 x 轴成 α 角的斜截面上正应力和剪应力的计算公式.计算时,应注意将 σ_x、σ_y、τ_x、α 的代数值代入上面两式.

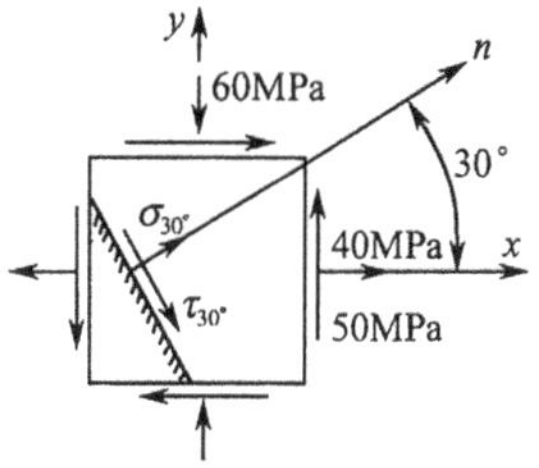

图 14-8

例 14-1 已知构件内一点的应力状态如图 14-8 所示,试求外法线与 x 轴的夹角为 30°的斜截面上的应力 $\sigma_{30°}$和 $\tau_{30°}$.

解 已知 $\sigma_x = 40\text{MPa}$, $\sigma_y = -60\text{MPa}$, $\tau_x = -50\text{MPa}$, $\alpha = 30°$,分别代入式(14-4)和(14-5),得

$$\sigma_{30°} = \frac{40-60}{2} + \frac{40+60}{2}\cos60° + 50\sin60° = 58.3(\text{MPa})$$

$$\tau_{30°} = \frac{40+60}{2}\sin60° - 50\cos60° = 18.3(\text{MPa})$$

二、主应力和主平面

下面研究如何计算主应力和确定主平面.

σ_α 和 τ_α 均为 α 的函数,将式(14-4)对 α 求导,并令其等于零

$$\frac{\mathrm{d}\sigma_\alpha}{\mathrm{d}\alpha} = \frac{\sigma_x - \sigma_y}{2}(-2\sin2\alpha) - \tau_x 2\cos2\alpha = 0$$

将所解得的 α 表示为 α_0,则有

$$\tan2\alpha_0 = -\frac{2\tau_x}{\sigma_x - \sigma_y} \tag{14-6}$$

满足于上式的解有两个,α_0 和 $\alpha_0 + \frac{\pi}{2}$,说明这两个角所对应的截面相互垂直;在这两个截面上分别作用着极大正应力和极小正应力.

再将 α_0 和 $\alpha_0 + \frac{\pi}{2}$代回式(14-4),便得极大正应力和极小正应力的计算公式

$$\left.\begin{matrix}\sigma_{\max}\\ \sigma_{\min}\end{matrix}\right\} = \frac{\sigma_x + \sigma_y}{2} \pm \sqrt{\left(\frac{\sigma_x - \sigma_y}{2}\right)^2 + \tau_x^2} \tag{14-7}$$

又令 $\tau_\alpha=0$,即

$$\tau_\alpha = \frac{\sigma_x - \sigma_y}{2}\sin2\alpha + \tau_x\cos2\alpha = 0$$

所得 α 以 α' 表示,则有

$$\tan2\alpha' = -\frac{2\tau_x}{\sigma_x - \sigma_y} \tag{14-8}$$

比较式(14-8)和式(14-6)知 $\alpha'=\alpha_0$,同为同一截面的外法线 n 与 x 轴的夹角,说明极大正应力和极小正应力所在的两个截面上的剪应力都为零,所以这两个截面正是单元体的主平面,极大正应力和极小正应力即为单元体的两个主应力.

为了判断 $\sigma_{\max}$ 和 $\sigma_{\min}$ 中哪一个是与 α_0 或 $\alpha_0+\frac{\pi}{2}$ 相对应的,可将 σ_α 对 α 取二阶导数,并代入 α_0,即能确定.

$$\left.\frac{\mathrm{d}^2\sigma_\alpha}{\mathrm{d}\alpha^2}\right|_{\alpha=\alpha_0} = -2\cos2\alpha_0\left[(\sigma_x - \sigma_y) + \frac{4\tau_x^2}{\sigma_x - \sigma_y}\right] \tag{14-9}$$

上式在推演过程中应用了式(14-6).

由式(14-9)可看出,当 $\sigma_x>\sigma_y$ 时,在 $|\alpha_0|<\frac{\pi}{4}$ 的角度所对应截面上的正应力是 $\sigma_{\max}$;而当 $\sigma_x<\sigma_y$ 时,在 $|\alpha_0|<\frac{\pi}{4}$ 的角度所对应截面上的正应力是 $\sigma_{\min}$.

三、最大和最小剪应力

令 $\frac{\mathrm{d}\tau_\alpha}{\mathrm{d}\alpha} = (\sigma_x - \sigma_y)\cos2\alpha - 2\tau_x\sin2\alpha = 0$,所得 α 以 α_1 表示,则有

$$\tan2\alpha_1 = \frac{\sigma_x - \sigma_y}{2\tau_x} \tag{14-10}$$

满足于上式的解有两个,α_1 和 $\alpha_1+\frac{\pi}{2}$,说明这两个角所对应的截面相互垂直;在这两个截面上分别作用着最大剪应力和最小剪应力.

由式(14-5)可看出,当 $\tau_x>0$ 时,在 $|\alpha_1|<\frac{\pi}{4}$ 的角度所对应的截面上的剪应力是 $\tau_{\max}$;而当 $\tau_x<0$ 时,在 $|\alpha_1|<\frac{\pi}{4}$ 的角度所对应的截面上的剪应力是 $\tau_{\min}$.

再将角 α_1 和 $\alpha_1+\frac{\pi}{2}$ 代回式(14-5),便得最大剪应力和最小剪应力的计算公式

$$\left.\begin{matrix}\tau_{\max}\\ \tau_{\min}\end{matrix}\right\}=\pm\sqrt{\left(\frac{\sigma_x-\sigma_y}{2}\right)^2+\tau_x^2} \tag{14-11}$$

四、主应力与最大剪应力之间的关系

将式(14-7)的两式相减,得

$$\sigma_{\max}-\sigma_{\min}=2\sqrt{\left(\frac{\sigma_x-\sigma_y}{2}\right)^2+\tau_x^2}=2\tau_{\max}$$

即

$$\tau_{\max}=\frac{\sigma_{\max}-\sigma_{\min}}{2} \tag{14-12}$$

由式(14-6)和式(14-10)可知

$$\tan 2\alpha_1=-\cot 2\alpha_0=\tan\left(2\alpha_0\pm\frac{\pi}{2}\right)$$

于是得

$$\alpha_1=\alpha_0\pm\frac{\pi}{4} \tag{14-13}$$

这说明 α_1 与 α_0 相差$\frac{\pi}{4}$,即最大剪应力和最小剪应力所在平面与极大主应力和极小主应力所在平面分别成$\frac{\pi}{4}$.极大正应力所在主平面顺时针转$\frac{\pi}{4}$,即为最小剪应力所在平面;反之,极大正应力所在主平面逆时针转$\frac{\pi}{4}$,即为最大剪应力所在平面.

五、两个互相垂直截面上应力的关系

设在单元体上任意截取两互相垂直的截面,如图 14-9 所示,其外法线与 x 轴的夹角分别为 α 和 $\beta=\alpha+\frac{\pi}{2}$.

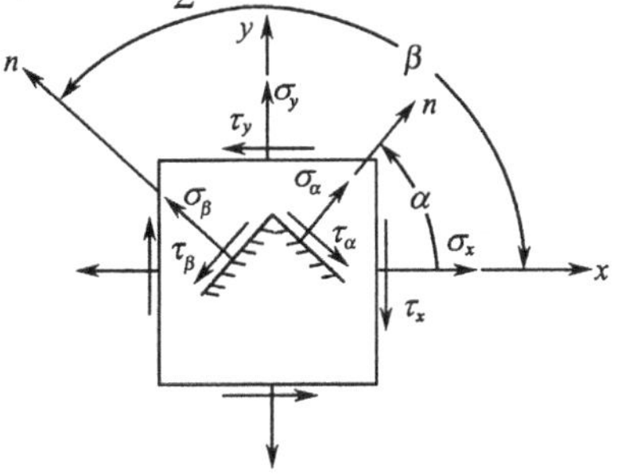

图 14-9

将 β 代入式(14-4)和式(14-5)得

$$\sigma_\beta = \frac{\sigma_x + \sigma_y}{2} - \frac{\sigma_x - \sigma_y}{2}\cos 2\alpha + \tau_x \sin 2\alpha \tag{a}$$

$$\tau_\beta = -\frac{\sigma_x - \sigma_y}{2}\sin 2\alpha - \tau_x \cos 2\alpha \tag{b}$$

将式(14-4)与式(a)相加,得

$$\sigma_\alpha + \sigma_\beta = \sigma_x + \sigma_y = 常数 \tag{14-14}$$

该式说明任意两个互相垂直的正应力之和是一常数.当然下式也成立

$$\sigma_{\max} + \sigma_{\min} = \sigma_x + \sigma_y = 常数 \tag{14-14$'$}$$

比较式(14-5)和式(b)得

$$\tau_\alpha = -\tau_\beta$$

此式即前面讲过的剪应力互等定理.

例 14-2 求图 14-10(a)所示圆轴扭转时表面上任一点 A 处的主应力.设圆轴的抗扭截面系数 W_ρ 为已知.

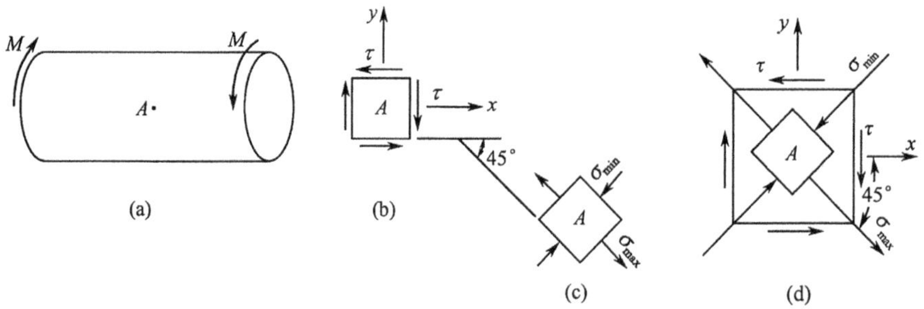

图 14-10

解 圆轴扭转时其横截面上的扭矩 $M_n = M$,最大剪应力在横截面的边缘处.

围绕点 A 取一单元体,如图 14-10(b)所示,其 4 个侧面上有剪应力

$$\tau = \frac{M_n}{W_\rho} = \frac{M}{W_\rho}$$

欲确定 $\sigma_{\max}$和 $\sigma_{\min}$所在截面的方位,将 $\sigma_x = 0$、$\sigma_y = 0$ 及 $\tau_x = \tau$ 代入式(14-6)

$$\tan 2\alpha_0 = -\frac{2\tau}{0-0} = -\infty$$

得

$$\alpha_0 = -45^\circ, 45^\circ$$

同样,将 $\sigma_x=0$、$\sigma_y=0$ 及 $\tau_x=\tau$ 代入式(14-8)

$$\tan 2\alpha' = -\frac{2\tau}{0-0} = -\infty$$

得

$$\alpha' = -45°,45°$$

可见 $\alpha_0=-45°,45°$的两个截面即是单元体的主平面,其上的正应力即为单元体的两个主应力.

将所得 α_0 代入式(14-4),得

$$\sigma_{max} = \sigma_{-45°} = \frac{0+0}{2} + \frac{0-0}{2}\cos[2\times(-45°)] - \tau\sin[2\times(-45°)] = \tau = \frac{M}{W_\rho}$$

$$\sigma_{min} = \sigma_{45°} = \frac{0+0}{2} + \frac{0-0}{2}\cos(2\times 45°) - \tau\sin(2\times 45°) = -\tau = -\frac{M}{W_\rho}$$

主单元体如图 14-10(c)或(d)所示.

例 14-3 试确定图 14-11(a)所示单元体的主应力、最大剪应力及其它们所在截面的位置.

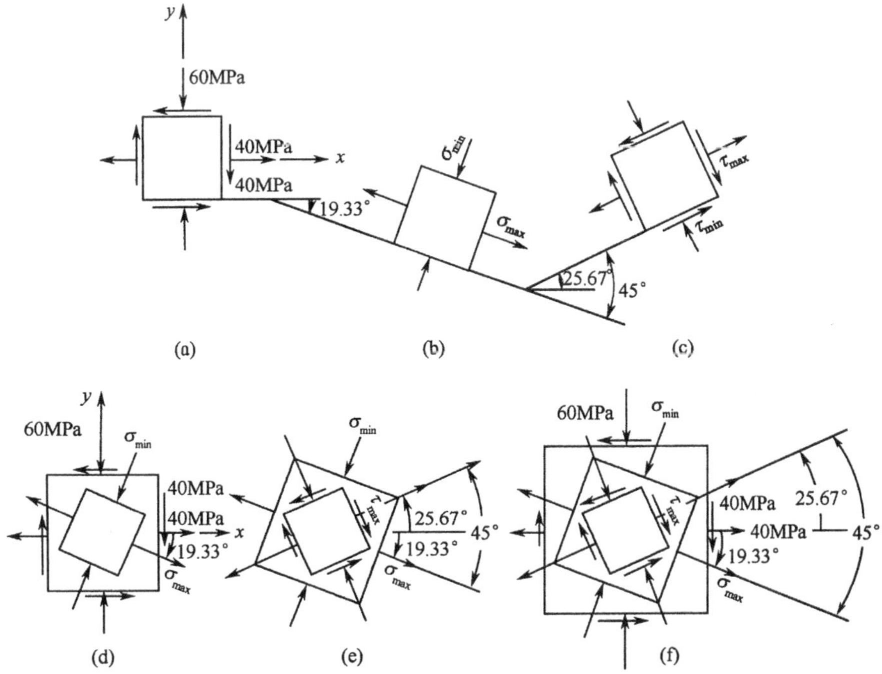

图 14-11

解　$\sigma_x = 40\text{MPa}, \sigma_y = -60\text{MPa}, \tau_x = 40\text{MPa}$

由式(14-6)，得主应力所在截面位置

$$\tan 2\alpha_0 = -\frac{2\times 40}{40+60} = -0.8 \Rightarrow 2\alpha_0 = -38.66^\circ$$

得 $\alpha_0 = -19.33^\circ, \alpha_0 + 90^\circ = 70.67^\circ$.

又，$\sigma_x > \sigma_y$，$|\alpha_0| < 45^\circ$，则由式(14-17)得

$$\left.\begin{matrix}\sigma_{\max} = \sigma_{-19.33^\circ} \\ \sigma_{\min} = \sigma_{70.67^\circ}\end{matrix}\right\} = \frac{40-60}{2} \pm \sqrt{\left(\frac{40+60}{2}\right)^2 + 40^2} = \begin{cases}54(\text{MPa}) \\ -74(\text{MPa})\end{cases}$$

由式(14-10)，得最大剪应力所在截面位置

$$\tan 2\alpha_1 = \frac{40+60^\circ}{2\times 40} = 1.25 \Rightarrow 2\alpha_1 = 51.34^\circ$$

得 $\alpha_0 = 25.67^\circ, \alpha_0 + 90^\circ = 115.67^\circ$.

又，$\tau_x > 0$，$|\alpha_1| < 45^\circ$，则由式(14-10)得

$$\tau_{\max} = \tau_{25.67^\circ} = \sqrt{\left(\frac{40+60}{2}\right)^2 + 40^2} = 64\text{MPa}$$

最大(最小)剪应力所在截面的位置 α_1 也可由式(14-13)求得。

相应单元体为图 14-11(b)、(c)，或(d)、(e)，或(f)所示。

§14-4　二向应力状态分析的图解法——应力圆

上一节我们是用解析法来分析二向应力状态，以求得任意斜截面上的应力；下面我们介绍另一种既简便而又实用的图解法来求解，也可达到上述目的.

一、应力圆

如图 14-12(a)所示，已知一二向应力状态的应力 σ_x、σ_y、τ_x 和 τ_y，任意斜截面上的应力可用式(14-4)和式(14-5)来计算.这两个式子可以看做是以 2α 为参数的参数方程.若将式(14-4)改写为

$$\sigma_\alpha - \frac{\sigma_x + \sigma_y}{2} = \frac{\sigma_x - \sigma_y}{2}\cos 2\alpha - \tau_x \sin 2\alpha$$

再将该式和式(14-5)等号两边平方，然后相加，消去参数 2α 后，得

$$\left(\sigma_\alpha - \frac{\sigma_x + \sigma_y}{2}\right)^2 + \tau_\alpha^2 = \left(\frac{\sigma_x - \sigma_y}{2}\right)^2 + \tau_x^2$$

由于应力 σ_x、σ_y、τ_x 和 τ_y 都是已知的，因此$\dfrac{\sigma_x + \sigma_y}{2}$是一个常量，等号右边也是

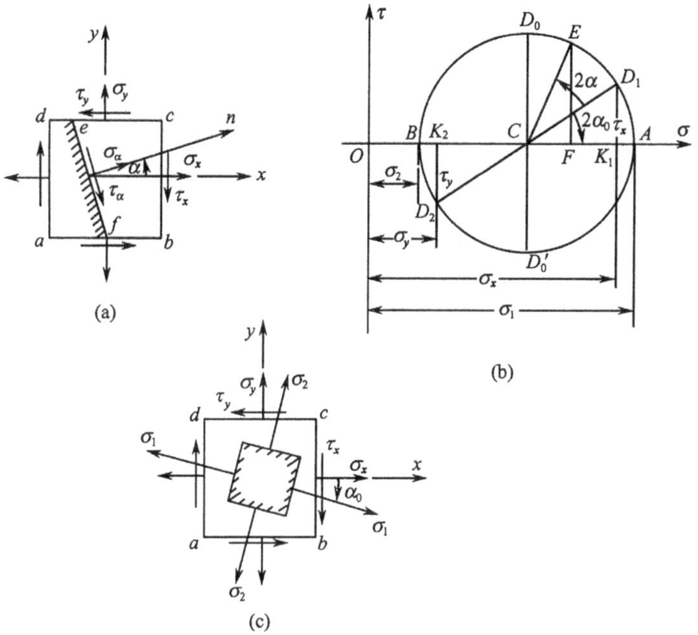

图 14-12

一个常量. 显然该式是一个以 σ_α 和 τ_α 为变量的圆的方程. 若以正应力 σ 为横坐标,剪应力 τ 为纵坐标,圆心 C 的坐标则为 $\left(\dfrac{\sigma_x+\sigma_y}{2},0\right)$,圆的半径则为 $\sqrt{\left(\dfrac{\sigma_x-\sigma_y}{2}\right)^2+\tau_x^2}$,这个圆就称为**应力圆**或称**莫尔圆**.

应力圆的作法如下:在直角坐标系 $O\sigma\tau$ 中(图 14-12(b)),按照选定的比例尺量取 $OK_1=\sigma_x$,$K_1D_1=\tau_x$,得到点 D_1. 点 D_1 就对应着单元体的 x-平面,即点 D_1 的坐标就代表 x-平面上的应力. 同样,再量取 $OK_2=\sigma_y$,$K_2D_2=\tau_y$(因 τ_y 为负值,所以画在 τ 轴的负方向上),得到点 D_2,点 D_2 就对应着单元体的 y-平面,即点 D_2 的坐标就代表 y-平面上的应力. 连接 D_1D_2 两点的直线,与 σ 轴交于点 C,以点 C 为圆心,$CD_1(=CD_2)$为半径作一圆,这个圆就是所求的应力圆.

从图中可以看出,这个圆的圆心在 O 轴上,而且 $OC=\dfrac{OK_1+OK_2}{2}=\dfrac{\sigma_x+\sigma_y}{2}$,$CK_1=\dfrac{OK_1-OK_2}{2}=\dfrac{\sigma_x-\sigma_y}{2}$,所以这个圆的半径为 $CD_1=$

$\sqrt{CK_1^2+K_1D_1^2}=\sqrt{\left(\frac{\sigma_x-\sigma_y}{2}\right)^2+\tau_x^2}$. 由此可见，这个圆正是所要作出的应力圆.

二、任意斜截面上的应力

现用应力圆确定单元体内任一斜截面 ef 上的应力(图 14-12(a)). 因在单元体上从 x 轴量至斜截面 ef 的外法线 n 的夹角 α 为逆时针转向，故在应力圆上，从点 D_1 沿圆周也要按逆时针转向量取圆心角为 2α 的圆弧 D_1E，得点 E；则点 E 的横坐标和纵坐标就分别代表了斜截面 ef 上的正应力 σ_α 和剪应力 τ_α.

现证明上述作图方法是正确的. 设$\angle D_1CA=2\alpha_0$，则点 E 的横坐标为

$$\begin{aligned}OF &= OC+CF=OC+CE\cos(2\alpha_0+2\alpha)\\ &= OC+CE\cos2\alpha_0\cos2\alpha-CE\sin2\alpha_0\sin2\alpha\\ &= OC+CD_1\cos2\alpha_0\cos2\alpha-CD_1\sin2\alpha_0\sin2\alpha\\ &= OC+CK_1\cos2\alpha-D_1K_1\sin2\alpha\\ &= \frac{\sigma_x+\sigma_y}{2}+\frac{\sigma_x-\sigma_y}{2}\cos2\alpha-\tau_x\sin2\alpha\end{aligned}$$

对照式(14-4)可知，OF 表示的正是σ_α，$OF=\sigma_\alpha$.

又，由直角$\triangle CEF$ 得点E 的纵坐标为

$$\begin{aligned}EF &= CE\sin(2\alpha_0+2\alpha)=CE\sin2\alpha_0\cos2\alpha+CE\cos2\alpha_0\sin2\alpha\\ &= CD_1\sin2\alpha_0\cos2\alpha+CD_1\cos2\alpha_0\sin2\alpha\\ &= D_1K_1\cos2\alpha+CK_1\sin2\alpha\\ &= \frac{\sigma_x-\sigma_y}{2}\sin2\alpha+\tau_x\cos2\alpha\end{aligned}$$

对照式(14-5)可知，EF 表示的正是τ_α，$EF=\tau_\alpha$.

证毕.

由上所述看出应力圆有如下性质：

(1)应力圆上任意一点的横坐标和纵坐标分别代表单元体内某一斜截面上的正应力 σ_α 和剪应力 τ_α，因而应力圆上的点与单元体的斜截面是对应的.

(2)由于 σ_α、τ_α 是随参数 2α 变化的，所以单元体中任意两个截面的外法线之间的夹角为 α 时，则在应力圆上与此两截面相对应的两点之间的圆弧所对的圆心角应为 2α，而且它们的转向相同.

三、主应力和主平面

利用应力圆也很容易确定单元体上两个主应力的数值及主平面的位置.

由图 14-12(b)所示的应力圆可以看出点 A 和点 B 的纵坐标都为零,即 $\tau=0$,这两点就对应着单元体上的两个主平面;两点的横坐标 OA 和 OB 分别代表两个主应力中的最大值和最小值,各以 σ_{max}和 σ_{min}表示.由于所得的两个主应力都是正值,按主应力排序规定,用 σ_1 和 σ_2 表示;如果所得的两个主应力,一个是正的,另一个是负的,就用 σ_1 和 σ_3 表示;如果两个主应力都是负的,就用 σ_2 和 σ_3 表示.至于主应力 σ_1 和 σ_2 的大小,可在图上按选定的比例尺量出,或由几何关系计算求得,如下,

$$\left.\begin{aligned}\sigma_1 &= \sigma_{max} = OA = OC + CA = \frac{\sigma_x+\sigma_y}{2} + \sqrt{\left(\frac{\sigma_x-\sigma_y}{2}\right)^2+\tau_x^2}\\ \sigma_2 &= \sigma_{min} = OB = OC - CB = \frac{\sigma_x+\sigma_y}{2} - \sqrt{\left(\frac{\sigma_x-\sigma_y}{2}\right)^2+\tau_x^2}\end{aligned}\right\} \tag{14-15}$$

这正是式(14-7)所示的二向应力状态主应力的计算公式.

下面确定主平面的位置.应力圆上点 A 和点 D_1 分别对应着单元体的两个面,点 A 与σ_1 所在的主平面相对应,点 D_1 与法线沿 x 轴的面相对应.在应力圆上,由点 D_1 沿圆弧至点 A 所量取的圆心角$\angle D_1CA=2\alpha_0$,是按顺时针转向的,故 α_0 为负角,因此在单元体上,从 x 轴起,也要按顺时针转向量取 α_0 角,即得所求主平面的外法线的方位(也就是 σ_1 的方向),与这条外法线垂直的平面就是主平面.因在应力圆上 A、B 两点之间的圆弧所对的圆心角为 180°,故在单元体上,σ_1 和 σ_2 所在主平面的外法线之间的夹角应为 90°,即 σ_2 与 σ_1 所在的主平面互相垂直.单元体的两个主平面位置如图 14-12(c)所示.

从图 14-12(b)中的几何关系,得到的计算 $2\alpha_0$ 角的公式为

$$\tan(-2\alpha_0) = \frac{D_1K_1}{CK_1} = \frac{\tau_x}{(\sigma_x-\sigma_y)/2}$$

或

$$\tan 2\alpha_0 = -\frac{2\tau_x}{\sigma_x-\sigma_y} \tag{14-16}$$

由此可得出两个角度,α_0 和 $\alpha_0+90°$,从应力图上很容易确定,其中一个角度与 σ_{max}的方向相对应,另一个角度与 σ_{min}的方向相对应.

从图 14-12(b)所示的应力圆也可以看出,CD_0 和 CD_0' 分别表示了剪应力的最大值和最小值,即

$$\left.\begin{aligned}\tau_{max} &= CD_0 = CD_1 = \sqrt{\left(\frac{\sigma_x-\sigma_y}{2}\right)^2+\tau_x^2}\\ \tau_{min} &= CD_0' = -|CD_1| = -\sqrt{\left(\frac{\sigma_x-\sigma_y}{2}\right)^2+\tau_x^2}\end{aligned}\right\} \tag{14-17}$$

因 $CD_0=CD'_0=CA$，它们又可表达为

$$\left.\begin{aligned}\tau_{\max}&=\frac{\sigma_1-\sigma_2}{2}\\ \tau_{\min}&=-\frac{\sigma_1-\sigma_2}{2}\end{aligned}\right\}\tag{14-18}$$

上式表明在二向应力状态中，最大或最小剪应力的数值等于两个主应力之差的一半；而最大和最小剪应力所在平面与主平面各成 45°角. 必须注意，此处所得的最大及最小剪应力是指与 z 平面垂直的各斜截面中剪应力的最大值和最小值，并不是指在三向应力状态下单元体的最大及最小剪应力.

例 14-4　如图 14-13(a)所示的单元体，$\sigma_x=40\text{MPa}$，$\sigma_y=-20\text{MPa}$，$\tau_x=-30\text{MPa}$. 试用应力圆求：(1) $\alpha=-60°$ 斜面上的应力；(2)主应力的大小及主平面的位置.

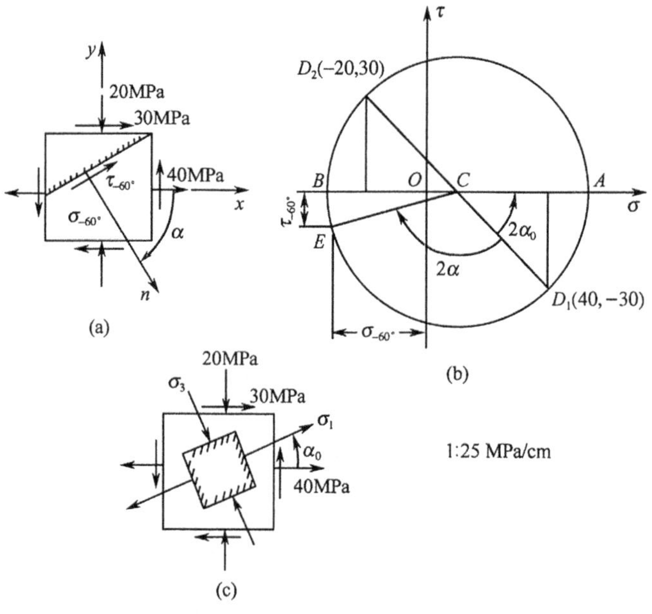

图 14-13

解　(1)根据已知的应力，选取适当的比例尺，作应力圆如图 14-13(b)所示. 从点 D_1 沿应力圆按顺时针转向量取 $2\alpha=-120°$，得点 E，则点 E 的坐标即代表 $\alpha=-60°$ 的斜截面上的应力. 从图中量得

$$\sigma_{-60°}=-31\text{MPa},\quad \tau_{-60°}=-11\text{MPa}$$

(2)从图中量得 A、B 两点的横坐标分别为

$$\sigma_1 = 53\text{MPa}, \qquad \sigma_3 = -33\text{MPa}$$

以及角度为

$$2\alpha_0 = 45°, \quad 则\ \alpha_0 = 22.5°$$

单元体的两个主平面位置如图 14-13(c)所示.

以上结果也可用公式(14-15)和式(14-16)求得.

将 $\sigma_x = 40\text{MPa}$、$\sigma_y = -20\text{MPa}$、$\tau_x = -30\text{MPa}$ 代入这些公式,得

$$\left.\begin{array}{l}\sigma_1\\ \sigma_3\end{array}\right\} = \frac{40-20}{2} \pm \sqrt{\left[\frac{40-(-20)}{2}\right]^2 + 30^2}$$

$$= \begin{cases}52.4(\text{MPa})\\ -32.4(\text{MPa})\end{cases}$$

和

$$\tan 2\alpha_0 = -\frac{2\cdot(-30)}{40-(-20)} = 1$$

得

$$2\alpha_0 = 45°, 225°$$

则

$$\alpha_0 = 22.5°, 112.5°$$

例 14-5 已知一二向应力状态如图 14-14(a)所示.求主应力的大小及主平面的位置.

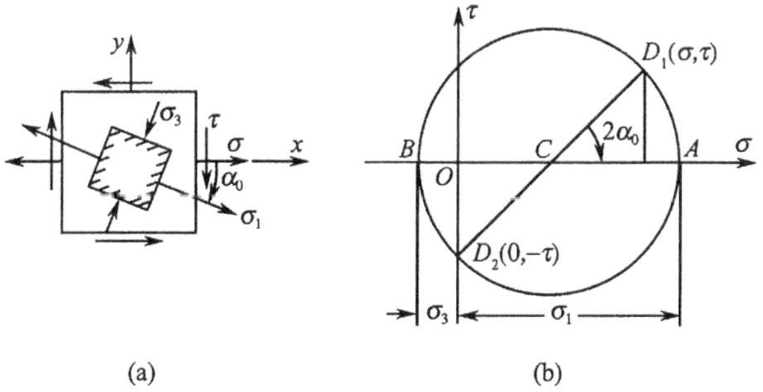

图 14-14

解 在直角坐标系 $O\sigma\tau$ 中,由 $\sigma_x = \sigma$, $\tau_x = \tau$ 得点 D_1 和 $\sigma_y = 0$, $\tau_y = -\tau$ 得点 D_2,作应力圆如图 14-14(b)所示.由图可知,两个主应力的数值分别等于 A、B 两点的横坐标,分别以 σ_1 和 σ_3 表示.σ_1 所在主平面的外法线(即 α_1 的方向)与 x 轴成 α_0 角,主平面的位置如图 14-14(a)所示.

若用公式(14-15)和(14-16)计算,得

$$\sigma_1 = \frac{\sigma}{2} + \sqrt{\left(\frac{\sigma}{2}\right)^2 + \tau^2}$$

$$\sigma_3 = \frac{\sigma}{2} - \sqrt{\left(\frac{\sigma}{2}\right)^2 + \tau^2}$$

和

$$\tan 2\alpha_0 = -\frac{2\tau}{\sigma}$$

由此即可以确定主平面的位置.

例 14-6 已知圆轴受扭转时,在轴表面上任一点处于纯剪切应力状态,如图 14-15(a)所示.求主应力的大小及主平面的位置.

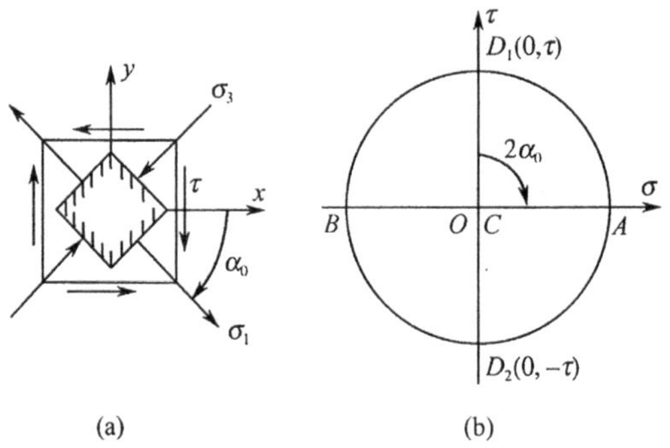

图 14-15

解 在直角坐标系 $O\sigma\tau$ 中,由 $\sigma_x=0, \tau_x=\tau$ 得点 D_1;由 $\sigma_y=0, \tau_y=-\tau$ 得点 D_2, D_1 和 D_2 两点都在纵坐标上.以 D_1D_2 为直径作应力圆如图 14-15(b)所示.这时,圆心 C 恰巧与坐标原点 O 重合,从应力圆上得到主应力 σ_1 和 σ_3 的数值为

$$\sigma_1 = \tau, \qquad \sigma_3 = -\tau$$

σ_1 所在主平面的外法线与 x 轴间的角度为

$$\alpha_0 = -45°$$

以此确定主平面的位置,如图 14-15(a)所示.

若将 $\sigma_x=0, \sigma_y=0, \tau_x=\tau, \tau_y=-\tau$ 代入公式(14-15)也可得到

$$\left.\begin{matrix}\sigma_1\\ \sigma_3\end{matrix}\right\} = \frac{0+0}{2} \pm \sqrt{\left(\frac{0-0}{2}\right)^2 + \tau^2} = \pm\tau$$

再由式(14-16)得

$$\tan 2\alpha_0 = -\frac{2\tau}{0-0} = -\infty$$

得

$$2\alpha_0 = -90°,\ -270°$$

则

$$\alpha_0 = -45°,\ -135°$$

§14-5　三向应力状态的最大应力

三向应力状态的研究较为复杂，本节只讨论三向应力状态的最大应力.

为确定过一点的所有截面上的最大剪应力，可以将二向应力状态视为有三个主应力(σ_1、σ_2、σ_3)作用的应力状态的特殊情况，即三个主应力中有一个等于零.

设自受力构件内某一点处按主平面方向取一单元体，其三个对称面上分别作用着三个主应力，$\sigma_1 > \sigma_2 > \sigma_3 \neq 0$，如图 14-16(a)所示.

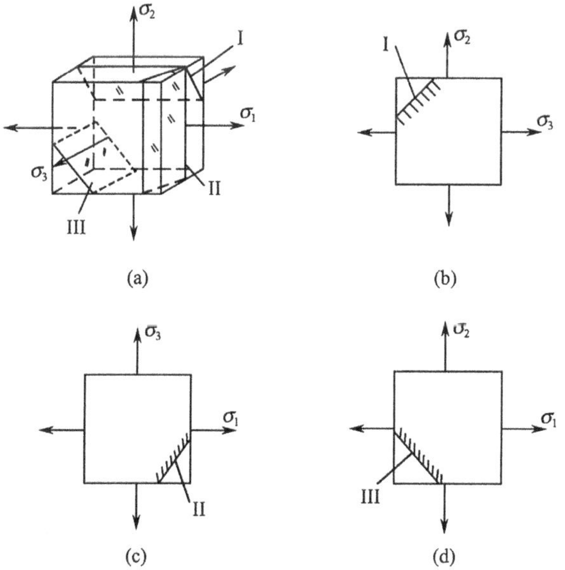

图 14-16

先分析与 σ_1 平行的诸斜截面上的应力，为此，假想以平行于 σ_1 的一斜截面Ⅰ将单元体截开，取右部棱柱为分离体，如图 14-16(b)所示. 由于 σ_1 两个作用面的面积相等，故此两面上的力自行平衡，斜截面上的应力，不管是正应力，还是剪应力均与 σ_1 无关，而只与 σ_2 和 σ_3 有关.这样，求任一平行于 σ_1 的斜截面上的应力就相当于已知二向应力状态的主应力 σ_2 和 σ_3，求垂直于 $\sigma_1=0$的主平面的任一斜截面上的正应力和剪应力一样，将 $\sigma_x=\sigma_3$、$\sigma_y=\sigma_2$、$\tau_x=0$代入式(14-4)和(14-5)即可.

同样分析与 σ_2 平行和与 σ_3 平行的斜截面Ⅱ和Ⅲ上的应力，见图 14-16(c)、(d).

应用式(14-12)可以算得斜截面Ⅰ、Ⅱ、Ⅲ上的最大剪应力分别为

$$\tau_1=\frac{\sigma_2-\sigma_3}{2} \tag{14-19}$$

由式(14-13)得知 τ_1 所在截面法线与 σ_2 和 σ_3 各成 45°.

$$\tau_2=\frac{\sigma_1-\sigma_3}{2} \tag{14-19$'$}$$

τ_2 所在截面法线与 σ_1 和 σ_3 各成 45°.

$$\tau_3=\frac{\sigma_1-\sigma_2}{2} \tag{14-19$''$}$$

τ_3 所在截面法线与 σ_1 和 σ_2 各成 45°.

至于与三个主应力皆不平行的任一截面上的应力，也可以通过截面法求得.进一步的分析证明，在过一点的所有截面上应力尽管各不相同，但最大正应力就是 σ_1，最小正应力就是 σ_3，最大剪应力就是式(14-19)中的大者 τ_2，即

$$\left.\begin{aligned}\sigma_{max}&=\sigma_1\\ \sigma_{min}&=\sigma_3\\ \tau_{max}&=\frac{\sigma_1-\sigma_3}{2}\end{aligned}\right\} \tag{14-20}$$

在二向应力状态中，无应力作用的平面也是主平面，自然其上主应力为零，因此由式(14-7)计算得的极大正应力 σ_{max}和极小正应力 σ_{min}只有与 $\sigma=0$ 相比，按代数值由大到小的顺序确定出 σ_1、σ_2、σ_3 之后，才能确定其中的最大正应力 $\sigma_{max}=\sigma_1$(注意，这里的 σ_{max}与式(14-7)中的 σ_{max}不是同一个含义)；也才能由式(14-20)确定单元体内的最大剪应力 τ_{max}(这里的 τ_{max}与式(14-11)中的 τ_{max}不是同一含义).

单向应力状态有两个零主应力，另一个是拉应力(为正)或压应力(为负)，要以此来确定顺序 σ_1、σ_2、σ_3.

三向应力状态的最大应力也可用图解法求得.

设一受力构件内某一点处于三向应力状态，按三个主平面方位截取图

14-17(a)所示的单元体,已知三个主应力 $\sigma_1>\sigma_2>\sigma_3$,现分析在该点处的最大剪应力和最大正应力.

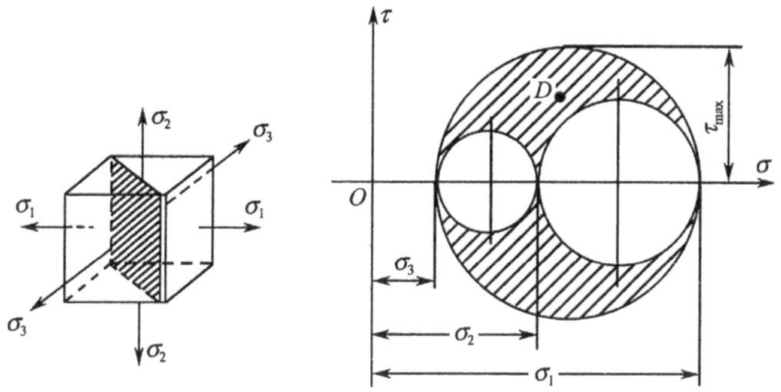

(a)　　(b)

图 14-17

首先分析与任一主应力(例如 σ_2)平行的诸斜截面上的应力,为此,用一平行于 σ_2 的截面将单元体截开,如图 14-17(a)所示.任取一部分为分离体,由于它的上下面面积相等,故作用在这两个面上的力自行平衡,对该斜截面上的应力不产生影响,斜截面上的应力只取决于主应力 σ_1 和 σ_3,于是,这些特殊截面上的主应力 σ 和剪应力 τ 的求法与二向应力状态一样,可以用 σ_1 和 σ_3 做出的应力圆上的各点表示,如图 14-17(b)所示.从应力圆上可以看出,与 σ_2 平行的各截面上的最大剪应力为

$$\tau_2=\frac{\sigma_1-\sigma_3}{2}$$

同理,与主应力 σ_1 平行的各截面上的应力可以用由 σ_2 和 σ_3 做出的应力圆上的各点来求得;与 σ_3 平行的各截面上的应力可以用由 σ_1 和 σ_2 做出的应力圆上的各点来求得.这样,与 σ_1 或 σ_3 平行的各截面上的最大剪应力分别为

$$\tau_1=\frac{\sigma_2-\sigma_3}{2}$$

$$\tau_3=\frac{\sigma_1-\sigma_2}{2}$$

以上所求的,是与主应力相平行的截面上的正应力和剪应力.与三个主应力均不平行的任意截面上的应力,也可用截面法求得.可以证明,这些截面上的应力情况,可以用图(b)中的阴影线内的某点 D 的坐标来表示.

从图 14-17(b)中可以看出,在三向应力状态下,最大正应力就是 σ_1,最小

正应力就是 σ_3,即

$$\sigma_{max} = \sigma_1$$

$$\sigma_{min} = \sigma_3$$

最大剪应力为

$$\tau_{max} = \frac{\sigma_1 - \sigma_3}{2}$$

其所在截面与 σ_2 平行,并与 σ_1 及 σ_3 所在主平面各成 45°.

§14-6　广义胡克定律

现在研究复杂应力状态下应变与应力的关系.

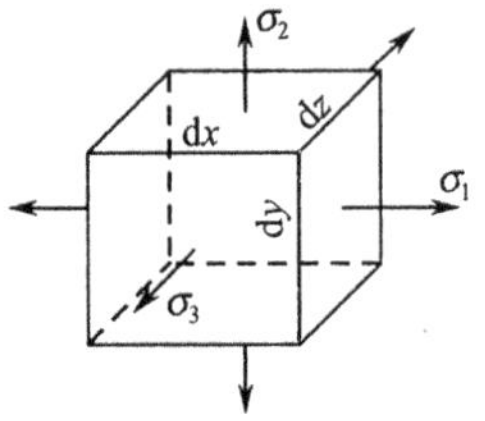

图 14-18

从受力构件内取一单元体,其三个主应力分别为 σ_1、σ_2、σ_3 如图 14-18 所示.单元体各方向的尺寸必然因受力而改变.沿各主应力方向的线应变称为**主应变**,分别记为 ε_1、ε_2、ε_3.

在只考虑 σ_1 时,单元体沿 σ_1 方向的纵向线应变为

$$\varepsilon_1' = \frac{\sigma_1}{E}$$

在只考虑 σ_2 和 σ_3 时,单元体在 σ_1 方向的横向线应变分别为

$$\varepsilon_1'' = -\mu\frac{\sigma_2}{E}$$

$$\varepsilon_1''' = -\mu\frac{\sigma_3}{E}$$

根据叠加原理,在同时考虑 σ_1、σ_2、σ_3 三个主应力时,单元体在 σ_1 方向总的线应变为

$$\varepsilon_1 = \varepsilon_1' + \varepsilon_1'' + \varepsilon_1''' = \frac{\sigma_1}{E} - \mu\frac{\sigma_2}{E} - \mu\frac{\sigma_3}{E}$$

$$= \frac{1}{E}[\sigma_1 - \mu(\sigma_2 + \sigma_3)]$$

同理,另外两个方向的总的线应变有类似的公式,归纳起来为

$$\left.\begin{aligned}\varepsilon_1 &= \frac{1}{E}[\sigma_1 - \mu(\sigma_2 + \sigma_3)]\\ \varepsilon_2 &= \frac{1}{E}[\sigma_2 - \mu(\sigma_3 + \sigma_1)]\\ \varepsilon_3 &= \frac{1}{E}[\sigma_3 - \mu(\sigma_1 + \sigma_2)]\end{aligned}\right\} \tag{14-21}$$

上式称为**广义胡克定律**.该定律的适用范围是各向同性材料且应力不超过材料的比例极限.所得的主应变按代数值的大小排列为 $\varepsilon_1 \geqslant \varepsilon_2 \geqslant \varepsilon_3$,$\varepsilon_1$ 是最大线应变.

单元体各方向既然有线应变,其体积一般也有改变.设变形前各棱边的长度分别为 dx、dy、dz,其体积为

$$V = dxdydz$$

变形后的体积为

$$\begin{aligned}V_1 &= dx(1 + \varepsilon_1)dy(1 + \varepsilon_2)dz(1 + \varepsilon_3)\\ &= V(1 + \varepsilon_1)(1 + \varepsilon_2)(1 + \varepsilon_3)\end{aligned}$$

展开上式,略去二次以上微量,得

$$V_1 = V(1 + \varepsilon_1 + \varepsilon_2 + \varepsilon_3)$$

则单位体积的改变量,即**体积应变**为

$$\theta = \frac{V_1 - V}{V} = \varepsilon_1 + \varepsilon_2 + \varepsilon_3 \tag{14-22}$$

将广义胡克定律式(14-21)代入上式,并化简后得

$$\theta = \frac{1 - 2\mu}{E}(\sigma_1 + \sigma_2 + \sigma_3) \tag{14-23}$$

令

$$\sigma_m = \frac{\sigma_1 + \sigma_2 + \sigma_3}{3}$$

$$K = \frac{E}{3(1 - 2\mu)}$$

则有

$$\theta = \frac{\sigma_m}{K} \tag{14-24}$$

式中,σ_m 为平均主应力;K 为**体积弹性模量**.

上式说明,体积应变只与三个主应力的代数和有关,而与主应力间的比例无关,所以,单元体上作用有三个互不相同主应力,或者代之以它们的平均主应力,这两种情况下体积应变相同.若三个主应力之和等于零,则体积应变等

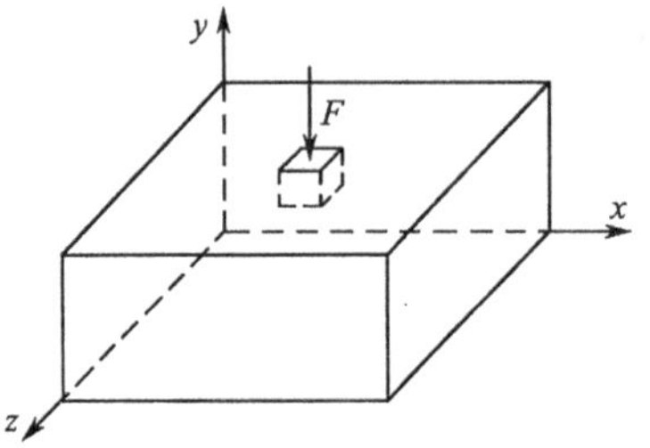

图 14-19

于零，体积自然没有改变.

例 14-7　在厚钢板上挖一个 10 mm×10mm的方孔穴，其中放一尺寸完全相同的铝块，如图 14-19 所示. 若压力 $F = 5\text{kN}$，铝块的泊松比 $\mu = 0.3$，并设钢板的变形小得可以略去，试求铝块内任一点处的三个主应力.

解

$$\sigma_y = -\frac{5\times 10^3}{(10\times 10^{-3})^2} = -50(\text{MPa})$$

由铝块受力的分析知

$$\sigma_x = \sigma_z$$

将其代入广义胡克定律及变形谐调条件

$$\varepsilon_x = \frac{1}{E}[\sigma_x - \mu(\sigma_y + \sigma_z)] = 0$$

解得

$$\sigma_x = \sigma_z = \frac{\mu\sigma_y}{1-\mu} = \frac{0.3\times(-50)}{1-0.3} = -21.4(\text{MPa})$$

所以，铝块内任一点处的三个主应力为

$$\sigma_1 = \sigma_2 = -21.4\text{MPa}$$

$$\sigma_3 = -50\text{MPa}$$

§14-7　复杂应力状态下的能密度

当物体在外力作用下产生弹性变形时，外力所作的功以能量的形式储存于物体之内. 当外力撤消时，变形消失，能量也同时释放出来. 这种伴随弹性变形而储存的能量称为**变形能**. 单位体积所储存的变形能称为**能密度**.

首先研究单向应力状态下的能密度. 设有一直杆于一端固定，另一端逐渐加载，由零至 P，则杆的伸长由零至 ΔL，如图 14-20(a)所示，其拉伸图如图 14-20(b)所示.

在逐渐加载的过程中，当载荷由 P_1 增加一个微量 $\mathrm{d}P$ 时，杆的长度增加一个微量 $\mathrm{d}(\Delta L)$. 载荷所做的功为 $P_1\mathrm{d}(\Delta L)$，即图 14-20(b)中的阴影微面积. 材料在服从胡克定律的范围内时，拉伸图为斜直线，在整个加载过程中载荷所做的总功应为拉伸图斜直线下的三角形面积，即

$$W = \frac{1}{2}P\Delta L \tag{a}$$

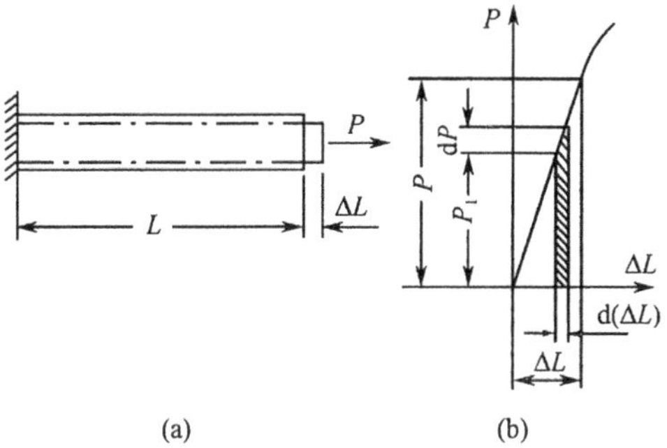

图 14-20

因为载荷是逐渐缓慢增加的，系统内并无动能的变化，若再略去其他能量（如热能）的微小变化，则载荷所做的功全部转换为变形能储存于杆内，即

$$E = W \tag{b}$$

由式(a)和式(b)得

$$E = \frac{1}{2}P\Delta L \tag{c}$$

等直杆轴向拉伸时，杆内各处的应力和变形均相同，故杆内每一单位体积的变形能都相等. 以杆的体积除杆内总变形能，则有

$$u = \frac{E}{SL} = \frac{\frac{1}{2}P\Delta L}{SL} = \frac{1}{2}\sigma\varepsilon \tag{14-25}$$

式中，u 为单位体积变形能，即能密度，单位为 $\mathrm{J/m^3}$.

在三向应力状态下（图 14-21(a)），可假定三个主应力各由零逐渐增至最后值. 可以证明，单元体的变形能只取决于单元体的最后状态而与加力的次序

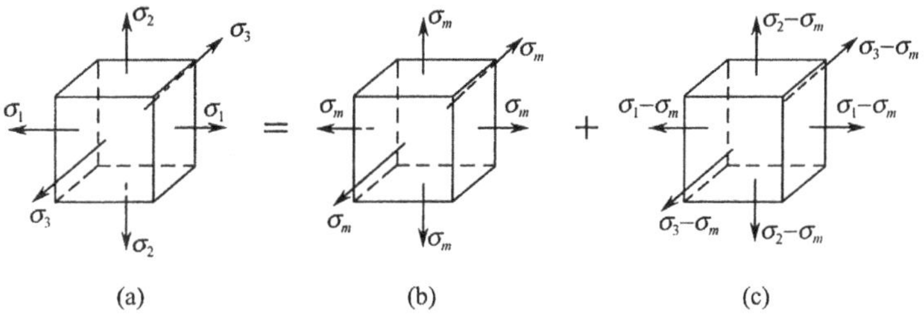

图 14-21

无关，所以三个主应力与各自对应的主应变乘积的一半（式(14-25)）的总和即为三向应力状态的能密度

$$u = \frac{1}{2}\sigma_1\varepsilon_1 + \frac{1}{2}\sigma_2\varepsilon_2 + \frac{1}{2}\sigma_3\varepsilon_3 \tag{d}$$

将广义胡克定律式(14-21)代入式(d)，得

$$u = \frac{1}{2E}[\sigma_1^2 + \sigma_2^2 + \sigma_3^2 - 2\mu(\sigma_1\sigma_2 + \sigma_2\sigma_3 + \sigma_3\sigma_1)] \tag{14-26}$$

一般情况下三个主应力并不相等，单元体的体积和形状都有改变. 与此相应，能密度可认为是由两部分组成的：(1)因体积改变而储存的能密度，称为**体积改变能密度** u_t；(2)因形状改变而储存的能密度，称为**形状改变能密度** u_x. 由此，

$$u = u_t + u_x \tag{e}$$

下面讨论 u_t 和 u_x 的计算.

将单元体原有的主应力（图 14-21(a)）看作是由图 14-21(b)和图 14-21(c)所示两组主应力合成的；再从每组主应力计算单元体所储存的能密度.

(1)图 14-21(b)：三个主应力均为 σ_m，所以单元体的形状不变，只是体积改变，其能密度即原单元体的体积改变能密度. 将 σ_m 代入式(14-26)得

$$u_t = \frac{1}{2E}(3\sigma_m^2 - 2\mu \cdot 3\sigma_m^2) = \frac{3(1-2\mu)}{2E}\sigma_m^2 \tag{f}$$

再将 $\sigma_m = \dfrac{\sigma_1 + \sigma_2 + \sigma_3}{3}$ 代入式(f)，得

$$u_t = \frac{1-2\mu}{6E}(\sigma_1 + \sigma_2 + \sigma_3)^2 \tag{14-27}$$

(2)图 14-21(c)：三个主应力为 $\sigma_1 - \sigma_m$、$\sigma_2 - \sigma_m$、$\sigma_3 - \sigma_m$，则三个主应力之和等于零，所以单元体的体积不变，只是形状改变，其能密度即原单元体的形状改变能密度 u_x. 将这三个主应力代入式(14-26)得

$$u_x = \frac{1+\mu}{3E}[\sigma_1^2 + \sigma_2^2 + \sigma_3^2 - (\sigma_1\sigma_2 + \sigma_2\sigma_3 + \sigma_3\sigma_1)] \tag{14-28}$$

或

$$u_x = \frac{1+\mu}{6E}[(\sigma_1 - \sigma_2)^2 + (\sigma_2 - \sigma_3)^2 + (\sigma_3 - \sigma_1)^2] \tag{14-28$'$}$$

将式(14-27)和式(14-28)相加，便得式(14-26)所示之值.

§14-8 强度理论

简单的轴向拉压可以通过实验来确定其极限应力，从而建立其强度条件.

但对于复杂应力状态时，即使同一材料在不同主应力比值情况下，其极限应力也是不相同的，因此面对无穷多组主应力比值，要想通过实验确定不同主应力比值情况下的极限应力是不可能的.

然而在不同的应力状态下材料的破坏现象尽管比较复杂，但其破坏形式不外乎屈服和断裂两种类型；构件受外力作用时，其各点处都存在应力、应变和变形能. 人们长期寻找引起构件破坏的共同因素，便设想以轴向拉伸的实验结果作为建立材料在复杂应力状态下的强度条件的准则，于是，先后提出四个强度理论假说. 当然这些假设是以充分的试验资料为依据并得到实践验证的.

一、最大拉应力理论（第一强度理论）

这一理论是根据早期使用的脆性材料（如石料、砖和铸铁等）易于拉断这一情况提出的. 它认为最大拉应力是材料破坏的主要因素，即认为无论在什么应力状态下，只要数值最大的拉应力 σ_1 达到同一材料在轴向拉伸试验时的极限应力 σ_b，材料就会发生断裂破坏. 故材料的破坏条件为

$$\sigma_1 = \sigma_b$$

引入安全系数 n，得第一强度理论的强度条件为

$$\sigma_{r1} = \sigma_1 \leqslant [\sigma] \tag{14-29}$$

式中 σ_{r1}表示按第一强度理论得出的计算应力或相当应力.

铸铁等脆性材料在单向拉伸下，断裂发生于拉应力最大的横截面处. 脆性材料的扭转也是沿拉应力最大的斜面处发生断裂. 这些都与最大拉应力理论相符. 但这一理论没有考虑其他两个应力的影响，且对没有拉应力的状态（如单向压缩、三向压缩等）也无法应用. 低碳钢材受轴向拉伸时，在没有被拉断时便提前出现了屈服现象，产生了显著的塑性变形，故这个理论对低碳钢也不适用.

二、最大线应变理论（第二强度理论）

这一理论也是针对脆性材料的. 它认为最大拉应变是材料破坏的主要因素，即认为无论在什么应力状态下，只要数值最大的拉应变 ε_1 达到同一材料在轴向拉伸试验时的极限线应变$\dfrac{\sigma_b}{E}$，材料就会发生断裂破坏. 故材料的破坏条件为

$$\varepsilon_1 = \frac{1}{E}[\sigma_1 - \mu(\sigma_2 + \sigma_3)] = \frac{\sigma_b}{E}$$

引入安全系数 n，得第二强度理论的强度条件为

$$\sigma_{r2}=\sigma_1-\mu(\sigma_2+\sigma_3)\leqslant[\sigma] \tag{14-30}$$

式中，σ_{r2}表示按第二强度理论得出的计算应力或相当应力.

第二强度理论除了考虑 σ_1 外，还考虑到了其他两个主应力的影响. 石料和混凝土等脆性材料受轴向压缩时，如果在试验机与试件的接触面上加添润滑剂，以减小摩擦力的影响，试件将沿垂直于压力的方向裂开，裂开的方向也就是 ε_1 的方向，说明与第二强度理论相符. 铸铁在拉-压二向应力，且压应力较大的情况下，试验结果也与这一理论接近. 不过，如在受压试件的压力的垂直方向再加压力，形成二向受压，按这一理论，其强度应与单向受压不同，但混凝土、花岗石和沙岩的试验资料表明，两种情况的强度并无明显差别. 与此相似，按照这一理论铸铁在二向拉伸时应比单向拉伸安全，但试验结果并不能证实这一点. 对这种情况，还是第一强度理论接近试验结果.

三、最大剪应力理论(第三强度理论)

自 18 世纪后半期起，像钢材这样的塑性材料被广泛使用，人们发现碳钢的屈服与最大剪应力有关，最大剪应力理论就是在这种情况下产生的. 它认为最大剪应力是材料破坏的主要因素，即认为无论在什么应力状态下，只要数值最大的剪应力达到同一材料在轴向拉伸试验时的极限剪应力$\frac{\sigma_s}{2}$，材料就会屈服而发生塑性破坏. 故材料的破坏条件为

$$\frac{\sigma_1-\sigma_3}{2}=\frac{\sigma_s}{2}$$

即

$$\sigma_1-\sigma_3=\sigma_s$$

引入安全系数 n，得第三强度理论的强度条件为

$$\sigma_{r3}=\sigma_1-\sigma_3\leqslant[\sigma] \tag{14-31}$$

式中　σ_{r3}表示按第三强度理论得出的计算应力或相当应力.

此理论与实验结果相当符合，它不仅能说明塑性材料的屈服，而且还能说明脆性材料的剪断. 但这个理论还是有缺陷的，它没有考虑到中间主应力 σ_2 对材料破坏的影响. 它不能解释在轴向拉伸与轴向压缩时，脆性材料的极限应力不相同这一事实. 在三向等值拉伸时，按照这个理论材料是不会破坏的，但这与实验情况不相符.

四、形状改变能密度理论(第四强度理论)

这一理论是在 20 世纪初提出的，也是针对塑性材料的. 它认为形状改变

能密度是材料破坏的主要因素，即认为无论在什么应力状态下，只要数值最大的形状改变能密度达到同一材料在轴向拉伸时的形状改变能密度的极限值，材料就会屈服而破坏. 这个极限值可将 $\sigma_2=0$、$\sigma_3=0$、$\sigma_1=\sigma_s$ 代入式(14-28)来求出为$\frac{1+\mu}{3E}\sigma_s^2$. 故材料的破坏条件为

$$u_x = \frac{1+\mu}{6E}[(\sigma_1-\sigma_2)^2+(\sigma_2-\sigma_3)^2+(\sigma_3-\sigma_1)^2] = \frac{1+\mu}{3E}\sigma_s^2$$

即

$$\sqrt{\frac{1}{2}[(\sigma_1-\sigma_2)^2+(\sigma_2-\sigma_3)^2+(\sigma_3-\sigma_1)^2]} = \sigma_s$$

引入安全系数 n，得第四强度理论的强度条件为

$$\sigma_{r4} = \sqrt{\frac{1}{2}[(\sigma_1-\sigma_2)^2+(\sigma_2-\sigma_3)^2+(\sigma_3-\sigma_1)^2]} \leqslant [\sigma] \quad (14\text{-}32)$$

式中 σ_{r4}表示按第四强度理论得出的计算应力或相当应力.

对于塑性材料，这个理论与实验结果更为符合. 此理论不但考虑到 σ_1、σ_3 的影响，也考虑到 σ_2 的影响，如果将

$$\tau_1 = \frac{\sigma_2-\sigma_3}{2}, \quad \tau_2 = \frac{\sigma_1-\sigma_3}{2}, \quad \tau_3 = \frac{\sigma_1-\sigma_2}{2}$$

代入式(14-32)即得

$$\sqrt{2(\tau_1^2+\tau_2^2+\tau_3^2)} \leqslant [\sigma] \quad (14\text{-}33)$$

因此，第四强度理论也可看作是一种剪应力强度理论，它比第三强度理论能更好地解释塑性材料的屈服现象. 但这个理论还存在类似第三强度理论所具有的缺陷.

式(14-29)～(14-32)可以概括为统一的形式

$$\sigma_r \leqslant [\sigma] \quad (14\text{-}34)$$

σ_r 称为相当应力，它并非是构件内真实存在应力，而是根据不同强度理论得出主应力的综合指标.

以上介绍的四个强度理论都有一定的局限性，所以，在不同情况下应采用不同的强度理论：

(1)对于脆性材料，常因脆性断裂而破坏，应采用第一、第二强度理论；对于塑性材料，常因塑性屈服而出现显著的塑性变形而失去正常的工作能力，故多采用第三、第四强度理论.

(2)在三向拉伸应力状态下，不管是塑性材料还是脆性材料都将发生脆性断裂破坏，故应采用最大拉应力理论.

(3)在三向压缩应力状态下,不管是塑性材料还是脆性材料,通常都将发生塑性屈服破坏,应采用第三或第四强度理论.

§14-9 强度理论的应用

一、复杂应力状态下构件强度计算的一般步骤

(1)从构件的危险点处截取单元体,计算出主应力 σ_1、σ_2、σ_3[图 14-22(a)].

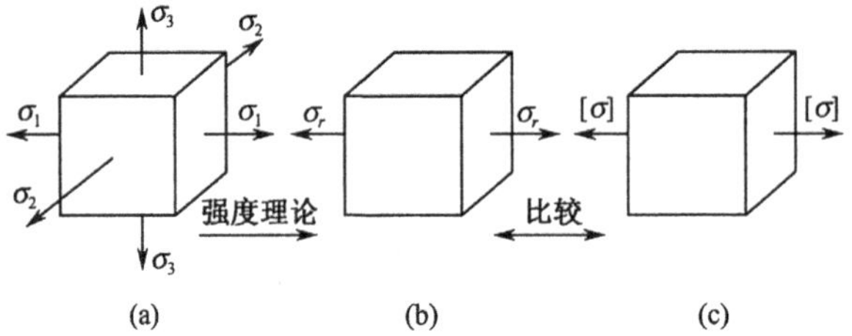

图 14-22

(2)选用适当的强度理论,算出相应的相当应力 σ_r,把复杂应力状态转换为等效的单向应力状态(图 14-22(b)).

(3)确定材料的许用应力[σ],将 σ_r 与[σ]进行比较(图 14-22(c)),从而对构件进行强度计算.

二、复杂应力状态下构件强度计算的另一种形式

除式(14-34)外,构件的强度条件还可采用校核安全系数的形式:

$$n=\frac{\sigma_u}{\sigma_r}\geqslant[n] \tag{14-35}$$

式中,n 为构件的工作安全系数;

[n]为构件的许用安全系数;

σ_u 为拉伸试验测得的极限应力;

σ_r 为对应于不同强度理论的相当应力.

三、不同强度理论许用应力的确定

在很多情况下,要想通过试验测定材料的破坏应力往往是相当困难的,通常就应用强度理论,从材料的许用拉应力来推知在某一种应力状态下的许用

应力.

例如,在纯剪切应力状态下一点处的三个主应力

$$\sigma_1 = \tau, \quad \sigma_2 = 0, \quad \sigma_3 = -\tau$$

对于脆性材料,

若采用第一强度理论来进行强度计算,则应将各主应力代入式(14-29),

$$\sigma_{r1} = \sigma_1 = \tau \leqslant [\sigma]$$

于是得材料的许用剪应力为

$$[\tau] = [\sigma]$$

若采用第二强度理论,将各主应力代入式(14-30),

$$\sigma_{r2} = \sigma_1 - \mu(\sigma_2 + \sigma_3) = \tau + \mu\tau = \tau(1 + \mu) \leqslant [\sigma]$$

得材料的许用应力为

$$[\tau] = \frac{1}{1 + \mu}[\sigma]$$

对于铸铁 μ 取 0.27,则有

$$[\tau] = 0.787[\sigma]$$

对于塑性材料,

若采用第三强度理论,则由式(14-31)得

$$\sigma_{r3} = \sigma_1 - \sigma_3 = 2\tau \leqslant [\sigma]$$

则许用应力为

$$[\tau] = 0.5[\sigma]$$

若采用第四强度理论,则由式(14-32)得

$$\sigma_{r4} = \sqrt{3}\tau \leqslant [\sigma]$$

则

$$[\tau] = 0.58[\sigma]$$

所以实际上,通常规定,

脆性材料:$[\tau]=(0.8\sim1.0)[\sigma]$

塑性材料:$[\tau]=(0.5\sim0.6)[\sigma]$

以上结果得到了实验的验证.

例 14-8 已知铸铁构件上危险点处的应力状态如图 14-23 所示. 若铸铁的许用拉应力 $[\sigma] = 30\text{MPa}$,试校核该点的强度.

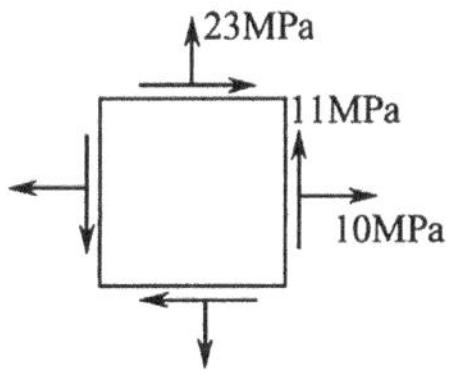

图 14-23

解 图示单元体处于二向应力状态.

$$\sigma_x = 10\text{MPa}, \sigma_y = 23\text{MPa}, \tau_x = -11\text{MPa}$$

$$\left.\begin{matrix}\sigma_{max}\\ \sigma_{min}\end{matrix}\right\}=\frac{\sigma_x+\sigma_y}{2}\pm\sqrt{\left(\frac{\sigma_x-\sigma_y}{2}\right)^2+\tau_x^2}$$

$$=\frac{10+23}{2}\pm\sqrt{\left(\frac{10-23}{2}\right)^2+(-11)^2}=\begin{cases}29.3(\mathrm{MPa})\\ 3.7(\mathrm{MPa})\end{cases}$$

故

$$\sigma_1=29.3\mathrm{MPa},\qquad \sigma_2=3.7\mathrm{MPa},\qquad \sigma_3=0$$

由第一强度理论

$$\sigma_1=29.3\mathrm{MPa}<[\sigma]=30\mathrm{MPa}$$

所以危险点处安全.

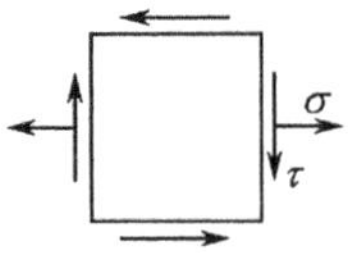

图 14-24

例 14-9　某结构上危险点处的应力状态如图 14-24所示. 其中 $\sigma=116.7\mathrm{MPa}$, $\tau=46.3\mathrm{MPa}$. 材料为钢,许用拉应力 $[\sigma]=160\mathrm{MPa}$. 试校核此结构是否安全.

解　图示单元体二向应力状态中 $\sigma_y=0$,因此

$$\left.\begin{matrix}\sigma_{max}\\ \sigma_{min}\end{matrix}\right\}=\frac{\sigma}{2}\pm\frac{1}{2}\sqrt{\sigma^2+4\tau^2}$$

故

$$\sigma_1=\frac{\sigma}{2}+\frac{1}{2}\sqrt{\sigma^2+4\tau^2}$$

$$\sigma_2=0$$

$$\sigma_3=\frac{\sigma}{2}-\frac{1}{2}\sqrt{\sigma^2+4\tau^2}$$

则由第三和第四强度理论得出的相当应力分别为

$$\sigma_{r3}=\sigma_1-\sigma_3=\sqrt{\sigma^2+4\tau^2}$$

$$\sigma_{r4}=\sqrt{\frac{1}{2}[(\sigma_1-\sigma_2)^2+(\sigma_2-\sigma_3)^2+(\sigma_3-\sigma_1)^2]}=\sqrt{\sigma^2+3\tau^2}$$

将已知的 σ 和 τ 值代入上面二式,得

$$\sigma_{r3}=\sqrt{116.7^2+4\times46.3^2}=149(\mathrm{MPa})<[\sigma]=160\mathrm{MPa}$$

$$\sigma_{r4}=\sqrt{116.7^2+3\times46.3^2}=141.6(\mathrm{MPa})<[\sigma]=160\mathrm{MPa}$$

可见,无论采用第三或第四强度理论进行强度校核,结构都是安全的.

例 14-10　从某构件的危险点处截取一单元体如图 14-25(a)所示. 已知钢材的屈服极限 $\sigma_s=280\mathrm{MPa}$. 试按第三和第四强度理论计算构件的工作安全系数.

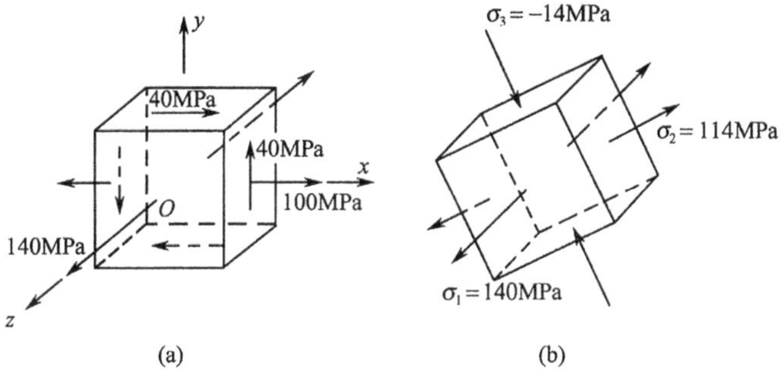

图 14-25

解　图示单元体处于三向应力状态. z-平面的应力 σ_z 是主应力,但 Oxy 平面上的应力不是主应力,因此应首先计算 Oxy 平面内的主应力,然后才能计算工作安全系数.

(1)求主应力

$$\sigma_x = 100\text{MPa},\quad \sigma_y = 0,\quad \tau_x = -40\text{MPa}$$

则

$$\left.\begin{matrix}\sigma_{\max}\\ \sigma_{\min}\end{matrix}\right\} = \frac{\sigma_x}{2} \pm \sqrt{\left(\frac{\sigma_x}{2}\right)^2 + \tau_x^2} = \frac{100}{2} \pm \sqrt{\left(\frac{100}{2}\right)^2 + (-40)^2}$$

$$= \begin{cases}114(\text{MPa})\\ -14(\text{MPa})\end{cases}$$

于是有

$$\sigma_1 = 140\text{MPa},\quad \sigma_2 = 114\text{MPa},\quad \sigma_3 = -14\text{MPa}$$

以主应力表示的三向应力状态下的单元体如图 14-25(b)所示.

(2)计算工作安全系数

按第三强度理论,单元体的相当应力为

$$\sigma_{r3} = \sigma_1 - \sigma_3 = 140 - (-14) = 154(\text{MPa})$$

由式(14-35)得单元体的工作安全系数为

$$n_3 = \frac{\sigma_s}{\sigma_{r3}} = \frac{280}{154} = 1.82$$

按第四强度理论,单元体的相当应力为

$$\sigma_{r4} = \sqrt{\frac{1}{2}[(\sigma_1 - \sigma_2)^2 + (\sigma_2 - \sigma_3)^2 + (\sigma_3 - \sigma_1)^2]}$$

$$=\sqrt{\frac{1}{2}[(140-114)^2+(114+14)^2+(-14-140)^2]}=143(\text{MPa})$$

则得工作安全系数为

$$n_4=\frac{\sigma_s}{\sigma_{r4}}=\frac{280}{143}=1.96$$

通过比较可知,工作安全系数应取 1.96.

例 14-11　对于§14-2 中图 14-5(a)所示之圆筒形薄壁容量,若已知内压 $p=1.5\text{MPa}$,平均直径 $D=1\text{m}$,材料为钢,其许用拉应力$[\sigma]=100\text{MPa}$,试按第三强度理论设计该容器的壁厚 t.

解　危险在整个圆筒的外表面上.

由§14-2 知,主单元体的主应力为

$$\sigma_1=\sigma_y=\frac{pD}{2t},\quad \sigma_2=\sigma_x=\frac{pD}{4t},\quad \sigma_3=0$$

由第三强度理论的强度条件

$$\sigma_{r3}=\sigma_1-\sigma_3=\frac{pD}{2t}\leqslant[\sigma]$$

得

$$t\geqslant\frac{pD}{2[\sigma]}$$

将已知的 p、D、$[\sigma]$数据代入上式,得

$$t\geqslant\frac{1.5\times1.0}{2\times100}=0.75\times10^{-2}(\text{m})=7.5(\text{mm})$$

例 14-12　图 14-26(a)所示简支梁为 22a 号工字钢.已知$[\sigma]=160\text{MPa}$,$[\tau]=100\text{MPa}$.试按第三强度理论校核梁的强度.

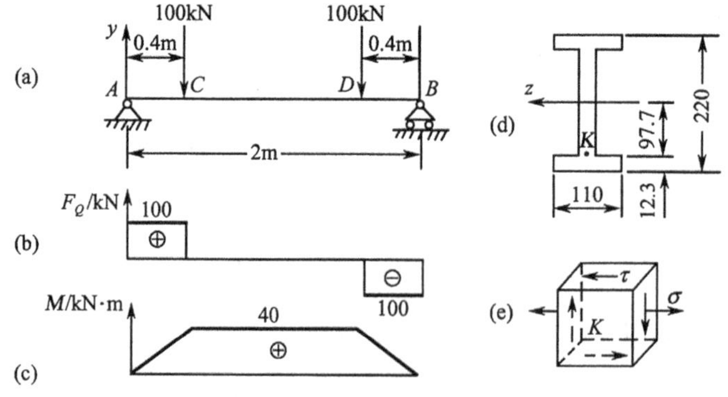

图 14-26

解　由梁的剪力图和弯矩图(图 14-26(b)、(c))可见 C、D 处截面为危险截面. 因 C、D 处截面的剪力和弯矩值相等,因此只需任选其中一个截面,例如 C 截面进行校核.

C 截面的剪力和弯矩分别为

$$F_{QC} = 100\text{kN}$$
$$M_C = 40\text{kN} \cdot \text{m}$$

查表知 22a 号工字钢的 $d = 7.5\text{mm}$, $I_z = 3400\text{cm}^4$, $W_z = 309\text{cm}^3$, $\dfrac{I_z}{S^*_{z\max}} = 18.9\text{cm}$

C 截面上、下边缘处有最大弯曲正应力,为

$$\sigma_{\max} = \frac{M_C}{W_z} = \frac{40 \times 10^3}{309 \times 10^{-6}} = 129(\text{MPa}) < [\sigma] = 160\text{MPa}$$

由于载荷离支座很近,需作剪应力强度校核,在 C 截面中性轴上有最大剪应力为

$$\tau_{\max} = \frac{F_{QC}}{\dfrac{I_z}{S^*_{z\max}} d} = \frac{100 \times 10^3}{18.9 \times 10^{-2} \times 7.5 \times 10^{-3}}$$
$$= 70.5(\text{MPa}) < [\tau] = 100\text{MPa}$$

图 14-26(d)为简化后的截面,在翼缘与腹板结合处正应力和剪应力可能都相当大,因而也需做强度校核. 取一点 K,其应力状态如图 14-26(e)所示. 其应力为

$$\sigma = \frac{M_C y}{I_z} = \frac{40 \times 10^3 \times 97.7 \times 10^{-3}}{3400 \times 10^{-8}} = 114.9(\text{MPa})$$

$$\tau = \frac{F_{QC} S^*_z}{I_z d}$$
$$= \frac{100 \times 10^3 \times 110 \times 10^{-3} \times 12.3 \times 10^{-3} \times \left(97.7 \times 10^{-3} + \dfrac{12.3 \times 10^{-3}}{2}\right)}{3400 \times 10^{-8} \times 7.8 \times 10^{-3}}$$
$$= 55.1(\text{MPa})$$

由式(14-7),K 点处的主应力为

$$\sigma_1 = \sigma_{\max} = \frac{\sigma}{2} + \sqrt{\left(\frac{\sigma}{2}\right)^2 + \tau^2}$$

$$\sigma_3 = \sigma_{\min} = \frac{\sigma}{2} - \sqrt{\left(\frac{\sigma}{2}\right)^2 + \tau^2}$$

又

$$\sigma_2 = 0$$

将它们代入第三强度理论强度条件,

$$\sigma_{r3} = \sigma_1 - \sigma_3 = \sqrt{\sigma^2 + 4\tau^2} = 159.2\text{MPa} < [\sigma] = 160\text{MPa}$$

综上分析,梁安全.

习　　题

14-1　试绘出图示杆件中点 A 和点 B 处的原始单元体,并算出单元体上应力的数值.

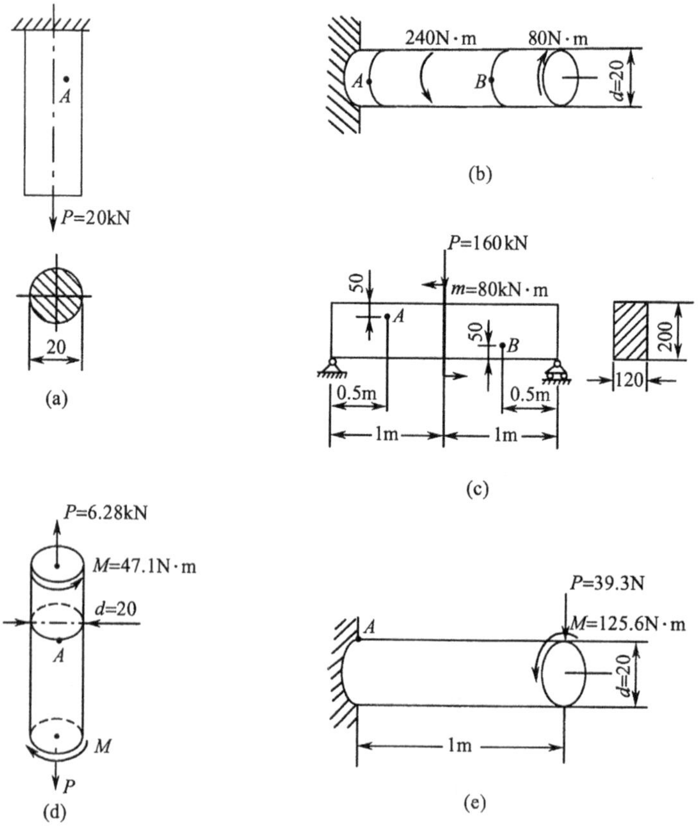

题 14-1 图

14-2　试用解析法求图示各单元体斜截面上的应力,并在斜截面上画出.

14-3　试用解析法求图示各单元体的主应力,并画出其主单元体.

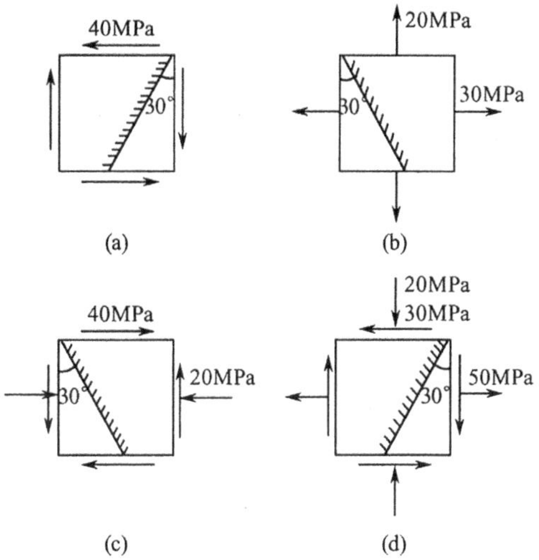

题 14-2 图

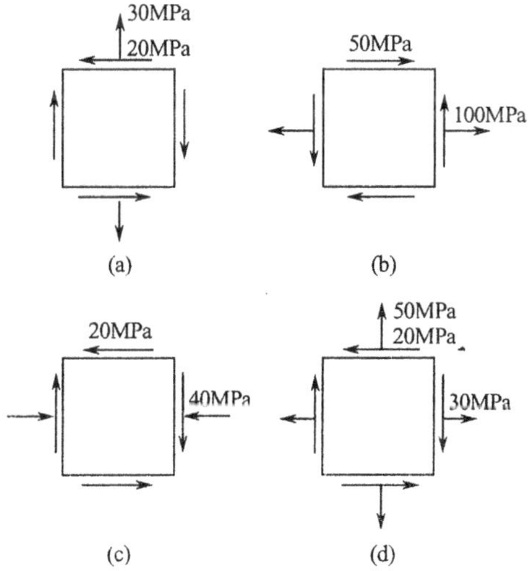

题 14-3 图

14-4　试用图解法求图示各单元体斜截面上的应力，并在斜截面上画出. 应力单位为 MPa.

14-5　试用图解法求图示各单元体的主应力的大小和方向，并画出其主单元体. 应力单位为 MPa.

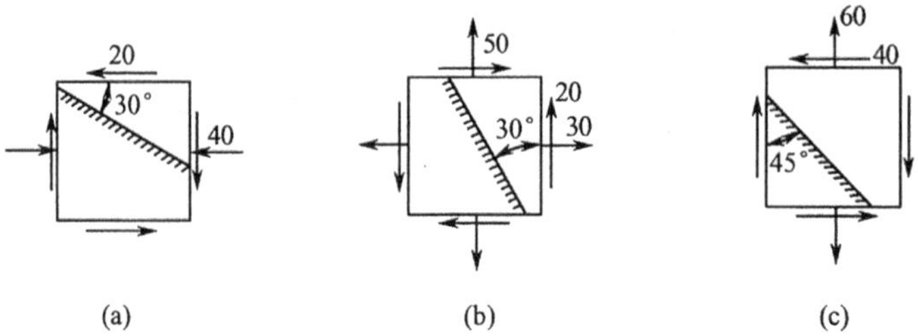

题 14-4 图

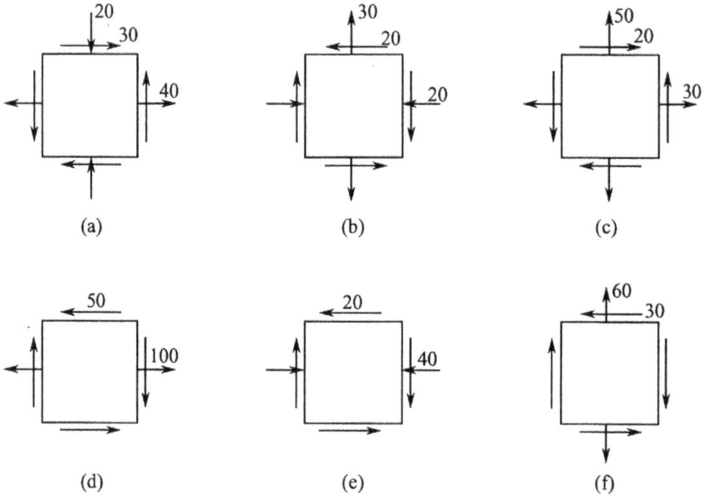

题 14-5 图

14-6　求图示各单元体的三个主应力、最大剪应力和它们的作用面方位,并画在单元体图上.

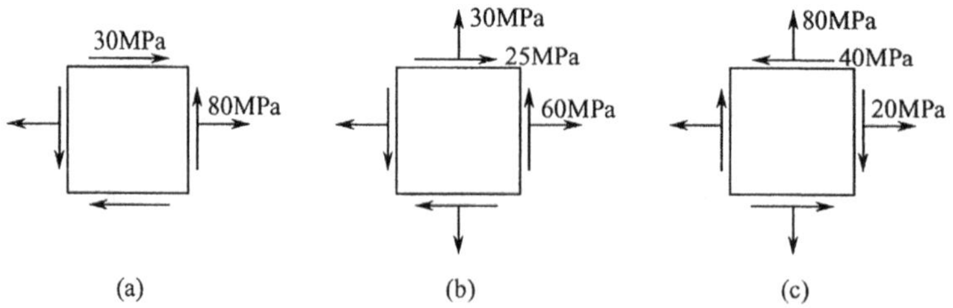

题 14-6 图

14-7　求图示单元体的主应力及最大剪应力.

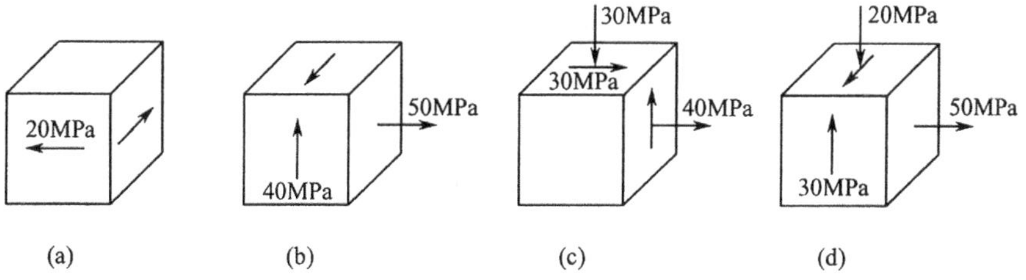

题 14-7 图

14-8　如图所示为从一构件内取出的棱柱形单元体,在 AB 平面和平行于 ABC 平面的棱柱的平面上,都无应力作用.试用解析法求在 AC 和 BC 面上的剪应力,以及这个单元体的主应力的大小和主平面的位置.

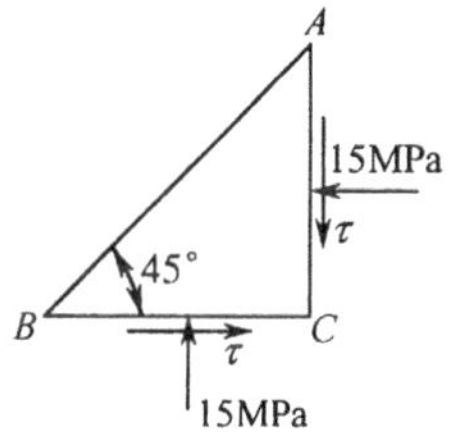

题 14-8 图

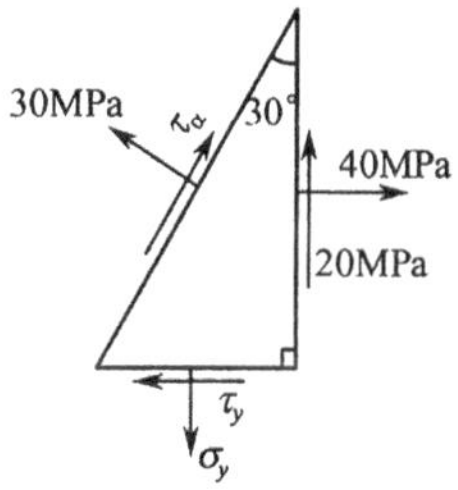

题 14-9 图

14-9　从受力构件中某点附近截出的棱柱单元体如图所示.试用解析法确定 σ_y、τ_y 和 τ_α 的大小.

14-10　已知一点处于二向应力状态,其两平面上的应力如图所示,求 σ_α 及主应力、主平面方向和最大剪应力.

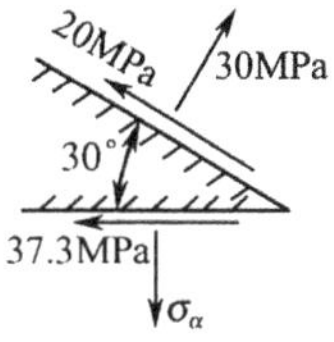

题 14-10 图

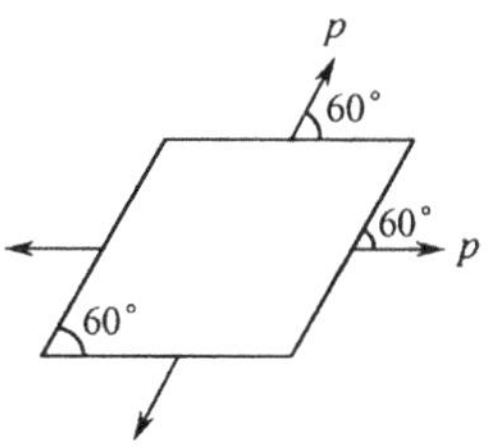

题 14-11 图

14-11　图示一菱形单元体,作用在各截面上的应力为 p,求主应力的大小和主平面的位置.

14-12　薄壁容器承受内压 p，现用应变仪于 A 处测得轴向线应变 $\varepsilon_A=0.1\times10^{-3}$，若材料的 $E=200\text{GPa}$，$\mu=0.25$，试求器壁内轴向应力和周向应力，并求内压 p.

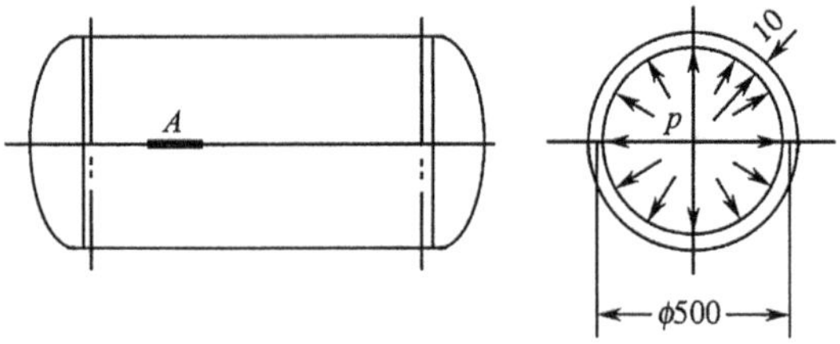

题 14-12 图

14-13　图示简支梁 D 点处的最大剪应力 $\tau_{\max}=10\text{MPa}$，试求载荷 P.

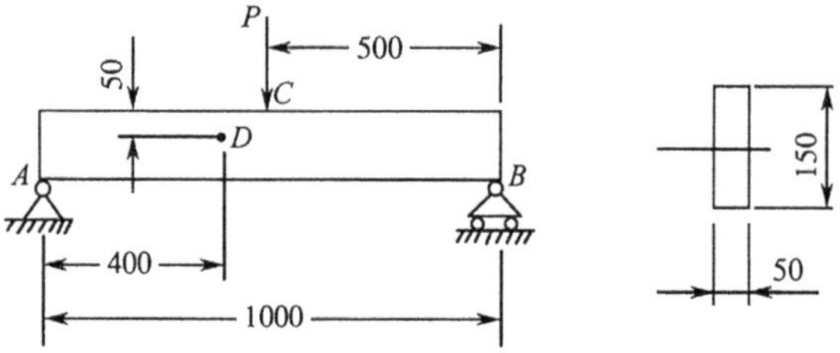

题 14-13 图

14-14　图示钢板厚为 10mm，作用有主应力 $\sigma_1=12\text{MPa}$，$\sigma_2=8\text{MPa}$，设材料的 $E=200\text{GPa}$，$\mu=0.25$，试计算所有尺寸的变化及体积应变.

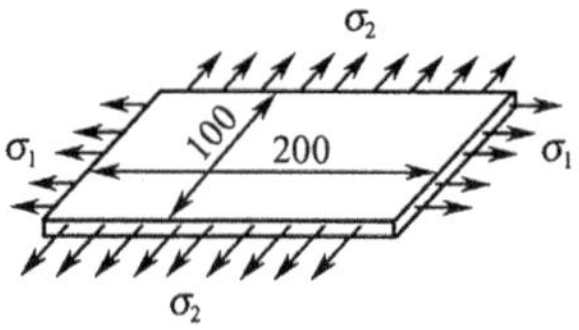

题 14-14 图

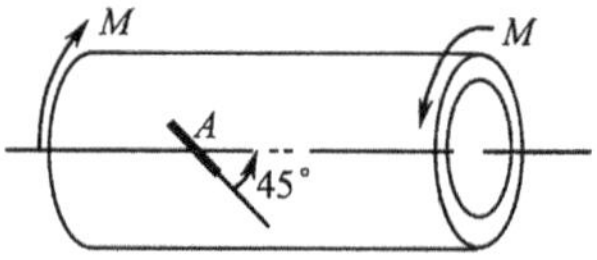

题 14-15 图

14-15　空心轴外径 $D=120\text{mm}$，内径 $d=80\text{mm}$，在轴上某点 A 处与母线成 45°角的方向贴电阻片，测得 $\varepsilon=0.3\times10^{-3}$，已知材料的 $E=200\text{GPa}$，$\mu=0.25$，求轴所受的外力偶矩.

14-16　在图示 28a 号工字钢梁中性层上某点 D 处，沿与轴线成 45°的方向贴电阻片，测得 $\varepsilon=-26.0\times10^{-6}$. 若材料的 $E=210\text{GPa}$，$\mu=0.28$，试求载荷 P.

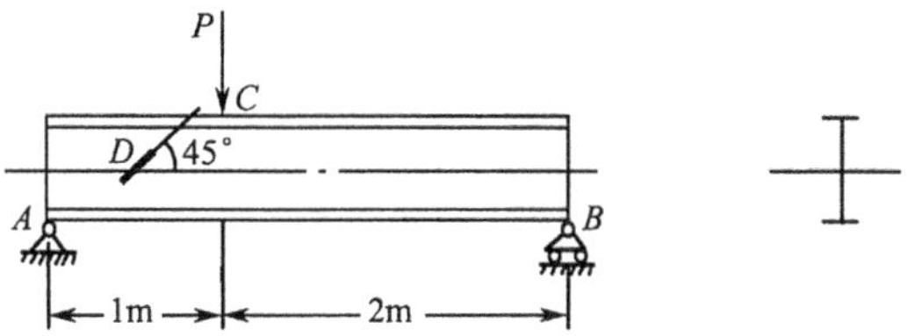

题 14-16 图

14-17　厚钢板上开槽，深度和宽度均为 10mm，其中间放置一边长为 10mm 的铝质立方体块，并施加以力 $F=6\text{kN}$. 设钢板的变形忽略不计，铝的 $E=70\text{GPa}$，$\mu=0.3$，试求铝块内一点处的三个主应力及相应的应变.

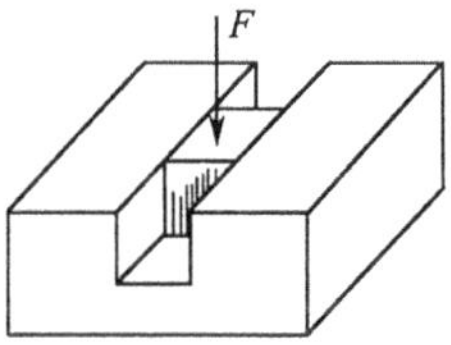

题 14-17 图

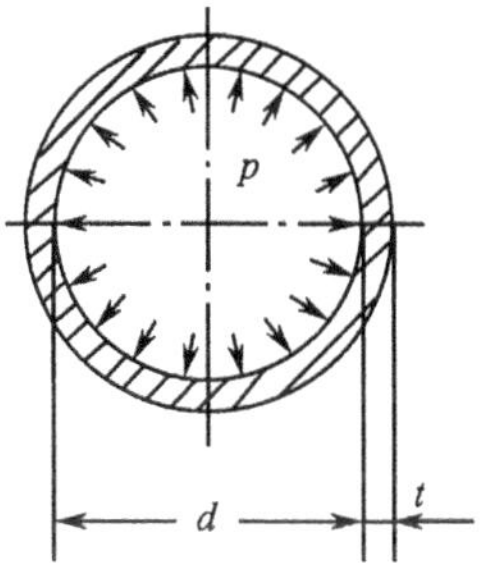

题 14-18 图

14-18　一中空的钢球，内径 $d=200\text{mm}$，其内部压强 $p=15\text{MPa}$，钢材的许用应力 $[\sigma]=160\text{MPa}$，试按最大剪应力理论和形状改变能密度理论设计球壁的厚度 t.

14-19　试按最大剪应力理论和形状改变能密度理论计算图示单元体的相当应力.

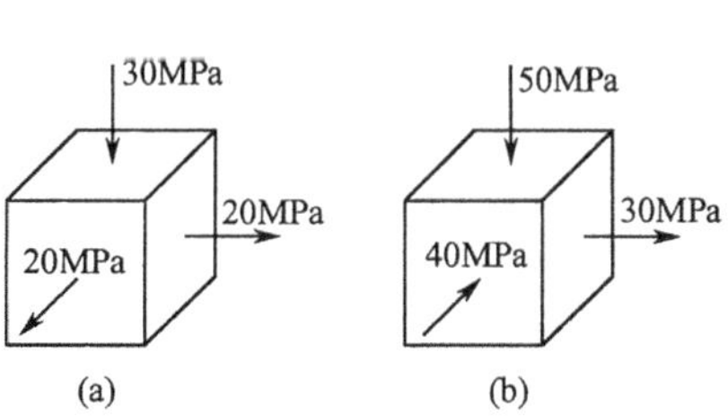

题 14-19 图

14-20　若 $|\sigma|=|\tau|$，试按第三强度理论判断在图示的哪种应力状态下最易发生塑性破坏？

14-21　若 $|\sigma|=|\tau|$，试按第四强度理论判断，在哪种应力状态下最易发生塑性破坏？

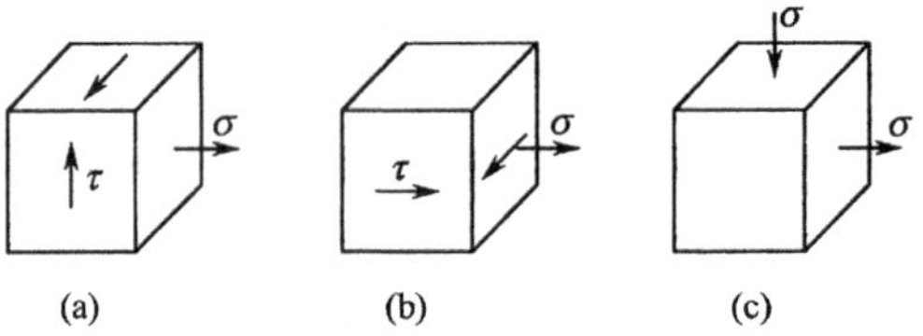

题 14-20 图

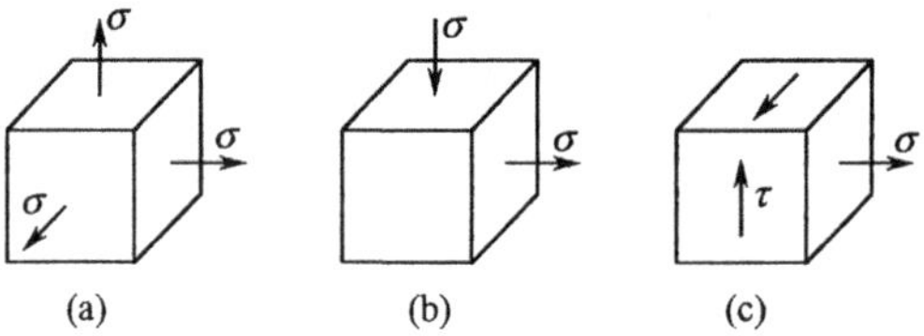

题 14-21 图

14-22　试选定图示外伸梁工字形截面的型号,并按第三强度理论作主应力校核.已知材料的[σ]=160MPa.

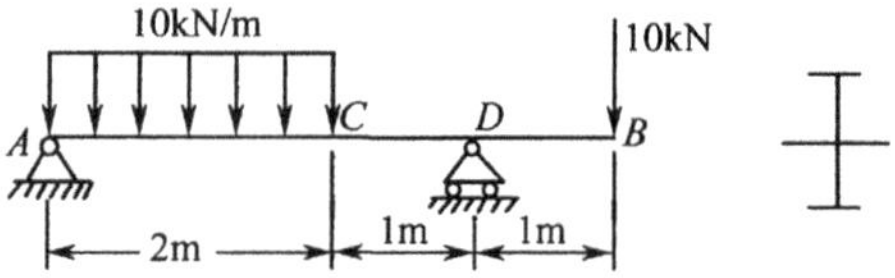

题 14-22 图

第十五章　组合变形的强度计算

有些构件在外载荷作用下同时产生两种或两种以上的基本变形，即**组合变形**．例如，图 15-1(a)所示的吊车，当吊起重物时，横梁 AB 同时产生弯曲和压缩变形．又如，图 15-1(b)所示之传动轴，在齿轮啮合力的作用下，同时产生弯曲和扭转变形．

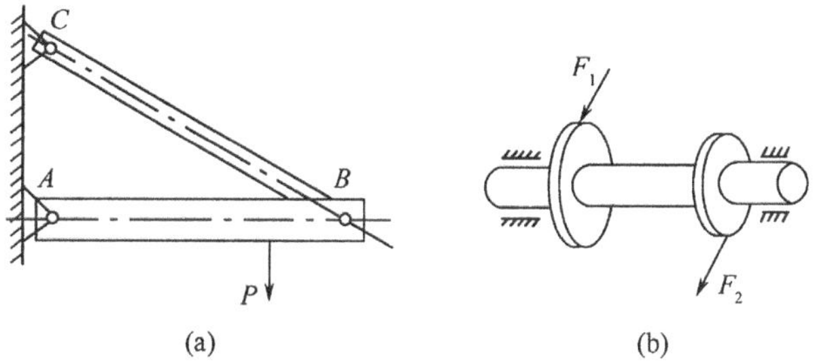

图 15-1

组合变形的情况，由构件结构和所受的外力决定．分析的方法仍是截面法．组合变形的应力计算可应用叠加原理来进行，即可分别计算在每种基本变形时，于危险点处所产生的应力，然后叠加这些应力．如叠加后为复杂应力状态，则需按强度理论计算相当应力．

本章主要讨论工程中常见的弯曲与拉伸(或压缩)的组合变形和弯曲与扭转的组合变形的强度计算问题．其他组合变形的强度计算可参照处理．

§15-1　弯曲与拉伸或压缩的组合

现以图 15-2(a)所示的矩形截面悬臂梁为例，说明弯曲与拉伸(或压缩)组合变形的强度计算方法．

设梁的自由端作用一集中力 F，该力在梁的纵向对称面内，且与轴线成 α 角．将力 F 分解为两个分力

$$F_x = F\cos\alpha, \quad F_y = F\sin\alpha$$

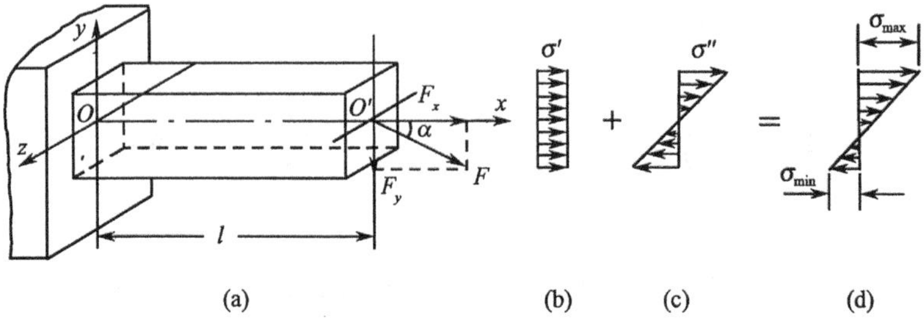

图 15-2

分力 F_x 使梁产生拉伸变形,在各横截面上引起的轴力是相同的;分力 F_y 使梁产生弯曲变形,在各横截面上引起的弯矩不同,固定端截面弯矩最大.显然,固定端截面为危险截面.

危险截面上的拉伸正应力为

$$\sigma' = \frac{F_N}{S} = \frac{F\cos\alpha}{S}$$

其应力分布如图 15-2(b)所示.

危险截面上的最大弯曲正应力为

$$\sigma'' = \pm\frac{M_{max}}{W_z} = \pm\frac{Fl\sin\alpha}{W_z}$$

其应力分布如图 15-2(c)所示.

将危险截面的拉伸正应力和弯曲正应力按代数和叠加后,得该截面上总的正应力,其分布情况如图 15-2(d)所示.显然,截面的上边缘各点都是危险点.其强度条件为

$$\sigma_{lmax} = \frac{F_N}{S} + \frac{M_{max}}{W_z} \leqslant [\sigma] \tag{15-1}$$

如果力 F 是斜向上指向自由端面,尽管危险点依然在危险截面的上边缘,但最大应力是压应力,因此其强度条件应为

$$\sigma_{ymax} = \frac{F_N}{S} + \frac{M_{max}}{W_z} \leqslant [\sigma] \tag{15-1$'$}$$

若梁是由脆性材料制成,且下边缘是拉应力,则还要对下边缘建立强度条件为

$$\sigma_{lmax} = \frac{F_N}{S} + \frac{M_{max}}{W_z} \leqslant [\sigma_1] \tag{15-1$''$}$$

可见,强度条件的建立要视外力和材料的具体情况来确定.

例 15-1　压力机的铸铁框架如图 15-3(a)所示,其横截面尺寸同例12-8,材料的$[\sigma_l]=40\text{MPa}$,$[\sigma_y]=80\text{MPa}$,压力 $F=30\text{kN}$.试校核立柱的强度.

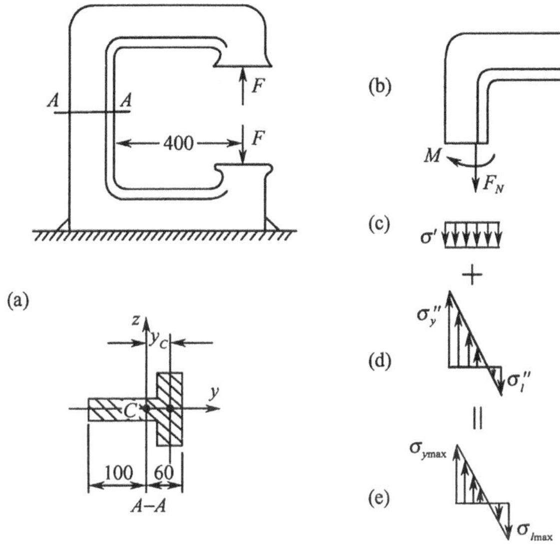

图 15-3

解　由例 12-8 已知,$y_C=40$ mm,故左、右边缘与中性轴 z 的距离分别为 100 mm 和 60 mm,且 $I_z=21.76\times10^6\text{mm}^4$,$S=96\times10^2\text{mm}^2$.

假想将立柱在任一位置 A-A 处截开,取上半部为分离体[图 15-3(b)].截面上的内力为

$$F_N = 30\times10^3\text{N}$$

$$M=(400+60)\times10^{-3}\times30\times10^3=13.8\times10^3(\text{N}\cdot\text{m})$$

与轴力 F_N 相应,截面上有均匀分布的拉伸正应力[图 15-3(c)]

$$\sigma'=\frac{F_N}{S}=\frac{30\times10^3}{96\times10^2\times10^{-6}}=3.13(\text{MPa})$$

与弯矩 M 相应,截面上有线性分布的弯曲正应力[图 15-3(d)],其左、右边缘处的应力分别为

$$\sigma_y''=-\frac{M\times100\times10^{-3}}{I_z}=-\frac{13.8\times10^3\times100\times10^{-3}}{21.76\times10^{-6}}$$

$$=-63.4(\text{MPa})$$

$$\sigma_l'' = \frac{M \times 60 \times 10^{-3}}{I_z} = \frac{13.8 \times 10^3 \times 60 \times 10^{-3}}{21.76 \times 10^{-6}}$$
$$= 38(\text{MPa})$$

由图 15-3(e)可见,σ'和σ''叠加后,在截面的左侧边缘处有最大压应力

$$|\sigma_{y\max}| = |\sigma' + \sigma_y''| = 60.27\text{MPa} < [\sigma_y] = 80\text{MPa}$$

在截面的右侧边缘处有最大拉应力

$$\sigma_{l\max} = \sigma' + \sigma_l'' = 41.13\text{MPa} > [\sigma_l] = 40\text{MPa}$$

综合分析,立柱的强度不够.

例 15-2 矩形截面简支梁如图 15-4(a)所示,设 $H=2h$,试确定梁内最大拉应力和最大压应力.

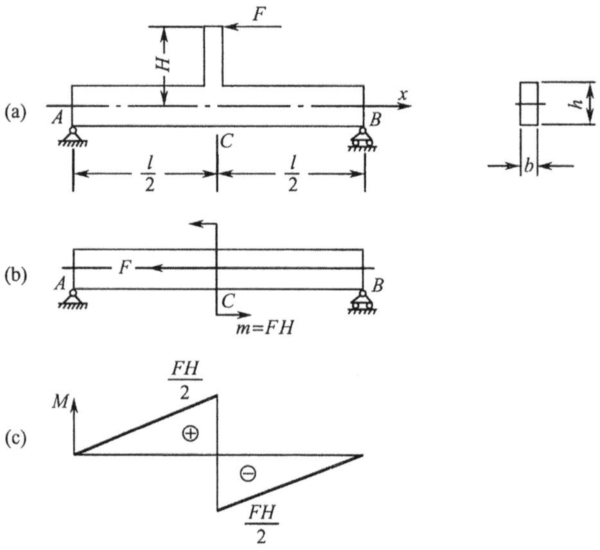

图 15-4

解 梁的计算简图和弯矩图分别如图 15-4(b)、(c)所示.显然,C 截面为危险截面.

在 C 截面的左侧面上,轴力和弯矩分别为

$$F_N = -F$$

$$M = \frac{FH}{2} = Fh$$

上、下边缘处的应力分别为

$$\sigma_{y\max} = \frac{F_N}{S} + \frac{M}{W_z} = -\frac{F}{bh} - \frac{Fh}{\frac{bh^2}{6}} = -\frac{7F}{bh}$$

$$\sigma_{l\max} = \frac{F_N}{S} + \frac{M}{W_z} = -\frac{F}{bh} + \frac{Fh}{\frac{bh^2}{6}} = \frac{5F}{bh}$$

在 C 截面的右侧面上,轴力和弯矩分别为

$$F_N = 0$$

$$M = -\frac{FH}{2} = -Fh$$

上、下边缘处的应力分别为

$$\sigma_{l\max} = \frac{M}{W_z} = \frac{6F}{bh}$$

$$\sigma_{y\max} = \frac{M}{W_z} = -\frac{6F}{bh}$$

比较以上结果,可知梁的最大拉应力为$\frac{6F}{bh}$,最大压应力为$-\frac{7F}{bh}$.

下面举例说明如何对偏心拉伸或压缩变形进行强度计算.这类变形实际上可视为弯曲与拉伸或压缩的组合变形.

例 15-3 图 15-5(a)所示为一中间开有切槽的立柱,未开槽部分的横截面是边长为 $2a$ 的正方形,开槽部分的横截面为 $a\times 2a$ 的矩形.若沿未开槽部分的中心线作用一轴向压力 P,试确定开槽部分横截面上的最大正应力与未开槽时的比值.

解 (1) 未开槽时的应力

$$\sigma = \frac{F_N}{S} = -\frac{P}{(2a)^2} = -\frac{P}{4a^2} \tag{a}$$

(2) 开槽后的应力

取剖面线 $m-m$ 以上部分为分离体,如图 15-5(b)所示.显然,外力 P 的作用线虽通过没开槽部分的截面的形心,但未通过开槽部分截面的形心,因此这不是一个纯粹的压缩问题;像图 15-5(b)截面上的总内力 F'_N 的画法,难以一眼就看出分离体是如何可以平衡的,为此,我们将力 F'_N 向截面 $m-m$ 的形心平移,得一个轴力 F_N 和一个弯矩 M(图 15-5(c)),分别为

$$F_N = -P, \quad M = \frac{Pa}{2}$$

由图示应力分布图可见最大压应力发生在 AB 边,其值为

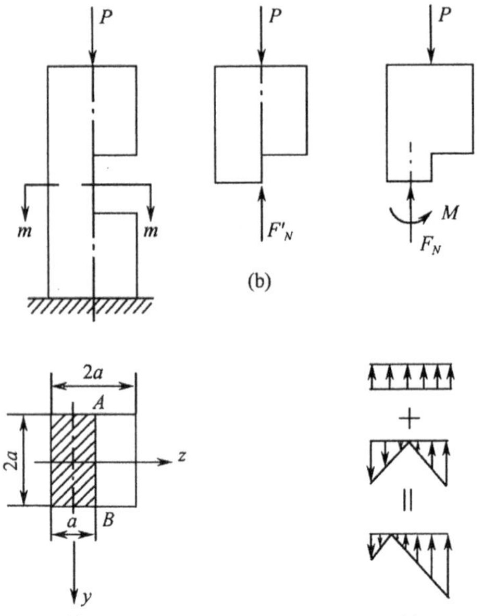

图 15-5

$$\sigma_{\max}=-\left(\frac{F_N}{S}+\frac{M}{W_y}\right)=-\left(\frac{P}{2a^2}+\frac{\frac{Pa}{2}}{\frac{2a\cdot a^2}{6}}\right)=-\frac{2P}{a^2} \qquad \text{(b)}$$

比较式(b)和式(a),得开槽部分横截面上的最大正应力与未开槽时的比值为

$$\frac{\frac{2P}{a^2}}{\frac{P}{4a^2}}=8$$

§15-2　弯曲与扭转的组合

下面以图 15-6(a)所示的皮带轮传动轴为例,说明弯曲与扭转组合变形的强度计算方法.

首先作轴的计算简图(图 15-6(b)).将皮带拉力 F_1 和 F_2 向轮心简化,得一横向力 $F=F_1+F_2$ 和一力偶 $M=(F_1-F_2)\frac{D}{2}$.横向力 F 使轴产生弯曲变形,力偶 M 使轴产生扭转变形.

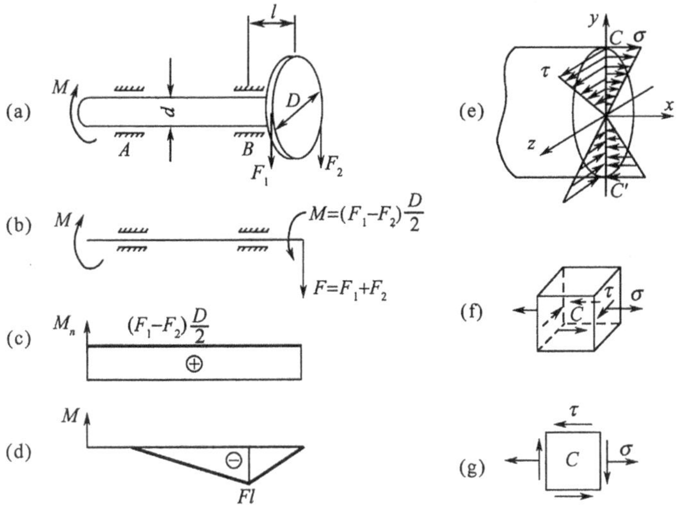

图 15-6

作扭矩图和弯矩图,分别为图 15-6(c)和图 15-6(d).由扭矩图可见,各截面处扭矩相同,均为

$$M_n = (F_1 - F_2)\frac{D}{2}$$

由弯矩图可见,B 截面处弯矩最大,其值为

$$M = Fl$$

显然,B 截面为危险截面.

在危险截面上,与扭矩相应的剪应力 τ 沿半径按线性规律分布(图 15-6(e)),在边缘上各点处有最大值

$$\tau = \frac{M_n}{W_\rho} \tag{a}$$

与弯矩相应的正应力 σ 沿截面高度按线性规律分布(图 15-6(e)),在上、下边缘处有最大值

$$\sigma = \pm\frac{M}{W_z} \tag{b}$$

可见,在点 C 和点 C' 处均有最大扭转剪应力和最大弯曲正应力,故点 C 和点 C' 为危险点.

轴类构件一般为塑性材料,塑性材料的抗拉和抗压能力相同,所以在计算强度时,只考虑 C、C' 两点中的一个即可.现取点 C 来研究其应力.将点 C 处的扭转剪应力和弯曲正应力叠加,得点 C 在弯曲和扭转组合变形下的应力状态,如图 15-6(f)和图 15-6(g)所示,是一个二向应力状态.

由式(14-7)求得

$$\left.\begin{aligned}\left.\begin{matrix}\sigma_1\\ \sigma_3\end{matrix}\right\}&=\frac{\sigma}{2}\pm\sqrt{\left(\frac{\sigma}{2}\right)^2+\tau^2}=\frac{\sigma}{2}\pm\frac{1}{2}\sqrt{\sigma^2+4\tau^2}\\ \sigma_2&=0\end{aligned}\right\}\tag{c}$$

又,

将式(c)代入最大剪应力理论强度条件,得

$$\sigma_{r3}=\sqrt{\sigma^2+4\tau^2}\leqslant[\sigma]\tag{15-2a}$$

将式(a)、式(b)代入上式,且已经知道 $W_\rho=2W_z$,则又得

$$\sigma_{r3}=\frac{1}{W_z}\sqrt{M^2+M_n^2}\leqslant[\sigma]\tag{15-2b}$$

若将式(c)代入形状改变能密度理论强度条件,则得

$$\sigma_{r4}=\sqrt{\frac{1}{2}[(\sigma_1-\sigma_2)^2+(\sigma_2-\sigma_3)^2+(\sigma_3-\sigma_1)^2]}$$

$$=\sqrt{\sigma^2+3\tau^2}\leqslant[\sigma]\tag{15-3a}$$

同样将式(a)、式(b)和 $W_\rho=2W_z$ 代入式(15-3a),得

$$\sigma_{r4}=\frac{1}{W_z}\sqrt{M^2+0.75M_n^2}\leqslant[\sigma]\tag{15-3b}$$

例 15-4 图 15-7(a)所示传动轴的直径 $d=40\text{mm}$,A、B 皮带轮的直径分别为 $D_A=150\text{mm}$,$D_B=100\text{mm}$,A 轮的皮带处于铅直位置,拉力为 $F_1=2F_2=4\text{kN}$,B 轮的皮带处于水平位置,拉力 $F_3=2F_4$. 材料的$[\sigma]=80\text{MPa}$. 试按最大剪应力理论校核轴的强度.

解 将皮带拉力向轮的中心简化,作计算简图 15-7(b).

$$F_A=F_1+F_2=4+2=6(\text{kN})$$

$$M_A=(F_1-F_2)\frac{D_A}{2}=(4-2)\times\frac{150}{2}\times10^{-3}=0.15(\text{kN}\cdot\text{m})$$

$$M_B=M_A=0.15\text{kN}\cdot\text{m}$$

由 $M_B=(F_3-F_4)\dfrac{D_B}{2}$ 及 $F_3=2F_4$,得

$$F_4=\frac{2M_B}{D_B}=\frac{2\times0.15}{100\times10^{-3}}=3(\text{kN})$$

$$F_3=6\text{kN}$$

则

$$F_B = F_3 + F_4 = 6 + 3 = 9(\text{kN})$$

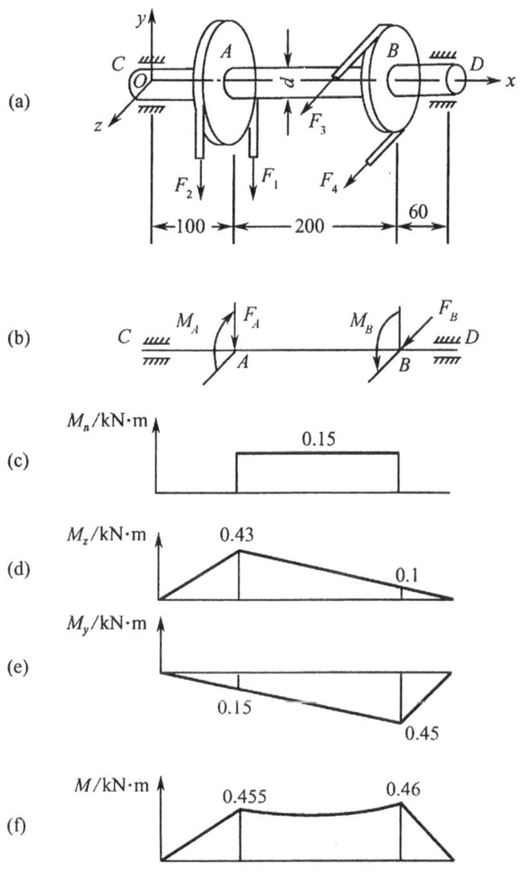

图 15-7

力偶 M_A 和 M_D 使轴绕轴线(x 轴)产生扭转变形,其相应的扭矩图为图 15-7(c);

力 F_A 使轴在坐标面 Oxy 内产生弯曲变形,其相应的弯矩图为图15-7(d);

力 F_B 使轴在坐标面 Oxz 内产生弯曲变形,其相应的弯矩图为图15-7(e).

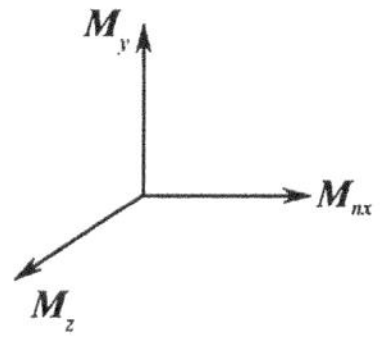

图 15-8

若将上述扭矩和弯矩以力偶矩矢的形式表示,分别为 $\boldsymbol{M}_{nx}$、$\boldsymbol{M}_z$ 和 $\boldsymbol{M}_y$,很显然,在轴的 AB 段的任一截面上,三者都是互相垂直的,如图 15-8 所示,截面上的

合弯矩即为

$$M=\sqrt{M_z^2+M_y^2}$$

由于梁的横截面上的扭矩是常数,所以,要找出梁的危险截面,应分析两弯矩图的弯矩值,很容易看出,A 截面和B 截面是可能的危险截面,分别计算它们的合弯矩

$$M_A=\sqrt{M_z^2+M_y^2}=\sqrt{0.43^2+0.15^2}=0.455(\text{kN}\cdot\text{m})$$

$$M_B=\sqrt{0.10^2+0.45^2}=0.460(\text{kN}\cdot\text{m})$$

梁的合弯矩图为图 15-7(f).实际上,梁的各截面的合弯矩一般并不在同一个纵向对称面内,但因为在研究强度问题时需要考虑的是合弯矩的大小,所以可把截面的合弯矩按其实际大小画在同一个平面图上,以便比较.

通过以上分析计算得 B 截面上合弯矩最大,故 B 截面是危险截面.

将所得 M_B 和M_{nx}代入第三强度理论的强度条件式(15-2b),得

$$\sigma_{r3}=\frac{1}{W_z}\sqrt{M^2+M_n^2}=\frac{1}{\frac{\pi d^3}{32}}\sqrt{M_B^2+M_n^2}$$

$$=\frac{32}{\pi\times(40\times10^{-3})^3}\sqrt{(0.460\times10^3)^2+(0.15\times10^3)^2}$$

$$=77(\text{MPa})<[\sigma]=80\text{MPa}$$

所以轴的强度足够.

例 15-5　图 15-9(a)所示传动轴由电动机带动.电动机的功率 $P=7.5\text{kW}$,转速为 $n=1450\text{r/min}$,齿轮的节圆直径 $D=78\text{mm}$,压力角 $\alpha=20°$,材料的$[\sigma]=80\text{MPa}$,试分别按第三强度理论和第四强度理论设计轴的直径 d.

解　轴所受外力偶矩为

$$M=9.55\frac{p}{n}=9.55\times\frac{7.5}{1450}=49.4(\text{N}\cdot\text{m})$$

齿轮上的切向力为

$$F_t=\frac{M}{\frac{D}{2}}=\frac{2M}{D}=\frac{2\times4.94}{78\times10^{-3}}=1276(\text{N})$$

齿轮上的径向力为

$$F_r=F_t\tan20°=461\text{N}$$

将 F_t、F_r 向齿轮中心简化,得计算简图[图 15-9(b)].画扭矩(M_n)图、Oxy 坐标面内的弯矩(M_z)图、Oxz 坐标面内的弯矩(M_y)图,分别如图 15-9

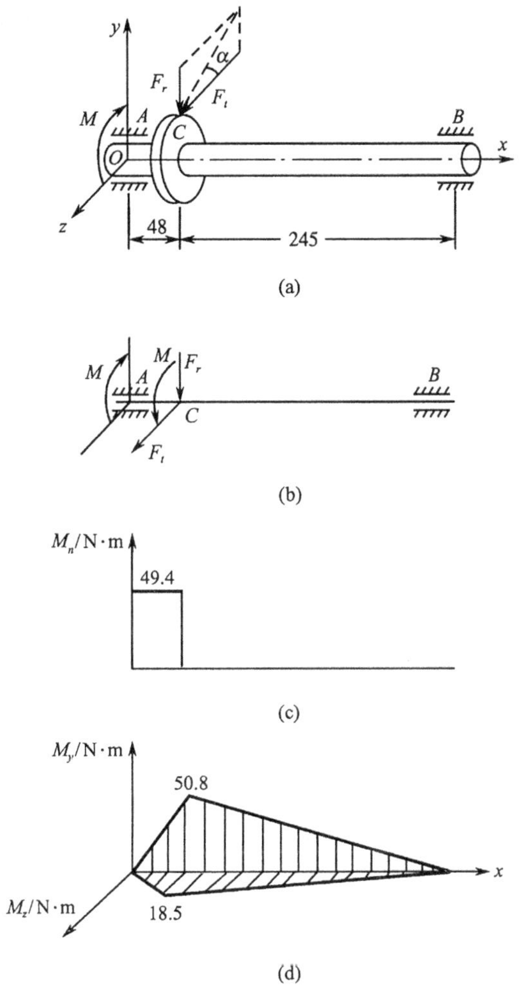

图 15-9

(c)、(d)所示.

由图可见,AC 段内各截面扭矩相等,Oxy 面和 Oxz 面内的最大弯矩均在 C 截面处,故 C 截面为危险截面.

按第三强度理论的强度条件式(15-2b),得

$$\sigma_{r3} = \frac{1}{W_z}\sqrt{M^2 + M_n^2} = \frac{1}{W_z}\sqrt{M_y^2 + M_z^2 + M_n^2} \leqslant [\sigma]$$

则有

$$W_z \geqslant \frac{\sqrt{M_y^2 + M_z^2 + M_n^2}}{[\sigma]} = \frac{\sqrt{50.8^2 + 18.5^2 + 49.4^2}}{80 \times 10^6} = 0.92 \times 10^{-6}(\mathrm{m}^3)$$

又，

$$W_z = \frac{\pi d^3}{32}$$

于是得

$$d = \sqrt[3]{\frac{32W}{\pi}} \geqslant \sqrt[3]{\frac{32 \times 0.92 \times 10^{-6}}{\pi}} = 2.1 \times 10^{-2}(\mathrm{m}) = 21(\mathrm{mm});$$

按第四强度理论的强度条件式(15-3b)，得

$$\sigma_{r4} = \frac{1}{W_z}\sqrt{M^2 + 0.75M_n^2} = \frac{1}{W_z}\sqrt{M_y^2 + M_z^2 + 0.75M_n^2} \leqslant [\sigma]$$

则有

$$W_z \geqslant \frac{\sqrt{M_y^2 + M_z^2 + 0.75M_n^2}}{[\sigma]} = \frac{\sqrt{50.8^2 + 18.5^2 + 0.75 \times 49.4^2}}{80 \times 10^6}$$

$$= 0.86 \times 10^{-6}(\mathrm{m}^3)$$

将 $w_z = \frac{\pi d^3}{32}$ 代入上式，得

$$d \geqslant 20\mathrm{mm}$$

习　　题

15-1　求图示各杆 A、B 截面上的内力.

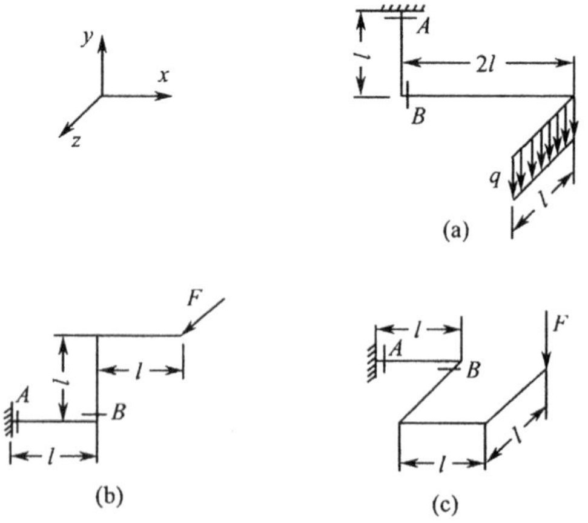

题 15-1 图

15-2　有一斜梁 AB，其横截面为正方形，边长为 100mm，若 $P=3\text{kN}$，试求梁的最大拉应力和最大压应力.

15-3　有一开口圆环，由直径 $d=50\text{mm}$ 的钢杆制成，$a=60\text{mm}$，材料的许用应力为 $[\sigma]=120\text{MPa}$. 求圆环的最大许可拉力 F 的数值.

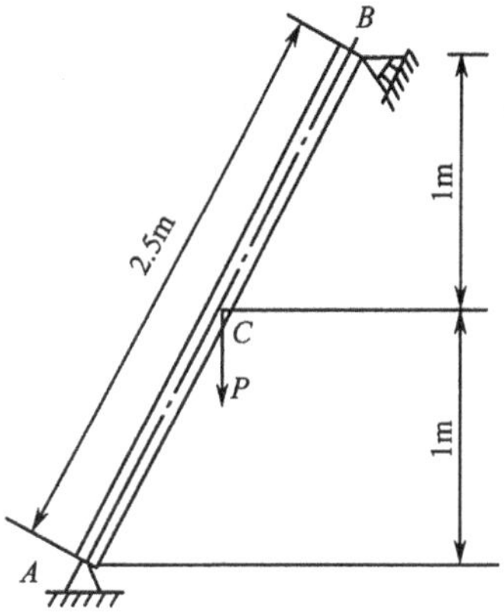

题 15-2 图

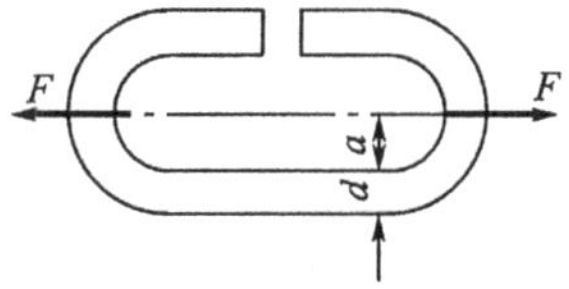

题 15-3 图

15-4　圆柱形塔器高为 h，外径为 D，内径为 d. 欲使塔中不产生拉应力，塔的轴线与铅直轴 y 所成的倾角 α 的最大许可量为多少(只考虑塔的自重这一项载荷)?

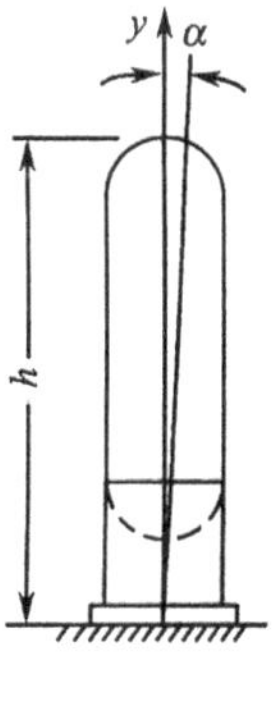

题 15-4 图

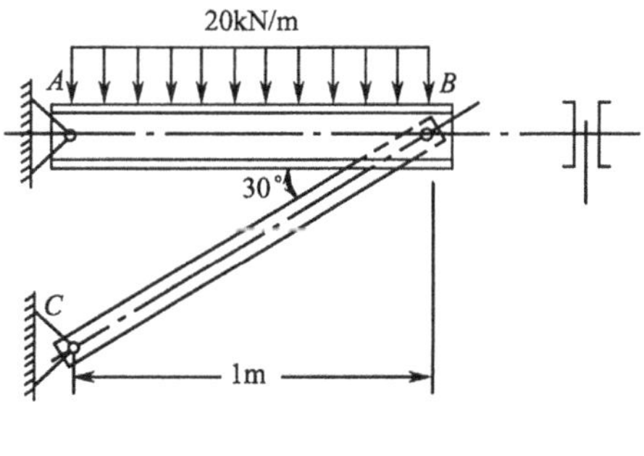

题 15-5 图

15-5　托架 ABC 的横梁 AB 由两根 10 号槽钢组成，$[\sigma]=100\text{MPa}$. 试校核 AB 梁的强度.

15-6　夹钳的夹紧力 $F=3.6\text{kN}$，材料的许用应力 $[\sigma]=140\text{MPa}$. 试确定正方形截面的尺寸 b.

15-7　图示一钩头螺栓，螺栓的内径 $d=25.1\text{mm}$，当拧紧螺母时承受偏心力 $F=4\text{kN}$ 的作用，偏心距 $e=50\text{mm}$. 试求螺栓内的应力.

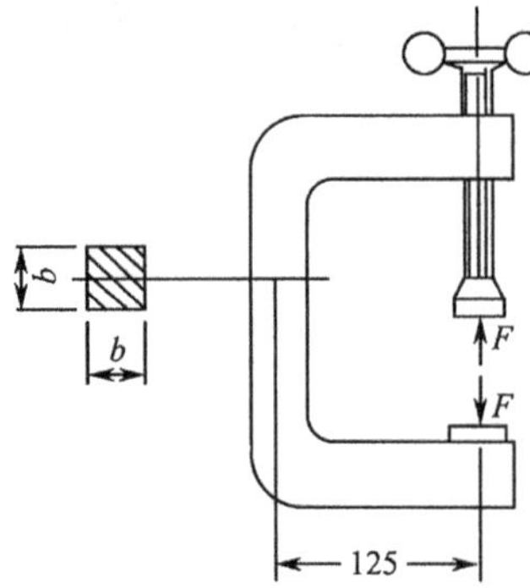

题 15-6 图

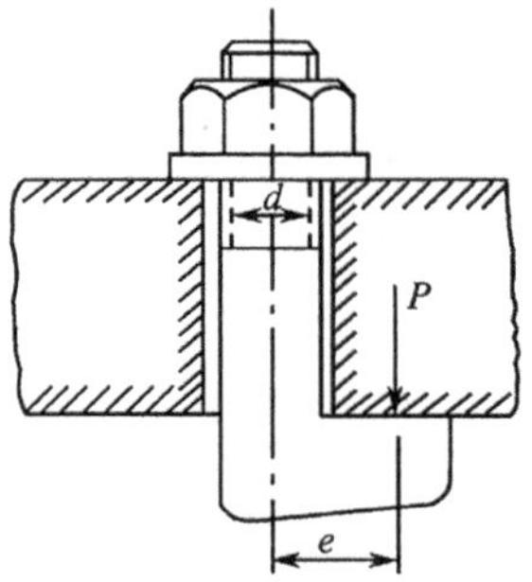

题 15-7 图

15-8　容器顶部起重吊杆如图所示. 已知最大起重量 $P=5\text{kN}$. 吊杆由钢管弯成，管子外径 $D=150\text{mm}$，内径 $d=100\text{mm}$，材料的许用应力 $[\sigma]=100\text{MPa}$，试校核吊杆的强度.

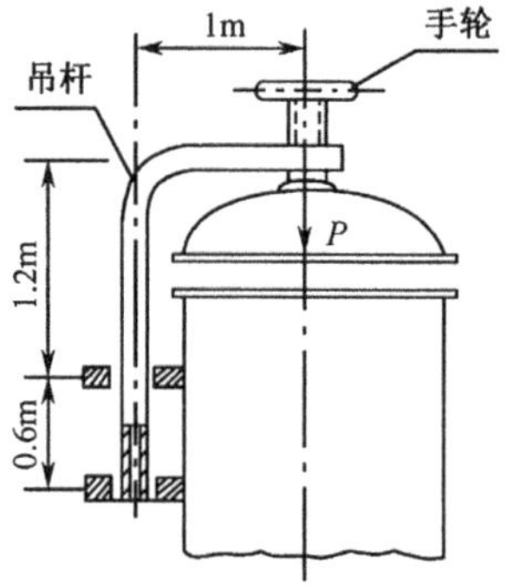

题 15-8 图

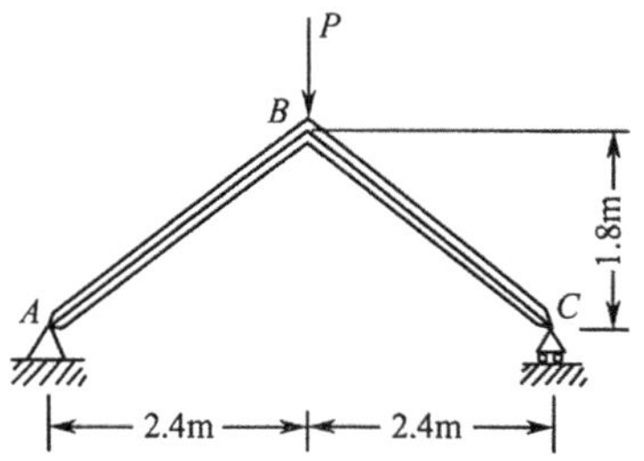

题 15-9 图

15-9　有一人字形刚架 ABC，由两根钢管 AB 和 BC 在点 B 刚接而成，各管的外径 $D=270\text{mm}$，横截面面积 $A=10.4\times10^3\text{mm}^2$，惯性矩 $I=88.2\times10^6\text{mm}^4$. 在载荷 $P=14\text{kN}$ 作用下，试求刚架内的最大拉应力和压应力.

15-10　一矩形截面短柱，受图示偏心压力 F 作用，已知许用拉应力 $[\sigma_1]=30\text{MPa}$，许用压应力 $[\sigma_Y]=90\text{MPa}$，求许用压力 $[F]$.

15-11　一带槽钢板受力如图(a). 已知钢板宽度 $b=8\text{cm}$，厚度 $\delta=1\text{cm}$，边缘上半圆形槽的半径 $r=1\text{cm}$，已知拉力 $F=80\text{kN}$，钢板的许用应力 $[\sigma]=140\text{MPa}$. 试对此钢板进行强度校核；并与图(b)钢板强度进行比较.

15-12　图示一矩形截面杆，用应变片测得杆件上、下表面的轴向应变分别为 $\varepsilon_a=1\times10^{-3}$ 和 $\varepsilon_b=0.4\times10^{-3}$，材料的弹性模量 $E=210\text{GPa}$，

(1) 试绘制横截面的正应力分布图；

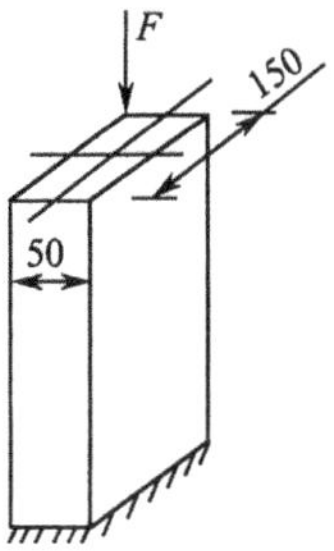

题 15-10 图

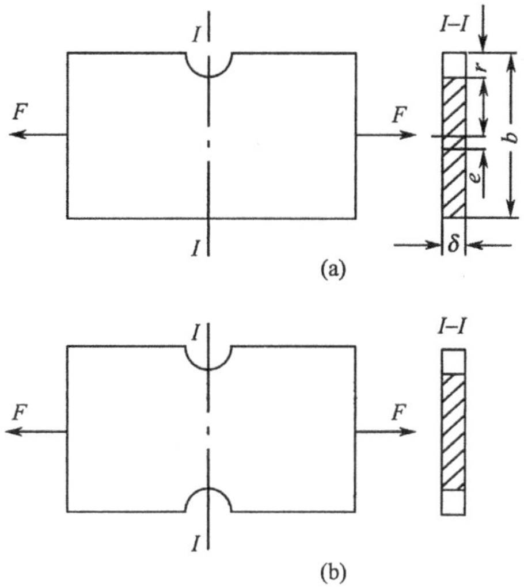

题 15-11 图

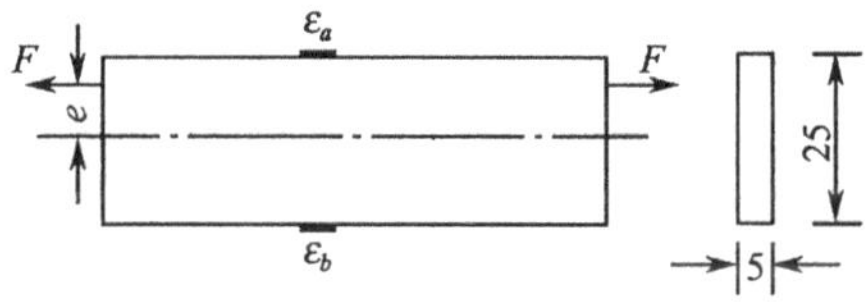

题 15-12 图

(2) 求拉力 F 及其偏心距 e 的数值.

15-13　加热炉炉门的升降装置如图所示. 轴 AB 的直径 $d=4\text{cm}$, CD 为 $4\text{cm}\times 2\text{cm}$ 的矩形截面杆, 材料都是 Q 235 钢, $\sigma_s=240\text{MPa}$, 已知力 $F=200\text{N}$.

(1) 试求杆 CD 的最大正应力;

(2) 求轴 AB 的工作安全系数.

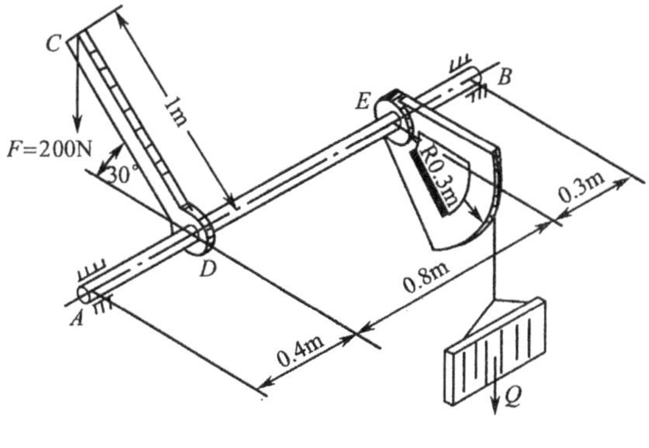

题 15-13 图

15-14　薄壁圆筒形容器的外径 $D=200\text{mm}$,壁厚 $t=10\text{mm}$,作用在两端的轴向压力 $F=100\text{kN}$,内压 $p=2\text{MPa}$,材料为铸铁,$[\sigma_l]=40\text{MPa}$.试校核容器的强度.

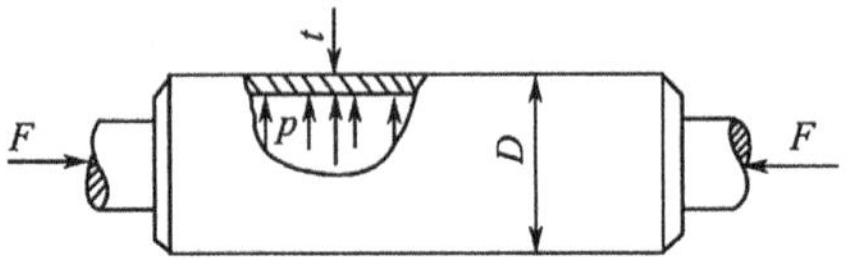

题 15-14 图

15-15　上悬式离心机自上端传入的扭转外力偶矩 $M=300\text{N·m}$,转鼓重 $P=5\text{kN}$,转轴直径 $d=50\text{mm}$.试求转轴的最大主应力、最小主应力和最大剪应力;并在单元体图上绘出 σ_{max}、σ_{min}及 τ_{max}的所在截面位置.

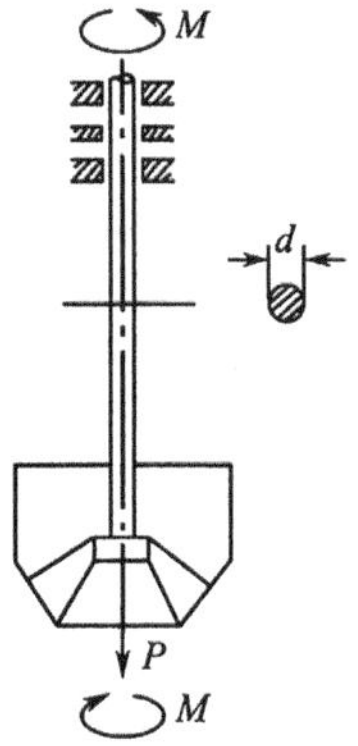

题 15-15 图

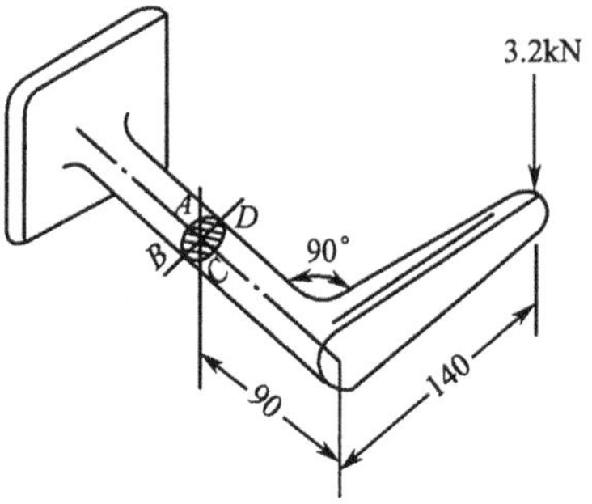

题 15-16 图

15-16　图示一曲拐受到外力 3.2kN 的作用,其圆形部分的截面 $ABCD$ 的直径为 500mm.试绘出点 A 的应力状态,并求其主应力及最大剪应力.

15-17　电动机功率 $P=9\text{kW}$,转速 $n=715\text{r/min}$,$[\sigma]=80\text{MPa}$.试按最大剪应力理论校核轴的强度.

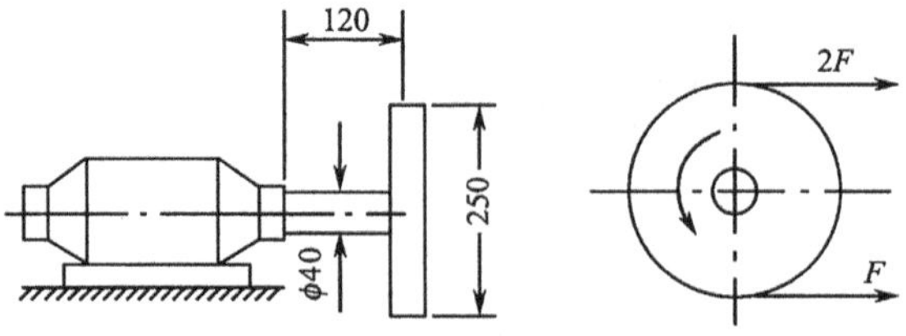

题 15-17 图

15-18　如图所示，有一载荷 $P=44\text{kN}$，垂直作用在曲柄销上，使轴匀速转动. 曲轴用屈服极限 $\sigma_S=276\text{MPa}$ 的塑性材料制成. 如果取安全系数 $n=2$，试用最大剪应力理论设计此轴的直径.

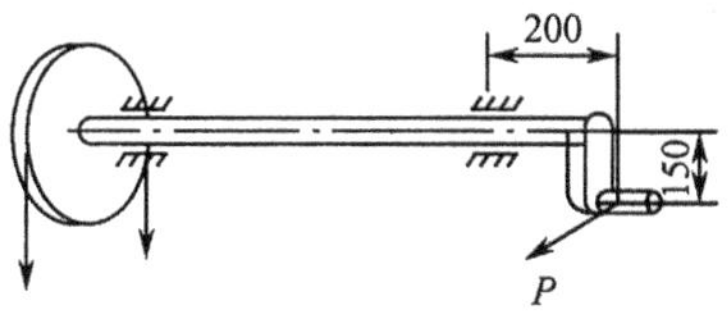

题 15-18 图

15-19　轴上安装有两个轮，分别作用有力 F 和重力 $P=5\text{kN}$. 若 $[\sigma]=80\text{MPa}$，试按形状改变能密度理论选择轴的直径.

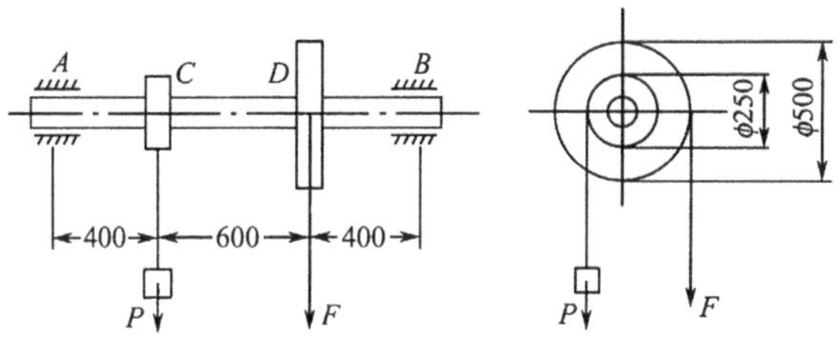

题 15-19 图

15-20　路杆所受最大风力为 200N. 竖杆为钢管，其内、外径分别为 40mm 和 50mm，$[\sigma]=100\text{MPa}$. 若不计杆牌重力，试按最大剪应力理论校核钢管的强度.

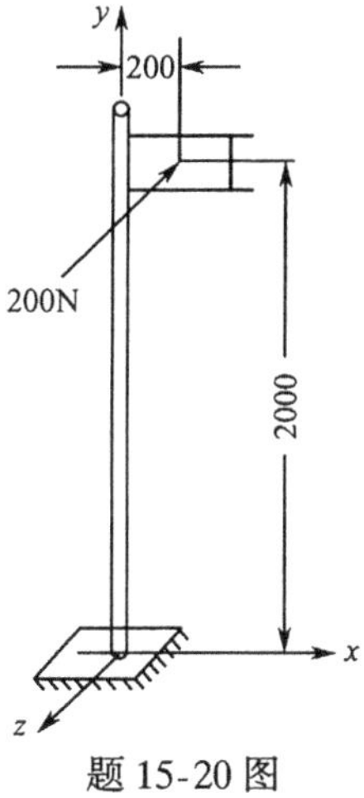

题 15-20 图

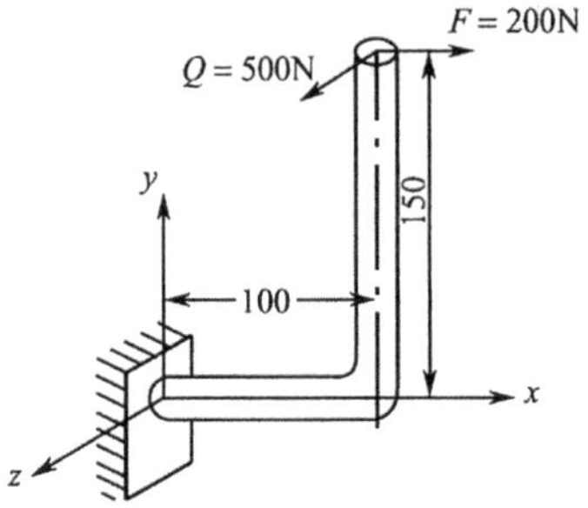

题 15-21 图

15-21 图示一直径为 20mm 的折杆,用软钢制成,左端固定.外力 F 和 Q 作用在自由端,其方向分别与 x 轴和 z 轴平行.已知材料的许用应力为$[\sigma]=160\text{MPa}$,试校核该杆的强度.

15-22 曲拐如图示,点 A 处作用力 $F=80\text{kN}$,$[\sigma]=100\text{MPa}$,试按最大剪应力理论对 $n-n$ 截面做强度校核.

15-23 圆杆直径 $d=40\text{mm}$,作用有 m 和M,今测得点 A 处在 x 轴方向的线应变 $\varepsilon_A=4\times10^{-4}$,点 B 处沿 45°方向的线应变 $\varepsilon_B=3.5\times10^{-4}$,已知 $E=200\text{GPa}$,$\mu=0.28$.求 m 和M;若$[\sigma]=140\text{MPa}$,试按最大剪应力理论校核圆杆强度.

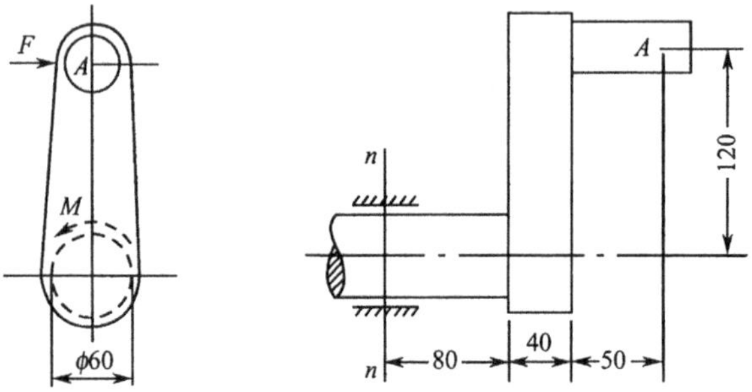

题 15-22 图

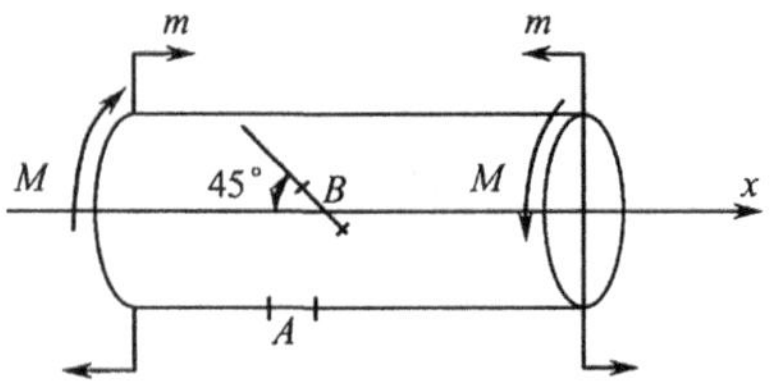

题 15-23 图

15-24 图示一皮带轮轴,装有皮带轮 1、2、3. 1、2 轮上的皮带张力是铅直方向的,而 3 轮上的皮带张力是水平方向的.已知皮带张力 $F_1=F_2=1.5\text{kN}$. 1、2 轮的直径均为 300mm,3 轮的直径为 450mm,轴的直径为 60mm.若许用应力$[\sigma]=80\text{MPa}$,试按第三强度理论校核该轴的强度.

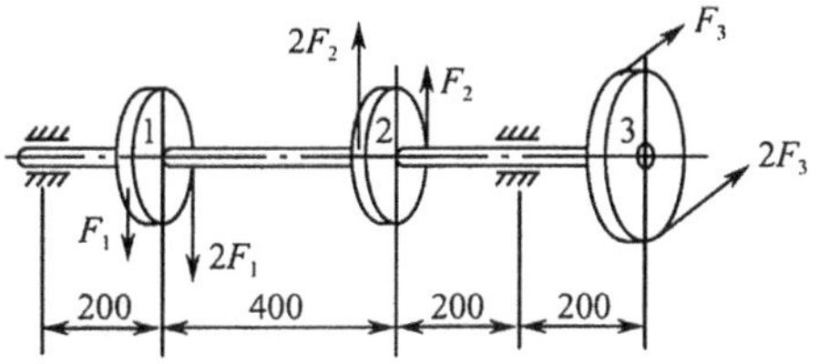

题 15-24 图

第十六章　压杆稳定性

对于受压的直杆，即压杆来说，除了前面讨论过的强度和刚度问题之外，还有**稳定性**问题. 现以图 16-1 所示的细长压杆为例，说明稳定性的概念.

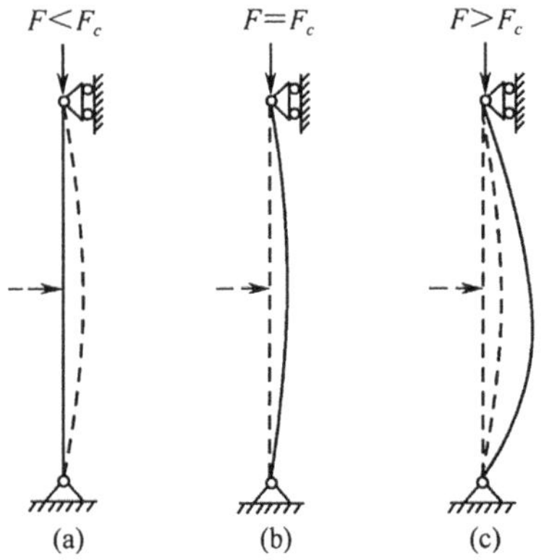

图 16-1

轴向压力 F 小于某一定值 F_c，即 $F<F_c$ 时，压杆将保持直线形状的平衡，既使横向干扰使其产生微弯，而在撤去干扰后压杆将自行恢复到原有的直线形状的平衡，就是说，压杆原有的平衡是稳定平衡(图 16-1(a)). 若 $F=F_c$，当受到横向干扰而产生微弯后再撤去干扰，压杆却不能自行恢复到原有的直线形状，而保持为微弯状态下的平衡，其原有的平衡称为随遇平衡(图 16-1(b)). 若 $F>F_c$，只要受到轻微的横向干扰，压杆就会屈曲，直至崩溃(弯断). 我们说，压杆原有的平衡是不稳定的，或者说，压杆原有的平衡**丧失了稳定性**，简称**失稳**(图 16-1(c)).

由以上分析可见，杆端轴向压力的量变，将引起压杆原有直线形状下平衡的稳定性的质变. 当轴向压力增至 F_c 时，压杆将由稳定的过渡为不稳定的. F_c 称为**临界压力**.

细长压杆的轴向压力达到临界值时，杆内应力往往不高，甚至低于材料的比例极限.就是说,构件因强度不足而被破坏之前就会失稳而丧失工作能力.失稳造成的破坏是突然性的,因而危害是严重的.设计时,对构件的稳定性要充分注意.

§16-1　细长压杆的临界压力

前已述及,当轴向压力达到临界值 F_c 时,在轻微的横向干扰解除之后,压杆将仍保持其微弯状态下的平衡.下面我们就从压杆微弯状态下的平衡入手,来推导两端铰支细长压杆临界应力的计算公式.

图 16-2(a)所示为一微弯平衡状态下的两端铰支细长压杆.取其上半部为分离体(图 16-2(b)),由静平衡条件可知

$$M = -Fy \tag{16-1}$$

式中 M 为弯矩,y 为挠度.由图可见,M 为正值,y 为负值,等号两边符号应一致,故在右边加一负号.

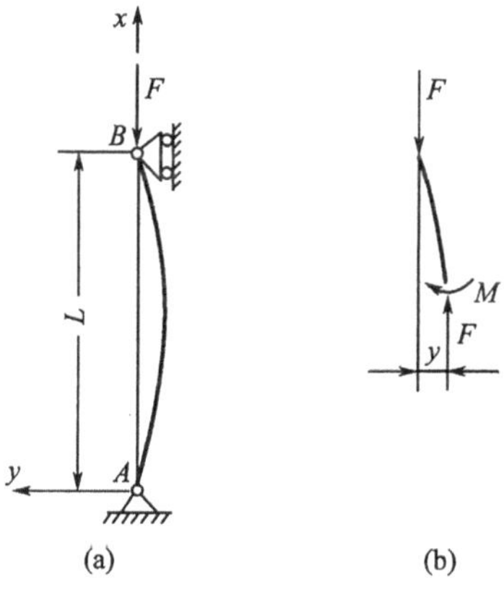

图 16-2

由式(13-2)得

$$y'' = \frac{M}{EI} = -\frac{Fy}{EI}$$

即

$$y'' + \frac{Fy}{EI} = 0 \tag{a}$$

令 $k^2 = \dfrac{F}{EI}$,则式(a)改写为

$$y'' + k^2 y = 0 \tag{b}$$

其通解为

$$y = C_1 \sin kx + C_2 \cos kx \tag{c}$$

式中 C_1、C_2 为积分常数.

系统的边界条件为

$$y_A = y|_{x=0} = 0$$

$$y_B = y|_{x=L} = 0$$

将它们分别代入式(c),得

$$C_2 = 0$$

$$C_1 \mathrm{sim} kL = 0 \tag{d}$$

分析式(d):

若 $C_1=0$,则由式(c)得 $y\equiv 0$,表示压杆任一横截面挠度皆为零,这与压杆处于微弯平衡状态的前提不符,因此 $C_1\neq 0$,只能有

$$\sin kL = 0$$

满足此式的 kL 值为

$$kL = n\pi \qquad (n = 1,2,\cdots)$$

将 $k^2=\dfrac{F}{EI}$代入上式便得

$$F = \frac{n^2\pi^2 EI}{L^2} \tag{e}$$

显然式(e)中 n 不能取为零,否则 $F=0$,这与题设不符.而 $n=1$ 所对应的 F 值即为使压杆在微弯状态下平衡的最小压力,即临界压力,故有

$$F_c = \frac{\pi^2 EI}{L^2} \tag{16-1}$$

该式称为**欧拉公式**.

将 $C_2=0, k=\dfrac{n\pi}{L}, n=1$ 代入式(c),得

$$y = C_1 \sin\frac{\pi}{L}x \tag{f}$$

可见,两端铰支细长压杆在临界状态下的挠曲线是半个正弦波.C_1 是最大挠度,一个不确定的微小值.

根据杆端约束的情况,工程上常将压杆抽象为四种模型,如表 16-1 所示,它们的临界压力计算公式同样可用上述方法导出,其结果为

表 16-1 压杆的长度系数

<table>
<tr><td></td><td>两端铰支</td><td>一端固定
一端自由</td><td>两端固定</td><td>一端固定
一端铰支</td></tr>
<tr><td>支座形式</td><td></td><td>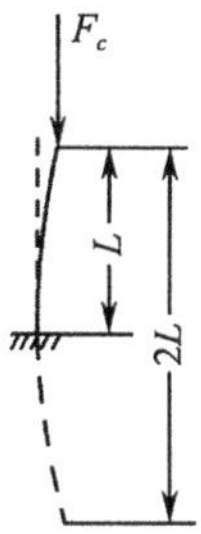</td><td>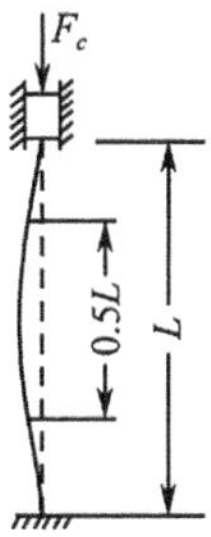</td><td>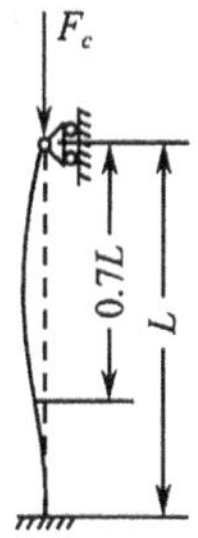</td></tr>
<tr><td>μ</td><td>1</td><td>2</td><td>0.5</td><td>0.7</td></tr>
</table>

一端固定,一端自由的细长压杆

$$F_c = \frac{\pi^2 EI}{(2L)^2}$$

两端固定的细长压杆

$$F_c = \frac{\pi^2 EI}{(0.5L)^2}$$

一端固定,一端铰支的细长压杆

$$F_c = \frac{\pi^2 EI}{(0.7L)^2}$$

如将上面 4 个临界压力计算公式作一比较,不难看出,它们的形式相似,可合并成一个公式

$$F_c = \frac{\pi^2 EI}{(\mu L)^2} \tag{16-2}$$

式中,L 为压杆的实际长度;

μ 为长度系数;

μL 称为**计算长度**或称**相当长度**.

式(16-2)称为**欧拉公式的一般形式**.

当支座在各纵向平面内的约束情况相同时(例如球铰链、固定端支座),压杆总是在抗弯刚度最小的平面内易于失稳.计算临界压力时,惯性矩 I 应取最小值.

另外,压杆稳定问题是与压杆的整体变形有关的,故如小孔、沟槽等引起个别截面的局部消弱,对临界压力影响甚小,计算时不必考虑.

§16-2　临界应力和临界应力总图

将式(16-2)除以压杆的横截面面积 S,得压杆的**临界应力**

$$\sigma_c = \frac{F_c}{S} = \frac{\pi^2 EI}{(\mu L)^2 S} \tag{a}$$

式中 I 和 S 都是与截面的形状和尺寸有关的几何量,在工程计算中,为方便起见,常将比值 $\frac{I}{S}$ 表示为

$$i = \sqrt{\frac{I}{S}} \tag{b}$$

i 称为**惯性半径**.将其代回式(a),得

$$\sigma_c = \frac{\pi^2 E}{\left(\frac{\mu L}{i}\right)^2} \tag{c}$$

令

$$\lambda = \frac{\mu L}{i} \tag{16-3}$$

则式(c)又可改写为

$$\sigma_c = \frac{\pi^2 E}{\lambda^2} \tag{16-4}$$

这就是**细长压杆临界应力的计算公式,即欧拉公式的另一种形式**.

λ 称为压杆的**柔度**,它综合反映了压杆长度、截面形状、截面尺寸和两端支承形式对临界应力的影响.显然,λ 越大,临界应力越小,压杆越容易失稳.

因为欧拉公式是从挠曲线近似微分方程导出的,而挠曲线近似微分方程的成立是以材料服从胡克定律为一个先决条件的,故式(16-4)的使用条件为

$$\sigma_c = \frac{\pi^2 E}{\lambda^2} \leqslant \sigma_P$$

或

$$\lambda \geqslant \sqrt{\frac{\pi^2 E}{\sigma_P}}$$

令

$$\lambda_1 = \sqrt{\frac{\pi^2 E}{\sigma_P}} \tag{16-5}$$

则式(16-4)细长压杆的临界应力公式,即欧拉公式的使用条件又可改写为

$$\lambda \geqslant \lambda_1 \tag{16-6}$$

由式(16-5)可见，λ_1 的大小是以材料的力学性质决定的. 如 Q235 钢的 $E=200\text{GPa}$，$\sigma_P=200\text{MPa}$，代入式(16-5)得

$$\lambda_1=\sqrt{\frac{\pi^2\times 200\times 10^9}{200\times 10^6}}\approx 100$$

这就是说，由 Q235 钢制成的压杆，只有当 $\lambda\geqslant 100$ 时，才能使用欧拉公式.

$\lambda<\lambda_1$ 的压杆，是超过比例极限的稳定问题. 其临界应力的计算，常用以实验为依据的直线经验公式

$$\sigma_c=a-b\lambda \tag{16-7}$$

式中的 a 和 b 是与材料性质有关的常数. 某些材料的 a 和 b 值见表 16-2.

表 16-2　直线经验公式中的 a 和 b

材　料	a/MPa	b/MPa
Q235 钢	304	1.12
优质碳钢	461	2.568
硅　钢	578	3.744
铬 钼 钢	980.7	5.296
铸　铁	332.2	1.454
强　铝	373	2.15
松　木	28.7	0.19

使用式(16-7)的条件是，临界应力不超过屈服极限(塑性材料)或强度极限(脆性材料).

对于塑性材料来说，

$$\sigma_c - a - b\lambda\leqslant\sigma_s$$

即

$$\lambda\geqslant\frac{a-\sigma_s}{b}$$

令

$$\lambda_2=\frac{a-\sigma_s}{b} \tag{16-8}$$

则其直线经验公式的使用范围归纳为

$$\lambda_2\leqslant\lambda\leqslant\lambda_1 \tag{16-9}$$

柔度很小的压杆，即 $\lambda<\lambda_2$ 的压杆，其丧失工作能力的原因不在于失稳，而在于压应力达到了材料的屈服极限或强度极限. 压杆在失稳前就已发生屈

服或断裂. 这是个强度问题,其“临界”应力应由材料的屈服极限或强度极限决定,即

$$\sigma_c = \sigma_s \qquad (塑性材料)$$

$$\sigma_c = \sigma_b \qquad (脆性材料)$$

图 16-3 表示用同一材料制成的压杆的临界应力随柔度变化的情况,称为**临界应力总图**.

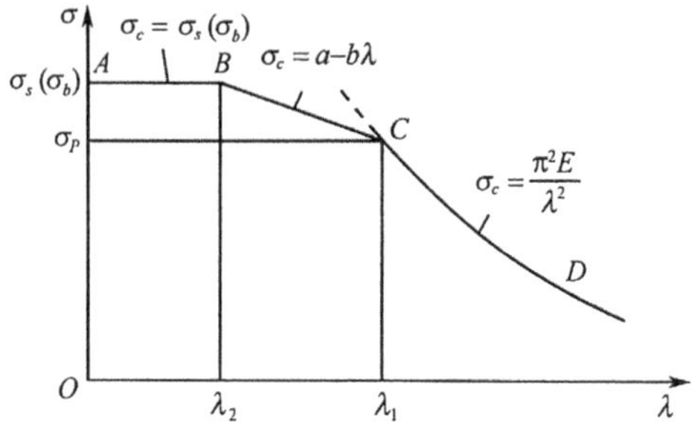

图 16-3

对于 $\lambda \geqslant \lambda_1$ 的**大柔度压杆**,即**细长压杆**,用欧拉公式(16-4)计算临界应力,在图中表示为曲线 CD; $\lambda_2 \leqslant \lambda \leqslant \lambda_1$ 的**中柔度压杆**,用直线经验公式(16-7)计算临界应力,在图中表示为斜直线 BC; $\lambda < \lambda_2$ 的**小柔度压杆**,即**短压杆**,按强度问题计算,在图中表示为水平线 AB.

§16-3　压杆稳定计算

为保证压杆有足够的稳定性,要求实际载荷不超过临界压力,并且有必要的稳定储备. 压杆的稳定条件为

$$\frac{F_c}{F} \geqslant n_c \qquad (16\text{-}10)$$

式中,F 为实际载荷;

　　n_c 为稳定安全系数.

由于杆的初弯、载荷偏心、材料不均质、支座缺陷等因素对压杆稳定性有较大影响,稳定安全系数比强度安全系数取得大些. 具体数值视压杆的工作条件而定,可查有关工程手册.

例 16-1　联杆尺寸如图 16-4 所示. 材料为 45 号钢, $\sigma_s = 350\text{MPa}$,

$\sigma_P = 280\text{MPa}, E = 210\text{GPa}$.联杆承受的轴向压力 $F = 120\text{kN}$,取稳定安全系数 $n_c = 3$.试校核联杆的稳定性.

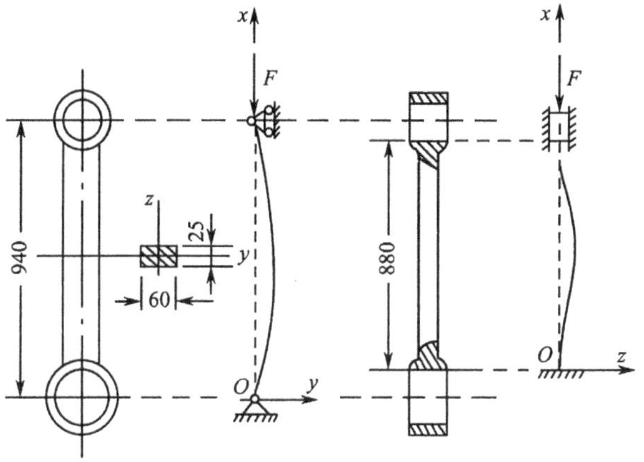

图 16-4

解 先求柔度 λ

在 Oxy 面内,两端支座均为铰链,$\mu = 1$,变形以 z 轴为中性轴,其惯性半径为

$$i_z = \sqrt{\frac{I_z}{S}} = \sqrt{\frac{\frac{25 \times 60^3}{12}}{25 \times 60}} = 17.32(\text{mm})$$

柔度为

$$\lambda_z = \frac{\mu L}{i_z} = \frac{1 \times 940}{17.32} = 54.3$$

在 Oxz 面内,两端约束近似为固定端,$\mu = 0.5$,变形以 y 轴为中性轴,其惯性半径为

$$i_y = \sqrt{\frac{I_y}{S}} = \sqrt{\frac{\frac{60 \times 25^3}{12}}{25 \times 60}} = 7.22(\text{mm})$$

柔度为

$$\lambda_y = \frac{\mu L}{i_y} = \frac{0.5 \times 880}{7.22} = 60.9$$

由于 $\lambda_y > \lambda_z$,因此先在 Oxz 面内失稳,故应针对 λ_y 来计算临界应力.

由式(16-5)得

$$\lambda_1 = \sqrt{\frac{\pi^3 E}{\sigma_P}} = \sqrt{\frac{\pi^2 \times 210 \times 10^9}{280 \times 10^6}} = 86$$

查表 16-2 知,优质碳钢的 a、b 值为

$$a = 461\text{MPa}, \quad b = 2.568\text{MPa}$$

则由式(16-8)得

$$\lambda_2 = \frac{a - \sigma_s}{b} = \frac{461 - 350}{2.568} = 43.2$$

可见 $\lambda_2 < \lambda_y < \lambda_1$,联杆为中柔度压杆.

由式(16-7),

$$\sigma_c = a - b\lambda_y = 461 - 2.568 \times 60.9 = 304.6(\text{MPa})$$

则

$$F_c = \sigma_c S = 304.6 \times 10^6 \times 60 \times 10^{-3} \times 25 \times 10^{-3} = 456.9(\text{kN})$$

将 F 和 F_c 代入式(16-10)得

$$\frac{F_c}{F} = \frac{456.9}{120} = 3.8 > n_c = 3$$

例 16-2 液压驱动机构活塞的直径 $D = 150$mm,活塞杆直径 $d = 25$mm,长度 $L = 550$mm(图 16-5).活塞杆两端分别与活塞和销轴连接,杆端约束可简化为铰支.活塞杆材料为优质碳钢,$\sigma_P = 280$MPa,$E = 210$GPa.规定的稳定安全系数 $n_c = 3$.试根据活塞杆的稳定条件确定缸筒内压 p 的许可值.

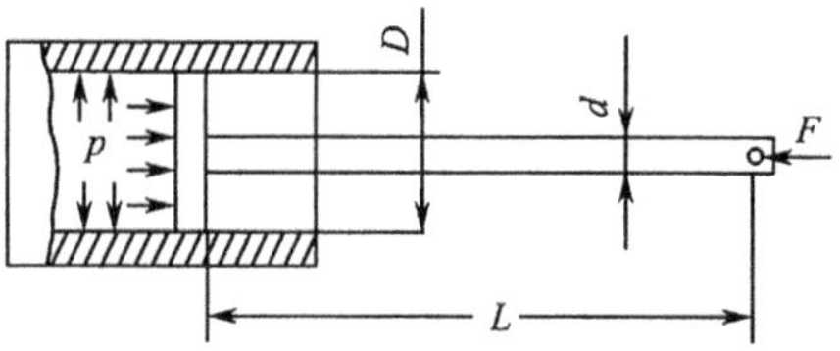

图 16-5

解 首先计算柔度

$$i = \sqrt{\frac{I}{S}} = \sqrt{\frac{\frac{\pi d^4}{64}}{\frac{\pi d^2}{4}}} = \frac{d}{4} = \frac{25}{4} = 6.25(\text{mm})$$

$$\lambda = \frac{\mu L}{i} = \frac{1 \times 550}{6.25} = 88$$

$$\lambda_1=\sqrt{\frac{\pi^2E}{\sigma_P}}=\sqrt{\frac{\pi^2\times210\times10^9}{280\times10^6}}=86$$

由于 $\lambda>\lambda_1$,故应采用欧拉公式计算临界压力,

$$F_c=\frac{\pi^2EI}{(\mu L)^2}=\frac{\pi^2E\,\frac{\pi d^4}{64}}{(\mu L)^2}$$

$$=\frac{\pi^2\times210\times10^9\times(25\times10^{-3})^4}{64\times(1\times550\times10^{-3})^2}=131.4(\text{kN})$$

由稳定条件

$$\frac{F_c}{F}\geqslant n_c$$

即

$$F_c\geqslant n_c p\,\frac{\pi D^2}{4}$$

得

$$p\leqslant\frac{4F_c}{n_c\pi D^2}=\frac{4\times131.4\times10^3}{3\pi\times(150\times10^{-3})^2}=2.478(\text{MPa})$$

§16-4　提高压杆稳定性的措施

提高压杆稳定性,主要是提高临界应力.由式(16-3)、(16-4)和(16-7)可见,应从以下几方面出发.

一、采用合理的截面形状

在一定的横截面面积下,设法增大惯性矩 I,从而增大惯性半径 $i=\sqrt{\frac{I}{S}}$,减小 λ.宜采用空心截面或各种型钢,以及由型钢组成的复合压杆.采用复合压杆时,应把型钢用缀板牢固地联为一体(图 16-6).

另外,压杆在两个纵向平面内应具有相同的稳定性,即要求 $\lambda_y=\lambda_z$.如果

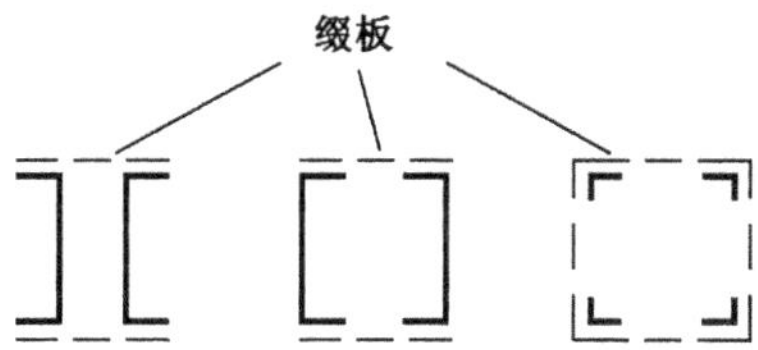

图 16-6

两个纵向平面内杆端的约束情况相同，则需要 $I_y = I_z$，应采用点对称的圆形、正方形或组合截面. 如果两个纵向平面内杆端约束情况不相同，就应使 $I_y \neq I_z$，为此，宜采用矩形或工字性截面.

二、改善约束条件

杆端约束不同，μ 值也就不同. 在可能的条件下应加强杆端固结程度，以减小 μ 值，从而减小 λ 值.

三、合理选择材料

对于大柔度压杆，材料对临界应力的影响只与 E 值有关，而各种钢材的 E 值相近，故没有必要为提高稳定性而选用优质钢；中柔度压杆，经验公式中的 a、b 值与材料的强度有关，故选用优质钢可在一定程度上提高临界应力；小柔度压杆的“稳定”问题，本来就是强度问题，选用优质钢材显然是有效的.

习　　题

16-1　两根细长压杆，其支座形式、材料、长度、横截面面积均相同. 其截面形状一为圆形，一为内外径之比为$\frac{1}{2}$的圆环形. 试求二杆的临界压力之比.

16-2　桁架 ABC 由两根截面、材料均相同的细长杆铰接而成. 在保证杆系稳定的前题下，θ 角为多大时 F 有最大值？

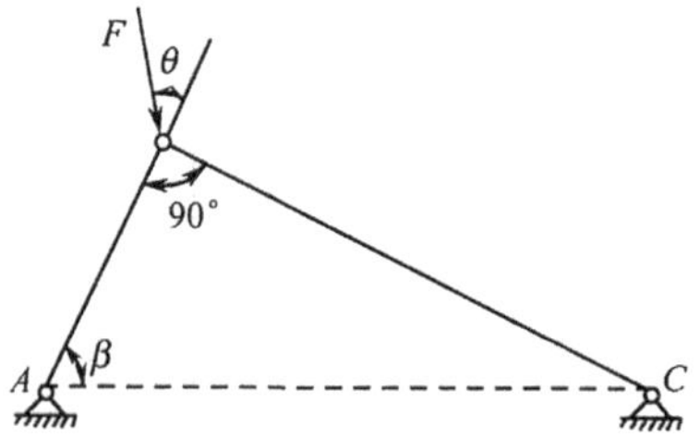

题 16-2 图

16-3　两种材料的压缩应力-应变曲线如图示. a 为比例极限对应点. 试确定由此材料制成的压杆使用欧拉公式的最小柔度 λ_p.

16-4　图示各杆的直径、材料均相同. 试判断，哪种情况下的临界压力 F_c 最大？

16-5　三根圆形截面压杆，其直径均为 $d = 160$mm，两端均为铰支，材料均为 Q235 钢，$E = 200$GPa，$\sigma_P = 200$MPa，$\sigma_s = 235$MPa. 长度分别为 $L_1 = 5$m，$L_2 = 2.5$m，$L_3 = 1.25$m. 试求各杆的临界压力

16-6　挺杆长度 $L = 257$mm，直径 $d = 8$mm，材料为 45 号钢，挺杆所受的最大压力

$F=1.76\text{kN}$,两端均为铰支,规定的稳定安全系数 $n_c=2.5$,试校核其稳定性.

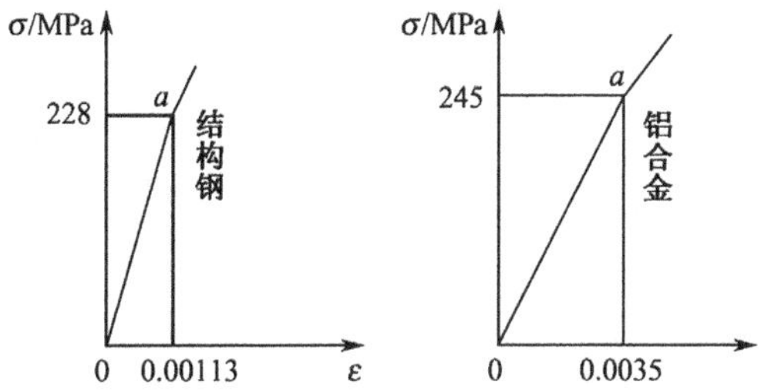

题 16-3 图

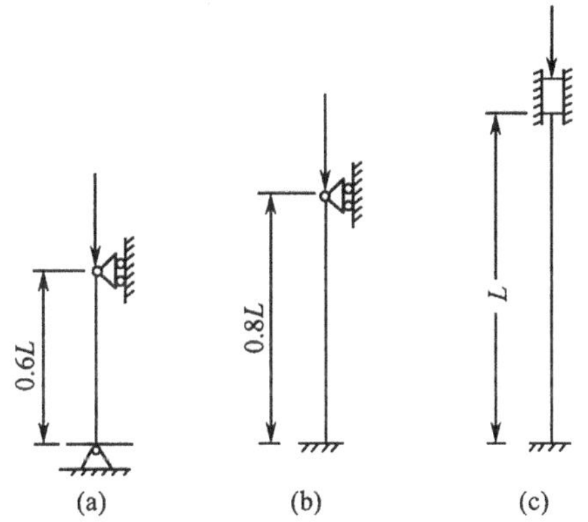

题 16-4 图

16-7　图示结构中,BD 为圆形截面杆,直径 $d=35\text{mm}$,材料为 Q235 钢,规定的稳定安全系数 $n_c=3$.试根据 BD 杆的稳定条件确定重力 P 的许可值.

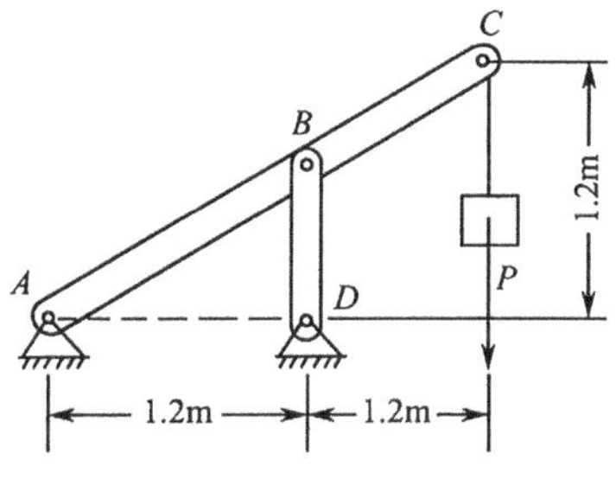

题 16-7 图

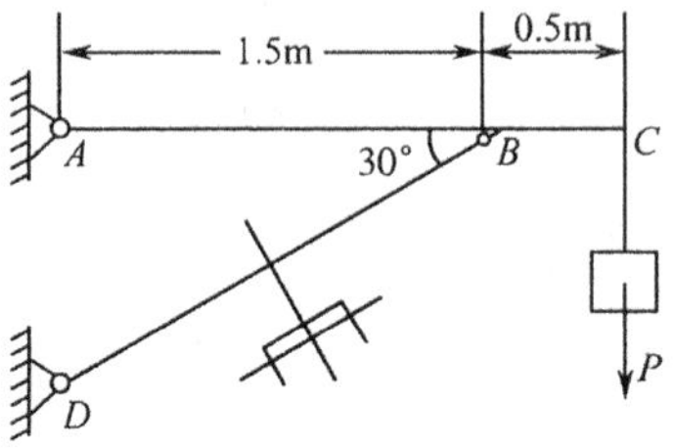

题 16-8 图

16-8　图示简易起重机的压杆 BD 为 20 号槽钢，材料为 Q235 钢，起重机的最大起重力为 $P=40\text{kN}$，规定的稳定安全系数 $n_c=5$，试校核 BD 杆的稳定性.

16-9　图示工字形截面联杆所受的最大轴向压力为 50kN，材料为 45 号钢. 假定计算只需按平均横截面（截面特征如图示）进行，试计算其稳定安全系数.

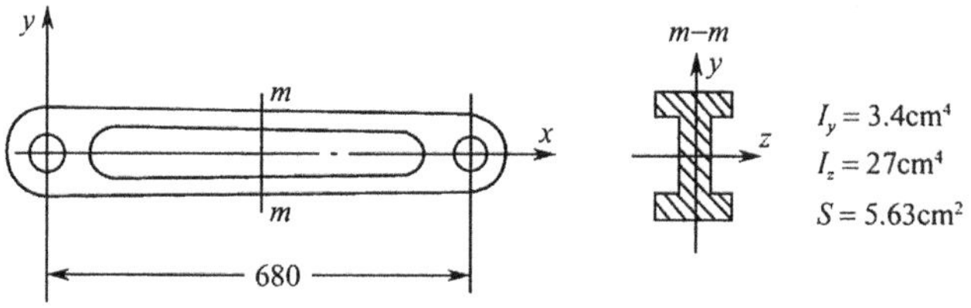

题 16-9 图

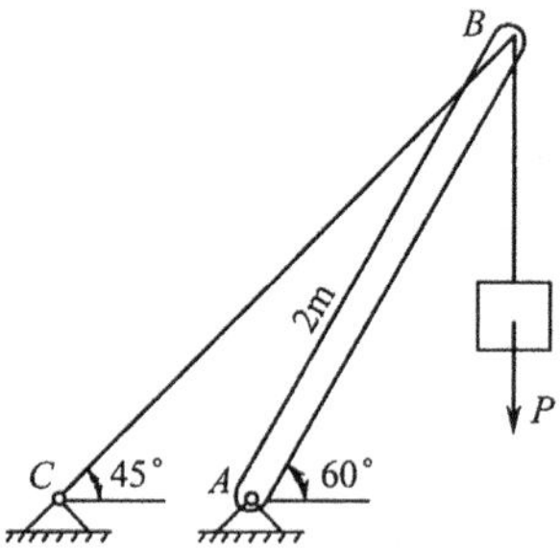

题 16-10 图

16-10　简易起重机的 AB 杆为圆环形截面，内外径分别为 $d=50\text{mm}$，$D=60\text{mm}$，材料为 Q235 钢，若规定的稳定安全系数为 $n_c=2.8$，试按 AB 杆的稳定条件确定重力 P 的许可值.

16-11　图示结构中，AD 为铸铁圆杆，直径 $d_1=60\text{mm}$，压缩许用应力

$[\sigma_Y]=120\text{MPa}$;BC 杆为钢圆杆,直径 $d_2=10\text{mm}$,材料为 Q235 钢,许用应力$[\sigma]=160\text{MPa}$.如各支持处均为铰接,试求许用分布载荷 q.

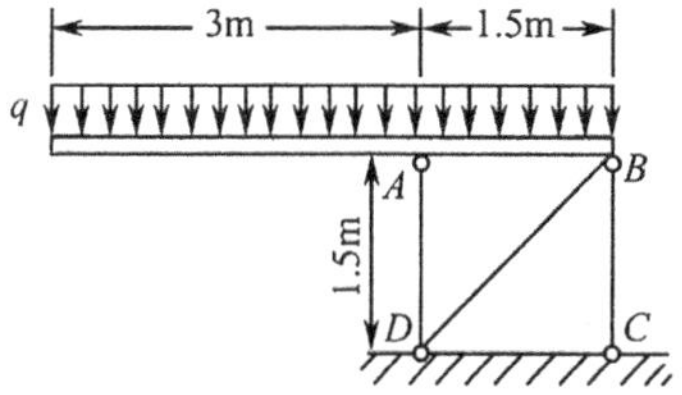

题 16-11 图

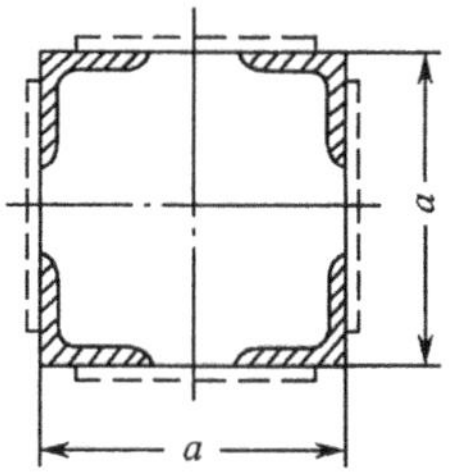

题 16-12 图

16-12　图示一支柱,系由四根 70mm×70mm×6mm 的角钢组成,柱的两端铰支,柱长 $l=6\text{m}$,受轴向压力 $P=450\text{kN}$ 作用.若材料为 Q235 钢,强度许用应力$[\sigma]=160\text{MPa}$.试求支柱横截面边长 a 的尺寸.

习 题 答 案

第二章　平面汇交力系

2-1 $F_R = 161.2\text{N}, \angle(\boldsymbol{F}_R, \boldsymbol{F}_1) = 29.73°$

2-2 $F_1 = F_2 = F_3 = 366\text{N}$

2-3 $F_A = 346.4\text{N}, F_B = 200\text{N}$

2-4 $F_{AC} = 5.2\text{kN}, F_{BC} = 7.3\text{kN}$

2-5 327.5kN

2-6 $F_{BC} = 5\text{kN}, F_A = 5\text{kN}$

2-7 $F_C = 2000\text{N}, F_A = F_B = 2010\text{N}$

2-8 $F_T = 10.14\text{N}, F_N = 1.69\text{N}$

2-9 $F_{AC'} = F_{BC'} = 98.9\text{kN}, F_{AC} = 7.3\text{kN}$

2-10 $\tan\alpha = \dfrac{3\cos^2\theta - 2}{3\sin\theta\cos\theta}$

2-11 $F_{\min} = 1.732P$

第三章　力对点的矩·平面力偶系

3-1 $\gamma = 36.9°$

3-2 $F = 375\text{N}$

3-3 $l_1 = \dfrac{b}{3}, l_2 = \dfrac{b}{4}, l_3 = \dfrac{b}{5}$

3-4 $F_{\min} = 89.4\text{N}$

3-5 $F_A = F_B = 320\text{N}$

3-6 $F_A = 800\text{N}, F_D = 400\text{N}, F_B = 0, F_C = 0$

3-7 $F_{NA} = 7500\text{N}$,向上;$F_{NB} = 7500\text{N}$,向下

3-8 $F_{NA} = 100\text{kN}, F_{NB} = 100\text{kN}$

3-9 $F = P, F_{NE} = 0, F_{NA} = \dfrac{a}{b}P, F_{NB} = \dfrac{a}{b}P$

3-10 $F_A = F_B = 144\text{N}, F_C = F_E = F_D = 156\text{N}$

3-11 $M_2 = \dfrac{r_2}{r_1}M_1, F_{01} = \dfrac{M_1}{r_1\cos\alpha}, F_{02} = \dfrac{M_1}{r_1\cos\alpha}$

3-12 $M_2 = 8\text{kN}\cdot\text{m}, F_0 = F_B = 8\text{kN}$

3-13 $F_A = F_B = \dfrac{M}{l}$

第四章　平面一般力系

4-1 $\boldsymbol{F}'_R = 0, M_0 = 1080\text{N}\cdot\text{m}$

4-2 $F_R = 23.19\text{kN}, \theta = 5.81°$

4-3 (1) $F'_R = 466.5\text{N}, M_0 = 21.44\text{N}\cdot\text{m}$;

(2) $F_R = 466.5\text{N}, h = 45.96\text{mm}$

4-4 $F_R = \dfrac{1}{2}ql, x_C = \dfrac{2}{3}l$

4-5 $F_{Cx} = 1.35\text{kN}, F_{Cy} = 11.65\text{kN}, M_C = 42.60\text{kN}\cdot\text{m}$

4-6 $F_{Ox} = 60\text{kN}, F_{Oy} = 4000\text{kN}, M_O = 1467\text{kN}\cdot\text{m}$

4-7 $F = \dfrac{P}{2(1 - \tan\theta)}$

4-8 $F_2 = 0.289\text{kN}$

4-9 $F'_D = 10.4\text{kN}$

4-10 $F_{BD} = 4\sqrt{2}\text{kN}, F_{EG} = 4\sqrt{2}\text{kN}$

$F_{Cx} = 4\text{kN}, F_{Cy} = 2\text{kN}, F_{kx} = 4\text{kN}, F_{ky} = 2\text{kN}$

4-11 $F_{BE} = 207\text{N}$

4-12 $M = \dfrac{F\cdot r\cos(\beta - \alpha)}{\sin\beta}$

4-13 $F_C = 18\text{kN}, M_A = 32\text{kN}\cdot\text{m}, F_{Ax} = 0, F_{Ay} = 6\text{kN}$

4-14 $F_A = -15\text{kN}, F_B = 40\text{kN}, F_C = 5\text{kN}, F_D = 15\text{kN}$

4-15 (a) $F_{Ax} = 2.16q, F_{Ay} = 4.86q, F_{Bx} = 2.7q, F_{By} = 0, F_C = 6.87q$;

(b) $F_{Ax} = F, F_{Ay} = 3q_1 - \dfrac{F}{2}, F_B = 3q_1 + 2q_2 + \dfrac{F}{2}, F_D = 2q_2$

4-16 $F_{Ax} = 1.66\text{kN}, F_{Ay} = 1\text{kN}, F_{Bx} = 1.66\text{kN}, F_{By} = 1\text{kN}$

4-17 $F_1 = 14.4\text{kN}, F_2 = 17\text{kN}, \theta = 32°$

4-18 $F_A = 18\text{kN}, F_B = 26\text{kN}$

4-19 $F_{Ax} = 7.5\text{kN}, F_{Ay} = 72.5\text{kN}, F_{Bx} = 17.5\text{kN}, F_{By} = 77.5\text{kN}$

$F_{Cx} = 17.5\text{kN}, F_{Cy} = 5\text{kN}$

4-20 $P \geqslant 60\text{kN}$

4-21 $F_{Ax} = 4.67\text{kN}, F_{Ay} = 47.6\text{kN}, F_B = 22.4\text{kN}$

4-22 $F = 13.6\text{kN}, F_{Ax} = 19.2\text{kN}, F_{Ay} = 9.6\text{kN}$

4-23 (1) $F_{Ax} = 1588\text{kN}, F_{Ay} = 1379\text{kN}, F_B = 429\text{kN}$;

(2) $F_{\min} = 300\text{kN}$

4-24 $F_A = 27.3\text{kN}, F_{Ox} = 23.7\text{kN}, F_{Oy} = 13.0\text{kN}$

4-25 $l=\sqrt{3}F\dfrac{b}{P}$

4-26 $F_B=513\text{kN}, F_C=477\text{kN}, F_E=4500\text{kN}$

4-27 $F_N=26.7\text{kN}, F_x=26.7\text{kN}, F_y=1000\text{kN}, M=40.0\text{kN}\cdot\text{m}$

4-28 $Q_{\min}=2P\left(1-\dfrac{r}{R}\right)$

4-29 $F_{Ax}=2250\text{N}, F_{Ay}=3000\text{N}; F_{Dx}=2250\text{N}, F_{Dy}=4000\text{N}$

4-30 $M=70\text{N}\cdot\text{m}$

4-31 $\dfrac{M}{F}=11.55\text{m}$

4-32 $M=\dfrac{r_1r_3r}{r_2r_4}P; F_{3x}=\dfrac{r}{r_4}P\tan\alpha, F_{3y}=P\left(1-\dfrac{r}{r_4}\right)$

4-33 $\dfrac{L}{l}=\dfrac{H}{h}$

4-34 $F_{Dx}=37.5\text{N}, F_{Dy}=75\text{N},$

4-35 $F_E=\sqrt{2}F; F_{Ax}=F-6aq, F_{Ay}=2F, M_A=5aF+18a^2q$

4-36 (1) $F_{Ax}=\dfrac{3}{2}F_1, F_{Ay}=F_2+\dfrac{F_1}{2}, M_A=-\left(F_2+\dfrac{F_1}{2}\right)a;$

(2) $F_{BABx}=-\dfrac{3}{2}F_1, F_{BABy}=-\left(F_2+\dfrac{F_1}{2}\right); F_{BTx}=\dfrac{3}{2}F_1, F_{BTy}=\dfrac{F_1}{2}$

4-37 $F_{Ax}=qa, F_{Ay}=P+qa, M_A=(P+qa)$

$F_{BCx}=\dfrac{1}{2}qa, F_{BCy}=qa;$

$F_{ABx}=\dfrac{1}{2}qa, F_{ABy}=(P+qa)$

4-38 $F_{EF}=8.167\text{kN}, F_{AD}=158\text{kN}$

4-39 $F_1=13\text{kN}$(拉), $F_2=26\text{kN}$(压), $F_3=17.3\text{kN}$(拉), $F_4=25\text{kN}$(压)

$F_5=17.3\text{kN}$(压), $F_6=30.3\text{kN}$(拉), $F_7=35\text{kN}$(压)

4-40 $F_1=20\text{kN}, F_2=42.4\text{kN}, F_3=-40\text{kN}, F_4=-20\text{kN}$

$F_5=14.14\text{kN}, F_6=20\text{kN}, F_7=-10\text{kN}, F_8=-10\text{kN}$

$F_9=14.14\text{kN}$

4-41 $F_6=-4.333\text{kN}, F_7=-6.771\text{kN}, F_9=10\text{kN}, F_{10}=14.39\text{kN}$

4-42 $F_{EF}=120\text{kN}, F_{BF}=-194\text{kN}$

4-43 $F_1=F_2=F_4=F_5=0$

第五章　摩　　擦

5-1 $F_{\min}=3200\text{N}$

5-2 $M=16.1\text{N}\cdot\text{m}$

5-3 是;不相等;不能.

5-4 (a) $F_{(a)\max}=f_sQ$

(b) $F_{(b)\max}=f_s\dfrac{Q}{\sin\alpha}$

$$\frac{F_{(a)\max}}{F_{(b)\max}}=\sin\alpha$$

5-5 $\alpha=26.57°$

5-6 (1) 不平衡;

(2) $F_{\max}=0.809P$

5-7 $\alpha\leqslant 2\varphi$

5-9 $\alpha\leqslant\arctan f_s$

5-10 $F\geqslant 257.1\text{N}$

5-11 $\theta_{\max}=28.07°$

5-12 $\varphi_A=16.1°, \varphi_B=\varphi_C=30°$

5-13 $\theta=\arcsin\dfrac{3\pi f_s}{4+3\pi f_s}$

5-14 (1) 向左 $F=250\text{N}$;

(2)向右 $F=204.5\text{N}$

5-15 $f=0.2$

5-16 $b=120\text{mm}, F=30\text{N}$

5-17 $e\leqslant\dfrac{f_sD}{2}$

5-18 $x=a+\dfrac{a}{f}\tan\alpha$

5-19 $49.61\text{N}\cdot\text{m}\leqslant M_C\leqslant 70.39\text{N}\cdot\text{m}$

5-20 $\dfrac{M\sin(\theta-\varphi)}{l\cos\theta\cos(\alpha-\varphi)}\leqslant F\leqslant\dfrac{M\sin(\theta+\varphi)}{l\cos\theta\cos(\alpha+\varphi)}$

5-21 $M=2.06\text{kN}\cdot\text{m}, f_s=1.0$

5-22 (1) $F=0.107\text{kN}$;(2) $F=0.25\text{kN}$;(3) $F=0.3\text{kN}$. 均不会翻倒.

5-23 $M_{\min}=0.212Pr$

5-24 $F_{\min}=180\text{N}$

5-25 $P=208\text{N}$

5-26 $f_s\geqslant 0.2$

5-27 $F=3070\text{N}$

5-28 $f_s\geqslant 0.15$

5-29 $l_2\leqslant 110\text{mm}$

5-30 $l\geqslant 167\text{mm}$

5-31 $b>\dfrac{2Mf_se}{M-Fe}$

5-32 $b\leqslant 7.5\text{mm}$

5-33 $F=1.89\text{kN}$

5-34 $F=0.266\text{kN}$

5-35 $\frac{\sin\alpha-f_s\cos\alpha}{\cos\alpha+f_s\sin\alpha}Q\leqslant F\leqslant\frac{\sin\alpha+f_s\cos\alpha}{\cos\alpha-f_s\sin\alpha}Q$

5-36 $F\geqslant 4.53\text{kN}$

5-37 (1) $F=0.1\text{kN}$;(2) $F=0.4\text{kN}$

5-38 $f_s\geqslant\frac{\delta}{R}$

5-39 $\alpha=1.15°$

5-40 $F_s=P_2\sin\alpha$; $F_N=P_1-P_2\cos\alpha$; $M=P_2(R\sin\alpha-r)$

5-41 (1) $f_s\geqslant\frac{\delta}{R}$;

(2) $P_{2\max}=P_1\left(\sin\alpha+\frac{\delta\cos\alpha}{R}\right)$

$P_{2\min}=P_1\left(\sin\alpha-\frac{\delta\cos\alpha}{R}\right)$

5-42 (1) $F_{AN}=1067\text{kN}, F_{BN}=2773\text{kN}, F_{NC}=400\text{kN}$;

(2) $F\geqslant 426\text{kN}$

5-44 $F_{\min}=318\text{N}$

5-45 $0.384l\leqslant x\leqslant 0.616l$

5-46 (1) $f_s=0.311$;(2) $F=53\text{kN}$

第六章 空间力系

6-1 $F_A=F_B=5.51\text{kN}, F_D=10.06\text{kN}$

6-2 $F_A=2.04\text{kN}, F_B=0.86\text{kN}, F_C=1.27\text{kN}$

6-3 $\theta=30°$

6-4 $F=1.134P, F_N=0.378P$

6-5 $M=53.43\text{N·m}$; $\cos\alpha=0.7259, \cos\beta=0.3970, \cos\gamma=0.5615$

6-6 $M=284.6\text{N·m}$; $\cos(\boldsymbol{M},\boldsymbol{i})=-0.6786, \cos(\boldsymbol{M},\boldsymbol{j})=-0.2811, \cos(\boldsymbol{M},\boldsymbol{k})=-0.6786$

6-7 $M_2=100\text{N·m}, M_3=141\text{N·m}$

6-8 $F=50\text{N}, \alpha=143.13°$

6-9 $M_h=1.656M$; $\cos\alpha=0.540, \cos\beta=0.335, \cos\gamma=0.772$

6-10 $M=8.51\text{kN·m}$; $\cos\alpha=0.423, \cos\beta=0.906, \cos\gamma=0$

6-11 $|\boldsymbol{M}_0(\boldsymbol{F})|=2.81\text{kN·m}$

6-12 $M_x(\boldsymbol{F})=72.86\text{N·m}, M_y(\boldsymbol{F})=37.5\text{N·m}, M_z(\boldsymbol{F})=25\text{N·m}$

6-13 $M_{AB}=Fa\sin\alpha\sin\theta$

6-14 $|\boldsymbol{M}_0|=428\text{N·m}$

6-15 $|\boldsymbol{M}|=78.3\text{N·m}, (\boldsymbol{M},\boldsymbol{i})=163.3°$

6-16 $\boldsymbol{F}'=20\boldsymbol{j}\text{kN}$; $\boldsymbol{M}=-2.04\boldsymbol{i}-0.406\boldsymbol{k}\ \text{kN·m}$

6-17 $\boldsymbol{F}' = -100\boldsymbol{k}$ kN; $\boldsymbol{M} = -12.5\boldsymbol{i} - 5\boldsymbol{j}$ kN·m

6-18 $\boldsymbol{F}'_R = -120\boldsymbol{i} - 160\boldsymbol{k}$ N; $\boldsymbol{M}_A = -7\boldsymbol{i} + 9\boldsymbol{j} + 24\boldsymbol{k}$ N·m

6-19 $\boldsymbol{F}_R = 100\boldsymbol{i} + 100\boldsymbol{j}$ N, $\boldsymbol{M}'_A = 10\boldsymbol{i} + 10\boldsymbol{j}$ N·m

6-20 $M = 2Fa$; $F_D = -2F\left(1 + \frac{b}{c}\right)$, $F_E = \frac{2Fb}{C}$

6-21 $F_{Ax} = 4017\text{N}$, $F_{Az} = -1460\text{N}$, $F_{Bx} = 7890\text{N}$, $F_{Bz} = -2872\text{N}$

6-22 $F_1 = 11.3\text{kN}$; $F_{Ax} = 12.9\text{kN}$, $F_{AZ} = 7.2\text{kN}$, $F_{Bx} = 5.5\text{kN}$, $F_{BZ} = 10.6\text{kN}$

6-23 $F_{Ax} = -2.078\text{kN}$, $F_{Az} = -5.708\text{kN}$;

$F_{Bx} = -1.903\text{kN}$, $F_{Bz} = -3.004\text{kN}$;

$F_{Cx} = -0.378\text{kN}$, $F_{Cz} = 12.46\text{kN}$;

$F_{Dx} = -6.275\text{kN}$, $F_{Dz} = 23.25\text{kN}$

6-24 $F_N \geqslant 667\text{N}$; $F_{Cx} = 133\text{N}$, $F_{Cz} = 222\text{N}$; $F_{Dx} = 533\text{N}$, $F_{Dz} = 889\text{N}$

6-25 $F_t = 2.0\text{kN}$, $F_a = 0.64\text{kN}$, $F_r = 0.34\text{kN}$

$F_{Ex} = -0.67\text{kN}$, $F_{Ey} = -0.015\text{kN}$, $F_{Ez} = 12.64\text{kN}$

$F_{Ax} = 2.67\text{kN}$, $F_{Ay} = -0.325\text{kN}$

6-26 $\tan\alpha = \frac{f_s l'}{\sqrt{l^2 - l'^2}}$

6-27 $F_{Ax} = 0$, $F_{Ay} = -\frac{P_1 + P_2}{2}$, $F_{Az} = P_1 + \frac{P_2}{2}$

$F_{Cx} = F_{Cy} = 0$, $F_{Cz} = \frac{P_2}{2}$, $F_B = \frac{P_1 + P_2}{2}$

6-28 $F_A = 184\text{N}$, $F_B = 424\text{N}$

6-29 $F_{Ax} = 300\text{N}$, $F_{Ay} = 0$, $F_{Az} = 300\text{N}$

$M_x = 0$, $M_y = 265\text{N·m}$, $M_z = 24\text{N·m}$

6-30 $F'_D = 1.125\text{kN}$, $F'_B = 0.638\text{kN}$, $F'_A = 1.238\text{kN}$

6-31 $l_{\max} = 0.35\text{m}$

6-32 $M = 386\text{N·m}$

$F_{Ay} = F_{By} = -2.6\text{kN}$, $F_{Az} = F_{Bz} = 14.8\text{kN}$

6-33 $F = 103.6\text{kN}$, $F_r = 37.7\text{kN}$

$F_{Bx} = -206\text{kN}$, $F_{Ax} = -77\text{kN}$

$F_{Bz} = -2540\text{kN}$, $F_{Az} = -2360\text{kN}$

6-34 $M_{Ax} = M_{Bx} = mr$; $M_{Ay} = M_{By} = M_{Az} = M_{Bz} = 0$

6-35 $F_1 = -F$, $F_2 = \sqrt{2}F$, $F_3 = \sqrt{2}F$, $F_4 = -F$

$F_5 = -\sqrt{2}F$, $F_6 = F$

6-36 $F_1 = F_2 = F_3 = \frac{3M}{2a}$, $F_4 = F_5 = F_6 = -\frac{4M}{3a}$

第七章 重　　心

7-1 $x_C=\frac{b}{2}, y_C=\frac{\pi}{8}a$

7-2 $x_C=0, y_C=\frac{2}{3}h, z_C=\frac{4R}{3\pi}$

7-3 $x_C=90\text{mm}$

7-4 $x_C=135\text{mm}, y_C=140\text{mm}$

7-5 $y_C=39.3\text{mm}$

7-6 $y_C=\frac{1}{3}\frac{h(a+2b)}{a+b}$

7-7 $x_C=-8.3\text{mm}, y_C=-31.4\text{mm}, z_C=10.3\text{mm}$

7-8 在大圆圆心下方 4.67mm 处.

7-9 $x_C=220\text{mm}$

7-10 $x_C=31.1\text{mm}, y_C=48.9\text{mm}, z_C=31.1\text{mm}$

7-11 $x_C=2.02\text{m}, y_C=1.15\text{m}, z_C=0.716\text{m}$

7-12 $h=\frac{r}{\sqrt{2}}$

7-13 $h=\sqrt{3}r$

7-14 $0.634a$

7-15 $x_C=-14.7\text{mm}, y_C=0, z_C=15.2\text{mm}$

7-16 $y_C=53.2\text{mm}, z_C=-45.7\text{mm}$

7-17 $x_C=1.47\text{m}, y_C=0.94\text{m}$

7-18 重心离底面的高度为 0.659m,离 B 端距离为 1.68m

第九章 拉伸与压缩

9-1 (a) $F_{N1}=0, F_{N2}=F_{N3}=P$;

(b) $F_{N1}=F_{N2}=2\text{kN}$;

(c) $F_{N1}=P, F_{N2}=2P, F_{N3}=-P$;

(d) $F_{N1}=-2P, F_{N2}=P$;

(e) $F_{N1}=0.896P, F_{N2}=-0.732P$

9-2 $\sigma_{max}=67.9\text{MPa}$

9-3 $\sigma_{max}=69.4\text{MPa}$

9-4 $\sigma_{AB}=-47.4\text{MPa}, \sigma_{BC}=103.5\text{MPa}$

9-5 $\sigma=76.4\text{MPa}$

9-6 $\sigma_1=127\text{MPa}, \sigma_2=63.7\text{MPa}$

9-7 $\sigma=32.7\text{MPa}<[\sigma]$

9-8 $\sigma=37.1\text{MPa}<[\sigma]$

9-9 (1) $\alpha=45^\circ$时,$\sigma=11.2\text{MPa}>[\sigma]$;

(2) $\alpha=60^\circ$时,$\sigma=9.17\text{MPa}<[\sigma]$

9-10 $\sigma=200\text{MPa}<[\sigma]=214\text{MPa}$

9-11 $b\geqslant242\text{mm},\delta\geqslant173\text{mm}$

9-12 选 L45×45×3

9-13 $d=15.6\text{mm}$

9-14 $d_{AB}\geqslant17.2\text{mm},d_{BC'}=d_{BD}\geqslant17.2\text{mm}$

9-15 $S_{AB}\geqslant500\text{mm}^2,S_{BD}\geqslant1414\text{mm}^2,S_{CD}\geqslant2500\text{mm}^2$

9-16 $P_{\max}=57.5\text{kN}$

9-17 $P\leqslant355\text{kN}$

9-18 $P=150\text{kN}$

9-19 $[F]=87\text{kN}$

9-20 $F=50\text{kN},\alpha=26.6^\circ$

9-21 $S=1000\text{mm}^2$

9-22 $\alpha=26.6^\circ;P=50\text{kN}$

9-23 $\Delta l_{总}=-15\text{mm}$

9-24 每一立柱 $F_N=312.8\text{kN}$;中心载荷 $P=1250\text{kN}$

9-25 $\Delta d=-8.57\times10^{-3}\text{mm}$

9-26 $E=208\text{GPa},\mu=0.317$

9-27 $\Delta l=6.67\text{mm},\sigma=115.5\text{MPa}<[\sigma]$

9-28 $P=200.57\text{kN}$

9-29 $\sigma=151\text{MPa},\delta_C=0.79\text{mm}$

9-30 $\delta=\dfrac{Pl}{2ES}$

9-31 $\sigma_1=113.5\text{MPa},\sigma_2=82\text{MPa},\sigma_3=50.4\text{MPa}$

9-32 $\delta_E=0.332\text{mm},AE=1.08\text{m}$

9-33 (1) $P=53.1\text{kN}$,(2) $\Delta l_D=1.524\text{mm}$

9-34 左、右支柱 $\sigma=-8\text{MPa}$,中间支柱 $\sigma=-2\text{MPa}$

9-35 钢筋 60kN,混凝土 240kN

9-36 $F_1=95.55\text{kN}$

9-37 $\sigma_{\max}=150\text{MPa}$

9-38 $F_{N1}=6.68\text{kN},F_{N2}=10.7\text{kN}$

第十章 剪 切

10-1 $h\geqslant13.3\text{mm}$

10-2 $d=0.6\text{cm}$
10-3 $\tau=106\text{MPa}<[\tau]$, $\sigma_j=141\text{MPa}<[\sigma_j]$
10-4 $\tau_b=320\text{MPa}$
10-5 $\sigma_j=135\text{MPa}<[\sigma_j]$
10-6 $P\geqslant771\text{kN}$
10-7 $d=20\text{mm}$
10-8 $t\geqslant80\text{mm}$
10-9 $l=200\text{mm}, a=20\text{mm}$
10-10 $F=291.7\text{N}$
10-11 $\tau=43.3\text{MPa}, \sigma_j=59.5\text{MPa}$
10-12 $d\geqslant15\text{mm}$
10-13 筒盖每边 64 个,筒壁每边 36 个
10-14 $l=(170+10)\text{mm}$

第十一章 扭 转

11-3 $\tau_{\max}=37.74\text{MPa}$
11-4 $\tau_{\max}=15.52\text{MPa}, \tau_{\min}=11.64\text{MPa}$
11-5 $\tau_{\max}=21.4\text{MPa}<[\tau]$
11-6 $\tau_{\max}=54.9\text{MPa}<[\tau]$
11-7 $D\geqslant74\text{mm}$
11-8 $\dfrac{d_1}{d_2}=1.186, \dfrac{\varphi_1}{\varphi_2}=0.843\dfrac{l_1}{l_2}$
11-9 (2) AB 段内 $\tau_{\max}=12.1\text{MPa}$, BC 段内 $\tau_{\max}=4.84\text{MPa}$, CD 段内 $\tau_{\max}=2.42\text{MPa}$;
(3) $\varphi_{AD}=0.647°$;
(4) AB 段内 $\tau_{\max}=7.26\text{MPa}$, BC 及 CD 段内不变
11-10 $\tau_{\max}=8.9\text{MPa}<[\tau], \theta_{\max}=0.18°/\text{m}<[\theta]$
11-11 (1) $D=22\text{mm}$; (2) $P=1.12\text{kN}$
11-12 $d=80\text{mm}$
11-13 $n=8$
11-14 $M_n=\dfrac{Ff_sd}{4}$(近似计算)
11-15 $\tau_{\max1}=16.2\text{MPa}<[\tau], \tau_{\max2}=15.8\text{MPa}<[\tau], \tau_{\max3}=15.1\text{MPa}<[\tau]$
11-16 (1) $t=9.75\text{N·m/m}$;
(2) $\tau_{\max}=17.7\text{MPa}<[\tau]$

第十二章 弯曲强度

12-1 (a) $F_{Q1}=-ql, M_1=-\dfrac{ql^2}{2}; F_{Q2}=0, M_2=0; F_{Q3}=-2ql, M_3=-2ql^2$;

(b) $F_{Q1}=-\frac{m}{3l},M_1=\frac{m}{3};F_{Q2}=-\frac{m}{3l},M_2=-\frac{m}{3};F_{Q3}=-\frac{m}{3l},M_3=\frac{2}{3}m;$

(c) $F_{Q1}=-\frac{F}{2},M_1=-\frac{Fl}{2};F_{Q2}=-\frac{F}{2},M_2=0;F_{Q3}=F,M_3=-Fl;$

(d) $F_{Q1}=-\frac{1}{2}q_0a,M_1=-\frac{1}{6}q_0a^2;F_{Q2}=\frac{1}{12}q_0a,M_2=-\frac{1}{6}q_0a^2$

12-2 (a) $|F_Q|_{max}=2ql;|M|_{max}=\frac{3}{2}ql^2;$

(b) $|F_Q|_{max}=\frac{ql}{2},|M|_{max}=\frac{ql^2}{8};$

(c) $|F_Q|_{max}=\frac{m}{2l},|M|_{max}=m;$

(d) $|F_Q|_{max}=30\text{kN},|M|_{max}=15\text{kN·m}$

12-3 梁中间$\frac{l}{2}$处.

12-4 $x=0.207l$

12-5 $x=\frac{2l-d}{4},M_{max}=\frac{P}{2l}\left(l-\frac{d}{2}\right)^2$,最大弯矩所在截面在左轮处;或

$x=\frac{2l-3d}{4},M_{max}=\frac{P}{2l}\left(l-\frac{d}{2}\right)^2$,最大弯矩所在截面在右轮处.

12-11 (a) $\sigma_A=-78.125\text{MPa},\sigma_B=0,\sigma_C=52.083\text{MPa};$

(b) $\sigma_A=51.02\text{MPa},\sigma_B=0,\sigma_C=-102.04\text{MPa};$

(c) $\sigma_A=-82.72\text{MPa},\sigma_B=-27.57\text{MPa},\sigma_C=137.87\text{MPa};$

(d) $\sigma_A=-108.7\text{MPa},\sigma_B=-54.3\text{MPa},\sigma_C=0$

12-12 (a) $I_z=5.84\times10^{-6}\text{m}^4;$

(b) $I_z=256\times10^{-6}\text{m}^4$

12-13 $\frac{h}{b}=\sqrt{2},\quad W_z=\frac{d^3}{9\sqrt{3}}$

12-14 (1) $\sigma_{上}=-4.38\text{MPa},\sigma_{下}=7.29\text{MPa};$

(2) $F_{N上}=-22.8\text{kN},F_{N下}=22.8\text{kN}$

12-15 $\frac{M_a}{M_b}=\sqrt{2}$

12-16 $\sigma_{max}=350\text{MPa};D_1=300\text{mm}$

12-17 $\sigma_{max}=82.8\text{MPa}$

12-18 $M_{max}=23.4\text{kN·m},\sigma_{max}=3.67\text{MPa}$

12-19 $\sigma_{lmax}=\sigma_{C下}=73.7\text{MPa},\sigma_{ymax}=\sigma_{A下}=147\text{MPa}$

12-20 $\sigma_{max}=90.9\text{MPa}<[\sigma]=120\text{MPa}$

12-21 (1) $\sigma_{max}=138.9\text{MPa}<[\sigma]=160\text{MPa}$,安全;

(2) $\sigma_{max}=278\text{MPa}>[\sigma]=160\text{MPa}$,不安全

12-22 $\sigma_{lmax}=28.5\text{MPa}<[\sigma_l]=30\text{MPa}$

$\sigma_{ymax}=53\text{MPa}<[\sigma_y]=100\text{MPa}$

12-23 梁的 D 处正、负弯矩最大;

无限接近 D 处的右截面

$\sigma_{l\max}=34.03\text{MPa}>[\sigma_l]=30\text{MPa}$,强度不够

$\sigma_{y\max}=57.59\text{MPa}<[\sigma_y]=60\text{MPa}$,安全

无限接近 D 处的左截面

$\sigma_{l\max}=46.07\text{MPa}>[\sigma_l]=30\text{MPa}$,强度不够

$\sigma_{y\max}=27.23\text{MPa}<[\sigma_y]=60\text{MPa}$,强度足够

12-24 $d=85\text{mm}$

12-25 (1) $b\geqslant171.5\text{mm}$;

(2) $\sigma_{\max}=7.46\text{MPa}<[\sigma]=10\text{MPa}$,安全.

12-26 圆形 $D=57.6\text{mm}$;矩形 $b=30.4\text{mm},h=60.8\text{mm}.\dfrac{S_{圆}}{S_{矩}}\approx1.4.$

12-27 $10^{\#}$槽钢

12-28 $P=44.3\text{kN}$

12-29 $q=87.04\text{kN/m}$;若截面倒置 $q=52.224\text{kN/m}$

12-30 $28\text{b}^{\#}$工字钢

12-31 $P_1\leqslant1764\text{N},P_2\leqslant7056\text{N}$

12-32 选 I $12.6^{\#}$

12-33 $P=106\text{kN},\tau_{\max}=29.6\text{MPa}<[\tau]=80\text{MPa}$

12-34 $\dfrac{L}{d}=\dfrac{50}{9}$

第十三章 弯曲变形

13-1 (a) $\theta_B=\dfrac{ml}{EI},f_B=\dfrac{ml^2}{2EI}$;

(b) $\theta_C=\dfrac{3Pl}{8EI},f_C=-\dfrac{5Pl^2}{48EI}$;

(c) $\theta_A=-\dfrac{ml}{6EI},\theta_B=\dfrac{ml}{3EI},f_C=-\dfrac{ml^2}{16EI}$;

(d) $\theta_A=\dfrac{ql^3}{6EI},f_A=-\dfrac{ql^4}{8EI}$

13-2 (a) $\theta_C=\dfrac{2ma}{EI},f_C=\dfrac{4ma^2}{EI}$;

(b) $\theta_A=\dfrac{13qa^3}{6EI},f_A=-\dfrac{71qa^4}{24EI}$;

(c) $\theta_A=\dfrac{ma}{6EI},\theta_B=-\dfrac{ma}{3EI}$;

(d) $\theta_C=-\dfrac{ql^3}{16EI},f_C=-\dfrac{11ql^3}{384EI}$

13-3 (a) $\theta_B=-\dfrac{5Pa^2}{2EI},f_B=-\dfrac{7Pa^3}{2EI}$;

(b) $\theta_A=\dfrac{7ql^3}{24EI},f_A=-\dfrac{11ql^4}{48EI}$;

(c) $\theta_B=-\dfrac{13Pl^3}{48EI},f_C=\dfrac{Pl^3}{24EI}$;

(d) $\theta_C=\dfrac{5qa^3}{6EI},f_C=-\dfrac{2qa^4}{3EI}$;

(e) $\theta_A=-\dfrac{5ql^3}{24EI},f_C=-\dfrac{17ql^4}{384EI}$;

(f) $\theta_B=-\dfrac{3Pa^2}{4EI},f_D=-\dfrac{13Pa^2}{12EI}$

13-4 $ql=16P$

13-5 $x=\dfrac{2}{3}l$

13-6 $f=-0.102\text{mm}$

13-7 $\theta_A=-0.749\times10^{-2}\text{rad},\theta_B=0.796\times10^{-2}\text{rad}$

13-8 $\theta_B=-\dfrac{5Pl^2}{16EI},f_B=-\dfrac{3Pl^3}{16EI}$

13-9 $\theta_A=0.357\times10^{-3}\text{rad}<[\theta],\theta_B=0.572\times10^{-3}\text{rad}<[\theta]$

13-10 强度,两根16a号槽钢;刚度,两根22a号槽钢,故选22a号槽钢两根.

考虑自重,$f=-0.348\text{mm}<[f]=\dfrac{l}{1000}$

13-11 $d=112\text{mm}$

13-12 $\Delta P=79\text{N}$

13-13 $m_A=m_B=\dfrac{6EI}{l^2}f_B$

13-14 $y=\dfrac{Px^2}{3EI}$

13-15 $f_{总}=2.25\times10^{-3}\text{mm}$

13-16 $f=-\dfrac{5ql^4}{768EI}$

13-17 $F_N=\dfrac{3Sql^4}{8(Sl^3+3hI)}$

13-18 $\dfrac{P_1}{P_2}=\dfrac{M_{1\max}}{M_{2\max}}=\dfrac{I_1}{I_2}$

13-19 $F_A=F_B=\dfrac{23}{32}P,F_C=\dfrac{41}{16}P$.

13-20 (1) $\Delta d=0.815\text{mm}$;

(2) $\Delta d'=0.0222\text{mm}$;

(3) $\dfrac{\Delta d'}{\Delta d}=2.73\%$

13-21 (1) $F_C=\frac{5}{4}P$;

(2) 最大弯矩减少$\frac{Pl}{2}$,点 B 挠度减少$\frac{25Pl^3}{192EI}$

13-22 $M_D=-351\ \text{N·m}, M_C=-91.4\text{N·m}, M_E=549\text{N·m}$

13-23 $y_C=\left(\frac{a^3P}{a^3+b^3}\right)\frac{b^3}{3EI}$

13-24 $F_A=F_B=\frac{ql}{2}, m_A=m_B=\frac{ql^2}{12}$

第十四章　应力状态及强度理论

14-1 (a)点 A, $\sigma_y=63.7\text{MPa}$;

(b) 点 A, $\tau_x=101.9\text{MPa}$;点 B, $\tau_x=-50.96\text{MPa}$;

(c) 点 A, $\sigma_x=-37.5\text{MPa}$; $\tau_x=5.63\text{MPa}$;

点 B, $\sigma_x=12.5\text{MPa}$; $\tau_x=-1.88\text{MPa}$;

(d) 点 A, $\sigma_y=20\text{MPa}$; $\tau_x=-30\text{MPa}$;

(e) 点 A, $\sigma_x=50\text{MPa}$; $\tau_x=80\text{MPa}$

14-2 (a) $\sigma_{-30°}=34.64\text{MPa}$; $\tau_{-30°}=20\text{MPa}$;

(b) $\sigma_{30°}=27.5\text{MPa}$; $\tau_{30°}=4.33\text{MPa}$;

(c) $\sigma_{30°}=19.64\text{MPa}$; $\tau_{30°}=-28.66\text{MPa}$;

(d) $\sigma_{-30°}=58.48\text{MPa}$; $\tau_{-30°}=-15.31\text{MPa}$

14-3 (a) $\sigma_{\max}=\sigma_{116.57°}=40\text{MPa}$; $\sigma_{\min}=\sigma_{26.57°}=-10\text{MPa}$;

(b) $\sigma_{\max}=\sigma_{22.5°}=120.71\text{MPa}$; $\sigma_{\min}=\sigma_{112.5°}=-20.71\text{MPa}$;

(c) $\sigma_{\max}=\sigma_{22.5°}=8.28\text{MPa}$; $\sigma_{\min}=\sigma_{112.5°}=-48.28\text{MPa}$;

(d) $\sigma_{\max}=\sigma_{121.72°}=62.36\text{MPa}$; $\sigma_{\min}=\sigma_{31.72°}=17.64\text{MPa}$

14-4 (a) $\sigma_\alpha=-27.3\text{MPa}$; $\tau_\alpha=-27.3\text{MPa}$;

(b) $\sigma_\alpha=52.3\text{MPa}$; $\tau_\alpha=-18.7\text{MPa}$;

(c) $\sigma_\alpha=-10\text{MPa}$; $\tau_\alpha=-30\text{MPa}$

14-5 (a) $\sigma_1=52.4\text{MPa}$; $\sigma_3=-32.4\text{MPa}$; $\alpha_0=22.5°$;

(b) $\sigma_1=37\text{MPa}$; $\sigma_3=-27\text{MPa}$; $\alpha_0=19.3°$;

(c) $\sigma_1=62.4\text{MPa}$; $\sigma_2=17.6\text{MPa}$; $\alpha_0=-31.7°$;

(d) $\sigma_1=120.7\text{MPa}$; $\sigma_3=-20.7\text{MPa}$; $\alpha_0=-22.5°$;

(e) $\sigma_1=8.3\text{MPa}$; $\sigma_3=-48.3\text{MPa}$; $\alpha_0=22.5°$;

(f) $\sigma_1=72.4\text{MPa}$; $\sigma_3=-12.4\text{MPa}$; $\alpha_0=22.5°$

14-6 (a) $\sigma_1=90\text{MPa}$; $\sigma_2=0$; $\sigma_3=-10\text{MPa}$

$\tau_{\max}=50\text{MPa}$; $\alpha_0=18.4°$

(b) $\sigma_1=74.2\text{MPa}$; $\sigma_2=15.8\text{MPa}$; $\sigma_3=0$

$\tau_{max}=37.1MPa;\alpha_0=29.5°$

(c) $\sigma_1=100MPa;\sigma_2=\sigma_3=0;$

$\tau_{max}=50MPa;\alpha_0=26.6°$

14-7 (a) $\sigma_1=20MPa;\sigma_2=0;\sigma_3=-20MPa$

$\tau_{max}=20MPa$

(b) $\sigma_1=50MPa;\sigma_2=40MPa;\sigma_3=-40MPa$

$\tau_{max}=45MPa$

(c) $\sigma_1=51.1MPa;\sigma_2=0;\sigma_3=-41.1MPa$

$\tau_{max}=46.1MPa$

(d) $\sigma_1=50MPa;\sigma_2=21.6MPa;\sigma_3=-41.6MPa$

$\tau_{max}=45.8MPa$

14-8 $\tau=15MPa,\sigma_1=0,\sigma_2=0,\sigma_3=-30MPa$

14-9 $\sigma_y=69.3MPa,\tau_y=20MPa,\tau_\alpha=2.70MPa$

14-10 $\sigma_\alpha=20MPa,\sigma_1=33.5MPa,\sigma_2=0,\sigma_3=-82.7MPa$

$\alpha_0=10.1°,\tau_{max}=58.1MPa$

14-11 $\sigma_1=\sqrt{3}p,\sigma_2=\frac{\sqrt{3}}{3}p,\alpha_0=-30°$

14-12 $\sigma_{轴}=40MPa,\sigma_{周}=80MPa,p=3.2MPa$

14-13 $P=50.31kN$

14-14 $\Delta l_1=10\times10^{-3}mm,\Delta l_2=2.5\times10^{-3}mm,\Delta l_3=-0.25\times10^{-3}mm$

$\theta=0.05\times10^{-3}$

14-15 $M=13kN\cdot m$

14-16 $P=133.8kN$

14-17 $\sigma_1=0,\sigma_2=-18MPa,\sigma_3=-60MPa$

$\varepsilon_1=0.33\times10^{-3},\varepsilon_2=0,\varepsilon_3=-0.77\times10^{-3}$

14-18 均为 $t=4.7mm$

14-19 (a) $\sigma_{r3}=50MPa;\sigma_{r4}=50MPa$

(b) $\sigma_{r3}=80MPa;\sigma_{r4}=75.5MPa$

14-20 (a) $\sigma_{r3}=2|\sigma|$;(b) $\sigma_{r3}=2.24|\sigma|$

(c) $\sigma_{r3}=2|\sigma|$,故(b)最易发生塑性破坏.

14-21 (a) $\sigma_{r4}=0$;(b) $\sigma_{r4}=1.73|\sigma|$

(c) $\sigma_{r4}=2|\sigma|$,故(c)最易发生塑性破坏.

14-22 选 12.6 号工字钢;

$\sigma_{r3}=117.8MPa<[\sigma]=160MPa$

第十五章　组合变形的强度计算

15-1 (a) $F_{AN}=ql,M_{Ax}=\frac{1}{2}ql^2,M_{Az}=2ql^2$

$F_{BQ}=ql, M_{Bnx}=\frac{1}{2}ql^2, M_{Bz}=2ql^2$

(b) $F_{AQ}=F, M_{Anx}=Fl, M_{Ay}=2Fl$

$F_{BQ}=F, M_{Bny}=Fl, M_{Bz}=Fl$

(c) $F_{AQ}=F, M_{Az}=2Fl$

$F_{BQ}=F, M_{Bnz}=Fl$

15-2 $\sigma_{l\max}=6.75\text{MPa}, \sigma_{y\max}=6.99\text{MPa}$

15-3 $F=16.1\text{kN}$

15-4 $\alpha=\text{arccot}\frac{4Dh}{D^2+h^2}$

15-5 $\sigma_{l\max}=38.28\text{MPa}<[\sigma]=100\text{MPa}$

15-6 $b\geqslant 27\text{mm}$

15-7 $\sigma_{\max}=136.9\text{MPa}, \sigma_{\min}=-120.7\text{MPa}$

15-8 $\sigma_{\max}=18.3\text{MPa}, \sigma_{\min}=-19.3\text{MPa}$

15-9 $\sigma_{l\max}=25.3\text{MPa}, \sigma_{y\max}=-11.0\text{MPa}$

15-10 $[F]=45\text{kN}$

15-11 图(a) $\sigma_{\max}=163.3\text{MPa}>[\sigma]=140\text{MPa}$

图(b) $\sigma=133.3\text{MPa}<[\sigma]=140\text{MPa}$

15-12 $F=18.4\text{kN}, e=1.79\text{mm}$

15-13 (1) $\sigma_{\max}=32.6\text{MPa}$;

(2) 按第三强度理论 $n=6.5$

按第四强度理论 $n=7.0$

15-14 $\sigma_{周向}=9.6\text{MPa}<[\sigma_l]=40\text{MPa}$

$\sigma_{轴向}=2.25\text{MPa}<[\sigma_l]=40\text{MPa}$

15-15 $\sigma_{\max}=13.6\text{MPa}, \sigma_{\min}=-11.0\text{MPa}, \tau_{\max}=\pm 12.3\text{MPa}$

15-16 $\sigma_1=33.4\text{MPa}, \sigma_3=-9.96\text{MPa}, \tau_{\max}=21.7\text{MPa}$

15-17 $\sigma_{r3}=58.25\text{MPa}<[\sigma]=80\text{MPa}$

15-18 $d=93.3\text{mm}$

15-19 $d\geqslant 61.2\text{mm}$

15-20 $\sigma_{r3}=55.49\text{MPa}<[\sigma]=100\text{MPa}$

15-21 $\sigma_{r3}=121.4\text{MPa}<[\sigma]=160\text{MPa}$

15-22 $\sigma_{r3}=785.6\text{MPa}>[\sigma]=100\text{MPa}$,强度不够.

15-23 $M=502.4\text{kN·m}, m=687.3\text{kN·m}$;

$\sigma_{r3}=135.55\text{MPa}<[\sigma]=140\text{MPa}$

15-24 $\sigma_{r3}=60.4\text{MPa}<[\sigma]=80\text{MPa}$

第十六章　压杆稳定性

16-1 $\frac{F_{c圆}}{F_{c环}}=\frac{3}{5}$

16-2 $\theta = \arctan(\cot^2\beta)$

16-3 $\lambda_{p结} = 93.46$

$\lambda_{p铝} = 53.1$

16-4 (c)F_c 最大.

16-5 $F_{c1} = 2536.2\text{kN}, F_{c2} = 4702.5\text{kN}, F_{c3} = 4722.6\text{kN}$

16-6 $\dfrac{F_c}{F} = 3.58 > n_c = 2.5$

16-7 $[P] \leqslant 36.42\text{kN}$

16-8 $\dfrac{F_c}{F_{BD}} = 6.5 > n_c = 5$

16-9 $n_c = \dfrac{F_c}{F} = 3.56$

16-10 $P \leqslant 25.25\text{kN}$

16-11 $[q] = 5.59\text{kN/m}$

16-12 $a = 195\text{mm}$

参 考 文 献

[1] 哈尔滨工业大学理论力学教研组．理论力学上册(第五版)．北京:高等教育出版社，1997.7

[2] 北京科技大学　东北大学．工程力学(静力学)(1997 年修订版)．北京:高等教育出版社，1997.7

[3] 北京科技大学　东北大学．工程力学(材料力学)(1997 年修订版)．北京:高等教育出版社，1997.7

[4] 刘鸿文主编．材料力学上册(第三版)．北京:高等教育出版社，1992.9

[5] 苏翼林主编．材料力学上册(第二版)．北京:高等教育出版社，1987.10

[6] 陈维新主编．材料力学(第二版)．北京:高等教育出版社，1986.3

附　录

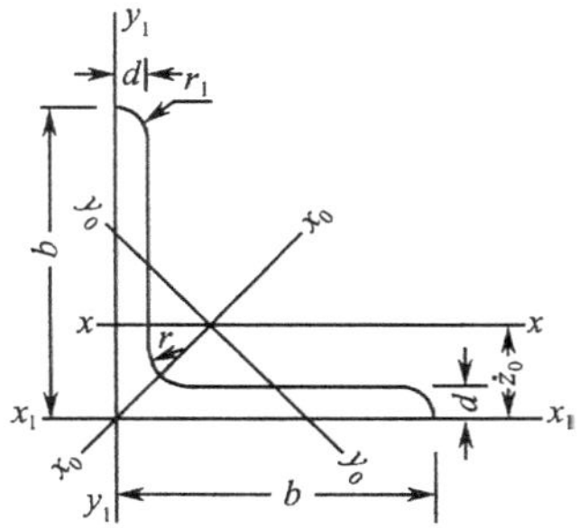

I 型钢表

表 I-1　热轧等边角钢(GB9787-88)

符号意义：b——边宽度；　I——惯性矩；
d——边厚度；　i——惯性半径；
r——内圆弧半径；　W——截面系数；
r_1——边端内圆弧半径；　z_0——重心距离.

角钢号数	尺寸/mm			截面面积/cm²	理论重量/(kg/m)	外表面积/(m²/m)	参考数值										z_0/cm
							$x-x$			x_0-x_0			y_0-y_0			x_1-x_1	
	b	d	r				I_x /cm⁴	i_x /cm	W_x /cm³	I_{x0} /cm⁴	i_{x0} /cm	W_{x0} /cm³	I_{y0} /cm⁴	i_{y0} /cm	W_{y0} /cm³	I_{x1} /cm⁴	
2	20	3	3.5	1.132	0.889	0.078	0.40	0.59	0.29	0.63	0.75	0.45	0.17	0.39	0.20	0.81	0.60
		4		1.459	1.145	0.077	0.50	0.58	0.36	0.78	0.73	0.55	0.22	0.38	0.24	1.09	0.64

续表

角钢号数	尺寸/mm			截面面积/cm²	理论重量/(kg/m)	外表面积/(m²/m)	参考数值										
							x − x			$x_0 - x_0$			$y_0 - y_0$			$x_1 - x_1$	z_0 /cm
	b	d	r				I_x /cm⁴	i_x /cm	W_x /cm³	I_{x0} /cm⁴	i_{x0} /cm	W_{x0} /cm³	I_{y0} /cm⁴	i_{y0} /cm	W_{y0} /cm³	I_{x1} /cm⁴	
2.5	25	3	3.5	1.432	1.124	0.098	0.82	0.76	0.46	1.29	0.95	0.73	0.34	0.49	0.33	1.57	0.73
		4		1.859	1.459	0.097	1.03	0.74	0.59	1.62	0.93	0.92	0.43	0.48	0.40	2.11	0.76
3.0	30	3	4.5	1.749	1.373	0.117	1.46	0.91	0.68	2.31	1.15	1.09	0.61	0.59	0.51	2.71	0.85
		4		2.276	1.786	0.117	1.84	0.90	0.87	2.92	1.13	1.37	0.77	0.58	0.62	3.63	0.89
3.6	36	3		2.109	1.656	0.141	2.58	1.11	0.99	4.09	1.39	1.61	1.07	0.71	0.76	4.68	1.00
		4		2.756	2.163	0.141	3.29	1.09	1.28	5.22	1.38	2.05	1.37	0.70	0.93	6.25	1.04
		5		3.382	2.654	0.141	3.95	1.08	1.56	6.24	1.36	2.45	1.65	0.70	1.09	7.84	1.07
4.0	40	3	5	2.359	1.852	0.157	3.59	1.23	1.23	5.69	1.55	2.01	1.49	0.79	0.96	6.41	1.09
		4		3.086	2.422	0.157	4.60	1.22	1.60	7.29	1.54	2.58	1.91	0.79	1.19	8.56	1.13
		5		3.791	2.976	0.156	5.53	1.21	1.96	8.76	1.52	3.10	2.30	0.78	1.39	10.74	1.17
4.5	45	3		2.659	2.088	0.177	5.17	1.40	1.58	8.20	1.76	2.58	2.14	0.89	1.24	9.12	1.22
		4		3.486	2.736	0.177	6.65	1.38	2.05	10.56	1.74	3.32	2.75	0.89	1.54	12.18	1.26
		5		4.292	3.369	0.176	8.04	1.37	2.51	12.74	1.72	4.00	3.33	0.88	1.81	15.25	1.30
		6		5.076	3.985	0.176	9.33	1.36	2.95	14.76	1.70	4.64	3.89	0.88	2.06	18.36	1.33
5	50	3	5.5	2.971	2.332	0.197	7.18	1.55	1.96	11.37	1.96	3.22	2.98	1.00	1.57	12.50	1.34
		4		3.897	3.059	0.197	9.26	1.54	2.56	14.70	1.94	4.16	3.82	0.99	1.96	16.69	1.38
		5		4.803	3.770	0.196	11.21	1.53	3.13	17.79	1.92	5.03	4.64	0.98	2.31	20.90	1.42
		6		5.688	4.465	0.196	13.05	1.52	3.68	20.68	1.91	5.85	5.42	0.98	2.63	25.14	1.46

续表

角钢号数	尺寸/mm			截面面积/cm^2	理论重量/(kg/m)	外表面积/(m^2/m)	参考数值										
							$x-x$			x_0-x_0			y_0-y_0			x_1-x_1	z_0/cm
	b	d	r				I_x/cm^4	i_x/cm	W_x/cm^3	I_{x0}/cm^4	i_{x0}/cm	W_{x0}/cm^3	I_{y0}/cm^4	i_{y0}/cm	W_{y0}/cm^3	I_{x1}/cm^4	
5.6	56	3	6	3.343	2.624	0.221	10.19	1.75	2.48	16.14	2.20	4.08	4.24	1.13	2.02	17.56	1.48
		4		4.390	3.446	0.220	13.18	1.73	3.24	20.92	2.18	5.28	5.46	1.11	2.52	23.43	1.53
		5		5.415	4.251	0.220	16.02	1.72	3.97	25.42	2.17	6.42	6.61	1.10	2.98	29.33	1.57
		8		8.367	6.568	0.219	23.63	1.68	6.03	37.37	2.11	9.44	9.89	1.09	4.16	47.24	1.68
6.3	63	4	7	4.978	3.907	0.248	19.03	1.96	4.13	30.17	2.46	6.78	7.89	1.26	3.29	33.35	1.70
		5		6.143	4.822	0.248	23.17	1.94	5.08	36.77	2.45	8.25	9.57	1.25	3.90	41.73	1.74
		6		7.288	5.721	0.247	27.12	1.93	6.00	43.03	2.43	9.66	11.20	1.24	4.46	50.14	1.78
		8		9.515	7.469	0.247	34.46	1.90	7.75	54.56	2.40	12.25	14.33	1.23	5.47	67.11	1.85
		10		11.657	9.151	0.246	41.09	1.88	9.39	64.85	2.36	14.56	17.33	1.22	6.36	84.31	1.93
7	70	4	8	5.570	4.372	0.275	26.39	2.18	5.14	41.80	2.74	8.44	10.99	1.40	4.17	45.74	1.86
		5		6.875	5.397	0.275	32.21	2.16	6.32	51.08	2.73	10.32	13.34	1.39	4.95	57.21	1.91
		6		8.160	6.406	0.275	37.77	2.15	7.48	59.93	2.71	12.11	15.61	1.38	5.67	68.73	1.95
		7		9.424	7.398	0.275	43.09	2.14	8.59	68.35	2.69	13.81	17.82	1.38	6.34	80.29	1.99
		8		10.667	8.373	0.274	48.17	2.12	9.68	76.37	2.68	15.43	19.98	1.37	6.98	91.92	2.03
7.5	75	5	9	7.412	5.818	0.295	39.97	2.33	7.32	63.30	2.92	11.94	16.63	1.50	5.77	70.56	2.04
		6		8.797	6.905	0.294	46.95	2.31	8.64	74.38	2.90	14.02	19.51	1.49	6.67	84.55	2.07
		7		10.160	7.976	0.294	53.57	2.30	9.93	84.96	2.89	16.02	22.18	1.48	7.44	98.71	2.11
		8		11.503	9.030	0.294	59.96	2.28	11.20	95.07	2.88	17.93	24.86	1.47	8.19	112.97	2.15
		10		14.126	11.089	0.293	71.98	2.26	13.64	113.92	2.84	21.48	30.05	1.46	9.56	141.71	2.22

续表

角钢号数	尺寸/mm			截面面积/cm^2	理论重量/(kg/m)	外表面积/(m^2/m)	参考数值										z_0/cm
							$x-x$			x_0-x_0			y_0-y_0			x_1-x_1	
	b	d	r				I_x/cm^4	i_x/cm	W_x/cm^3	I_{x0}/cm^4	i_{x0}/cm	W_{x0}/cm^3	I_{y0}/cm^4	i_{y0}/cm	W_{y0}/cm^3	I_{x1}/cm^4	
8	89	5	9	7.912	6.211	0.315	48.79	2.48	8.34	77.33	3.13	13.67	20.25	1.60	6.66	85.36	2.15
		6		9.397	7.376	0.314	57.35	2.47	9.87	90.98	3.11	16.08	23.72	1.59	7.65	102.50	2.19
		7		10.860	8.525	0.314	65.58	2.46	11.37	104.07	3.10	18.40	27.09	1.58	8.58	119.70	2.23
		8		12.303	9.658	0.314	73.49	2.44	12.83	116.60	3.08	20.61	30.39	1.57	9.46	136.97	2.27
		10		15.126	11.874	0.313	88.43	2.42	15.64	140.09	3.04	24.76	36.77	1.56	11.08	171.74	2.35
9	90	6	10	10.637	8.350	0.354	82.77	2.79	12.61	131.26	3.51	20.63	34.28	1.80	9.95	145.87	2.44
		7		12.301	9.656	0.354	94.83	2.78	14.54	150.47	3.50	23.64	39.18	1.78	11.19	170.30	2.48
		8		13.944	10.946	0.353	106.47	2.76	16.42	168.97	3.48	26.55	43.97	1.78	12.35	194.80	2.52
		10		17.167	13.476	0.353	128.58	2.74	20.07	203.90	3.45	32.04	53.26	1.76	14.52	244.07	2.59
		12		20.306	15.940	0.352	149.22	2.71	23.57	236.21	3.41	37.12	62.22	1.75	16.49	293.76	2.67
10	100	6	12	11.932	9.366	0.393	114.95	3.10	15.68	181.98	3.90	25.74	47.92	2.00	12.69	200.07	2.67
		7		13.796	10.830	0.393	131.86	3.09	18.10	208.97	3.89	29.55	54.74	1.99	14.26	233.54	2.71
		8		15.638	12.276	0.393	148.24	3.08	20.47	235.07	3.88	33.24	61.41	1.98	15.75	267.09	2.76
		10		19.261	15.120	0.392	179.51	3.05	25.06	284.68	3.84	40.26	74.35	1.96	18.54	334.48	2.84
		12		22.800	17.898	0.391	208.90	3.03	29.48	330.95	3.81	46.80	86.84	1.95	21.08	402.34	2.91
		14		26.256	20.611	0.391	236.53	3.00	33.73	374.06	3.77	52.90	99.00	1.94	23.44	470.75	2.99
		16		29.627	23.257	0.390	262.53	2.98	37.82	414.16	3.74	58.57	110.89	1.94	25.63	539.80	3.06

续表

角钢号数	尺寸/mm			截面面积/cm²	理论重量/(kg/m)	外表面积/(m²/m)	参考数值										
							$x-x$			x_0-x_0			y_0-y_0			x_1-x_1	z_0 /cm
	b	d	r				I_x /cm⁴	i_x /cm	W_x /cm³	I_{x0} /cm⁴	i_{x0} /cm	W_{x0} /cm³	I_{y0} /cm⁴	i_{y0} /cm	W_{y0} /cm³	I_{x1} /cm⁴	
11	110	7	12	15.196	11.928	0.433	177.16	3.41	22.05	280.94	4.30	36.12	73.38	2.20	17.51	310.64	2.96
		8		17.238	13.532	0.433	199.46	3.40	24.95	316.49	4.28	40.69	82.42	2.19	19.39	355.20	3.01
		10		21.261	16.690	0.432	242.19	3.38	30.60	384.39	4.25	49.42	99.98	2.17	22.91	444.65	3.09
		12		25.200	19.782	0.431	282.55	3.35	36.05	448.17	4.22	57.62	116.93	2.15	26.15	534.60	3.16
		14		29.056	22.809	0.431	320.71	3.32	41.31	508.01	4.18	65.31	133.40	2.14	29.14	625.16	3.24
12.5	125	8	14	19.750	15.504	0.492	297.03	3.88	32.52	470.89	4.88	53.28	123.16	2.50	25.86	521.01	3.37
		10		24.373	19.133	0.491	361.67	3.85	39.97	573.89	4.85	64.93	149.46	2.48	30.62	651.93	3.45
		12		28.912	22.696	0.491	423.16	3.83	41.17	671.44	4.82	75.96	174.88	2.46	35.03	783.42	3.53
		14		33.367	26.193	0.490	481.65	3.80	54.16	763.73	4.78	86.41	199.57	2.45	39.13	915.61	3.61
14	140	10		27.373	21.488	0.551	514.65	4.34	50.58	817.27	5.46	82.56	212.04	2.78	39.20	915.11	3.82
		12		32.512	25.522	0.551	603.68	4.31	59.80	958.79	5.43	96.85	248.57	2.76	45.02	1099.28	3.90
		14		37.567	29.490	0.550	688.81	4.28	68.75	1093.56	5.40	110.47	284.06	2.75	50.45	1284.22	3.98
		16		42.539	33.393	0.549	770.24	4.26	77.46	1221.81	5.36	123.42	318.67	2.74	55.55	1470.07	4.06
16	160	10	16	31.502	24.729	0.630	779.53	4.98	66.70	1237.30	6.27	109.36	321.76	3.20	52.76	1365.33	4.31
		12		37.441	29.391	0.630	916.58	4.95	78.98	1455.68	6.24	128.67	377.49	3.18	60.74	1639.57	4.39
		14		43.296	33.987	0.629	1048.36	4.92	90.95	1665.02	6.20	147.17	431.70	3.16	68.24	1914.68	4.47
		16		49.067	38.518	0.629	1175.08	4.89	102.63	1865.57	6.17	164.89	484.59	3.14	75.31	2190.82	4.55

续表

角钢号数	尺寸/mm			截面面积/cm^2	理论重量/(kg/m)	外表面积/(m^2/m)	参考数值										z_0/cm
							$x-x$			x_0-x_0			y_0-y_0			x_1-x_1	
	b	d	r				I_x/cm^4	i_x/cm	W_x/cm^3	I_{x0}/cm^4	i_{x0}/cm	W_{x0}/cm^3	I_{y0}/cm^4	i_{y0}/cm	W_{y0}/cm^3	I_{x1}/cm^4	
18	180	12	16	42.241	33.159	0.710	1321.35	5.59	100.82	2100.10	7.05	165.00	542.61	3.58	78.41	2332.80	4.89
		14		48.896	38.383	0.709	1514.48	5.56	116.25	2407.42	7.02	189.14	621.53	3.56	88.38	2723.48	4.97
		16		55.467	43.542	0.709	1700.99	5.54	131.13	2703.37	6.98	212.40	698.60	3.55	97.83	3115.29	5.05
		18		61.955	48.634	0.708	1875.12	5.50	145.64	2988.24	6.94	234.78	762.01	3.51	105.14	3502.43	5.13
20	200	14	18	54.642	42.894	0.788	2103.55	6.20	144.70	3343.26	7.82	236.40	863.83	3.98	111.82	3734.10	5.46
		16		62.013	48.680	0.788	2366.15	6.18	163.65	3760.89	7.79	265.93	971.41	3.96	123.96	4270.39	5.54
		18		69.301	54.401	0.787	2620.64	6.15	182.22	4164.54	7.75	294.48	1076.74	3.94	135.52	4808.13	5.62
		20		76.505	60.056	0.787	2867.30	6.12	200.42	4554.55	7.72	322.06	1180.04	3.93	146.55	5347.51	5.69
		24		90.661	71.168	0.785	3338.25	6.07	236.17	5294.97	7.64	374.41	1381.53	3.90	166.65	6457.16	5.87

注:截面图中的 $r_1=1/3d$ 及表中 r 值的数据用于孔型设计,不做交货条件.

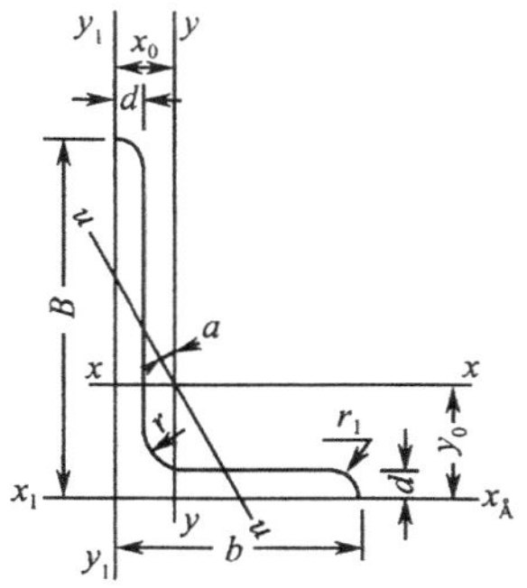

表Ⅰ-2 热轧不等边角钢(GB9788-88)

符号意义：B——长边宽度；b——短边宽度；
d——边厚度；r——内圆弧半径；
r_1——边端内圆弧半径；I——惯性矩；
i——惯性半径；W——截面系数；
x_0——重心距离；y_0——重心距离.

角钢号数	尺寸/mm				截面面积 /cm²	理论重量 /(kg/m)	外表面积 /(m²/m)	参考数值													
								$x-x$			$y-y$			x_1-x_1		y_1-y_1		$u-u$			
	B	b	d	r				I_x /cm⁴	i_x /cm	W_x /cm³	I_y /cm⁴	i_y /cm	W_y /cm³	I_{x1} /cm⁴	y_0 /cm	I_{y1} /cm⁴	x_0 /cm	I_u /cm⁴	i_u /cm	W_u /cm³	$\tan\alpha$
2.5/1.6	25	16	3	3.5	1.162	0.912	0.080	0.70	0.78	0.43	0.22	0.44	0.19	1.56	0.86	0.43	0.42	0.14	0.34	0.16	0.392
			4		1.499	1.176	0.079	0.88	0.77	0.55	0.27	0.43	0.24	2.09	0.90	0.59	0.46	0.17	0.34	0.20	0.381
3.2/2	32	20	3		1.492	1.171	0.102	1.53	1.01	0.72	0.46	0.55	0.30	3.27	1.08	0.82	0.49	0.28	0.43	0.25	0.382
			4		1.939	1.522	0.101	1.93	1.00	0.93	0.57	0.54	0.39	4.37	1.12	1.12	0.53	0.35	0.42	0.32	0.374
4/2.5	40	25	3	4	1.890	1.484	0.127	3.08	1.28	1.15	0.93	0.70	0.49	5.39	1.32	1.59	0.59	0.56	0.54	0.40	0.385
			4		2.467	1.936	0.127	3.93	1.26	1.49	1.18	0.69	0.63	8.53	1.37	2.14	0.63	0.71	0.54	0.52	0.381
4.5/2.8	45	28	3	5	2.149	1.687	0.143	4.45	1.44	1.47	1.34	0.79	0.62	9.10	1.47	2.23	0.64	0.80	0.61	0.51	0.383
			4		2.806	2.203	0.143	5.69	1.42	1.91	1.70	0.78	0.80	12.13	1.51	3.00	0.68	1.02	0.60	0.66	0.380

续表

角钢号数	尺寸/mm				截面面积/cm²	理论重量/(kg/m)	外表面积/(m²/m)	参考数值													
								$x-x$			$y-y$			x_1-x_1		y_1-y_1		$u-u$			
	B	b	d	r				I_x/cm⁴	i_x/cm	W_x/cm³	I_y/cm⁴	i_y/cm	W_y/cm³	I_{x1}/cm⁴	y_0/cm	I_{y1}/cm⁴	x_0/cm	I_u/cm⁴	i_u/cm	W_u/cm³	$\tan\alpha$
5/3.2	50	32	3	5.5	2.431	1.908	0.161	6.24	1.60	1.84	2.02	0.91	0.82	12.49	1.60	3.31	0.73	1.20	0.70	0.68	0.404
			4		3.177	2.494	0.160	8.02	1.59	2.39	2.58	0.90	1.06	16.65	1.65	4.45	0.77	1.53	0.69	0.87	0.402
5.6/3.6	56	36	3	6	2.743	2.153	0.181	8.88	1.80	2.32	2.92	1.03	1.05	17.54	1.78	4.70	0.80	1.73	0.79	0.87	0.408
			4		3.590	2.818	0.180	11.45	1.79	3.03	3.76	1.02	1.37	23.39	1.82	6.33	0.85	2.23	0.79	1.13	0.408
			5		4.415	3.466	0.180	13.86	1.77	3.71	4.49	1.01	1.65	29.25	1.87	7.94	0.88	2.67	0.78	1.36	0.404
6.3/4	63	40	4	7	4.058	3.185	0.202	16.49	2.02	3.87	5.23	1.14	1.70	33.30	2.04	8.63	0.92	3.12	0.88	1.40	0.398
			5		4.993	3.920	0.202	20.02	2.00	4.74	6.31	1.12	2.71	41.63	2.08	10.86	0.95	3.76	0.37	1.71	0.396
			6		5.908	4.638	0.201	23.36	1.96	5.59	7.29	1.11	2.43	49.98	2.12	13.12	0.99	4.34	0.86	1.99	0.393
			7		6.802	5.339	0.201	26.53	1.98	6.40	8.24	1.10	2.78	58.07	2.15	15.47	1.03	4.97	0.86	2.29	0.389
7/4.5	70	45	4	7.5	4.547	3.570	0.226	23.17	2.26	4.86	7.55	1.29	2.17	45.92	2.24	12.26	1.02	4.40	0.98	1.77	0.410
			5		5.609	4.403	0.225	27.95	2.23	5.92	9.13	1.28	2.65	57.10	2.28	15.39	1.06	5.40	0.98	2.19	0.407
			6		6.647	5.218	0.225	32.54	2.21	6.95	10.62	1.26	3.12	68.35	2.32	18.58	1.09	6.35	0.98	2.59	0.404
			7		7.657	6.011	0.225	37.22	2.20	8.03	12.01	1.25	3.57	79.99	2.36	21.84	1.13	7.16	0.97	2.94	0.402
(7.5/5)	75	50	5	8	6.125	4.808	0.245	34.86	2.39	6.83	12.61	1.44	3.30	70.00	2.40	21.04	1.17	7.41	1.10	2.74	0.435
			6		7.260	5.699	0.245	41.12	2.38	8.12	14.70	1.42	3.88	84.30	2.44	25.37	1.21	8.54	1.08	3.19	0.435
			8		9.467	7.431	0.244	52.39	2.35	10.52	18.53	1.40	4.99	112.50	2.52	34.23	1.29	10.87	1.07	4.10	0.429
			10		11.590	9.098	0.244	62.71	2.33	12.79	21.96	1.38	6.04	140.80	2.60	43.43	1.36	13.10	1.06	4.99	0.423

续表

角钢号数	尺寸/mm				截面面积	理论重量	外表面积	参考数值													
								x − x			y − y			$x_1 - x_1$		$y_1 - y_1$		u − u			
	B	b	d	r	/cm²	/(kg/m)	/(m²/m)	I_x /cm⁴	i_x /cm	W_x /cm³	I_y /cm⁴	i_y /cm	W_y /cm³	I_{x1} /cm⁴	y_0 /cm	I_{y1} /cm⁴	x_0 /cm	I_u /cm⁴	i_u /cm	W_u /cm³	tanα
8/5	80	50	5	8	6.375	5.005	0.255	41.96	2.56	7.78	12.82	1.42	3.32	85.21	2.60	21.06	1.14	7.66	1.10	2.74	0.388
			6		7.560	5.935	0.255	49.49	2.56	9.25	14.95	1.41	3.91	102.53	2.65	25.41	1.18	8.85	1.08	3.20	0.387
			7		8.724	6.848	0.255	56.16	2.54	10.58	16.96	1.39	4.48	119.33	2.69	29.82	1.21	10.18	1.08	3.70	0.384
			8		9.867	7.745	0.254	62.83	2.52	11.92	18.85	1.38	5.03	136.41	2.73	34.32	1.25	11.38	1.07	4.16	0.381
9/5.6	90	56	5	9	7.212	5.661	0.287	60.45	2.90	9.92	18.32	1.59	4.21	121.32	2.91	29.53	1.25	10.98	1.23	3.49	0.385
			6		8.557	6.717	0.286	71.03	2.88	11.74	21.42	1.58	4.96	145.59	2.95	35.58	1.29	12.90	1.23	4.13	0.384
			7		9.880	7.756	0.286	81.01	2.86	13.49	24.36	1.57	5.70	169.60	3.00	41.71	1.33	14.67	1.22	4.72	0.382
			8		11.183	8.779	0.286	91.03	2.85	15.27	27.15	1.56	6.41	194.17	3.04	47.93	1.36	16.34	1.21	5.29	0.380
10/6.3	100	63	6	10	9.617	7.550	0.320	99.06	3.21	14.64	30.94	1.79	6.35	199.71	3.24	50.50	1.43	18.42	1.38	5.25	0.394
			7		11.111	8.722	0.320	113.45	3.20	16.88	35.26	1.78	7.29	233.00	3.28	59.14	1.47	21.00	1.38	6.02	0.394
			8		12.584	9.878	0.319	127.37	3.18	19.08	39.39	1.77	8.21	266.32	3.32	67.88	1.50	23.50	1.37	6.78	0.391
			10		15.467	12.142	0.319	153.81	3.15	23.32	47.12	1.74	9.98	333.06	3.40	85.73	1.58	28.33	1.35	8.24	0.387
10/8	100	80	6	10	10.637	8.350	0.354	107.04	3.17	15.19	61.24	2.40	10.16	199.83	2.95	102.68	1.97	31.65	1.72	8.37	0.627
			7		12.301	9.656	0.354	122.73	3.16	17.52	70.08	2.39	11.71	233.20	3.00	119.98	2.01	36.17	1.72	9.60	0.626
			8		13.944	10.946	0.353	137.92	3.14	19.81	78.58	2.37	13.21	266.61	3.04	137.37	2.05	40.58	1.71	10.80	0.625
			10		17.167	13.476	0.353	166.87	3.12	24.24	94.65	2.35	16.12	333.63	3.12	172.48	2.13	49.10	1.69	13.12	0.622

续表

角钢号数	尺寸/mm				截面面积 /cm²	理论重量 /(kg/m)	外表面积 /(m²/m)	参考数值													
								$x-x$			$y-y$			x_1-x_1		y_1-y_1		$u-u$			
	B	b	d	r				I_x /cm⁴	i_x /cm	W_x /cm³	I_y /cm⁴	i_y /cm	W_y /cm³	I_{x1} /cm⁴	y_0 /cm	I_{y1} /cm⁴	x_0 /cm	I_u /cm⁴	i_u /cm	W_u /cm³	$\tan\alpha$
11/7	110	70	6		10.637	8.350	0.354	133.37	3.54	17.85	42.92	2.01	7.90	265.78	3.53	69.08	1.57	25.36	1.54	6.53	0.403
			7		12.301	9.656	0.354	153.00	3.53	20.60	49.01	2.00	9.09	310.07	3.57	80.82	1.61	28.95	1.53	7.50	0.402
			8		13.944	10.946	0.353	172.04	3.51	23.30	54.87	1.98	10.25	354.39	3.62	92.70	1.65	32.45	1.53	8.45	0.401
			10		17.167	13.476	0.353	208.39	3.48	28.54	65.88	1.96	12.48	443.13	3.70	116.83	1.72	39.20	1.51	10.29	0.397
12.5/8	125	80	7	11	14.096	11.066	0.403	227.98	4.02	26.86	74.42	2.30	12.01	454.99	4.01	120.32	1.80	43.81	1.76	9.92	0.408
			8		15.989	12.551	0.403	256.77	4.01	30.41	83.49	2.28	13.56	519.99	4.06	137.85	1.84	49.15	1.75	11.18	0.407
			10		19.712	15.474	0.402	312.04	3.98	37.33	100.67	2.26	16.56	650.09	4.14	173.40	1.92	59.45	1.74	13.64	0.404
			12		23.351	18.330	0.402	364.41	3.95	44.01	116.67	2.24	19.43	780.39	4.22	209.67	2.00	69.35	1.72	16.01	0.400
14/9	140	90	8	12	18.038	14.160	0.453	365.64	4.50	38.48	120.69	2.59	17.34	730.53	4.50	195.79	2.04	70.83	1.98	14.31	0.411
			10		22.261	17.475	0.452	445.50	4.47	47.31	140.03	2.56	21.22	913.20	4.58	245.92	2.12	85.82	1.96	17.48	0.409
			12		26.400	20.724	0.451	521.59	4.44	55.87	169.79	2.54	24.95	1096.09	4.66	296.89	2.19	100.21	1.95	20.54	0.406
			14		30.456	23.908	0.451	594.10	4.42	64.18	192.10	2.51	28.54	1279.26	4.74	348.82	2.27	114.13	1.94	23.52	0.403
16/10	160	100	10	13	25.315	19.872	0.512	668.69	5.14	62.13	205.03	2.85	26.56	1362.89	5.24	336.59	2.28	121.74	2.19	21.92	0.390
			12		30.054	23.592	0.511	784.91	5.11	73.49	239.06	2.82	31.28	1635.56	5.32	405.94	2.36	142.33	2.17	25.79	0.388
			14		34.709	27.247	0.510	896.30	5.08	84.56	271.20	2.80	35.83	1908.50	5.40	476.42	2.43	162.23	2.16	29.56	0.385
			16		39.281	30.835	0.510	1003.04	5.05	95.33	301.60	2.77	40.24	2181.79	5.48	548.2	2.51	182.57	2.16	33.44	0.382

续表

角钢号数	尺寸/mm				截面面积/cm²	理论重量/(kg/m)	外表面积/(m²/m)	参考数值														
								$x-x$			$y-y$			x_1-x_1		y_1-y_1		$u-u$			
	B	b	d	r				I_x /cm⁴	i_x /cm	W_x /cm³	I_y /cm⁴	i_y /cm	W_y /cm³	I_{x1} /cm⁴	y_0 /cm	I_{y1} /cm⁴	x_0 /cm	I_u /cm⁴	i_u /cm	W_u /cm³	$\tan\alpha$
18/11	180	110	10	14	28.373	22.273	0.571	956.25	5.80	78.96	278.11	3.13	32.49	1940.40	5.89	447.22	2.44	166.50	2.42	26.88	0.376
			12		33.712	26.464	0.571	1124.72	5.78	93.53	325.03	3.10	38.32	2328.38	5.98	538.94	2.52	194.87	2.40	31.66	0.374
			14		38.967	30.589	0.570	1286.91	5.75	107.76	369.55	3.08	43.97	2716.60	6.06	631.95	2.59	222.30	2.39	36.32	0.372
			16		44.139	34.649	0.569	1443.06	5.72	121.64	411.85	3.06	49.44	3105.15	6.14	726.46	2.67	248.94	2.38	40.87	0.369
20/12.5	200	125	12		37.912	29.761	0.641	1570.90	6.44	116.73	483.16	3.57	49.99	3193.85	6.54	787.74	2.83	285.79	2.74	41.23	0.392
			14		43.867	34.436	0.640	1800.97	6.41	134.65	550.83	3.54	57.44	3726.17	6.62	922.47	2.91	326.58	2.73	47.34	0.390
			16		49.739	39.045	0.639	2023.35	6.38	152.18	615.44	3.52	64.69	4258.86	6.70	1058.86	2.99	366.21	2.71	53.32	0.388
			18		55.526	43.588	0.639	2238.30	6.35	169.33	677.19	3.49	71.74	4792.00	6.78	1197.13	3.06	404.83	2.70	59.18	0.385

注:1. 括号内型号不推荐使用.

2. 截面图中的 $r_1=1/3d$ 及表中 r 的数据用于孔型设计,不做交货条件.

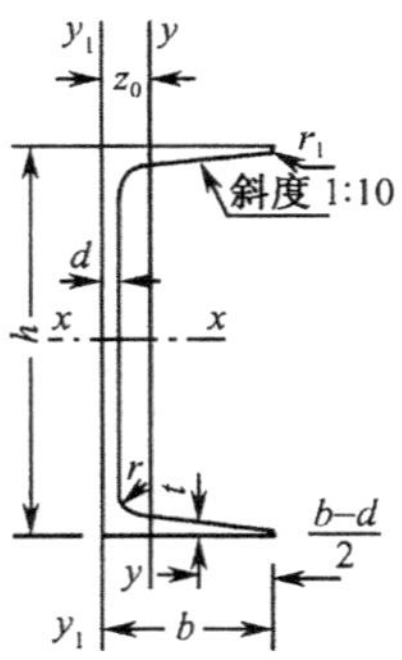

表Ⅰ-3　热轧槽钢(GB707-88)

h——高度；　r_1——腿端圆弧半径；
b——腿宽度；　I——惯性矩；
d——腰厚度；　W——截面系数；
t——平均腿厚度；　i——惯性半径；
r——内圆弧半径；　z_0——$y-y$ 轴与 y_1-y_1 轴间距.

型号	尺寸/mm						截面面积 /cm²	理论重量 /(kg/m)	参考数值							
									$x-x$			$y-y$			y_1-y_1	z_0 /cm
	h	b	d	t	r	r_1			W_x /cm³	I_x /cm⁴	i_x /cm	W_y /cm³	I_y /cm⁴	i_y /cm	I_{y_1} /cm⁴	
5	50	37	4.5	7	7.0	3.5	6.928	5.438	10.4	26.0	1.94	3.55	8.30	1.10	20.9	1.35
6.3	63	40	4.8	7.5	7.5	3.8	8.451	6.634	16.1	50.8	2.45	4.50	11.9	1.19	28.4	1.36
8	80	43	5.0	8	8.0	4.0	10.248	8.045	25.3	101	3.15	5.79	16.6	1.27	37.4	1.43
10	100	48	5.3	8.5	8.5	4.2	12.748	10.007	39.7	198	3.95	7.8	25.6	1.41	54.9	1.52
12.6	126	53	5.5	9	9.0	4.5	15.692	12.318	62.1	391	4.95	10.2	38.0	1.57	77.1	1.59
14_b^a	140	58	6.0	9.5	9.5	4.8	18.516	14.535	80.5	564	5.52	13.0	53.2	1.70	107	1.71
	140	60	8.0	9.5	9.5	4.8	21.316	16.733	87.1	609	5.35	14.1	61.1	1.69	121	1.67
16a	160	63	6.5	10	10.0	5.0	21.962	17.240	108	866	6.28	16.3	73.3	1.83	144	1.80
16	160	65	8.5	10	10.0	5.0	25.162	19.752	117	935	6.10	17.6	83.4	1.82	161	1.75
18a	180	68	7.0	10.5	10.5	5.2	25.699	20.174	141	1270	7.04	20.0	98.6	1.96	190	1.88
18	180	70	9.0	10.5	10.5	5.2	29.299	23.000	152	1370	6.84	21.5	111	1.95	210	1.84

续表

型号	尺寸/mm						截面面积 /cm^2	理论重量 /(kg/m)	参考数值							
									$x-x$			$y-y$			y_1-y_1	
	h	b	d	t	r	r_1			W_x /cm^3	I_x /cm^4	i_x /cm	W_y /cm^3	I_y /cm^4	i_y /cm	I_{y_1} /cm^4	z_0 /cm
20a	200	73	7.0	11	11.0	5.5	28.837	22.637	178	1780	7.86	24.2	128	2.11	244	2.01
20	200	75	9.0	11	11.0	5.5	32.837	25.777	191	1910	7.64	25.9	144	2.09	268	1.95
22a	220	77	7.0	11.5	11.5	5.8	31.846	24.999	218	2390	8.67	28.2	158	2.23	298	2.10
22	220	79	9.0	11.5	11.5	5.8	36.246	28.453	234	2570	8.42	30.1	176	2.21	326	2.03
a	250	78	7.0	12	12.0	6.0	34.917	27.410	270	3370	9.82	30.6	176	2.24	322	2.07
25b	250	80	9.0	12	12.0	6.0	39.917	31.335	282	3530	9.41	32.7	196	2.22	353	1.98
c	250	82	11.0	12	12.0	6.0	44.917	35.260	295	3690	9.07	35.9	218	2.21	384	1.92
a	280	82	7.5	12.5	12.5	6.2	40.034	31.427	340	4760	10.9	35.7	218	2.33	388	2.10
28b	280	84	9.5	12.5	12.5	6.2	45.634	35.823	366	5130	10.6	37.9	242	2.30	428	2.02
c	280	86	11.5	12.5	12.5	6.2	51.234	40.219	393	5500	10.4	40.3	268	2.29	463	1.95
a	320	88	8.0	14	14.0	7.0	48.513	38.083	475	7600	12.5	46.5	305	2.50	552	2.24
32b	320	90	10.0	14	14.0	7.0	54.913	43.107	509	8140	12.2	49.2	336	2.47	593	2.16
c	320	92	12.0	14	14.0	7.0	61.313	48.131	543	8690	11.9	52.6	374	2.47	643	2.09
a	360	96	9.0	16	16.0	8.0	60.910	47.814	660	11900	14.0	63.5	455	2.73	818	2.44
36b	360	98	11.0	16	16.0	8.0	68.110	53.466	703	12700	13.6	66.9	497	2.70	880	2.37
c	360	100	13.0	16	16.0	8.0	75.310	59.118	746	13400	13.4	70.0	536	2.67	948	2.34
a	400	100	10.5	18	18.0	9.0	75.068	58.928	879	17600	15.3	78.8	592	2.81	1070	2.49
40b	400	102	12.5	18	18.0	9.0	83.068	65.208	932	18600	15.0	82.5	640	2.78	1140	2.44
c	400	104	14.5	18	18.0	9.0	91.068	71.488	986	19700	14.7	86.2	688	2.75	1220	2.42

注:截面图和表中标注的圆弧半径 r、r_1 的数据用于孔型设计,不做交货条件.

表 I-4 热轧工字钢(GB706-88)

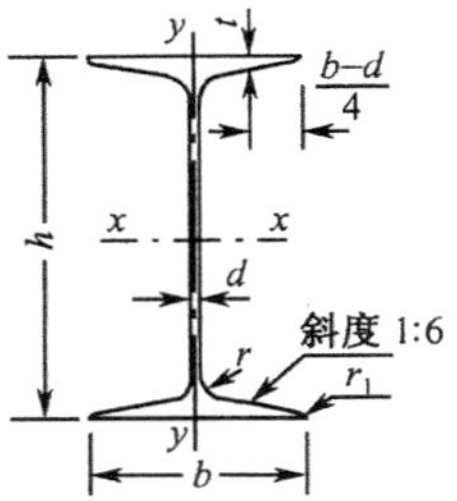

符号意义：

h——高度；	r_1——腿端圆弧半径；
b——腿宽度；	I——惯性矩；
d——腰厚度；	W——截面系数；
t——平均腿厚度；	i——惯性半径；
r——内圆弧半径；	S——半截面的静力矩.

型号	尺寸/mm						截面面积 /cm²	理论重量 /(kg/m)	参考数值						
									$x-x$				$y-y$		
	h	b	d	t	r	r_1			I_x /cm⁴	W_x /cm³	i_x /cm	$I_x:S_x$	I_y /cm⁴	W_y /cm³	i_y /cm
10	100	68	4.5	7.6	6.5	3.3	14.345	11.261	245	49.0	4.14	8.59	33.0	9.72	1.52
12.6	126	74	5.0	8.4	7.0	3.5	18.118	14.223	488	77.5	5.20	10.8	46.9	12.7	1.61
14	140	80	5.5	9.1	7.5	3.8	21.516	16.890	712	102	5.76	12.0	64.4	16.1	1.73
16	160	88	6.0	9.9	8.0	4.0	26.131	20.513	1130	141	6.58	13.8	93.1	21.2	1.89
18	180	94	6.5	10.7	8.5	4.3	30.756	24.143	1660	185	7.36	15.4	122	26.0	2.00
20a	200	100	7.0	11.4	9.0	4.5	35.578	27.929	2370	237	8.15	17.2	158	31.5	2.12
20b	200	102	9.0	11.4	9.0	4.5	39.578	31.069	2500	250	7.96	16.9	169	33.1	2.06
22a	220	110	7.5	12.3	9.5	4.8	42.128	33.070	3400	309	8.99	18.9	225	40.9	2.31
22b	220	112	9.5	12.3	9.5	4.8	46.528	36.524	3570	325	8.78	18.7	239	42.7	2.27
25a	250	116	8.0	13.0	10.0	5.0	48.541	38.105	5020	402	10.2	21.6	280	48.3	2.40
25b	250	118	10.0	13.0	10.0	5.0	53.541	42.030	5280	423	9.94	21.3	309	52.4	2.40

续表

型号	尺寸/mm						截面面积 /cm^2	理论重量 /(kg/m)	参考数值						
									$x-x$				$y-y$		
	h	b	d	t	r	r_1			I_x /cm^4	W_x /cm^3	i_x /cm	$I_x:S_x$	I_y /cm^4	W_y /cm^3	i_y /cm
28a	280	122	8.5	13.7	10.5	5.3	55.404	43.492	7110	508	11.3	24.6	345	56.6	2.50
28b	280	124	10.5	13.7	10.5	5.3	61.004	47.888	7480	534	11.1	24.2	379	61.2	2.49
32a	320	130	9.5	15.0	11.5	5.8	67.156	52.717	11100	692	12.8	27.5	460	70.8	2.62
32b	320	132	11.5	15.0	11.5	5.8	73.556	57.741	11600	726	12.6	27.1	502	76.0	2.61
32c	320	134	13.5	15.0	11.5	5.8	79.956	62.765	12200	760	12.3	26.8	544	81.2	2.61
36a	360	136	10.0	15.8	12.0	6.0	76.480	60.037	15800	875	14.4	30.7	552	81.2	2.69
36b	360	138	12.0	15.8	12.0	6.0	83.680	65.589	16500	919	14.1	30.3	582	84.3	2.64
36c	360	140	14.0	15.8	12.0	6.0	90.880	71.341	17300	962	13.8	29.9	612	87.4	2.60
40a	400	142	10.5	16.5	12.5	6.3	86.112	67.598	21700	1090	15.9	34.1	660	93.2	2.77
40b	400	144	12.5	16.5	12.5	6.3	94.112	73.878	22800	1140	15.6	33.6	692	96.2	2.71
40c	400	146	14.5	16.5	12.5	6.3	102.112	80.158	23900	1190	15.2	33.2	727	99.6	2.65
45a	450	150	11.5	18.0	13.5	6.8	102.446	80.420	32200	1430	17.7	38.6	855	114	2.89
45b	450	152	13.5	18.0	13.5	6.8	111.446	87.485	33800	1500	17.4	38.0	894	118	2.84
45c	450	154	15.5	18.0	13.5	6.8	120.446	94.550	35300	1570	17.1	37.6	938	122	2.79
50a	500	158	12.0	20.0	14.0	7.0	119.304	93.654	46500	1860	19.7	42.8	1120	142	3.07
50b	500	160	14.0	20.0	14.0	7.0	129.304	101.504	48600	1940	19.4	42.4	1170	146	3.01
50c	500	162	16.0	20.0	14.0	7.0	139.304	109.354	50600	2080	19.0	41.8	1220	151	2.96
56a	560	166	12.5	21.0	14.5	7.3	135.435	106.316	65600	2340	22.0	47.7	1370	165	3.18
56b	560	168	14.5	21.0	14.5	7.3	146.635	115.108	68500	2450	21.6	47.2	1490	174	3.16
56c	560	170	16.5	21.0	14.5	7.3	157.835	123.900	71400	2550	21.3	46.7	1560	183	3.16
63a	630	176	13.0	22.0	15.0	7.5	154.658	121.407	93900	2980	24.5	54.2	1700	193	3.31
63b	630	178	15.0	22.0	15.0	7.5	167.258	131.298	98100	3160	24.2	53.5	1810	204	3.29
63c	630	180	17.0	22.0	15.0	7.5	179.858	141.189	102000	3300	23.8	52.9	1920	214	3.27

注：截面图和表中标注的圆弧半径 r、r_1 的数据用于孔型设计，不做交货条件.

Ⅱ　常用材料的力学性质表

表Ⅱ-1　常用材料的 E、μ、G 值

材料名称	E/GPa	μ	G/GPa
碳　钢	196～206	0.24～0.28	78.5～79.4
合金钢	194～206	0.25～0.30	78.5～79.4
铸　铁	113～157	44.1	0.23～0.27
铜及其合金	73～157	0.31～0.42	39.2～45.1
铝及其合金	71	0.33	25.5～26.5
混凝土	15.2～35.8	0.16～0.18	—
橡　胶	0.00785	0.461	—
木材(顺纹)	9.8～11.8	—	—
木材(横纹)	0.49～0.98		

表Ⅱ-2　常用材料的 σ_s、σ_b、δ 值

材料		σ_s/MPa	σ_b/MPa	δ_5%
名称	牌号			
普通碳素钢	Q235	240	380～470	25～27
	Q275	270	490～608	19～21
优质碳素钢	20	245	412	25
	35	310	530	20
	45	350	600	16
合金钢	16Mn	270～340	470～510	19～21
	15MnV	333～412	490～549	17～19
	40Cr	785	981	9
	50Mn2	785	932	9
灰铸铁	HT 150	—	98～275(拉) 637(压)	—
	HT 300	—	255～294(拉) 1088(压)	—
球墨铸铁	QT600—2	412	588	2
铝合金		110～280	210～420	13～18

续表

材料		σ_s/MPa	σ_b/MPa	δ_5%
名称	牌号			
有机玻璃		—	755	—
木材（顺纹）红松		—	98(拉) 33(压)	—
木材（顺纹）杉木			77～97(拉) 36～41(压)	
混凝土		—	0.3～1(拉) 25～800(压)	—

注：δ_5 是指 $l=5d$ 的标准试件的延伸率.